Wolfgang S. Heinz
Neue Demokratien und Militär in Lateinamerika

Editionen der Iberoamericana
Ediciones de Iberoamericana

Serie A: Literaturgeschichte und -kritik / *Historia y Crítica de la Literatura*
Serie B: Sprachwissenschaft / *Lingüística*
Serie C: Geschichte und Gesellschaft / *Historia y Sociedad*
Serie D: Bibliographien / *Bibliografías*

Herausgegeben von / *Editado por:*
Walther L. Bernecker, Frauke Gewecke,
Jürgen M. Meisel, Klaus Meyer-Minnemann

C: Geschichte und Gesellschaft / *Historia y Sociedad*, 7

Wolfgang S. Heinz

Neue Demokratien und Militär in Lateinamerika

Die Erfahrungen in Argentinien
und Brasilien (1983-1999)

Vervuert Verlag · Frankfurt am Main

2001

Als Habilitationsschrift auf Empfehlung des Otto-Suhr-Instituts
für Politikwissenschaft (Fachbereich Politik- und
Sozialwissenschaften) der Freien Universität Berlin
gedruckt mit Unterstützung der
Deutschen Forschungsgemeinschaft

Die Deutsche Bibliothek - CIP-Einheitsaufnahme

[Iberoamericana / Editionen / C]
Editionen der Iberoamericana = Ediciones de Iberoamericana.
Serie C, Geschichte und Gesellschaft = Historia y Sociedad. -
Frankfurt am Main : Vervuert
 Reihe Editionen, Serie C zu: Iberoamericana. - Hervorgegangen aus:
 Iberoamericana / Editionen / 03
7. Heinz, Wolfgang S.: Neue Demokratien und Militär in Lateinamerika. -2001

Heinz, Wolfgang S.:
Neue Demokratien und Militär in Lateinamerika : die Erfahrungen in
Argentinien und Brasilien (1983-1999) / Wolfgang S. Heinz.
- Frankfurt am Main : Vervuert, 2001
 (Editionen der Iberoamericana : Serie C, Geschichte und Gesellschaft ; 7)
 Zugl.: Berlin, Freie Univ., Habil.-Schr., 2000
 ISBN 3-89354-888-2

© Vervuert Verlag, Frankfurt am Main 2001
Alle Rechte vorbehalten
Umschlaggestaltung: Michael Ackermann, unter Verwendung des Fotos:
Sábato überreicht Studie über Menschenrechtsverletzungen, © dpa/ZB
Gedruckt auf säure- und chlorfreiem, alterungsbeständigen Papier
Printed in Germany

Inhalt

Verzeichnis der Tabellen und Abbildungen		8
Verzeichnis der Abkürzungen		9
Vorwort		13
1.	Demokratie und Militär	17
1.1	Perspektiven der Demokratisierung	17
1.1.1	Fördernde und hemmende Variablen	20
1.1.2	Von der Transition zur Konsolidierung	24
1.2	Lateinamerikanische Erfahrungen mit Demokratie	30
1.2.1	Zur Kritik an den neuen Demokratien	34
1.2.2	Entstehen hybride Demokratieformen?	43
1.3	Zum politischen Rollenwandel des Militärs im Süden	47
1.4	Demokratie und Militär in Lateinamerika	56
2.	Zum Gegenstand der Untersuchung	63
2.1	Forschungsstand	63
2.2	Hypothesen	67
2.3	Ansatz und Aufbau der Untersuchung	69
2.4	Zur Auswahl der Fallstudien	77
3.	Argentinien: Historische Bestimmungsfaktoren, innenpolitische Entwicklung und neue Demokratie (1983-1999)	81
3.1	Historische Bestimmungsfaktoren	81
3.2	Ursprung und Entwicklung der Institution Militär	88
3.3	Ausgangsbedingungen der Transition	92
3.4	Die Militärpolitik der neuen Regierungen	94
3.4.1	Die Regierung Alfonsín	94
3.4.2	Die Regierung Menem	105
3.4.2.1	Die Rebellion von 1990	107
3.4.2.2	Vergleichende Analyse der Regierungen Alfonsín und Menem	110
3.4.2.3	Die Verfassungsreform von 1994	116
3.4.2.4	Demokratie und Militär in der öffentlichen Meinung	118
4.	Brasilien: Historische Bestimmungsfaktoren, innenpolitische Entwicklung und neue Demokratie (1985-1999)	121
4.1	Historische Bestimmungsfaktoren	121
4.2	Ursprung und Entwicklung der Institution des Militärs	127
4.3	Das Militärregime (1964-1985)	141
4.4	Ausgangsbedingungen der Transition	146

4.5	Die Militärpolitik der neuen Regierungen	153
4.5.1	Die Regierung Sarney	153
	Exkurs: Der Verfassungsgebungsprozeß 1987/88	156
4.5.2	Die Regierung Collor	162
4.5.3	Die Regierung Franco	164
4.5.4	Die Regierung Cardoso	167
4.5.5	Demokratie und Militär in der öffentlichen Meinung	169
5.	Die Erfahrungen Argentiniens und Brasiliens I: Die nationale Dimension	171
5.1	Der Umgang mit der Vergangenheit	171
5.2	Militärpolitik und Entwicklung der Institution	177
5.2.1	Das Problem der Mission	189
5.2.1.1	Das argentinische Weißbuch zur nationalen Verteidigung von 1998	191
5.2.1.2	Das brasilianische Verteidigungskonzept von 1996	196
5.2.2	Die Diskussion über neue Aufgaben	199
5.2.3	Die Geheimdienste	202
5.3	Innenpolitik und innere Sicherheit	206
5.4	Beiträge zur nationalen Entwicklung	218
5.5	Existieren zivile Partner für Militärinterventionen?	226
6.	Die Erfahrungen Argentiniens und Brasiliens II: Die internationale Dimension	235
6.1	Argentinien	236
6.1.1	Die Rüstungspolitik	236
6.1.2	Das Nuklearprogramm	240
6.1.3	Exekutive Kontrollen und legislative Kontrollversuche	242
6.2	Brasilien	243
6.2.1	Die Rüstungspolitik	243
6.2.2	Das Nuklearprogramm	251
6.2.3	Exekutive Kontrollen und legislative Kontrollversuche	256
6.3	Das Rapprochement zwischen Argentinien und Brasilien	258
6.4	Zum Einfluß des Militärs auf die Außenpolitik	262
6.4.1	Argentinien	264
6.4.2	Brasilien	268
7.	Politischer Rollenwandel des Militärs in Argentinien und Brasilien	273
7.1	Der Umgang mit der Vergangenheit	278
7.2	Militärpolitik und Entwicklung der Institution Militär	281
7.3	Innenpolitik und innere Sicherheit	286
7.4	Ein Beitrag des Militärs zu nationaler Entwicklung?	292

7.5	Gibt es zivile Partner für Militärinterventionen?	294
7.6	Rüstungs- und Nuklearpolitik	296
7.7	Außenpolitische, internationale und regionale Einflußvariablen	301
7.8	Vergleichende Beobachtungen zum peruanischen und venezolanischen Fall	304
8.	Schlußfolgerungen	313
8.1	Ist die Demokratie außer Gefahr?	313
8.2	Demokratische Konsolidierung und Rollenpotentiale des Militärs	318
8.3	Vier tentative Szenarios	329

Anhang

Liste der Interviews	337
Bibliographie	339

Verzeichnis der Tabellen und Abbildungen

Tabellen

1	Demokratie und Militär in Argentinien, 1930-1998	86
2	Zusammensetzung des argentinischen Kongresses 1996	105
3	Charakteristika der Militärrebellionen 1987, 1988 und 1990	112
4	Das Bild der argentinischen Streitkräfte in der Öffentlichkeit, 1986-97	119
5	Familiärer Hintergrund brasilianischer Kadetten, 1941-43, 1962-66, 1984-85	129
6	Demokratie und Militär in Brasilien, 1930-1998	133
7	Zusammensetzung des brasilianischen Kongresses 1996	150
8	Das Plebiszit zum politischen System Brasiliens von 1993	158
9	Stärke der argentinischen Streitkräfte 1983, 1997, 1999	180
10	Entwicklung der Rüstungsausgaben nach Weltregion	181
11	Argentinische Militärausgaben, 1973-1993	181
12	Stärke der brasilianischen Streitkräfte 1985, 1997, 1999	185
13	Beteiligung argentinischer Militärs an UN-Einsätzen 1994, 1997 und 1999	201
14	Beteiligung brasilianischer Militärs an UN-Einsätzen 1994, 1997 und 1999	202
15	Morde in ausgewählten Großstädten 1994 (pro 100.000 Einwohner)	208

Abbildungen

1	Elitenkonsens geht der Modernisierung voraus (Burton et al. 1992)	21
2	Demokratische Übergänge mit/ohne Elitenbildung (Burton et al. 1992)	22
3	Phasen der Demokratisierung (Schedler 1998)	23
4	Militär und neue Demokratien in Lateinamerika: Zentrale Politikfelder und Akteure	75
5	Brasilien: Zentrale Politikfelder und Akteure	274
6	Argentinien: Zentrale Politikfelder und Akteure	276

Verzeichnis der Abkürzungen

ABI	Associação Brasileira de Imprensa
ABIN	Agência Brasileira de Inteligência
AD	Acción Democrática
ADCA	Arms Control and Disarmament Agency
AID	US Agency for International Development
AKW	Atomkraftwerk
AL	Aliança Liberal
AMAN	Academia Militar das Agulhas Negras
AMRJ	Arsenal da Marinha do Rio de Janeiro
APDH	Asamblea Permanente por los Derechos Humanos
ARENA	Aliança Renovadora Nacional
AVIBRÁS	Avibrás Aerospacial
BIP	Bruttoinlandsprodukt
BSP	Bruttosozialprodukt
BNM	Brasil Nunca Mais
CAECOPAZ	Centro Argentino de Entrenamiento Conjunto para Operaciones de Paz
CDN	Consejo de Defensa Nacional
CDN	Conselho de Defesa Nacional
CELS	Centro de Estudios Legales y Sociales
CENIMAR	Centro de Informações da Marinha
CEPAL	UN-Wirtschaftskommission für Lateinamerika
CIA	U.S. Central Intelligence Agency
CIE	Centro de Informações do Exército
CIEx	Geheimdienstabteilung des brasilianischen Außenministeriums
CIMI	Conselho Indigenista Missionário
CISA	Centro de Informações e Segurança da Aeronáutica
CITEDA	Instituto de Investigaciones Científicas y Técnicas de las Fuerzas Armadas
CNBB	Conferencia Nacional dos Bispos do Brasil
CNDDHH	Coordinadora Nacional de Derechos Humanos
CNEA	Comisión Nacional de Energia Atómica
CNEN	Conselho Nacional de Energia Nuclear
CODI/DOI	Centro de Operações de Defesa Interna-Destacamento de Operações Internas
COMACATE	Comandantes, Mayores, Capitanes y Tenientes
CONADEP	Comisión Nacional sobre la Desaparición de Personas
CONINTES	Conmoción interna del estado, Plan der argentinischen Regierung zur Aufstandsbekämpfung
COPEI	Comité de Organización Política Electoral Independiente

COSENA	Conselho de Segurança Nacional
CSFA	Consejo Supremo de las Fuerzas Armadas
CSN	Conselho de Segurança Nacional
CSPN	Conselho Superior de Política Nuclear
DASP	Departamento Administrativo do Serviço Público
DEOPS	Departamento Estadual de Ordem Política e Social
DNS	Doktrin der Nationalen Sicherheit
DGFM	Dirección General de Fabricaciones Militares
DIRE	Dirección General de Información del Ministerio de Relaciones Exteriores y del Culto
DOPS	Departamento de Ordem Política e Social
ECEME	Escola de Comando de Estado Maior do Exército
Embraer	Empresa Brasileira de Aeronáutica
EMFA	Estado Maior das Forças Armadas
EMGE	Estado Mayor General del Ejército
Engesa	Engenheiros Especializados
EURATOM	Europäische Atomgemeinschaft
ESG	Escola Superior de Guerra
ESG	Escuela Superior de Guerra
FARC	Fuerzas Armadas Revolucionarias de Colombia
FEB	Forza Expedicionária Brasileira
FM	Fabricaciones Militares
FTAA	Free Trade Area of the Americas
FYROM	Former Yugoslav Republic of Macedonia
IAEO	Internationale Atomenergieorganisation
IBAD	Instituto Brasileiro de Ação Democrática
IBASE	Instituto Brasileiro de Análises Sociais e Econômicas
IISS	International Institute for Strategic Studies
IL	Informe Latinoamericano
IMBEL	Indústria de Material Bélico do Brasil
IMF	International Monetary Fund
IPES	Instituto de Pesquisa e Estudos Sociais
JB LA	Jahrbuch Lateinamerika, hrsg. vom Institut für Iberoamerika-Kunde, Hamburg
k.A.	keine Antwort
MERCOSUR(L)	Mercado Común del Sur
MODIN	Movimiento por la Dignidad y la Independencia
MTCR	Missile Technology Control Regime
LARR	Latin American Regional Report
LARR.B	Latin American Regional Report. Brazil
LAWR	Latin American Weekly Report
MDB	Movimento Democrático Brasileiro

MINURSO	Misión de las Naciones Unidas para el Reférendum del Sahara Occidental
MODIN	Movimiento por la Dignidad y la Independencia
MONUA	Missão de Observação das Nações Unidas em Angola
MRB	Movimiento Revolucionario Bolivariano
MRTA	Movimiento Revolucionário Tupac Amaru
NPT	Nuclear Non Proliferation Treaty
NUCLEBRAS	Companhia Brasileira de Tecnologia Nuclear
OAB	Ordem dos Avogados do Brasil
OAS	Organization of American States
ONUSAL	Organización de Naciones Unidas para El Savador
PCB	Partido Comunista Brasileiro
PCBR	Partido Comunista Brasileira Revolucionário
PCdoB	Partido Comunista do Brasil
PDS	Partido Democrático Social
PDT	Partido Democrático Trabalhista
PFL	Partido da Frente Liberal
PJ	Partido Justicialista
Pkt.	Punkt
PIN	Programa de Integraçao Nacional
PL	Partido Liberal
PMDB	Partido do Movimento Democrático Brasileiro
PMN	Partido de Mobilização Nacional
PNR	Proceso de Reorganización Nacional
PONAENEM	Política Nacional de Exportação de Material de Emprego Militar
PPB	Partido Progressista Brasileiro
PPS	Partido Popular Socialista
PRN	Partido de Renovação Nacional
PSB	Partido Socialista Brasileiro
PSC	Partido Social-Cristão
PSD	Partido Social-Democrático
PSDB	Partido da Social Democracia Brasileira
PSL	Partido Social-Liberal
PT	Partido dos Trabalhadores
PTB	Partido Trabalhista Brasileiro
PV	Partido Verde
ROTA	Rondas Ostensivas Tobias de Aguiar
SAE	Secretaría de Assuntos Estrátegicos
SER	Meinungsforschungsinstitut
SFICI	Serviço Federal de Informações e Contra-Informações
SIA	Servicio de Inteligencia de la Fuerza Aérea
SIE	Servicio de Inteligencia del Ejército

SIN	Servicio de Inteligencia Naval
SIN	Servicio de Inteligencia Nacional (Peru)
SIDE	Secretaría de Informaciones del Estado
SIPAM	Sistema de Proteção da Amazônia
SIPRI	Stockholm International Peace Research Institute
SISNI	Sistema Nacional de Informações
SIVAM	Sistema de Vigilância da Amazônia
SNI	Serviço Nacional de Informações
SRA	Sociedad Rural Argentina
STF	Superior Tribunal Federal
STM	Superior Tribunal Militar
SUDAM	Superintendência de Desenvolvimento da Amazônia
SWB	BBC Summary of World Broadcasts
TIAR	Tratado Internacional de Asistencia Recíproca
UCR	Unión Cívica Radical
UCRI	Unión Cívica Radical Intransigente
UceDé	Unión del Centro Democrático
UCRP	Unión Cívica Radical del Pueblo
UDN	União Democrática Nacional
UDR	União Democrática Ruralista
UIA	Unión Industrial Argentina
UNFICYP	United Nations Peace-keeping Force in Cyprus
UNIKOM	United Nations Iraq-Kuwait Observation Mission
UNMOP	United Nations Mission of Observers in Prevlaka
UN	Vereinte Nationen

Vorwort

Zwanzig Jahre nach dem Beginn der (Re-)Demokratisierung in Lateinamerika haben die Debatten über Breite, Tiefe und Stabilität der neu entstandenen Demokratien nichts von ihrer Brisanz verloren. Ob diese nun weitgehend konsolidiert sind oder der Transitionsprozeß noch nicht abgeschlossen ist, wird in Lateinamerika, den USA und Westeuropa vielfach kontrovers diskutiert. Da das Fortbestehen zahlreicher Blockierungen zunehmend deutlich geworden ist, hat die Forschung ihre Untersuchung struktureller und konjunktureller Faktoren intensiviert, wobei vor allem der politisch-institutionelle Bereich (Präsidentialismus, Parteiensystem, Parlament u.a.) und die Meinungsforschung (*Latinobarómetro* u.a.) hervorzuheben sind.

Zu den strukturellen Hindernissen der Demokratisierung gehörte in der Vergangenheit das Eingreifen des Militärs an bestimmten Krisenpunkten, meist Wirtschaftskrisen, gefolgt von politischen Legitimitätskrisen. Selten übte es allein, isoliert von Eliten und gesellschaftlichen Interessengruppen, politische Pressionen aus. Häufig stürzte es eine Regierung, wenn es sie als unfähig oder sogar gefährlich ansah, um dann meist innerhalb eines kurzen Zeitraums durch Wahlen eine politisch akzeptablere Regierung an die Macht kommen zu lassen. Mit dem Jahr 1964, dem Putsch in Brasilien, änderte sich diese Tradition: Das Militär blieb 21 Jahre an der Macht, um umfassende Strukturveränderungen in Politik und Wirtschaft durchzuführen, die die Rückkehr zu linken und populistischen Regimen unmöglich machen sollten. In der Folge übernahm es mit gleicher Zielsetzung auch in Argentinien 1966 und 1976, in Chile 1973 und in Uruguay 1973/76 die Macht.

Einstellungen und Verhalten des Militärs wurden vor allem durch die nationale Geschichte und Politikerfahrungen im eigenen Land geprägt. Seit den 60er Jahren dominierte der Ost-West-Konflikt und die Perzeption einer ständig drohenden kommunistischen "Subversion" und gewaltsamen Machtübernahme des Kommunismus in Lateinamerika. Sie beeinflußte nachdrücklich Doktrin, Konflikthypothesen und politisches Denken der Militärführungen sowie des Militärs als Institution. Erst französische (Vietnam, Algerien), dann US-amerikanische Vorstellungen zur Guerillabekämpfung wurden weitervermittelt.

Der Übergang zur neuen Demokratie war für das Militär als Institution nicht unproblematisch, besonders in Argentinien. Zum einen hatte es sich darum bemüht, einen Mythos des Kampfes gegen die "Subversion" aufzubauen. So rechtfertigten Jahre nach der Rückkehr zur Demokratie hohe Offiziere das Handeln der Streitkräfte während der Diktatur in der Öffentlichkeit. Auch gegenüber dem Verfasser wurden in Interviews Folter und zum Teil auch die

Eliminierung inhaftierter Gegner, die als innerer Feind definiert wurden, akzeptiert.¹

Militärführungen suchten nach Erklärungen und Rechtfertigungen besonders in denjenigen Ländern, in denen Wahrheitskommissionen belegen konnten, daß während der Militärdiktatur mehrere Tausend Menschen nach der Festnahme im Gewahrsam der Streitkräfte ermordet worden sind, vor allem in Argentinien und Chile. Hierbei ist zu berücksichtigen, daß das Militär in Südamerika ein deutlich besseres Bild von sich hat als etwa in Zentralamerika, und daß dies auch in der Gesellschaft einige Zeit – bis zu den letzten Diktaturen – so akzeptiert wurde.

Zu Beginn der neuen Demokratien lebten die Militärführungen in dem Bewußtsein des (in der Sprache des Militärs) Sieges über "Subversion" und Terrorismus. In ihrem politischen Denken, mit beeinflußt durch jahrzehntelange nationale und internationale Ausbildung, war kaum Raum für die Akzeptanz eines authentischen, selbstbestimmten demokratischen Systems, welches politisch zu unterstützen wäre. Damit stellte sich die Frage, ob das Militär die neuen Demokratien akzeptieren und sich den gewählten Regierungen unterordnen würde oder ob es weiter eine Gefahr für die Demokratie darstellt. In der Forschung überwiegt ganz klar die erste Antwort, die Integrationsthese.

Die vorliegende Untersuchung versucht zu klären, wie sich die Institution Militär in den beiden wichtigsten Ländern Südamerikas während der neuen Demokratie (Argentinien 1983-99, Brasilien 1985-99) entwickelt hat und ob versucht wurde, jenseits der verfassungsmäßig zugeschriebenen Aufgaben eigene politische Positionen gegenüber der Exekutive und auch der Legislative durchzusetzen. Dabei wird es darum gehen, die Belastungen der Vergangenheit genauer zu eruieren, die Interaktion zwischen den neuen politischen Akteuren, der Justiz, der Gesellschaft und dem Militär zu analysieren und abschließend die Perspektiven für die sich auf dem Weg zu mehr Demokratie befindenden politischen Systeme abzuschätzen.

Im ersten Kapitel sollen drei Diskussionsstränge das notwendige theoretische Rüstzeug für die Untersuchung vermitteln, die Forschung zu (a) Transition und vor allem Konsolidierung der Demokratie, (b) zum Militär als politischer Akteur in Lateinamerika und (c) zur politischen Rolle des Militärs in der

---

1 Eigene Interviews mit 23 Offizieren, mehrheitlich des (politisch dominanten) Heeres, aus Argentinien und Brasilien sieben bzw. fünf Jahre nach dem Beginn der Demokratie (im Nov./Dez. 1990; vgl. Heinz 1995b). Die Interviewpartner wurden nicht systematisch ausgewählt; dies ist jedoch bei einer Institution wie dem Militär in Lateinamerika auch gar nicht möglich (vgl. hierzu Kap. 2.3). Es handelte sich zur Hälfte um Generäle und Admiräle.

Dritten Welt seit den 60er Jahren (bewußt wurde beim ersten und dritten Diskussionsstrang ein breiter, über Lateinamerika hinausgehender Ansatz als Einstieg gewählt). Hieraus werden in Kap. 2 die Hypothesen/Leitfragen und der Ansatz der Untersuchung entwickelt. Da auf keinen dieser großen Diskussionszusammenhänge verzichtet werden kann, fällt das erste Kapitel breiter aus als dies üblicherweise bei Untersuchungen der Fall ist, wo Fragestellung und Forschungsdesign möglichst früh vorzustellen und zu begründen sind.

Die vorliegende Studie wurde als Habilitationsschrift im Februar 2000 vom Fachbereich Politik- und Sozialwissenschaften der Freien Universität Berlin angenommen. Für Anregungen und Kritik zu Teilen, meist aber dem gesamten Text bedanke ich mich herzlich bei Ulrich Albrecht, Friedemann Büttner, Manfred Nitsch, Werner Pfennig (Freie Universität Berlin), Jörg Meyer-Stamer (Duisburg), Dieter Nohlen (Heidelberg), Sabine Kurtenbach, Klaus Bodemer und Gilberto Calcagnotto vom Hamburger Institut für Iberoamerika-Kunde, und Walther L. Bernecker (Erlangen-Nürnberg). Verbliebene Schwächen und Fehler liegen selbstverständlich in der Verantwortung des Autors.

Berlin, im Dezember 2000   Wolfgang S. Heinz

1. Demokratie und Militär

1.1 Perspektiven der Demokratisierung

Ausgehend von einer ersten Differenzierung zwischen substantiellen, prozeduralen und empirischen Demokratiebegriffen liegt dieser Untersuchung überwiegend der in der internationalen und lateinamerikanischen Diskussion dominierende prozedurale Demokratiebegriff zugrunde (vgl. Schmidt 1995, Merkel 1995, S. 33ff.). Aber auch Elemente des substantiellen Begriffes werden zu berücksichtigen sein, nicht zuletzt, weil sie in der lateinamerikanischen Diskussion traditionell eine große Rolle spielen (vgl. Kap. 1.4).

In der Politischen Wissenschaft wird Demokratie gegenwärtig ganz überwiegend als Wettbewerb politischer Parteien um den Zugang zur politischen Macht durch regelmäßige, geheime und allgemeine Wahlen begriffen. Zu den Voraussetzungen für einen *effektiven* Wettbewerb gehört ein Umfeld, in dem fundamentale Menschenrechte und besonders Rechtsgarantien, die die Artikulation und Organisation von Interessen innerhalb rechtsstaatlicher Grenzen ermöglichen, beachtet werden müssen.

Theoretische Ansätze unterscheiden sich vor allem darin, ob der Demokratiebegriff auf prozedurale Mechanismen begrenzt wird (politische Demokratie), ob zusätzlich bestimmte Zielvorstellungen verwirklicht sein müssen wie z.B. soziale Gerechtigkeit, damit ein politisches System als demokratisch bezeichnet werden kann (soziale Demokratie), und ob Demokratieprinzipien auch gesamtgesellschaftlich Anwendung finden sollen (basisdemokratische Konzepte).

Der gegenwärtig im Wissenschaftsdiskurs einflußreichste Demokratietheoretiker Schumpeter warb in seinem Werk *Kapitalismus, Sozialismus und Demokratie* für einen prozeduralen Demokratiebegriff, der auf die Entscheidung zwischen kompetitiven Eliten abzielt: "Die demokratische Methode ist diejenige Ordnung der Institutionen zur Erreichung politischer Entscheidungen, bei welcher einzelne die Entscheidungsbefugnis vermittels eines Konkurrenzkampfs um die Stimmen des Volkes erwerben" (Schumpeter 1950, S. 428). Politisch handlungsfähig werden daher Großgesellschaften durch eine Arbeitsteilung, "bei welcher die gewählte Herrschaftselite auf Zeit politisch Stellvertreterfunktionen gegenüber der selbst nicht sprech- und handlungsfähigen Bevölkerungsmehrheit wahrnimmt" (Guggenberger 1995, S. 41).

Der aus der westeuropäischen Diskussion bekannte Begriff der sozialen Demokratie findet sich auch bei der Diskussion über die Konsolidierungschancen von Demokratie (ausführlich hierzu Kap. 1.1). So soll sich nach Nohlen

Konsolidierung auf die "Herstellung jener politischen, wirtschaftlichen, sozialen und soziokulturellen Bedingungen, die den Bestand der Demokratie höchstwahrscheinlich machen, beziehen" (Nohlen 1987a, S. 5f.). Damit enthält für Nohlen der Demokratiebegriff in dieser Phase nicht nur politische, sondern auch wirtschaftliche und soziale Dimensionen. Die soziale Demokratie müsse das situativ Gegebene (die bestehende Gesellschaftsstruktur etwa) zum Ausgangspunkt nehmen und betone das Prozeßhafte einer permanenten Veränderung auf ein noch offenes Ende hin. Er schließt daraus, daß eine wesentliche Bedingung zur Aufrechterhaltung der nominellen Demokratien Ende der 80er Jahre die Entwicklung von demokratieverträglichen und sie stützenden Sozialstrukturen sei. Ohne entscheidende Schritte in diese Richtung bliebe die Demokratie zweifelhaft und instabil (ebda., S. 5, 17; vgl. auch Nohlen 1998).

Vertreter der kritischen Demokratietheorie fordern, bei einer Demokratisierung müßten über das politische System hinaus auch gesellschaftliche und private Lebensfelder einbezogen werden (Vilmar 1973), ein Verständnis, das Guggenberger als expansionistischer Politikbegriff kritisiert (Guggenberger 1995, S. 44). Vilmar z.B. begreift Demokratisierung als "Inbegriff aller Bestrebungen, über die Wahlakte der Demokratie hinaus in relevanten gesellschaftlichen Subsystemen eine möglichst optimale Beteiligung von Bürgern an der Entscheidungsbildung und den Aktivitäten des soziopolitischen Lebens" zu erreichen (Vilmar 1985, S. 144). Demokratisierung wird hier weitgehend mit Partizipation gleichgesetzt. Eine fortschreitende Demokratisierung soll durch den Aufbau einer pluralistischen Gesellschaft erreicht werden. Sie soll die Monopolisierung der politischen Entscheidungen durch eine einzelne gesellschaftliche Gruppe verhindern. Ein möglichst gesamtgesellschaftliches Gleichgewicht soll dabei helfen, die Monopolisierung des politischen Handelns im Dienste einer einzelnen Interessengruppe auszuschließen (Guggenberger 1985, S. 134), wobei die konkrete Ausgestaltung von politischen und sozialen Traditionen, vom Organisationsgrad der Zivilgesellschaft und anderen Faktoren abhängt.

Ein anderer führender Theoretiker, Dahl, hält für die Durchsetzung von Demokratie sieben institutionelle Voraussetzungen für notwendig: Vereinigungsfreiheit; Meinungsfreiheit; aktives Wahlrecht; passives Wahlrecht; Recht politischer Eliten, um Wählerstimmen zu konkurrieren; Pluralismus von Informationsquellen; freie und faire Wahlen und Institutionen, die die Regierungspolitik vom Wählerwillen und anderen Ausdrucksformen der Bürgerpräferenzen abhängig machen (Dahl 1971, S. 3, in der Übersetzung von Merkel 1995, S. 33).[2]

An Dahl orientiert haben Diamond, Linz und Lipset für ihre vergleichende Forschungsstudie über politische Systeme in Afrika, Asien und Lateinamerika folgende drei Kriterien für Demokratie formuliert:
- ein sinnvoller und intensiver, regelmäßiger und gewaltfreier Wettbewerb zwischen einzelnen und Gruppen (besonders zwischen politischen Parteien) um alle mit Einfluß verbundenen Positionen staatlicher Macht;
- ein hohes Maß an politischer Mitwirkung bei der Auswahl von Führungskräften und bei policies, zumindest durch regelmäßige und faire Wahlen, so daß keine größere gesellschaftliche Gruppe ausgeschlossen bleibt, und
- eine hinreichende Beachtung bürgerlicher und politischer Freiheiten wie Meinungsfreiheit, Pressefreiheit und Vereinigungsfreiheit, um die Integrität des politischen Wettbewerbs und der Partizipation zu gewährleisten (Diamond/Linz/Lipset 1989, S. XVI).

Diamond hat darüber hinaus vorgeschlagen, daß die politischen Führungskräfte der Bevölkerung und deren Vertreter für ihre Handlungen rechenschaftspflichtig sein sollten, und es jenseits von Parteien, Parlament und Wahlen vielfältige Möglichkeiten für eine Vertretung der Interessen der Bevölkerung geben müßte (Diamond 1992, S. 5).

Tetzlaff hat eine Minimaldefinition von Demokratie vorgeschlagen, der ich mich in dieser Arbeit anschließe, weil sie Mindestkriterien benennt, die auch in der lateinamerikanischen Diskussion (siehe Kapitel 1.2) akzeptiert werden. Sie besteht aus den Elementen (a) freie und faire, regelmäßig wiederkehrende Wahlen, (b) Rechtsbindung von Politik, die ein institutionelles Minimum an Gewaltenteilung und Machtkontrolle voraussetzt und (c) die prinzipielle Anerkennung unveräußerlicher Menschenrechte und Bürgerfreiheiten (Tetzlaff 1997, S. 102).

Abschließend muß auf die Frage gesellschaftlicher Voraussetzungen von Demokratie eingegangen werden, hier vor allem auf die These, daß die Demokratie tendenziell nur unter bestimmten wirtschaftlichen und sozialen

---

2 Andere Definitionen von Demokratie gehen substantiell in die gleiche Richtung. Bei Rueschemeyer, Stephens und Stephens sind es "zuerst freie und faire Wahlen von Repräsentanten unter einem allgemeinen und gleichen Wahlrecht, zweitens, die Verantwortung des Staatsapparates gegenüber dem gewählten Parlament ..., und, drittens Meinungs- und Versammlungsfreiheit sowie der Schutz individueller Rechte" (Rueschemeyer/Stephens/Stephens 1992, S. 43), und bei Przeworski ist "eine Kontestation, die offen für Beteiligung ist, ... hinreichend, um ein politisches System als demokratisch zu identifizieren" (Przeworski 1991, S. 10).

Bedingungen entstehen und sich entwickeln könnte. Seit Aristoteles und Platon wird in Philosophie und Politischer Wissenschaft nach den Grundvoraussetzungen von Demokratie und der besten Staatsverfassung gefragt, m.a.W. welche politischen, ökonomischen, sozialen und kulturellen Bedingungen die Wahrscheinlichkeit ihrer Einführung und Stabilisierung begünstigen. Lipset hat diese Debatte mit seiner klassisch gewordenen Arbeit *The Social Requisites of Democracy* entscheidend geprägt (Lipset 1959). Er trat für eine überragende Bedeutung des wirtschaftlichen Entwicklungsstandes als Vorbedingung für Demokratie ein, eine These, die später von der Forschung ganz überwiegend bestätigt wurde.

In einer Neubetrachtung seiner Thesen ein Vierteljahrhundert später betont Lipset, daß sich Demokratie nirgendwo nach einem einheitlichen Plan herausgebildet hätte, außer in einigen besetzten Ländern wie Korea, Japan und Deutschland in der Anfangsphase. Es handele sich vielmehr um einen langfristigen, komplexen und widersprüchlichen Entwicklungsprozeß. Stärker als in seinem Beitrag von 1959 betont er die Rolle der Zivilgesellschaft, denn "zivilgesellschaftliche Organisationen verringern den Widerstand gegenüber unerwarteten Veränderungen, weil sie die Isolierung der politischen Institutionen von einem breiten politischen Umfeld verhindern und frühzeitig Interessenunterschiede glätten oder zumindest diese anerkennen lassen" (Lipset 1994, S. 13). Damit widerspricht er deutlich denjenigen Ansätzen, die deterministisch von einem hohen Wirtschaftswachstum auf eine wahrscheinliche Demokratisierung schließen, eine These, die sich etwa im Zusammenhang mit der Entwicklung in China allgemein nur schwer halten lassen wird.

Die Frage hinreichender gesellschaftlicher Bedingungen für Demokratie ist für den lateinamerikanischen Raum besonders wichtig, weil, wie im nächsten Kapitel gezeigt wird, in Forschung und aktueller Diskussion strukturelle gesellschaftliche Defizite für die angeblich geringe oder insgesamt fehlende Demokratiefähigkeit der Länder des Subkontinents herangezogen werden.

1.1.1 Fördernde und hemmende Variablen

Seit Anfang der 90er Jahren wird zunehmend nach den Perspektiven für die Konsolidierung der neuen Demokratien, theoretisch klarer: nach den spezifischen fördernden und hemmenden Faktoren, gefragt (zu Transition und Konsolidierungsbedingungen siehe Schmitter 1995).

Schmitter nennt fünf zentrale Probleme, von deren Lösung eine erfolgreiche Konsolidierung abhängt: 1) die Frage der Grenzen bzw. eine klare politische Grundeinheit, 2) die Art, wie die kapitalistische Produktion, Akkumulation und

Distribution organisiert wird, 3) die Gefahr der Überbeanspruchung/ Unregierbarkeit des politischen Systems, 4) Korruption/Machtmißbrauch und 5) die Frage äußerer bzw. innerer Sicherheit (Schmitter 1994, S. 65ff.).

Er unterscheidet neben zwei möglichen Endpunkten einer Konsolidierung, der Rückkehr zum Autoritarismus und dem Fortschreiten zur Demokratie, drei weitere Formen:
- ein hybrides Regime, das Elemente von Autokratie und Demokratie kombiniert; hier werden autoritäre Praktiken in das neue demokratische Regime "eingebettet",
- eine zwar fortdauernde, aber unkonsolidierte Demokratie, und
- eine nicht konsolidierte Demokratie: Es werden zwar regelmäßig Wahlen abgehalten, aber es entwickelt sich kein echter an der Demokratie orientierter Konsens über die Beziehungen zwischen Parteien, organisierten Interessen, ethnischen oder religiösen Gruppen. Er sieht Länder wie Argentinien, Brasilien, die Philippinen und einige Länder Osteuropas sowie der früheren UdSSR diesen Weg gehen.

Burton et al. nehmen in ihrem Phasenmodell ein "elite settlement" als Anfangspunkt, von dem aus eine eingeschränkte Demokratie die Einbeziehung neuer sozialer und politischer Gruppen meistern muß:

Abb. 1: Elitenkonsens geht der Modernisierung voraus (Burton et al. 1992)[3]

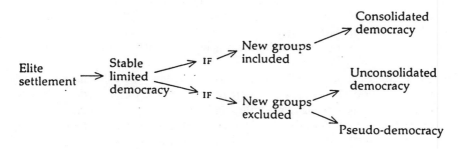

Die Autoren bleiben auf die Frage, warum bei Ausschluß neuer Gruppen zwei verschiedene Endzustände – nichtkonsolidierte und Pseudo-Demokratie – vorgeschlagen werden, eine Antwort schuldig.

---
3   Burton et al. 1992, S. 22.

In einem weiteren Schaubild wird das für diese Untersuchung noch interessantere Thema der Transition zur Demokratie mit und ohne ein "elite settlement" dargestellt.

Abb. 2: Demokratische Übergänge mit/ohne Elitenbildung
(Burton et al. 1992)[4]

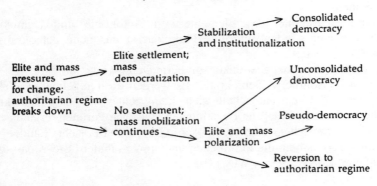

Burton et al. können sich keine gelungene Transition ohne "elite settlement" (definiert als "relativ seltene Ereignisse, bei denen bekämpfende Elitefaktionen plötzlich und bewußt ihre Beziehungen reorganisieren, indem sie Kompromisse zu den wichtigsten Konfliktpunkten schließen", Burton et al. 1992, S. 13) vorstellen: kein Pfeil führt von der Phase "no settlement" zu "consolidated democracy". Dies, obwohl es durchaus Fälle gibt, in denen solche Transitionen – zugegebenermaßen mit Spannungen und unter Schwierigkeiten – zu einer konsolidierten Demokratie geführt haben (Portugal und Argentinien). Ihr Argument ist aber vermutlich nicht linear gemeint, sondern probabilistisch.

Die drei nicht konsolidierten Demokratietypen werden bezeichnet als
- unkonsolidierte Demokratie (eine prozedurale Demokratie, in der eine substantielle politische Massenbeteiligung existiert, aber ein echter Elitenkonsens über die Spielregeln der Politik fehlt), eine Situation, die sich meist unmittelbar nach dem Zusammenbruch eines autoritären Regimes ergibt.
- Länder, in denen ein solcher Elitenkonsens existiert, aber die politische Massenbeteiligung nicht über wohlhabende Schichten hinausgeht, oder die (als passiv verstandene) ländliche Bevölkerung einen Großteil der Bevölkerung stellt, werden als stabile beschränkte Demokratien gefaßt.
- Diejenigen Länder, die die formalen Kriterien der prozeduralen Demokratie erfüllen, in denen aber gleichzeitig Eliten- und Massenbeteiligung nicht vorhanden sind, werden als Pseudodemokratien definiert, worunter vor

---

4 Ebda., S. 23.

allem die früheren Einparteienregime in Afrika, Asien und dem Nahen Osten verstanden werden.

Schedler hat auf der Basis einer Arbeit von Collier und Levitsky (1997) Phasen der Demokratisierung in einer heuristisch nützlichen Grafik dargestellt (Schedler 1998, S. 94). Er unterscheidet zwischen autoritärem Regime, Wahldemokratie, liberaler Demokratie und fortgeschrittener Demokratie (ein Begriff, der sich wahrscheinlich mit einer sich konsolidierenden Demokratie gleichsetzen läßt):

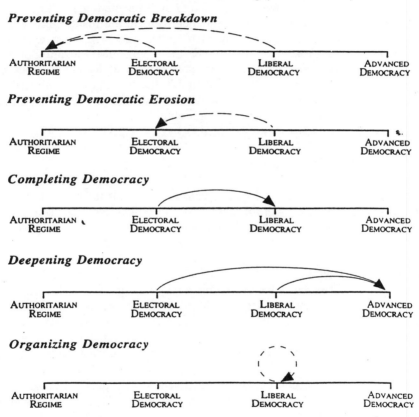

Abb. 3: Phasen der Demokratisierung (Schedler 1998)

Würde man die Dimensionen von Wahldemokratie und liberaler Demokratie genauer spezifizieren, ließe sich ein weitaus komplexeres Bild sich vertiefender Demokratisierungsprozesse gewinnen.

Zusammenfassend ist festzuhalten, daß der Übergang von der Transition zur Konsolidierung relativ klar bestimmbar ist, während der Begriff der konsolidierten Demokratie noch eher schillernd bleibt. Zum einen ist die Definition eines abgeschlossenen Zustandes angesichts der Komplexität des Demokratisierungsprozesses fragwürdig, so daß eher ein System von Kriterien diskutiert werden sollte, die deutlich den Beginn der Konsolidierung zu indizieren vermögen. Das Endprodukt, die Konsolidierung der Demokratie, sollte nach vorne hin offen bleiben. Zu den Kriterien, mit denen dieser Übergang genauer erfaßt wird, sollten nicht nur ein regelmäßiger Regierungswechsel durch demokratische Wahlen gezählt werden, sondern auch Variablen, die die charakteristischen Eigenheiten einer institutionalisierten Demokratie wie Herrschaft des Rechts, Gewaltentrennung und Grundfreiheiten beinhalten. Dabei ist zu beachten, daß ein solcher Demokratiebegriff nicht mit Institutionselementen westlicher Provenienz überladen werden sollte, weil sich sonst eine solche Definition, eurozentrisch verengt, nicht mehr auf die Vielzahl politischer Systeme außerhalb Europas anwenden läßt. Auf der anderen Seite muß auch die Angemessenheit nicht-westlicher politischer Institutionen hinterfragbar sein, und diese dürfen nicht aufgrund eines "Kulturbonus", weil sie kulturell authentisch seien und daher a priori Legitimität beanspruchen können, von der kritischen Analyse ausgeschlossen werden.

1.1.2 Von der Transition zur Konsolidierung

Voraussetzungen, Verlauf und Konsequenzen von Transitionsprozessen für die Institutionalisierung und Konsolidierung von Demokratie werden seit Ende der 70er Jahre umfassend diskutiert. Diese Debatte soll hier nicht aufgenommen werden (statt vieler: O'Donnell et al. 1986, Zinecker 1995).

Die sich zunehmend als erfolgreich abzeichnende Transition zur Demokratie vom Ende der 70er Jahre (Ecuador) bis zum Ende der 80er Jahre (Brasilien, Chile) drängte die Wissenschaft, nach Kriterien für die nächste Phase, die Institutionalisierung und Konsolidierung der Demokratie zu suchen (Mainwaring et al. 1992, allgemein: Merkel et al. 1996).[5] Während man in der Transitionsphase noch unterschied zwischen den Begriffen der Liberalisierung, die noch innerhalb eines autoritären Systems erfolgt, und der Demokratisierung, die auf einen tatsächlichen Machttransfer abzielt, so stellte sich jetzt die Frage, welche Kriterien erlauben würden, klar zwischen dem Ende der Transition und dem Beginn der Konsolidierung zu differenzieren, wobei in einigen theoretischen

---

5 Für komparative Betrachtungen zu Transition und Transformationsprozessen in Lateinamerika, die z.T. auch Süd- und Osteuropa berücksichtigen, siehe, statt vieler, O'Donnell et al. 1986, Diamond/Linz/Lipset 1989, Karl/Schmitter 1991, Przeworski 1991, Higley/Gunther 1992, Nohlen/Thibaut 1994a und Zinecker 1995.

Beiträgen auch die Möglichkeit einer Überlappung beider Phasen postuliert wurde.

Mit Nohlen läßt sich Transition als ein Prozeß der politischen Demokratisierung verstehen, der mit den ersten freien Wahlen, der Verabschiedung einer neuen Verfassung oder auch dem ersten Machtwechsel nach den ersten freien Wahlen zu seinem Endpunkt kommt. In der Transitionsphase wird mit der Einrichtung "sicherer Verfahren" begonnen, um unsichere politische Ergebnisse "produzieren" zu können. Die Macht verlagert sich aus den Händen der alten Machthaber auf institutionalisierte Verfahren.

Es ist das übergeordnete Ziel, einen sogenannten Demokratiekonsens herauszubilden, der sich mit Sartori in drei Bereiche ausdifferenzieren läßt, in einen Grundkonsens über grundlegende Werte wie Freiheit und Gleichheit, einen Konsens über Verfahrens- bzw. Spielregeln und einen über bestimmte Regierungsprogramme (Sartori 1992, S. 98ff.). In der Konsolidierungsphase sollte der politische Streit vor allem im letzten Feld stattfinden, seltener den Verfahrens- und nur ausnahmsweise den Grundkonsensbereich betreffen.

Auf einen erfolgreichen Transitionsprozeß sollte die Institutionalisierung[6] bzw. Konsolidierung[7] der Demokratie folgen, wobei sich der zweite Begriff durchgesetzt hat. Diese Phase darf aber nicht unilinear aufgefaßt werden, denn es ist immer eine Vielfalt realer Entwicklungspfade möglich. In der neuen Phase *kann* sich Demokratie vertiefen, so daß es zu ihrer Institutionalisierung bzw. Konsolidierung kommt, aber es ist auch möglich, daß
- sie aufgrund von historisch immer noch virulenten oder aktuellen Krisenvariablen in eine "oligarchische Demokratie" zurückfällt, etwa in bestimmten lateinamerikanischen Ländern, in denen formal-demokratische, mehr oder weniger funktionierende Institutionen einer geringen effektiven politischen Beteiligung der Bevölkerung gegenüberstehen und "Brücken" zwischen beiden fehlen,
- sie stagniert, in eine Krise gerät oder sogar in ein autoritäres System zurückfällt (wie eine Zeit lang in Togo und Zaire unter Mobutu), oder
- es bei einer andauernden schweren Krise sogar zu einem Ver- und Zerfall des Staates, wie in verschiedenen afrikanischen Ländern, kommt (eine solche Entwicklung kann freilich auch Krisen in autoritären Regimen zum Ausgangspunkt haben).

---

6   Vgl. z.B. den Titel des Bandes von Merkel/Sandschneider/Segert 1996a: Systemwechsel. Die Institutionalisierung der Demokratie.
7   Vgl. Mainwaring/O'Donnell/Valenzuela 1992, Cavarozzi 1992 und Munck 1994.

Damit stellt sich die Frage nach den Kriterien, um eine Demokratie als konsolidiert bezeichnen zu können. Es ist schwierig, aber gleichwohl notwendig, eine solche "Schwelle" zu bestimmen, ein trennscharfes Kriterium für die Unterscheidung zwischen konsolidierter und nicht konsolidierter Demokratie zu finden.

Meist werden als Kriterium für das Ende der Transition und den Beginn der Konsolidierung von Demokratie die zweiten, erfolgreich durchgeführten Wahlen genannt: Die zu Beginn erfolgreichen Parteien, die die Regierung stellen, werden nach den nächsten Wahlen von der Opposition abgelöst, die bei der folgenden Wahl einer anderen Partei(enkoalition) die Macht übergibt (Huntington 1991, S. 266). Dieses Kriterium hat eine gewisse Plausibilität, vernachlässigt aber politische Systeme, in denen es über einen langen Zeitraum hinweg trotz regelmäßiger, geheimer Wahlen zu keinem politischen Wechsel in der Regierung kommt (Deutschland 1982-1998, England unter der Konservativen Partei, vor allem aber Japan). Es läßt sich nicht überzeugend begründen, diese Systeme aus der Gruppe der konsolidierten Demokratien auszuschließen.[8]

Als Ausgangspunkt läßt sich auch die Verabschiedung einer neuen Verfassung wählen. Linz und Stepan haben vier ineinandergreifende Phasen vorgeschlagen, die dabei helfen sollen, den Konsolidierungsprozeß besser zu strukturieren:[9]
- In der Phase der strukturellen Konsolidierung *(structural consolidation)* kommt es zur Konsolidierung der zentralen Verfassungsorgane und politischen Institutionen wie Staatsoberhaupt, Regierung, Parlament und Judikative;
- bei der repräsentationalen Konsolidierung *(representational consolidation)* wird die Interessenvermittlung durch Parteien und Interessenverbände wiederhergestellt;
- in der Phase der verhaltensbezogenen Konsolidierung *(behavioural consolidation)* kann kein relevanter politischer, militärischer oder wirtschaftlicher Akteur mehr nennenswerte Ressourcen gegen die Demokratie mobilisieren, und
- bei der einstellungsbezogenen Konsolidierung *(attitudinal consolidation)* kommt es zur Herausbildung einer demokratieunterstützenden staatsbürgerlichen Kultur, für die manchmal Jahrzehnte notwendig sind.[10]

---

8 Der japanische Fall wäre genauer zu diskutieren; dies kann aber hier nicht geleistet werden, weil er weit über die zentrale Fragestellung hinausgehen würde.
9 Juan J. Linz/Alfred Stepan, Democratic Transitions and Consolidation; Eastern Europe, Southern Europe and Latin America, unveröff. Ms., 1991, zusammengefaßt von Merkel et al. 1996b, S. 6.
10 In ihrer späteren Veröffentlichung haben Linz und Stepan für ihre Arbeitsdefinition einer konsolidierten Demokratie verhaltens-, einstellungs- und verfassungsbezogene

Die Herausbildung einer politischen und staatsbürgerlichen Kultur im Prozeßverlauf darf indes nicht als eine determinierende Variable vorausgesetzt werden. Sie ist in aller Regel als Resultat eines gelingenden Konsolidierungsprozesses, manchmal sogar eines noch offenen Transitionsprozesses, zu begreifen und kann daher nicht als Ausgangspunkt vorausgesetzt werden.[11] Paradox ausgedrückt: Fast immer entsteht zuerst (strukturell-institutionell) die Demokratie, und erst dann bildet sich – hoffentlich – in der Bevölkerung eine Mehrheit von Demokraten heraus.

Przeworski et al. stellen sich die Frage, welche Bedingungen vorhanden sein müssen, damit eine in diesem Jahr existierende Demokratie auch in den nächsten Jahren Bestand haben wird. Auf der Grundlage einer Studie zur politischen Entwicklung in 135 Ländern zwischen 1950 und 1990 identifizieren sie eine Reihe allgemeiner Variablen, sog. *facilitating factors* (Przeworski et al. 1996, S. 40ff.). Sie beginnen ihre Argumentation mit der These, daß eine Demokratie erst einmal vorhanden sein müsse, wobei dies nicht tautologisch gemeint sei. Denn es soll das Argument zurückgewiesen werden, daß es unter Demokratien zu einem schwächeren Wirtschaftswachstum käme als unter Diktaturen, und die These, daß wirtschaftlicher Aufschwung notwendig zur Demokratie führt ("Nicht eine einzige Transition läßt sich nur durch das Entwicklungsniveau erklären", ebda., S. 40). Bei einem Land mit einer bereits existierenden Demokratie wird wirtschaftliche Entwicklung jedoch einen stark positiven Effekt auf ihre Überlebenswahrscheinlichkeit haben. Bei einem Pro-Kopf-Einkommen von unter 1.000 US$ würde sie im statistischen Durchschnitt 8,5 Jahre halten und bei 4-6.000 US$ sogar 100 Jahre. Kein demokratisches System sei in einem Land mit einem Pro-Kopf-Einkommen von über 6.055 US$ zusammengebrochen. Eine erfolgreiche Wirtschaftspolitik ist daher eine wichtige Variable, im negativen Fall ein entscheidender Gefährdungsfaktor, für den Bestand von Demokratie.

Bei der nächsten Variable, Einkommensungleichheit, fehlt es den Autoren nach eigenen Angaben an systematischen Daten. Trotz dieser Einschränkung kommen sie zu dem Ergebnis, daß Demokratien sehr viel eher überleben würden, wenn die Einkommensungleichheit mit der Zeit zurückginge ("die Menschen erwarten von der Demokratie, daß sie Einkommensungleichheit verringert, und Demokratien sind überlebensfähiger, wenn sie dies tun", ebda., S. 43).

Elemente formuliert (Linz/Stepan 1996, S. 6). Ich halte aber das hier vorgestellte, ineinandergreife Phasenmodell für aussagekräftiger und heuristisch hilfreicher.
11 Allgemein zu politischer und staatsbürgerlicher Kultur vgl. Almond/Verba 1963, 1980.

Eine weitere Variable ist das "internationale Klima", womit die gegenwärtig weltweite Verbreitung und Akzeptanz von Demokratie als Modell gemeint ist. Zwar ließen sich keine klaren Mechanismen benennen, wie sich das internationale Klima auf die einzelnen Länder auswirkt, aber seine Auswirkungen auf globaler Ebene seien doppelt so stark wie auf der regionalen Ebene, und zwar unabhängig vom direkten Einfluß westlicher Regierungen und der verschiedenen internationalen Institutionen (diese Aussage scheint plausibel, aber wie die Autoren zu dieser wichtigen These kommen, ist methodisch nicht nachvollziehbar).[12]

Die vorletzte Variable bezieht sich auf das "politische Lernen" demokratischer wie auch antidemokratischer Kräfte. Besonders wenn in einem Land die Demokratie nur ein einziges Mal beseitigt wurde, hätte dies einen deutlich negativen Einfluß auf die Lebensspanne des neuen demokratischen Regimes. Denn aus einem solchen Zusammenbruch würden nicht nur die neuen demokratischen Akteure lernen, sondern auch die weiter agierenden, aktiv antidemokratischen Kräfte.

Ausführlich widmen sich Przeworski et al. den Auswirkungen der politischen Institutionen auf die Konsolidierung. Die Grundfrage lautet für sie, welche Institutionen unter welchen historischen Bedingungen welche für die Demokratie relevanten Effekte haben. Hier kommt die Diskussion über präsidentielles vs. parlamentarisches System in den Blick. Bei der Betrachtung, unter welchen Bedingungen Demokratien zusammenbrachen, ermittelten die Autoren, daß es vor allem präsidentielle Systeme (52% der 46 untersuchten Fälle) und erst in zweiter Linie parlamentarische (28% von 50 Fällen) oder gemischte Systeme[13] (12,5% oder einer von acht Fällen) waren. Die zu erwartende Lebenszeit einer Demokratie betrug bei präsidentiellen Systemen 20 Jahre, bei parlamentarischen aber 71 Jahre. Dennoch haben sich zwischen 1974 und 1990 unter den neuen Demokratien 19 für ein präsidentielles, 13 für ein parlamentarisches und drei für ein gemischtes System entschieden.

Abschließend äußern die Autoren Zweifel am Begriff der Konsolidierung:

"Die Fähigkeit für eine Demokratie zu überleben, ist eine Frage von Politics und Policies wie auch des Glücks. Wenn sich, umgekehrt, Demokratie, aus welchen Gründen auch immer, 'konsolidiert', dann sollten wir zu dem Ergebnis kommen, daß je länger dieser Prozeß dauert, ihr Ableben umso unwahrscheinlicher ist. Dies können wir aber nicht feststellen und daraus schließen wir, daß 'Konsolidierung' ein leerer Begriff ist. Zusammen-

---

12 Zur US-Einflußnahme auf Demokratisierungsprozesse in Lateinamerika siehe Lowenthal 1991 und zu europäischen Erfahrungen Whitehead 1996.
13 Unter einem gemischten System wird ein präsidentielles System mit parlamentarischen Elementen, z.B. einer dem Parlament verantwortlichen Regierung, verstanden.

fassend scheint das Geheimnis der Dauer von Demokratie in der wirtschaftlichen Entwicklung zu liegen – nicht wie die dominante Theorie in den 60er Jahren meinte, unter einer Diktatur, sondern unter einer Demokratie, die auf parlamentarischen Institutionen beruht." (ebda., S. 50)

Hier wird der Begriff Konsolidierung wohl doch zu schnell fallen gelassen. Für eine vollständige, präzise Analyse der Post-Transitionsphase bedarf es auf jeden Fall eines Begriffes, der den Prozeß zunehmender Institutionalisierung, Stagnation oder Rückkehr zu einer autoritären Herrschaftsform theoretisch fassen kann. Ob dieser "Institutionalisierung", "Konsolidierung" oder "democratic durability" genannt wird, ist erst einmal zweitrangig. Da es, wie früher bereits erwähnt, schwierig ist, den Endpunkt, die konsolidierten Demokratie zu bestimmen, lassen sich auf jeden Fall Kriterien für den Abschluß der Transitionsphase und den Beginn des Konsolidierungsprozesse festhalten. Der Konsolidierungsprozeß selbst sollte nach vorne hin als offen begriffen werden.

Unter den verschiedenen Vorschlägen für eine Definition von demokratischer Konsolidierung halte ich die folgende von Valenzuela für besonders ertragreich, weil sie die Hauptelemente einer erfolgreichen Konsolidierung am besten auf den Begriff bringt:

Eine Demokratie ist dann konsolidiert, wenn Wahlen, die auf Verfahren folgen, bei denen es keine haarsträubenden oder bewußten Fälschungen gab, um systematisch einem bestimmten Meinungssegment die Vertretung unmöglich zu machen, von allen signifikanten politischen Kräften als unzweideutig einziger Weg zur Berufung von Regierungen weit in die absehbare Zukunft anerkannt werden, und wenn die Regierung nicht Gegenstand einer tutelaren Überwachung ist oder durch die Existenz reservierter Domänen in der Formulierung staatlicher Politik beschränkt wird. (Valenzuela 1991, S. 69)

Valenzuela versteht unter dem Begriff "signifikant", daß es auch in einer konsolidierten Demokratie konspirative Gruppen z.B. innerhalb der Streitkräfte geben kann. Diese stellen aber solange kein Problem dar, wie sie von den relevanten politischen Kräften deutlich isoliert und als solche zu unbedeutend sind, um das demokratische System ernsthaft zu bedrohen.

Die Definition greift über den rein prozeduralen Aspekt hinaus und betont neben Wahlen als Zugang zu politischer Macht die Möglichkeit für politische Akteure, demokratisch nicht legitimierten Einfluß und Pressionen auf die gewählte Regierung – und es wäre zu spezifizieren: zur politischen Beeinflussung der Regierung am Parlament vorbei, ausgestattet mit erheblichen Machtressourcen – auszuüben.

1.2 Lateinamerikanische Erfahrungen mit Demokratie

In Lateinamerika hat es zwar jahrzehntelang liberale Demokratien in Costa Rica, Kolumbien und Venezuela gegeben, aber diese Länder bilden nur eine Minderheit unter den zwanzig Republiken des Subkontinents. So existieren zwar in Ländern wie Kolumbien und Peru seit 1980 formale Demokratien mit einem längeren Zeithorizont, aber ob diese angesichts des hohen Ausmaßes an politischer Gewalt und an Menschenrechtsverletzungen als konsolidiert bezeichnet werden können, muß als fraglich erscheinen. Denn sie erfüllen z.B. nicht das Demokratiekriterium der Rechtsbindung der Politik, das zumindest eine überwiegende Einhaltung der Menschenrechte einschließt.

Die Demokratien Westeuropas, Nordamerikas und Australiens, besonders der USA, Großbritanniens sowie Skandinaviens standen und stehen regelmäßig an der Spitze von Modellen der Demokratiereife, so bei Dahl, Huntington und Lijphart.[14] Für die westeuropäische Entwicklung war die historische Sequenz von Rechtsstaat, liberaler Demokratie und Sozialstaat (Rüb 1996, S. 66) – und man muß ergänzen: ein langfristig ziemlich kontinuierliches Wirtschaftswachstum – charakteristisch, eine Sequenz, die es in Lateinamerika nicht gegeben hat. Vielmehr bildete sich, wie auch in Westeuropa im 19. Jahrhundert, zuerst eine klientelistische Elitendemokratie heraus, die dann seit dem Beginn dieses Jahrhunderts durch die Einführung des allgemeinen Wahlrechts langsam nach "unten" erweitert wurde. Häufiger Wahlbetrug und -manipulationen stellten dabei in vielen Ländern bis in die jüngste Zeit die Legitimität und damit die Qualität von Demokratie in Frage.

Die häufigen Versuche, das westliche Demokratiemodell vor allem angelsächsischer Provenienz unreflektiert auf Lateinamerika zu übertragen, sind mit dem Verweis auf die spezifischen historischen Erfahrungen und kulturellen Determinanten des Subkontinents wiederholt und zu Recht in Frage gestellt worden (Mols 1985, Wiarda 1990). Wiarda hebt hervor, daß es in Lateinamerika im Unterschied zu Nordamerika keinen Konsens über Demokratie oder Liberalismus gäbe, und zieht sechs Lehren für den historischen Stellenwert der Demokratie in der Region:
- Die lateinamerikanische Erfahrung mit Demokratie war historisch relativ kurz und nicht glücklich.

---

14 Die jüngere Forschung hat darauf hingewiesen, daß auch in Europa die Entwicklung der Demokratie ein schwieriger, widersprüchlicher Prozeß war, und sich die westliche Gesellschaftstheorie der Brüchigkeit und möglicher Rückschläge eines Prozesses, der wirtschaftliche mit politischer Liberalisierung verbindet, immer bewußt war (vgl. Whitehead 1993).

- In Lateinamerika wird Demokratie oft anders definiert als in den USA, und dies hat wichtige Implikationen für Analyse und Politik.
- Auf dem Subkontinent hat es keinen klaren, nach vorwärts gerichteten Marsch auf dem Weg zur Demokratie gegeben, sondern einen eher unsicheren Prozeß mit demokratischem Neubeginn, Unterbrechungen und Rückfällen, zu denen es immer wieder gekommen ist.
- Die politische Entwicklung hat in charakteristischer Weise nicht zu einem definitiven Triumph der Demokratie geführt, sondern zur Versöhnung und Anpassung bestimmter demokratischer mit verschiedenen autoritären, organizistischen, korporativen und undemokratischen Formen.
- Die Entwicklung der Demokratie hat nicht notwendigerweise mit der sozialen und wirtschaftlichen Entwicklung Schritt gehalten, vielmehr hat sie beide genauso oft gefährdet wie unterstützt, und
- Demokratie war nicht auf Dauer die bevorzugte Regierungsform. Daher ist zu fragen, ob sich die politische Kultur unterdessen hinreichend verändert hat, so daß sie jetzt die demokratische Herrschaft unterstützt (Wiarda 1990, S. 5f.).

Wiarda tritt daher für einen eigenen, im Vergleich zu den USA und zum Westen eingeschränkten Demokratiebegriff mit den Elementen des politischen Wettbewerbs, der Partizipation und der Einhaltung politischer Freiheiten ein (ebda., S. 238).

Dagegen argumentiert Mols von der westlichen Demokratietradition aus. Er hält für den lateinamerikanischen Begriff einer offenen, pluralistischen Demokratie vier Ergänzungen für notwendig, die als Hindernisse für die Durchsetzbarkeit des westlichen Modells repräsentativer Demokratie aufgefaßt werden müssen:
- die eingeschränkte nationale Autonomie lateinamerikanischer Länder als einer langjährigen Grunderfahrung der nationalen Eliten und Bevölkerungen wie auch die erhebliche, kontinuierliche wirtschaftliche und politische Abhängigkeit erst von Europa, dann von den USA;
- das abweichende nationale Integrationsniveau; hiermit ist vor allem die Marginalität von 30-50% der Bevölkerung gemeint, die von demokratischen Prozessen weitgehend ausgeschlossen bleibt;
- das Verständnis von Demokratie als sozialer Demokratie, die über Wahlen hinaus auf soziale Veränderungen abzielt;
- das Verhältnis von Staat und Gesellschaft, das seit langem von einer tief verfestigten zentralistischen Tradition geprägt ist (vgl. Véliz 1980), bei der der Staat der Zivilgesellschaft mit Mißtrauen gegenübersteht, sie beständig zu manipulieren und zu kontrollieren sucht.

Alle diese Elemente seien zwar vom Umfang der Einschränkungen von Epoche zu Epoche und von Land zu Land verschieden, aber wirksam, konditionierend seien sie überall geblieben (ebda., S. 50).[15]

Die Neoinstitutionalisten betonen die zentrale Bedeutung der institutionellen Voraussetzungen für die Konsolidierung von Demokratie, sind aber manchmal in der Gefahr, diese zu verabsolutieren. Dagegen muß der Stellenwert politischer Verhaltensmaßstäbe und ihres Einflusses auf die moderne, westliche politische Kultur in Lateinamerika mit berücksichtigt werden, auch wenn er methodisch zum Teil schwer zu gewichten ist (Fanger 1994, S. 82; ebenso: Gunther et al. 1996, S. 152; traditionell: Wiarda 1974, 1980, 1990). Mit Verweis auf Schmitter und O'Donnell erinnert Mols daran, daß die Bevölkerung in vielen Ländern Lateinamerikas unter autoritären Regierungen und in einem Umfeld sozio-ökonomischer Mißstände sozialisiert wurde und daher häufig ein "historischer Prozeß der Bildung demokratischer Verhaltenstraditionen und des Entstehens einer demokratischen Kultur fehle" (ebda., S. 88). Es seien erst die politischen Institutionen entstanden, und dann – es bleibt hinzuzufügen: nach wie vor eher fragmentiert – eine demokratische politische Kultur.

Als wesentliche Hauptkomplexe eines "für Iberoamerika gemeinsamen traditionellen hierarchischen Prinzips" nennt er:
- das ausgeprägte Seilschaftsdenken der persönlichen Patronage, die in den spanischen Begriffen *personalismo, familismo* und *argolla política* (argolla, span.: metallener Ring, Halseisen) ihren Ausdruck findet;
- die weithin akzeptierte Orientierung an Pfründen bei der Vergabe politischer Positionen und Besetzung administrativer Ämter;
- das Vertrauen darauf, daß Entscheidungen und Verwaltungsakte sowie ihre Anwendungspraxis beeinflußt werden könnten, was weithin als legitime Interessenwahrnehmung verstanden und akzeptiert wird;
- und die verbreitete Neigung zur persönlichkeitsbedingten, emotionalen Anhängerschaft an führende Politiker (Populismus und Persönlichkeitsorientierung), welche spiegelbildlich das Risiko der ebenso emotionalen Abwendung durch Vertrauensentzug in sich trägt (ebda, S. 92).[16]

Fanger konstatiert, daß in den neuen Demokratien zwar die notwendigen verfassungs- und strafrechtlichen Instrumente für ein demokratisches politi-

---

15 Zu den historischen Determinanten vgl. Harris/Alba 1974, Mols 1985, S. 51ff. und Needler 1987.
16 In einer anderen Auflistung nennt Fanger als Grundelemente des Verhaltenskomplexes zwischen Bürger, Gesellschaft und Staat die patrimonial-paternalistische Tradition, Elitismus und prononciertes Hierarchiedenken, die Neigung zu einem autoritären Führungsstil (im Gegensatz zu konsensuellen Formen der Entscheidungsfindung) und der häufig wiederkehrende Einfluß ständestaatlich-korporatistischer Ordnungsprinzipien (Fanger 1994, S. 89; siehe auch Fanger 1993).

sches System existierten, aber "in der Praxis [fehlten] greifende Kontroll- und Sanktionsmechanismen, die geeignet wären, dem Weiterwirken dieser Verhaltensweisen systematisch entgegen zu steuern, ohne selbst wieder durch informelle Beeinflussungsmöglichkeiten abgebremst zu werden" (ebda., S. 93). Mit dem rapide voranschreitenden Modernisierungs- und Demokratisierungsprozeß würden Wertbegriffe und Verhaltensformen immer wieder in Frage gestellt, aber tatsächlich würden sie "nur unvollkommen rezipiert und vielfach unterlaufen".

Indessen ist davor zu warnen, den subjektiven Aspekt überzubewerten, umso mehr, als Begriffe wie politische Kultur, Werte und Verhaltensformen nur schwer präzise politikwissenschaftlich erfaßt, bewertet und gewichtet werden können (indessen können hierzu Meinungsumfragen, ethnologische und soziologische Forschung wahrscheinlich interessante Anhaltspunkte geben). Die subjektive Dimension verweist aber deutlich auf die Notwendigkeit, jenseits von Normen und Institutionen auch nach gesellschaftlichen Leitwerten und Verhaltensformen zu fragen, um die kulturelle und subjektive Fundierung demokratischer Ideen und Mechanismen zumindest in der Tendenz einschätzen zu können.

Demokratie kann auch in Lateinamerika nicht ohne Rekurs auf die Rolle des Staates begriffen werden. Dieser entstand in einem komplexen Prozeß, zuerst über mehr als 300 Jahre hinweg mit den Charakteristika spanischer bzw. portugiesischer Kolonialherrschaft, gefolgt von 170 Jahren Republik nach dem ideellen französischen und amerikanischen Vorbild einer präsidentiellen Demokratie. Eine Ausnahme hierzu stellt Brasilien dar, das erst 1889 die Monarchie abschaffte.[17]

Kaplan hat treffend die Hauptelemente des entstehenden lateinamerikanischen Staates herausgearbeitet:
"Das auf der Verfassung und dem Rechtssystem gründende Regime ist [...] gültig, existent und genießt eine formelle Legitimation, die aber zugleich durch die fehlende Wirksamkeit des Regimes eingeschränkt wird. Das Regime wird von den öffentlichen Eliten und den Gruppen der Oligarchien akzeptiert und erlebt, aber es wird von den Klassen, Gruppen, und Regionen, die sich außerhalb der Machtkonstellation befinden, passiv erlitten oder ertragen. Es ist eine Ordnung, die auf das Formelle beschränkt ist, auf das Rituelle, auf den Fetisch der Immobilität, auf die Dissoziation der Kräfte und der gesellschaftlichen Dynamik, auf die Blindheit gegenüber neuen Problemen, auf die Unfähigkeit, Dissonanzen und Spannungen

---

17 Freilich existierten staatliche Gebilde vor der spanischen und portugiesischen Eroberung, besonders das Inka- und Aztekenreich. Ihre strukturellen Wirkungen auf die Republiken der Gegenwart sind heute jedoch sehr begrenzt, wenn überhaupt noch identifizierbar. Dies gilt natürlich nicht für die indianischen Nationen, die zunehmend ihre Forderungen gegenüber Gesellschaft und Staat formulieren und ihnen auch politisch Nachdruck zu verleihen wissen.

zwischen der formellen Legitimation und der delegitimierenden Systemdysfunktionalität zu sehen [...]" (1995, S. 7f.)

Bis in die Gegenwart hinein hat der lateinamerikanische Staat seine hybride Form, die der kolonialen Herkunft und dem anhaltenden Defizit an Modernität geschuldet ist, nicht verleugnen können. Eine übermächtige Repressionsfunktion steht einer chronisch unterentwickelten Ordnungs- und Leistungsfunktion in der Wirtschafts- und Sozialpolitik gegenüber. Rudimentäre staatliche Formen wurden von den Eroberern bereits seit dem 16. Jahrhundert aufgebaut, waren vor allem aber an den kolonial-imperialen Erfordernissen des Mutterlandes orientiert. Die begrenzten Möglichkeiten, die weiträumigen neuen Kolonien zu kontrollieren, sind in der Geschichtswissenschaft herausgearbeitet worden (z.B. in Pietschmann 1980). Umfang und Reichweite staatlichen Handelns waren meist eng begrenzt, in Brasilien z.B. weitgehend auf die Küstengebiete beschränkt, auch wenn nach außen eine verwaltungsmäßige Kontrolle des gesamten Kolonialgebietes behauptet wurde. Auch nach den Unabhängigkeitskriegen im 19. Jahrhundert stellte der Staat lange Zeit eher eine symbolische nationale Herrschaftsorganisation dar, als daß er landesweit handlungs- und durchsetzungsfähig gewesen wäre. Auch im 19. und bis in die 30er Jahre des 20. Jahrhunderts war der Staatsapparat meist nur rudimentär ausgebildet. Ein effektives staatliches Gewaltmonopol gab es noch nicht und läßt sich auch gegenwärtig in einigen Staaten, wie z.B. in bestimmten Regionen Kolumbiens und Perus, nicht durchsetzen (zur Grundproblematik siehe Waldmann 1994).

Unabhängig davon, ob die Entscheidung für die Übertragung eines einzigen universalen Demokratiemodells, für ein spezifisches lateinamerikanisches Modell oder für eine Mischform fällt, kommt man nicht umhin, Kriterien zu bestimmen, die für die Anerkennung eines politischen Systems als eine sich konsolidierende Demokratie erfüllt sein müssen. Denn weicht man hier einer Antwort aus, können Transitions- und Konsolidierungsprozesse nicht präzise gefaßt und folglich in Verlauf und Wechselwirkung nicht oder nur schwer bewertet werden.

1.2.1 Zur Kritik an den neuen Demokratien

Schon während des Transitionsprozesses, vor allem aber in den letzten Jahren, äußerten eine Reihe von Wissenschaftlern Zweifel und übten Kritik an Gehalt und Stabilität der neuen Demokratien, eine Kritik, die andere Wissenschaftler als verfrüht und übertrieben pessimistisch zurückwiesen. Grundsätzlich lassen sich zwei Kritiklinien unterscheiden. Für Vertreter der ersten Gruppe handelt es sich bei den neuen Post-Transitionsregimen nicht um authentische Demokratien, sondern weitgehend um Fassadendemokratien bzw. neue Nationale

Sicherheitsregime. Die zweite Gruppe erkennt den Übergang zu einer authentischen Demokratie an, beklagt aber unterschiedlich starke Defizite in den neuen Demokratien.

Für die erste Gruppe sind die neuen Demokratien das politische Spiegelbild des neoliberalen Wirtschaftsmodells, da die politisch substantiellen Entscheidungen von einer kleinen Technokratenelite entschieden würden, oft im direkten Widerspruch zu dem, was der gewählte Präsident zuvor im Wahlkampf versprochen hatte (Beispiele sind bzw. waren Menem in Argentinien, Fujimori in Peru und Collor in Brasilien). Die formale Demokratie würde unter der Entleerung substantieller politischer Inhalte und des Streites um diese Inhalte leiden. So setzt sich der kolumbianische Soziologe Fals Borda dafür ein, daß auch nach 1989 Utopien in Lateinamerika Gültigkeit beanspruchen sollten. Er tritt für einen demokratischen Sozialismus ein und fordert eine Lösung der zahlreichen nach wie vor bestehenden Grundprobleme Lateinamerikas, wie Armut und Verelendung, sowie eine partizipatorische Demokratie (Fals Borda 1993).

Petras und Vieux charakterisieren die neuen Demokratien als "autoritäre Wahlregime" und "neoautoritäre Systeme": "Demokratie verlangt nach einer aktiven, organisierten und unabhängigen Zivilgesellschaft, die auf sozialen Bewegungen beruht, welche auf die Bedürfnisse der breiten Bevölkerung antworten. Wahlmaschinen versuchen heute in Lateinamerika, die sozialen Bewegungen ihrer Artikulation zu berauben und sie zu unterwerfen, um die Wählerschaft zu atomisieren und sie von politischen Visionen abzubringen" (Petras/Vieux 1994, S. 7). Der Kontrast zwischen Wahlkampagnen, in denen man sich auf populistische und nationalistische Appelle beruft und der von den Regierungen daraufhin verfolgten konservativen, neoliberalen Politik "zeigt nicht nur den Abstand zwischen den Interessen der Bürger und der politischen Klasse, sondern auch, wie unwichtig die Wahl als ein Instrument ist, um seine Staatsbürgerschaft als Bürgerrechte auszuüben." Als ein erster Schritt auf dem Weg zu einer authentischen, demokratischen Politik müsse daher die pluralistische politische und ökonomische Rhetorik, die das neuautoritäre System legitimiert, systematisch kritisiert und ihr entgegengetreten werden (ebda., S. 18, 19).

Die zweite Gruppe von Autoren spricht von einem Übergang *zur Demokratie*, bewertet anhand universaler und auch lateinamerikanischer Standards, kritisiert aber die zum Teil erheblichen Schwächen der neuen Demokratien. Für sie ist das Endziel Demokratie nicht allein mit der Durchführung von Wahlen erreicht, sondern sie soll grundsätzlich "nach vorne" gedacht werden, d.h. in der Entwicklung immer offen bleiben. Diese Autoren fordern die Verbreiterung und Vertiefung demokratischer Verfahren, die über traditionelle Kanäle wie

Parlament und Justiz hinausgehen sollten. Hierzu gehören vor allem eine stärkere Beteiligung der Bevölkerung an politischen Entscheidungen auch auf lokaler Ebene, und die Stärkung der richterlichen Überprüfung politischer Entscheidungen durch die Einführung einer Verfassungsgerichtsbarkeit.

Vier zentrale Bereiche werden hervorgehoben:
- die Schwächen des politischen Systems und seiner Institutionen,
- die Schwäche der politischen Parteien,
- die Unfähigkeit zur Durchführung längst überfälliger Wirtschafts- und Sozialreformen und
- der häufig immer noch erhebliche Einfluß des Militärs auf den politischen Prozeß.

Seit dem Beginn der 90er Jahre ist daher das politikwissenschaftliche Interesse an Rolle und Bedeutung von politischen Institutionen und Verfassungen im Konsolidierungsprozeß stark gewachsen (vgl. Betz 1997). Stepan und Skach haben z.B. betont, daß neben sozio-ökonomischen Faktoren der Ausbau politischer Institutionen eine entscheidende Voraussetzung für die Konsolidierung von Demokratie sei. Das parlamentarische System ist ihrer Überzeugung nach dem präsidentiellen deutlich überlegen:

"Die analytisch unterscheidbaren Neigungen (propensities) des Parlamentarismus interagieren in der Form eines sich gegenseitig unterstützenden Systems. Dieses System erweitert qua System den Handlungsspielraum für Politiker bei ihrem Versuch, die Demokratie zu konsolidieren. Die analytisch unterscheidbaren Neigungen des Präsidentialismus bilden auch ein sehr interaktives System, arbeiten aber in einer Weise, die die demokratische Konsolidierung erschwert." (Stepan/Scach 1993, S. 22)

In den präsidentiellen Systemen Lateinamerikas ist traditionell der Einfluß der Legislative nur schwach ausgebildet, da der Präsident mit Exekutivdekreten am Parlament vorbei regieren kann.[18] Meist verfügt er nicht über die Mehrheit in der Legislative, da die Wählerentscheidung bei Präsidentschafts- und Parlamentswahlen differieren: Weil die den erfolgreichen Präsidentschaftskandidaten unterstützenden Parteien häufig keine Mehrheit im Parlament erringen, ist die Versuchung für den Präsidenten groß, dann per Dekret und ansonsten in permanenter Konfrontation zum Parlament zu regieren, dem er dann meist mangelnde Effektivität, Sabotage der Regierungspolitik, Parteienhader und Korruption vorwirft. Guatemala unter Serrano Elías, Peru unter Fujimori und

---

18 Vgl. statt vieler Thibaut 1992, Stepan/Skach 1993, Linz/Valenzuela 1994. Jedoch warnt Krumwiede vor einer zu starken Verallgemeinerung dieses Arguments, u.a. weil in zehn Ländern Lateinamerikas der Präsident über keine Dekretrechte verfügt und in drei weiteren vom Parlament erteilte und jederzeit widerrufbare Dekretdelegationen vorgesehen sind (Krumwiede 1997, S. 67).

Brasilien unter Sarney und Collor waren bzw. sind hierfür Beispiele, wobei Fujimori als einziger eine strukturelle Veränderung des Systems durchsetzen konnte, wodurch die anderen Staatsgewalten im Vergleich zur Präsidentschaft faktisch nachgeordnet sind.[19] Eine klare Gesetzgebungsbefugnis des Parlaments mit der Ausschaltung exekutiver Dekrete und die Einführung parlamentarischer Elemente, etwa die Position eines Ministerpräsidenten und von Ministern, die von der Zustimmung der Parlaments abhängig sind, würde die Stellung des Parlaments stärken.

In der internationalen Forschung, aber auch in Lateinamerika selbst, wird seit Jahren über Vorzüge und Nachteile des präsidentiellen Systems wieder intensiv diskutiert. Linz und Valenzuela argumentieren für die Einführung des parlamentarischen Systems (Linz/Valenzuela 1994), während Nohlen politische Instabilität nicht notwendig durch einen bestimmten Systemtyp, sondern durch eine Vielfalt von Faktoren verursacht sieht. Er fordert, daß erst einmal die Leistungsfähigkeit der verschiedenen Systemtypen empirisch und historisch fundiert erforscht werden müßte, bevor sich ein angemessenes Modell propagieren läßt (Nohlen 1992; ähnlich kritisch Thibaut 1997).

Insgesamt zeichnet sich in der Wissenschaft keine Übereinstimmung über ein allgemein akzeptiertes Verfassungsmodell ab. In der politischen Praxis hat bisher kein Land des Kontinents ein parlamentarisches System eingeführt; einige haben das präsidentielle System in seiner Exekutivlastigkeit etwas abgeschwächt.

Der zweite Punkt sind die weiterhin bestehenden Schwächen der politischen Parteien. Obwohl sie der Interessenartikulation und -kanalisierung zwischen Bevölkerung und Regierung dienen sollten, machen es ihnen organisatorische, programmatische und innerparteiliche Demokratiedefizite unmöglich, ihre verfassungsmäßigen Aufgaben zu erfüllen. In der Konsequenz führt dies dazu, daß wichtige Politikfragen an ihnen vorbei entschieden werden, und andere gesellschaftliche Akteure, vor allem Wirtschafts- und Technokratengruppen, einen starken, demokratisch nicht legitimierten Einfluß auf die Politik ausüben können.

Drittens müssen die Unfähigkeit und der mangelnde politische Wille in den neuen Demokratien genannt werden, um längst überfällige Wirtschafts- und Sozialreformen durchzuführen, wie z.B. Landreformen, die über neoliberale

---

19 Das Parlament wird von der Regierungsparteien beherrscht, alle Ausschußvorsitzende gehören den Regierungsparteien an, die Justiz wird unter dem Vorwand der Reform über eine Sonderkommission stark kontrolliert, und für politisch brisante Fälle wurden sog. ad-hoc-Staatsanwälte eingesetzt.

Politikziele hinaus auch einen unmittelbaren Nutzen für die Mehrheit der Bevölkerung hätten erbringen sollen.[20] 1990 lebten nach Angaben der Weltbank auf dem Subkontinent etwa 108 Millionen Menschen unter der Armutsgrenze, ein Zuwachs um 21 Millionen Menschen seit 1985. Neoliberale Wirtschaftspolitiken haben zwar unterdessen vielfach ihre makro-ökonomischen Ziele erreicht, wie den Abbau des Staatsapparates, die Deregulierung und die Öffnung der Wirtschaft für den Weltmarkt. Sie führten aber zusammen mit wirtschaftlicher Rezession, Kürzung staatlicher Ausgaben und Privatisierung öffentlicher Unternehmen zu einer Situation, in der die Verelendung breiter Bevölkerungskreise zugenommen hat. Von der wachsenden Arbeitslosigkeit waren nur Costa Rica, Kolumbien und Paraguay ausgenommen (Jung 1995, S. 92).

Der Rückzug des Staates aus sozialen Grundversorgungsdiensten wurde durch die Privatisierung meist nicht aufgefangen, wobei daran zu erinnern ist, daß in den meisten lateinamerikanischen Ländern ohnehin nur ein kleiner Prozentsatz der Bevölkerung in den Genuß sozialer Grundversorgung wie Gesundheit, Bildung und Wohnung kommt. Für Sangmeister müssen nach den Wirtschaftsreformen jetzt "dringend die sozialen Reformen folgen, ohne die sich die 'soziale Schuld' der lateinamerikanischen Gesellschaften zu einem mindestens ebenso dramatischen Problem auszuwachsen droht wie eine Dekade zuvor die externe Verschuldung" (Sangmeister 1994, S. 26). Er stellt aber auch fest, daß es bei dem anhaltenden Zwang, die öffentlichen Haushalte zu konsolidieren, kaum Spielraum für die Wahrnehmung zusätzlicher staatlicher Aufgaben gibt. Daher seien fundamentale Veränderungen der tradierten einzel- und gesamtwirtschaftlichen Produktionsmuster wie auch Veränderungen der gesellschaftlichen Partizipationsmuster notwendig: "Dies bedeutet weitere millionenfache Einzelschicksale von Menschen, die hungern, krank sind und gesellschaftlich marginalisiert. Hunger und Armut machen apathisch – oder aggressiv" (ebda., S. 27). Nohlen und Thibaut dagegen sehen in der Armut kaum eine Gefahr für die Demokratie. Sie betonen, daß empirisch "weder die Transitionsprozesse im engeren Sinn, noch die bislang überschaubare postautoritäre Entwicklungsphase die latente Befürchtung bestätigt [haben], die marginalisierten Bevölkerungsgruppen würden radikalisiert und mit ihren Forderungen nach umfassenden sozialen Reformen eine autoritäre Reaktion ... provozieren. Es hat in Lateinamerika in den letzten Jahren erstaunlich wenige soziale Aufstände gegeben, obwohl die sozialen Folgen der ökonomischen Krisen und Anpassungsprozesse in vielen Fällen wohl noch dramatischer waren als man Anfang und Mitte der achtziger Jahre glaubte" (Nohlen/Thibaut 1994a, S. 215).

---

20 Vgl. Sangmeister 1994, Sherraden 1995 und Geddes 1995.

Viertens wird auf die politische Rolle des häufig weiterhin einflußreichen Militärs abgestellt, das die Handlungsmöglichkeiten von Regierungen und Parteien einschränkt.[21] Sein Einfluß äußert sich vor allem in "autoritären Enklaven", ein Begriff aus der chilenischen Diskussion (vgl. z.B. Valenzuela 1992, Loveman 1994).

Besonders Valenzuela hat auf die Bedeutung von "reserved domains" oder "autoritären Enklaven" für den Konsolidierungsprozeß aufmerksam gemacht: "Im Unterschied zur verallgemeinerten und widersprüchlichen Tutelarmacht, entziehen die 'reservierten [Politik] Bereiche' spezifische Bereiche der Regierungsaufgaben und substantive Politikentscheidungen dem Handlungsfeld der gewählten Vertreter" (Valenzuela 1992, S. 64). Hierbei wird auf Bereiche abgestellt, die nach der Transition *institutionell* oder de facto vom demokratischen Willensbildungsprozeß ausgeschlossen blieben.

Valenzuela nennt vier mögliche autoritäre Enklaven, die er aus der chilenischen Erfahrung ableitet:
- der Bereich Militärfragen, d.h. der politische Entscheidungsspielraum der gewählten Regierung bei der Bestimmung der "Mission" der Streitkräfte, dem Verteidigungshaushalt, den Beförderungen u.ä. Themen;
- die Existenz politischer Entscheidungsträger, die nicht demokratisch gewählt sind, und die Unabsetzbarkeit hoher Regierungsfunktionäre. Beispiele hierfür sind die in der gültigen chilenischen Verfassung verbriefte Unabsetzbarkeit der Oberbefehlshaber der drei Teilstreitkräfte und der Carabineros (Bereitschaftspolizei) bis 1997 und die Einrichtung von bis zu zehn Senatorenstellen, die noch unter Pinochet mit Vertretern von Institutionen wie dem Heer, der Marine, der Luftwaffe, dem Rechnungshof und dem Obersten Gerichtshof besetzt wurden (neben dem Ex-Präsidenten Pinochet). Zusammen mit den Senatoren der beiden Rechtsparteien verfügen sie über eine effektive Sperrminorität bei der Verabschiedung von Gesetzen;
- der systematische, demokratisch nicht kontrollierte oder kontrollierbare Einfluß von Gruppen auf die Regierung, der das System der "checks and balances" praktisch außer Kraft setzt, z.B. Wirtschaftsgruppen und politische Gruppen, die nicht in Parteien organisiert sind, und
- Wahlen müssen der einzige Weg sein, um Regierungen zu bestimmen, nicht Drohungen, Aufstandsversuche o.a. Mittel (Valenzuela 1992, S. 64-68).

---

21 Grundsätzlich können natürlich auch andere gesellschaftliche Machtgruppen wie Arbeitnehmerverbände, Banken, Industrievereinigungen etc. eine ähnliche Rolle spielen, aber sie haben es in der Regel schwieriger, als eine wirkliche Vetomacht zu fungieren.

Während die meisten Beobachter das Militär als einen Akteur betrachten, der den Transitionsprozeß zu verlangsamen droht, ihn einseitig zu eigenen Gunsten strukturiert oder für die neue Demokratie Belastungen schafft, weil es eine erhebliche Autonomie gegenüber gewählten Regierungen einfordert, geht die Forschung in den 90er Jahren überwiegend davon aus, daß seine Möglichkeiten, eine aktive politische Rolle zu spielen, eher gering sind. Denn es fehle ihm ein positiver regionaler Kontext, die Stabilität des politischen Systems reiche in den meisten Ländern für eine effektive Regierungsführung aus, und darüber hinaus seien die historischen Erfahrungen mit Militärdiktaturen mit Ausnahme Chiles und teilweise Brasiliens in der Wirtschaftspolitik so negativ ausgefallen, daß der "komparative Vorteil" eines neuen Militärregimes im Vergleich zu einer zivilen Regierung nicht erkennbar sei. Nur für den Fall des Rückfalls in einen neuen Populismus, z.B. aufgrund einer sich drastisch verschlechternden Wirtschaftslage oder eines gravierenden innenpolitischen Sicherheitsproblems, wird ein neues Eingreifen für möglich gehalten.

Andere Autoren sehen allerdings die neuen Demokratien als "beschützte Demokratien" unter militärischer Bewachung. So hat Loveman in einer detaillierten Analyse der Politik in zahlreichen lateinamerikanischen Staaten nachzuweisen versucht, daß die historischen Belastungen der Militärdiktaturen und das aktuelle Verhalten der Militärführungen in der Gegenwart die Aussichten für den Demokratisierungsprozeß so erheblich einschränken, daß man von "beschützten Demokratien" sprechen muß (Loveman 1994). Auch Maihold geht davon aus, daß die neuen Demokratien nicht mehr, wie manche Analytiker behaupten, über ein größeres Legitimationspolster verfügen. Die "erhobenen Hände" der lateinamerikanischen Demokratien gegenüber der militärischen Autonomie erwiesen sich "als zusätzliche Belastungsprobe in einer Zeit, in der die Konsolidierung des demokratischen Überganges mit dem Aufkommen von neuen politischen Sammlungsbewegungen, die eines Parteiencharakters weitgehend entbehren, an einem kritischen Punkt angelangt ist." (Maihold 1990, S. 29).

Wurden die Transitionsprozesse selbst noch durchgehend als positiv bewertet, wenn auch mit erheblichen Zweifeln bei Ländern wie Guatemala und El Salvador, so fiel die Beurteilung deutlich kritischer bei Ländern aus, in denen inzwischen der zweite oder dritte gewählte Präsident sein Amt angetreten hat.

So wurden lateinamerikanische Demokratien in den letzten Jahren als "Diktaturen auf Urlaub" (Nolte 1992), "eine Form autoritärer Herrschaft" (Karl/Schmitter 1991), "Demokratie mit erhobenen Händen" (Maihold 1994), "neoautoritäre Systeme" (Petras/Vieux 1994) und als "delegative Demokratie" (O'Donnell 1994) charakterisiert. Allen diesen Begriffen gemeinsam ist offenbar die Diagnose erheblicher, systemischer Defizite in Abgrenzung zu einem Verständnis authentischer Demokratie, die normativ wünschenswert wäre.

Indessen wird der in den zitierten Arbeiten zugrundegelegte Demokratiebegriff seinerseits nicht immer explizit gemacht. Daher ist zu fragen, ob es sich hier um einen universalen und universalisierbaren westlichen, um einen lateinamerikanischen oder einfach um einen Demokratiebegriff handelt, den sich die Autoren selbst, ohne klaren Rückbezug auf die Region oder das zu charakterisierende Land, zurechtgelegt haben. Auf jeden Fall wird meist ein substantieller Demokratiebegriff einem rein prozeduralen vorgezogen. Periodisch wiederkehrende Wahlen und eine formale Gewaltenteilung sind zwar wichtige Mindestkriterien, reichen aber allein als Maßstäbe für eine konsolidierte Demokratie nicht aus.

Nohlen und Thibaut halten diese Kritik unter Verweis auf den Dahlschen Polyarchiebegriff (1971) von Partizipation (Wahlen) und Opposition (Pluralismus) für übertrieben und falsch. Ihre Gegenargumente konzentrieren sich auf folgende Punkte:[22]
- Demokratien müßten anhand eines längeren Zeithorizontes beurteilt werden; daher sei eine bereits jetzt erfolgende Fundamentalkritik verfrüht und kontraproduktiv;
- die Kritiker würden für ihren Demokratiebegriff historische und normative Parameter so auswählen, daß eine der Demokratie günstige Zwischenbilanz nicht möglich sei. Die Auswahl führe deterministisch dazu, den tatsächlich stattfindenden Fortschritt von vornherein zu leugnen;
- der verwandte Demokratiebegriff sei häufig zu weit gefaßt, weil er unzulässig auf alle gesellschaftlichen Phänomene, selbst auf die Entwicklungsproblematik ausgeweitet würde, eine Fahrlässigkeit, die besonders bei lateinamerikanischen Autoren anzutreffen sei;
- die Gleichzeitigkeit von sozioökonomischer Unterentwicklung und Demokratisierung würde ebensowenig gewürdigt wie die Tatsache, daß der Aufbau demokratischer Institutionen der Entstehung einer demokratischen Kultur vorausgehen müsse, da die Bevölkerung meist unter autoritären Regimen sozialisiert worden sei.

Nohlen und Thibaut kommen zu dem Befund, daß in Lateinamerika von substantieller Demokratie "natürlich keine Rede sein" könne und fragen, welches Land sich bei Anlegung einer so hohen Meßlatte eigentlich entsprechend charakterisieren ließe. Für sie gibt es weder eine allgemeine

---

22 Vgl. Nohlen/Thibaut 1994b, S. 236ff. Ende der 80er Jahre hatte Nohlen selbst noch von "nominellen Demokratien" gesprochen (Nohlen 1987b, S. 17). Vgl. auch Nohlen 1995.

Bewegung in Richtung auf mehr Demokratie noch einen einheitlichen Trend, der von demokratischen Regierungsformen Abschied nähme (Nohlen/Thibaut 1994b, S. 248). Demokratie sei als Wert an sich noch wenig gefestigt und anerkannt, zu ihr liege vielmehr eine ambivalente Einstellung vor. Zwar sei sie nach Umfragen von 1992 in den Andenländern Bolivien, Ecuador und Peru die bevorzugte Regierungsreform, aber auch eine Diktatur mit dem Versprechen sozialer Gerechtigkeit hätte die Zustimmung der Mehrheit der Befragten.

Andere Befragungen haben eine deutliche, kontinuierliche Zustimmung zur Demokratie als politischem System gezeigt, während Akteure wie Politiker, Parlament und Justiz meist scharf kritisiert wurden.

Zwischen 1988 und 1992 unterstützten das Statement "Die Demokratie ist jeder anderen Regierung vorziehen" in Brasilien nie mehr als 48% der Befragten, aber 1992 stimmten ihm z.B. 78% der Spanier und 90% der Griechen zu. Während unter bestimmten Bedingungen zwischen 17% und 24% der Befragten in Brasilien der Demokratie eine Diktatur oder ein autoritäres Regime den Vorzug geben würden, galt dies nur für 9% (Durchschnittswert für die Mitgliedsländer der Europäischen Union) in Spanien und 4% in Griechenland (zit. in: Gunther et al. 1996, S. 156).

Das Institut *Latinobarómetro* in Santiago de Chile befragte die Bevölkerung in sieben Ländern Südamerikas und Mexikos im Mai 1995, ob die Demokratie jeder anderen Regierungsform vorzuziehen sei. In Argentinien bejahten 76% dieses Statement, während es in Brasilien nur 41% waren (zit. in Nolte 1995, S. 14). 11% stimmten in Argentinien dem Satz "Manchmal ist eine autoritäre Regierung vorzuziehen", und 6% war es gleich.

In einer anderen Umfrage von *Latinobarómetro* bejahten 1996 12% der Angesprochenen in Argentinien die Frage, ob die Demokratie in ihrem Land vollständig etabliert worden sei; in Brasilien waren es dagegen nur 4%. In Costa Rica, Spanien und Uruguay lagen die entsprechenden Werte bei 23%, 29% und 34% (zit. nach Lagos 1997, S. 133). Die Frage von *Latinobarómetro*, ob man im allgemeinen mit der Funktionsweise der Demokratie sehr zufrieden, nicht sehr zufrieden oder überhaupt nicht zufrieden sei, beantworteten die Befragten in Brasilien mit 20%, 46% und 31%, während in Argentinien die Zustimmung 34%, 50% und 14% betrug (zit. in Nolte 1997a, S. 48).

In einer 17 Länder umfassenden Befragung von *Latinobarómetro* im November 1996 bevorzugten die Demokratie als Regierungssystem im Gesamtdurchschnitt 61% der Bevölkerung. Autoritäre Systeme wünschten sich in Südamerika und Mexiko 18%, in Zentralamerika 13% der Befragten. Indessen variierten die Auffassungen zwischen den Ländern erheblich. In Uruguay erhielt Demokratie eine Zustimmung von 80%, gefolgt von Argentinien mit 71%, während es in Brasilien nur 50% waren (*Frankfurter Allgemeine Zeitung*, 27.11.1996).

Angesichts der unterschiedlichen Bewertung von Demokratie empfiehlt es sich, ihre Akzeptanz nach mindestens drei Dimensionen hin zu differenzieren:
- Als Akzeptanz des politischen Systems im Vergleich zu anderen Herrschaftsformen wie Militär- oder Einparteienregimen;
- als Akzeptanz zentraler politischer Institutionen wie der Exekutive, Legislative, Judikative, der politischen Parteien u.a.;
- als Akzeptanz von in der Demokratie verfolgten *policies* wie Armutsbekämpfung, Landreform, Wirtschaftsreform etc., wobei hier die Beurteilung der Leistungsfähigkeit der Demokratie zur Lösung gesellschaftlicher Grundprobleme im Vordergrund steht.

1.2.2 Entstehen hybride Demokratieformen?

Nach Nohlen und Barrios stehen der Konsolidierung der Demokratie in Lateinamerika vier wesentliche Hemmnisse entgegen: ungelöste wirtschaftliche Probleme, vor allem 1) mangelndes Wirtschaftswachstum und Auslandsschulden; 2) das Militärproblem, besonders die Frage, ob die neuen Demokratien das Militär in die demokratische Ordnung ein- bzw. ihr unterordnen können; 3) das schwindende Vertrauen der Bevölkerung in eine Demokratie, deren Akzeptanz stark von ihrer Leistung in der Wirtschafts- und Sozialpolitik abhängt, und schließlich 4) die institutionelle Reform der Demokratie im Hinblick auf die Kritik an ihrer mangelnden Qualität, Reformunfähigkeit und Staatsversagen. Politische Reformen sollten der Konsolidierung der Demokratie dienen, aber ihre Reformfähigkeit habe sich als viel geringer erwiesen, als dies noch zur Zeit autoritärer Herrschaft angenommen wurde (Nohlen/ Barrios 1989, S. 23-25).

Für Mols ist die "behutsame, situationsspezifische Übersetzung der westlichen Demokratieerfahrung in die eigenen politischen und sozioökonomischen Situationen" die zentrale Aufgabe der Zukunft, vor allem in der Form einer kontinuierlichen Verfassungsreform (Mols 1987, S. 214).

Whitehead erwartet Anfang der 90er Jahre die Herausbildung weniger konsolidierter, einigermaßen autonomer und konventioneller "liberaler" Demokratien. In der Mehrheit der Fälle werde es sich um "democracies-by-default" handeln (Whitehead 1991, S. 148). Bei diesen identifiziert er folgende Beschränkungen:
"Einschränkungen der nationalen Souveränität; Beschneidung der politischen Entscheidungsfreiheit durch Marktmechanismen; 'Fassaden'-Arrangements, die darauf abzielen,

nach außen das Image eines Pluralismus zu projizieren ohne jedoch die traditionellen Machtbeziehungen zu stören; Persistenz undemokratischer Strukturen in ländlichen Gebieten; politische Paralyse als Folge der Fiskalkrise; verfehlte Gestaltung institutioneller Arrangements; fragmentierte Zivilgesellschaft, die nicht fähig ist, Legitimität oder soziale Übereinstimmung hervorzubringen." (ebda., S. 159)

Nicht wenige Autoren in Lateinamerika stellen die Frage, ob man bei anhaltender Armut und großer sozialer Ungleichheit wirklich von Demokratie sprechen könne. Weffort vertritt am Beispiel Brasiliens die Auffassung, daß sich eine politische Demokratie auch bei extremer und zunehmender Ungleichheit herausbilden könne, ihre Konsolidierung unter diesen Bedingungen aber nicht möglich sei (Weffort 1993, S. 114).

Zu Beginn der 90er Jahre hat O'Donnell den Begriff der "delegativen Demokratie" eingeführt, der unterdessen Anlaß zu einer vielfältigen Diskussion in der Forschung gegeben hat.[23] Als Beispiele führt er Argentinien, Brasilien und Peru, aber auch Korea und postkommunistische Länder an.

Charakteristisch für Politiker in der "delegativen Demokratie" sei eine Haltung, nach der die gewählte Regierung in ihrem politischen Handeln völlig frei sei und lediglich durch die existierenden Machtverhältnisse und die verfassungsmäßig begrenzte Amtszeit beschränkt werde. Dagegen fehle es an demokratischen Institutionen, die wirksam am politischen Prozeß beteiligt sind. Diese Demokratie sei "durch die begrenzte Reichweite, Schwäche und die geringe Dichte der politischen Institutionen, welche immer auch existieren mögen" gekennzeichnet. "Der Platz gut funktionierender Institutionen wird durch andere nicht-formalisierte aber sehr operative Praktiken eingenommen – Klientelismus, Patrimonialismus und Korruption" (O'Donnell 1994, S. 59). Die für die repräsentative Demokratie charakteristische horizontale Verantwortlichkeit (d.h. gegenüber anderen, relativ autonomen Institutionen) ist in der "delegativen Demokratie" nur äußerst schwach ausgebildet. O'Donnell schließt mit Verweis auf den erforderlichen langen Zeithorizont in anderen Ländern eine Konsolidierung dieses Demokratietyps für die Zukunft nicht aus. Es geht ihm jedoch darum, die mangelnde Effektivität der neuen Demokratien bei der Lösung der wirtschaftlichen und sozialen Krise und die gefährlich dünne Legitimationsbasis der Regierungen bei der Politikimplementation zu kritisieren, wobei er ihnen gleichwohl eine "eindrucksvolle Fähigkeit durchzuhalten" einräumen muß.[24]

---

23 Sein Begriff erinnert an den bereits erwähnten Begriff "hybrides Regime" von Schmitter.
24 Ebda., S. 67. Auf die Beziehung zwischen "delegativer Demokratie" und sozio-ökonomischer Krise geht er an anderer Stelle ein (O'Donnell 1993).

O'Donnell vertritt die Auffassung, die delegativen Demokratien seien nicht auf dem Weg, sich zu wirklich repräsentativen Demokratien zu entwickeln: "Denn die Fälle delegativer Demokratie ... haben weder institutionellen Fortschritt noch ein sehr wirkungsvolles Regierungshandeln im Umgang mit der jeweiligen sozialen und ökonomischen Krise erreicht" (O'Donnell 1994, S. 56). Indessen sind die beiden Begriffe, institutioneller Fortschritt und wirkungsvolles Regierungshandeln, wohl zu breit angelegt, um sinnvoll vergleichend angewandt und operationalisiert werden zu können.

Es blieb vor allem O'Donnell vorbehalten, immer wieder, wenn auch argumentativ in wenig systematischer Weise, vor einer voreiligen Charakterisierung der neuen Demokratien als "konsolidiert" zu warnen. 1996 warnt er ausdrücklich vor "Illusionen über Konsolidierung" und schlägt vor, die sieben Kriterien des Dahl'schen Polyarchie-Begriffs um zwei weitere zu ergänzen: Gewählte Regierungsvertreter sollten nicht willkürlich in ihrer Amtszeit beschnitten werden und nicht schwerwiegenden Einschränkungen wie Vetos sowie dem Ausschluß bestimmter Politikfelder durch nicht gewählte Akteure, besonders durch das Militär, unterliegen (O'Donnell 1996a, S. 35). Für ihn stellt das Hauptproblem innerhalb des politischen Systems die Beziehung zwischen formalen Regeln und aktuellem politischen Verhalten dar. In Lateinamerika fehle es vielfach an verantwortlichem Regierungsverhalten *(accountability)*, der effektiven Kontrolle staatlicher Einrichtungen durch andere staatliche Institutionen sowie an der faktischen Gleichbehandlung von Politikern und Regierungsbeamten vor dem Gesetz. Der weit verbreitete Partikularismus oder auch Klientelismus[25] und die Durchsetzung parochialer Interessen blockiere die effektive Anwendung und Beachtung universalistischer und am öffentlichen Wohl orientierter Normen. Er faßt zusammen:

"Die Kombination institutioneller Wahlen, von Partikularismen als einer dominanten politischen Institution und eines großen Abstandes zwischen den formellen Regeln und der Art und Weise, wie die meisten politischen Institutionen tatsächlich arbeiten, führen zu einer starken Affinität zu delegativen, nicht repräsentativen Notionen politischer Autorität. Hiermit meine ich eine cäsaristische, plebiszitäre Exekutive, die, sobald sie einmal gewählt ist, die Vollmachten erhalten hat, das Land so zu regieren, wie sie es für richtig hält. Verstärkt durch die dringenden Erfordernisse schwerer sozio-ökonomischer Krisen und in Übereinstimmung mit alten völkischen, nicht-individualistischen Konzeptionen von Politik, kämpfen delegative Praktiken stürmisch gegen eine formale politische Institutionalisierung; Kongreß, die Richterschaft und verschiedene staatliche Kontrollinstanzen werden von der Exekutive als Behinderung auf dem Weg zu einer ordnungsgemäßen Erfüllung von Aufgaben angesehen, die die Wähler an sie delegiert haben." (ebda., S. 44)[26]

---

25 Zur politisch-ökonomischen Analyse des "rent-seeking" siehe Pritzl 1997.
26 Offensichtlich standen das Peru Fujimoris, das Brasilien Collors und das Argentinien Menems bei diesem Bild Pate.

O'Donnell scheint nicht so sehr ein Problem damit zu haben, daß diese Polyarchien nicht institutionalisiert sind, sondern daß neben demokratischen Wahlen Partikularismus oder Klientelismus zu einer permanenten "Institution" – in einem soziologischen Verständnis – geworden sind, und beide ständig in einem Spannungsverhältnis zu den formalen Regeln und Institutionen der Polyarchie stehen, ja letztere nachhaltig dominieren und dadurch untergraben.

Aus diesen systematischen Defiziten schließt O'Donnell, daß es zu einer Wiederbelebung alter autoritärer Praktiken in den neuen Demokratien kommt. Angesichts der scharfen und zunehmenden Ungleichheit[27] erfolge die Politikformulierung und -implementation zunehmend zugunsten gut organisierter und wirtschaftlich mächtiger Interessen (ebda., S. 45). Damit werde aber die *volle Staatsbürgerschaft* – verstanden nicht nur als der Besitz, sondern als effektive Möglichkeit, fundamentale Beteiligungsrechte wahrnehmen zu können – verweigert und faktisch auf eine kleine privilegierte Minderheit zurückgeschnitten. Formal sind diese Polyarchien durchaus demokratisch und, wenn sie plebiszitäre Elemente beinhalten, auch durch Mehrheitsentscheidungen legitimiert. Aber ihre liberale und republikanische Komponente, und hier spielt O'Donnell auf das innere Gefüge von Zivilgesellschaft und deren Verhältnis zur "politischen Klasse"[28] an, sind nur sehr schwach ausgebildet. Abschließend fordert er, daß die komplexen Zusammenhänge zwischen der Arbeitsweise verschiedener Polyarchietypen und den vielfach vorfindbaren strukturell schlechten sozialen Bedingungen konzeptionell erfaßt werden müssen.

Eine ähnliche Kritik, jedoch nicht auf Lateinamerika beschränkt, hat Zakaria kürzlich mit seiner Warnung vor der Zunahme von "illiberalen Demokratien" formuliert. Demokratien würden zwar weltweit wachsen und gedeihen, nicht jedoch gleichzeitig ein verfassungsgemäßer Liberalismus. Unter "liberal" faßt Zakaria den Schutz des Einzelnen in der griechischen und mit "verfassungsgemäß" die Herrschaft des Rechts in der römischen Tradition. Konstitutioneller Liberalismus, so Zakaria, befasse sich mit den Grenzen politischer Macht, Demokratie mit ihrer Akkumulation und Nutzung (Zakaria 1997, S. 30). Zakaria geht hierbei – und dies ist nicht unproblematisch – von einem westlichen Demokratiebegriff aus, mit dem seit fast hundert Jahren eine liberale Demokratie postuliert wird, zu der über demokratische Wahlen hinaus die Herrschaft des Rechts, die Gewaltentrennung und der Schutz der

---

27 O'Donnell unterscheidet mit den Begriffen formale vs. informelle Institutionalisierung zwischen den westlichen und lateinamerikanischen Demokratien (1996, S. 47).
28 Zur "politischen Klasse" gehören in Lateinamerika die professionellen Politiker, ihre Berater und relevante zivilgesellschaftliche Akteure, die regelmäßig mit dieser Elite interagieren.

Grundfreiheiten wie Rede-, Versammlungs-, Religionsfreiheit und das Recht auf Eigentum gehört (ebda., S. 22). Das Defizit der neuen Demokratien im Vergleich zur angestrebten (westlich-liberalen) Demokratie sei die fehlende Beachtung der durch die Verfassung gezogenen Grenzen durch die Regierungen der neuen Demokratien (hier liegt auch der Schnittpunkt zu O'Donnells "delegativer Demokratie"). Für Zakaria zeigt sich, daß die Ausbreitung von Demokratien mit einem hohen Grad an Illiberalismus verbunden ist. Das historische Resultat könnte dann nicht die Verbreitung westlicher liberaler Demokratie sein, sondern diese wäre nur eine von mehreren möglichen Ergebnissen.

Zakaria beklagt u.a. mit Verweis auf Argentinien unter Präsident Menem das Fehlen liberaler, konstitutioneller Demokratieelemente, ohne allerdings deutlicher auf die Grundfrage einzugehen, daß sich diese ja auch in Europa auf einem spezifischen historischen Hintergrund über mehrere Jahrhunderte hinweg herausgebildet haben. In vielen Ländern des Südens existiert dieses spezifische historisch-gesellschaftliche Substrat nicht, womit jedoch nicht suggeriert werden soll, daß es teleologisch nur einen einzigen Entwicklungsweg von einem autoritären politischen System zu einer westlichen liberalen Demokratie (gewissermaßen als Endpunkt der Geschichte) geben muß. Es läßt sich soziologisch an funktionale Äquivalente denken, die auf der Basis einer ganz anderen gesellschaftlichen Grundkonstellation als in Westeuropa zu einer Wahl-, zu einer liberalen Demokratie, aber auch zu anderen politischen Systemen führen können.

1.3 Zum politischen Rollenwandel des Militärs im Süden

Seit den 60er Jahren wurden in den Sozialwissenschaften zahlreiche Theorien und Modelle zur Erklärung militärischer Interventionen in der Politik und zur Beurteilung der Leistungsfähigkeit von Militärregierungen im Vergleich zu Zivilregierungen entwickelt. Es ist in diesem Rahmen nicht möglich, auf alle Theorien einzugehen, aber es sollen kurz vier zentrale Ansätze vorgestellt werden, die für das Verständnis unterschiedlicher politischer Rollen des Militärs im Süden besonders wichtig waren: das Militär als Träger von Modernisierungsprozessen, als Garant für politische Stabilität, als Agent von Kapitalismus und Imperialismus sowie die liberale Kritik am Militarismus.[29] Abschließend wird die Frage der Leistungsfähigkeit von Militär- im Vergleich zu zivilen Regierungen diskutiert.

---

29 Ich greife hier auf Heinz 1990 zurück. Zu Militär und Rüstung siehe statt vieler Broszka/Lock 1987, Stahl 1990, 1991a und Broszka 1994.

Zunächst soll jedoch mit dem Autor begonnen werden, der wie kein anderer die Diskussion über die zivile Kontrolle des Militärs geprägt hat.

Huntington: subjektive vs. objektive Kontrolle

Huntington unterscheidet bei der politischen Kontrolle des Militärs zwischen subjektiver und objektiver ziviler Kontrolle, Begriffe, die er auf dem Hintergrund der westeuropäischen und US-amerikanischen Entwicklung gewonnen hat. Für sein Argument ist der Begriff des Professionalismus zentral, der durch die Elemente Expertentum, soziale Verantwortung und korporative Loyalität gegenüber den Angehörigen der Profession konstituiert wird (Huntington 1957/1981, S. 8-10, 80-97).

Mit subjektiver ziviler Kontrolle bezeichnet Huntington die Unterstützung eines Teils des Militärs für eine bestimmte politische zivile Gruppe, Institution oder politische Interessen, und zwar freiwillig oder von der zivilen Seite gesucht und organisiert. Da es immer mehrere und konkurrierende zivilgesellschaftliche Gruppen gibt, droht eine solche Strategie, die Institution zu politisieren, da sie die übrigen Offiziere dazu zwingt, Position für oder gegen die Regierung zu beziehen bzw. als by-stander abseits zu bleiben. Gleichzeitig führt ein solcher Prozeß zu einer Polarisierung unter den zivilen Gruppen, da sie ihrerseits nach Partnern innerhalb des Militärs suchen. Es bilden sich zwangsläufig konkurrierende zivil-militärische Koalitionen, die die Einheit der Institution und die Herausbildung einer professionellen Haltung gefährden oder sogar unmöglich machen.

Zu der nach Huntington anzustrebenden objektiven zivilen Kontrolle gehört der Grundsatz, die Autonomie des militärischen Berufs anzuerkennen und das Militär zu einer "politisch sterilen und neutralen Institution" zu machen (ebda., S. 84). Viele Jahre später, 1995, formulierte er hierzu folgende Kriterien:

- ein hohes Niveau von militärischem Professionalismus und die Anerkennung der Grenzen der eigenen professionellen Kompetenz durch das Militär selbst;
- die effektive Unterordnung militärischer Führer unter die zivilen Führer, welche die Grundsatzentscheidungen in der Außen- und Militärpolitik treffen; und
- die Anerkennung und Akzeptanz, daß auch Militärführer ein eigenes Gebiet professioneller Kompetenz und Autonomie besitzen.

Die Gefahr einer Militärintervention in der Politik und einer politischen Intervention im militärischen Bereich könne so minimiert werden (Huntington

1995, S. 9f.). Hauptziel sei es, das Militär zu einem professionellen Instrument für die Verteidigungspolitik des Staates zu machen.

Für Huntington führen Professionalisierung des Militärs und objektive zivile Kontrolle zu einer klaren Abgrenzung zwischen militärischem und zivilem Bereich und verringern hierdurch eine mögliche politische Interventionsneigung des Militärs, aber auch die Gefahr ständiger Eingriffe von Politikern in die Institution.[30]

Stepan mit seinem Begriff des "Neuen Professionalismus" für das brasilianische Militär und vor ihm Finer zeigten jedoch, daß die von Huntington behaupteten Konsequenzen der Professionalisierung möglich, aber keinesfalls zwangsläufig sind (vgl. Stepan 1973, Finer 1976, S. 20-26, zustimmend Büttner 1989a, S. 64). Professionalisierung kann in Abhängigkeit von den strukturellen Bedingungen und aktuellen Konfliktlagen des politischen Systems auch zu mehr Politisierung führen. Finer nennt drei Hauptmotive hierfür, die alle auch für die lateinamerikanische Situation relevant sind. Zum einen kann sich das Militär selbst als ein wichtiger oder sogar als wichtigster Diener – besser: Hüter – des Staates verstehen statt als Instrument der amtierenden Regierung. Es vertritt dann in seinem eigenen Verständnis die längerfristigen Interessen der Nation, die die Politiker angeblich oder wirklich vernachlässigen. Ein zweites Motiv, eine direkte Folge der Professionalisierung, kann sich aus dem Anspruch des eigenen Expertentums ableiten, welches allein zur fachgerechten Beurteilung militärischer Belange und auch anderer relevanter Politikbereiche (Außenpolitik, Wirtschaft, Erziehung) befähige. Zivile Kontrollversuche gegenüber seiner Rollenusurpation werden daher als Einmischung zurückgewiesen. Das dritte Motiv hebt auf eine Situation ab, in der die Regierung das Militär gegen ihre innenpolitischen Gegner einsetzt und damit sein Selbstverständnis als Institution zur Abwehr äußerer Feinde verletzt sieht (Finer 1976, S. 22ff.). Es gab empirisch auch viele Fälle, in denen die politische Beurteilung der Gefahren für die innere Sicherheit zwischen Regierung und Militärführung übereinstimmten.

Für die 90er Jahre kommt Huntington bei seiner Betrachtung der Umgestaltung der zivil-militärischen Beziehungen in den neuen Demokratien insgesamt zu einem positiven Ergebnis (Huntington 1996). Er identifiziert aber auch vier Hauptprobleme. Es hätte ca. 30-40 versuchte Militärputsche gegen neu gewähl-

---

30 "Objektive zivile Kontrolle steht daher in direktem Gegensatz zu subjektiver ziviler Kontrolle. Subjektive zivile Kontrolle erreicht ihr Ziel, in dem sie das Militär zivilisiert, es zu einem Spiegel des Staates macht. Objektive zivile Kontrolle gelangt zu ihrem Ziel durch die Militarisierung des Militärs, indem es zu einem Instrument des Staates gemacht wird" (Huntington 1981, S. 83).

te demokratische Regierungen gegeben, aber diese seien als Folge von Unterentwicklung, als eine aus der Verzweiflung geborene Handlung, anzusehen, die typischerweise von Militärs mit mittlerem Dienstrang begangen werden.

Selbst wenn es seine Macht abgegeben hätte, verfüge das Militär in einer Reihe von Ländern auch weiterhin über erheblichen politischen Einfluß, z.B. in der Türkei, in Südkorea, Nicaragua, Brasilien und Chile. Weitere Probleme seien die Definition einer Rolle und Mission sowie die Auswirkungen der Entwicklung und Verbreitung neuer Militärtechnologien.

Probleme in den zivil-militärischen Beziehungen sind nach Huntington – hier bleibt er seiner Grundthese in "Political Order in Changing Societies" (Huntington 1968) treu – in der Zukunft von der zivilen Seite zu erwarten: Sie hingen von dem Versagen demokratischer Regierungen ab, wirtschaftliche Entwicklung zu fördern, von schwachen politischen Institutionen, die das Militär zu ihrem Komplizen zu machen versuchten, die Demokratie unterminierten oder zerstörten (ebda., S. 17). Es seien daher vor allem Probleme innerhalb der Gesellschaft, nicht innerhalb des Militärs, die das Risiko dauerhafter, demokratischer zivil-militärischer Beziehungen determinierten.

In Abgrenzung von Huntington wird in dieser Studie darauf verzichtet, a priori den zivilen oder militärischen Sektor als unabhängige bzw. abhängige Variable zu konzeptionalisieren. Es wird vielmehr darum gehen, die vielfältigen Interaktionen zwischen beiden Bereichen zu analysieren, einschließlich möglicher Impulse oder Gegenstrategien, die aus der Gesellschaft oder aus dem Ausland (Rolle der USA, der Vereinten Nationen, der OAS und der internationalen Finanzinstitutionen) verfolgt werden.

In der weiteren Diskussion wird nun auf vier zentrale Denkansätze für die Interpretation einer politischen Rolle des Militärs eingegangen.

Das Militär als Träger von Modernisierungsprozessen

Die Vorstellung vom Militär als Träger von Modernisierungsprozessen geht auf die Erfahrungen in der Türkei, in Birma und in einigen Ländern des Nahen Ostens, vor allem in Ägypten unter Nasser in den 50er und 60er Jahren zurück.[31] In seinem berühmten Aufsatz *Armeen im Prozeß der Demokratisierung* stellt Pye 1962 (ähnlich argumentiert Johnson 1962) das Militär als einzige moderne Institution innerhalb der überwiegend traditionellen und

---

31 Vgl. Tibi 1973, S. 193-302, Trimberger 1978, Weiher 1978 und Wolpin 1978, 1983.

halbfeudalen Gesellschaften der Dritten Welt heraus. Als eine der wenigen Institutionen, die ständig Erfahrungen mit moderner Technologie sammelt und sich an den industrialisierten Gesellschaften orientieren muß, sei es die einzige Institution, die politischen Willen und Kompetenz zur Modernisierung einer traditionellen Gesellschaft besitzt. Hierbei setzte er voraus, daß es andere, in den westlichen Ländern typische Entwicklungsträger wie Unternehmer und Gewerkschaften nicht oder nicht in hinreichendem Umfang gibt, um einen tragfähigen Modernisierungsprozeß in Gang zu bringen. Traditionelle Kulturen betrachtete er überwiegend oder ausschließlich als entwicklungshemmend, eine Beurteilung, die sich unterdessen in der Wissenschaft gewandelt hat. Soziokulturellen Faktoren im Entwicklungsprozeß wird heute eine größere, eigenständige Bedeutung zugesprochen, die in Entwicklungsprozessen zu berücksichtigen sind und diese nicht nur einfach bedrohen.

Der Modernisierungsprozeß wird hier nicht nur wirtschaftlich-technisch verstanden, denn das Militär zielt darauf ab, sein Entwicklungsmodell zur Not auch gegen den Widerstand eines Teils oder der Mehrheit einer "politisch noch nicht reifen" Bevölkerung durchzusetzen. Damit verfolgte das Militär ein eigenes "politisches Projekt", das zwangsläufig auch Auswirkungen auf Wirtschaftspolitik, politisches System, Sozialstruktur bis hin zur Außenpolitik haben mußte.

Eine politische Rolle des Militärs wird in der Literatur besonders für Länder mit einem geringen wirtschaftlichen und politischen Entwicklungsgrad für wahrscheinlich gehalten. Finer schlägt eine Differenzierung in vier politische Kulturen, die Gesellschaften durchlaufen, vor, eine minimale, niedrige, entwickelte und ausgereifte (=westliche) politische Kultur (Finer 1976, S. 79f.). Die politische Rolle des Militärs geht hierbei immer weiter zurück und wird durch eine zivile Kontrolle über die Streitkräfte ersetzt.

Schon Ende der 60er Jahre mehrten sich die Stimmen, die an dem Modernisierungswillen und der Kompetenz des Militärs zweifelten. Es hatte sich empirisch meist doch auf die Seite konservativer und reaktionärer Interessen gestellt und damit Modernisierungsprozesse eher behindert oder unmöglich gemacht. In Lateinamerika sahen Beobachter wie z.B. José Nun das Militär als einen Akteur, der den politisch aufsteigenden, aber inhomogenen Mittelschichten zu einer stärkeren politischen Bedeutung gegenüber der traditionellen Oligarchie verhelfen wollte, gleichzeitig aber auch sicherzustellen hatte, daß die nachdrängenden armen Bevölkerungsschichten und ihre Interessen in Schach gehalten werden (vgl. Nun 1967, 1986).

In der bekannten Huntingtonschen Formel wird die variierende Rolle des Militärs vom wirtschaftlich-sozialen Entwicklungsstand der Gesellschaft abhängig gemacht: "In der oligarchischen Gesellschaft ist das Militär radikal, in der Mittelklassengesellschaft ist es Teilnehmer und Schlichter, und wenn die Massengesellschaft am Horizont sichtbar wird, wird es zu einem konservativen Wächter der existierenden Ordnung" (Huntington 1968, S. 221).

Das Militär als Garant für die politische Stabilität

Mit dem Ende der 60er Jahre konzentrierte sich die wissenschaftliche Diskussion auf das Problem, daß in vielen Gesellschaften des Südens Staat und soziale Kräfte in scharfem Konflikt zueinander geraten waren, ohne daß vermittelnde Instanzen für Konfliktlösungsversuche zur Verfügung standen, ein vielfach auch heute noch aktuelles Problem. Für Huntington standen politische Systeme in Asien, Afrika und Lateinamerika vor allem vor der Notwendigkeit – und dem Dilemma –, gleichzeitig die Regierungsgewalt zentralisieren und die Partizipation vorantreiben zu müssen. Was diese Länder nach seiner Auffassung vor allem nötig hätten, sei eine Anhäufung und Konzentration politischer Macht, nicht aber ihre Streuung oder Aufsplitterung (1968, S. 137). Er sprach sich mit anderen Worten im Zweifel für eine Konzentration staatlicher Macht und gegen Partizipation aus, weil er von letzterer eine Schwächung des Staates befürchtete.

Huntington formte den Begriff der prätorianischen Gesellschaft, in der sich die sozialen Kräfte im Konflikt "nackt" gegenüberständen, weil keine politischen Institutionen, professionellen Politiker oder andere, allgemein akzeptierten Institutionen für die Vermittlung zwischen Individuen und Gruppen existierten. Allgemein fehle der Konsens über legitimierte und verbindliche Methoden der Konfliktlösung (ebda., S. 196).

Damit driftet das Militär leicht in eine Situation, eben der "Prätorianer" ab, in der es die Rolle eines Garanten für die politische Stabilität übernehmen soll – weil es hierzu eingeladen wird oder sich selbst hierfür berufen hält. Aber politische Stabilität in welchem Sinne und Interesse (cui bono)? Politische Stabilität ist per se durchaus positiv zu bewerten, aber in der politischen Praxis handelte es sich bei der Garantenrolle fast immer um die Aufrechterhaltung des Status quo, d.h. der existierenden Besitz- und Machtverhältnisse.[32] Mit diesem status-quo-Verständnis war das Militär vielfach dazu bereit, Regierungen zu stürzen, wenn sie nach seiner Auffassung die existierende politische Ordnung gefährdeten, wie auch zu verhindern – jedoch selten –, daß erfolgreiche Präsidentschaftskandidaten ihr Amt antraten. Ein Grenzfall dieser Kategorie stellte die politische Konstellation dar, bei der Politiker das Militär baten,

---

32 Partielle Ausnahmen dieser Regel waren die Militärregierungen in Äthiopien, Ägypten, Benin, Burkina Faso, Ecuador, Panama, Peru und der Türkei.

vorübergehend die Regierungsgewalt als Treuhänder ("constitutional caretaker governments") zu übernehmen.[33]

Zur politischen Rolle des Militärs formulierte Huntington seine einflußreich gewordene These, das Ausmaß, in dem Militärinstitutionen und der Einzelne politisiert würden, sei eine Funktion der Schwäche ziviler politischer Organisationen und der Unfähigkeit ziviler Politiker, mit den Hauptproblemen ihres Landes fertig zu werden (1968, S. 221). Andere Autoren haben in ihren Analysen vor allem die sozialen und organisatorischen Merkmale der Institution betont, um die Intervention des Militärs in die Politik zu erklären (z.B. Janowitz 1975, 1977).

Die Huntingtonsche These stellt zutreffend die enge Beziehung zwischen der militärischen Interventionsbereitschaft und den Defiziten eines politischen Systems heraus, greift aber deutlich zu kurz, weil, wie auch in seinen anderen Arbeiten (zuletzt in *The Clash of Civilizations*), eine komplexe politische Interessenkonfiguration auf zwei oder drei Variablen verkürzt wird. In diesem Fall "kann" dann nur die zivile Gesellschaft an der militärischen Intervention schuldig sein, eine Position, die sich weder empirisch noch theoretisch halten läßt.

Militärisches Eingreifen in die Politik ist aber nicht notwendig eine Funktion der Schwäche der zivilen politischen Organisationen, sondern kann auch Konsequenz eines eigenen politischen Projektes sein, das im Gegensatz zum Projekt der gewählten Regierung steht. In diesem Sinn wird das z.T. traditionelle Eigengewicht des Militärs innerhalb des politischen Systems wie auch seine Fähigkeit zu autonomer politischer Analyse und Interessenvertretung völlig unterbewertet. Denn, und dies unterschlägt Huntington, auch das Militär verfolgt korporative und auch im weiten Sinn ideologische Interessen, etwa während des Ost-West-Konflikts. Seine Intervention (oder Interventionsversuche) ist keinesfalls nur eine konditionierte Reaktion auf das Vakuum, das sich in einer zu Konfliktlösung unfähigen Gesellschaft und Politik ergibt.

Das Militär als Agent von Kapitalismus und Imperialismus

Auf dem linken politischen Spektrum, sowohl in der marxistischen wie in der nicht-marxistischen Diskussion, wird das Militär als Verbündeter nationaler Herrschaftseliten und als Brückenkopf ausländischer Kapitalinteressen begriffen. Unter Verweis auf die häufig von ihm propagierte orthodoxe Wirtschafts-

---

33 So in Birma 1958, Pakistan 1958, Kolumbien 1953 und der Türkei 1961-62. Auf die verschiedenen Klassifikationen von Militärregimen kann hier nicht weiter eingegangen werden. Vgl. Büttner u.a. 1976 und die Diskussion bei Büttner 1989b, S. 338ff.

politik wird in ihm das willige Instrument, manchmal aber auch der Juniorpartner des Kapitals, gesehen.

Dagegen schrieben ihm in den 70er Jahren sowjetische und DDR-Forscher auch eine positive politische Rolle zu, und zwar als potentieller Partner in einer nicht-monopolistischen, antikapitalistischen Reformkoalition in Ländern der Dritten Welt. Zusammen mit den Bündnispartnern Bauern, Arbeitern, Studenten und der nicht-monopolistischen Bourgeoisie sollte es sein Land auf den nicht-kapitalistischen Entwicklungsweg führen. Dies wurde als Vorphase zum Sozialismus interpretiert, während andere Beobachter den dritten Entwicklungsweg bereits als Ziel auffaßten.[34]

Die liberale Militarismuskritik

In der liberalen Diskussion wird die übertriebene Bedeutung der auf Befehl und Gehorsam beruhenden militärischen Werte in der Gesellschaft wie Strenge und hierarchische Ordnung, der sog. Militarismus, kritisiert (vgl. Berghahn 1975, 1986). Der Militarismus wird vor allem im Verhältnis zwischen dem Militär und einem Staat verortet, der von der Gesellschaft losgelöst ist. Diese Kritik am Militarismus wurde vor allem am Beispiel des preußischen Staates entwickelt. Im Mittelpunkt der liberalen Kritik stand die Frage nach den gesellschaftlichen Strukturen, die den Militarismus hervorbringen und ihn verfestigen (Berghahn 1986, S. 132, 155). Seit den 60er Jahren wird für die Industriegesellschaften vor einer für die Demokratie zu engen Verbindung zwischen den Streitkräften und bestimmten industriellen Sektoren, dem sog. militärisch-industriellen Komplex, gewarnt (Berghahn 1986, S. 107ff., Albrecht 1997a).

Die liberale Überzeugung von der notwendigen zivilen, demokratischen Kontrolle des Militärs ist das zentrale Konzept, das für die politische und wissenschaftliche Diskussion fruchtbar gemacht wurde. Es ist kein historischer Zufall, daß es seinen Ursprung in England und den USA hat, jenen zwei Ländern, die lange Zeit kein stehendes Heer kannten.[35]

Die Leistungsfähigkeit von Militärregierungen

Mit den 70er Jahren begann der Rückzug des Militärs aus der Politik, zuerst in Südeuropa (Portugal, Griechenland, Spanien, Türkei), dann, mit Ecuador, in

---

34 Vgl. die Klassiker Lenin 1960, Liebknecht 1958 und Luxemburg 1975 und zur Interpretation Iskinderow 1972, Ulyanovsky 1974 und Ibrahim/Metze-Mangold 1976.
35 Eine komparative Analyse zur Herausbildung der Institution des Militärs in England, Frankreich und Preußen bietet Finer 1975.

Lateinamerika. Wenn man das "Modell Militärregierung" im Hinblick auf innere und äußere Sicherheit, wirtschaftliche Entwicklung (und nicht nur Wachstum) und den Aufbau politischer Institutionen vergleicht, hat es in der großen Mehrzahl der Fälle, auch gemessen an den eigenen Zielen, versagt (Büttner 1989b, S. 360f.). Freilich gibt es auch zahlreiche zivile Regierungen, die auf wirtschaftlichem Gebiet nicht erfolgreich waren.

Im Ergebnis ist in der Forschung zu Recht vorgeschlagen worden, die zu grobe Dichotomie zwischen zivilen und Militärregierungen aufzugeben (schon bei Jackman 1976, S. 1096f.) und stattdessen die *policies* verschiedener Regimetypen zu vergleichen. Leider haben auch diese komparativen Arbeiten wenig neue Erkenntnisse erbracht. Dennoch lassen sich folgende Befunde festhalten: Militärregierungen waren wirtschaftlich im Durchschnitt nicht erfolgreicher als Zivilregierungen,[36]
- Aufgrund ihres autoritär-hermetischen Regierungsstils und der mangelnden Rückkoppelung mit der Gesellschaft verhinderten Militärregierungen politische Lernprozesse oder verlangsamten sie zumindest, und
- staatliche Übergriffe in Form von Menschenrechtsverletzungen kamen unter Militärregierungen deutlich häufiger vor als bei Zivilregierungen.[37]

Dieser Befund schließt nicht aus, daß im Einzelfall grundlegende Reformen von Staat und Gesellschaft schneller und weitreichender auf autoritäre Weise durchgesetzt werden konnten als dies Zivilregierungen vermochten. Aber ein solcher Fortschritt wurde häufig mit deutlich höheren sozialen Kosten, d.h. Repression und Menschenrechtsverletzungen, erkauft.[38]

Büttner ist zuzustimmen, wenn er in seiner Analyse über die Auswirkungen von Militärherrschaft auf den Entwicklungsprozeß abschließend feststellt:
"Die konkreten Unterschiede zwischen Militär- und Zivilregierungen mögen von Land zu Land oder von Regime zu Regime im selben Land nur graduell sein, weil eben auch Zivilisten an der Macht ihr Land ausplündern können, weil zivil-autoritäre Staaten ihre Bevölkerungen über ausgedehnte Netze von Sicherheitsdiensten kontrollieren und in gar nicht so seltenen Fällen einen regelrechten Krieg gegen die eigene Bevölkerung führen mögen... Dennoch macht es einen prinzipiellen Unterschied, ob das Militär herrscht oder nicht, denn von den wenigen Ländern, in denen nicht das Wahlrecht eingeschränkt ist bzw. in denen keine Gewalttätigkeiten des Staates gegen seine Bürger verübt werden, gehört kein einziges zur Gruppe der Länder, die vom Militär kontrolliert werden. Allein wegen der damit verbundenen kleinen Chance auf mehr Partizipationsmöglichkeiten und eine bessere Beachtung der Menschenrechte sind Zivilregime prinzipiell vorzuziehen." (Büttner 1989b, S. 364)

---

36 Vgl. die Diskussion der Forschungsergebnisse bei Büttner 1989b, S. 335ff., S. 360ff.
37 Vgl. Heinz 1986, Wolpin 1986, Büttner 1989b, S. 349f.
38 Erinnert sei nur an Äthiopien unter dem DERG.

1.4 Demokratie und Militär in Lateinamerika

Nach Verfassung und Selbstverständnis haben die Streitkräfte in Lateinamerika den Auftrag, die nationale Verteidigung zu gewährleisten und die politischen Institutionen zu schützen. Politiker wie Militärs gaben in den letzten Jahrzehnten den Anspruch auf eine demokratische Regierungsform nur selten auf, auch wenn sie diese eher als eine Eliten- und nicht als Massendemokratie begriffen bzw. z.T. noch begreifen.[39]

Historisch befaßte sich jedoch das Militär überwiegend mit Aufgaben der inneren Sicherheit, wobei Militärführungen und Politiker diesen Begriff meist sehr viel weiter auslegten, als dies zumindest in Westeuropa in der Nachkriegszeit üblich war.[40] Der innenpolitische Einsatz eines auf die Eliminierung von "Feinden" hin sozialisierten Militärs hat immer wieder zu erheblichen Menschenrechtsverletzungen wie Massakern, Folter und "Verschwindenlassen" geführt, die durch die für Untersuchungen (wenn diese überhaupt stattfanden) verantwortliche Militärjustiz in aller Regel ungeahndet blieben. Für Länder wie Kolumbien und Peru gilt dies bis in die Gegenwart hinein.

Die überragende Rolle des Militärs in der Politik ist ein zentrales historisches Datum der Region. Wie Lindenberg zurecht hervorgehoben hat, waren die Streitkräfte "avant la lettre" politisiert, noch bevor sie in der historischen Entwicklung Gelegenheit hatten, sich als (professionelle) Institution überhaupt herauszubilden und lange bevor zivile Institutionen entstanden bzw. es zu einer Institutionalisierung des politischen Prozesses gekommen war. In vielen Ländern bestimmten sie für lange Zeit die politischen Spielregeln und nahmen zunehmend eine Schiedsrichterrolle wahr. Da sie von Beginn an ein konstitutiver Teil des politischen Prozesses waren, "intervenierten" sie eigentlich nicht

---

39 Zu Demokratie in Lateinamerika vgl., statt vieler, Mols 1985, Nohlen 1987b, 1992, 1995, Karl 1980, Wiarda 1974, 1980, 1990, Karl 1990, Nolte 1992, Krumwiede/Nolte 1993, Krumwiede 1993, Hagopian 1993, Ducatenzeiler/Oxhorn 1994, Nohlen/Thibaut 1994b, Maihold 1996, Thibaut 1997, Carreras 1998, Lauga/Thibaut 1998, Barrios 1999b und allgemein zum politischen Denken in Lateinamerika Werz 1991a. Zum europäischen Einfluß auf die Demokratisierung Lateinamerikas Whitehead 1996, zur Rolle der USA Lowenthal 1991 und Schoultz et al. 1994. Zur Entwicklung der politischen Rechten siehe Chalmers et al. 1992 und zur politischen Linken Carr/Ellner 1993.

40 Es wird von den Militärführungen als Hauptakteuren gesprochen, weil in Lateinamerika Entscheidungen über politische Interventionen fast aussschließlich von hohen Offizieren getroffen wurden, während bei Putschen oder Putschversuchen in einigen afrikanischen Ländern auch Offiziere mit mittleren Diensträngen eine entscheidende Rolle spielten. Zur politischen Rolle des Militärs statt vieler Johnson 1964, Alba 1975, Nun 1986, O'Donnell 1972, 1978a,b, Welch 1976, 1993, Remmer 1978, 1989, Nunn 1983, 1994, Wesson 1986, Lowenthal/Fitch 1986 und Rouquié 1986, 1987, zur politischen Partizipation unter Militärregimen siehe Bienen/Morrell 1976.

in der Politik, sondern sie machten Politik und wurden zu deren quasi-institutionellen Bestandteil (Lindenberg 1982, S. 91). Dieser zugespitzten These Lindenbergs ist grundsätzlich zuzustimmen, sie muß indessen auch präzisiert werden: Bei fast allen militärischen Interventionen während der letzten Jahrzehnte handelte es sich um zivil-militärische Allianzen, mit unterschiedlich starker Beteiligung einzelner Politiker und Parteien und häufiger Unterstützung einflußreicher Medien, der katholischen Kirche und anderer Akteure.

Denn bei den zahlreichen innenpolitischen Konfliktsituationen fanden sich Militärführungen häufig in einer schwierigen, ambivalenten Situation. Sie mußten entscheiden, ob und unter welchen Bedingungen eine Militärintervention oder eine Drohung mit ihr gegenüber Politikern und der eher machtlosen Öffentlichkeit zu rechtfertigen war. In vielen Fällen wurden sie von politischen Parteien, Politikern und Medien in die Intervention gedrängt, in anderen übernahmen sie bereitwillig die Initiative mit dem Ziel, Staat und Gesellschaft radikal *und* konservativ zu verändern (Brasilien 1964, Argentinien 1966, 1976, Peru 1968).[41] Die Doktrinen der nationalen Verteidigung zum Schutz vor äußerer Aggression wurden in den 60er und 70er Jahren zunehmend durch die Doktrinen der nationalen Sicherheit ersetzt, die primär auf eine innenpolitische Rolle abstellten. Mit ihnen wurde die neue Mission der Streitkräfte auf Bedrohungen wie soziale und politische Bewegungen, "Subversion", Guerilla und Terrorismus offiziell festgeschrieben.[42] Stepan hat mit Blick auf das brasilianische Militär nach dem Putsch von 1964 von einem neuen militärischen Professionalismus gesprochen (Stepan 1973).

Im Verständnis lateinamerikanischer Militärführungen war ein Eingriff in die Innenpolitik immer dann notwendig, wenn eine Entwicklung nach links drohte, wenn sich Polizeikräfte als unfähig erwiesen, Bedrohungen der inneren Sicherheit zu begegnen, wenn die ohnehin bekannte Korruption gewisse Grenzen der Zumutbarkeit überschritt (auch Korruptionsbeschuldigungen lassen sich freilich politisch manipulieren) und wenn Politiker wie auch Parteien die von der Militärführung wahrgenommenen Gefahren für Staat und Nation nicht hinreichend teilten. Ein weit gefaßter und eher diffuser Sicherheits- und "Subversions-"begriff ließ eine breiten Spielraum für die Entscheidung zu intervenieren.

In den letzten Jahrzehnten hat es im Cono Sur praktisch keinen militärischen Putsch(-versuch) ohne erhebliche Unterstützung aus Politik und Wirtschaft

---

41 Zu den Voraussetzungen und Bedingungen von Putschen siehe Bienen 1968, O'Donnell 1972, Finer 1976, Leif 1984, Nun 1986 und Markoff/Baretta 1986.
42 Vgl. Child 1979, Mercado Jarrín 1989 und Werz 1991b.

gegeben. Mißglückte Putschversuche und Pressionen zeigten den Militärführungen aber auch, daß sie die politische Stimmung manchmal falsch eingeschätzt hatten, etwa bei ihren Pressionsversuchen in Brasilien 1955 und 1961 gegenüber den Präsidenten Juscelino Kubitschek und João Goulart.

Das Militär ist in diesem Zusammenhang auch als "politische Partei" bezeichnet worden (Moltmann 1989, S. 99; Rial 1989). Dieser Begriff trifft wohl im Großen und Ganzen zu, berücksichtigt aber nicht sein eigenes Selbstverständnis, nach dem es keine partielle Interessenvertretung betreibt, sondern, wie es in Militärtexten heißt, das nationale Interesse, die moralische Reserve der Nation und die "nacionalidad(e)" verkörpert.

Für die hohe militärische Interventionsneigung in Lateinamerika sind vor allem Defizite der politischen Systeme, ein institutionalisierter Antikommunis-mus (mit einem sehr weiten, fast beliebigen Kommunismusbegriff) und eine stark von den USA beeinflußte militärische Professionalisierung in den 60er Jahren verantwortlich. Allen drei Variablen ist eine tief sitzende Kritik an Politikern und an der traditionellen liberalen Politik gemeinsam, die aus der Sicht der Streitkräfte leicht zu einer Verletzung, zumindest aber zur Vernachlässigung, der von ihnen definierten nationalen Interessen führen kann.

Im Mittelpunkt militärischer Bedrohungsanalysen stand immer wieder die angebliche Unterwanderung von Staat und Gesellschaft durch den kommunistischen Feind, besonders Studentenverbände, Gewerkschaften, linke Parteien, Menschenrechts- und Selbsthilfeorganisationen. Für das Militär war die Rolle des Staates von überragender Bedeutung, der "der Gesellschaft" paternalistisch, klientelistisch und kontrollierend gegenübertritt; einer unabhängigen gesellschaftlichen Organisation und Interessenartikulation steht es zutiefst mißtrauisch gegenüber.[43] Seine Legitimation begründete es durchgehend mit den potentiellen Bedrohungen der inneren Sicherheit und der Existenz eines "inneren Feindes", der sich je nach Land und konkreter Situation aus Kommunisten, Subversiven, Linken bis hin zu Liberalen zusammensetzen kann. Die Exklusion bestimmter Bevölkerungsgruppen und ihre Identifizierung als "innerer Feind" während der nationalen Sicherheitsregime kündigte das Verfassungsgebot zur Gleichbehandlung und Nicht-Diskriminierung der Staatsbürger auf. Lebt diese Mentalität auch während der neuen Demokratien fort, bedroht sie in erheblichem Maße die Chancen für eine Konsolidierung der Demokratie.

---

43 Zur Rolle und den verschiedenen Dimensionen des Staates in Lateinamerika siehe Pietschmann 1980, Veliz 1980, Mols 1985, 1987, Stepan 1985 Waldmann 1994 und Huber 1995.

Gleichzeitig war im lateinamerikanischen Raum immer auch eine radikale, sozialreformerische Rolle des Militärs bei der Durchsetzung überfälliger Wirtschafts- und Sozialreformen denkbar, da Zivilregierungen zur Durchsetzung tiefgreifender Reformen häufig als unfähig angesehen wurden (Ecuador, Panama, Peru). In einigen Ländern gab es zumindest bei einem Teil der Linken die Hoffnung, in bestimmten Krisensituationen sei ein Schulterschluß mit progressiven Kräften im Militär möglich (Argentinien, Brasilien und Uruguay in den 60er bzw. 70er Jahren), und die Institution sei nicht immer nur zwangsläufig den Interessen der nationalen Elite, des Kapitals und der USA verpflichtet.

Ob das Militär damals einen Putsch mit "Korruption", "mangelnden Entwicklungsleistungen" der zivilen Regierung oder mit anderen Gründen zu legitimieren suchte, alle diese Kritikpunkte kann man heute begründet auch den Militärführungen für ihre Regierungszeit vorwerfen. In den 50er und 60er Jahren herrschte indessen noch ein anderes Bild vor. Die Standfestigkeit des Militär gegenüber Korruption und Partikularinteressen wurde auch in der Wissenschaft hervorgehoben.[44] Später erwies sie sich jedoch ganz überwiegend als Mythos, ein Mythos, der in einem geringen Umfang auch gegenwärtig noch weiter lebt. Manche Bevölkerungsgruppen in lateinamerikanischen Staaten glauben, daß es ihnen unter der Militärregierung in Bezug auf innere Sicherheit und Korruption besser gegangen sei als unter der neuen Zivilregierung und rufen nach dem Militär, wenn eine neue Krise der Wirtschaft und vor allem der inneren Sicherheit am Horizont erscheint.

Mit der (Re-)Demokratisierung in Südamerika stellte sich auch die Frage nach einer Neudefinition der zivil-militärischen Beziehungen.[45] Ursprünglich waren nicht wenige Beobachter des Transitionsprozesses von einem konfliktarmen Neubeginn dieser Beziehungen ausgegangen, hatten doch alle Militärregime mit Ausnahme Chiles so abgewirtschaftet, daß sie nicht zu einem erfolgreichen Modell gesellschaftlicher und wirtschaftlicher Entwicklung hochstilisiert werden konnten (Büttner 1989b, S. 360f.). Nur in Argentinien ließ der schwierige Übergang durch das Fehlen eines Paktes zwischen Militär und Politikern die Lösung dieser Frage als völlig unsicher erscheinen.

---

44 Die Forschung zu Korruption im Militär steht noch am Anfang. Für einen Beitrag zur Korruption in der brasilianischen Armee vor 1954 siehe Smallman 1997. In der lateinamerikanischen Öffentlichkeit galten und gelten z.T. auch heute noch die Streitkräfte als korruptionsresistenter als fast alle anderen politischen Institutionen.

45 Vgl. Varas 1985, 1988, 1989, Stepan 1988, Maihold 1990b, Goodman et al. 1990, Tobler/Waldmann 1991, Heinz 1991, Zagorski 1992, Marcella 1990, 1994, Ramsey 1993, Psaila 1993, Acuña/Smith 1994a,c, Franko 1994, Loveman 1994, Millett/Gold-Bliss 1996, Fitch 1998, Loveman 1999 und Kurtenbach/Bodemer/Nolte 2000, zu Organisation, Mannschaftsstärke etc. English 1984.

Seit 1987 haben jedoch eine Reihe von Putschen und Putschversuchen in Argentinien (vier Fälle), Peru (zwei Fälle), Venezuela (zwei Fälle, siehe auch Kap. 7.8), Haiti und, im Vorfeld, Paraguay stattgefunden. In Mexiko werden dem Militär in den letzten Jahren zunehmend zivile Funktionen übertragen. In Ecuador übernahm es Anfang 1997 bei der Krise um den Präsidenten praktisch die Schiedsrichterrolle und im Januar 2000 zwang es Präsident Mahuad zum Rücktritt. In Peru regiert der gewählte Präsident Alberto Fujimori effektiv mit dem Oberbefehlshaber der Streitkräfte, General Bari Hermosa, und dem Chef des Geheimdienstes, Montesinos – bei Weiterbestehen des von der Regierungspartei dominierten Parlamentes und einer stark von der Regierung kontrollierten Justiz.[46] Auf die besondere Entwicklung Brasiliens wird in Kap. 4, 5 und 6 eingegangen. Alle diese Entwicklungen zeigen deutlich, daß es nach wie vor erhebliche Probleme bei der Bestimmung seiner Mission und bei der Durchsetzung des Anspruches, die Streitkräfte einer effektiven zivilen Kontrolle zu unterwerfen, gibt.

Die weltpolitischen Veränderungen nach der (Re-)Demokratisierung[47] in Lateinamerika haben die politischen Bedrohungsvorstellungen des Militärs beeinflußt, scheinen aber zunächst seine Perzeptionen nicht entscheidend verändert zu haben. In einem seltenen Fall, bei dem Informationen über die geheimen Beratungen der lateinamerikanischer Militärführungen bekannt wurden – bei der Konferenz der Oberkommandierenden der amerikanischen Armeen in La Plata/Argentinien 1987 –, zeigte sich in den Dokumenten die gleiche Bedrohungsvorstellung einer "Weltkommunistischen Bewegung", die bereits aus langen Jahren bekannt ist.[48] Indessen wird der Zusammenbruch des europäischen Kommunismus mittelfristig auch zu Einstellungsveränderungen führen. Eine völlige Aufgabe des "Subversions-"begriffs als Bedrohungsvorstellung, der seit Jahrzehnten existiert und von kommunistischen Bestrebungen weitgehend unabhängig benutzt wird, erscheint aber als unwahrscheinlich.

Die Erfahrungen der letzten Jahrzehnte dürften keinen Wunsch in der Bevölkerung nach einer Rückkehr des Militärs aufkommen lassen, zumindest

---

46 Vgl. die Fallskizze in Kap. 7.8; für eine vergleichende Analyse des peruanischen Falls und des mißglückten Selbstputschs von Präsident Serrano 1993 in Guatemala vgl. Cameron 1998.
47 Bei den meisten Ländern läßt sich von Redemokratisierung, bei einigen aber auch von Demokratisierung sprechen, weil sie in den letzten Jahrzehnten keine Erfahrungen mit Demokratie sammeln konnten (z.B. Paraguay). Zur Redemokratisierung siehe statt vieler Nohlen 1987a, Huntington 1991 und Shin 1994.
48 Die Tagungsdokumente wurden an die Öffentlichkeit lanciert und in deutscher Sprache in Duchrow et al. 1989, S. 63ff. veröffentlicht.

solange nicht, wie es nicht zu einer drastischen Verschlechterung der inneren Sicherheitslage, oder der wirtschaftlichen Lage, welche von gewählten Regierungen nicht mehr bewältigt werden können, kommt. Wie insbesondere die letzten beiden Putschversuche in Venezuela zeigen, ist der Mißerfolg von Zivilregierungen in der Wirtschaftspolitik ein entscheidender Faktor für eine Interventionsneigung des Militärs. Dies gilt auch dann, wenn die Militärs zunächst einmal über keine den Zivilisten überlegene Sachkompetenz verfügen. Putschversuche und Drohungen mit ihnen bleiben als Protestform weiterhin relevant. In Peru verleiht das Militär der Regierung Fujimori die politische Stabilität, die sie für ihr wirtschaftliches Entwicklungsprogramm benötigt.

2. Zum Gegenstand der Untersuchung

2.1 Forschungsstand

Im (Re-)Demokratisierungsprozeß steht neben dem Aufbau demokratischer Institutionen[49] und der Zivilgesellschaft[50] die Neudefinition der Beziehungen zwischen Regierung und Polizei sowie Militär im Mittelpunkt der politischen Diskussionen.[51] Beide Institutionen sollen den Staatsbürger vor privater Gewalt Dritter schützen, sind aber in vielen Ländern selbst für erhebliche Übergriffe und damit staatlichen Machtmißbrauch verantwortlich. Gleichwohl verkörpern sie – theoretisch – den Anspruch des Staates auf ein legitimes Gewaltmonopol.[52]

International hat die US-Forschung zu Lateinamerika seit Jahrzehnten die umfangreichsten Analysen und am meisten diskutierten Denkmodelle vorgelegt; für Brasilien sind Alfred Stepan und für Argentinien Robert A. Potash zu nennen.[53] Auch in Deutschland sind bis Anfang der 80er Jahre eine größere Zahl von Arbeiten zum Militär in Lateinamerika erschienen.[54] Dann ist das

---

49 Vgl. O'Donnell/Schmitter/Whitehead 1986 und Karl 1990.
50 Der Begriff der Zivilgesellschaft ist in der wissenschaftlichen Diskussion, gerade auch zu und in Lateinamerika, nicht unumstritten. Es wird an ihm u.a. mangelnde Präzision und ein irreführender Euphemismus kritisiert, als gäbe es schon eine weitgehend integrierte Zivilgesellschaft in tatsächlich vielfach wirtschaftlich und sozial gespaltenen Gesellschaften. Er kommt hier dennoch zur Anwendung, da Zivilgesellschaft historisch als Gegenpol zum autoritären Staat in Lateinamerika konstitutiv für den Übergang und die Konsolidierung der Demokratie geworden ist (besonders im Gramscianischen Verständnis) und so auch in der Region weitgehend verstanden wird. Der Begriff signalisiert sowohl die Hoffnung auf eine breite und effektive politische Beteiligung der Bevölkerung an politischen Prozessen als auch die Notwendigkeit von Selbstorganisation, um dieses Ziel zu erreichen. Zivilgesellschaft wird hier als Arena für öffentlich ausgetragene Interessenformulierungen und -konflikte, aber auch als Voraussetzung dafür verstanden, Rechte überhaupt erst einmal zu besitzen, zu artikulieren und durchzusetzen zu versuchen, ein Ziel, das in der lateinamerikanischen Diskussion eng mit der Forderung nach der Gewährleistung einer vollen Staatsbürgerschaft *(ciudadanía)*, d.h. politisch-bürgerlicher und wirtschaftlicher, sozialer sowie kultureller Rechte, verbunden wird.
51 Vgl. Steinweg/Moltmann 1989, Büttner 1989a.
52 Vgl. die Diskussion bei Waldmann 1994. Zu Unsicherheit als Alltagserfahrung in Lateinamerika siehe Waldmann 1980 und zur Rolle der Polizei Waldmann 1996b und Lateinamerika. Analysen-Daten-Dokumentation 1998.
53 Vgl. Potash 1969, 1980, 1993, 1996, Stepan 1971, 1973, 1985, 1988, 1989. Für Beiträge aus Frankreich wäre vor allem Rouquié zu nennen (Rouquié 1971, 1980, 1982, 1984, 1986, 1987a,b,c).
54 Vgl. Waldmann 1971, Evers 1972, Sotelo/Eßer/Moltmann 1975, Lindenberg 1976, 1977, 1982, Fernández Baeza 1981, Eßer 1982, Moltmann 1975, 1976, 1989, Ehrke

Interesse zurückgegangen, wohl auch deshalb, weil man von den neuen Demokratien erwartete, daß dieses Thema mit Ausnahme weniger zentralamerikanischer Staaten wie Guatemala an Brisanz verlieren würde.[55]

In der lateinamerikanischen Sozialwissenschaft war die Forschung über das Militär lange Zeit ein Stiefkind, wobei sich mangelnde Kenntnisse über den Gegenstand, eine nur schwache empirische Orientierung, politische Ablehnung und traditionelles Mißtrauen zwischen Zivilisten und Militärs (wozu auch die Ablehnung des Militärs gehörte, "beforscht" zu werden) verbanden. Heute arbeiten einige lateinamerikanische Sozialwissenschaftler zu diesem Thema, und es existieren einige Studienzentren an Universitäten (z.B. der Nukleus für Strategische Studien an der Universität Campinas/São Paulo).[56] Jedoch können sich nur wenige WissenschaftlerInnen kontinuierlich der Forschung auf diesem Gebiet widmen.

In Brasilien gehörte das Militär, seine Mission und Aktivitäten, zur allgemeinen historischen Forschung. Auch veröffentlichen hohe Offiziere, vor allem Armeegeneräle, ihre Autobiographien (z.B. Carvalho 1961-64, Lopes 1980). Der *poder moderador* wurde kaum als politisches Problem für die Demokratie der 50er Jahre gesehen. Selten waren kritische Stimmen zu hören (z.B. Werneck-Sodré 1965). Detaillierte sozialwissenschaftliche Untersuchungen wurden nicht durchgeführt.

Während der 21jährigen Diktatur waren Forschung und Veröffentlichungen nur unter erschwerten Bedingungen möglich (vgl. aber Campos Coelho 1976, Oliveira 1976); kritische Arbeiten erschienen vor allem in den USA und auch in Westeuropa. In den ersten Jahren der neuen Demokratie wurden mehrere schmale Bände publiziert, die die politische Rolle und den *poder moderador* kritisch reflektierten und eine Integration der Institution in den Rechtsstaat sowie eine effektive Kontrolle durch die neu gewählte Regierung forderten (Oliveira et al. 1987, Dreifuss et al. 1987, Quartim de Moraes et al. 1987). Mit den Problemen des Übergangs und der notwendigen Neugestaltung der zivilmilitärischen Beziehungen befaßte sich vor allem Oliveira, einer der wenigen

---

1984, Werz 1987, Wöhlcke 1987, Nohlen 1987b, Steinweg/Moltmann 1989, allgemein zum Militär im Süden: Büttner 1989a,b.
55 Siehe aber für die 90er Jahre Maihold 1990b, Tobler/Waldmann 1991, Waldmann 1994, Heinz 1991, 1993, 1995a,c, 1996, Moltmann 1993, 1995, Haubrich 1996, Nolte 1991, 1992, 1996, Kurtenbach 1996, Stanley 1999 und Wagner 1998.
56 Zu lateinamerikanischen Beiträgen der 80er und 90er Jahre siehe statt vieler Arriagada Herrera 1986, Quartim de Moraes et al. 1987, CORDES 1988, Jarrín 1991, Agüero 1992, Cruz Johnson/Varas Fernández 1993, Rojas Aravena 1994b, Agüero 1994, Acuña/Smith 1994a,c, D'Araújo et al. 1994a,b, 1995, Scheetz 1995 und Perelli 1993, 1995.

Forscher, der hierzu kontinuierlicher gearbeitet hat (Oliveira 1976, 1980, 1987a,b,c). Das Thema der Diktatur und ihrer Verantwortung für Menschenrechtsverletzungen wurde in vielen Veröffentlichungen aufgegriffen; das bekannteste Beispiel war der Bericht "Brasilien: Niemals wieder", der von einer Arbeitsgruppe der Erzdiözese von São Paulo in jahrelanger Arbeit erarbeitet wurde (Arquidiocese de São Paulo 1985/Dassin 1986). Zwei Militärs antworteten, kritisierten den Bericht als einseitig und rechtfertigten die Rolle der Armee (Pollo Giordani 1986, Brilhante Ustra 1987).

Die Stiftung Getúlio Vargas hat ein umfassendes Interviewprojekt zur Militärdiktatur ins Leben gerufen, das in ausführlichen Gesprächen mit hochrangigen Offizieren, vor allem des Heeres und der Geheimdienste, den Militärputsch von 1964, die Repression und die politische Öffnung behandelte. Es erschienen drei Bände mit diesen Interviews (D'Araújo et al. 1994a,b, 1995). Ein seltenes Beispiel für empirische Forschung ist die Studie des Anthropologen Castro, der in der Militärakademie Agulhas Negras mit offizieller Erlaubnis eine teilnehmende Beobachtung durchführen konnte, bei der die Weltsicht und Wertehierarchie der Kadetten im Vordergrund standen (Castro 1990). Allgemein bleibt festzuhalten, daß in der akademischen Forschung das Thema Militär mit wenigen Ausnahmen, wie das bereits erwähnte Zentrum für Strategische Studien an der Universität Campinas, nach wie vor eine geringe Rolle spielt.

Die argentinische Ausgangssituation glich weitgehend der brasilianischen. Auch hier war die Beschäftigung mit dem Militär Aufgabe der Historiker (z.B. Luna 1983, Todo es Historia 1988), es existierte kaum eine entsprechende sozialwissenschaftliche Forschung und neben historischen Werken wurden Autobiographien veröffentlicht (z.B. Rojas/González Crespo 1993, Lanusse 1994). Von den Militärpräsidenten der letzten Diktatur 1976-83 hat nur einer – Bignone – seine Autobiographie publiziert (Bignone 1992).

Nach dem Übergang zur Demokratie 1983 gab es im wesentlichen zwei "Wellen" von Beiträgen, die erste Mitte der 80er Jahre und die zweite etwa zehn Jahre später.

Mitte der 80er Jahre legten Intellektuelle und pensionierte Militärs eine Reihe von Arbeiten mit ihren Vorstellungen über eine angemessene Militärreform vor. Diese reichten von Vorschlägen über eine Verkleinerung des Mannschaftsbestandes, eine demokratische Verteidigungsdoktrin bis hin zur Einführung eines jugoslawischen Selbstverteidigungsmodells (García et al. 1987, Fontana 1984, 1987, 1988, Moneta et al. 1985, Orieta 1985, Fraga 1988, 1989; später Floria 1991 und Waisbord 1991). Auffällig ist, wie gering die Wirkung dieser Vorschläge auf die UCR-Regierung blieb, ebenso die Reformvorstellungen der UCR-Stiftung Arturo Illia (Fundación Arturo Illia 1988a,b,c, Giadone 1987,

1988). Selten kam es zur Veröffentlichung eines umfassenden Sammelband wie "Verteidigung und Demokratie" von Druetta et al. (1990). Schließlich sind auch interessante journalistische Beiträge zu nennen, die u.a. auf Interviews beruhen (Verbitsky 1987, 1988, Grecco/ González 1990).

Nach der spektakulären Veröffentlichung des Berichts über die Verschwundenen (Comisión Nacional sobre la Desaparición de Personas 1984/ Hamburger Institut für Sozialforschung 1987) entbrannte eine öffentliche Diskussion über die Verantwortung des Militärs. Hohe Offiziere wiesen die Kritik zurück und verteidigten ihr Vorgehen (Daract 1988, Diaz Bessone 1986, 1988, Menéndez 1988, Villegas 1990).

Die zweite Welle von Veröffentlichungen erfolgte Mitte der 90er Jahre, als meist in enger Zusammenarbeit mit US-amerikanischen Einrichtungen eine Reihe von Forschungsarbeiten erschienen. Im Mittelpunkt standen Fragen des Verteidigungshaushalts (z.B. der Zielkonflikt zwischen Militär- und Entwicklungsausgaben), der notwendigen Umstrukturierung, der Mission und der Verteidigungsdoktrin, z.B. der nicht-offensiven Verteidigung, die an das Konzept der strukturellen Nicht-Angriffsfähigkeit erinnert (Cáceres/Scheetz 1995, Acuña/Smith 1994a, Acuña/Smith 1994c, Acuña/Smulovitz 1995, Schoultz et al. 1994, Scheetz 1995, Fraga 1997). Hier wurden die Implikationen einer Sicherheitspolitik auf (sub-) nationaler, regionaler (MERCOSUR, OAS) und kontinentaler Ebene, für die sog. westliche Hemisphäre, analysiert; die rasch vollzogene Annäherung der argentinischen Außenpolitik an die USA unter Menem hat hierzu sicher beigetragen. Wie schon in anderen Ländern zeigte sich, daß sich wissenschaftliche und politische Diskussionen weitgehend getrennt entwickelten. Eine gegenseitige Befruchtung ist nicht zu erkennen. Bis heute hat es in Argentinien keine umfassende Militärreform gegeben, außer der sicherlich neuen Akzentsetzung der Regierung Menem, argentinische Streitkräfte verstärkt für UN-Blauhelmmissionen einzusetzen (vgl. Kap. 5.2.2).

Insgesamt bedarf es aus den genannten Gründen auch weiterhin einer vertieften empirischen Forschung, um möglichst fundierte Analysen über die Entwicklungen innerhalb der Institution Militär und seine Beziehungen zu Politik und Gesellschaft vorzulegen. Dabei wird es immer Gebiete geben, auf denen der Mangel an Informationen und Analysen präzise Aussagen schwer, wenn nicht unmöglich, machen; Beispiele hierfür sind die militärische Einsatzplanung zu Fragen der inneren Sicherheit und die Arbeit der Militärgeheimdienste und ihres Einflusses auf die Innenpolitik.

2.2 Hypothesen

Auf der Grundlage der behandelten drei großen Diskussionsstränge – politische Funktionen des Militärs im Süden, historische Determinanten militärischen Handelns in Lateinamerika und Konsolidierung (bzw. deren Hindernisse) lateinamerikanischer Demokratien – lassen sich folgende Hypothesen formulieren:

- Während der Transition und während der folgenden Jahre fand keine an demokratischen Grundsätzen orientierte Neugestaltung der zivil-militärischen Beziehungen statt. Eine effektive politische Kontrolle der demokratisch gewählten Regierungen über die Streitkräfte wurde nicht etabliert.

- Transitions- und Konsolidierungsprozesse waren in den 80er und besonders 90er Jahren eng mit dem neoliberalen Wirtschaftsmodell verbunden. Seinen Ausdruck fand die äußerst kritische Wirtschaftslage in den Transitionsländern vor allem in hohen Auslandsschulden, geringem Wirtschaftswachstum (Ausnahme: Chile) und den sozialen Folgen der Strukturanpassung. Imperative neoliberaler Wirtschaftspolitik, vor allem der Zwang, Aufgaben des Staates in erheblichem Maße zu verringern, wirken sich auch auf den Militärhaushalt aus und führen zu Veränderungen im Auftrag der Streitkräfte, der sog. Mission. Bei ihnen lassen sich als zentrale Missionen unterscheiden: äußere Verteidigung, innere Sicherheit einschließlich Aufstandsbekämpfung und Bekämpfung des Drogenhandels, civic action/Beiträge zur nationalen Entwicklung und internationales peace-keeping der UN (Hunter 1996, S. 5).

- Die ohnehin nach dem Ende des Ost-West-Konfliktes bestehenden Irritationen über die zukünftige Mission der Streitkräfte wurden durch zunehmende wirtschaftliche Integrationsbestrebungen in Lateinamerika weiter verschärft, mußte doch jede Klarheit fehlen, gegen welchen Feind ein nicht unbeträchtlicher Militärapparat eigentlich in Stellung gebracht wird. Da eine Abschaffung des Militärs wie in Costa Rica, Haiti und Panama selbst mittelfristig unwahrscheinlich sein dürfte, fehlt es an einer klaren Missionsbestimmung, die weder die Politik noch die Institution bereitstellen kann. Dieses Defizit besteht gegenwärtig fort. Der Versuch, hierauf mit einer Haltung des "business as usual" zu antworten, ist aufgrund der hohen, legitimationsbedürftigen Kosten für nationale Verteidigung nicht durchzuhalten.

Aus der vorangegangenen Diskussion und den Hypothesen lassen sich mehrere, zentrale Leitfragen herausdestillieren, die gleichzeitig den Gang der Untersuchung bestimmen:

- Welches waren die wichtigsten historischen und kurzfristigen politischen Erblasten der Militärdiktaturen ("legacies"), die an die neuen Demokratien weitergegeben und von ihnen bewältigt werden mußten (Ausleuchtung realer und perzipierter Handlungsspielräume)?

- Versuchten die neuen Zivilregierungen von Anfang an, den bestehenden erheblichen Einfluß des Militärs auf Gebieten wie der Verteidigungspolitik und der inneren Sicherheit zu begrenzen oder zumindest rechtsstaatlich zu kontrollieren (wie immer der Handlungsspielraum beschaffen war, es bedurfte des politischen Willens, der Kompetenz und konkreter Initiativen der neuen Regierungen, um zu handeln)?

- Tragen Politiker und Parteien, wie in der Vergangenheit, auch weiterhin die Mitverantwortung für eine unklare Aufgabenverteilung zwischen zivilen Regierungen und Militärführungen in der Verteidigungspolitik, die leicht zu Spannungen zwischen beiden führen können (es reicht nicht, immer nur gebannt auf das Militär zu starren, sondern es muß auch die andere Seite, d.h. Regierung und Ministerien, in den Blick genommen werden)?

- Läßt sich in den neuen Demokratien eine Interventionsbereitschaft des Militärs beobachten, wobei in dieser Studie unter Intervention die Drohung verstanden wird, mit Gewalt die Macht zu übernehmen (Putschandrohung), und finden politische Pressionen unterhalb der Schwelle einer Putschandrohung statt oder der Versuch, zivil-militärische Koalitionen mit Politikern oder gesellschaftlichen Kräften aufzubauen, um politischen Druck auf die gewählte Regierung auszuüben?

- Wenn sich politische Einflußversuche des Militärs in den neuen Demokratien beobachten lassen, sind diese primär Ausdruck einer politischen Ideologie – z.B. einer alten oder neuen Doktrin der nationalen Sicherheit – korporativer Interessen oder Ausdruck fortbestehender Funktionsschwächen der neuen Demokratien?

- Gibt es eine Krise in der Mission der Streitkräfte, die mittelfristig nur durch die Übernahme neuer Aufgaben und vielleicht auch politischer Rollen gemeistert werden kann (unter der Annahme, daß eine Auflösung der Institution vorläufig unwahrscheinlich ist)?

- Welche Aufgaben könnten in naher Zukunft zu einer neuen Mission der Streitkräfte führen, wenn man die Entwicklung der zivil-militärischen Beziehungen, den Diskussionsprozeß innerhalb der Streitkräfte, in der Politik und vielleicht sogar in der Gesellschaft zusammen betrachtet?

- Führen die Erfordernisse der Tilgung der Auslandsschulden und einer neoliberalen Wirtschaftspolitik, vor allem die Kürzung der Staatsausgaben, über Einschränkungen des Militärhaushaltes und über den Abbau von Mannschaftsstärken zu einer Entpolitisierung der Institution oder eher zu einer (Re-) Politisierung, weil diese immer stärker um ihre Daseinsberechtigung kämpfen muß?

- Wie verändern sich die gesellschaftliche Perzeptionen über die möglichen politischen Rollen des Militärs in der Gegenwart und in der Zukunft?

2.3 Ansatz und Aufbau der Untersuchung

In der Studie wird nach den Bedingungen für sich konsolidierende Demokratien unter der spezifischen Perspektive gefragt, ob und gegebenenfalls in welcher Form der traditionell bestehende politische Einfluß der Streitkräfte auch in den neuen demokratischen Systemen fortbesteht und ob diesen daher weiter Gefahr droht.

Auf der Grundlage des im Folgenden dargelegten eigenen Ansatzes wird u.a. zu klären versucht: die historisch bedingten Verhaltenserwartungen im Verhältnis zwischen Regierung und Militär; die freiwillig gewährte oder unter Druck erzwungene Ressourcenbereitstellung für das Militär, welche die Basis für die Möglichkeit einer expansiven politischen Rolle darstellt; die Einbeziehung des Militärs in Aufgaben der inneren Sicherheit als integralem Bestandteil seiner Mission[57]; und die Motive für die Versuche der Militärführung, nationale Politik über die durch Verfassung und Gesetz festgelegten Bereiche hinaus zu beeinflussen (denn es ist theoretisch denkbar, daß das Militär zu einem bestimmten Zeitpunkt eine erweiterte Rolle wahrnehmen könnte, hierfür auch die Ressourcen besitzt und einen solchen Versuch dennoch aus Gründen der eigenen Doktrin und/oder bestimmter politischer Werte nicht unternimmt).

In Anlehnung an Huntington (1968) wird von der Grundthese ausgegangen, daß Möglichkeiten und Grenzen für die Wahrnehmung einer politischen Rolle des Militärs in enger Beziehung zur Entwicklung des politischen Systems steht, ohne daß dies freilich der einzige oder allein determinierende Faktor wäre. Die

---

57 Hierunter sind zunächst die durch Verfassung und Gesetze, aber auch durch Tradition bestimmten zentralen Aufgaben der nationalen Verteidigung und häufig auch des Schutzes der politischen Institutionen gemeint. Die hier schon sprachlich angelegte Überhöhung "Mission", die in der Studie weiter benutzt wird, zielt in der Tat auf ein quasi-religiöses Selbstverständnis führender Militärs, die ihre Institution immer wieder als "moralische Reserve der Nation" bezeichnet haben und wohl daran vielfach auch wirklich glauben (Interviews des Verfassers mit pensionierten Militärs in Argentinien und Brasilien, November/Dezember 1990).

Artikulierung militärischer Interessen in der Politik lassen sich nicht primär oder exklusiv als Resultat rein korporativer Interessen der Institution und intrainstitutioneller Entwicklungen erklären,[58] sind aber auch nicht, wie Huntington behauptet, weitgehend eine Reaktion auf politische und gesellschaftliche Defizite (Huntington 1968, S. 221). Vielmehr müssen die Interaktionen zwischen beiden betrachtet werden, und diese stehen daher im Vordergrund der Untersuchung.

Auf diesem Weg lassen sich neue Erkenntnisse über die Rolle des Militärs angesichts komplexer, nicht selten widersprüchlicher Demokratisierungsprozesse in Lateinamerika und über die Region hinaus herausarbeiten, die auch demokratietheoretisch fruchtbar gemacht werden können. Hierzu gehört die Frage nach Gewicht und Charakter der zivil-militärischen Beziehungen: Behindern, fördern oder beeinflussen sie überhaupt die Konsolidierung von Demokratie in einem signifikanten Umfang, oder gehört die wissenschaftliche Erforschung des Militärs in Lateinamerika schon zur Vergangenheit an, weil es unter Bedingungen der neoliberalen Demokratien und der Herrschaft des Marktes als staatliche Institution keine Funktion mehr hat?

Ein weiteres Erkenntnisinteresse zielt darauf ab, zu klären, ob im Selbstverständnis des Militärs ein Wandel stattgefunden hat, der die historisch belegte Interventionsbereitschaft deutlich verringert. Hat seine Führung die neuen Demokratien weitgehend akzeptiert oder gibt es, wie vielfach in der Vergangenheit, weiterhin starke Gruppen innerhalb des Militärs, die eine Tutelarfunktion gegenüber der gewählten Regierung durchzusetzen suchen? Hier erweist sich der Stepan'sche Kontestationsbegriff als sinnvoll, der auf versuchte und tatsächliche Eingriffe des Militärs in die Politik gewählter Regierungen abhebt.[59] Stepan betont, daß der politische Einfluß des Militärs aus verschiedenen Prärogativen[60] abgeleitet werden kann, die ideologisch oder

---

58 Zu einem ähnlichen Befund kommt Büttner: Ein Militärregime müsse gesehen werden "als weitere Erscheinungsform eines allgemeinen Autoritarismus, dessen wesentliche Ursachen nicht in innermilitärischen Faktoren und der Politisierung des Militärs zu suchen sind, sondern im politischen Prozeß der umgebenden Gesellschaft" (Büttner 1989a, S. 73).
59 Stepan unterscheidet zwischen der "Dimension einer artikulierten militärischen Herausforderung gegenüber Politikentscheidungen der neuen zivilen demokratischen Führung", wobei er mit "artikuliert" eine "deutlich und anhaltend vermittelte Kontestation" bezeichnet, "die für militärische und zivile Akteure erkennbar ist, unabhängig davon, ob sie öffentlich mitgeteilt wurde oder nicht". Als zweite Dimension entwickelt er eine Reihe von "institutionellen militärischen Prärogativen", deren Vorhandensein bzw. Fehlen den Grad ziviler Kontrolle über das Militär anzeigt (vgl. Stepan 1988, S. 69ff.).
60 Der englische Begriff prerogatives läßt sich wohl am besten mit Vorrechten übersetzen, die sich entweder als Resultat von Verfassung und Gesetz oder aber durch ein

politisch errungen wurden. Diese müßten als Form eines latenten, unabhängigen politischen Machteinflusses innerhalb des Staates auch in solchen Fällen angesehen werden, in denen es fast keinen offen artikulierten Konflikt gibt (Stepan 1988, S. 98).

Im Hinblick auf die Frage nach der adäquaten Analyseebene läßt sich nach der Diskussion in Kap. 1.4 und mit Acuna/Smith festhalten, daß die Erklärungskraft von Makroregimen als unabhängige Variable zur Analyse der politischen Rolle des Militärs wenig über ihre Rolle in Demokratien aussagt, um zu einer angemesseneren Erklärung der Unterschiede zwischen den zivil-militärischen Beziehungen, Höhe der Verteidigungsausgaben und Rüstungsproduktion in verschiedenen lateinamerikanischen Demokratien zu kommen. Vielmehr ist die Analyse unterhalb der Regimeebene, bei spezifischen Gesetzen, Verordnungen und institutionellen Arrangements anzusetzen (Acuña/Smith 1994c, S. 225).

Für einen solchen Ansatz sprach sich auch Stepan aus, der die Untersuchung ausgewählter Prärogativen für das Militär als einer Institution in der Demokratie vorschlug.[61] Es handelt sich um elf Indikatoren, mit denen der Grad autonomer militärischer Selbstbestimmung *(military prerogatives)* im Vergleich zu einer effektiven zivilen Kontrolle abgebildet werden soll. Zu den wichtigsten gehören die Vertretung des Militärs im Kabinett, die Überwachungsfunktion des Parlaments, die Koordination der Verteidigungspolitik, die Rolle des Militärs im Rechtssystem, bei Staatsunternehmen, gegenüber der Polizei und dem Geheimdienst. Mit dieser Auswahl der Indikatoren werden wesentliche Problemfelder der zivil-militärischen Beziehungen erfaßt. Sie reicht jedoch für die hier angestrebte Analyse nicht aus, da es gilt, die strukturelle Perspektive mit der Akteursebene zu verbinden.

Die bisherige Diskussion zeigt, daß eine allgemeine Gegenüberstellung von militärischem und zivilem Regime, das sog. *most different case design*, nicht hinreicht, um zu einer angemessen differenzierten Analyse zu kommen (vgl. Kap. 1.3). Dies gilt umso mehr, als gegenwärtig in Lateinamerika glücklicherweise kein Militärregime mehr zum Vergleich herangezogen werden kann.

Die komparative Methode eignet sich im vorliegenden Fall besonders, um die vieldimensionale Problematik von möglicherweise illegitimen und sogar illegalen Eingriffen des Militärs zu untersuchen. Dies könnte in Form einer quanti-

---

traditionelles, autonomes (meist erfolgreiches) Handeln verstehen lassen, das auf keinen Widerstand von seiten der gewählten Regierung (mehr) trifft.
61 Zaverucha wendet sie auf die Fälle Spanien, Argentinien und Brasilien an (Zaverucha 1993).

tativen Analyse lateinamerikanischer Staaten im Hinblick auf Militär- und Zivilregime unternommen werden, aber wie sich in der Forschung gezeigt hat, haben statistische Analysen nur einen geringen Erkenntnisfortschritt erbracht.

Sinnvoller ist die Auswahl weniger Länder für eine umfassende, vieldimensionale qualitative Analyse (so auch Aarebrot/Bakka 1992, S. 68), die darauf abzielt, "Ähnlichkeiten und Unterschiede zwischen politischen Einheiten vergleichend festzustellen und auf dieser empirischen Grundlage Regelmäßigkeiten und eventuell auch theoretische Überhöhungen abzuleiten" (Albrecht 1997b, S. 277).[62] Erfolgversprechend für die vergleichende Methode ist eine "große Zahl von Variablen bei einer kleinen Anzahl von Fällen", wobei der Untersuchungsgegenstand meist "großräumige Gebilde" sind (Nohlen 1994, S. 509). Abhängig von der Fragestellung kann "eine Zweiländerstudie fruchtbarere Ergebnisse erzielen als die am Ideal statistischer Quantifizierung orientierte Untersuchung einer großen Zahl oder einer künstlich erhöhten Zahl von Fällen" (ebda., S. 510).

Der Zweiländeransatz wird im Folgenden genutzt, um Gemeinsamkeiten und Unterschiede herauszuarbeiten. Sieben als kritisch angesehene Politikfelder werden daraufhin untersucht, wie Regierungen und Militärs konsensual oder konfliktiv Richtlinien der Politik zu bestimmen versuchen, wer letztendlich die dominierende Position inne hat, und welche Konsequenzen dies für die Konsolidierungsperspektiven der Demokratie hat. Die ersten vier Politikfelder werden in Kapitel 3, 4 und 5, die letzten drei in Kapitel 6 behandelt.

Zuerst sind jedoch die historischen Determinanten herauszuarbeiten, da sie Auskunft über die traditionellen Beziehungen zwischen der Institution des Militärs und der zivilen Politik und damit über den Erwartungshorizont geben (Kap. 3.1-3.3, 4.1-4.3). Sie stellen die gemeinsame Erfahrungsbasis dar, auf deren Hintergrund auch in den neuen Demokratien zunächst Normen und Modelle für eine Neubestimmung der zivil-militärischen Beziehungen gesucht werden. Hierzu gehören die Frage nach Ursprung und Entwicklung der Institution Militär, den Charakteristika von Militärregierungen und Forderungen, die das Militär im Vorfeld des Transitionsprozesses stellte. Auch die Bedingungen, unter denen sich dieser vollzog, sind daraufhin zu untersuchen, ob es Pakte zwischen Militärführung und Politikern gegeben hat, und welche Verpflichtungen daraus für die neu gewählte Regierung entstanden.

---

62 Zur vergleichenden Methode siehe Berg-Schlosser/Müller-Rommel 1992, Aarebrot/ Bakka 1992 und Nohlen 1994, zur Anwendung auf periphere Gesellschaften Boeckh 1992.

(1) Zum *Umgang mit der Vergangenheit* (Kap. 3.4.1, 4.4, vergleichend: 5.1) gehören Themen wie die Aufdeckung von Menschenrechtsverletzungen, die Identifikation der politisch Verantwortlichen und der unmittelbaren Täter, ihre strafrechtliche Verfolgung sowie die Frage, ob der Staat die Verantwortung für Menschenrechtsverletzungen als Institution anerkennt und zumindest Schadensersatz leistet, wenn schon die dafür Verantwortlichen nicht vor Gericht gestellt werden.

(2) Die Interaktion zwischen Regierungen und Militärführungen wird in den Unterkapiteln *Militärpolitik und Entwicklung der Institution Militär* dargestellt (Kap. 3.4, 4.5). Hier stehen die Ansätze zu einer von den neu gewählten Regierungen verantworteten Militärpolitik sowie die möglichen Kontestationen (Stepan) des Militärs bis hin zu Interventionsversuchen im Vordergrund. Diese umfassen, wie bereits erwähnt, die Drohung, mit Gewalt die Regierung zu übernehmen (Putschandrohung), aber auch politische Pressionen unterhalb der Schwelle einer Putschandrohung und den Versuch, zivil-militärische Koalitionen mit Politikern oder zivilgesellschaftlichen Kräften aufzubauen, um Pressionen effektiver ausüben zu können. Darüber hinaus wird die Entwicklung der Institution des Militärs mit den Komponenten Struktur, Mannschaftsbestand, Verteidigungshaushalt, die Bestimmung der Mission der Streitkräfte und die Frage neuer Aufgaben behandelt (Kap. 5.2).

(3) *Innere Sicherheit* als Aufgabe des Militärs hat in beiden Ländern eine lange Tradition und ist deshalb im Verhältnis zwischen Politik und Militärführung ein besonders kontroverses Thema (Kap. 5.3). Es wird untersucht, ob die Eingriffsbefugnisse auf diesem Gebiet eingeschränkt, beibehalten oder erweitert wurden, und welche Erfahrungen mit der Anwendung entsprechender Normen gemacht wurden. Hierzu gehört auch die Frage, ob Militärgeheimdienste weiter innenpolitisch aktiv sind und ob sie vom Rechtsstaat kontrolliert werden.

(4) Der Beitrag des Militärs zur *nationalen Entwicklung*, hier verstanden als ein Beitrag zur Verbesserung der wirtschaftlichen, sozialen und Infrastrukturbedingungen, war sowohl in Argentinien wie in Brasilien von großer historischer Bedeutung (Kap. 5.4). Denn dadurch definierte es sein institutionelles Interesse, einen starken Staat aufzubauen und eine möglichst schnelle Industrialisierung als Basis für eine autonome Rüstungsproduktion voranzutreiben.

(5) Neben vielfältigen Motiven für die Intervention wurde bereits betont, daß immer wieder zivil-militärische Koalitionen oder auch Konstellationen auftraten. Daher ist zu untersuchen, ob es heute noch *zivile Partner für das Militär* gibt, die einen anderen Weg zur Macht als durch Wahlen befürworten und sich für Militärfaktionen für entsprechende Projekte zur Verfügung stellen.

In der Vergangenheit waren es die rechte und konservative, nationalistische Intelligenz, rechte Parteien, Teile der katholischen Kirche, der Mittelschichten und besonders der Wirtschaft, die eine solche Rolle gespielt haben (in seltenen Einzelfällen beteiligten sich auch eher linke Gruppen, wie die peronistischen Gewerkschaften, etwa beim Putsch von 1966 gegen Präsident Illia). Das Fehlen einer kontinuierlichen Vertretung konservativer Wählerinteressen, besonders der Wirtschaft (die insgesamt auch nicht immer homogene Interessen hat), durch politische Parteien ließ eine extrakonstitutionelle Option immer dann als verführerisch erscheinen, wenn ein bestimmtes Frustrationsniveau gegenüber populistischen und vermeintlich linken Regierungen erreicht bzw. überschritten war und keine anderen politischen oder gesellschaftlichen Kräfte als Gegenpole zu einem Macht-Patt beitrugen (Kap. 5.5).

(6) Die Variable *Rüstungs- und Nuklearpolitik* (Kap. 6.1, 6.2) und die Frage exekutiver Kontrollen und legislativer Kontrollversuche ist aus drei Gründen von großer Bedeutung. Zum einen versucht das Militär über eigene Wirtschaftsunternehmen, sich eine zusätzliche Machtbasis aufzubauen und Einfluß auf die Entwicklung von Spitzentechnologien wie die Nuklear-, Computer- und Weltraumforschung zu gewinnen. Durch eigene Wirtschaftsunternehmen erhält es zusätzliche Ressourcen, die über den vom Parlament meist unzureichend kontrollierten Militärhaushalt hinausgehen. Forcierte Rüstungsproduktion und -exporte können überdies die Balance zwischen den Staaten der Region so verändern, daß es zu einem Rüstungswettlauf und zu einer Verschlechterung der Sicherheitslage in der Region kommt.

(7) Ein weiteres wichtiges Feld ist der potentielle *Einfluß auf die Außenpolitik* (Kap. 6.4). Nachdem das Militär in den 30er Jahren besonders aufgrund des deutschen Einflusses zunehmend von geopolitischem Denken geprägt wurde (Child 1979, 1980, Kelly/Child 1988), hat es eigene Vorstellungen über die Nation, deren Bedrohung und die Rolle des eigenes Landes auf dem Subkontinent und in der Welt entwickelt. Es wird zu untersuchen sein, inwieweit sich diese Vorstellungen auf die jetzt durchweg von Zivilisten geleiteten Außenministerien auswirkten und ob diese Konzepte gegenwärtig noch eine wichtige Rolle spielen.

Die Grafik auf der nächsten Seite gibt einen Überblick zu Politikfeldern und Hauptakteuren.

Abb 4: Militär und neue Demokratien in Lateinamerika: Zentrale Politikfelder und Akteure

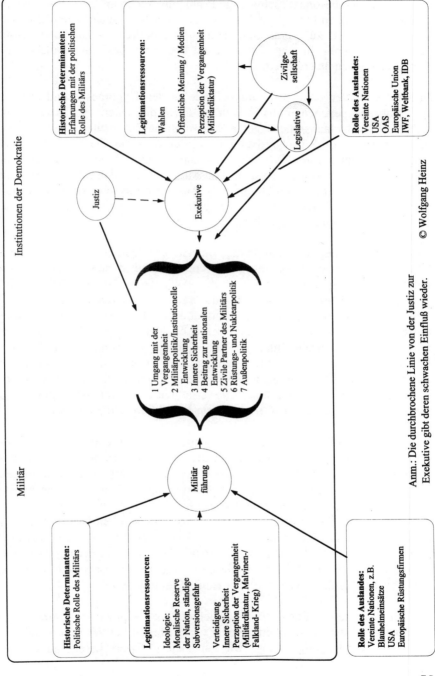

In Kapitel 7 werden die wesentlichen Befunde zu beiden Ländern miteinander kontrastiert, um besonders schwierige Problembereiche im Verhältnis zwischen Demokratie und militärischen Machtansprüchen herauszuarbeiten. Ziel ist es hier, das Material zu "verdichten" und auf wesentliche Argumentationslinien hin zu fokussieren. In Kap. 7.8 wird die Erfahrungsbasis mit Fallskizzen zu Peru und Venezuela erweitert.

In Kap. 8 werden dann die Hauptbefunde zu den Hypothesen und der Kernfrage, ob und gegebenenfalls in welcher Form die neuen Demokratien durch militärische Machtansprüche gefährdet waren und es weiterhin sind, zusammengetragen (Kap. 8.1). Die Befunde werden dann für die Theorie fruchtbar gemacht, indem u.a. der Ort der politischen Systeme Argentiniens und Brasiliens zwischen autoritärem System, konsolidierter und delegativer Demokratie diskutiert und bestimmt wird (Kap. 8.2). Aus der Analyse werden Elemente für vier auf ganz Lateinamerika bezogene Szenarien entwickelt und ihre Realitätsnähe diskutiert (Kap. 8.3).

Abschließend sollen noch einige methodische Probleme angesprochen werden, weil sie die Forschungsarbeit erschweren. Grundsätzlich schirmt sich die Institution Militär weitgehend von der Außenwelt ab. Die meisten Informationen und Unterlagen des Militärs werden geheimgehalten. Daher sind Militärzeitschriften eine wichtige Informationsquelle, weil in ihnen meist über aktuelle Themen diskutiert wird. Aber auch hier ist es nicht immer sicher, inwieweit die veröffentlichten Artikel wirklich repräsentativ für Trends im Denken der gesamten Institution sind; m.a.W., wer liest diese Zeitschriften innerhalb des Militärs, und sind die dort vertretenen Auffassungen relevant für die innermilitärische Diskussion? Ein verläßlicher Hinweis ist zumindest, daß die Beiträge von ranghohen Offizieren zur Publikation akzeptiert wurden.

Interviews mit Offizieren im aktiven Dienst sind in Argentinien wie Brasilien offiziell nicht gestattet und werden in der Praxis nur selten, wie im Fall des renommierten Brasilienforschers Alfred Stepan, gewährt. Auch dann bestehen die interviewten Offiziere meist auf Anonymität, was die wissenschaftliche Bewertung entsprechender Studien erschwert. Über Interviews mit einer größeren Zahl von Offizieren wird in der Forschung selten berichtet, etwa bei Fitch, der Mitte der 80er und 1991-92 je 37 ekuadorianische und argentinische Offiziere befragte (vgl. Fitch 1998, S. 61-105); der Verfasser hat 1990 Interviews mit mehr als 40 Offizieren aus Argentinien, Brasilien, Chile und Uruguay durchgeführt (Heinz 1995c; Heinz/Frühling 1999).

Mit pensionierten Offizieren ist es leichter, ins Gespräch zu kommen, aber auch hier muß der Forscher eine Reihe von Kriterien bei der Beurteilung ihrer Aussagen berücksichtigen, z.B., wie lange die Offiziere bereits außer Dienst sind, in welchen Einheiten sie gedient haben, zu welcher Abschlußklasse und möglicherweise politischen Gruppe innerhalb des Militärs sie gehör(t)en, mit welchem Dienstgrad sie ausschieden und vor allem, in welcher *arma*, Infanterie, Kavallerie, Ingenieure, Geheimdienst etc. sie gedient haben, bis hin zu Fragen der regionalen und familiären Herkunft. Der langjährige Lateinamerikaforscher und US-Heeresoffizier Jack Child hat diese Schwierigkeiten treffend auf den Begriff gebracht. In einem Beitrag zu den Chancen für mehr vertrauensbildende Maßnahmen in Lateinamerika verweist er darauf, daß relativ wenige lateinamerikanische AkademikerInnen (und noch weniger US-amerikanische KollegInnen) einen Zugang zum Militär und seinen Diskussionen über "Kriegshypothesen" oder die Berücksichtigung geopolitischer Faktoren in der strategischen Planung gewonnen hätten (Child 1996, S. 32).

2.4 Zur Auswahl der Fallstudien

Aus der großen Zahl lateinamerikanischen Länder erweisen sich zwei Länder, Argentinien und Brasilien, als besonders interessant, weil sie im regionalen Vergleich zu den ökonomischen fortgeschrittensten gehören und da von ihnen anzunehmen ist, daß ihre Erfahrungen exemplarischen Charakter auch für die meisten anderen haben werden (dies gilt auch, wenn man immer die spezifische nationalen Erfahrungen als eine Variable mit erheblichem Eigengewicht in Rechnung stellen muß).

Man hätte noch an die Einbeziehung Chiles denken können, aber dieses Land muß als Sonderfall betrachtet werden. Hier war die Verankerung von Sonderrechten des Militärs bereits Teil der unter der Diktatur angenommenen Verfassung. Daher lag von vornherein eine institutionelle Belastung vor, die sich u.a. in der für Lateinamerika einmaligen Besetzung des Postens des Armeestabschefs durch den vorherigen Diktator (Pinochet) während der ersten sieben Jahre der neuen Demokratie ausdrückt.

Argentinien und Brasilien eignen sich als Länderbeispiele besonders für diese Untersuchung, weil beide Länder
- im südamerikanischen Vergleich makroökonomisch relativ entwickelt sind,
- unterschiedliche Erfahrungen mit Demokratie gemacht haben; in Argentinien waren nach 1945 strukturell beschränkte Demokratien anzutreffen, während Brasilien vor dem Putsch von 1964 fast zwanzig Jahre eine in ihren politischen Beteiligungsmöglichkeiten für die breite Bevölkerung begrenzte Demokratie hatte (siehe weiter unten),
- mit nur zwei Jahren Unterschied mit dem neuen demokratischen System begannen (Argentinien 1983, Brasilien 1985),

- in ihrer Fähigkeit, eine effektive zivile Kontrolle über das Militär auszuüben, in der Forschung unterschiedlich beurteilt werden: Argentinien als ein im wesentlichen erfolgreicher Fall, Brasilien als ein Beispiel für fortwährende militärische Einflußversuche gegenüber der gewählten Regierung, zumindest bis zum Antritt der Regierung Cardoso und
- seit langem den Anspruch auf eine regionale Vormachtstellung in Südamerika erheben.

Um die Frage zu klären, ob es sich bei Argentinien und Brasilien überwiegend um eine "Rückkehr" zu einer alten oder um den Aufbau einer neuen Demokratie handelt, müssen die historischen Erfahrungen dieser Länder mit Demokratie berücksichtigt werden, darunter auch die Frage nach den Bedingungen, unter denen sich die Institution des Militärs historisch herausgebildet hat (vgl. Kap. 3.1 und 4.1).

Im argentinischen Fall läßt sich nur schwer von einer Rückkehr zur Demokratie sprechen, gab es doch seit dem Jahr 1943, der nach 1930 zweiten Übernahme der politischen Macht durch die Militärs, keine Erfahrungen mit einer genuinen Demokratie mit Ausnahme der ersten Regierung Juan D. Peróns. Die gewählten Präsidenten Arturo Frondizi (1958-62) und Arturo Illia (1963-66) hatten ihr Mandat nur durch die vom Militär angeordnete Ausschaltung der Peronisten erringen können und waren daher nicht hinreichend demokratisch legitimiert. Wiederholte militärische Eingriffe in ihre Regierungsführung machten ihre Abhängigkeit vom Militär deutlich, die in beiden Fällen durch einen Putsch beendet wurden.

In Brasilien war nach der Diktatur von Präsident Getúlio Vargas 1937-45 die demokratische Phase 1945 bis zum Militärputsch 1964 die längste und wichtigste Erfahrung mit einem demokratischen System. Weffort ist zuzustimmen, wenn er diese Periode einerseits als eine Mischung zwischen Demokratie und Autoritarismus ansieht, sie aber gleichwohl als Demokratie charakterisiert, weil die brasilianischen Führer den Zustand der Unsicherheit (Przeworski) aushalten mußten (Weffort 1993. S. 107f.).

Die beiden Militärputsche in Brasilien (1964) und Argentinien (1966) zielten auf die Errichtung bürokratischer Entwicklungsdiktaturen ab, die Entwicklungsdefizite wie mangelnde Industrialisierung und Modernisierung in kürzester Zeit beseitigen sollten, wobei andere mögliche Zielgrößen wie soziale Gerechtigkeit und Demokratie als Prioritäten nicht mehr zum Tragen kamen. Für dieses Programm war eine radikale Unterordnung gesamtgesellschaftlicher Interessen unter die Oberziele nationale Sicherheit und staatlichen Machtzuwachs zwingend notwendig. In Brasilien gelang das Projekt dem Militär ganz überwiegend, aber mit beträchtlichen sozialen Kosten; in Argentinien scheiterte es.

Nach der Analyse der sieben Politikfelder der beiden Fallstudien wird abschließend das Bild um zwei Skizzen über die Erfahrungen zweier mittelgroßer Länder, Peru und Venezuela, erweitert (Kap. 7.8). Peru, wie Argentinien ein Land mit häufigen Eingriffen des Militärs in die Politik, wird hier einbezogen, weil es seit 1992 die besondere Konfiguration eines Paktes zwischen dem gewählten Präsident und der Militärführung des Landes aufweist. Venezuela ist von großem Interesse, weil es jahrelang als eine vorbildliche Erfahrung für die Unterordnung der Streitkräfte unter gewählte Regierungen galt, bis 1992 zwei Putschversuche deutlich machten, daß unter den Bedingungen sozialer Massenproteste auch das Militär nicht immun ist.

3. Argentinien: Historische Bestimmungsfaktoren, innenpolitische Entwicklung und neue Demokratie (1983-1999)

3.1 Historische Bestimmungsfaktoren

Während der spanischen Kolonialherrschaft bestand das Vizekönigreich Río de la Plata zwischen 1776 und 1806 aus dem heutigen Argentinien, Bolivien, Paraguay und Uruguay. Chile wurde in einer eigenen *Audiencia* verwaltet.

Historisch war die Entwicklung Argentiniens durch drei zentrale Konfliktkonfigurationen gekennzeichnet. Bereits frühzeitig entstand der Gegensatz zwischen der Hafenstadt Buenos Aires mit ihren Interessen am freien Welthandel und den eher auf Protektionismus ausgerichteten Provinzen im Inneren des Landes, die eine Vormachtstellung der Hafenstadt ablehnten und immer wieder zu verhindern suchten. Nach vielen, auch gewaltsam ausgetragenen Konflikten, mußte Buenos Aires 1820 das föderalistische Prinzip der souveränen Provinzen anerkennen (Vogel 1992a, S. 341).

Die zweite Konfiguration bestand aus dem Wettbewerb mit Brasilien um die Vorherrschaft in Süd- und ganz Lateinamerika. Konkrete Konfliktpunkte ergaben sich aus seinen Einflußversuchen auf die *Banda Oriental*, ein Konflikt, der nach der Vermittlung Englands mit der Gründung des unabhängigen Staates Uruguay sein Ende fand. Andererseits kam es zwischen beiden Ländern auch zu zeitweiliger Kooperation, wie im Drei-Mächte-Krieg gegen Paraguay, der mit einem Sieg der Allianz, der weitgehenden Zerstörung dieses Landes und der Vernichtung eines großen Teils seiner Bevölkerung zu Ende ging.

Die dritte Konfiguration war innergesellschaftlich konturiert. In den 30er Jahren wuchs die Sorge in der Ober- und Teilen der Mittelschicht vor einem politischen Erstarken der Arbeiterschaft und der armen Bevölkerungsgruppen. Denn viele Immigranten aus Italien und Spanien brachten sozialistische, syndikalistische und anarcho-syndikalistische Ideen aus ihren Heimatländern nach Argentinien mit. Die konservative, katholische Oligarchie sah diese neue soziale Klasse mit Mißtrauen und Ablehnung, da sie die Entstehung subversiver Bewegungen, die sich gegen den Staat und sie selbst richten würden, befürchtete.

Das Militär, genauer: die für den Unabhängigkeitskrieg kurzfristig ausgehobenen Truppen, wurden zum Geburtshelfer der Republik. Im Unabhängigkeitskrieg zwischen 1806 und 1816 spielte es die zentrale Rolle im Befreiungskampf. Doch die Bedrohung kam in diesem Fall nicht primär von den spanischen Kolonialtruppen, sondern von der britischen Armee, die von Montevideo aus auf Buenos Aires marschierte. Daraufhin wurden in Buenos Aires die Truppen nach den Herkunftsländern aufgestellt, Katalanen, Galicier, Andalusier und Kreolen. Da es an Offizieren mangelte, griff man zu "einer einzigartigen demokratischen Maßnahme: Die Soldaten der neugebildeten Einheiten konnten ihre Offiziere und Unteroffiziere selbst wählen. So entstand durch die Mobilisierung der Kreolen und Spanier in gewisser Weise ein Stück Demokratie. In diesen improvisierten, demokratisch geführten Bataillonen und Regimentern herrschte natürlich eine äußerst hohe Kampfmoral." (Vogel 1992a, S. 334) Das Bürgerheer der Hafenstadt siegte 1806 und 1807 gegen die britischen Truppen.

Nachdem Vizekönig Sobremonte 1807 abgesetzt worden war, wurde 1808 Liniers zum provisorischen Vizekönig ernannt. Den Auftakt zur Unabhängigkeit, "bildete demnach eigentlich ein Militärputsch" (Vogel 1992a, S. 334). In den jetzt folgenden, jahrelangen politischen Konflikten kam es immer wieder zu Militärcoups. Bestimmte politische Gruppen suchten bei Faktionen des Militärs Unterstützung. Damit waren die Voraussetzungen und das "Modell" für die Bildung zivil-militärischer Koalitionen geschaffen, die den Zugang zur politischen Macht außerhalb des verfassungsmäßig vorgeschriebenen Weges ermöglichen sollte. 1860 wurden die Grundlagen für das moderne Parteiensystem – nach der Auflösung der Dichotomie zwischen *Federales* und *Unitarios* – gelegt, mit der Konservativen Partei und später der Radikalen Bürgerunion (UCR) als den beiden wichtigsten Parteien.

Die Führung der Armee unter General Lucio V. Mansilla entschloß sich, Präsident Sarmiento nach seinem Amtsantritt 1868 in einer Krise politisch zu unterstützen. Damit war ein weiterer Präzedenzfall gegeben, der sich später wiederholen sollte. Diese Unterstützung war besonders bei der Niederschlagung des Aufstandes der *Gauchos* im Innern des Landes wichtig. Danach zeigte sich der Präsident eher diktatorisch und regierte per Dekret unter Einsatz der Armee (Vogel 1992b, S. 699f.).

Aber dennoch: Zwischen 1853 und 1930 standen gewählte Präsidenten an der Spitze der Republik, wenn auch López zu Recht darauf verweist, daß es sich hier nicht um eine Phase *ohne* militärische, sondern um eine Periode *nicht erfolgreicher* Usurpationsversuche, handelte (López 1996, S. 155). In der Periode zwischen 1916 und 1930 kann argentinische Politik als eine Einübung in die informelle Machtteilung zwischen traditionellen Eliten und städtischer Mittelschicht verstanden werden, wobei die UCR die Regierung stellte (Rock 1987, S. 215). Mit den Folgen der Weltwirtschaftskrise änderten sich 1930 radikal die Parameter der Situation: Beide Seiten standen sich in einem scharfen Wettbewerb um abnehmende Ressourcen des Staates gegenüber.

Damals entstand ein Verständnis von Politik als Nullsummenspiel, das für Argentinien über die nächsten Jahrzehnte hin typisch werden sollte: Jede Konfliktpartei drängte auf die rücksichtslose Durchsetzung eigener Interessen, ohne auch nur ansatzweise auf mögliche legitime Interessen anderer Konfliktparteien Rücksicht zu nehmen. Der Sieg der einen Seite war nur als Niederlage anderer Konfliktparteien denkbar.[63]

Das Ergebnis war eine gleichermaßen politisierte und konfrontative Form der Interessendurchsetzung, die nach 1930, dem Jahr des erfolgreichen Putsches gegen die Regierung von Hipólito Yrigoyen (UCR), noch durch das Fehlen allgemein akzeptierter Regeln über Zugang, Ausübung und Abgabe politischer Macht weiter verschärft wurden. Damit schlich sich früh in das politische System die als legitim angesehene Praxis ein, über extrakonstitutionelle Kanäle auf die Regierung Druck auszuüben und mit Hilfe des Militärs sogar auf ihre Absetzung zu drängen.[64]

Aber auch innerhalb des Militärs divergierten die Auffassungen über die wietere politische Entwicklung des Landes. General Uriburu vertrat die konservativen Nationalisten und liebäugelte mit einem autoritären, korporativen Staat, der Mussolinis Italien zum Vorbild hatte. General Justo dagegen vertrat die liberal-konservative Linie. Die nun folgende *Década Infame* (bis 1943) brachte zwar die Konservativen an die Regierung, aber deren Legitimation litt unter den sich wiederholenden, ganz offensichtlichen Wahlfälschungen.

Anfang der 40er Jahre wuchsen im Militär Zweifel an einer politischen Herrschaftsform, die zunehmend für Repression, Korruption und eine Fortsetzung der Wahlfälschungen verantwortlich war. Aber die Vorbereitung und Durchführung des Putsches von 1943 waren nicht einfach. Denn im Vorfeld des Putsches mußten sich erst einmal verschiedene Linien innerhalb der Institution einigen und gleichzeitig zivile Unterstützung suchen. Nach dem Putsch war vor allem über die außenpolitische Orientierung Einigkeit zu erzielen. Die Befürworter der Achsenmächte standen den Sympathisanten der Alliierten gegenüber. Es war schließlich Oberst Juan D. Perón, ein Sympathisant der Achsenmächte, dem der Aufstieg innerhalb der für den Putsch verantwortlichen Militärloge "Gruppe der Vereinten Offiziere" *(Grupo de Oficiales Unidos/GOU)* gelang. Er wurde erst zum Kriegsminister, dann zum Arbeits-

---

63 Waldmann hat jüngst den Begriff der Anomie auf Argentinien angewandt (Waldmann 1996a).
64 Zum politischen System siehe Chiaramonte/Ternavasio 1995 (zur Entstehung), Imaz 1964, Ciria 1964, O'Donnell 1972, 1978a, 1988, Botana 1977, Smith 1978, Corradi 1985, Cavarozzi 1986, 1992, Rock 1987, Waisman 1987, Snow/Manzetti 1993 und McGuire 1995, zur politischen Rechten Gallo/Thomsen 1992, Rock 1993, McGee/ Dolkart 1993 und zur Linken der 60er Jahre Terán 1991.

minister ernannt, und schließlich in freien Wahlen 1946 zum Präsidenten gewählt.

Wie kein anderer Politiker sollte Perón die Geschichte des Landes über vierzig Jahre hinweg entscheidend prägen. Er war der einzige Soldat, der zum Präsidenten der Republik gewählt wurde. Mit seinem ausgeprägten Antikommunismus und gleichzeitigem Einsatz für die Arbeiter und die arme Bevölkerung in den Provinzen gelang es ihm, eine eigene Massenbasis aufzubauen. Weder Oberschicht noch Mittelschichten, die vor allem die UCR unterstützten, waren von dem Emporkömmling begeistert, denn er gehörte nicht zur traditionellen Elite und seine politischen Erklärungen wirkten auf sie ambivalent, auf jeden Fall radikal. Aber Perón bot an, die als drohend empfundene Gefahr eines immer stärker werdenden kommunistischen Einflusses auf die Arbeiter durch seine peronistische Bewegung zurückzudrängen und in eine korporative Konstellation mit Gewerkschaften, Arbeitgebern und dem Staat als Vermittler umzuwandeln.

Es kann hier keine ausführliche Analyse der peronistischen Regierung vorgenommen werden,[65] aber im Hinblick auf seine Militärpolitik bleibt festzuhalten, daß die Loyalität der Streitkräfte durch einen großzügigen Militärhaushalt und hohe Gehälter für die Offiziere sichergestellt wurden. Die politisch wichtigste Teilstreitkraft, das Heer, stellte neben der Gewerkschaftsbewegung die wichtigste Machtsäule Peróns dar, während ihn die eher aristokratisch eingestellte Marine immer mehrheitlich ablehnte. Während seiner zweiten Präsidentschaft sah sich Péron einer zunehmenden Verschärfung der wirtschaftlichen Lage gegenüber, die auch eine Kürzung des Verteidigungshaushaltes erforderte. Gegenüber der sich immer deutlicher artikulierenden Opposition reagierte er mit Repressionsmaßnahmen und der Drohung, die peronistische Bewegung gegen die Opposition einzusetzen. Bereits unter der Verantwortung seiner Frau Evita waren Waffen für ausgewählte Kader ins Land geschafft worden, und die Drohung mit einer peronistischen Miliz stärkte diejenigen Militärkreise, die in Perón zunehmend eine Gefahr sahen und diese auch propagierten. Als der Präsident 1951 eine "Peronistische Doktrin" für die Ausbildung in der Höheren Kriegsakademie *(Escuela Superior de Guerra/ ESG)* vorschrieb, wurde der Widerstand nur noch größer. Die von seiner Regierung aktiv betriebene Konfrontation mit der Katholischen Kirche über ihre Rolle in den Schulen brachte schließlich in dem stark katholisch geprägten Land das Faß zum Überlaufen.

---

65 Zum Peronismus vgl. Waldmann 1974, 1992, Luna 1984-1986 und Arias 1992, zur wichtigen Phase 1955-83 besonders instruktiv Cavarozzi 1983, zur Regierung Perón/ Perón De Riz 1981.

1955 wurde zum Entscheidungsjahr. Zunächst fand ein mißglückter Putsch der Marine statt, der nur geringe Unterstützung innerhalb der Armee hatte. Mehr als zweitausend Menschen kamen bei den Bombenabwürfen der Marineflugzeuge im Zentrum von Buenos Aires ums Leben.[66] Wenige Monate später putschte dann auch das Heer, das große Schwierigkeiten hatte, institutionell die verschiedenen Faktionen zu einem gemeinsamen Handeln zu bewegen. Auch befürchteten viele Offiziere, die Perón unterstützt hatten, daß die Militärführung nach dem Putsch gegen sie vorgehen würde – nicht zu unrecht, wie sich zeigen sollte.

Nach dem Putsch wurden sofort zwei politische Linien sichtbar. General Lonardi, der zuerst Präsident wurde, sprach sich für eine Versöhnung und gegen eine umfassende Säuberung von Peronisten in Militär und Verwaltung aus. Er wurde jedoch durch die Mehrheit in der Generalität zum Rücktritt gezwungen und durch General Aramburu ersetzt. Dieser setzte eine Säuberung durch, die zur Pensionierung zahlreicher peronistischer Offiziere führte. Als 1956 General De la Valle einen von der militärischen Unterstützung her unbedeutenden Putsch unternahm, ließ der Präsident die Anführer von Militärgerichten aburteilen und 27 von ihnen hinrichten, eine einmalige Reaktion auf eine Rebellion in der Geschichte des Landes.[67]

Die zwei politischen Faktionen in den Streitkräften, vor allem im Heer, Nationalisten und Liberale, existierten auch nach dem Putsch gegen Perón weiter fort. Die Liberalen forderten die radikale Abrechnung mit den Peronisten – sie waren auch am stärksten von den Eingriffen Peróns in Militärangelegenheiten betroffen gewesen –, während die Nationalisten eher die Aussöhnung suchten. Während der nächsten 18 Jahre, bis zur Wahl Héctor Cámporas und Peróns 1973, war für die Militärführung das zentrale Thema, wie die peronistische Partei, die bei freien Wahlen entweder die Mehrheit bekam oder deren Unterstützung für eine Mehrheitsregierung unabdingbar war, aus dem Wahlprozeß herausgehalten werden konnte, sei es durch ein direktes Verbot oder durch andere Zwangsmaßnahmen. Zwei schwache, zivile Regierungen unter den Präsidenten Arturo Illia und Arturo Frondizi, die die zwei Flügel der UCR, UCRI und UCRP vertraten, kamen in eingeschränkten Wahlen an die Macht. Beide wurden vom Militär 1963 bzw. 1966 gestürzt. Wie Rock zutreffend bemerkt, erschien die Armee nach dem Sturz Peróns "als

---

66 Für eine Biographie des Admirals, der den Befehl hierzu gegeben hat, siehe Rojas/ González Crespo 1993.
67 Die Hinrichtungen schürten den Haß der Peronisten auf Aramburu. 1970 wurde er durch die peronistische Guerillagruppe *Montoneros* entführt und ermordet. Damit begann die jüngste Gewaltwelle, die zur Militärdiktatur 1976-83 und zu systematischen Menschenrechtsverletzungen führte. Zu einem frühen Eingreifen des Militärs bei der "Semana Trágica" 1919 siehe Godio 1972.

eine machtvolle und häufig überwältigende pressure group, die die Regierungspolitik ständig formte, beschränkte oder ihr Veto einlegte" (Rock 1987, S. 340). Unter Frondizi, so der argentinische Historiker Halperín Donghi, setzte der sogenannte Konsultationsmodus wieder ein: "Die Streitkräfte traten immer unabhängiger gegenüber dem Staat auf, dessen subalterne Vertreter sie eigentlich waren, und praktizierten mehr und mehr eine seltsame Form direkter Demokratie. Ihre Garnisonschefs und Oberkommandierenden ernannten sich stolz zu Vertretern des Willens der Basis" (Halperín Donghi 1994, S. 637).[68]

Die folgende Tabelle gibt einen Überblick über die demokratischen und diktatorischen Phasen in der politischen Entwicklung Argentiniens seit 1930:

Tabelle 1: Demokratie und Militär in Argentinien, 1930-1998

Jahre	Ereignis
1930-43	*Década Infame*
1943-46	Militärherrschaft
1946-55	Gewählter Präsident Perón
1955-58	Militärherrschaft
1958-62	Gewählter Präsident Arturo Frondizi*
1962-63	Putsch, Halb-legale Präsidentschaft José María Guido
1963-66	Gewählter Präsident Arturo Illia*
1966-73	Militärherrschaft ("Argentinische Revolution")
1973	Juan D. Perón Präsident
1974	Tod Peróns
1974-76	Isabel Perón
1976-83	Militärherrschaft ("Prozeß der Nationalen Rekonstruktion")
1983-89	Präsident Raúl Alfonsín
1987, 88	Drei Militärrebellionen
1989, 1995	Carlos Saúl Menem zum Präsidenten gewählt
1990	Militärrebellion
1995	Erklärung der Stabchefs zur Verantwortung für Menschenrechtsverletzungen in den Jahren 1976-1983
1999	De La Rúa zum Präsidenten gewählt

* eingeschränkte Wahlen

---

68 Zum argentinischen Militär siehe Potash 1969, 1980, 1993, 1996, Cantón 1971 (zur Kritik aus der Sicht argentinischer Militärs an Cantón siehe Oficiales del Curso Comando y Estado Mayor 1974), Waldmann 1971, Goldwert 1972, Ramos 1973, Guglialmelli 1979, Goyret 1980, Bayer 1981, Garzón Valdés/Walmann 1982, Luna 1983, Montserrat 1988, Todo es Historia 1988, Pion-Berlin 1989, Dominguez 1991 und Ballester 1996.

Die Militärdiktaturen 1966-1973 und 1976-1983

Der Militärputsch von 1966 durch Heeresgeneral Onganía, der zu der Gruppe der Konstitutionalisten gerechnet wurde, war stark durch das brasilianische Modell, den Putsch von 1964, beeinflußt. Was die Militärs im Nachbarland als "Revolution" bezeichneten, wurde auch von ihren argentinischen Kollegen mit dem Namen "Argentinische Revolution" belegt. Damit wurde der Anspruch auf eine grundlegende Umgestaltung der politischen Ordnung, der Wirtschaftspolitik (Evers 1972) und des Bildungssystems (Vergara 1997) unter konservativ-katholischen Vorzeichen erhoben. Der Anspruch konnte allerdings im Laufe der Jahre immer weniger aufrecht erhalten werden, nicht zuletzt, weil das Militär die Gretchenfrage der Politik, die Zulassung oder der Ausschluß der peronistischen Partei, nicht lösen konnte. Schließlich mußte der dritte Generalspräsident Lanusse den Weg für eine Rückkehr der Peronisten zu den Wahlen bahnen. Im Verhandlungsprozeß verlor das Militär immer weiter an Einfluß, und der peronistische Kandidat Cámpora bereitete den Übergang zur erneuten Wahl Peróns vor.

Nach langen Jahren eingeschränkter Demokratie und Militärdiktatur wurde 1973 Juan Perón zum Präsidenten gewählt. Nach seinem überraschenden Tod folgte ihm seine Frau Isabel de Perón 1974 ins Amt nach. Zunehmende politische Probleme, eine sich verschärfende Wirtschaftssituation mit einer Inflation von fast 1000% und vor allem der Anstieg politischer Gewalt führte zu einer immer instabileren Lage (zur Guerilla und politischen Gewalt siehe Moyano 1995). 1976 wurde die Präsidentin durch einen Militärputsch abgesetzt. Dieses Mal übernahmen die Streitkräfte institutionell die Macht, die gleichmäßig zwischen den drei Teilstreitkräften aufgeteilt wurde; nicht ganz gleich, denn alle vier Präsidenten waren Heeresgeneräle. Die Junta der drei Oberkommandierenden fungierte als Regierung und wurde von neun Vertretern von Armee, Marine und Luftwaffe beraten. Aufgrund des erheblichen, weitverbreiteten Terrorismus und der offensichtlichen Handlungsunfähigkeit der Regierung Perón gab es starke Sympathien in der Öffentlichkeit für die Machtübernahme. Informationen über massive Menschenrechtsverletzungen waren angesichts der Pressezensur nur einem kleinen Teil der Öffentlichkeit zugänglich.

Die Junta legte besonderen Wert auf eine nahezu totale Autonomie von allen gesellschaftlichen Kräften, auch der Wirtschaft. Zwar gab es während der Diktatur einzelne Kontakte der Junta mit den traditionellen Parteien, grundsätzlich versuchte sie aber, ihr Ziel der Nationalen Rekonstruktion (span. PRN) unabhängig von politischen und gesellschaftlichen Machtgruppen durchzusetzen.

Nur zwei Jahre nach dem Putsch war die Guerilla besiegt, so daß diese Bedrohung allein als Legitimation für eine Militärregierung nicht mehr ausreichte, auch wenn die Regierung häufig auf die Gefahr eines Wiederaufflammens des Terrorismus verwies. Dagegen standen die Neuordnung des politischen System und eine erfolgreiche Wirtschaftspolitik, Wirtschaftswachstum, Verringerung der Inflation, Öffnung der argentinischen Wirtschaft gegenüber dem Weltmarkt, weiterhin auf der Tagesordnung.

Es galt, die Wirtschaft aus der Talsohle herauszuholen, und der neue Wirtschaftsminister Martínez de Hoz wurde mit dieser schwierigen Aufgabe betraut. Er entwarf ein neoliberales Wirtschaftsprogramm, aber seine Möglichkeiten waren, anders als in Chile, politisch eng begrenzt: Die Junta wünschte keine zu hohe Arbeitslosigkeit als Folge von Wirtschaftsreformen, da sie zu sozialen Unruhen führen könnte. Auch nahm sie die wichtigen Militärunternehmen und einige weitere Industrieunternehmen aus politischen Gründen aus der Privatisierungspolitik aus, so daß sich der Wirtschaftsminister vor allem auf die Währungspolitik konzentrieren mußte. Mehr als ein zeitlich begrenzter Wirtschaftsboom 1980/81, der wieder in sich zusammenfiel, konnte dann auch nicht erzielt werden.

Als die Wirtschaftskrise wieder sichtbar wurde und diese ein neues Legitimationsdefizit für das Militär zur Folge hatte, organisierte Heeresgeneral Galtieri mit Unterstützung der Marine, die völlig unzureichend vorbereitete und von den politischen Risiken völlig falsch eingeschätzte Besetzung der Falkland-/Malvinen-Inseln. Die militärische Niederlage gegen England hatte den sofortigen Rückzug von Marine und Luftwaffe aus der Junta zur Folge. Damit war das Schicksal der Diktatur entschieden. Jetzt mußte die Regierungsverantwortung wieder an zivile Kräfte zurückgegeben werden.

3.2 Ursprung und Entwicklung der Institution Militär

Die Mission der Streitkräfte umfaßte mehrere Dimensionen. Im Westen befand sich Chile mit seinen im lateinamerikanischen Vergleich am besten ausgebildeten Streitkräften, ein gefürchteter Nachbar, und im Osten der Koloß Brasilien. Uruguay und Paraguay stellten keine ernsthafte militärische Bedrohung dar. Doch es wäre ein Irrtum anzunehmen, Argentinien habe seine Armee unterhalten, um die Grenzen gegen ausländische Eindringlinge zu verteidigen: "Der Charakter und die Schwerpunkte der Militärausgaben unterstrichen vielmehr die im wesentlichen innenpolitische Rolle von Armee und Marine" (Vogel 1992b, S. 711). Die Hauptaufgabe war daher die Aufrechterhaltung der öffentlichen Ordnung. So war in den Jahren 1872-79 die Hauptaufgabe der Armee die Niederwerfung der Indianeraufstände. 1885 ergaben sich die Reste der indianischen Streitmacht General Lorenzo Vinntter.

Unter Präsident Roca begann der Modernisierungsprozeß in der Armee. Deutsche Militärs waren 1900-1939 maßgeblich an der Ausbildung der argentinischen Armee und dem Aufbau der Höheren Kriegsakademie *(Escuela Superior de Guerra/ESG)* beteiligt. Italien half bei der Ausbildung der Luftwaffe, und Großbritannien und die USA bei der Marine.[69] Bereits nach dem Paraguaykrieg wurde mit Hilfe ausländischer Ausbilder 1869 das *Colegio Militar* als Kadettenanstalt gegründet. 1900 folgte die Höhere Kriegsakademie zur Ausbildung von Generalstabsoffizieren. Deutsche Militärberater hatten maßgeblichen Einfluß. Preußen wurde zum jahrzehntelang bewunderten Vorbild.

Nach Vogel kamen
"[g]anze Schiffsladungen deutscher Ausrüstungen, Kruppkanonen und Mausergewehre ... ins Land, und den neuen Generationen argentinischer Offiziere wurden deutsche Militärorganisation, Strategie und Taktik eingeimpft. Auf diese Weise verschmolzen deutsche Vorstellungen über die Rolle der Armee in Friedenszeiten (Erhaltung eines hohen Ausbildungsstandes, Vorbereitung auf den Kriegsfall, Unterordnung der zivilen Gesellschaft unter den Generalstab in Kriegszeiten) mit der kreolischen Tradition, die der Armee schon immer eine bevorzugte Stellung zuerkannt hatte." (Vogel 1992b, S. 710)

Die auffällige Kopflastigkeit der Armee, eine im Vergleich zu den von ihnen geführten Mannschaften übergroße Zahl an Offizieren, hatte hier ihren Ursprung. Offiziere erhielten hohe Gehälter, und die Verleihung von Offizierspatenten erfolgte weit über den wirklichen Bedarf hinaus. Die Militärausgaben des Landes waren außerordentlich hoch, wenn man sie an den Aufwendungen pro Mann mißt. Einzelne Versuche, die hohen Militärausgaben zu senken, stießen auf erbitterten Widerstand des Militärs und waren dann meist fruchtlos.

Mit dem Putsch General Uriburus gegen Präsident Yrigoyen betrat 1930 das argentinische Militär die politische Bühne, die es 53 Jahre lang nicht mehr verlassen sollte. Seine kontinuierliche politische Rolle, bei der nur die Formen der politischen Einflußnahme variierten, war das Ergebnis einer autoritären Tradition und eines sehr schwach institutionalisierten politischen Systems. Das heißt, daß alle Putschversuche aus zivil-militärischen ad-hoc-Koalitionen hervorgingen, die, je nach konkretem Fall, die Unterstützung der beiden großen Parteien, der Peronisten und der UCR, der Gewerkschaften, der Medien, der politischen Rechten und von Wirtschaftskreisen einschlossen. Aus völlig freien Wahlen ging zwischen 1949 und 1983 nur Juan Perón als Präsident hervor. Zwischen 1955 und 1983 waren neun von siebzehn argentinischen Präsidenten

---

69 Zum britischen Einfluß auf die Marine vgl. Sahni 1993, zum deutschen Einfluß Atkins/Thompson 1972 und Stanley 1999.

Militärs. Zwei Zivilisten, Frondizi und Illia, waren weitgehend von den politischen Bedingungen abhängig, die ihnen die Militärführung diktierte.

Zwischen 1941 und 1943 wurde der Militärhaushalt nahezu verdreifacht und machte 1945 43% der Regierungsausgaben aus (1943 waren es 17%). Das Offizierskorps wurde um 40% erhöht, die Mannschaftsstärke der Armee stieg von 30.000 im Juni 1943 auf 100.000 am Ende des Jahres 1945 (Rock 1987, S. 251).

Die berühmte "Generation von 1880" war um die Jahrhundertwende für den Aufbau des Staates in Argentinien verantwortlich und schuf ein einheitliches Justizsystem, ein Heer und eine landesweite Bürokratie.[70] Der Staat sollte die politischen Rahmenbedingungen für die erfolgreiche Exportwirtschaft setzen. Präsident Yrigoyen ging in den 30er Jahren einen Schritt weiter und machte den Staat zu einem deutlich interventionistischen Instrument. Es wurden die großen Staatsunternehmen *Yacimientos Petrolíferos Fiscales* und *Ferrocarriles del Estado* ins Leben gerufen. Dennoch gelang es in Argentinien nicht, dem Staat die notwendige Autonomie und Institutionalisierung zu verschaffen, um zu einem auch nur annähernd wirkungsvollen Wirtschaftsakteur zu werden. Zu Funktionären wurden vor allem Interessenvertreter der Landwirtschaft und der Industrie ernannt. Damit konnte sich kein autonomes staatliches Handeln gegenüber den mächtigen Wirtschaftsgruppen des Landes herausbilden.

Der Auf- und Ausbau des Staatsapparates war wenig spektakulär. Die Konservativen hinterließen nach der *Década Infame* (1930-40) ein Land mit einer kleinen, stabilen, aber nicht sehr kompetenten Bürokratie, die bis hinein in die 80er Jahre vor allem parteipolitisch und nicht nach Kompetenzgesichtspunkten besetzt wurde. Das politisch-wirtschaftliche Entwicklungsmodell wurde entscheidend durch den Peronismus und das Militär bestimmt, zuerst die importsubstituierende Industrialisierung nach Vorgaben der UN-Wirtschaftskommission für Lateinamerika (span. CEPAL), später die Öffnung und Integration in den Weltmarkt unter der Militärdiktatur 1976-83. Den entscheidenden Antrieb für die Industrialisierung gab nicht die traditionelle wirtschaftliche und politische Elite, die ihre Macht auf Großgrundbesitz und landwirtschaftliche Exportprodukte stützte, sondern das Militär, für das eine schnelle und umfassende Industrialisierung die Basis für die Entwicklung des Landes und für eine stabile Rüstungsproduktion darstellte. Exemplarisch für diese Position war die Gruppe um General Guglialmelli und die Zeitschrift *Estrategia*, die eine solche Linie Ende der 60er Jahre energisch zu verfechten begann (vgl. Larra 1995).

---

70 Ich folge hier Sikkink 1993, S. 549ff.

Bereits vor der Präsidentschaft Peróns war der Staatsapparat ausgeweitet worden. Der Staat hatte zahlreiche Unternehmen der öffentlichen Dienstleistungen und der Industrie ebenso wie 38 früher in deutschem Besitz befindliche Unternehmen, die nach der Kriegserklärung Argentiniens gegen Deutschland im März 1945 konfisziert wurden, übernommen. Über sein Unternehmen *Fabricaciones Militares* hatte er Kontrolle über die Schwerindustrie (Rock 1987, S. 273).

Vor der peronistischen Regierung existierte in Argentinien kaum ein zentraler Staatsdienst, dessen Personal nach einheitlichen Kriterien der Einstellung, Beförderung, Entlassung und Arbeitsbedingungen organisiert wäre. Vielmehr standen sich eine Vielzahl staatlicher Institutionen mit einem erheblichen Autonomiegrad gegenüber. Bei einem Regierungswechsel wurde ein hoher Prozentsatz staatlicher Angestellter ausgetauscht. Im Dezember 1943 kam es zur Verabschiedung der ersten Richtlinien für den öffentlichen Dienst, die einen Grundschulabschluß für den Eintritt vorschrieben.

Unter der peronistischen Regierung wurde die Zahl der Staatsangestellten deutlich erhöht und seine Kompetenzen besonders im wirtschaftlichen Bereich erweitert (Übernahme der nationalen Eisenbahnen und der Mehrheit der öffentlichen Dienstleistungen). Die Ziele formulierte die Regierung in einem eigenen ersten und zweiten Fünfjahresplan. Es existierte aber eher eine Autonomie der Regierung als eine Autonomie des Staates (Sikkink 1993, S. 551). Zwar verfügte der Staat unter Perón zum ersten Mal über ein erhebliches Maß an Autonomie gegenüber den traditionellen Oberschichten, gleichzeitig bildete sich aber auch ein Verständnis heraus, nach dem der Staat zu einem Instrument der jeweilig amtierenden Regierung werden durfte, das gegen die politischen Kräfte außerhalb der Regierung eingesetzt werden konnte. Bei Perón war ein wichtiges Ziel die Umverteilung der Einkommen zugunsten der ärmeren Bevölkerung, freilich unter struktureller Kontrolle und auch zum Nutzen des peronistischen Apparates. Erst 1957 wurde von der Militärregierung eine Abteilung zur Überwachung der Richtlinien von 1943 geschaffen; ihre Befugnisse waren jedoch sehr viel geringer als diejenigen des Departamento Administrativo do Serviço Público (DASP) in Brasilien.

Die Ausweitung des Personalbestandes bewirkte kaum eine Verbesserung der staatlichen Implementationskapazität. Mit dem Sturz Peróns wurden überdies die Maßnahmen zur Stärkung der staatlichen Kapazitäten wieder zurückgenommen (im Unterschied zur brasilianischen Entwicklung, wo die von Vargas begründeten Institutionen ihn überdauerten).

Nach 1955 konnten Regierungen die mittlerweile hohen Erwartungen an eine starke Rolle des Staates nicht einlösen; das verklärte Bild des peronistischen

Staates war ohne Zweifel für lange Zeit die gesellschaftspolitische Folie, auf deren Hintergrund spätere Regierungen beurteilt wurden.

Insgesamt hat der argentinische Staat niemals die Kohärenz und Reichweite der brasilianischen Staatsapparates erreichen können. Wie O'Donnell treffend ausdrückte: Der argentinische Staat tanzte zum Takt der gesellschaftlichen Kräfte. Er diente eher als Kampfplatz denn als eine Instanz zur Formulierung allgemeiner Interessen (O'Donnell 1984, S. 20).

Die Mission der Streitkräfte

Unter Perón bestand die Mission der Streitkräfte in der Verteidigung der Grenzen. Nach dem Putsch gegen ihn 1955 wurde die Doktrin der nationalen Verteidigung zunehmend durch die Doktrin der nationalen Sicherheit ersetzt, die eine ständige Interventionsbereitschaft des Militärs für den Fall der Nichtübereinstimmung mit der Politik ziviler Regierungen begründete (López 1987).

Nach dem Sieg Castros in Kuba 1959 wuchs die Sorge in den USA und bei den lateinamerikanischen Regierungen, der kommunistische Einfluß könnte immer stärker werden und schließlich zu weiteren Machtübernahmen auf dem Subkontinent führen. Gegen 1960 wurde das Konzept der "Nation in Waffen" durch das Bild des, wie es hieß, "antirevolutionären" und "anti-subversiven Krieges" ersetzt, womit vor allem der innenpolitische Raum in das Blickfeld geriet. "Die Streitkräfte haben sich einen Blankoscheck ausgestellt, um jeden militärischen Eingriff in die zivile Sphäre zu decken", stellt Waldmann fest (1971, S. 39). 1964 unterstrich General Onganía in einer Rede in der US-amerikanischen Akademie West Point die Tutelarfunktion des Militärs gegenüber zivilen Regierungen (López 1987, S. 83ff., 130ff.). Die Doktrin der nationalen Sicherheit wurde zum legitimatorischen Fundament der beiden folgenden Militärdiktaturen von 1966-1973 und 1976-1983.

Als Hauptaufgabe der Regierung wurde aus der Sicht militärischer Strategien die Erhaltung der nationalen Sicherheit bezeichnet, wobei diese als eine Situation definiert wurde, in der "die vitalen Interessen der Nation von substantiellen Einflüssen und Störungen frei sind" (Villegas 1969, S. 42).

3.3 Ausgangsbedingungen der Transition

Nach der Niederlage im Krieg mit Großbritannien wurden von der letzten Militärjunta Präsidentschaftswahlen angesetzt. Das Ende des Militärregimes und die Transition kann von der Form her nur als Bruch *(ruptura)* bezeichnet werden.[71] Verhandlungen über den Übergang zur Demokratie, wie in Brasilien, Chile und Uruguay fanden nicht statt. Zu den wichtigsten Erblasten der Militärdiktatur von 1976-83 gehörten die Verantwortung für systematische Menschenrechtsverletzungen[72], die Folgen der militärische Niederlage und die schlechte Wirtschaftslage, zu der auch die hohe Auslandsverschuldung gehörte.

Eine Kommission unter Leitung des pensionierten General Rattenbach untersuchte die genauen Umstände der Niederlage im Malvinenkrieg. Das Oberste Militärgericht, der *Consejo Supremo de las Fuerzas Armadas (CSFA)*, verurteilte wegen fehlerhafter Amtsführung die Mitglieder der dritten Militärjunta Galtieri, Anaya und Lami Dozo. Die Niederlage und das völlige Versagen der Führung der Streitkräfte haben im Militär tiefe Spuren hinterlassen. Sie sind eine wesentliche Mitursache für die drei Militärrebellionen unter Präsident Alfonsín, zeigten sie doch das tiefe Mißtrauen der mittleren und unteren Dienstränge gegenüber der Militärführung.

Die Militärrebellionen machten ein weiteres Hauptproblem deutlich: Der völlige Mangel an Disziplin, d.h. der Akzeptanz von Hierarchie, normalerweise das zentrale Kennzeichen einer militärischen Organisation. Keine Militärorganisation in den Nachbarstaaten hatte in diesem Zeitraum unter so großen Problemen zu leiden.

Ein Soldat oder Offiziersanwärter, der 1982 oder danach in den Dienst trat, mußte nacheinander folgende Ereignisse "begreifen":
- die Niederlage im Malvinenkrieg und den Prozeß gegen hochrangige Militärs aufgrund dieser Niederlage,
- weitere Prozesse und Ermittlungen gegen Militärangehörige wegen systematischer Menschenrechtsverletzungen,
- vier Militärrebellionen (1987, 1988, 1990),
- die Halbierung des Militärhaushaltes unter den Präsidenten Alfonsín und Menem und
- das Fehlen eines klaren Auftrages, einer Mission der Streitkräfte (nach Fraga 1991, S. 188). In dieser Situation waren Unsicherheit und starke

---

71 Zur Transition und den ersten Jahren vgl. Peralta-Ramos/Waisman 1987, Nun/Portantiero 1987, Giussani 1987, Garzón Valdés et al. 1988, zur neueren Entwicklung statt vieler De Riz 1996, Borón 1996. Zur Rolle des Militärs vgl. Fontana 1984, 1987, 1988, Zagorski 1988, 1994, Druetta et al. 1990, Floria 1991, Waisbord 1991 und Acuña/Smulovitz 1995.
72 Vgl. statt vieler Comisión Nacional sobre la Desaparición de Personas 1984/Hamburger Institut für Sozialforschung 1987, Heinz 1995a und Verbitsky 1995. Zur Diktatur siehe Corradi 1989, Final Document of the Military Junta regarding the War against Subversion and Terrorism: The Fundamental Concepts 1989, Hodges 1991, Mignone 1991, 1992, Andersen 1993 und zur Menschenrechtsbewegung Brysk 1994.

Ressentiments, vor allem gegen die Regierung Alfonsín, und fehlender Respekt für die häufig wechselnde Führung der Armee an der Tagesordnung (vgl. Grecco/González 1990).

Nennenswerte demokratisch orientierte Gruppen sind seit 1983 innerhalb des Militärs nicht entstanden. Zwar drängten seit den siebziger Jahren einige pensionierte Militärs auf die Demokratisierung der Institution und gründeten das Zentrum argentinischer demokratischer Militärs *(Centro de Militares Democráticos Argentinos/CEMIDA).* Sie haben jedoch kaum Einfluß auf die neuen Generationen nehmen können.[73]

Aber auch in der Zivilgesellschaft gab es ernsthafte Defizite. Es fehlte am Verständnis für eine professionelle Rolle des Militärs in der demokratischen Gesellschaft, in den Parteien und Medien, ebenso wie es kaum Experten und Berater für Fragen der Verteidigung und Sicherheit im parlamentarischen und akademischen Bereich gab (Gamba-Stonehouse 1990, S. 170f.).

3.4 Die Militärpolitik der neuen Regierungen

3.4.1 Die Regierung Alfonsín

Präsident Alfonsín fand bei seinem Amtsantritt 1983 grundsätzlich gute, wenn auch komplexe, Ausgangsbedingungen vor, um eine ernsthafte Reform der zivil-militärischen Beziehungen herbeizuführen. Die Niederlage im Malvinen-Krieg, Spannungen zwischen den drei Teilstreitkräften und die zunehmend bekannt werdenden systematischen Menschenrechtsverletzungen hatten zu einem erheblichen Prestigeverlust des Militärs geführt. In der UCR arbeitete man an den Inhalten und Strategien für eine Militärreform.[74]

Mit der Entscheidung Alfonsíns, General Jorge Arguindegui zum Generalstabschef der Armee zu ernennen, wurden 5O Generäle pensioniert. Damit waren die noch aktiven hochrangigen Offiziere des *Proceso* ausgeschaltet, und der Präsident konnte die Beförderung neuer Offiziere steuern.

---

73 Einige dieser Militärs haben ihre Vorstellungen über eine Reform der nationalen Verteidigung vorgelegt; sie orientierten sich an schweizerischen und jugoslawischen Modellen (García et al. 1987); für weitere Vorschläge von Militärs wie Zivilisten siehe Orieta 1985, Fraga 1988, 1989, 1991, 1997, Varas 1989a,b, Scheetz 1995, und Cáceres/Scheetz 1995.
74 Vgl. Fundación Arturo Illia para la Democracia y la Paz 1988a,b,c, Giadone 1987, 1988. Vorsichtig wurden Gespräche zwischen Zivilisten und Militärs angebahnt, die einem ersten Informationsaustausch dienen sollten, unterstützt u.a. durch die Friedrich-Naumann-Stiftung und das National Democratic Institute der Demokratischen Partei (National Democratic Institute for International Affairs 1988).

Die Politik gegenüber den Menschenrechtsverletzern der Diktatur

Alfonsín hatte im Wahlkampf die Bestrafung der für Menschenrechtsverletzungen verantwortlichen Offiziere versprochen, gleichzeitig diese aber in drei Gruppen aufgeteilt: Erstens die politisch verantwortliche Spitze, dann eine zweite Gruppe, die Exzesse bei der Ausführung von Befehlen begangen hatte, und schließlich eine dritte, die nur Befehle befolgt hätte. Bestraft werden sollten nur die ersten beiden Gruppen.

Das eigentliche Problem stellte eine Quadratur des Kreises dar: Wie konnten die politisch verantwortlichen Militärs so angeklagt werden, daß nicht die Institution als solche auf die Anklagebank kam – und dies, obwohl die Militärführung selbst während der Diktatur immer von seiner institutionellen Verantwortung bei der Terrorismusbekämpfung gesprochen hatte und sich auch in der Schlußerklärung über den Kampf gegen die "Subversion" von 1983 hierzu ausdrücklich bekannte (Final Document of the Military Junta Regarding the War against Subversion and Terrorism: The Fundamental Concepts 1989)?

Auf Vorschlag der Regierung hob der Kongreß das 1983 erlassene Selbstamnestiegesetz der Militärregierung auf.[75] Per Dekret beschloß die Regierung, die Mitglieder der ersten drei Militärjuntas und zwei Guerillaführer der peronistischen Montoneros vor Gericht zu stellen. Der Präsident ernannte eine Kommission zur Aufklärung der Verschwundenenschicksale *(Comisión Nacional sobre la Desaparición de Personas/CONADEP)*. Menschenrechtsorganisationen hatten eine parlamentarische Kommission gefordert, sich aber nicht durchsetzen können.

Der Präsident setzte auf eine Selbstreinigung des Militärs durch die Militärjustiz. Die Prozesse gegen die ersten drei Militärjuntas fanden anfangs vor dem Obersten Militärgericht (CSFA) statt. Nach zögerlichen Ermittlungen verkündete das Gericht schließlich, es sei nicht in der Lage, den für weitere Ermittlungen erforderlichen Zeitumfang abzuschätzen, und könnte zu diesem Zeitpunkt Form und Inhalt der Einsatzbefehle der Militärregierungen nicht beanstanden. Überdies ließe sich die Anklage eines Exzesses nur dann erheben, wenn nachgewiesen werden könnte, daß das mutmaßliche Opfer nicht für subversive Aktivitäten verantwortlich war.

Nach dieser Erklärung zog das (zivile) Bundesberufungsgericht den Prozeß an sich, der 1985 nach Regeln der Militärprozeßordnung durchgeführt wurde. In seinem Urteil räumte das Gericht ein, daß 1975 eine schwerwiegende Krisensituation bestand, die die Sicherheitskräfte überfordert hätte. Die Oberbefehlsha-

---

75 Einige der folgenden Passagen basieren auf Heinz 1996a.

ber hätten jedoch eine kriminelle Form der Terroristenbekämpfung eingeführt. Es verurteilte die früheren Präsidenten und Generäle Videla und Viola, die Admiräle Massera und Lambruschini und Brigadier (Luftwaffengeneral) Agosti zu Haftstrafen; auch verloren sie ihren militärischen Rang. Die anderen vier Offiziere wurden freigesprochen. Das Gericht klagte die Offiziere nicht wegen des Putsches von 1976 an, sondern aufgrund konkreter Fälle von Folter und Verschwindenlassen, für die sie verantwortlich gemacht wurden.[76] Historisch war die Verurteilung von hochrangigen Offizieren aufgrund von Menschenrechtsverletzungen eine seltene Ausnahme in Lateinamerika wie auch im weltweiten Rahmen. Nach der Beendigung der Strafverfolgung durch neue Gesetze, die eine faktische Amnestiewirkung hatten, veröffentlichten argentinische Menschenrechtsorganisationen die Namen von fast 700 Beschuldigten aus den Reihen von Militär, Polizei und anderen Sicherheitsorganisationen des Staates.[77]

Die innermilitärische Kritik an der Regierung wurde daraufhin immer stärker, aber auch die Kritik an einer Militärführung, die solche Prozesse politisch zuließ. Die Kritik konzentrierte sich auf drei Punkte. Für die Verteidiger der Angeklagten hatten Politik und Gesellschaft dem Militär klar den Auftrag gegeben, den Terrorismus schnellstmöglich auszumerzen, und begann nun, die Sieger hierfür zur Rechenschaft zu ziehen. Die Führung des Prozesses vor einem zivilen Gericht wurde grundsätzlich abgelehnt, denn eine solche Behandlung von Generälen widerspräche dem langjährigen Privileg des *fuero militar*, der allein die Militärjustiz für solche Fälle vorsieht.

Die Belastungszeugen wurden rundweg als Subversive bzw. als deren Angehörige bezeichnet und ihnen damit jegliche Glaubwürdigkeit abgesprochen. Dadurch, daß das Gericht ihren Zeugenaussagen Glauben schenkte, so hieß es, gelänge den Terroristen eine späte Rache an den Siegern. Die Ablehnung jeglicher Untersuchung von Aktivitäten der Terrorismusbekämpfung durch die Offiziere war einhellig und kompromißlos. Kaum ein Offizier hat sich diesem Konsens gegenüber fragend, kritisch oder gar ablehnend geäußert.

---

76 Congreso de la Nación 1987. Zu dem Prozeß von 1985 siehe Americas Watch 1987b, amnesty international 1987b und González Bombal 1995.
77 Centro de Estudios Legales y Sociales 1986 und Abuelas de la Plaza de Mayo et al. 1988.

Die drei Militärrebellionen von 1987 und 1988

Mit den ersten drei Militärrebellionen – die vierte unter Präsident Menem im Dezember 1990 wird im nächsten Abschnitt behandelt – machten vor allem die mittleren Dienstgrade ihre Unzufriedenheit mit der Armeeführung und der Regierung deutlich. Die Rebellen erhielten in der Öffentlichkeit den Namen *Carapintadas*, weil sie während der Rebellionen mit geschwärzten Gesichtern auftraten.[78]

Im Vergleich zu jeder anderen neuen Demokratie Lateinamerikas erlebte Argentinien die größte Zahl an Militärrebellionen. Der Begriff Rebellion statt Staatsstreich oder Militärputsch verweist auf das entscheidende Charakteristikum: es handelte sich in keinem, außer vielleicht dem vierten Fall, um *einen Putsch der Institution Militär gegen die gewählte Regierung* mit dem Ziel, diese abzusetzen, sondern um die organisierte Androhung und Anwendung von Gewalt zur Interessendurchsetzung gegenüber dem Armeegeneralstab und der Regierung.

Der argentinische Militärexperte López umriß sensibel die Ausgangssituation:

"...Man muß feststellen, daß sich eine erhebliche Bresche zwischen der Gesellschaft und den Streitkräften auftat. Am Ende des *Proceso*[79] war die Disqualifizierung der Streitkräfte für die Gesellschaft sehr weit gediehen. Und sie sickerte in die Garnisonen, in die Militärstadtviertel und den Alltag der Uniformierten durch, wobei den Militärs ein Bild von sich selbst zurückvermittelt wurde, das nur noch wenig mit dem von der Institution so kultivierten Mythos der Nachfolge [General] San Martíns zu tun hatte." (López 1994, S. 63)

Nach dem Prozeß von 1985 hatte das Ansehen der Streitkräfte in der Öffentlichkeit einen Tiefpunkt erreicht. Bei einer repräsentativen Befragung von 800 Personen im November 1986 meinten 67%, daß für die Probleme des Landes die Militärregierung hauptverantwortlich sei, während 15% die amtierende Regierung nannten. Im August 1985 waren 84% mit den Prozessen und der Verurteilung der Ex-Kommandanten einverstanden, 15% waren es nicht. Immerhin waren im August 1986 68% der Auffassung, daß die Streitkräfte auch im Falle interner Aggressionen aktiv werden sollten, nur 32% wollten sie auf die Verteidigung gegen äußere Aggressionen beschränken.[80]

---

78 Aus der Fülle der Literatur nehme ich als Grundlage für die folgende Darstellung die beiden Bände von Sain (Sain 1994), sowie López 1987, 1988, 1994, Verbitsky 1987 und Werz 1987.
79 Mit *Proceso* ist der Prozeß des Nationalen Rekonstruktion gemeint, der Name, den sich die Militärdiktatur 1976 selbst gab (Anmerk. des Vf.).
80 Manuel Mora y Araujo, El poder y la legitimidad de los militares, in: *La Nación*, 28.4.1987, zit. in Werz 1987, S. 21.

Das Bundesberufungsgericht hatte entgegen den Erwartungen der Regierung in Punkt 30 seines Urteils die weitere Strafverfolgung von Militärs mit Entscheidungsbefugnissen, d.h. den Verantwortlichen für die unter der Diktatur in Zonen und Teilzonen eingeteilten Landes, zugelassen. Schätzungen gingen damals von der Möglichkeit aus, daß damit bis zu 1.500 Offiziere angeklagt werden konnten (López 1994, S. 100). Unter diesen Bedingungen wuchs der politische Druck des Militärs auf die Regierung, eine weitere Strafverfolgung nicht oder, wenn überhaupt, nur in einem sehr begrenztem Umfang zuzulassen.

Im Februar 1987 wurde Hauptmann Mones Ruiz von einem lokalen Bundesgericht zur Aussage vorgeladen, weil er während der letzten Militärdiktatur eine Reihe nicht-politischer Straftaten begangen haben sollte. Zusammen mit Major Barreiro und weiteren sich solidarisierenden Offizieren veröffentlichte er über die Agentur *Diario y Noticias* eine Erklärung, in der es hieß, daß die gegenwärtig ranghöchsten Offiziere auch unter der Diktatur wichtige Positionen innegehabt hätten. Jetzt aber würde man auf militärische Untergebenen, die Befehle befolgt hätten, eine Legalität anwenden, die während der Diktatur nicht eingefordert worden sei. Die Gerichtsverfahren beeinträchtigten die Würde und die Ehre der Streitkräfte (zit. in Sain 1994/1, S. 84). Die Weigerung der Offiziere, sich der Justiz zu stellen, verschärfte die Situation, denn nun mußte die Regierung handeln, wenn sie nicht völlig das Gesicht verlieren wollte.

Die erste Rebellion in der Osterwoche 1987: "Operación Dignidad"

Am 16. April 1987 verschanzte sich Oberstleutnant Aldo Rico in seiner ersten Rebellion, die er "Operation Würde" nannte, mit 150 Offizieren auf dem Militärgelände Campo de Mayo (Buenos Aires) und solidarisierte sich mit Barreiro. Die Forderungen konzentrierten sich auf eine politische Lösung der Anklagen wegen der Beteiligung am "Kampf gegen die Subversion" durch eine Amnestie, die Ablösung von Armeestabschef Ríos Ereñú und anderer Generäle, die Ernennung von Generälen ihrer Wahl und die Beendigung der Verunglimpfung der Streitkräfte durch die Medien, die zu einem weiteren Prestigeverlust geführt hätten (Werz 1987, S. 21ff.). Rico betonte, es handle sich nicht um einen Staatsstreich, sondern um eine interne Militärkrise. In Campo de Mayo verteilte er Handzettel an die Presse, in denen es hieß: "Lassen Sie sich nicht täuschen. Dies ist kein Staatsstreich. Es handelt sich um ein internes Problem der Streitkräfte. Wir sind weder 'Nazis' noch 'Fundamentalisten'. Die Gerichtsverfahren sind gegen die Verfassung (Art. 18 der Verfassung). Der Krieg ist eine politische Angelegenheit. Die Lösung muß politisch, nicht juristisch sein. Ihre Sicherheit kostete uns viel Blut." (zit. in Sain 1994/1, S. 94) Für die *Carapintadas* wurde die institutionelle Krise durch eine Militärführung verursacht, die die Entstehung eines Risses zwischen den verschiedenen Diensträngen zugelassen hatte.

General Ereñú und weitere loyale Offiziere gaben den Befehl, die Rebellion niederzuschlagen, aber ihre Befehle wurden ab dem Rang eines Obersten nach unten nicht ausgeführt. Daß die überwiegende Mehrheit des Militärs sich an der Rebellion nicht beteiligte, half der Regierung und der loyalen Armeeführung kaum weiter, denn es gab eine starke Unterstützung für die Forderungen der aufständischen Offiziere. Diese passive Solidarität verschaffte den Rebellen Schutz und stellte gleichzeitig die loyalen Vorgesetzten bloß.[81]

Auf einer Großdemonstration am 19. Februar 1987 auf der Plaza de Mayo unterstützte die Bevölkerung Präsident Alfonsín und die Demokratie. Diese spontane Unterstützung von Bevölkerung, Parteien und prominenten Persönlichkeiten aus Politik und Wirtschaft war einmalig in der jüngeren Geschichte, in der scharfe Faktionsbildung und tiefes Mißtrauen das Verhältnis zwischen den verschiedenen politischen Gruppen bestimmten.

Im Ergebnis ging die Regierung dann jedoch weitgehend auf die Forderungen der Rebellen ein. Die Armeeführung wurde entlassen, eine politische Lösung für bisher rechtsstaatlich betrachtete Straftaten vorbereitet, heftige öffentliche Kritik an den Streitkräften durch einige Regierungsbeamte und offizielle Medien beendet. Rico wurde auf der Basis des weniger schweren Straftatbestandes der Meuterei und nicht wegen Rebellion verurteilt.

Den wartenden Demonstranten erklärte Alfonsín nach den Verhandlungen: "Es handelte sich insgesamt um Männer, einige Helden des Malvinen-Kriegs, die diese irrtümliche Position einnehmen und die wiederholt ihre Intention deutlich machten, daß sie keinen Staatsstreich beabsichtigen ... Heute können wir Gott Dank sagen: das Haus wurde in Ordnung gebracht, und es wurde kein Blut vergossen" (zit. in ebda., S. 102). Für Rico hatte die Rebellion ihr Ziel erreicht: "Der Präsident erkennt unsere Bewegung als strikt militärisch und als nicht putschistisch an" (ebda.).

Damit war der Anstoß für die Verabschiedung des Gesetzes über pflichtgemäßen Gehorsam *(obediencia debida)* am 5.6.1987 gegeben, das Militärs bis zum Rang eines Brigadegenerals von der Strafverfolgung für Menschenrechtsverletzungen ausnahm, da sie nur Befehlen gefolgt seien und daher ein Befehlsnotstand vorgelegen hätte (vgl. amnesty international 1987a, Kokott

---

81 General Alias, der zu den regierungstreuen Einheiten gehörte, erklärte z.B. "Meine Truppen sind bereit, die Aufständischen zu umzingeln, aber nicht, gegen sie vorzugehen" (zit. in Werz 1987, S. 25).

1987). Nur eine Straftat, erpresserische Aneignung von unbeweglichen Sachen, wurde ausgenommen.

Der Putsch hatte vor allem dem Ansehen und der Glaubwürdigkeit des Präsidenten geschadet, stand doch seine offizielle Erklärung, keine Vereinbarung mit den Putschisten eingegangen zu sein, im klaren Widerspruch zu den späteren Schritten der Regierung. Gleichzeitig machte die zögernde Haltung vieler Offiziere einzuschreiten unübersehbar das schwerwiegende Disziplinproblem deutlich.

Nach der Osterrebellion erhielt Generalstabschef Caridi die politische Unterstützung der Regierung, um eine institutionelle Reform der Armee durchzuführen, die die *Carapintadas* isolieren sollte. Das Gesetz über Gehorsamspflicht wurde als Erfolg der Armeeführung, als die geforderte "politische Lösung", dargestellt. Es gelang Caridi, den Generalstab neu zu besetzen und in seiner Mehrheit politisch hinter seine Linie zu bringen.

Caridi begann auch auf das andere, für die Rebellen kritische Thema, die Rechtfertigung des Kampfes gegen die "Subversion", einzugehen, die immer auch die angewandten Methoden einschloß. Diese waren bis 1995 weder von den Generalstäben der Teilstreitkräfte noch von hohen Offizieren in Frage gestellt oder gar kritisiert worden. Typisch hierfür ist Caridis Rede am Tag des argentinischen Heeres, dem 29. Mai 1987:

"Überzeugt von der unbedingten Notwendigkeit, den Krieg gegen die Subversion zu führen, bittet die Armee darum, daß politische Maßnahmen getroffen werden, die eine positive Definition ihrer Konsequenzen möglich machen... Dieser Sieg hat die Streitkräfte einen hohen Preis abverlangt: mehrere Jahre Kampf gegen einen hinterhältigen und grausamen Feind; die Aggression und Indifferenz einiger Bürger; die Verurteilung seiner Kommandanten; und schließlich die Prozesse gegen zahlreiche Kameraden." (zit. in Sain 1994/2, S. 139)

Die zweite Rebellion: Monte Caseros (wiederum: "Operación Dignidad")

Im Januar 1988 organisierte Rico die zweite Rebellion, Monte Caseros, benannt nach dem 4. Infanterieregiment Monte Caseros in der Provinz Corrientes. Er verkündete am 16.1.1988, daß er die Autorität des Generalstabes nicht mehr anerkenne und die "Operation Würde" fortgesetzt werde. Er begründete dies mit der Nichteinhaltung und Verletzung der Vereinbarung mit dem Verteidigungsminister und dem Präsidenten vom 19.4.1987. Entgegen seinen Hoffnungen schlossen sich ihm jedoch die vorgesehenen Einheiten in Córdoba und Buenos Aires nicht an. Auch fehlte ihm die Unterstützung höherer Offiziere, d.h. von Obersten und Generälen.

Dieses Mal war die Regierung nicht zu einem Einlenken bereit. Alfonsín erklärte am Abend, daß Rico einen Staatsstreich versucht und befahl Armee und Marine, bei der Niederschlagung mitzuwirken. Die Bemühungen Generalstabschefs Caridis, die *Carapintadas* von den restlichen Militäreinheiten mehr und mehr zu isolieren, zeigte jetzt Früchte. Auch war unterdessen eine wichtige Forderung der Rebellen, das Gesetz über den Befehlsnotstand, verabschiedet worden. Dennoch war es auch dieses Mal schwierig, Truppen für ein Vorgehen gegen die Rebellion zu mobilisieren.

Als Folge dieser Rebellion wurden 325 Militärs, darunter 88 Offiziere und 237 Unteroffiziere, festgenommen und vor Gericht gestellt, zusätzlich zu den acht Anführern, alle im Rang eines Oberstleutnants. Nach weiteren Untersuchungen der Militärjustiz erhöhte sich die Zahl auf 396. Im Februar 1988 waren jedoch nur noch 56 Militärs im Gefängnis. In der Behandlung der aufgrund der Rebellion angeklagten Militärs zeigte Caridi eine eher ambivalente Haltung, Härte gegen die Anführer und Milde – oder Schwäche – gegenüber anderen Offizieren, denen neue Posten angeboten wurden. Wahrscheinlich versprach er sich davon, auf diese Weise das Gros der *Carapintadas* von einem Übertritt in das eigene Lager überzeugen zu können. Die Regierung hatte Caridi weitreichende Befugnisse eingeräumt und sich dadurch selbst aus der unmittelbaren Verantwortung zurückgezogen.

Nachdem Rico bedingungslos kapituliert hatte, glaubte die Regierung, daß ihre Reformpolitik Erfolg gehabt hätte. Die dritte Rebellion, Villa Martelli, im Dezember 1988 belehrte sie eines besseren. Zwar war der inhaftierte Rico jetzt als Führer ausgeschaltet, aber dafür übernahm Oberst Seineldín die Führung.

Seineldín war als Militärattaché in Panama bis Dezember 1988 tätig, wo er panamaische Elitetruppen in Kommandotechniken ausbildete, einem Gebiet, auf dem er als erster Ausbilder in der argentinischen Armee tätig war. In seiner Laufbahn war er an dem Punkt angelangt, wo er zum General befördert werden konnte. Damit verbanden die *Carapintadas* die Hoffnung, in der Armeeführung personell vertreten zu sein und damit Einfluß auf die Verteilung der Kommandoposten und Wahrnehmung anderer wichtiger Aufgaben nehmen zu können. Seineldín wurde aber von der Beförderungskommission *(Junta de Calificaciones del Ejército)* so schlecht plaziert, daß er zweimal nicht befördert wurde. Entsprechend dem Heeres-Reglement mußte er nun aus dem Dienst ausscheiden.

Seineldín trat mit dem Anspruch der alleinigen Führung der *Carapintadas* auf und lehnte eine Diskussion seiner Befehle durch seinen "Generalstab" ausdrücklich ab.

Die dritte Rebellion: Villa Martelli (Operativo Virgen del Valle)

Wie bei der ersten Rebellion wurde zunächst das Militärgelände Campo de Mayo besetzt. Am frühen Morgen des 2. Dezember erklärte Oberstleutnant Olivera, daß die Infanterieschule auf dem Gelände Campo de Mayo die Autorität des Generalstabs nicht mehr anerkenne und dies Folge eines internen Problems der Armee sei. Die Führung der "Nationalen Armee in Operation" sei es, für die Ehre der argentinischen Armee zu kämpfen. Oberst Seineldín übernehme die Führung. Auch Seineldín sprach von der Wiederherstellung der Ehre der Armee, ohne indes konkrete Forderungen zu nennen. Der Präsident war dieses Mal nicht bereit, auf die Forderungen einzugehen, und General Caridi befahl die Unterdrückung der Rebellion. Darauf wechselten die Rebellen von Campo de Mayo in die Kasernen von Villa Martelli.

Die erhebliche Verhärtung unter den Putschisten wird an einer Erklärung des *Carapintada*-Hauptmanns Brum gegenüber Journalisten deutlich:

"Caridi ist eine Lüge und ein Oberst des *Proceso*. Wir haben unser Problem mit der korrupten Führung, die wir zerstören und liquidieren werden. Es gibt keine Gnade für diese Leute. ... Sollte Seineldín sterben, werden wir spezielle Aktionen durchführen, bis hin zur Ermordung des Personals, das Widerstand leistet. Wir haben alle technischen Mittel, um das zu tun, was wir ihnen sagen." (zit. in Sain 1994/2, S. 160)

Obwohl Alfonsín angekündigt hatte, nicht auf die Forderungen einzugehen, kam es dann doch zu einem Treffen zwischen den Generälen Caridi und Cáceres sowie den Obersten Seineldín und Tocalino, bei dem ein sog. Militärpakt mit den folgenden Punkten vereinbart wurde:
- Absetzung Caridis und Bestimmung eines Nachfolgers mit Zustimmung beider Parteien bis Ende des Jahres;
- eine interne Militäramnestie für die Beteiligten an den früheren Rebellionen;
- Budgeterhöhung für das Militär und Gehaltserhöhungen;
- Anerkennung des "Kampfes gegen die "Subversion" und des Malvinenkrieges, und
- Verurteilung Seineldíns durch die Militärjustiz als einzigem Verantwortlichen für die Rebellion, während einige andere Rebellen nur Disziplinarstrafen erhalten würden.

Da Alfonsín sich zum Zeitpunkt der Rebellion in Mexiko zur Amtseinführung von Präsident Salinas de Gortari befand, mußte sich Vizepräsident Martínez mit den Forderungen befassen. Er akzeptierte sie. Alfonsín lehnte sie aber bei seiner Rückkehr ab und befahl Caridi, die Rebellion niederzuschlagen.

In der Öffentlichkeit kaum beachtet, fand am 7. Dezember 1988 ein große Konferenz des Generalstabes statt, um die jüngsten Ereignisse zu diskutieren. Danach sandte jeder General ein Telegramm an seine Einheiten, in dem es hieß, daß es keine Repression gegeben hätte, weil die Führer beider Seiten für identische Ziele kämpften. In Zukunft würden Forderungen von der ganzen Armee gestellt. Unter Berücksichtigung dieser Bedingung hätte sich Oberst Seineldín General Caridi untergeordnet (Sain 1994/2, S. 165).

Wiederum bestand die Regierung darauf, sie hätte keine Konzessionen gemacht. Alfonsín betonte in seiner Ansprache, der wirkliche Erfolg, der die Krise beendigt hätte, sei auf der Basis der Abschreckung durch den enormen Unterschied der sich gegenüberstehenden Militärkräfte und ohne Blutvergießen erreicht worden. Es hätte keine Konzessionen irgendwelcher Art geben, sondern die Disziplin hätte sich durchgesetzt. Im späteren Verlauf der Rede räumte er ein, daß es eine zweistündige Unterredung mit den Putschisten gegeben hätte, um Überzeugungsarbeit zu leisten. Bedingungen hätte man nicht akzeptiert.

Tatsächlich aber wurde den Streitkräften eine Gehaltserhöhung von 42% gewährt, Caridi durch General Gassino ersetzt, die Rebellion offiziell als Meuterei bezeichnet und Seineldín als hierfür allein verantwortlich verurteilt. Damit schwächte die Regierung weiter ihre Autorität. Hierzu trug auch die hohe Zahl der Teilnehmer an der Rebellion, 1.000 Angehörige von Armee und Marinepräfektur, und die Beteiligung hochrangiger Offiziere, außer Seineldín drei Oberste, bei.

Die politische Strategie der Regierung Alfonsín

Die Regierung reagierte mit drei Maßnahmen auf den zunehmenden Druck des Militärs. Im April 1986 sandte der Verteidigungsminister eine Reihe von Weisungen an den Generalstaatsanwalt des Obersten Militärgerichts (CSFA); u.a. sollten Verfahren zusammengelegt und keine Anklagen mehr in denjenigen Fällen erhoben werden, in denen Junta-Mitglieder 1985 freigesprochen worden waren; das im Dezember 1986 verabschiedete Schlußpunktgesetz Nr. 23.492 begrenzte die Zeit für neue Anklagen auf zwei Monate mit Ausnahme der Delikte der Entführung und des Verbergens von Minderjährigen. Es verringerte damit den Zeitraum, in dem die Gerichte gegen Militärs Anklage erheben konnten, deutlich. Da die Justiz aber die Gerichtsferien aufhob, kam es dennoch zur Anklageerhebung gegen mehr als 400 Offiziere. Auch wurde durch diesen Prozeß die Verantwortung für Anklage und Urteil vom Obersten Militärgericht auf die Bundesgerichte der ordentlichen Justiz übertragen. Damit war die "Verteidigungslinie" von Generalstabschef Ríos Ereñú, die Streitkräfte sollten in der Frage der Prozesse eine "juristische Schlacht" *(batalla legal)* anstreben, in sich zusammengebrochen.

Für das Militär als Institution war nun der einzige Ausweg die Mystifikation des Sieges gegen die "Subversion" (López 1994, S. 65), und für die Betroffenen der offene Widerstand gegen weitere Vorladungen durch die Justiz. Das Gesetz über Gehorsamspflicht verringerte die Zahl der Militärs, die strafrechtlich zur Verantwortung gezogen werden konnten, auf zwanzig Offiziere (Während seiner Amtszeit verteidigte Alfonsín seine Politik, aber später räumte er die negativen Effekte der beiden Gesetze ein (*El País*, 18.5.1991).

1988 näherten sich Alfonsín und Verteidigungsminister Jaunarena in ihrer Beurteilung des Kampfes gegen die "Subversion" den Militärs an. Der Präsident sprach im Dezember 1988 davon, daß es sich bei diesem Kampf "fast um einen Krieg" gehandelt hätte, und Jaunarena vertrat die Auffassung, daß der antisubversive Kampf notwendig gewesen sei, aber überwiegend außerhalb des Rahmens verfassungsmäßiger Regierungen geführt worden ist (*La Nación*, 7.12.1988, 18.12.1988, zit. in Acuña/Smulovitz 1995, S. 73).

Generalstabschef Ríos Ereñu hatte die vertrauliche Zusage Alfonsíns, am Ende seiner Amtszeit die verurteilten Militärs zu begnadigen. Auf dieser Zusage baute er seine Strategie gegenüber den mittleren Diensträngen auf, konnte sich aber nicht durchsetzen und die Zusage des Präsidenten auch nicht öffentlich einsetzen. Als Alfonsín am Ende seiner Amtszeit einen Gnadenerlaß von dem neu gewählten Präsidenten Menem mit unterzeichnen lassen wollte, lehnte dieser seine Unterschrift nach Rücksprache mit seiner Partei ab (Acuña/Smulovitz 1995, S. 59, 78). Auch die Arbeitgeberverbände und die katholische Kirche hatten sich in der Zwischenzeit für eine Amnestie oder einen Gnadenerlaß eingesetzt.

Im Ergebnis war für die Regierung Alfonsín unklar, wie die beiden Ziele Durchsetzung der Menschenrechtsprozesse/-ermittlungen und Militärreform gleichzeitig erreicht werden konnten, denn schon bald war deutlich geworden, daß es zu einem Zielkonflikt kommen würde. Auch in der Regierung selbst gab es Gruppen, die unterschiedliche politische Linien durchzusetzen suchten; für eine aktive Menschenrechtspolitik trat Menschenrechtsberater Carlos S. Nino ein, für eine militärnahe Position Verteidigungsminister Jaunarena.

3.4.2 Die Regierung Menem

Der neue Präsident hatte im Unterschied zu Alfonsín, in dessen Amtszeit nur im Abgeordnetenhaus die UCR dominierte, in beiden Kammern eine klare Mehrheit:

Tabelle 2: Zusammensetzung des argentinischen Kongresses 1996[82]

	Abgeordnete	Senatoren
Peronisten (PJ)		170
UCR		90
REPASO		29
Provinciales		12 (nur Senat)
Andere		28 (nur Abgeordnetenhaus)

Obwohl Menem während des Wahlkampfes eine neoliberale Wirtschaftspolitik abgelehnt hatte, nahm er diese nach seiner Wahl sofort in Angriff.[83] Er dehnte sie auch auf die Verteidigungspolitik aus. Es kam zu dem radikalsten Einschnitt in der Militärpolitik der letzten fünfzig Jahre, wenn man die erste Präsidentschaft Peróns als Ausgangsdatum für die Entwicklung der Institution (erhebliche Vergrößerung des Mannschaftsbestandes und Erhöhung des Militärhaushaltes) zugrundegelegt.

Einen ähnlichen Richtungswechsel vollzog Menem bei der Frage der Begnadigungen. Hatte er noch vor den Wahlen eine Begnadigung der verurteilten Armeeangehörigen abgelehnt – "Ich bin mit der Amnestie nicht einverstanden und ich glaube, daß sie ein inakzeptables Konzept ist" (zit. in Sain 1994, S. 170) –, so verfügte er kurz nach seinem Amtsantritt einen Gnadenerlaß und eine Amnestie zugunsten von 174 Teilnehmern an den ersten drei Militärrebellionen. Ein zweiter Gnadenerlaß führte zur Freilassung der früheren Generäle Videla, Viola, Galtieri, Suárez Mason, Camps und von mehr als 30 weiteren Armee- und Marineoffizieren, 64 Guerilleros (die meisten lebten im Exil) und des *Montoneros*-Führers Firmenich. Menem begründete sein Vorgehen damit, es müsse endlich eine Versöhnung des Landes erreicht und der Wiederaufbau der Nation vorangetrieben werden (Interview in Baizan 1994, S. 61, 63). In einer repräsentativen Befragung lehnten 63% der Bevölkerung in Gran Buenos Aires den Gnadenerlaß ab, während sich 23% für ihn aussprachen.

Damit waren zum ersten Mal in der Geschichte der neuen Demokratie fast alle aktuellen Verfahren und Urteile durch Begnadigung ausgesetzt oder amnestiert

---

82 Quelle: JB LA 1996, S. 157.
83 Zum Peronismus' Peróns und Menems vgl. Waldmann 1992.

(aber nicht aufgehoben!) worden; noch fehlte die Begnadigung der 1985 verurteilten Kommandanten, die Ende 1990 ausgesprochen wurde. Wie immer man die Begnadigungen und Amnestien ethisch beurteilen mag, sie haben Menems Handlungsspielraum gegenüber dem Militär mit Sicherheit deutlich erweitert.

Die früheren Generäle Videla und Viola gaben nach ihrer Freilassung Erklärungen ab, in denen sie ihre Form der "Subversions-"bekämpfung rechtfertigten, die Auffassung vertraten, sie wären unschuldig verurteilt worden und auf eine öffentliche Rehabilitation des "Kampfes gegen die Subversion" drängten. Bereits 1988 hatten die pensionierten Generäle Díaz Bessone, Menéndez und Oberst Daract gefordert, diesen Kampf als gerecht anzuerkennen.[84]

Nach seiner Entlassung verteidigte der frühere Militärdiktator Videla auf einem Kameradschaftsessen den "Schmutzigen Krieg". Die argentinische Gesellschaft hätte den Militärs für ihren Dienst an der Nation einen Preis zahlen müssen. Die Regierung Menem stellte daraufhin eine Strafanzeige wegen "Verteidigung einer Straftat" unter Verweis auf Artikel 213 des argentinischen Strafgesetzbuches, der hierfür eine Gefängnisstrafe zwischen sechs Monaten und zwei Jahren vorsieht. Über den Ausgang wurde nichts bekannt.[85]

Menem selbst kritisierte "einige plumpe Politiker", die es im Interesse persönlicher Positionen für günstig hielten, der Gesellschaft die Streitkräfte als ewig Verdächtige für alle Verbrechen zu empfehlen. Unter diesen schwirigen Bedingungen sei es ihm um die Versöhnung zwischen allen Argentiniern gegangen, auch wenn er sich bewußt sei, daß ein wichtiger Teil der Gesellschaft gegen die Begnadigungen und Amnestien gewesen ist:

"Als ich mich für die Begnadigungen entschied, berücksichtigte ich vor allem die Notwendigkeit einer Versöhnung, die eine argentinische Gesellschaft zeigte, die gerade erst den Szenen eines Bürgerkrieges und sozialen Krieges entronnen war, wie sich 1989, als die Inflation ihren Höhepunkt erreicht hatte, bewahrheitet hat. Darüber hinaus habe ich nur meine Pflicht als Staatschef und die Notwendigkeit berücksichtigt, mit einer überzeugenden Geste zu zeigen, daß wir die offenen Probleme in Angriff nehmen, um sie zu lösen, in dem Verständnis, daß wir der Gesellschaft Ziele und ihre Verwirklichung vorschlagen, die in die Zukunft weisen." (ebda., S. 63)

Er erinnerte daran, daß Alfonsín ihm am Ende seiner Amtszeit vorschlug, beide Präsidenten sollten gemeinsam die Begnadigungen unterschreiben, er dies aber

---

84 Vgl. Daract 1988, Díaz Bessone 1986, 1988, Menéndez 1988 und Villegas 1990.
85 Der Marineoffizier Astiz, selbst von Menschenrechtsorganisationen der Beteiligung am "Verschwindenlassen" beschuldigt, rechtfertigte in einem Interview im Januar 1998 das Vorgehen des Militärs unter der Diktatur. Er wurde unehrenhaft aus der Marine entlassen.

abgelehnt hätte. Ein solcher Schritt könnte nur von einem Präsidenten im Besitz aller seiner Vollmachten vollzogen werden. Schon als Kind hätte er verstanden, daß nur derjenige begnadigen könne, der sich in seiner Position stark fühlt (Sain 1994/1, S. 64).

Menem zeigte auch Verständnis für das Vorgehen des Militärs gegen die "Subversion". Am 2.11.1994 vertrat er auf zwei Veranstaltungen der Armee die Auffassung, daß "[wir] dank der Präsenz der Streitkräfte [...] in diesem schmutzigen Krieg gesiegt [haben], der unsere Gemeinschaft an den Rand der Auflösung geführt hat" (zit. in JB LA 1995, S. 104). Einen Tag später, bei einer Veranstaltung der Polizei, setzte er sich für eine Politik des Vergessens ein.

1998 hob der Senat die beiden Gesetze über Gehorsamspflicht und den Schlußpunkt auf, aber dies hat keine strafrechtlichen Konsequenzen gehabt. Eine Untersuchung der Schicksale der Verschwundenen ist nach einer Entscheidung des Obersten Gerichtshofs nicht möglich. In einigen Fällen von Kindesentführung wurde jedoch ermittelt und Anklage erhoben.

1998 veröffentlichte das argentinische Verteidigungsministerium ein Weißbuch zur nationalen Verteidigung, das in Kap. 5.2.1.1 über die Bestimmung der Mission der Streitkräfte behandelt wird.

3.4.2.1 Die Rebellion von 1990

Bereits als Präsidentschaftskandidat hatte Menem den Kontakt zu Oberst Seineldín, der in Villa Martelli seine Strafe absaß, gesucht. Seineldín sagte später vor dem Obersten Militärgericht aus, es hätten 52 Treffen mit 17 Regierungsvertretern stattgefunden, um eine neue Militärpolitik zu entwickeln, darunter sieben mit Menem zwischen Dezember 1988 und November 1990. Dies wurde von der Regierung nicht dementiert (Sain 1994/2, S. 223).

Für die geplante militärische Umstrukturierung sah Menem in der Einbeziehung Seineldíns den Schlüssel für die Verhinderung weiterer Rebellionen. Seineldín und Menem verständigten sich über die Einrichtung einer gemeinsamen Arbeitsgruppe über militärpolitische Fragen.

Der 1989 neu ernannte Generalstabschef Cáceres genoß in der ganzen Armee und auch bei den *Carapintadas* ein hohes Ansehen. Daher waren letztere überrascht, als er sofort nach seinem Amtsantritt erklärte, die Rebellen müßten aus dem Heer entfernt werden. Die Ernennung dieses Offiziers durch Menem mußte von Seineldín als Distanzierung wahrgenommen werden.

Cáceres betonte bei seinem Amtsantritt, die Armee würde alle Maßnahmen begrüßen, die die Verletzungen der Vergangenheit durch eine Lösung für die noch offen Verfahren und Verurteilungen für Handlungen im antisubversiven Krieg einschließlich des Malvinenkrieges heilen würde. Er setzte sich für eine Versöhnung ein und nannte als ein Problem für die Armee, daß "unsere Kommandanten" immer noch inhaftiert sind. Ende November wies er aber auch ausdrücklich darauf hin, daß es denjenigen, die sich der Hierarchie weiterhin nicht unterwerfen wollten, die mangelnde Disziplin teuer zu stehen kommen würde und sie aus der Armee entlassen werden würden (ebda., S. 170).

Nach dem plötzlichen Tod von Cáceres führte sein Nachfolger, General Bonnet, seine Politik fort. Die im März 1989 verhängten Sanktionen gegen Teilnehmer an der letzten Rebellion begriff Seineldín als Bruch des Villa-Martelli-Pakts.

Seineldín geriet immer mehr in die Isolation: Es wurde immer unwahrscheinlicher, daß auf die Exekutive und den Präsidenten politischer Druck ausgeübt werden könne, der Sanktionsdruck der Armeespitze auf die *Carapintada*-Offiziere nahm zu, und die Vereinbarungen der letzten Rebellionen wurden in ihren Augen nicht eingehalten. Hier sollte eines der Grundprobleme ihrer Aktivitäten besonders deutlich werden: Sie operierten nur und ausschließlich innerhalb des Militärs, und hatten, wenn sich von der Spitze der Institution aus eine Allianz gegen sie bildete und immer stärker wurde, keine Verbündeten in der Gesellschaft, die ihre Forderungen und Ideen artikulieren konnten.

Nachdem der Generalstab des Heeres (EMGE) im März 1989 eine Reihe von Sanktionen gegenüber den Teilnehmern der Villa-Martelli-Rebellion verhängt hatte, wurde dies von den *Carapintadas* als Bruch des Paktes angesehen. Tatsächlich dementierte General Caridi, und nach ihm General Gassino, daß es einen Pakt in Villa Martelli gegeben hätte.

Am 8. Dezember 1990 kam es zu einem Treffen zwischen Menem und Seineldín, der ihm zu seinen Begnadigungen beglückwünschte. Zwölf Tage später wurden dann Rico und weitere *Carapintada*-Offiziere durch eine Entscheidung Cáceres' auf der Basis der Bewertung durch die *Junta Superior de Calificaciones del Ejército* aus dem Armeedienst entlassen und Oberst Seineldín sowie neunzehn weitere *Carapintada*-Offiziere pensioniert.

Als im November 1990 bekanntgegeben wurde, es werde die Gründung einer schnellen Einsatztruppe bei inneren Unruhen geprüft, eine Menem von Seineldín vorgeschlagene Idee, erklärte Menem versöhnlich: "Seineldín wurde von der Armee entlassen aber nicht vom argentinischen Volk. Er gehört zum

Volk, und wenn die Regierung ihn braucht, wird sie seine Dienste in Anspruch nehmen" (zit. in Sain 1994/2, S. 183).

Von dem Zeitpunkt seiner Erklärung während der Rebellion in Villa Martelli 1988 bis hin zum Herbst 1990 brachte Seineldín immer wieder seine Vorstellungen über den Bruch der Vereinbarungen und die Lage der Armee in Briefen an Vorgesetzte und den Präsidenten zum Ausdruck. Hierfür wurde er mit Arrest belegt.

Schließlich kam es nur einen Monat nach den Begnadigungen zu einer neuen und vorläufig letzten Rebellion. Am 3. Dezember 1990 besetzten *Carapintadas* den Sitz des Generalstabes in Buenos Aires. Menem befahl Bonnet die sofortige Niederschlagung der Rebellion. Er erklärte, er würde nicht zu einem neuen Alfonsín werden. Es gäbe keine Verhandlungen. Der Tod der ersten Offiziere der loyalen Armee durch die Rebellen führte sofort zu einer starken Ablehnung des Aufstandes und stärkte die Bereitschaft, sie bedingungslos niederzuschlagen. Auch verringerten sich dadurch entscheidend die Chancen, daß weitere Einheiten die Rebellion unterstützen würden. Bei den Kämpfen starben vierzehn Menschen und 53 wurden verletzt. Von den 1991 hierfür vor Gericht gestellten Militärs waren 93% Unteroffiziere und 7% Offiziere.

Dieses Mal war die harte Reaktion des Präsidenten ein entscheidender Faktor im Konfliktgeschehen. Menem betonte in seiner Rede am Abend des 3. Dezember, daß er den klaren Befehl zur völligen Niederschlagung der Rebellion gegeben und Vorschläge zu verhandeln abgelehnt hätte. "Mit Delinquenten führt man keinen Dialog, man bekämpft sie bis zum Tod" (zit. in Sain 1994/2, S. 198). Er charakterisierte die Rebellion als den Versuch eines Staatsstreiches. Neun Tage später behauptete er, die Rebellen hätten die Ermordung des Präsidenten, des Generalstabschefs, stellvertretenden Generalstabschefs, weiterer Offiziere und bekannter Politiker geplant.

Angesichts der Bedeutung dieses Putschversuches mußten Informationen, die später an die Öffentlichkeit gelangten, erstaunen. Der nationale Geheimdienst SIDE soll den Präsidenten und die Regierung wiederholt vor einem unmittelbar bevorstehenden Putschversuch gewarnt haben, ebenso die Geheimdienstabteilung der Armee *(Jefatura II de Inteligencia del EMGE)*. Die Regierung hätte keine Maßnahmen ergriffen, um diese Pläne zu durchkreuzen. Sollte die weitere Forschung diesen Eindruck bestätigen, so ist zu vermuten, daß die Regierung von den Vorbereitungen wußte, aber die Durchführung des Putsches zuließ, um ein für alle Mal die Putschisten zu identifizieren und dann militärisch zu besiegen.

Wie schon in den vorherigen Fällen, hatten Militär- und Bundesjustiz gleichzeitig Verfahren gegen Seineldín eingeleitet. Nachdem der Oberste Gerichtshof entschieden hatte, daß die Militärjustiz zuständig sei, wurde das Verfahren vor dem Obersten Militärgericht durchgeführt. Die Regierung wies in geheimen Instruktionen die Militärstaatsanwaltschaft an, den gerade noch in der Öffentlichkeit als *Rebellion* bezeichneten Sachverhalt, eine Straftat gegen die öffentlichen Organe und die Verfassungsordnung, nun als *Meuterei*, eine Straftat gegen die Disziplin, die sehr viel schwächer geahndet wird, anzuklagen, offensichtlich auf politischen Druck des Militärs hin. Militärstaatsanwalt General Domínguez plädierte auf Meuterei, forderte aber die Todesstrafe für die vier Hauptangeklagten, einschließlich Seineldín, und lebenslange Haft für weitere Anführer der Rebellion. In seinem Plädoyer übte er scharfe Kritik an der Regierung und an Politikern, die durch ihren Kontakt und ihre Zusammenarbeit mit Seineldín, als er noch in Haft war, die politische Bedeutung der *Carapintadas* erhöht hätte.[86] Daraufhin wurde er vom Verteidigungsministerium abgelöst und durch General Ferreyra ersetzt.[87]

Der CSFA verurteilte schließlich sieben Angeklagte zu lebenslanger Haft und Ausschluß *(destitución)* aus der Armee und sechs weitere zu langjährigen Haftstrafen. Da die Angeklagten Berufung einlegten, kam es zur Verhandlung vor dem Bundesberufungsgericht, das etwas geringere Strafen verhing. Das zivile Berufungsgericht verurteilte Seineldín im September 1991 zu lebenslanger Haft, drei Mitangeklagte zu 20 und zwei zu 18 Jahren Haft.

Die Tatsache des Putschversuches gegen einen Präsidenten, der mit seinen Gnadenerlassen Menschenrechtsorganisationen und die öffentliche Meinung ignorierte, zeigt drastisch, wie erstaunlich wirklichkeitsfremd in bestimmten Militärkreisen gedacht wurde. Mit der Zerschlagung dieser Gruppe wurde die letzte Faktion ausgeschaltet, die glaubte, über Putschversuche Politik beeinflussen zu können.

3.4.2.2 Vergleichende Analyse der Regierungen Alfonsín und Menem

Präsident Alfonsín begann eine Militärreform, die eine neue, klare Mission der Streitkräfte, Veränderungen in der Ausbildung und in der Militärgesetzgebung zum Ziel hatte. Er pensionierte die hohen Offiziere des *Proceso* und berief Zivilisten an die Spitze des neu eingerichteten Verteidigungsministerium und

---

86 Für Auszüge aus seinem Plädoyer, siehe Sain 1994/2, S. 204f.
87 Auch in anderen Fällen, die hier nicht analysiert werden können, wurden mißliebige Militärstaatsanwälte vom Verteidigungsministerium ad hoc abgesetzt (Beispiele bei Sain 1994).

der *Escuela de Defensa Nacional*. Die Positionen der Oberbefehlshaber für Armee, Marine und Luftwaffe wurden abgeschafft und ein gemeinsamer Generalstab eingerichtet. Die Leitung der Teilstreitkräfte wurden Stabschefs übertragen.

Die Menschenrechtspolitik der Regierung Alfonsín blieb umstritten, weil es immer wieder unklar war, wie weit der Präsident gehen konnte und wollte, ohne einen offenen Konflikt mit der Militärführung zu riskieren. Der Präsident muß sich nachträglich fragen lassen, ob er nicht seinen real existierenden Handlungsspielraum zu früh preisgegeben hat, als er sich gegenüber den Drohgebärden einer kleinen Gruppe von Militärs zu nachgiebig zeigte.[88] Andererseits kann kein Zweifel daran bestehen, daß die Prozesse gegen die Militärjuntas von 1985 den Handlungsspielraum der Regierung deutlich vergrößerten, auch wenn sie gleichzeitig das Konfliktniveau zwischen Regierung und Teilen des Militär deutlich erhöhten.

Die Rebellionen der *Carapintadas* richteten sich in erster Linie gegen die Armeeführung, die "Schreibtischgeneräle", wie sie sie nannten, im Unterschied zu den Rebellen, die selbst gegen die "Subversion" und auf den Malvinen gegen die Engländer gekämpft hatten. Sie zielten vor allem auf die (Mit-) Kontrolle der Armeespitze, die einen strukturellen Einfluß auf Politik und Ausbildung sichern sollte. Als dann die Armeeführung über Verwaltungsmaßnahmen die *Carapintada*-Offiziere sanktionierte und die Ernennung von Oberst Seineldín zum Brigadegeneral endgültig ablehnte, war für sie eine neue Konfrontation unausweichlich.

Die folgenden Daten zeigen, daß die ersten drei Militärrebellionen mit der Zeit zunehmend länger dauerten, mehr Opfer forderten und immer stärkere Unterstützung innerhalb der Armee fanden:

---

[88] Zur Diskussion seines Handlungsspielraumes vgl. Verbitsky 1987, Mignone et al. 1984, Nino 1985, 1988, Sancinetti 1989, Heinz 1996a, López/Pion-Berlin 1996, Pion-Berlin 1997 und McSherry 1997. Allgemein zu den Menschenrechten nach 1983 Sancinetti 1988.

Tabelle 3: Charakteristika der Militärrebellionen
von 1987, 1988 und 1990[89]

Rebellion	4/1987	1/1988	12/1988	12/1990
Dauer (Tage)	4	5	8	16 Std.
Teilnehmer	150	350	1.000	427
Opfer	Keine	2 Verletzte	3 Tote/ 43 Verletzte	14 Tote/ 53 Verletzte
Beteiligung anderer Streitkräfte	Keine	z.T. Luftwaffe	z.T. Marinepräfektur	z.T. Marinepräfektur
Resultat	Verhandlungen	Kapitulation	Verhandlungen	Kapitulation

Die zunehmende Faktionsbildung, die historisch an die 60er Jahre erinnerte (liberale vs. nationalistische Offiziere), drohte die Institution immer weiter zu spalten. Zwar standen sich kräftemäßig nicht zwei gleich starke Gruppen gegenüber, aber der Bruch der Befehlskette war während der ersten drei Rebellionen unverkennbar: Beide Seiten mußten "Loyalitäten" im voraus abschätzen und dann während jeder Krise konkret herausfinden, welche Einheiten die jeweiligen Lager unterstützen würden. Und dies hieß im äußersten Fall für die loyalen Militärs, auf Kameraden zu schießen und für die *Carapintadas* mindestens die Entlassung aus der Armee, wenn nicht eine langjährige Haftstrafe zu riskieren.

Beide Seiten des Militärs lernten allerdings auch von den Ereignissen der Osterwoche 1987, daß sie wieder erheblichen Einfluß auf die Innenpolitik gewonnen hatten. Vorher, vom Amtsantritt Alfonsíns bis zur Verkündung der Urteile gegen die Juntamitglieder 1985, hatte das Militär nur noch einen Verlust an Prestige und politischem Einfluß erlebt.

Betrachtet man den Verlauf der Rebellionen im einzelnen, so zeigen sich mindestens vier mögliche Positionen, die die kommandierenden Offiziere in der kurzen ihnen zur Verfügung stehenden Zeit einnehmen konnten:
- Unterstützung der Rebellion,
- Akzeptanz der Forderungen der Rebellion, ohne sich aber dem Kommando von Rico oder Seineldín zu unterstellen,
- Gehorsam gegenüber den Befehlen des Generalstabes, gegen die Rebellierenden vorzugehen, aber Weigerung, das Feuer zu eröffnen, oder
- Befolgung der Befehle des Generalstabes bis zur letzten Konsequenz, der Anwendung von Gewalt gegen andere Militärangehörige.

---

[89] Quelle: Fraga 1991, S. 133.

Offiziere, die eine der ersten drei Positionen einnahmen, wurden hierfür zwar nicht einheitlich, aber selektiv mit Gefängnis bestraft, auf neue Posten versetzt oder aus der Armee entlassen.

Auch die verschiedenen Ebenen von Konfrontation und Konfliktlösung sind wichtig. Bei allen vier Rebellionen standen sich auf der einen Seite mehrere hundert Unteroffiziere und Offiziere meist der Armee und deren Spitze gegenüber, wobei Verteidigungsminister und Präsident als Oberbefehlshaber politisch zu Weisungen befugt waren. In den ersten drei Fällen zeigte sich aber, daß mit Ausnahme einer Unterredung, an der Alfonsín beteiligt war, die Verhandlungen im wesentlichen zwischen dem Führer der Rebellion und dem Generalstabschef, mit Unterstützung einiger Vermittler, stattfand; Regierung und Parlament blieben erst einmal von den Verhandlungen ausgeschlossen, obwohl sie später immer zu den Empfängern der ausgehandelten Forderungen wurden, die vom Generalstab selbst gar nicht erfüllbar waren (politische Amnestie, Anerkennung, daß der Kampf gegen die "Subversion" gerecht war, Erhöhung des Verteidigungshaushaltes).

In der Substanz wurde zweimal vereinbart, daß der Generalstabschef und andere Offiziere abgesetzt werden sollten und durch Offiziere zu ersetzen waren, die für die *Carapintadas* akzeptabel waren (bei der ersten und dritten Rebellion). Die Reichweite der Intervention einer Militärfaktion ist in diesem Fall außergewöhnlich groß, auch im Vergleich zu anderen südamerikanischen Ländern. Sie erinnert an die Politik der Militärführungen gegenüber den schwachen Präsidenten Illia und Frondizi, ihre Interessen kontinuierlich durch politischen Druck zu vertreten. Dennoch bleibt das Vorgehen erstaunlich, stellten doch die Rebellen eine verschwindend geringe Zahl im Vergleich zur gesamten Mannschaftsstärke der Streitkräfte (über 100.000) dar. Der Schlüssel zu diesem Paradox muß in der weitläufigen innermilitärischen Unterstützung für ihre Forderungen gesehen werden, die den Armeegeneralstab zwang, sie politisch ernst zu nehmen und zu verhandeln.

Neue Konfliktlinien und damit die Gefahr der nächsten Rebellion ergaben sich immer als Konsequenz zweier Entwicklungen.

Zum einen wurde deutlich, daß wenn die Regierung nach den Rebellionen Maßnahmen einleitete, die Zahl der Prozesse gegen Militärangehörige wegen Menschenrechtsverletzungen zu verringern bzw. die Verurteilten zu begnadigen, diese als völlig unzureichend angesehen wurden, denn das Problem müsse endgültig "politisch" gelöst werden.

Zweitens war das Vorgehen der Militärführung gegen die *Carapintadas* von ausschlaggebender Bedeutung. Denn die Behandlung der Rebellen durch die Militärjustiz bis 1990 war zwar tatsächlich eher milde – Strafen umfaßten vor allem Versetzungen in den Ruhestand, geringe Haftstrafen u.ä. –, aber die Armeeführung arbeitete gleichzeitig über administrative Maßnahmen wie Umbesetzung von Kommandoposten daran, die *Carapintadas* zunehmend zu isolieren, eine Strategie, die von diesen als Bruch der Vereinbarungen angesehen wurde.

Alle Rebellionen fanden in der größten Teilstreitkraft, dem Heer, statt, während Marine und Luftwaffe keine annähernd gleiche Entwicklung durchmachten. Zwar hatte sich eine größere Zahl von Angehörigen der Marinepräfektur an der dritten (63) und der vierten Rebellion sowie eine kleine Gruppe der Luftwaffe (8) an der dritten Rebellion beteiligt, aber das Heer war immer das Zentrum des politischen Geschehens.

Dies läßt sich mit den folgenden Variablen erklären. Historisch hatte das Heer als einzige Streitkraft mit landesweiter Präsenz – es war bis in die 90er Jahre hinein nicht überwiegend an den Grenzen stationiert, sondern in und in der Nähe der Städte! – historisch immer die Führungsfunktion, was sich u.a. darin ausdrückte, daß alle vier Präsidenten der letzten Diktatur Heeresgeneräle waren, obwohl unterhalb der Militärjunta faktisch die Verantwortung zu gleichen Teilen zwischen den drei Teilstreitkräften aufgeteilt worden war; dies hat es in keiner anderen Militärdiktatur in Südamerika gegeben.

Die von Alfonsín geplante Militärreform konzentrierte sich auf das Heer, in dem, wie gezeigt, zahlreiche Spannungslinien vor allem zwischen den mittleren und hohen Dienstgraden bestanden. Alfonsín wurde hier jedoch als Feind angesehen, dessen eigentliches Ziel seine Zerschlagung, zumindest aber seine Schwächung war. Durch die Anklage einer immer größeren Zahl von Militärs, so die Perzeption, sollte die gesamte Institution auf die Anklagebank gesetzt werden. Das Heer war schon aufgrund seines großen Mannschaftsbestandes in besonders starker Weise von den gerichtlichen Vorladungen wegen Menschenrechtsverletzungen betroffen.

Auch wurde sie sowohl in der öffentlichen Diskussion als auch innermilitärisch, durch die Untersuchung der Kommission von General Rattenbach, als hauptverantwortlich für die Niederlage im Malvinenkrieg identifiziert. Die militärischen Leistungen von Marine und Luftwaffe wurden dagegen als gut bis ausgezeichnet bewertet, und dies trotz der Tatsache, daß auch ihre Oberkommandierenden vom Obersten Militärgericht später verurteilt wurden.

Besonders gravierend war die Tatsache, daß zwischen 1987 und 1990 scheinbar weder die offizielle Führung noch die *Carapintadas* das klare politische Übergewicht innerhalb des Heeres erreichen konnten (dies ist schwer präzise abzuschätzen), so daß aus der ursprünglichen Krise eine anhaltende Konfrontation wurde. Es entwickelte sich zu einem Nullsummenspiel, da beide Seiten um die Besetzung von Führungspositionen scharf konkurrierten.

Für den anfänglichen Erfolg, dann aber auch den schwindenden Einfluß der *Carapintadas* waren vor allem vier Faktoren ausschlaggebend.

Durch die Verabschiedung der Gehorsamspflicht- und Schlußpunktgesetze sowie die Begnadigungen von Präsident Menem verloren sie den wichtigsten Teil ihrer Legitimationsbasis, die Vertretung der Interessen der mittleren Dienstgrade, Interessen, die in den Augen vieler Militärangehöriger durch die Heeresführung nicht oder nur unzureichend gegenüber der Regierung wahrgenommen wurden. Unter Seineldín ging es dann vor allem darum, einen *Carapintada*-Vertreter in der Heeresführung zu plazieren. Damit veränderte sich das Bild der Forderungen der Rebellen, weg von einer Vertretung institutioneller Interessen des Heeres hin zu einer personalisierten Konfrontation zwischen Seineldín und der Generalität sowie dem Präsidenten Menem.

Es gelang ihnen nicht, eine klare politische Identifikation *als Gruppe* aufzubauen, sondern diese reduzierte sich auf jeweils eine Führungsperson – Rico und Seineldín – in der Form persönlicher Loyalität. Ein militärisches oder politisches Programm wurde nicht sichtbar. Letztlich konnten sich die *Carapintadas* nur für kurze Zeit als ein politisch-militärischer Akteur konstituieren, der aber zumindest am Anfang über breite Sympathien innerhalb des Heeres verfügte.

Es fehlte ihnen auch an politischer Unterstützung in der Zivilgesellschaft, die dazu hätte beitragen können, die Rebellionen in ein politisches Projekt umzuwandeln. Diesen Schritt hat später Rico mit der Gründung einer eigenen politischen Partei, MODIN, unternommen – parallel zu der Faktion, die unter Seineldín weiter innerhalb des Militärs aktiv war.

Alle Dokumente und Analysen deuten darauf hin, daß es immer das Ziel der *Carapintadas* war, durch eine breit unterstützte Rebellion gegenüber Armeeführung und Regierung eine politisch möglichst starke Verhandlungsposition einzunehmen, nicht aber eine militärische Auseinandersetzung zu wagen, auch wenn eine solche Drohung paradoxerweise nach außen immer glaubwürdig sein mußte. Ihr Ziel war es, möglichst bald in Verhandlungen einzutreten, und sie waren dann auch unvorbereitet, als bei der vierten Rebellion ihre Angebote von der Regierung Menem rigoros abgelehnt wurden. Damit ergab sich auch ein hohes Risiko. Es durfte möglichst nicht zu Opfern unter den Kameraden kommen – wie später, 1988 und besonders 1990 – und die in der Öffentlichkeit vertretenen Interessen mußten eine Mobilisierung mittlerer Dienstränge und der Unteroffiziere ermöglichen; im Mittelpunkt der Forderungen durften also keine persönlichen Interessen einzelner Offiziere wie z.B. die Beförderung Seineldíns stehen.

Die *Carapintadas* hatten keine alternativen Pläne, etwa im Dezember 1990, für den als unwahrscheinlich eingeschätzten Fall, daß es nicht oder nicht schnell genug zu Verhandlungen kommen würde – und dies hieße, daß sie dann wirklich kämpfen mußten.

Mit Präsident Menem gelang es, den Militärrebellionen ein Ende zu bereiten. Dies war nicht etwa einer umfassenden Militärreform geschuldet, sondern den Erfordernissen der neoliberalen Wirtschaftspolitik, die auch gegenüber dem Verteidigungssektor – dies ist der neue Gesichtspunkt – eine strikte Sparpolitik diktierte, ohne daß es sofort zu Drohungen gegen die Regierung kam. Folgerichtig wurden der Umfang der Streitkräfte drastisch reduziert, Militärunternehmen privatisiert und die Neubeschaffung von Waffensystemen stark gedrosselt. Darüber hinaus haben die Begnadigungen und Amnestien des Präsidenten seine politische Basis im Militär deutlich vergrößert. Es handelte sich aber Anfang der 90er Jahre auch um ein Militär, daß bereits unter Alfonsín politisch erheblich in den ihm zur Verfügung stehenden Ressourcen, seinem Ansehen in der Öffentlichkeit, in seiner inneren Kohärenz und in seinem *esprit de corps* geschwächt worden war.

3.4.2.3 Die Verfassungsreform von 1994

Die argentinische Verfassungsreform von 1994 unterschied sich erheblich von der brasilianischen, die sechs Jahre vorher stattgefunden hatte. Hier ging es nicht darum, kurz nach der Transition eine neue, gemeinsame politische Grundlage für die Demokratie zu schaffen, an deren Ausarbeitung Politik und Gesellschaft in einem vorher nicht gekannten Umfang beteiligt wurden.

In Argentinien sollte die Reform, wie von Anfang an für Politik und Gesellschaft deutlich erkennbar wurde, primär die Wiederwahl des amtierenden Präsidenten ermöglichen, die durch die gültige Verfassung von 1853[90] ausgeschlossen wurde. Es ist in diesem Zusammenhang daran zu erinnern, daß beide Militärdiktaturen der 60er und 70er Jahre weder die Verfassung außer Kraft setzten noch ein eigenes Verfassungsprojekt propagierten. Sie regierten mit der gültigen Verfassung und erklärten, die von ihnen erlassenen

---

90 Kleinere Reformen fanden 1866, 1898 und 1957 statt.

Verordnungen stünden über der Verfassung – und dies wurde von Justiz und Gesellschaft akzeptiert (vgl. Spoerr 1989).

Die Verfassungsreform wurde in dem Pakt von Olivos zwischen den Führern der beiden größten Parteien, PJ und UCR, Alfonsín und Menem beschlossen. Sie bestimmten eine Reihe von Veränderungen, einen Kernbestand, der von den Mitgliedern der Verfassunggebenden Versammlung nur akzeptiert oder abgelehnt werden konnte. Dieser bezog sich auf die Verteilung der Macht auf Bundesebene (Art. 35-103).

Zwar kam es in beiden Parteien zu Kritik an diesem Vorgehen, aber schließlich akzeptierten sie das Projekt. Der Opposition ging es darum, als Preis für die Wiederwahlklausel den Kongreß und die Justiz zu stärken. Umfragen zeigten, daß das Ansehen der Exekutive zwischen 1990 und 1993 bei zwischen 34,4% und 48,3% (1993) lag, während das des Kongresses und Justiz auf 12,3% bzw. 13,1% gefallen war (*La Nación*, 24.2.1994, zit. in Lhoest 1995, S. 159).

Die Arbeitszeit des Kongresses wurde verlängert und die Zahl der Senatoren, die die Provinzen und die Hauptstadt vertreten, von zwei auf drei erhöht. War ursprünglich die Abgabe legislativer Aufgaben an die Exekutive verboten, kann der Kongreß jetzt nach Art. 76 der neuen Verfassung an die Exekutive legislative Aufgaben in Verwaltungsfragen oder andere Aufgaben, wenn die Notwendigkeit besteht, abgeben (zum *decretismo* Menems siehe Nolte 1997b, S. 82ff.).

Andere Maßnahmen hatten zum Ziel, die Richterernennung zu entpolitisieren. Die einfachen Richter werden jetzt nicht mehr von der Exekutive, sondern von einem Richterwahlkollegium ernannt, das aus Vertretern des Kongresses, der Richter, Rechtsanwälte und aus akademischen Experten besteht. Die Richter der Obergerichte werden weiter von der Exekutive bestimmt.

Der Präsident kann einmal wiedergewählt werden, aber seine Amtszeit wurde von sechs auf vier Jahre verkürzt. Eine erneute Wiederwahl ist erst nach der Unterbrechung einer Amtszeit möglich. Ungewöhnlich ist die neue Position des Kabinettschefs, der den Kongreß über die Regierungspolitik informieren soll. Er wird vom Präsidenten ernannt und entlassen, kann aber gleichzeitig auch durch ein Mißtrauensvotum des Kongresses zum Rücktritt gezwungen werden. Mit dieser neuen Funktion wird jedoch nicht ein semipräsidentielles System eingeführt, das auf der Machtteilung zwischen dem Präsidenten und dem Regierungschef beruht.

Die Beteiligung der Bevölkerung soll durch Plebiszit, Referendum, Volksbefragung und Volkskonsultation erweitert werden. Weiter wurde die Funktion eines Ombudsmanns geschaffen, der Beschwerden der Staatsbürger entgegennimmt, und ein Wirtschafts- und Sozialrat, der sich aus Vertretern zivilgesellschaftlicher Organisationen zusammensetzt.

Zu einer Neufassung des Status und der Mission der Streitkräfte kam es nicht.

Insgesamt hat die neue Verfassung Präsident Menem durch die Möglichkeit zur Wiederwahl gestärkt, aber auch die Möglichkeiten der politischen Beteiligung der Bevölkerung potentiell erweitert. Allerdings ist es aufgrund der weiter bestehenden starken Machtkonzentration in der Exekutive mehr als unsicher, in welchem Umfang die Verfassung zu einer stärkeren Partizipation und Demokratisierung der politischen Entscheidungsfindung führen wird.

Auch die Einführung einer Verfassungsgerichtsbarkeit, die in Zukunft die Übereinstimmung von Gesetzen mit zentralen Verfassungswerten und -prinzipien prüfen würde, ist potentiell von großer Bedeutung. In ihrem eigenen Selbstverständnis hat sich die positivistisch orientierte Justiz häufig genug an die realen Machtverhältnisse der de-facto-Regierungen angepaßt und ihnen dadurch geholfen, sich gegenüber der Bevölkerung und dem Ausland zu legitimieren. Aber auch im Innenverhältnis, gegenüber der Gesellschaft, konnte eine Justiz, die fast immer den Machtverhältnissen nachgab, keine Legitimität und Glaubwürdigkeit aufbauen. Leider hat sich diese Situation in Argentinien auch in den letzten Jahren kaum gebessert. Die Abhängigkeit der Justiz von der Exekutive, besonders bei politischen Fällen, ist nach wie vor ein wichtiges Datum.

3.4.2.4 Demokratie und Militär in der öffentlichen Meinung

Allgemein ist die Zustimmung zur Demokratie als politischem System hoch. 1995 und 1996 sprachen sich z.B. 75% bzw. 71% der Befragten für das Statement aus, daß die Demokratie jeder anderen Regierungsform vorzuziehen sei (*Latinobarómetro* 1995-1996, zit. in Adrogue 1998, S. 395).

Das *Centro de Estudios Unión para la Nueva Mayoría* führte Umfragen in der Capital Federal und in Gran Buenos Aires über das Bild der Streitkräfte in der Öffentlichkeit durch. Zwischen 1986 und 1990 ergab sich folgende Einstellung der Bevölkerung zum Militär (Fraga 1991, S. 161-178; 1997, S. 216):

Tabelle 4: Das Bild der argentinischen Streitkräfte in der
Öffentlichkeit, 1986-97

	1986	1987	1988	1989	1990	1997
Positiv	25,2%	18,7%	33,3%	35,8%	36,6%	31,0%
Durchschnittlich	24,6%	22,9%	16,6%	32,4%	32,9%	33,0%
Negativ	37,7%	49,8%	26,3%	22,4%	25,1%	24,0%
Weiß nicht/k.A.	12,0%	8,7%	13,8%	9,5%	5,4%	12,0%

Insgesamt läßt sich eine leichte Verbesserung des Bildes der Streitkräfte seit 1987 konstatieren. Die sehr negative Meinung im Jahr 1987 dürfte auf die beiden Rebellionen in diesem Jahr zurückzuführen sein. Zwischen Oktober 1993 und Mai 1994, dem Monat des gewaltsamen Todes des Soldaten Carrasco, sank jedoch das Vertrauen in die Streitkräfte von 34% auf 22%.

Bei einer 1993 durchgeführten Umfrage hatte die Bevölkerung das positivste Bild von der Luftwaffe, gefolgt von der *Prefectura* und der *Gendarmería*; am negativsten wurde die *Policía Federal* bewertet (zur Auswahl standen die Teilstreitkräfte, die *Gendarmería*, die *Prefectura Naval* und die *Policía Federal*).

Bei der Frage nach der Verbreitung von Korruption in Regierung, katholischer Kirche, bei Politikern, Unternehmern, Gewerkschaften, Streitkräften und der Polizei kam das Militär nach der Kirche an die zweite Stelle als ein Bereich mit der geringsten Korruption (Umfrage in der Capital Federal und in Gran Buenos Aires).

Eine Rolle des Militärs bei der Bekämpfung des Drogenhandels wurde von 56,5% der Befragten (Capital Federal und Gran Buenos Aires) positiv beurteilt, 9,6% unterstützten sie bedingt ("regular") und 26,4% waren dagegen.

In Bezug auf ein positives Bild in der Öffentlichkeit kamen die Streitkräfte im Vergleich mit Politikern, Unternehmern, Gewerkschaften, und katholischer Kirche auf den zweiten Platz nach der katholischen Kirche (am negativsten: Gewerkschaften und Politiker); in Gran Buenos Aires stehen sie sogar knapp an erster Stelle. Unter den Anhängern politischer Parteien hatten die UCeDé von den Streitkräften das positivste Bild, gefolgt von der Partido Justicialista, der UCR und der Izquierda Unida.

Bei einem Vergleich von Institutionen, die am meisten dazu beitragen, die Situation des Landes zu verbessern, nannten 1993 die Befragten das Militär an vorletzter Stelle. Die Reihenfolge war: Lehrer, Viehzüchter, Journalisten, Industrielle, Kongreß, Kirche, politische Parteien, Militär, Gewerkschaften. Bei einem Vergleich der sechs wichtigsten Institutionen des Landes kamen die Befragten zum gleichen Ergebnis: Kongreß, politische Parteien, NROs, Kirche, Militär, Gewerkschaften (*Página 12*, 4.3.1993).

Zwischen 1992 und 1995 befürworteten rd. 20% der Befragten (mit kleinen Schwankungen) die Behauptung, daß "Militärregierungen in Argentinien effizienter als Zivilregierungen waren" (Adrogue 1998, S. 392).

Bei einer Umfrage 1997 über die wichtigsten Probleme des Landes wird an erster Stelle die Arbeitslosigkeit (36%), gefolgt von niedrigen Löhnen (17%) und Korruption (15%) genannt. Die Frage des Militärs rangiert nach den Menschenrechten auf Platz 11 (1) (Fraga 1997, S. 221). Im gleichen Jahr hatte die Öffentlichkeit unter neun Institutionen das positivste Bild von den Medien und der katholischen Kirche; die Streitkräfte kamen auf den dritten Platz. Am Ende der Liste standen der Kongreß, die politischen Parteien und die Gewerkschaften (Fraga 1997, S. 217).

1995 fragte *Latinobarómetro*, welches die drei politisch mächtigsten Gruppen im Land seien. In Argentinien nannten 18% das Militär (in Brasilien 30,9%, Chile 46,8% und in Uruguay 22%). Mehr Macht für das Militär wünschten sich in Argentinien 5,4% (in Brasilien 32,9%, in Chile 10,6% und in Uruguay 8%). Auf die Frage, wieviel Vertrauen man in das Militär hätte, antworteten mit "viel" oder "etwas Vertrauen" 37,5% in Argentinien, 58,7% in Brasilien, 54,3% in Chile und 44% in Uruguay (Angaben zit. nach Linz/Stepan 1996, S. 224).

Auf die Frage von *Latinobarómetro* "Wieviel Vertrauen haben Sie im Hinblick auf die genannten Institutionen, Gruppen oder Personen" kam das Militär 1996 mit 32% auf den zweiten Rang nach der Presse (56%), aber vor dem Parlament (25%), der Justiz (23%) und der Regierung (20%) (zit. in Nolte 1997a, S. 49).

Zusammenfassend ist festzuhalten, daß die argentinische Bevölkerung dem Militär keine bedeutende Rolle in der Politik des Landes zuspricht; sein Bild in der Öffentlichkeit hat sich seit 1987 leicht verbessert und ist deutlich positiver als das der Polizei. Gegenüber einer Ausweitung der Militäraufgaben reagierte die Bevölkerung eher vorsichtig; das gilt für eine mögliche Rolle bei der Bekämpfung des Drogenhandels und für eine stärkere Beteiligung an UN-Friedensoperationen (hierzu im einzelnen: Kap. 5.2.2). Das Vertrauen in das Militär ist deutlich geringer als in Brasilien (vgl. Kap. 4.5.5).

4. Brasilien: Historische Bestimmungsfaktoren, innenpolitische Entwicklung und neue Demokratie (1985-1999)

4.1 Historische Bestimmungsfaktoren

Die Gründung des modernen Brasiliens unterschied sich markant von den Unabhängigkeitskriegen im spanischen Südamerika. Die Erfahrung ständiger Interventionen der Militärführung in der Politik war unbekannt, vielmehr war es das "Werkzeug einer festgefügten zivilen Autorität" (Needell 1992, S. 493). Bereits im 19. Jahrhundert konnten Ursprung und Funktionen des kolonialen Staates "nur in bezug auf die Eliten und ihre spezifischen Interessen" verstanden werden. Patronage lag den politischen Aktivitäten im Kaiserreich zugrunde. Dennoch gehen manche Autoren von einer bedeutenden Rolle der Ideologie aus, die dazu diente, die Einigkeit unter den Parteimitgliedern herzustellen, eine Partei sowohl zusammenzuschweißen als auch spalten zu können (ebda., S. 453).

Die napoleonische Besetzung Spaniens und Portugals erzwang 1807 die Umsiedlung des portugiesischen Hofes nach Rio de Janeiro. 1815 wurde Brasilien erst zum Vereinten Königreich Portugal-Brasilien und später, unter Dom Pedro I. *(1822 Grito de Ypiranga)*, zum Kaiserreich erklärt. Der Kaiser genoß umfassende politische Vollmachten: Er war Haupt der Exekutive mit einem Ministerrat, der dem Parlament nicht verantwortlich war. Er konnte das Parlament durch Vetorecht, Drohung mit Neuwahlen und Amtsenthebungen unter Druck setzen. Er ernannte die Senatoren auf Lebenszeit. Nur die Justiz war vom Kaiser im stärkerem Maß unabhängig, da Richter und Geschworene lokal gewählt wurden (Stols 1992, S. 140). Diese umfassende Vollmachten machten es dem Kaiser möglich, die Aufgabe eines *poder moderador* wahrzunehmen, der dazu diente, bei Konflikten zwischen politischen Gruppierungen und Persönlichkeiten zu vermitteln und schließlich eine für alle Beteiligten verbindliche und für das Reich idealiter nicht schädliche Regelungen zu treffen.

Nach längeren internen Verschwörungen erfolgte 1889 ein fast unblutiger Militärputsch (ein Toter) unter der Führung von Marschall Deodoro da Fonseca. Kaiser Dom Pedro II. wurde gestürzt (Needell 1992, S. 493-97). Auch die dem Kaiser verbundene Marine konnte den Putsch nicht mehr rückgängig machen, und die kaiserliche Familie mußte das Land verlassen. Brasilien wurde zur Republik erklärt (zu den Begriffen Reich/Republik vgl. Nitsch 1977, S. 132ff.). Im Unterschied zu anderen südamerikanischen Republiken hat Brasilien seine Unabhängigkeit 1822 fast gewaltlos erlangt. Eine Geburtshelferrolle der Streitkräfte zur Befreiung von der Krone, wie in den Nachbarrepubliken die Regel, hat es nicht gegeben. Jedoch waren die ersten beiden Präsidenten, Fonseca und Caxias, Militärs.

Die Führung der kaiserlichen Streitkräfte fühlte sich zunehmend dem positivistischen Denken[91] verbunden. So wurde z.B. die traditionelle Aufgabe der Armee, entlaufene Sklaven einzufangen, zunehmend abgelehnt. Während die Kampagne für die Abschaffung der Sklaverei an Stärke gewann, forderten Armeeoffiziere, "von ihrer herkömmlichen Aufgabe der Verfolgung entlaufener Sklaven entbunden zu werden, die sie in ihrer Ehre als Verteidiger der Nation verletzte" (Needell 1992, S. 489).

Nach der Unabhängigkeit spielten die Streitkräfte bei der Machtverteilung der Ämter und Zuweisung von politischer Macht keine ausschlaggebende Rolle (Moltmann 1975, S. 168). Im brasilianischen Pendant zum spanisch-amerikanischen *Caudillismo*, dem *Coronelismo*, wurde politische Macht auf lokaler Ebene mit territorialem Besitz und einer militärischen Führungsrolle verbunden, die aus den Dienstgrängen der Miliz, die dem Militär eng verbunden war, abgeleitet wurde. Willkür und Gewaltanwendung sicherten die Macht des "Obersten". "Die übergeordneten Institutionen, bis hin zur Zentralgewalt," so Moltmann, "verzichteten um das Versprechen der Loyalität auf Einflußnahme und schufen damit abgegrenzte Gebiete gewaltvoller Herrschaft außerhalb gesetzlicher Kontrolle" (ebda., S. 169; grundsätzlich: Nunes 1977).

Bis in die 20er Jahre des 20. Jahrhunderts nahm das Militär nur einen geringen Einfluß auf die innenpolitische Entwicklung. Erst mit der Bewegung der Leutnants, dem *tenentismo*, wurden über den engen militärischen Bereich hinaus auch weitergehende, politische Forderungen gestellt, wie die Ersetzung eines exzessiven Föderalismus durch einen straffen Zentralismus, die Ausweitung

---

91 In Lateinamerika wurde der aus Europa importierte Positivismus als eine "Handlungsanleitung zur politischen Aktion, die in Übereinstimmung mit den allgemeinen Lehren der sozialen Evolution zu stehen schien" (Werz 1991, S. 64) verstanden. Grundlage hierfür war ein starker Glaube an notwendige und unausweichliche, von der Wissenschaft inspirierte universelle Veränderungen (ebda., S. 68). In Brasilien gewann der Positivismus kurzzeitig beim Übergang von der Monarchie zur Republik Bedeutung, als ein von seinem Denken beeinflußtes Kabinett die Regierung übernahm, mit Benjamin Constant als Kriegsminister. Der Positivismus gewann seine Anhänger vor allem in den Mittelschichten, besonders bei Militärs und Ingenieuren. Es ging ihm um die Auflösung der Spannung zwischen Entwicklung und Ordnung, die sich bis heute in den Begriffen "Ordnung und Fortschritt" auf der brasilianischen Nationalflagge findet (ebda., S. 72-75). Es fehlt dem positivistischen Denken meist ein Gespür für gesellschaftliche Konfliktlagen und politische Interessenkoalitionen, die nur als störend für ein gewissermaßen ingenieurstechnisches Verständnis von Politik und Gesellschaft begriffen wurden.

des eng beschränkten Wahlrechts, die Verbesserung des Bildungssystem und der Arbeitsbedingungen sowie eine schnellere Integration der Ausländer. Viele diese Forderungen entsprachen den traditionelle Klagen der Mittelschichten.

Die "Alte Republik" (República Velha, 1889-1930)

In die neue Verfassung wurde die Gewaltenteilung und, auf Anregung von Benjamin Constant, die Idee eines *poder moderador* aufgenommen. Die Streitkräfte erhielten jetzt diese Aufgabe. Dem *poder* lag die Überzeugung zugrunde, daß es auch weiterhin erhebliche Auseinandersetzungen zwischen politischen Parteien[92] und Politikern geben würde, und es einer Instanz bedurfte, die diese Konflikte vor dem Ausbruch von Gewalt im Interesse der Eliten lösen helfen könnte. Hierbei muß im Auge behalten werden, daß in Brasilien bis Ende der fünfziger Jahre Politik immer Elitenpolitik war.[93] Zu den Wahlen wurden die zahlenmäßig geringe Mittelschicht und die Masse der Bevölkerung nur im begrenzten Maß mobilisiert; eine Stimmabgabe als Präferenz für eine bestimmte Partei war die Ausnahme.

Über Jahrzehnte hinweg war das politische System von einer Oligarchie beherrscht, die vor allem aus Großgrundbesitzern bestand; später stiegen auch Vertreter des Handels und Industrielle auf.[94] Mit den 50er Jahren wuchs eine nationale Bürokratie heran, die an Einfluß gewann und zunehmend den Zentralstaat kontrollierte.

Während der Alten Republik funktionierten Staat und Verwaltung in einer dezentralen Form. Der Zentralstaat war schwach. Stepan hebt hervor, daß zwischen 1898 und 1930 dezentralisierte Staatsoligarchien Brasilien beherrschten, die auf nationaler Ebene in der Republikanischen Partei zusammenarbeiteten. Gemessen an dem Prozentsatz der Bevölkerung, der an den nationalen Wahlen teilnahmen, war es eine Periode von geringer und statischer Mobilisierung. In den vier Wahlen zwischen 1894 und 1906 stimmten nur 2,45% der Bevöl-

---

92 Es waren natürlich keine politischen Parteien im modernen Sinn, sondern regional und bundesstaatlich konzentrierte Klientelgruppen.
93 Dies steht nicht im Widerspruch zu der Tatsache, daß es zahlreiche Rebellionen in Brasilien gegeben hat, die brutal niedergeschlagen wurden (*Canudos* u.a.). Intraelitenkonflikte gingen sehr viel glimpflicher aus als Konflikte zwischen der Elite und anderen Bevölkerungsschichten.
94 Zum politischen System siehe Skidmore 1967, 1988, Schneider 1971, 1991, Lafer 1978, Faoro 1975, Reis/O'Donnell et al. 1988, Conniff/McCann 1989, Campello de Souza 1989, Hagopian 1996, zur politischen Rechten Dreifuss 1987, Campello de Souza 1992. Zu Korruption siehe statt vieler Fleischer 1994 und zum Problem der Unterentwicklung Brasiliens Bresser Pereira 1984b und Barros 1996. Einen anthropologischen Zugang vermitteln Da Matta 1982, 1993 und Debrun 1983.

kerung ab, und in den vier Wahlen zwischen 1918 und 1926 waren es nur 2,4% (Stepan 1971, S. 83).

Die Auswahl zwischen den Präsidentschaftskandidaten entschieden im wesentlichen die beiden wichtigsten Bundesstaaten, São Paulo und Minas Gerais. Die Wahlbeteiligung der Bevölkerung war auf einen sehr kleinen Prozentsatz beschränkt (Frauen und Analphabeten waren ausgeschlossen), und meist wurde nur ein Präsidentschaftskandidat aufgestellt. Wahlen hatten damit nur die Aufgabe, einen vorher bestimmten Kandidaten zu bestätigen.

Eine zentrale Schwäche des politischen Systems war die geringe Fähigkeit politischer Parteien, die Interessen breiter Bevölkerungsschichten zu vertreten. Dies wurde besonders in den 50er und 60er Jahren sichtbar, als neue Bevölkerungsschichten begannen, auf die Durchsetzung ihrer Interessen zu bestehen. Schneider hebt hervor:

"Die etablierten Parteien litten unter mangelnder Kohärenz und unzureichender Organisation, aber auch unter einer konservativen Orientierung. Sie waren weitgehend unzureichende Instrumente zur Sozialisation der neuen städtischen Massen, die nun zur Wahlbevölkerung gehörten. Zusammen mit einer ziemlich starken, klientelistischen Politik, neuen Formen von populistischen Führern und Bewegungen, füllten sie teilweise das Vakuum, das aus der Eliminierung der einzigen ideologischen Parteien der Linken, der 1947 verbotenen brasilianischen Kommunistischen Partei (PCB), resultierte." (Schneider 1971, S. 53)

Die Geschichte Brasiliens ist schließlich nicht verständlich ohne Verweis auf die Rolle der Sklaverei und, nach ihrer Abschaffung, auf das Schicksal der befreiten Sklaven. Obwohl die führenden Eliten des Landes noch heute das Bild einer rassenblinden Demokratie nach außen vertreten, ist die Gesellschaft nach Rasse und Hautfarbe stark geschichtet; gewisse Ausnahmen stellen die Bereiche Kultur, Sport und Militär dar. Diese Schichtung und die ihr zugrundeliegenden Einstellungen in der Bevölkerung haben tiefreichende Auswirkungen auf die sozialen Aufstiegschancen und den Zugang zu politischen Spitzenpositionen. Levine stellte in einem Überblick zu neuen Studien über Sklaverei hierzu fest, daß von den 1988 geborenen BrasilianerInnen 70% der schwarzen Bevölkerung Analphabeten blieben. Im Vergleich zur nichtschwarzen Bevölkerung würden sie als Erwachsene bis zu 40% weniger für die gleiche Arbeit erhalten, und ihre Lebenserwartung wäre um dreizehn Jahre geringer (Levine 1989, S. 202).

Der Neue Staat (Estado Novo)

Mit Unterstützung der Bewegung der Leutnants *(tenentes)* kam Getúlio Vargas 1930 an die Macht und errichtete eine Diktatur auf korporativistischer Basis, mit dem Militär als wichtigstem politischen Machtfaktor. Seine Diktatur wurde als *Estado Novo* (1937-45) bekannt. Mit dem Ende des Zweiten Weltkriegs wurde die Demokratie wieder zur allgemein legitimen Staatsform. Nachdem es zunehmend unsicher schien, ob Vargas seine Ankündigung, Präsidentschaftswahlen durchzuführen, einhalten würde, zwang das Militär ihn 1945 zum Rücktritt.

1922 wurde die Kommunistische Partei Brasilien (PCB) gegründet. Sie versuchte 1935, die Regierung mit Gewalt zu stürzen, weil sie in völliger Fehleinschätzung der politische Lage zu der Überzeugung gelangt war, der Zeitpunkt für die Revolution wäre gekommen. Der Aufstand wurde in kurzer Zeit niedergeschlagen, und Präsident Vargas ordnete die Festnahme von Tausenden von Kommunisten, Anarchisten und Unterstützern der Nationalen Liberalen Allianz (ANL) an. Gewerkschaftsführer wurden dazu verpflichtet, sogenannte Zertifikate der ideologischen Akzeptanz mit sich zu tragen. Diese wurden nicht an Kommunisten vergeben.

Bakota führt antidemokratisches Denken in der brasilianischen politischen Kultur auf die Zeit der Vargas-Diktatur zurück:
"Wenn man nach den Ursprüngen antidemokratischen Denkens in Brasilien sucht, so können diese auf den Beginn der Kolonialherrschaft zurückgeführt werden. Die unmittelbaren Ursachen für die Entstehung radikaler rechtsgerichteter politischer Praktiken während der Präsident Vargas sind jedoch in der Reaktion der Mittelschichten und der Eliten auf die kommunistische Revolte von 1935 zu finden. Während der verbleibenden Präsidentschaft verwies Vargas immer wieder auf diese Revolte, um eine immer größer werdende Furcht hervorzurufen." (Bakota 1979, S. 208)

In den konservativen politischen Theorien der zwanziger und dreißiger Jahre wurde die Idee entwickelt und legitimiert, wonach eine Elite verhindern müsse, daß sich der rassisch andere, arme "unreife" Teil der Bevölkerung an politischen Entscheidungsprozessen beteiligen könne – ein Motiv, das bis hin zum Militärputsch von 1964 und während der Diktatur eine Rolle spielen sollte.

In Brasilien entstand der Nukleus staatlicher Organisation in den 30er Jahren. Sein Ausbau erfolgte während der Regierung Vargas (1930-45). Drei Säulen festigten die Hegemonie des Staates gegenüber einer weitgehend unorganisierten und politisch unartikulierten Gesellschaft:
- Der Aufbau einer Bundesbürokratie, die mit den Jahren zu einem effektiven Gegenpol zu den traditionellen Einzelstaaten, vor allem dem mächtigen São Paulo und Minas Gerais, wurden,
- die städtische Arbeiterschaft, die durch ein vom Arbeitsministerium reguliertes Wohlfahrtssystem, an dem auch die Gewerkschaften beteiligt waren, korporativ integriert und damit auch kontrolliert wurde, und
- die Einrichtung von Staatsunternehmen, die zum Entwicklungsmotor bei der Industrialisierung des Landes werden sollten und es auch wurden.

Später, in den 50er Jahren, war für den Staat eines Schwellenlandes wie Brasilien die Übernahme umfassender Aufgaben im Prozeß gesellschaftlicher und wirtschaftlicher Entwicklung notwendig: Planerische Tätigkeit, die auf die Ansammlung von Kapitalmittel verwendet wurde, Festlegung und Durchsetzung bestimmter Entwicklungsstrategien, und zusätzlich das Engagement des Staates in Wirtschaftsbereichen, denen politisch-strategische Bedeutung beigemessen wurde, die die privatwirtschaftlichen Investitionen flankierend, z.B. im Bereich der Infrastruktur begleiten oder anregen sollen. Das wirtschaftliche Engagement des Staates begann im *Estado Novo*, als die ersten Unternehmungen zur Gewinnung und Verarbeitung von Erz gegründet wurden. Auch wurden Instrumente zur Beeinflussung des Kreditwesens und des Außenhandels entwickelt. Die staatliche Sozialpolitik, vor allem die Lenkung der Beziehungen zwischen Unternehmern und Gewerkschaften,[95] nahm damals ihren Anfang (Moltmann 1989, S. 95f.).

Die traditionelle Elitendemokratie (1946-1964)

Nach der Absetzung von Vargas wurde sein Kriegsminister, General Dutra, Präsidentschaftskandidat für die PSD und gewann die Wahlen, einer der seltenen Fälle, in denen während der letzten Jahrzehnte ein Militär zum Präsidenten gewählt wurde. Als Vargas sich bei den darauffolgenden Präsidentschaftswahlen (1950) durchsetzte, hinderte das Militär ihn nicht daran, die Präsidentschaft anzutreten. 1954 verschärften Korruptionsvorwürfe und eine massive Kampagne des Politikers Carlos Lacerda gegen den Präsidenten das innenpolitische Klima. Nachdem Lacerda bei einem Attentat durch einen Auftragsmörder eines Vargas-Anhängers nur leicht verletzt, aber ein Luftwaffenoffizier, sein Sicherheitsbeamter, getötet wurde, ermittelte die Luftwaffe in ihrer Untersuchung, daß die Spur in den Präsidentenpalast führte. Der politische Druck auf Vargas erreichte damit seinen Höhepunkt, und er beging Selbstmord (Skidmore 1998, S. 191-195).

Den Amtsantritt seines Nachfolgers Juscelino Kubitschek, 1955 gewählt, versuchten die Militärminister[96] für Armee, Marine und Luftwaffe zu verhindern, weil er angeblich kommunistische Sympathien hätte. Durch einem "präventiven Putsch" von Marschall Henrique Lott konnte Kubitscheck schließlich Präsident werden. Lott selbst verlor 1960 die Wahlen gegen Jânio Quadros. Damals bürgerte sich die Tradition ein, daß zivile Politiker für ihre politischen Ziele auch eine militärische Unterstützung *(cobertura militar)* benötigten, und diese für ihren Erfolg oder ihr Scheitern mit entscheidend sein konnte.

---

95 Zu den Gewerkschaften siehe Munck 1981, Payne 1991 und Moreira Alves 1992.
96 In Brasilien gab es keinen Verteidigungsminister, sondern jede Teilstreitmacht war mit einem eigenen Minister im Kabinett vertreten.

In den 50er Jahren erlebte das Land einen wirtschaftlichen Boom, der jedoch von erheblicher Korruption, fehlender sozialer Gerechtigkeit und hohen Inflationsraten begleitet war. Während dieser Zeit begann die Industrialisierung Brasiliens. Wie Young bemerkt, gab Präsident Kubitschek dem Land in fünf Jahren den Fortschritt von fünfzig Jahren, hinterließ ihm aber auch die Inflation von fünfzig Jahren innerhalb von fünf Jahren (Young 1964, S. 299).

4.2 Ursprung und Entwicklung der Institution Militär

Wie bereits erwähnt, entstand die Republik Brasilien 1889 durch einen Militärputsch, als sich die Militärführung mit den politischen "Parteien" gegen Kaiser Pedro II. stellte. In der Verfassunggebenden Versammlung von 1890 waren 40 der 207 Mitglieder Armee- und Marineangehörige. Sie bildeten jedoch keinen monolithischen Block, weil es auch unter ihnen erhebliche Meinungsunterschiede zu den zentralen Sachfragen gab.[97] Die Zwangsrekrutierung wurde damals gesetzlich abgeschafft.

Bereits im 18. Jahrhundert arbeiteten an der Spitze der Verwaltung fast nur Soldaten portugiesischer Herkunft. Sie hatten das preußische Modell von militärischer Zucht und Ordnung als Vorbild, standen "den zivilen Institutionen vor und sicherten ihr Funktionieren." Unter Oberstleutnant João Henrique Böhm wurde eine Professionalisierung der Streitkräfte in Angriff genommen, die zu einer verstärkten, oft mit zunehmender Gewalt erzwungenen Rekrutierung führten. Diese Militarisierung wurde "als eine Fortführung der eigenen Tradition der beispielhaften Selbstverteidigung dargestellt, die man schon früher gegen die Holländer, die Franzosen und die Jesuiten entwickelt hatte" (Stols 1992, S. 109).

Erst die direkte Konfrontation mit dem Krieg führte in der damaligen Militärführung zu einem klareren Bewußtsein der Abhängigkeit vom Wohlwollen ziviler Regierungen und der Notwendigkeit, die Streitkräfte zu reformieren und zu modernisieren. Die zwei zentralen Erfahrungen waren der Krieg der Tripelallianz Argentiniens, Brasiliens und Uruguays gegen Paraguay (1865-1870) und das Expeditionskorps, das 1941-45 auf alliierter Seite in Italien kämpfte. Im Krieg der Tripelallianz gegen Paraguay standen die Truppen, nach einer kurzen Periode mit dem Argentinier Mitre an der Spitze, unter brasilianischem Oberbefehl. Auch die große Mehrheit der Truppen war brasilianisch. Während dieses Krieges waren verheerende Verluste durch Kämpfe, Seuchen und Hungersnot zu beklagen. Needell betont:

---

97 Zu den Beratungen siehe Peres Costa 1987.

"Die Demütigung wegen der Verzögerung des von einem kleinen, von caboclos und Indios bevölkerten Land ein halbes Jahrzehnt lang verhinderten Sieges war in den Augen vieler Brasilianer, insbesondere der Offiziere, ein schlagender Beweis für die Kluft zwischen den Unzulänglichkeiten einer Plantagenbesitzer-Monarchie und dem Fortschritt, dessen ein Nationalstaat im 19. Jahrhundert bedurfte. Brasiliens schlecht ausgebildete Armee, bestehend aus armen Städtern, Sklaven und kümmerlichen Provinzrekruten, unzureichend bewaffnet und gekleidet, unterernährt und ohne geeignete Transportmittel, ließ beschämende Rückschlüsse auf das Arbeitskräftereservoir des Reiches zu, auf seine ländliche Rückständigkeit, auf den Mangel an Eisenbahnen, das Fehlen einer Industrie und auf die offenkundige bürokratische Stümperei der traditionellen Elite am Hof." (Needell 1992, S. 471).

Der gewonnene Krieg stärkte zwar die Stellung des Militärs, setzte aber auch einen Prozeß in Gang, in dessen Verlauf viele Offiziere zunehmende Ressentiments gegenüber den Politikern, den *casacas* (Gehröcken), entwickelten. Diese wurden für die mangelnde Ausbildung und Ausrüstung im Krieg gegen Paraguay verantwortlich gemacht.

Hier nahm ein Problem seinen Anfang, das bis in die Gegenwart hinein immer wieder eine zentrale Rolle in den zivil-militärischen Beziehungen spielen sollte: Der Selbstperzeption der militärischen Institution als patriotisch, selbstlos und dem Wohl des Landes verpflichtet wurde das Bild der nur ihren eigenen Interessen verpflichteten Politiker gegenübergestellt. Mit dieser Grundeinstellung war die Entscheidung meist schon im voraus gefallen, wer im Zweifelsfall der bessere Vertreter des Allgemeinwohls im Staat war, unabhängig von der tatsächlichen oder vermuteten Mehrheitsauffassung der Bevölkerung, die ohnehin erst Ende der fünfziger Jahre durch die begrenzte Mobilisierung von Parteien durch die Linke an politischer Bedeutung gewann.

Bei der Organisation der institutionellen Interessen spielte der *Clube Militar* die entscheidende Rolle (vgl. Hayes 1976). Er wurde 1887 mit dem Ziel gegründet, die politischen Rechte und Interessen der Institution zu verteidigen. Mit den Politikern kam es 1884-89 immer mehr zu Spannungen, die zu Disziplinarverfahren führten; jüngere Offiziere waren nicht mehr bereit, sich an die Vorschriften zu halten, die ihnen politische Äußerungen untersagten.

Soziale Herkunft

Die Armee hatte traditionell kaum Verbindungen zur Aristokratie, vielmehr gehörten die Offiziere häufig der Mittelschicht an und/oder kamen aus Berufsoffiziersfamilien. Der Aufstieg in die Politik war die Ausnahme.

Stepan dokumentierte für die Jahre 1941-43, daß 76,4% der Angehörige der brasilianischen Armee aus der Mittelschicht kamen; in den Jahren 1962-66 waren es sogar 78,2 % (Stepan 1971, S. 34). Den Eintritt in die Militärakademie interpretiert er als eine Aufstiegsmöglichkeit für diejenigen 61% der Kadetten, deren Väter nur sieben Jahre oder noch weniger Jahre die Schule besucht hatten. Dies weist darauf hin, daß der Schwerpunkt der Rekrutierung auf der unteren Mittelklasse lag. Die Rekrutierung aus Militärfamilien war bereits 1966 auf über 40% angestiegen. 90% der Nachkriegsgeneration von Armeeoffizieren traten mit 12 Jahren in das akademische militärische System der sog. Militärschulen ein. Die zunehmende Selbstrekrutierung, verbunden mit der Intensivierung des militärischen Erziehungssystems, waren Faktoren, die in der Zeit bis zum Putsch von 1964 und danach ebenso zu einem zunehmend korporativen Bewußtsein des Militärs beitrugen wie die abnehmenden Beziehungen zu den Zivilisten (ebda., S. 35-36, 41).

Der brasilianische Oberstleutnant Mello betonte 1977 in einer Studie, daß in der nationalen Militärakademie *Academia Militar das Agulhas Negras (AMAN)* und in der Trainingsschule für Feldwebel Kandidaten aus allen Teilen Brasiliens an der Ausbildung mit einem sehr unterschiedlichen sozialen Hintergrund, rassischer Zugehörigkeit und religiösen Glaubensvorstellungen teilnahmen. Daher verfüge die Armee in Brasilien noch immer "über eine moralisch reine Reserve von Authentizität, die sie in Übereinstimmung mit nationalen Gefühlen, Wünschen und Interessen bringt und sie zu herausragenden Leistungen befähigt. Dies ist ein Beitrag, den die Offiziere der Nation anbieten können" (Mello 1977, S. 62).

Zwölf Jahre später untersuchte der Anthropologe Celso Castro die AMAN-Militärakademie und ermittelte folgende Daten über die zunehmende Selbstrekrutierung aus Militärfamilien:

Tabelle 5: Familiärer Hintergrund brasilianischer Kadetten,
1941-43, 1962-66, 1984-85 (in %)[98]

	1941-43	1962-66	1984-85
Zivilisten	78,8	65,1	48,1
Militärangehörige	21,2	34,9	51,9
	(N = 1.031)	(N=1.176)	(N = 812)

Anfang der 90er Jahre waren 62% der Offizierskadetten der *Academia Militar das Agulhas Negras (AMAN)* Söhne von Militärs, 33% kamen aus Familien von Soldaten, Gefreiten und Feldwebeln und nur 14% aus Familien mit den Diensträngen Hauptmann bis General. 41% entstammten Familien mit fünf bis

---

98 Castro 1990, S. 144.

zehn Mindestlöhnen und nur ein Prozent aus Familien mit mehr als 30 Mindestlöhnen.[99]

Von 1.413 Kadetten, die zwischen 1982 und 1985 in das Militär eintraten, gehörten 4,5% der Oberschicht (z.B. Landbesitzer, Rechtsanwälte usw.), 34,4% der Mittelschicht (z.B. Händler, Staatsangestellte, Lehrer usw.), 45,9% der unteren Mittelschicht (Verkäufer, Buchhalter etc.) und 15,2% der ausgebildeten Unterschicht (z.B. Krankenschwester, Industriearbeiter usw.) an (McCann 1989, S. 68). Auch wenn man über die Zuordnung der Berufe zu Gesellschaftsschichten im einzelnen streiten mag, das Gesamtbild bestätigt die Grundaussage und die Selbstperzeption – der Offiziere, daß sie sich in großer Mehrheit aus der Mittelschicht, besonders der unteren Mittelschicht, rekrutieren. Sie betonen immer wieder, sie gehörten zum Volk *(povo)* und würden daher dessen Interessen wahrnehmen. Dieser Gleichsetzung ist erst einmal mit Vorsicht zu begegnen. Sie wird bei der Diskussion der Mission der Streitkräfte und an anderen Stellen wieder aufgenommen.

McCann weist auch darauf hin, daß hohen Offizieren der Trend, daß zunehmend Angehörige ärmer Gesellschaftsschichten in das Offizierskorps eintreten, Sorge bereitet. Die die Armee im nächsten Jahrhundert kommandierenden Offiziere würden in einem bisher nicht dagewesenen Umfang ihren Ursprung "in den Massen" haben. Aber die Geschichte zeige auch, daß die Institution sie absorbieren und so verändern würde, daß sie sich den Bedürfnissen des Dienstes anpassen werden (ebda., S. 76).

Die Entwicklung einer politischen Rolle des Militärs[100]

Mit der Republik zeichnete sich ein neues Profil der Streitkräfte ab. Mit der Absetzung des Kaiser war, wie bereits erwähnt, der *poder moderador* verlorengegangen, der zum damaligen Zeitpunkt kaum durch eine andere politische Institution oder einen gesellschaftlichen Akteur wie z.B. die katholische Kirche wahrgenommen werden konnte. Das Militär sah es als notwendig an, diese Aufgabe selbst zu übernehmen, und Parteien und Politiker setzten dieser Rollenübernahme keinen Widerstand entgegen; sie stellte daher keine Rollenusurpation dar, die etwa gegen den entschiedenen Widerstand von staatlicher Verwaltung, Parteien oder gesellschaftlichen Akteuren hätte erzwungen werden müssen.

---

99 Ein Arbeiter erhielt durchschnittlich 1,4 Mindestlöhne als Pension, Angestellte eines Bundesstaates acht und das Militär vierzehn (*Veja*, 2.2.1994, S. 74). Der Mindestlohn betrug 100 US$.
100 Einige der folgenden Passagen, auch im entsprechenden Kap. 3.2 zu Argentinien, beruhen auf meinen Fallstudien in Heinz/Frühling 1999.

Gleichzeitig hatte das positivistische Denken bereits im 19. Jahrhundert zu einem Verständnis der Erfordernisse der Nation beigetragen, in dem die Modernisierung, und das hieß vor allem: Integration des ganzen Landes, eine überragende Bedeutung vor den anderen Aufgaben wie Grenzverteidigung und innere Sicherheit zugesprochen wurde. Um dieses Ziel zu erreichen, waren aber große Hindernisse zu überwinden, von denen nur die drei wichtigsten hier erwähnt werden sollen:
- Das Land und seine Eliten war nicht geeint. Interessen und Visionen differierten stark, vor allem zwischen den führenden Staaten Minas Gerais und São Paulo.

- Die Schwäche des Zentralstaates zeigte sich in dem Übergewicht der Sicherheitskräfte der einzelnen Staaten (damals *Força Pública*, heute *Polícia Militar*/Bereitschaftspolizei*)*, die an Mannschaftsstärke und Ausbildung der Bundesarmee überlegen waren. In einem Konfliktfall wären die Bundesstaaten der Regierung militärisch überlegen gewesen, allerdings nur dann, wenn es ihnen gelungen wäre, sich untereinander auf gemeinsame Ziele gegenüber dem Bund zu einigen.

- Den Militärführungen fehlten die Institutionen, die über das militärische Fachwissen hinaus die zentralen politischen Probleme des Landes untersuchten und sie damit in die Lage versetzen würden, zu einem qualifizierten Gesprächspartner für Politiker und zivile Fachleute zu werden. Diese Kompetenz konnte erst ab 1949 mit der Höheren Kriegsakademie *(Escola Superior de Guerra/ESG)* aufgebaut werden.

Historisch bedeutete der *poder moderador* die Einrichtung einer vierten Gewalt in Gestalt des Kaisers neben Exekutive, Legislative und Judikative, ein Vorschlag, der teilweise auf den von der Elite gern gelesenen französischen Kommentator Benjamin Constant zurückging. Kaiser Pedro II. lud Politiker zur Regierungsbildung ein und löste Regierungen wieder auf; auch wählte er unter drei Vorschlägen den Senator für jede Provinz aus (Skidmore 1998, S. 64, 73), und deshalb spielte seine Fähigkeit, den *poder* klug einzusetzen, – und die Wahrnehmung seiner Politik durch die Elite – eine zentrale Rolle für seinen Machterhalt und -zuwachs.

In der politischen Entwicklung des Landes wuchs das Militär in diese Rolle hinein, und *poder moderador* meinte dann vor allem
- die Übernahme politischer Ämter durch Politiker zu verhindern, die das Militär als gefährlich ansah,
- zu versuchen, den Amtsantritt von gewählten Präsidenten zu verhindern oder zu konditionieren, wenn führende Militärs der Auffassung waren, diese

sollten nicht die Regierung des Landes übernehmen (Kubitschek 1955; João Goulart 1961), und
- die Bereitschaft, den Präsidenten abzusetzen oder hiermit zu drohen, wenn dieser in den Augen der jeweiligen Militärführung nicht länger in der Lage war, sein Amt angemessen auszufüllen, oder, noch kritischer, wenn er durch seine Politik die Sicherheit und Ordnung des Landes zu bedrohen schien (Vargas 1945, 1954; Goulart 1964).

Poder moderador bezog sich damit auch auf das politische Ziel, die Gefahr eines Bürgerkrieges in einem Land zu verhindern, in dem immerhin noch 1961 zwei Konfliktparteien in einem Konfliktfall u.U. mit militärischer Unterstützung rechnen konnten; in diesem Jahr verhinderte die dritte Armee in Rio Grande do Sul die Absetzung von Präsident Goulart (vgl. Lopez 1980); 1961 sah der Kompromiß, der den Amtsantritt Goularts ermöglichte, die Einführung eines parlamentarischen Systems und damit die Abgabe präsidentieller Befugnisse an den Kongreß vor. Tatsächlich gelang es in Brasilien, ab Beginn dieses Jahrhunderts Bürgerkriege und bürgerkriegsähnliche Situationen zu vermeiden, ein Ergebnis, für das auch von kritischen Beobachtern die brasilianische politische Kultur von Kompromiß und Versöhnung verantwortlich gemacht wird.[101]

Entgegen der von einigen Wissenschaftlern vertretenen These, das Militär sei überwiegend unpolitisch (Johnson 1964), haben Militärführungen in der brasilianischen Geschichte wiederholt politische Rollen gespielt und versucht, Entscheidungen von Politikern auch auf Gebieten außerhalb der Verteidigungspolitik zu beeinflussen.[102] Sie trafen hierbei auf eine tolerante Haltung der Politik, die ein solches Vorgehen erleichtert und letztlich dadurch unterstützt hat. Die folgende Tabelle gibt einen Überblick zu den wichtigsten Ereignissen seit 1930:

---

101 Exemplarisch hierzu Lebrun 1983.
102 Vgl. Moltmann 1975, 1976, Stepan 1971, 1973, Keith/Hayes 1976, McCann 1980, Carvalho 1982, Hunter 1994a und Hilton 1987.

Tabelle 6: Demokratie und Militär in Brasilien, 1930-1998

1930	Bewegung der Leutnants *(tenentismo)*
1930	Getúlio Vargas Präsident
1937	Putsch Getúlio Vargas' mit militärischer Unterstützung
1937-45	Estado Novo
1945	Militär zwingt Vargas zum Rücktritt, Gaspar Dutra zum Präsidenten gewählt
1950	Vargas zum Präsidenten gewählt
1954	Militärputsch gegen Vargas, Absetzung, Selbstmord Vargas', Interimspräsident Café Filho (Nereu Ramos Vizepräsident) übernimmt das Amt
1955	Putschversuch der Militärminister, um den Amtsantritt von Präsident Kubitschek zu verhindern, der mißlingt; Kubitscheck Präsident
1961	Die Militärminister (Heer, Marine und Luftwaffe) versuchten, nach dem Rücktritt von Präsident Jânio Quadros den Amtsantritt von Vizepräsident Goulart zu verhindern. Die Einführung eines parlamentarischen Systems, das die Vollmachten des Präsidenten stark einschränkte, beendete zeitweilig den offenen Konflikt. Durch ein Plebiszit gewann Goulart 1963 die vollen präsidentiellen Befugnisse zurück.
1964	Goulart wird durch einen Militärputsch abgesetzt. Militärdiktatur, bei der neue zwei Parteien zugelassen und formale Wahlen abgehalten werden
1968	Institutionelle Akte Nr. 5 führt zum "Putsch innerhalb des Putschs", Verschärfung der Militärdiktatur
1985	Tancredo Neves indirekt zum Präsidenten gewählt, starb vor dem Amtsantritt. Vizepräsident José Sarney trat das Amt an
1990	Fernando Collor de Mello direkt zum Präsidenten gewählt
1992	Vizepräsident Itamar Franco übernahm die Regierung nach Collors Rücktritt
1994	Wahl Fernando Henrique Cardosos zum Präsidenten
1998	Wiederwahl Cardosos

Die Frage nach der "Mission"

Hatte die kaiserliche Verfassung noch von einem Militär gesprochen, das essentiell gehorsam zu sein hatte (Carvalho 1987, S. 10), beschrieben die Verfassungen von 1891, 1934 und 1946 die Aufgaben des Militärs in anderen, aber fast übereinstimmenden Begriffen. Die Verfassung von 1891 legte neu fest, daß die Streitkräfte permanent seien, und ihre Aufgabe nicht nur in der Verteidigung des Landes nach außen, sondern auch in der Einhaltung der

Gesetze bestünde (Johnson 1964, S. 233). In der Verfassung von 1946 wurden sie der obersten Gewalt des Präsidenten "innerhalb der Grenzen des Gesetzes" unterstellt. Diese Einschränkung überließ es der Entscheidung der jeweiligen Militärführung, ob sie einen Befehl des Präsidenten als rechtmäßig ansah; dies konnte nur eine erhebliche Schwächung der Demokratie bedeuten. Die von den Militärs 1967/1969 ausgearbeitete Verfassung[103] verlangte Gehorsam gegenüber den bestehenden Institutionen – nicht: den demokratischen Institutionen –, ohne daß auf "die Grenzen der Gesetze" verwiesen wurde.[104]

Nach der Ausrufung der Republik 1889 befaßten sich Politiker in den beiden Kongreßkammern immer weniger mit Militärfragen. Anlaß hierfür waren jeweils die Festlegung der Mannschaftsstärke und des Militärhaushaltes durch den Kongreß. Mit Ausnahme der Regierung von Epitácio Pessoa wurde kein Politiker mit dieser Verantwortung mehr betraut. Nach 1930 gab es nur sehr wenige Politiker mit Kompetenz in Militärfragen (Carvalho 1987, S. 10).

Im Vergleich zu den häufigen politischen Interventionen hatten hochrangige Militärs bei Wahlen selten Erfolg. Brigadier (Luftwaffengeneral) Eduardo Gomez kandidierte erfolglos für die Präsidentschaftswahl 1950 gegen Vargas, ebenso General Juarez Távora 1955 gegen Kubitscheck, und Lott 1961 gegen Quadros. Nur General Dutra, der Kriegsminister des abgesetzten Präsidenten Vargas, wurde 1945 zum Präsidenten gewählt.

Historisch bestand die Mission des Militärs vor allem in der Aufrechterhaltung der inneren Sicherheit. Es kam bei der Unterdrückung regionaler Aufstände, z.B. *Canudos* (1896-1897), *Salvações* (1910-1912), *Contestado* (1912-1915) (vgl. Moura 1988, Cunha 1994), und einmal sogar bei der Niederschlagung einer Revolte der Marine (1910) zum Einsatz. Bis in die Gegenwart hinein hat die Armee immer wieder Polizeiaufgaben wahrgenommen (vgl. Kap. 4.2).

Bei Polizeiaufgaben ist zu unterscheiden zwischen der Beteiligung an der Bekämpfung der Kriminalität, an der Kontrolle und Repression gesellschaft-licher Konflikten, wie z.B. Streiks, und der politischen Unterdrückung bekannter oder mutmaßlicher Gegner der Regierung unter der Vargas-Diktatur und während der Militärdiktatur. Meistens waren dies Aufgaben für die drei Polizeiorganisationen, die Kriminalpolizei *(Polícia Civil)*, die kasernierte Bereitschaftspolizei der Bundesstaaten *(Força Pública/Polícia Militar)* und die

---

103 Die Verfassung wurde 1967 verabschiedet und 1969 durch einen Verfassungszusatz in ihrem undemokratischen Gehalt deutlich verstärkt.
104 Sie verbot in Artikel 7 die Führung von Kriegen zur externen Eroberung und Aggression.

Bundespolizei *(Polícia Federal)*. Bei manchen Anlässen wurde zusätzlich die Armee eingesetzt, aber dies war vor 1964 nur selten der Fall.

Zur Entwicklung der Staatsapparates

Im brasilianischen Fall ist zuerst auf die Kontinuität zwischen Kaiserhof (1802-1889) und, ab 1889, der Republik hinzuweisen. Einen Bruch, bei dem die Republik erst aus einem größeren kolonialen Gebilde geformt werden mußte und in einem weitgehenden politischen Vakuum *caudillos* operierten (und sich bekriegten), wie im spanischen Lateinamerika, gab es in Brasilien nicht. Erst unter Präsident Vargas erfolgte gezielt der Aufbau eines Zentralstaates und der Bundesbürokratie, zuerst, nach 1930, mit der allgemeinen Reform der öffentlichen Verwaltung. Als sich die Reform nicht in dem gewünschten Umfang verwirklichen ließ, wurden kleine "effiziente Bürokratiezentren" mit einem hohen Autonomiestatus außerhalb der traditionellen Bürokratie geschaffen, die sich vor allem mit der Wirtschaftspolitik befaßten.[105] Hierzu gehörten die Nationalbank für wirtschaftliche Entwicklung sowie verschiedener Räte und Arbeitsgruppen mit hochrangiger Besetzung.

Es wurden öffentliche Eingangsprüfungen für den Zugang zur Verwaltung eingeführt und nach 1937 die Verwaltungsabteilung für den öffentlichen Dienst *(Departamento Administrativo do Serviço Público/DASP)* ins Leben gerufen, die nach nordamerikanischem Vorbild als eine Fusion zwischen der Haushaltsabteilung der US-Regierung und deren Kommission für den Staatsdienst konzipiert war. Das DASP verfügte über erhebliche Autonomie bei der Ausarbeitung des Staatshaushaltes, der zentralen Kontrolle über Personal und Ressourcen sowie der Aufsicht über Prüfungen im öffentlichen Dienst. Letztlich gelang es zwar dem DASP nicht, landesweit eine effiziente Verwaltung aufzubauen, aber durch seine Aktivitäten wuchs die Zahl staatlicher Kader deutlich an, die eine gemeinsame Orientierung jenseits rein parteipolitischer oder privater Interessen entwickelten, seit 1945 auch unterstützt von der damals gegründeten Getúlio-Vargas-Stiftung. Besonders in den 50er Jahren stützte sich Präsident Kubitschek auf einen kleinen Teil der Bundesbürokratie, der seine Vorstellungen über einen die wirtschaftliche Entwicklung vorantreibenden Staat in die Wirklichkeit umzusetzen half. Dieser war zwar im Verhältnis zur Bundesbürokratie relativ isoliert, aber seine Funktionäre wurden primär nach den Grundregeln eines Leistungssystems und nicht allein nach politischen Präferenzen ausgewählt.

---

[105] Ich folge Sikkink 1993, S. 546ff., die auf die wirtschaftspolitische Interventionsfähigkeit des Staates abhebt. Für einen Vergleich der Regierungen Frondizi und Kubitschek in den 50er Jahren siehe Sikkink 1991.

Der Prozeß einer konsequenten Stärkung des Zentralstaates und der Bürokratie begann in Brasilien mindestens 20 Jahre früher als in Argentinien und hatte deutlich stärkere Auswirkungen, auch wenn Vargas politisch begründete Einstellungen weiterhin vornahm. Sikkink formuliert das Paradox, daß der brasilianische Staat gleichzeitig klientelistischer und leistungsbezogener war als der argentinische (Sikkink 1993, S. 545).

Für die Führung des Militärs stand der Staat strategisch immer im Zentrum und wurde als Motor der Wirtschaftspolitik verstanden, später darin unterstützt von multinationalen Konzernen. Nach seiner Auffassung war ohne eine solide Industrialisierung des Landes nicht auf eine ausreichende Basis für eine eigene autonome Rüstungsentwicklung zu hoffen.[106] Durch ihre Beteiligung am Zweiten Weltkrieg waren sich die brasilianischen Militärs überdies immer des technologischen Rückstandes ihrer Streitkräfte im Vergleich zu den USA und zu Westeuropa bewußt. Ihr Interesse mußte es daher sein, diese Defizite durch gezielte Kooperationen und durch den damit verbundenen Technologietransfer systematisch abzubauen.

Die Doktrin der Nationalen Sicherheit (DNS)

Bei der Diskussion über die DNS ist es nützlich, zunächst den Begriff der nationalen Sicherheit näher zu klären. In den USA z.B. sind Strategische Studien und Nationale Sicherheit normale Studienfächer in den Militär-, aber auch zivilen Universitäten. Sie werden sogar mehrheitlich von Zivilisten als Experten bearbeitet. Nationale Sicherheit ist daher nicht per se mit Demokratie und ziviler, demokratischer Kontrolle über die Streitkräfte unvereinbar, auch wenn es von Zeit zu Zeit Spannungen über Projekte und Strategien geben mag. In den US-amerikanischen Diskussionen zur nationalen Sicherheit spielt das Szenario eines Militärputsches kaum eine Rolle und wird folgerichtig in den Theorien über zivil-militärische Beziehungen praktisch nicht thematisiert (z.B. Huntington 1957/1981).

Dagegen haben Militärs in vielen Ländern Lateinamerikas die Doktrin der Nationalen Sicherheit (DNS) vor einem gesellschaftlichen Hintergrund postuliert, in dem es immer wieder zur Einflußnahme des Militärs auf Zivilregierungen kam, es praktisch kaum zivile Experten für den Militärbereich gab, und die Entwicklung von Strategien und Verteidigungskonzeptionen ausschließlich in den Händen des Militärs selbst lagen.

---

106 Zur Rolle des Staates siehe Skidmore 1967, S. 33ff., Dye/Souza e Silva 1979, Stepan 1985 und Sikkink 1993.

Unter den lateinamerikanischen Doktrinen der Nationalen Sicherheit in den 60er Jahren erwies sich die brasilianische als politisch am einflußreichsten. Der vorübergehende wirtschaftliche Erfolg der Militärregierung ließ sich anhand makro-ökonomischer Kennzahlen nachweisen: einem BSP-Wachstum von zwischen 9% und 14% in den Jahren 1969-1974, das allerdings 1975 nur noch 5,2%, 1976 9,8% und 1977 4,6% betrug (Bresser Pereira 1984a, Müller 1990, S. 15). Aber nicht nur Militärs, sondern auch Politiker, Unternehmer, Technokraten bis hin zu Teilen der politischen Linken fanden das neue Modell beeindruckend und nachahmenswert. Es wurde zum Vorbild für die Militärs vieler lateinamerikanischer Länder, besonders in den Nachbarländern Argentinien und Uruguay, in denen das Militär 1966 und 1973 die Macht übernahm. Neben der Begründung einer gegenseitiger Abhängigkeit (=militärische Korsettierung des noch zugelassenen politischen Prozesses) zwischen Sicherheit und wirtschaftlicher Entwicklung, war die geopolitische und -strategische Sichtweise ein konstituierendes Element der DNS.

Zu einem weiteren wichtigen Element der DNS wurde ein starker Antikommunismus, der frühzeitig innerhalb des Militärs entstanden war. Die Aktivitäten der PCB und besonders der Putsch von 1935 trugen zu der im übrigen eifrig gepflegten Bedrohungsvorstellung bei. In einer Arbeit über die außenpolitischen Beziehungen mit der Sowjetunion stellt Hilton eine frühe konzeptionelle Verbindung zwischen innerer und äußerer Sicherheit im Elitedenken fest, die sich wesentlich auf die Bedrohungsvorstellungen über den Kommunismus in den späten 30er Jahren zurückführen lasse. Als Beleg zitiert er u.a. einen vertraulichen Bericht von General Góes Monteiro von 1937 über die Aufgaben des Generalstabs, in dem dieser hervorhebt, daß "der Krieg heute total" sei und "nationale Verteidigung" eine Aufgabe darstelle, die den rein militärischen Bereich überschreitet und auch zivile Bereiche einschließe: "Aufgrund seiner Komplexität muß das Problem der nationalen Verteidigung Auswirkungen auch außerhalb der Armee haben und alle Bereiche der öffentlichen Verwaltung einschließen" (zit. in Hilton 1991, S. 159; zu Goés Monteiro siehe auch Seaborn Smith 1979).

Mit dem Ausbruch des Koreakrieges zu Beginn der fünfziger Jahre dominierte das Thema des Antikommunismus immer stärker die politischen Diskussionen. Die Wahlen zum Präsidenten des *Clube Militar* in Rio de Janeiro, der wichtigsten Organisation der Streitkräfte, wurden zum Gradmesser für die politische Orientierung der Mehrheit des Offizierskorps.[107] Offiziere des Brasilianischen Expeditionskorps (*FEB*), die aus Europa zurückkehrten, vertraten stark pro-amerikanische Positionen mit Betonung auf industrieller Entwicklung, Techno-

---

107 Vgl. Hayes 1976, S. 159-161. Zu den Militärfaktionen siehe Bacchus 1985, 1986, 1990 und Zirker 1986.

logietransfer aus dem Westen, Zusammenarbeit mit multinationalen Konzernen und einer engen Kooperation mit den USA. Themen wie die Frage, ob der Staat eigene Industrien gründen sollte, z.B. Petrobrás, führten im Militär zu heftigen Auseinandersetzungen.

FEB-Angehörige waren wesentlich an der Gründung der Höheren Kriegsakademie, *Escola Superior de Guerra (ESG)*, 1949 in Rio de Janeiro beteiligt, an der die DNS entwickelt und gelehrt wurde. In ihrer Orientierung unterschied sich die ESG von ihrem Vorbild, dem U.S. National War College, weil sie sich von Anfang an auf Probleme der Politik, der Wirtschaft und der Entwicklung des Landes konzentrierte. Neben der Ausbildung gehörte zu den Aufgaben der ESG, Regierungspläne, Politik und Direktiven zur nationalen Sicherheit zu entwickeln und sie in Handlungsrichtlinien umzusetzen. Im wesentlichen sollten Gebiete wie Probleme der nationalen Entwicklung, internationale Konflikte, die Politik der westlichen Hemisphäre und Militärprobleme studiert werden, z.B. die Frage, wie die Streitkräfte die nationale Politik in Kriegs- und Friedenszeiten unterstützen könnten, einschließlich der strategischen Planung einer nationalen Mobilisierung (Military Review 1949, S. 70). Die ESG sollte nach dem Gesetz 785 die notwendigen Kenntnisse für die Führung und für die Planung nationaler Sicherheit entwickeln und diese ausbauen. Zu ihren Vordenkern gehören General Cordeiro de Farias und besonders General Golbery do Couto e Silva. Er wurde zum "Vater" der Doktrin der Nationalen Sicherheit.[108]

Die ESG-Doktrin basierte auf der Grundvorstellung, daß nationale Sicherheit auf dem sogenannten nationalen Potential, d.h. Land und Bevölkerung, beruht. Brasilien wurde als Land begriffen, das in kürzester Zeit zur Großmacht werden konnte – und sollte. Geopolitisches Ziel war die Integration des gesamten nationalen Territoriums, wobei besonders die Amazonasregion und die langen Grenzen des Landes mit z.T. geringer Besiedlung als Sicherheitsrisiko gesehen wurden (Couto e Silva 1981, S. 46f.).

Traditionelle Ziele der brasilianischen Geopolitik[109] waren die Besetzung und Integration des nationalen Territoriums, die Expansion (i.S. von Kontrolle, Einfluß) in Richtung auf den Pazifik und den Südatlantik. Unterschieden wurde zwischen den "permanenten nationalen Zielen", die die vitalen Interessen und Aspirationen zum Ausdruck bringen, die aus sich selbst heraus über einen

---

108 Zur DNS vgl. Couto e Silva 1955, 1957, 1967, 1981a,b, Meira Mattos 1979, 1980, 1984, Selcher 1977, Arruda 1978, 1980, 1981, Kelly 1986, Pereira 1988, Vidigal 1989, Stahl 1991b, Werz 1991b sowie die Handbücher der ESG (Manuale). Zur Geopolitik siehe Cavalla Rojas 1979, Child 1979, 1980 und Weiser 1994.
109 Zur brasilianischen Geopolitik siehe neben den Arbeiten der Armeegeneräle Couto e Silva und Meira Mattos Ferreira 1970, Mastririlli 1972/73, Kelly 1986, 1988 und Cavagnari Filho 1993.

langen Zeitraum existieren, und den "nationalen Zielen", die die Kristallisierung der Interessen und Aspirationen darstellen, die in einer bestimmten Etappe der kulturellen Evolution die ganze Nation zu befriedigen suchen.[110]

Aufgabe der Doktrin war es auch, diejenigen Faktoren zu identifizieren, die die potentiellen Entwicklungsmöglichkeiten blockieren konnten. Die ESG führte Kurse durch, an denen in etwa gleicher Anzahl Offiziere und Zivilisten teilnahmen. Zu der zweiten Gruppe gehörten Firmenmanager, Angehörige der Bundes- und Länderverwaltungen, Richter, aber keine Gewerkschafter. Die Kurse sollten zwischen hochrangigen Militärs und einflußreichen Zivilisten ein gemeinsames Verständnis der Probleme des Landes und möglichen Lösungsmöglichkeiten aufbauen (Oliveira 1976, S. 22).

Präsident Castelo Branco definierte in einer Einführung in die ESG-Doktrin die Aufgaben der Akademie:
"Die Höhere Kriegsakademie hat eine große Aufgabe zu erfüllen und will mit ihrer Arbeit die Aufgaben der Regierung erleichtern. Ihre Mission besteht darin, gleichzeitig zivile und auch militärische Talente dafür einzusetzen, eine permanente und kohärente Doktrin der nationalen Sicherheit zu entwickeln. Sie besteht auch darin, die verschiedenen irrationalen und ineffektiven Pseudos wie Pseudo-Nationalismus, Pseudo-Developmentalismus oder Pseudo-Humanismus und die pseudo-kreative Lösung zu bekämpfen." (zit. in Arruda 1980, S. XI)

Mit Arruda lassen sich vier Phasen der ESG-Doktrin unterscheiden:

- 1949-52: In der ersten Phase wurde vor allem die aktuelle Situation des Landes studiert und zwischen nationalen, internationalen und militärischen Themen unterschieden.

- 1953-67: Man begann damit, den Begriff der Sicherheit stärker zu betonen, und die ersten Konzepte der DNS wurden entwickelt.

- 1968-73: Der Schwerpunkt wurde auf den Begriff der Entwicklung verlagert, ohne jedoch die Sicherheit zu vernachlässigen. Der Auftrag der ESG wurde auf die Formulierung einer nationalen Politik von Sicherheit und Entwicklung ausgeweitet.

- 1973-78: Die Schwerpunkte der dritten Phase wurden weitergeführt und einige der Arbeitsmethoden verändert. So wurde jetzt z.B. ein direkter Diskussionsprozeß in der Ausbildung zugelassen (Arruda 1978, S. 72-73).

---

110 ESG, Manual Básico, 1977-1978, S. 35f., zit. in Cavagnari Filho 1988, S. 67f. Siehe auch Associação dos Diplomados da Escola Superior de Guerra 1973, 1975, 1976, 1977-78, 1979, 1981, 1983, 1986.

Die Entwicklung der wesentlichen Themen der DNS soll hier kurz nachvollzogen werden. 1953 schlug der Kommandant der ESG, General Cordeiro de Farias, für den Begriff Sicherheit folgende Definition vor:

"Die größere oder kleinere Garantie, durch die der Staat mit politischen, wirtschaftlichen, psychosozialen und militärischen Mitteln für die nationale Kollektivität Vorsorge ausübt, um seine nationalen Ziele gegen interne und äußere feindlichen Einflüsse zu erreichen und zu sichern." (zit. in ebda., S. 21)[111]

Und General Juarez Távora formulierte ähnlich:

"Nationale Sicherheit ist der relative Grad an Garantie, die der Staat durch politische (interne und externe), wirtschaftliche und psychosoziale (einschließlich wissenschaftlich-technische Aktivitäten) und militärische Aktionen der Gemeinschaft in seiner Jurisdiktion gewährt, um seine nationalen Ziele zu verfolgen und gegen bestehende Antagonismen zu schützen." (ebda.)

Die zitierte Definition zu nationaler Sicherheit wurde mit nur kleinen Änderungen in den jährlich neu erscheinenden ESG-Manualen bis in die achtziger Jahre benutzt. 1968 erwähnte ein ESG-Manual zum ersten Mal ein Konzept der äußeren Sicherheit, das dann aber auch gleich in Beziehung zu innerer Sicherheit gesetzt wird:

"Externe Sicherheit, integriert mit Nationaler Sicherheit, befaßt sich mit den externen Antagonismen oder Pressionen, welches auch immer ihre Form oder Natur ist, die sich im Bereich der internationalen Beziehungen manifestieren oder manifestieren können." (Arruda 1980, S. 25)

Der auch in Lateinamerika verbreitete Begriff der nationalen Verteidigung wurde ersetzt durch nationale Sicherheit, weil er für die Missionsbestimmung der Streitkräfte als unzureichend angesehen wurde. Die DNS wurde auch als Antwort auf neue Formen des Krieges, besonders den *revolutionären Krieg*, konzipiert, ein Begriff, der aus der damaligen französischen Militärdoktrin entstammt. In dieser Doktrin wurden nationale Befreiungskriege und kommunistische Aufstände zum sogenannten "revolutionären Krieg" verschmolzen, ein Begriff, der bei den Militärs in Lateinamerika sofort auf breite Zustimmung stieß (ebda., S. 19-20) und in neue Militärhandbücher sowie in Militärzeitschriften aufgenommen und diskutiert wurde (für eine Übersetzung französischer Ansätze ins Spanische siehe Trinquier 1975).

Im Konzept von *Segurança e desenvolvimento* (Sicherheit und Entwicklung) sollte der Staat vor allem zu einem Garanten für eine freie wirtschaftliche Entfaltung im Lande werden. Den außenpolitischen Zielen verlieh man

---

111 Vgl. zu seiner Biographie Camargo/Goés 1981.

nationalistische und geopolitisch expansive Komponenten. Die Streitkräfte erhielten die Verantwortung für die militärische Absicherung der wirtschaftlichen Entfaltung (Moltmann 1975, S. 171).

Für das Militär war "Entwicklung" nicht nur ein permanentes und aktuelles Ziel neben anderen möglichen Zielen, sondern gleichzeitig Voraussetzung und Mittel zur Erlangung aller anderen nationalen Ziele. Eine zentrale Bedeutung erhielten Wissenschaft und Technologie für die wirtschaftliche Entwicklung, da sie als wesentliche Voraussetzung für industrielle Entwicklung und Nationale Sicherheit betrachtet wurden (und werden).

4.3 Das Militärregime (1964-1985)

Der Putsch im April 1964 wurde von der damaligen Militärführung als "Revolution" bezeichnet.[112] Während die Militärführungen in Argentinien, Chile und Uruguay Bücher veröffentlichten, in denen sie Putsch und Militärherrschaft ausführlicher zu legitimieren suchten, hielt das brasilianische Militär eine solche Maßnahme nicht für notwendig. Es hatte ja seit langem eine politische Rolle inne, die sich im *poder moderador* ausdrückte, und war offensichtlich davon überzeugt, daß es über eine hinreichende Legitimierung verfügte, jetzt auch die Regierung zu stellen. Dies, obwohl das Land über neunzehn Jahre hinweg eine (wenn auch unvollständige) Demokratie genossen hatte, der durch den Putsch ein Ende gesetzt wurde. Mit ihm war es tatsächlich zu einem Bruch in der politischen Ordnung gekommen, selbst wenn man die nicht belegte Behauptung der Putschisten akzeptiert, Präsident Goulart hätte selbst einen Putsch geplant und sie wären ihm daher nur zuvorgekommen.[113] Aber selbst dann hätten sie darlegen müssen, warum sie nach 1964 nicht Neuwahlen ausgeschrieben haben und dann zur Demokratie zurückgekehrt sind.

Von Beginn an konkurrierten zwei Faktionen innerhalb des Militärs, die "weiche" und die "harte" Linie *(linha branda, linha dura)*, um den politischen Kurs. Die erste war unter Präsident Castelo Branco (1964-67) dazu bereit, nach wenigen Jahren durch Wahlen zur Demokratie zurückzukehren. Indessen setzte sich die zweite unter Costa e Silva (1967-69) mit der Überzeugung durch, das Militär müsse weiter regieren, um notwendige politische Veränderungen für eine umfassende, schnelle Entwicklung des Landes durchzusetzen. Ein wichtiger Unterschied zu anderen Militärdiktaturen zeigte sich darin, daß der Kongreß, wenn auch unter Kontrolle des Militärs und dessen Zwang, nur noch

---

112 Zur Diskussion seiner Ursachen vgl. Dines et al. 1964, Dos Santos 1986, Dreifuss 1987, Cohen 1987, zur Rolle der USA Parker 1979 und Leacock 1990.
113 Zur Regierung Goulart siehe Skidmore 1967, Bandeira 1977 und Lopez 1980.

zwei Parteien zuzulassen, weiterarbeiten konnte (dies wurde 1968 mit der Institutionellen Akte Nr. 5 unterbrochen). Auch während der Präsidentschaft Médici (1969-74), ebenfalls ein Vertreter der *linha dura*, und der Öffnung und Liberalisierung unter den Präsidenten Geisel (1974-79) und Figueiredo (1979-85) setzten sich politische Auseinandersetzungen innerhalb des Militärs fort, zusätzlich zu den Konflikten mit politischen und gesellschaftlichen Kräften, die die Rückkehr zur Demokratie forderten. Ein weiterer Grund für die inneren Auseinandersetzungen war, daß sich das brasilianische Militär in seinem Selbstverständnis als volksnah definierte und nicht in demselben Maße eine Kaste darstellte wie in Argentinien und in Chile. Immer wieder wurde diskutiert, ob Sicherheit oder Entwicklung in der Politik die größere Bedeutung eingeräumt werden sollte.

Die Auswirkungen der Militärdiktatur faßt Moltmann treffend zusammen:

"Das Militär nahm die Regierungs- und Verwaltungsfunktionen teils in Kooperation, teils in Konkurrenz zu der politischen, gesellschaftlichen und wirtschaftlichen Elite wahr. In der Ära des Militärregimes ist zudem in Administration und Wirtschaft als weitere Gruppe diejenige der Technokraten erstarkt, deren politische wie gesellschaftliche Position auf der Grundlage funktionaler Leistungen bestimmt ist. So sind die Militärs immer nur ein Teil – wenn auch zeitweise der ausschlaggebende – der Promotoren des brasilianischen 'Modells' gewesen. Sie hätten jene Wirkung jedoch nicht ausüben können, hätten sie nicht den Rückhalt im Kreis der Repräsentanten des nationalen Kapitals, später der internationalen Unternehmen und Geldgeber sowie bei den Technokraten gefunden." (Moltmann 1989, S. 98-99)

Für das neue Militärregime sollte nicht so sehr die Machtübernahme selbst zu einem Problem werden, sondern das Ausmaß, in dem die Einheit der Institution durch die kontinuierliche Machtausübung gefährdet wurde.[114] Schneider stellte in seinem Buch über das politische System Brasiliens Anfang der 70er Jahre zutreffend fest:

"Eine der hervorstechenden Lektionen der Erfahrung von 1964-1970 war der Grad, in dem die Einheit und Disziplin des Militärs, die nicht nur durch die Kontrolle des Regierungsapparates, sondern auch durch die Verantwortung für den Schutz des politischen Systems auferlegten Spannungen auszuhalten. Anstatt daß es Evidenz in Richtung auf einen zunehmenden Konsens gegeben hätte, scheinen sich immer tiefere Spaltungen innerhalb des Offizierskorps über Fragen fundamentaler Politik und darüber zu entwickeln, wer die Positionen von Macht und Prestige inne haben soll. " (Schneider 1971, S. 361)

Diese Effekte haben sich im Zeitverlauf immer mehr verschärft. Immerhin handelte es sich bei dem brasilianischen Fall mit fast 21 Jahren um das älteste

---

[114] Zur Militärdiktatur siehe Drury 1974, Goés 1978, Oliveira 1980, Druckmann/Vaurio 1983, Geisel 1987, Moreira Alves 1988, Skidmore 1988, Moltmann 1989.

Militärregime des Subkontinents (General Stroessners längere Diktatur in Paraguay läßt sich als eine zivil-militärische Diktatur einordnen).

Schon in der Periode 1954-1964 hatten sich nationalistische Gruppen innerhalb des Militärs herausgebildet. Die "grün-gelbe" Faktion[115] trat für ein starkes nationales Entwicklungsprogramm mit Kontrolle über Naturreichtümer, Finanzen und Firmen in brasilianischen Händen ein. Eine andere Gruppe, die "blaue" Faktion, war vor allem von der Zusammenarbeit mit den Vereinigten Staaten während des Zweiten Weltkrieges – erinnert sei an das brasilianische Expeditionskorps in Italien/FEB – beeindruckt und setzte sich für eine enge Kooperation mit den USA sowie allgemein mit Auslandskapital und Auslandsfirmen ein. Nach dem Putsch wurde die blaue Faktion auch als die "weiche Linie" *(linha branda)* bezeichnet, weil sie eine frühe Rückkehr zur Demokratie forderte.

Auf der anderen Seite standen die nationalistischen Offiziere, die zur "harten Linie" zählten. Diese vertrat während der Militärdiktatur vor allem folgende Positionen:

- die unter Präsident Ernesto Geisel angefangenen Reformen sollten nicht zu einer Änderung der Institutionellen Akte Nr. 5 führen,[116]
- der Repressionsapparat dürfe nicht in Frage gestellt werden,
- eine Amnestie für politische Gefangene dürfe es nicht geben, weil dies einen Rückfall in die Zeit vor 1964 bedeuten würde,
- die "aktuellen nationalen Ziele" würden ständig von der "Subversion" bedroht; dies mache einen permanenten Ausnahmezustand notwendig.[117]

Korporative Interessen

Historisch haben in Brasilien Zivilregierungen häufig Verwaltungsposten mit Offizieren besetzt, eine Tradition, die vor allem während der Vargas-Jahre zunahm.[118] Für die Präsidentschaft Kubitschek stellt Benevides fest, daß Offiziere zahlreiche Regierungsposten übernommen hatten, weit über die übliche Quote von vier Ministern hinaus, die die drei Teilstreitkräfte und den Militärhaushalt *(casa militar)*[119] repräsentierten (Benevides 1979, S. 187-188).

---

115 Die Farben beziehen sich auf die brasilianische Flagge.
116 Die Akte gab der Regierung praktisch diktatorische Vollmachten.
117 Oliveira 1980, S. 117-18. "Aktuelle nationale Ziele" ist ein Begriff aus der Doktrin der nationalen Sicherheit, auf die bereits oben eingegangen wurde.
118 Mir ist keine Studie bekannt, in der diese Beteiligung systematisch untersucht worden wäre.
119 Zum Präsidialamt gehören die *casa civil* und die *casa militar*.

Johnson geht in seiner Studie von 1964 davon aus, daß 1.100 Offiziere Positionen in der Regierung Kubitschek inne hatten (Johnson 1964, S. 211-212).

Während der Militärregierung gab es auch korporative Motive, die sich in der Übernahme von Verwaltungsposten durch Militärs und, trotz zahlreicher Regierungserklärungen gegen Korruption, auch in persönlicher Bereicherung ausdrückten. So hatten 1969 200 Militäroffiziere Posten in den Bereichen Transport, Verkehr, Nahrung, Nachschub, Kommunikation, Information und Sicherheit übernommen. Von 80 Bundesverwaltungen wurden 44 von Zivilisten geleitet und 36 von Offizieren, in der Mehrheit pensionierte Generäle, Oberste und Admiräle (*Veja*, 10.9.1969, S. 37). Für 1983 wird berichtet, daß mindestens 8.000 Offiziere Verwaltungsposten in den Bundes- und Landesregierungen und in den halbstaatlichen Agenturen besetzten (Wesson 1986, S. 190).

Moltmann hebt hervor, daß der größer werdende Staatssektor für zahlreiche Offiziere die Voraussetzungen dafür geschaffen hat, Eingang in das Management und die Verwaltung nicht-militärischer Einrichtungen zu finden. Es entstand eine neue Gruppe von Technokraten, die zwar nicht mehr ihre Uniform trugen, sich aber gleichwohl weiter im gewohnten politisch-militärischen Kontext bewegte (Moltmann 1989, S. 98). Die ausgeprägte Orientierung an den Interessen der Korporation stützt die These, daß für die Militärs in der Regel die Belange der Institution deutlich vor denen der sozialen Herkunft rangierten.

Dissidente Faktionen

"Dissidenz" ist kein Begriff, der in der brasilianischen Militärsprache benutzt wird. Er dient hier zur Abgrenzung zwischen drei Gruppen von Militärs, die in Konflikt mit ihrer Institution gerieten. Die erste Gruppe umfaßte Militärs, die sich nach dem Putsch von 1964 der Guerilla anschlossen, z.B. der Armee-Hauptmann Lamarca und Major Jefferson; eine Reihe von Unteroffizieren der Armee und Marine, die die Militärregierung bekämpften, wurden in diesem Zusammenhang gefangengenommen, gefoltert und getötet. Eine zweite Gruppe von Militärangehörigen, die gegen den Putsch von 1964 waren, wurden zwangspensioniert oder aus den Streitkräften ausgestoßen. Eine dritte Gruppe betrifft Offiziere, die der Militärregierung eine Zeit lang dienten, sie aber zu einem späteren Zeitpunkt kritisierten. Zur zweiten und dritten Gruppe sollen einige Anmerkungen gemacht werden.

Während in der Vergangenheit der Wechsel in der Militärführung nur die Verteilung der Kommandoposten und wahrscheinlich auch die Beförderung beeinflußte, entschied die Militärführung nach 1964, eine große Zahl von Offizieren und Soldaten aus politischen Gründen zu entlassen. Aus Informationen des Luftwaffenministeriums geht hervor, daß zwischen 1964 und 1967 510 Heeres-, 344 Marine- und 374 Luftwaffenoffiziere entlassen wurden (Moreira Alves 1988, S. 42). Durch die Anwendung der Institutionellen Akte Nr. 1, 2 und 5 wurden insgesamt 6.592 Militärs aus der Institution ausgestoßen, in die Reserve versetzt oder in anderer Weise diszipliniert. Diese Zahl berücksichtigt Angehörige von Armee, Marine, Marineinfanterie, Luftwaffe und Militärpolizei (ebda., S. 97).

Durch die Institutionelle Akte Nr. 17 erhielt der Präsident 1969 die Befugnis, Offiziere zwangsweise zu pensionieren, die nicht zu den "revolutionären Zielen" beitrügen:

"Nach Artikel 1 dieses institutionellen Aktes kann der Präsident der Republik für eine bestimmte Periode Militärpersonal pensionieren oder in Reserve versetzen, wenn nachgewiesen wurde, daß diese gegen den Zusammenhalt der Streitkräfte gearbeitet haben bzw. dies versucht haben, bzw. diese sich aus persönlichen oder politischen Gründen von den Grundsätzen und Zielen ihrer verfassungsmäßigen Aufgaben entfernt haben." (zit. in Oliveira 1976, S. 129)

Beispiele für die dritte Gruppe waren Offiziere, die die nationale Gesetzgebung zur nationalen Sicherheit kritisierten. So wurden z.B. 1968 die Generäle Mourão Filho und Peri Bevilaqua, beide Angehörige des Obersten Militärgerichtes (*STM*), von der Zeitung *O Estado de São Paulo* gefragt, ob sie die Regierung nach der Verkündung der Institutionellen Akte Nr. 2 als demokratisch betrachteten. Bevilaqua antwortete

"offensichtlich nicht, die Bewegung vom 31. März würde nicht ihren historischen Auftrag erfüllt haben, wenn sie nicht die Autorität der Zivilmacht wieder im vollen Umfang herstellen würde, frei von irgendwelchen Repressionsversuchen – von Seiten der Gewerkschaften oder des Militärs – [...]"

Und General Mourão Filho erklärte:

"Die gegenwärtige Regierung ist nicht demokratisch, und es sind auch nicht die Mehrzahl der individuellen Rechte gültig, die ein demokratisches Regime ausmachen. Unsere Situation hängt in außergewöhnlicher Weise von der Qualität des Präsidenten ab ... Brasilien kehrte zu der schlimmen Situation von 1937 zurück."[120]

Später faßten beide ihre Kritik noch schärfer. Nachdem Mourão Filho Präsident des Obersten Militärgerichtes wurde, kritisierte er, daß das nationale Sicherheitsgesetz direkt gegen die Freiheitsrechte des Bürgers gerichtet sei und

---

120 *O Estado de São Paulo*, 16.-20. 10. und 26.11.1968, zit. in Oliveira 1976, S. 67-68.

vertrat sogar die Position, daß "Strafe kein Mittel bei einem politischen Verbrechen ist."[121]

General Rodrigo Octavio Jordão, früher Angehöriger des Obersten Militärgerichtes, kommentierte 1978 das damals verabschiedete (dritte) Gesetz über nationale Sicherheit mit den Worten: "Es muß ein für allemal Schluß gemacht werden mit der schädlichen Paranoia von der permanenten Subversion, die lediglich eine permanent willkürliche Politik rechtfertigt."[122]

Ende der 70er Jahre erscheinen die ersten Aufsätze über Menschenrechte in brasilianischen Militärzeitschriften. Sie sind stark historisch orientiert, abstrakt formuliert und lassen keine Bezüge zur Lebenswirklichkeit des Landes erkennen (Araújo Ribeiro Dantas 1978; Della Giustina 1980).

4.4 Ausgangsbedingungen der Transition

Unter Präsident Geisel begann 1974 der langwierige, widersprüchliche Übergang zur Demokratie. Er dauerte elf Jahre lang und wurde von der Militärführung entscheidend beeinflußt, aber nicht vollständig kontrolliert. Die von einem erheblichen Teil der Bevölkerung unterstützte Forderung nach der direkten Wahl des Präsidenten, die in die Kampagne *"Diretas já!"* mündete, ließ sich politisch noch nicht durchsetzen. Erst 1989 wurde Collor de Mello zum Präsidenten direkt gewählt.

Der langjährige Übergang zur Demokratie in Brasilien war primär das Ergebnis der innenpolitischen Dynamik. Internationale und regionale Einflußfaktoren hatten nur einen geringen Einfluß.[123] Er begann zu einem Zeitpunkt – 1973 –, als sich in den Nachbarländern die politische Krise gerade verschärfte (Argentinien), oder es zu einem Übergang zur Militärdiktatur (Uruguay) kam. Eine Demokratisierungspolitik der USA, der OAS oder von Nachbarländern gab es damals nicht, wohl aber einen ökonomischen Kontext, der die Demokratisierung paradoxerweise begünstigte. Hier ist besonders die Erhöhung der Erdölpreise zu nennen, ein wesentlicher Faktor für das Ende des brasilianischen Wirtschaftswunders 1973, der schließlich auch zu einer erheblichen Legitimationseinbuße für die Militärregierung beigetragen hat.

---

121 Ebda., S. 84, mit weiteren Beispielen.
122 *Jornal do Brasil*, 26. 10. 1978, zit. in amnesty international 1979, S. 92.
123 Zum Übergang zur Demokratie statt vieler Dimenstein et al. 1985, Baloyra 1986, Geisel 1987, Sangmeister 1987, Bacchus 1988, Gibson 1989, Rochon/Mitchell 1989, Skidmore 1989, Lamounier 1989b und Hagopian 1992. Für Stellungnahmen führender Militärs zu diesem Prozeß siehe D'Araújo 1994 und D'Araújo et al. 1995, kritisch zur Frage seiner Autonomie Oliveira 1987c, d, Oliveira et al. 1987 und Brigagão 1988.

Hurrell hebt in einer Studie, in der er zwischen vier Einflußmöglichkeiten auf den Demokratisierungsprozeß unterscheidet[124], den überwiegend endogenen Charakter der Transition hervor, wobei er bei größeren Ländern wie Brasilien die äußeren Einflußmöglichkeiten für begrenzt hält. Gleichwohl hat "[d]er breitere internationale Kontext ... eine viel größere Rolle gespielt als häufig anerkannt wird, und diese Rolle hat mit der Verlagerung des Brennpunktes akademischer Forschung zugenommen, weg von einer Analyse einzelner Prozesse politischer Transition und hin zu einer Analyse des breiten Wirkungsbereiches von Faktoren, die den Charakter demokratischer Konsolidierung beeinflussen" (Hurrell 1996, S. 170). Externe Faktoren beeinflussen nicht so sehr den Erfolg oder Mißerfolg der Demokratisierung, sondern sie formen die politischen und ökonomischen Bedingungen der Demokratisierung und helfen dabei, die Ergebnisse der Verteilungskonflikte im Land, die wirtschaftspolitische Tagesordnung und den Umfang der politischen Themen, die Politiker in Brasilien aufnehmen müssen, zu erklären. Darüber hinaus können sie durchaus auf spezifischen Sektoren eine wenn auch zeitlich begrenzte Wirkung haben (Präsidentschaft Jimmy Carters in den USA).

Innenpolitisch wurde die Rückkehr zur Demokratie nicht nur von der Militärspitze um Präsident Geisel verfolgt, sondern auch immer stärker von der Zivilgesellschaft einschließlich der Unternehmerschaft gefordert.[125] Politische Repression verlor lange nach der Zerschlagung der Guerilla Mitte der 70er Jahre zunehmend ihre Existenzberechtigung, auch wenn einige Hardliner auf einer fortbestehenden "Subversions-"gefahr bestanden. Die Forderungen nach Demokratie aus den Reihen der katholischen Kirche,[126] Gewerkschaften, Berufsorganisationen (besonders die Rechtsanwaltsvereinigung OAB und die Pressevereinigung ABI), Journalisten und Studenten waren immer stärker geworden. Sie hätten aber zumindest kurzfristig ohne einen Reformsektor im Militär selbst kaum genügend politisch Druck entfalten können, um sich durchsetzen zu können.

Denn auch unter den Militärs gab es hohe Offiziere, die sich für eine Liberalisierung einsetzten, mit Geisel als dem wichtigsten Befürworter einer kontrollierten politischen Öffnung von oben. Aus dem Nationalen Nachrichtendienst *(Serviço Nacional de Informações/SNI)* war ein eigener Machtfaktor

---

124 Er unterscheidet zwischen "direct external political involvement", "indirect external political involvement", "international political system" (mit vier Unterformen) und "international economic system".
125 Zur Rolle der Unternehmer vgl. Cardoso 1986. Cardoso wurde 1994 zum Präsidenten Brasiliens gewählt.
126 Zur wichtigen Rolle der katholischen Kirche siehe Mainwaring 1986, Liehr 1988, Della Cava 1989 und Brasilianische Bischofskonferenz 1993.

geworden, der nicht nur Gesellschaft und staatliche Bürokratie, sondern auch das innermilitärische Leben beobachtete; er bildete zusammen mit den Geheimdiensten der Teilstreitkräfte und der Polizei einen mächtigen "Sicherheitsapparat", eine eigene politische Faktion innerhalb der Militärregierung und der Streitkräfte. Empfehlungen des SNI konnten bei Beförderungen den Ausschlag geben. Unfähigkeit oder mangelnder Wille der Leitung des "Sicherheitskomplexes", Übergriffe seiner Agenten zu verhindern, führten 1975 zu einer ersten innermilitärischen Konfrontation. Nachdem zwei politische Gefangene, der Journalist Herzog und der Gewerkschafter Fiel Filho, kurz hintereinander unter der Folter in São Paulo starben, setzte Geisel den Kommandeur der Zweiten Armee, General d'Avila Melo, ohne weitere innermilitärische Rücksprache ab.

Präsident João Figueiredo setzte die Liberalisierungspolitik fort, so daß Mitte der achtziger Jahre ein Wahlkollegium den ersten zivilen Präsidenten nach 21 Jahren Diktatur wählen konnte – die große Kampagne, gleich Direktwahlen durchzuführen *("diretas já")*, konnte sich nicht durchsetzen. Paulo Maluf war Kandidat der Regierungspartei ARENA, aber der Oppositionspolitiker Neves erwies sich als der bei weitem glaubwürdigere und geschicktere Kandidat (von einigen Gruppen innerhalb des Militärs wurde der Versuch gemacht, die Amtszeit Figueiredos um zwei Jahre zu verlängern, aber dies ließ sich nicht durchsetzen (*LAWR*, 25.5.84, S. 10). Der Kongreß beschloß 1979 eine Amnestie für seit dem 2.9.1961 begangene politische Straftaten, von der nur die Verantwortlichen für "Bluttaten" während des gewaltsamen Widerstandes gegen die Regierung und "damit verbundene Straftaten" (d.h. z.B. Folter, etc.) ausgenommen wurden. Die meisten politischen Gefangenen kamen frei. Gegen Menschenrechtsverletzer (Militärs, Polizisten, Angehörige von Geheimdiensten u.a.) konnte nun nicht mehr ermittelt werden, auch nicht später, in der neuen Demokratie.

Neves hatte vor seiner Wahl den Kontakt zu den Militärministern gesucht. Er traf sich mit Heeresminister Pires, Marineminister Karam und Luftwaffenminister Jardim de Matos. Neves versprach, er würde keine Politik des "Revanchismus" gegenüber dem Militär betreiben, ein Begriff, mit dem eine mögliche Strafverfolgung wegen Menschenrechtsverletzungen, Korruption und anderen Delikten bezeichnet wurde (*LAWR*, 7.12.1984, S. 8; zur Rolle der Militärminister siehe Zirker 1993).

Mit der Aufhebung des von der Diktatur erzwungenen Zweiparteiensystems von ARENA und MDB verfolgte die Militärspitze das Ziel, die Opposition durch die zu erwartende Aufsplitterung der Parteien zu schwächen, während die neue Regierungspartei PDS als kohärenter Block erhalten werden sollte. Aber diese Erwartungen erfüllten sich nur teilweise. In der Nachfolge der Oppositionspartei MDB fanden sich fast alle Oppositionsgruppen im neugegründeten

PMDB zusammen (darüber hinaus wurden auch neue Parteien wie PT, PDT und PTB ins Leben gerufen). Der PMDB war in den Wahlen auf Bundesstaatenebene seit den Direktwahlen für Gouverneure 1982 zunehmend erfolgreich.

In der Verwaltung waren Mitte der 80er Jahre mindestens 40.000 Reserveoffiziere tätig. Marine- und Luftwaffenoffizieren haben ihre technische Ausbildung oft dazu genutzt, um sich nach dem Abschluß in die Reserve versetzen zu lassen. Sie konnten gute Arbeitsplätze in der Verwaltung und in den staatlichen Wirtschaftsunternehmen erhalten. In der Privatwirtschaft wurden vor allem Heeresoffiziere geschätzt, weil sie als Kontakt zur Militärregierung hilfreich sein konnten (*LAWR*, 6.1.1984, S. 11). Das Heer hatte traditionell das politisch überragende Gewicht und stellte alle fünf Präsidenten der Diktatur.

Charakteristika des politischen Systems während der Transition

Für die brasilianische Entwicklung war immer der große Abstand charakteristisch zwischen dem rapiden sozialen Wandel, der Mobilisierung neuer Gruppen in die Politik und einer diesen Entwicklungen angemessenen politischen Organisation, die den Veränderungen hinterherhinkte (Schneider 1971, S. 352). Schneider unterscheidet drei fundamentale Krisen: die Krise von 1889, als das Kaiserreich durch die Republik abgelöst wurde, die Krise von 1920, die zur Revolution von 1930 und ab 1937 zum *Estado Novo* führte, und die Krise der späten 50er und Anfang der 60er Jahre, die schließlich ihren Höhepunkt in dem Putsch, in der Sprache des Militärs der Revolution, von 1964 fand.

Die Tatsache, daß ein großer Teil der Bevölkerung auch weiterhin in Armut und sogar absoluter Armut leben muß, hat unmittelbaren Einfluß auf die politischen Beteiligungschancen der breiten Bevölkerung. Analphabetismus, mangelnde politische Bildung und drückende Armut führen dazu, daß besonders auf dem Land und in den städtischen Armutsvierteln das Wahlverhalten von Vergünstigungen und Versprechen abhängt.

Brasilianische und ausländische Autoren stimmen vor allem in zwei strukturellen Schwächen des politischen Systems überein, die eine Konsolidierung der Demokratie in Frage stellen.[127]

Das geltende präsidentielle System hat bisher immer wieder zu Konfrontationen zwischen der Exekutive und der Legislative geführt, weil der gewählte Präsident in der Regel über keine parlamentarische Mehrheit im Kongreß verfügt. Dies galt für die Präsidenten Sarney und Collor, aber bisher nicht für

---

[127] Zu Problemen der brasilianischen Demokratie siehe Jaguaribe et al. 1986, 1990, Lamounier 1989a,b, 1992 und Stepan 1989.

Cardoso. Brasilianische Präsidenten sind üblicherweise dazu gezwungen, Koalitionspartner zu finden, die sich ihre Unterstützung durch die Bedienung von Klientelinteressen belohnen lassen.

Eine zweite Schwäche liegt im Parteiensystem.[128] Mitte der 90er Jahre existierten 35 politische Parteien in Brasilien, von denen das *Tribunal Regional Electoral* 20 anerkannte, 15 vorläufig registrierte, und fünf weitere hatten eine Anerkennung beantragt. Keine Partei verfügt über mehr als 25% der Mandate im Abgeordnetenhaus.

Tabelle 7: Zusammensetzung des brasilianischen Kongresses 1996[129]

Parteien	Abgeordnete
PMDB	97
PFL	99
PSDB	85
PPB	87
PT	50
PTB	28
PDT	25
PSB	12
PCdoB	10
PL	9
PSD	3
PPS	2
PSL	3
PMN	2
PSC	1
PV	1
Gesamtzahl	513

Aber nicht nur fragile Parteienkoalitionen sind charakteristisch, sondern auch parteienübergreifende Blöcke wirken sich zentrifugal auf das Parteiensystem aus. Vor allem sind hier die Interessen der Regionen, der Gewerkschaften und Unternehmer, von Staatsunternehmen und -banken, Landbesitzern, evangelischen Sekten bis hin zu Hafenarbeitern zu nennen (Sola 1994, S. 504).

---

128 Siehe hierzu Power 1991, Moisés 1993, Mainwaring 1991, 1995 und vor allem Lamounier 1989a, 1992, 1996 sowie Lamounier/Souza 1993.
129 Quelle: JB LA 1996, S. 181.

Unter der Diktatur wurde die parlamentarische Vertretung der Bundesstaaten im Kongreß durch das "Paket vom April 1977" nachdrücklich verzerrt. Damals verfügte die Regierung einseitig ein neues System der Wahlkreiseinteilung, um dem drohenden Popularitätsverlust der Regierungspartei zuvorzukommen. Während jeder der Bundesstaaten mit einem Sockel von acht Abgeordneten vertreten ist, und diese Zahl proportional zur Bevölkerungszahl bis 46 zunehmen kann, muß die Zahl der Wähler, um darüber hinaus Abgeordnete zu stellen, ein Vielfaches betragen. Weniger bevölkerte, ärmere Staaten des Nordens und Nordostens, die stärker auf Zuschüsse des Bundes angewiesen sind, sind zwischen 32% und 8% überrepräsentiert, während die reicheren Staaten des Südostens um 51% unterrepräsentiert sind (Daten zit. in Sola 1994, S. 505). Der Bundesstaat São Paulo stellt mit 21,9% der Bevölkerung Brasiliens nur 11,9% der Abgeordneten im Kongreß, während den Bundesstaat Roraima mit 0,1% der Bevölkerung 1,6% der Parlamentarier vertreten (Pinheiro 1997, S. 265). Da eine Veränderung dieser Regeln nur mit Dreifünftel der Abgeordneten möglich ist, sind "interlocking coalitions" zwischen den verschiedenen Interessengruppen für der Beibehaltung dieses Systems bis heute erfolgreich. Sie profitieren von den Verzerrungen der Wählerrepräsentation.

Ein weiteres Kennzeichen ist die mangelnde programmatische Bindung fast aller politischen Parteien. In der Regel werden Kandidaten und Parteien gewählt, die nicht primär auf der Grundlage substantieller Programme zusammenarbeiten, sondern vor allem klientelistische Interessen bedienen. Im Parteiensystem gibt es zwar einige Parteien mit einer stärkeren programmatischen Ausrichtung wie PPS, PSDB und PT, aber auch in Zukunft muß von einem Fortbestehen des existierenden, zerklüfteten Parteiensystems ausgegangen werden. Gerade wegen seiner "Flexibilität" wird es jedoch von den meisten Politikern als weitgehend funktional und sinnvoll angesehen. Das System der offenen Listen erlaubt dem Wähler, zwischen mehreren Kandidaten derselben Partei auszuwählen, so daß es zu einem intensiven Wahlkampf zwischen ihnen kommt.

"Schwachen Parteien" sind daher das Ergebnis eines gewissermaßen "natürlichen" politischen Prozesses. Politiker haben selbst durch das Wahlrecht und andere Maßnahmen ein größtmögliches Maß an Autonomie für sich sichergestellt, eine Autonomie, die nur auf Kosten der Herausbildung stärkerer, programmatischer Parteien erzielt werden kann (ausführlich hierzu Mainwaring 1991, 1995). Das Wahlrecht verstärkt das individualistische Verhalten der Politiker und unterminiert Bemühungen, effektivere politische Parteien aufzubauen. Seine wesentlichen Elemente sind das System der offenen Listen, das dem Wähler einen besonders großen Einfluß auf die innerparteiliche Kandidatenauswahl gibt, die bequeme Möglichkeit für Politiker, Parteien ohne politische Kosten zu wechseln, und die Möglichkeit für Parteien, die 1,5 bis 3fache

Zahl an Kandidaten für die Wahl eines Abgeordneten zu präsentieren. Einen Anreiz für neue Parteien besteht darin, daß jede Partei mit auch nur einem Abgeordneten fast alle Privilegien des Kongresses erhält (Mainwaring 1991, S. 23).

Durch dieses Wahlrechtssystem institutionalisierten die politischen Eliten "Mechanismen [...], die schwache Parteien, begrenzte Verantwortlichkeit begünstigten, und zu personalistischen, klientelistischen, individualistischen Stilen von Repräsentation ermutigen. In dieser Weise stellt die Wahlgesetzgebung eine Verbindung zwischen den Wertvorstellungen der Elite und den Institutionen her. Es ist hier dann nicht die Frage, ob Institutionen *oder* Elitepräferenzen verantwortlich für die Muster von Repräsentation und Domination sind, sondern es geht darum, daß Politiker durch die Wahlgesetzgebung ihre Präferenzen ausdrücken, die dann institutionalisiert werden" (ebda., S. 39).

In der Sicht der Exekutive erleichtert diese politische "Flexibilität" ihr die Aufgabe, die nötige parlamentarische Unterstützung im Kongreß sicherzustellen, hilft aber gleichzeitig auch den regionalen und lokalen Parteiführern bei der Festigung ihrer Klientelbeziehungen; demokratietheoretisch ist die "Flexibilität" natürlich problematisch, weil Programme und Parteien eine immer geringere Rolle spielen. Gleichzeitig lebt das System von dem Wunsch vieler Politiker, bei aller Kritik an dem "unterentwickelten" politischen Parteiensystem ihre Autonomie zu bewahren und eher noch zu vergrößern anstatt sie einzuschränken.

Indessen werden seit Mitte der 90er Jahre die ersten vorsichtigen Schritte unternommen, das Parteiensystem zu reformieren. Im September 1993 nahm der Kongreß ein Gesetz an, das vorschreibt, daß die Parteien einen Präsidentschaftskandidaten nur dann aufstellen können, wenn er von mindestens 16 Mitglieder im Kongreß unterstützt wird (*LARR. Brazil*, 21.10.1993, S. 5). Das im September 1995 eingeführte Parteiengesetz setzte eine Sperrklausel fest. Danach können Parteien nur dann in den Kongreß einziehen, wenn sie mindestens 2% der Stimmen in allen Bundesstaaten und darüber hinaus 5% in mindestens einem Drittel der Bundesstaaten erhalten. Der Parteienwechsel von Parlamentariern ging auch 1995 weiter: 43 in den ersten acht Monaten von 1995 (JB LA 1996, S. 189).

Trotz einer vor allem in den Städten stärker werdenden Zivilgesellschaft, kann diese bisher keine tragfähigen politischen Alternativen zum existierenden Parteiensystem bieten. Darüber hinaus ist die Medienlandschaft stark vermachtet. Am einflußreichsten ist die *O Globo*-Gruppe, deren Einsatz für den ursprünglich unbekannten Präsidentschaftskandidaten Collor entscheidend für seinen Sieg über den PT-Rivalen Luís Inácio "Lula" da Silva war. Sein Besitzer, Roberto Marinho, ist in der Öffentlichkeit als "der Präsidentenmacher" bekannt.

Die Gewerkschaften sind während des Transitionsprozesses zunächst eher geschwächt worden (ausführlicher hierzu Payne 1991, S. 221ff.). Die Hoffnung ihrer Mitglieder auf einen größeren Anteil am BSP wurde enttäuscht, denn der Anteil der Armen am Jahreseinkommen ist unter der Demokratie nicht nur nicht gestiegen, sondern sogar gefallen. Später haben sie auch wieder an politischem Einfluß gewonnen, so daß man eher von einer "Wellenbewegung" sprechen kann.

4.5 Die Militärpolitik der neuen Regierungen

4.5.1 Die Regierung Sarney

Nach dem Tod des indirekt gewählten, populären Neves noch vor seiner Amtsübernahme wurde ein Politiker der alten Garde, José Sarney, Präsident. Er war bis 1994 Präsident der Regierungspartei PDS gewesen. Als ein Politiker mit geringer politischer Unterstützung und angesichts der sehr heterogen zusammengesetzten Regierungspartei PMDB stützte er sich von Anfang an auf das Militär als den wichtigsten außerparlamentarischen Machtfaktor. Das Militär war personell im Präsidentenpalast stark vertreten. Der Präsident war z.B. 1988 von 240 Militärangehörigen als Beratern umgeben, 129 des Heeres, 74 der Luftwaffe und 37 der Marine (*Veja*, 13.7.1988, S. 45). Für das Jahr 1989 wird berichtet, daß im Palast auf jeden zivilen Angestellten 3,4 Militärs kamen, d.h. insgesamt mehr als 200 Angestellte Militärs waren (*Neue Zürcher Zeitung*, 4.2.1989).

Die neue Regierung mußte sich als eines der ersten Themen mit den Modernisierungswünschen der drei Teilstreitkräfte befassen. Die Marine plante ein nukleargetriebenes U-Boot, die Luftwaffe die Entwicklung von Luft-Luft-Raketen, Telekommunikationssatelliten und einer neuen Generation von Kampfbombern, und das Heer legte den Plan *Força Terrestre* (FT-90, FT-00, FT-15) vor, der bis zum Jahr 2015 reichte. Er sah eine Ausweitung der Truppen von 183.000 auf 296.000 Mann und die Anschaffung moderner Waffensysteme vor (Carvalho 1987, S. 13f, Skidmore 1988, S. 273). Ohne weitere Diskussion akzeptierte Sarney die Modernisierungsprogramme und unterschrieb die ihm vom Militär vorgelegten Beförderungslisten (Stepan 1988, S. 88, 104).

Unter den sechs Militärministern[130] entwickelten sich Armeeminister Leônidas Pires und SNI-Direktor General Ivan de Souza Mendes zu wichtigen Ver-

---

130 Durch Minister waren Armee, Marine, Luftwaffe, Generalstab, SNI und *casa militar* vertreten.

mittlern zwischen der Institution und der neuen Regierung. Sie konnten nach Zirker durch Überzeugungsarbeit und manchmal auch durch Drohungen das politische Verhalten der zivilen Eliten während der Transition "mäßigen", Exzesse des militärischen Verhaltens zügeln und in dieser Weise auch die korporative Interessendurchsetzung des Militärs fördern (Zirker 1991, S. 69f.). Ihre Fähigkeiten zeigten sich besonders bei der Behandlungen der Themen Agrarreform (vgl. den folgenden Exkurs), Amazonas (vgl. Kap. 5.4), Menschenrechte und der Diskussion über die Verkürzung der Amtszeit Sarneys.

Bei den Menschenrechten stand zunächst der Umgang mit den Folgen der Militärdiktatur im Vordergrund. Die Erzdiözese von São Paulo unter Kardinal Arns hatte eine Arbeitsgruppe damit beauftragt, einen umfassenden Bericht über die Menschenrechtsverletzungen in den Jahren 1964 bis 1979 zu erarbeiten. Dieser wurde unter dem Titel "Brasilien: Nie Wieder" veröffentlicht und enthielt eine detaillierte Beschreibung und Analyse der Menschenrechtsverletzungen, des Sicherheitsapparates und der politischen Entwicklung unter der Militärdiktatur. Es wurden auch Anhänge erarbeitet, die die Namen von 444 mutmaßlichen Folterern, die von ihren Opfern erkannt worden waren, wiedergaben. Die ablehnenden Reaktionen im Militär auf diesen Bericht waren unverkennbar, konnten aber in ihren politischen Auswirkungen "abgefedert" werden (*Veja*, 19.2.1986, S. 39).

Während der ersten zwei Jahre von Präsident Sarney wurde nicht ein Offizier wegen terroristischer Straftaten seit 1979, dem Jahr der Verabschiedung des Amnestiegesetzes, verurteilt (Stepan 1988, S. 107f.). Der Fall des Generals Newton Cruz, angeklagt wegen der Ermordung des Journalisten Alexandre de Baumgarten, war singulär und führte zu keinen Ergebnissen (vgl. Kap. 5.1). Allein schon die Tatsache der Anklage wurde von hardline-Offizieren und rechtsgerichteten Ideologen kritisiert (*Veja*, 6.1.1988, S. 24; 10.2.1988, S. 28).

Als der Kongreß über die Verkürzung der Amtszeit Sarneys diskutierte, erklärten Armee-, Marine- und Luftwaffenminister, daß "die Nation am 31. März 1964 [offizieller Tag des Putsches für das Militär] nein zum Abenteuer sagte, extremistische Thesen zurückwies und dann, treu ihrem Temperament und ihrer Tradition, resolut den Weg zu einem demokratischen Leben zurückfand." Der Kommandant der achten Armeedivision in Belo Horizonte teilte der Presse mit, daß er "die Möglichkeit einer neuen Intervention der Streitkräfte nicht ausschließe, aber im Augenblick hierfür keine Anzeichen sähe" (*Veja*, 8.4.1987, S. 21).

1988 berief das Armeezentrum für soziale Kommunikation 600 Reservisten für eine Übung ein, bei der die Verteidigung eines Wasserkraftwerkes, das 500 Kilometer entfernt von São Paulo liegt, geprobt wurde. Ein Armeesprecher erklärte, es solle die Fähigkeit einer großen Zahl von Reservisten zu gemeinsamen Operationen, die bereits drei Jahre ihren Dienst hinter sich hatten, geübt werden. Die Übung ähnelte der Besetzung des staatlichen Volta-Redonda-Stahlwerks Monate später, als die Armee zur Unterdrückung eines Streiks eingesetzt wurde und drei Todesopfer zu beklagen waren (*LAWR*, 4.2.1988, S. 6f.).

Unter der Regierung Sarney gingen Armee und Marine wiederholt gegen streikende Arbeiter vor, z.B. bei den Staatsunternehmen ECOBRAS im März 1987 (*LAWR*, 26.3.1987, S. 4) und beim staatlichen Stahlwerk Volta Redonda im November 1988. Im zweiten Fall hat wohl eine präsidentielle Anordnung vorgelegen, aber die Entscheidung über Zeitpunkt und genaue Einsatzplanung lag weitgehend in den Händen des Militärs. Der Marineminister erklärte, es wäre nicht notwendig gewesen, den Präsidenten oder den Nationalen Sicherheitsrat zu konsultieren. Nachdem die Justiz den Streik für illegal erklärte, hätte er selbst sofort die Entscheidung zum Einsatz der Marineinfanterie zur Kontrolle der Häfen getroffen. Der Arbeitsminister ergänzte, er sei zu den Einsätzen nicht befragt oder zu einer Vermittlung aufgefordert worden (*Veja*, 18.3.1987, S. 23). Im Vergleich hierzu wurden Demonstrationen der Landbesitzervereinigung UDR im Vorjahr, die den Verkehr blockierten und Wirtschaftsaktivitäten unterbrachen, von Polizei und Militär weitgehend ignoriert (*Veja*, 18.3.1987, S. 26).

1989 erklärten die drei Militärminister anläßlich der 44. Feiern zur Beteiligung Brasiliens an dem Sieg der Alliierten im Zweiten Weltkrieg, daß das heilige Recht zu streiken dazu benutzt würde, die Bevölkerung einzuschüchtern und die Produktion zu behindern. Sie verurteilten die Minderheiten, die die Arbeiterklasse täuschen würden (*LAWR*, 25.5.1989, S. 4).

Als weitere Beispiele eines deutlich politischen öffentlichen Auftretens des Militärs während der Amtszeit Sarneys sind zu nennen:

- die Ablehnung der Militärführung, Truppen zur Beobachtung der Einhaltung des Waffenstillstandsabkommens in die Golfregion zu entsenden;
- ein Protest von Marineminister Admiral Flores gegen den Vorschlag des Außenministers, Brasiliens Nuklearprogramm und damit auch das Programm zum Bau eines nukleargetriebenen U-Bootes im Gegenzug zu bestimmten Zugeständnissen einzustellen;
- die Kritik an der "Ideologisierung" der Schulbildung in einer Erklärung des Armeezentrums für soziale Kommunikation.

Präsident Sarney hatte sich von Anfang an für eine enge Zusammenarbeit mit der Militärführung entschieden. Diese half ihm tatkräftig, als im Kongreß der Versuch gemacht wurde, seine Amtszeit um ein Jahr zu verringern. Die Unterstützung des Militärs für die Ablehnung dieser Initiative war ausschlaggebend.[131] Er selbst hat die Zusammenarbeit mit dem Militär mit den folgenden Worten kommentiert:

"Das Militär beteiligte sich am Transitionsprozeß ausschließlich auf einer professionellen Basis. Es gab kein Eingreifen in die Politik. Die Streitkräfte sind zu ihrer professionellen Verantwortung zurückgekehrt und haben die Transition durchgehend unterstützt. Am Anfang meiner Amtszeit machte ich deutlich, daß wir den Übergang mit dem Militär, nicht aber gegen das Militär, erreichen werden. Die Wiederherstellung der Demokratie in Brasilien basierte auf einer breiten Bewegung, die das Militär einschloß. Das Militär außen vor zu lassen hätte unseren Weg zur Demokratie blockiert." (zit. in Boeker 1989, S. 277)

Stepan ist in seinem Urteil zuzustimmen, daß das Fehlen eines Konfliktes über die Kontrolle des Militärs der Tatsache geschuldet ist, daß die Regierung Sarney über keine neuen Wege nachdachte oder auch nur spekulierte, die Kontrolle über das Militär zu verstärken (Stepan 1988, S. 88). In diesem Sinn hatte sie keine Militärpolitik, wenn man darunter die Identifizierung klarer Ziele, Strategien und Instrumente durch die demokratisch gewählte Regierung versteht.

Exkurs: Der Verfassungsgebungsprozeß 1987/88

Die 559 Mitglieder der beiden Häuser des Kongresses konstituierten sich 1987/8 als Verfassunggebende Versammlung *(Constituinte)*.[132] Für die Alternative, die Wahl einer eigenen, vom Kongreß unabhängigen Verfassungsversammlung, fand sich keine Mehrheit. In einem breiten, dezentralen Beratungsprozeß arbeiteten zu den verschiedenen Themen 24 Unterkommissionen. Acht Vorentwürfe der Verfassung lagen bei der Beratung vor, und 70.000 Verfassungsvorschläge einzelner BürgerInnen wurden eingereicht. 383 Interessenverbände und Lobbies bemühten sich mit 2.000 Lobbyisten im Kongreßgebäude bei Abstimmungen um Einfluß auf die Versammlung (Eugster 1995, S. 6f., 201, 308).

---

131 Cammack bemerkte hierzu kritisch: "Er [Sarney] gewann schließlich eine fünfjährige Amtszeit, indem er dunkel mit einer militärischen Intervention drohte und seine Emissäre in das Abgeordnetenhaus entsandte, um durch Patronageabmachungen die notwendigen Stimmen zusammenzubringen, diskredierte aber in diesem Prozeß völlig sich selbst und die Institution." (Cammack 1991, S. 51). Zu Sarneys Sicht vgl. Sarney 1986, 1987.
132 Zum Verfassungsgebungsprozeß siehe Müller 1988, Cammack 1991, Paul 1989, 1994, Eugster 1995 und Martínez-Lara 1996, zur Rolle des Militärs Aguiar 1986, Ferreira Costa 1991, Oliveira 1987a und Flores 1992. Ich stütze mich in einigen Passagen auf Heinz 1996b.

Die Hauptdebatte wurde über die Einführung eines parlamentarischen Systems geführt, da die Defizite des präsidentiellen Systems offensichtlich geworden waren (vgl. Lamounier 1992, Serra 1993). Eine weitere Frage, ob die Republik beibehalten oder die Monarchie wiedereingeführt werden sollte, war von weit geringerer Bedeutung. Unter dem Druck von Exekutive, Unternehmer- und Militärlobby beschloß die *Constituinte*, das Präsidialsystem beizubehalten. Mit 344 zu 212 Stimmen wurde eine parlamentarische Variante abgelehnt. Für 1993 wurde ein Plebiszit zu beiden Fragen angesetzt (siehe unten).

Die neue Verfassung wurde am 5. Oktober 1988 mit großer Mehrheit gegen die Stimmen der Arbeiterpartei (PT) angenommen. Eine Zustimmung der Bevölkerung über ein Referendum wurde nicht gesucht. Die achte Verfassung Brasiliens ist ungewöhnlich umfangreich (245 Artikel und 70 Übergangsbestimmungen).[133] Als höchste Werte werden die freie und solidarische Gesellschaft, die Ausübung der sozialen und individuellen Grundrechte, Freiheit, Sicherheit, Wohlstand, Entwicklung, Gleichheit und Gerechtigkeit in der Präambel genannt. Zu den Grundprinzipien werden in Art. 1-4 u.a. politischer Pluralismus, Gewaltenteilung, demokratischer Rechtsstaat, ein Bekenntnis zum Frieden und Menschenrechtsschutz, zu Nicht-Intervention und friedlicher Konfliktlösung bestimmt. Grundrechte und -pflichten sind in erheblichem Umfang in den Art. 5-17 aufgenommen, einschließlich eines Artikels zum Datenschutz (habeas data). Als soziale Grundrechte werden in Art. 6 das Recht auf Bildung, Gesundheit, Arbeit, Freiheit, Sicherheit, soziale Fürsorge, Schutz von Mutterschaft und Kindheit sowie Obdachlosenhilfe verankert. Die politischen Beteiligungsrechte der Bevölkerung sollen durch die Einführung von Plebiszit, Referendum und Popularklage erweitert werden (Art. 14). Die Verwirklichung der Verfassungsinhalte durch Ausführungsgesetze steht indessen noch weitgehend aus.

Die neue Verfassung wurde von den autoritären Ideen des Textes unter der Militärdiktatur von 1967/1969 gereinigt. Das Konzept der nationalen Sicherheit wurde nicht mehr verwandt.[134] Der Präsident wird seit 1989 direkt gewählt. Grundsätzlich hat allein der Kongreß die Kompetenz, Gesetze zu beschließen. Präsidentendekrete sind unzulässig (Art. 44; im Notfall sind jedoch zeitlich begrenzte "provisorische Maßnahmen" nach Art. 62 möglich). Die Geheimfonds des Präsidenten wurden abgeschafft. Die Zentralisierung politischer Macht in der Exekutive wurde etwas zurückgenommen; Kongreß,

---

133 Für den Text siehe Constituição da República Federativa do Brasil 1988, in Paul 1989, S. 191-227, zu späteren Änderungen Santana 1993.
134 In der Verfassung von 1967/69 hieß es noch in Art. 89, daß jede natürliche Person innerhalb der durch das Gesetz bestimmten Schranken verantwortlich für die nationale Sicherheit ist. Der Nationale Sicherheitsrat nach Art. 90 und 91 war ein wichtiges Zentrum der politischen Macht.

Bundesstaaten und Gemeinden erhielten mehr Befugnisse, ohne daß man von einer echten, umfassenden Dezentralisierung sprechen könnte (Art. 145ff., 154ff.).

Eine heftige Diskussion entbrannte um die Normen der geplanten Landreform und hier besonders um die Frage, unter welchen Bedingungen der Staat enteignen könnte. Nach starkem Widerstand der Großgrundbesitzer und der sie unterstützenden politischen Gruppen einschließlich des Militärs kam es zu völlig verwässerten Bestimmungen (Art. 7, Abs. XXIX; Art. 233). Die Garantie des Eigentums wurde als oberster Grundsatz festgeschrieben, auch wenn es eine soziale Funktion erfüllen soll. Alle anderen Fragen sollten später durch weitere Gesetze geregelt werden (vgl. Eugster 1995, S. 207ff., 277). Bei Enteignungen wird die Entschädigung für eine Verbesserung in der Qualität des Landes, z.B. eine Einzäunung oder Errichtung von Häusern, in bar gezahlt, während das Land selbst für Agrarschuldscheine mit einer Laufzeit von 20 Jahren verkauft wird.[135]

Das präsidentielle System wurde 1993 durch das Plebiszit über Staatsform (Republik vs. Monarchie) und Regierungssystem (parlamentarisches vs. Präsidentielles System) endgültig bestätigt:

Tabelle 8: Das Plebiszit zum politischen System Brasiliens von 1993[136]

		Enthaltungen	ungültige Stimmen
Für den Parlamentarismus:	24,6%		
		10,5%	13,2%
Für den Präsidentialismus:	55,5%		
Für die Republik:	66,1%		
		5,2%	14,7%
Für die Monarchie:	10,2%		

Die neue brasilianische Verfassung ist Ergebnis der politischen Öffnung und des Demokratisierungsprozesses. Die Debatten wirkten weit über die *Constituinte* hinaus in den politischen und gesellschaftlichen Raum hinein. In den politischen Parteien, den Medien und auch innerhalb zivilgesellschaftlicher Gruppen wurde breit diskutiert. Die Verfassung hat einen wichtigen Beitrag zu einer freilich graduellen Demokratisierung Brasiliens geleistet.

---

135 Diese Information verdanke ich Gilberto Calcagnotto.
136 Quelle: Calcagnotto 1994b, S. 61.

In ihren Inhalten ist sie allerdings recht eklektizistisch, zu umfassend und unrealistisch anspruchsvoll in ihrer Bestimmung der Grundrechte und Staatsziele. Ihre Normen entsprechen kaum den begrenzten wirtschaftlichen Möglichkeiten und sicher nicht der politischen Machtverteilung innerhalb des Landes. Das Ziel einer fundamentale(re)n Gesellschaftsreform läßt sich nicht erkennen, wohl aber Fortschritte in Teilbereichen. Auch fehlen der Verfassung Durchsetzungsmechanismen, so daß es sich bei ihren Normen ganz überwiegend um allgemeine Staatszielbestimmungen handelt.

Welche Bedeutung die Verfassung für die praktische Politik auf längere Sicht haben wird, bleibt abzuwarten. Präsident Cardoso hat bereits Verfassungsänderungen in der Wirtschaftspolitik vorgeschlagen, weil in ihr nationalistische Positionen festgeschrieben worden seien (zur Politik Cardosos vgl. Fritz 1996). Für ihn ist die Verfassung zu einem Hindernis für wirtschaftlichen und institutionellen Fortschritt geworden:

"Die Verfassung spiegelt [...] die Vision eines interventionistischen Staates wider – eines Staates, der private Beziehungen reguliert, [...] als Agent von Veränderungen und Förderung von Entwicklung, [...] schließlich als Verteiler von sozialen Leistungen mit der entsprechenden Bereitstellung finanzieller Mittel. Davon abgesehen, atmet die Verfassung den Geist eines autokratischen Entwicklungsmodells mit der Diskriminierung ausländischen Kapitals." (Cardoso 1996, S. s)

1995 schaffte der Kongreß die Staatsmonopole für Erdöl, Erdgas, Telekommunikation und Häfen ab, machte die Vorzugsbehandlung nationaler Unternehmen rückgängig und bezog in das Privatisierungsprogramm Energieversorgung und Telekommunikation ein (JB LA 1996, S. 182).

Insgesamt muß betont werden, daß die neue Verfassung für die sozialen Bewegungen des Landes eine wichtige Rolle spielt, weil sie ihre Organisationen und die Möglichkeiten, öffentlich politische Forderungen zu stellen, legitimiert. Damit hilft sie ihnen, sich von dem aus der Militärdiktatur stammenden Verdacht der "Subversion", etwa bei Streiks, zunehmend zu befreien.

Das Militär hatte sich auf die *Constituinte* sorgfältig vorbereitet und zur Lobby-Arbeit beim Kongreß dreizehn Generalstabs-Offiziere sowie weiteres Verwaltungspersonal abgestellt (Stepan 1988, S. 134f.). Vor der zuständigen Fachkommission der *Constituinte* traten 23 Experten auf, darunter 21 aktive oder pensionierte Militärs. Bei den beiden Zivilisten handelte es sich um den Präsidenten der Brasilianischen Rechtsanwaltskammer (OAB) und Oberst a.D. Cavagnari Filho vom Nukleus für Strategische Studien der Staatsuniversität Campinas, Bundesstaat São Paulo (Stepan 1988, S. 130f.).

Die Militärführung formulierte ihre Forderungen in einer eigenen Publikation mit dem Titel *Temas Constitucionais*. Hierin trat sie für eine auch in Zukunft aktive Rolle des Militärs in Fragen der inneren Sicherheit ein, lehnte die Schaffung eines Verteidigungsministeriums ab und sprach sich für die Beibehaltung des Nationalen Sicherheitsrates aus, an dessen Arbeit aber in Zukunft die Präsidenten der Abgeordnetenkammer, des Senats und des Obersten Gerichtshofes teilnehmen sollten (Centro de Comunicação do Exército, Temas Constitucionais, zit. in ebda., S. 131).

Es war schon darauf hingewiesen worden, daß die Verfassungen von 1891, 1938, 1945 und 1967/69 der "Schutz der Institutionen" als Aufgabe der Streitkräfte definierten.[137] Diese waren dem Präsidenten "innerhalb der Grenzen des Gesetzes" zum Gehorsam verpflichtet. Dagegen verlangte die Verfassung der Diktatur von 1967/69 Gehorsam gegenüber den *existierenden Autoritäten*, nicht gegenüber einer demokratischen Regierung.

Die Formulierung "Gehorsam innerhalb der Grenzen des Gesetzes" konnte, wie schon früher erwähnt, die jeweilige Militärführung für ihre eigene Auslegung nutzen, weil im konkreten Fall ihr allein die Entscheidung vorbehalten blieb. Damit wies die Verfassung faktisch dem Militär eine übergeordnete Stellung gegenüber anderen Institutionen zu, vor allem im Vergleich zur Regierung und zum Obersten Gerichtshof.

Mitglieder der *Constituinte* schlugen vor, den Artikel 92 der Verfassung von 1967/69 zu ändern, der die Streitkräfte mit der Aufrechterhaltung von Recht und Gesetz beauftragte. Dieser Artikel sollte durch den Wortlaut "garantieren die verfassungsmäßigen Institutionen" ersetzt werden. Aber Armeeminister Pires erklärte daraufhin, die Versammlung würde von einer kleinen Minderheit beherrscht. Entweder der Verfassungsentwurf würde geändert oder die Versammlung müßte aufgelöst werden (Müller 1988, S. 155).

Im Ergebnis kam es zu einem Kompromiß, denn in der Verfassung heißt es in Artikel 142: "Die Streitkräfte, bestehend aus Marine, Heer, und Luftwaffe, sind ständige und reguläre nationale Institutionen. Ihre Organisation basiert auf Hierarchie und Disziplin. Sie stehen unter dem Oberbefehl des Präsidenten des Republik. Ihre Aufgabe besteht in der Verteidigung des Vaterlandes, im Schutz der Verfassungsorgane, und – auf Initiative irgendeines von diesen – in der Aufrechterhaltung von Gesetz und Ordnung." (zit. in Wöhlcke 1999, S. 40f.)

Entscheidend ist der letzte Teil des Artikels. In der Verfassung wird das vorher zugestandene und auch praktisch ausgeübte Recht auf Intervention beschränkt

---

137 Zur Diskussion um die Verfassung von 1946 siehe Flynn 1978, S. 110-140.

auf eine jetzt notwendig werdende Aufforderung durch Regierung, Kongreß oder Obersten Gerichtshof. Dies ist ein erstaunlicher Kompromiß: Alle drei Gewalten können das Militär mit einem Eingreifen im Bereich der inneren Sicherheit beauftragen, obwohl doch Interessenkonflikte vor allem zwischen Exekutive und Legislative wahrscheinlich sind. Diese Lösung gibt der Militärführung wiederum eine Schiedsrichterrolle *(poder moderador)*, denn die Verfassung definiert nicht, wem in erster Linie Gehorsam geschuldet wird, wenn sich die drei Gewalten untereinander nicht einig sind.[138]

Das Ausführungsgesetz über den Einsatz des Militärs (Art 1, Abschnitt 1, Lei Complementar Nr. 69 vom 23.7.1991) macht die Streitkräfte für die Verteidigung des Vaterlandes und den Schutz der Verfassungsorgane, und auf Veranlassung jeder dieser Gewalten, für die Aufrechterhaltung von Gesetz und Ordnung verantwortlich, wenn die hierfür vorgesehenen Instrumente zur Aufrechterhaltung der öffentlichen Ordnung und der persönlichen Sicherheit des Bürgers erschöpft sind. Darüber hinaus können "subsidiäre Aufgaben" wahrgenommen werden, ohne daß ihr verfassungsmäßiger Einsatz hierdurch beeinträchtigt werden soll, z.B. Beiträge zur nationalen Entwicklung und Nothilfe für die Bevölkerung (Costa 1998, S. 235).[139] Nach Art. 144 der Verfassung von 1988 sind Bundespolizei, *Polícia Civil, Polícia Militar* und andere Polizeikräfte für die Aufrechterhaltung der öffentlichen Ordnung verantwortlich.

Das Militär setzte sich bei der Festlegung auf das Präsidialsystem, der Aufgabenbestimmung der Streitkräfte im Verfassungstext und bei der Regelung der Amnestie für die Soldaten durch (Oliveira 1987, S. 156f.). Auch wurde in der *Constituinte* kontrovers diskutiert, wie mit den über 2.600 Offizieren und Soldaten umgegangen werden sollte, die ihren Dienstrang nach 1964 verloren hatten. Das Militär war auch hier erfolgreich. Die Betroffenen wurden voll rehabilitiert, aber nicht wieder offiziell in die Streitkräfte aufgenommen. "Das Militär argumentierte, daß durch eine solche Maßnahme das bestehende Hierarchiegefüge und die Beförderung durcheinander gerieten" (*Veja*, 29.7.1987, S. 33). Schließlich wurden im wesentlichen die Regelungen bestätigt, die die Militärregierungen selbst 1979 und 1984 beschlossen hatten. Der betreffende Personenkreis galt weiterhin als Soldat der Reserve mit der Beförderung innerhalb der jeweiligen Dienstgradgruppe, kann aber nicht in den aktiven Dienst zurückkehren (Moltmann o.J., S. 4).

---

138 In anderen Staaten liegt die Befugnis, das Militär innenpolitisch einzusetzen, bei der gewählten Regierung, muß aber im Notstandsfall vom Parlament nachträglich gebilligt werden, wie auch eine Verlängerung des Eingreifens zustimmungspflichtig ist.
139 Für den Text siehe Gazeta Mercantil (São Paulo), 25.7.1991, S. 8.

4.5.2 Die Regierung Collor

Die Regierung Collor irritierte das stärker werdende öffentliche Profil des Militärs und der dadurch ausgeübte politische Druck. Ob es sich hierbei um einen neuen Trend handelte oder ob sich im Gegenteil eher das Ende einer politischen Rolle des Militärs ankündigte, war damals auch für Analytiker im Land selbst unklar (*LAWR*, 25.4.1991, S. 6f.). Im März 1991 hatte z.B. der Luftwaffenminister erklärt, das Militär würde sein verfassungsmäßiges Schicksal erfüllen (*Veja*, 13.3.1991, S. 86).

Generalstabschef Correia Neto hatte 1991 einen Gesetzentwurf über Organisation, Training und Beschäftigungsbedingungen in den Streitkräften vorgelegt. Die Militärminister setzten sich in diesem Zusammenhang für eine Gehaltserhöhung von rd. 157% ein. Correia Neto erklärte, die Öffentlichkeit solle sich nicht beunruhigen. Die Unzufriedenheit unter Offizieren und Truppen würde nicht zu Handlungen von Ungehorsam führen (*LAWR*, 9.5.1991, S. 11). Es kam in der Frage der Gehaltserhöhungen wiederholt zur Gewaltandrohung einzelner Offiziere, und der Präsident gewährte schließlich eine 25%ige Gehaltserhöhung durch das ihm in der neuen Verfassung eingeräumte Instrument einer "provisorischen Maßnahme", einen Zuschlag, der weit über den Gehaltserhöhungen der zivilen Staatsbediensteten lag (*Veja*, 5.6.1991, S. 16).[140]

Nachdem der Kongreß anfangs die "provisorische Maßnahme" abgelehnt hatte, erklärten die Militärminister, das Militär sei an der nationalen Entwicklung und der Modernisierung des Landes wie auch dem sozialen Wohlergehen seiner Bevölkerung interessiert. Exekutive und Legislative wären nicht in der Lage, harmonisch adäquate Maßnahmen durchzusetzen, um die Probleme des Landes zu lösen. Ursache hierfür sei, daß unbedeutende Einzelinteressen befriedigt würden, die zu einer Immobilisierung der Exekutive führten. Daraufhin häuften sich Disziplinverstöße jüngerer Offiziere, und am 1. Oktober 1991 beschloß der Kongreß eine 45%ige Erhöhung der Gehälter, deren Wirksamkeit allerdings durch die 20%ige Inflation in den folgenden Monaten vermindert wurde. Bereits 1988 war es nach intensiven Lobby-Aktivitäten der Militärminister zu einer Erhöhung um 130% gekommen, während andere Staatsangestellte mit zwischen 78% und 102% Vorlieb nehmen mußten (*Veja*, 9.3.1988, S. 24-30).

Im November 1991 berichtete die landesweit vertriebene Zeitung *O Globo* über einen Korruptionsfall, bei dem das Militär 130 Mrd. Cruzeiros für Uniformen

---

140 Sie kam kurz nach einem Zwischenfall, bei dem angeblich kolumbianische Guerilleros brasilianische Truppen angegriffen hatten und zurückgeschlagen wurden. Das Militär warnte daraufhin vor einer wachsenden Bedrohung der nationalen Sicherheit (vgl. Kap. 5.4).

ausgegeben hatte, die es für 50 Mrd. bei einem Einzelhändler hätte einkaufen können. Dieser Skandal schwächte die Legitimation der Forderungen nach Gehaltserhöhungen.

Die Spannungen zwischen Militärführung und Regierung über abnehmende Gehälter nahmen zu. War es der Regierung noch 1991 und 1992 gelungen, die Militärausgaben von 20,53% des Staatshaushalts 1990 auf 15,64% (1991) und 14,71% (1992) zu verringern, so begann das Militär im Juni 1992, mit dem Bekanntwerden von Korruptionsvorwürfen gegen den Präsidenten, diesen unter Druck zu setzen. Es erreichte zunächst Zusagen zu Gehaltserhöhungen wie auch zu einer Erhöhung des Verteidigungshaushalts, hat sich dann aber neutral im Konflikt um den Präsidenten verhalten (Hunter 1997, S. 112).

Nachdem die Ermittlungen zu den Korruptionsvorwürfen gegenüber Collor immer neue Informationen an den Tag gebracht hatten, kam der Präsident mit seinem Rücktritt 1992 der Amtsenthebung durch den Kongreß zuvor (zu den Hintergründen vgl. Vasconcelos 1995 und Sembach 1995). Zwei Jahre später, im Dezember 1994, sprach der Oberste Gerichtshof ihn mit fünf zu drei Stimmen von der Anklage der passiven Bestechung frei und den Unternehmer Paulo César Farias schuldig (7 Jahre Haft). Durch eine Entscheidung des Senats ist Collor jedoch bis zum Jahr 2000 von der Wahl in öffentliche Ämter ausgeschlossen.

Präsident Collor war deutlich restriktiver in der Gehaltspolitik, und auch der Kongreß unternahm Schritte, die geheimen Regierungsfonds als einen Haushaltsposten zu eliminieren; diese dienten zu einem großer Teil der Finanzierung von Hochtechnologieprojekten. Sparmaßnahmen zwangen die Regierung, den Anteil des Bundeshaushaltes um ein Viertel zu verringern, und das Calha-Norte-Projekt kam praktisch zum Stillstand (vgl. Kap. 5.4). Die Projekte eines nukleargetriebenen U-Boots und eines neuen Kampfflugzeugs wurden stark beschnitten (Hunter 1994b, S. 643). Collor gelang es insgesamt, eine stärkere zivile Kontrolle durchzusetzen. So wurden sofort und sichtbar zwei Fälle von öffentlicher Kritik hoher Militärs am Präsidenten, die ihnen disziplinarisch verboten ist, geahndet. Die pensionierten Generäle Newton Cruz und Euclydes Figueiredo, Bruder des letzten Militärpräsidenten, wurden bei Cruz mit zehn Tagen Gefängnis und bei Figueiredo mit einer schriftlichen Ermahnung bestraft (*Jornal do Brasil*, 12.5.1990; *El Nacional* [Caracas], 13.5.1990).

Wie sein Vorgänger ließ Collor das Militär ohne eine genauere Definition seiner Mission, wenn auch die Verfassung von 1988 (Artikel 142) und das bereits erwähnte Ausführungsgesetz über den Einsatz des Militärs von 1991 einen allgemeinen Rahmen vorgaben.

4.5.3 Die Regierung Franco

Bei Amtsantritt Präsident Francos bestanden beträchtliche Unsicherheit und schlechte Moral in allen drei Teilstreitkräften. Die Militärführung brach ihr Schweigen und forderte die Regierung in einer Weise heraus, wie dies seit 1985 nicht geschehen war. Besonders der zweite Korruptionsfall nach Collor, dieses Mal des Kongresses – 17 Mitglieder des Haushaltsausschusses wurden beschuldigt, sich selbst bereichert zu haben – führte dazu, daß hohe Militärs wiederholt die Schwäche der politischen Führung im Land kritisierten (*Veja*, 8.12.1993, S. 36-40). Wie sein Vorgänger reagierte Franco mit einer Erhöhung des Verteidigungshaushaltes und der Gehälter.

Großes Aufsehen erregten 1993 inoffizielle Berichte über eine sechsstündige Konferenz zu der als besorgniserregend wahrgenommenen Lage Brasiliens in der CIA-Zentrale in Fort Langley, an der das Zentrum für Strategische Studien der Universität Georgetown und das Pentagon beteiligt waren. Man sei zu dem Schluß gekommen, so hieß es in der Medienberichterstattung, daß Präsident Franco seine Amtszeit aufgrund der politischen Gesamtlage wahrscheinlich nicht würde beenden können. Auch wurde eine deutliche Verschlechterung der wirtschaftlichen und sozialen Lage befürchtet. Der CIA sei überdies in seiner Analyse zu dem Ergebnis gekommen, daß ein Militärputsch drohe. Als präventive Maßnahme wurde die Übernahme von zwei oder drei zivilen Ministerien durch Generäle empfohlen. Das State Department bestätigte, daß die Konferenz stattgefunden hatte, aber nicht die in der Presse zitierten Schlußfolgerungen (*IL*, 10.6.1993, S. 262). Tatsächlich bemühte sich die Regierung Franco um die Zustimmung des Militärs zur Ernennung von Luiza Erundina (PT, frühere Bürgermeisterin von São Paulo) zur Ministerin für Verwaltung. Der ad interim amtierende Landwirtschaftsminister wurde in der Öffentlichkeit als Mann des Militärs angesehen. Angeblich bemühte sich das Militär auch um eine stärkere Rolle bei Regierungsentscheidungen über Fragen der nationalen Grenzen.

Senator Jarbas Passarinho, ein pensionierter Armeeoberst und aktiver Teilnehmer am Putsch von 1964, warnte 1993 aus Anlaß eines kurzfristigen Streiks der Bundespolizei vor einer Krise des Staates und der Autorität. Die Bundespolizei hatte mit ihrem Streik gegen die Ernennung von Oberst Brandi Romão protestiert, die als Affront gegenüber der gesamten Institution aufgefaßt wurde (*LAWR*, 16.9.1993, S. 5; das Motiv für den Affront war die Ablehnung eines Militärs als Polizeichef). Er wies daraufhin, daß sich hochrangige Reserveoffiziere regelmäßig träfen und über die sich verschlechternde Hierarchie und Disziplin, wie z.B. den Streik der Bundespolizei, diskutierten. Passarinho meinte, die Streitkräfte wollten keinen Putsch, aber bestimmte Umstände, auf die er nicht weiter einging, könnten sie in diese Richtung führen. Präsident Franco verwahrte sich gegen Gerüchte über einen Coup gegen die Demokratie, und Armeeminister Zoroastro de Lucena erklärte ebenfalls, er sähe keine Putschgefahr.

Ein weiterer Schwerpunkt der Regierungspolitik war die Stärkung der civic-action-Komponente der Streitkräfte, besonders der Armee, die unter Franco zur Verteilung von Nahrung in den Armutsvierteln eingesetzt wurde. Der Präsident forderte sie auf, Gesundheitsdienste und andere humanitäre Hilfe anzubieten, ebenso sanitäre Anlagen, Wohnungen und Straßen zu bauen (Hunter 1994b, S. 645). Hierauf reagierte man in der Militärführung durchaus mit gemischten Gefühlen, denn einerseits sah man durchaus die Notwendigkeit, eine stärkere Rolle bei civic action und in der nationalen Entwicklung, besonders angesichts der Armut im Land, zu spielen. Andererseits wird jeder über den unmittelbaren militärischen Kampfauftrag hinausgehende Einsatz als eine Beeinträchtigung der professionellen Rolle gesehen, der überdies knappe Ressourcen beansprucht, die für militärfremde Aufgaben eingesetzt werden. Das Militär hatte aber unterdessen auch verstanden, daß eine allein durch nationale Verteidigungsaufgaben bestimmte Rolle nicht ausreichen wird, um den großen Umfang der Streitkräfte und die Höhe des Militärhaushaltes auf Dauer zu legitimieren.

Franco nahm das Militär 1993 von der von Wirtschaftsminister Cardoso verfochtenen 40%igen Kürzung des Staatshaushaltes aller Ministerien aus. Er versprach, die Lieblingsprojekte der Teilstreitkräfte zu schützen und besetzte zahlreiche zivile Positionen mit Militärs.

Am Ende der Amtszeit Francos ließ sich ein Militär als Präsidentschaftskandidat aufstellen, allerdings ohne daß er minimale Erfolgschancen gehabt hätte. Der pensionierte Brigadier und frühere Luftwaffenchef, Ivan Frota, eröffnete seine Wahlkampagne mit dem Manifest "Streitkräfte, die letzte Linie der Verteidigung", das selbst von der maoistischen Kommunistischen Partei zustimmend kommentiert wurde (*IL*, 21.10.1993, S. 483). Seine Kandidatur wurde von der kleinen Sozial-Christlichen Partei unterstützt. Auch rief er eine Bewegung "Demokratie und Ethik" ins Leben (*LARR. B*, 21.10.1993, S. 5). In einem Artikel in der Zeitung *O Estado de São Paulo* protestierte er gegen die "Degradierung" der Streitkräfte, die mit geringen Gehältern und unzureichender Ausrüstung kämpfen müßten. Den Großmächten – gemeint waren die USA – warf er vor, sie suchten die Zerstörung der brasilianischen Streitkräfte, weil sie einer der letzten Stützpfeiler eines echten Nationalismus seien (*LAWR*, 19.8.1993, S. 377).

Das Militär und die politische Linke

Nur auf der linken Seite des politischen Spektrums, in der Arbeiterpartei (PT), kam es zu einer ernsthaften Diskussion über die Rolle des Militärs.[141] Es wurde nicht, wie vielleicht zu erwarten wäre, seine Abschaffung gefordert, aber jede Betätigung im Bereich der inneren Sicherheit sollte aus der Verfassung gestrichen werden. Damit wird die Rolle eines Vormunds gegenüber Staat und Gesellschaft abgelehnt (*Brasil Agora*, Nr. 57 (1994), S. 5). Gefordert wurde seine Professionalisierung, die Fortsetzung des Nuklear-programms ohne militärische Komponente, die Schaffung einer schnellen Einsatztruppe sowie die Einrichtung eines Verteidigungsministeriums und eines freiwilligen Militärdienstes.

Bei einem Seminar im November 1993 über das Programm der zukünftigen Regierung unter dem PT-Präsidentschaftskandidaten "Lula" wurde von den mitdiskutierenden Militärs folgende Thesen vertreten: Die Existenz der Streitkräfte fände ihre Begründung in der Bedrohung von außen. Brasilien sei durch einen äußeren Feind bedroht, durch die Anmaßung der reichen Länder, überall zu intervenieren. Die Gewährleistung der inneren Sicherheit sei die Aufgabe anderer bewaffneter Einheiten des Staatsapparates, vor allem der Polizei; die Streitkräfte könnten diese höchstens unterstützen. Gäbe es keine äußeren Feinde, wären die Streitkräfte überflüssig. Die Souveränität Brasiliens sei in Amazonien bedroht (nach Fatheuer 1994, S. 22f.).

Im gleichen Jahr kam es zu einer Begegnung zwischen hohen Vertretern der ESG und Politikern der politischen Linken. Hierbei sprach Admiral Hernani Goulart Fortuna von der Notwendigkeit eines "nationalen Projektes", das die sozialen Faktoren berücksichtigt, und kritisierte die exzessive Sorge des politischen Establishments über wirtschaftliche und industrielle Fragen (ebda.). Andere hohe Militärs, die sich kritisch zur Regierungspolitik äußerten, waren General Oswaldo Muniz Oliva, Otávio Costa (Sprecher der Militärregierung Médicis) und Brigadier (Luftwaffengeneral) Sérgio Xavier Serolla.

1993 lud der Generalstab in Brasília sogar drei PT-Gastredner ein, den Senator Eduardo Suplicy, den Abgeordneten José Genoino, einen früheren Guerillero, und den Wissenschaftler Moreira Alves, dessen scharfe Kritik am Militär Ende der 60er Jahre zur Institutionellen Akte Nr. 5, dem schärfsten und antidemokratischsten Instrument der Diktatur, geführt hatte.

Die ESG identifizierte die Armut von Millionen Brasilianern als neuen Hauptfeind. In einer gemeinsamen Erklärung der drei Teilstreitkräfte im April

---

141 Zur PT siehe Fatheuer/Pinguelli Rosa 1989 und Keck 1992.

1993 wurde nicht nur an die "demokratische Revolution" von 1964 erinnert, sondern der Kampf gegen Armut zur wichtigsten Priorität erklärt (*LAWR*, 29.4.1993, S. 182). Allerdings blieb völlig unklar, ob diese Erklärungen reine Rhetorik waren oder minimale Auswirkungen auf Doktrin und Training der Streitkräfte haben würden. Bisher ist kein Einfluß erkennbar.

Mit Blick auf die Präsidentschaftswahlen bemühte sich die PT-Führung 1994 darum, ihr Einverständnis mit dem Verteidigungshaushalt und mit dem geplanten Ausbau der Institution klar zu signalisieren – zum nicht geringen Erstaunen der eigenen Parteibasis.

Im Rahmen der Debatte über zunehmende Privatisierung unter dem Wirtschaftsminister und späteren Präsidenten Cardoso kam es zu einer Annäherung zwischen Positionen des Militärs und des ehemaligen Linkspolitikers Brizola, der kontinuierlich die "internationalen Verluste" beklagte, womit die Zahlung der Auslandsschulden gemeint war. Auch lehnte Brizola[142] die Privatisierung von als strategisch angesehenen Unternehmen wie der *Companhia Siderúgica Nacional* ab. In diesen Punkten stimmten viele Offiziere mit ihm überein. 1995 ging Brizola sogar so weit, öffentlich zu einer Militärintervention einzuladen, falls sich diese nur gegen die Privatisierungen richten würde; dies war der singuläre Fall eines prominenten Politikers in den 90er Jahren, der offen zum Verfassungsbruch zur Erreichung seiner Ziele aufforderte und hierfür auch sofort kritisiert wurde (Gunther et al. 1996, S. 159).

Insgesamt zeigte sich auf drei Gebieten eine Konkordanz zwischen den Zielen der PT und den Streitkräften, besonders der Armee: Bei der Ablehnung der Korruption, bei der Forderung nach einer nationalistischen Wirtschaftspolitik und bei der Erhöhung der Gehälter des Militärs. Generalstabschef Admiral Leite Pereira begleitete z.B. 1993 die frühere Bürgermeisterin von São Paulo und spätere Ministerin für Verwaltung, Luiza Erundina, auf dem Weg zum Kongreß, wo sie für eine monatliche Anpassung der Gehälter eintrat.

4.5.4 Die Regierung Cardoso

Die Regierung Cardoso hat als einzige gewählte Regierung nach 1985 ein eigenes Verteidigungskonzept 1996 vorgelegt; dies wird im Kap. 5.2.1 über die Mission der Streitkräfte ausführlich behandelt. Darin wird die Möglichkeit einer Zusammenlegung der drei Militärministerien zu einem Verteidigungs-

---

142 Brizola galt seit Beginn der 60er Jahre als extrem linker Politiker und war eine *bête noire* für das Militär. In der neuen Demokratie wurde er zweimal (1982-86 und 1990-94) Gouverneur des Bundesstaates Rio de Janeiro.

ministerium erwähnt, aber nicht gefordert. Zuvor war ein solches Ministerium bei den Verhandlungen über die neue Verfassung von 1988 vorgeschlagen, aber von den Streitkräften strikt abgelehnt worden. Der Präsident setzte ein Komitee zur Prüfung dieser Frage ein (*LARR.B*, 28.11.1996). Am 1. Januar 1999 wurde das Ministerium mit dem Zivilisten Elcio Alvares an der Spitze schließlich geschaffen. Im Januar 2000 wurde Alvares, der vorher Luftwaffenchef Brauer abgesetzt hatte, selbst entlassen. Der Club der Luftwaffe reagierte mit einem Mittagessen, an dem rund 600 Gäste, vor allem Militärs im Ruhestand, teilnahmen. Es wurde Kritik an der Absetzung des Luftwaffenchefs geäußert. Club-Präsident Brigadier Braga betonte in einer Rede, die Regierungspolitik in Brasilien sei nahezu inakzeptabel, und man könne in nur einem Wort die Stimmung seiner Zuhörer zusammenfassen: "es reicht" (*LAWR*, 4.1.2000, S. 4). Generalstaatsanwalt Geraldo Magela Quintão wurde neuer Minister.

Auch Probleme der Diktatur wurden angegangen. Die Regierung brachte ein Entschädigungsgesetz für die Opfer der Menschenrechtsverletzungen im Kongreß ein, auf dessen Grundlage Zahlungen von bis zu 226.000 DM an die 136 Familien von "Verschwundenen"[143] geleistet werden. Für "verschwundene" Brasilianer und in Brasilien getötete Ausländer sind keine Entschädigungen vorgesehen. Menschenrechtsorganisationen kritisierten das Gesetz als nicht ausreichend. Präsident Cardoso hat eine Kommission damit beauftragt, die Auszahlung der Entschädigungen zu überwachen und weiteren Fällen von Menschenrechtsverletzungen nachzugehen. Er rief dazu auf, dieses dunkle Kapitel der brasilianischen Geschichte abzuschließen. So etwas werde nie wieder vorkommen. (*Der Tagesspiegel*, 30.8.1995). Bereits im Vorfeld hatte das Militär gegen den Gesetzentwurf protestiert. Es berief sich auf das 1979 erlassene Amnestiegesetz. Es legt fest, daß der Staat auf seinen Anspruch auf Strafverfolgung gegenüber mutmaßlichen Menschenrechtsverletzern und politischen Oppositionellen verzichtet. Dies bedeutet jedoch nicht, daß es nicht weiter eine politische und juristische Verantwortung für Menschenrechtsverletzungen gibt.[144]

Cardoso gab ein wichtiges politisches Signal, als er bei der Vorstellung des Gesetzentwurfes "stellvertretend für den Staat" die Verantwortung für die Menschenrechtsverletzungen während der Militärdiktatur übernahm; ein eindrucksvoller Schritt für einen Mann, den das Militär von seiner Professur ver-

---

143 Der Begriff "Verschwundener" ist ein Euphemismus für einen durch "Sicherheitskräfte" illegal Festgenommenen, der meist verhört, gefoltert und getötet wird. Seine Leiche lassen die Täter dann "verschwinden".
144 Zum Text des Amnestiegesetzes und zu Diskussionen über das Gesetz vgl. Congresso Nacional 1982.

trieben hatte und der für seinen Widerstand gegen die Militärdiktatur bekannt ist. 1996 zahlte die Regierung in 112 Fällen an die Familien von "Verschwundenen" unter der Diktatur eine Entschädigung von zwischen 100.000 und 138.000 Reais (JB LA 1997, S. 161). Nach weiteren Untersuchungen wurden zusätzliche Zahlungen an 43 Familien geleistet (Oliveira 1998, S. 65).

Innenpolitisch setzte auch Cardoso das Militär für Polizeiaufgaben ein (vgl. Kap. 5.3). In einer Studie über die Politik der öffentlichen Sicherheit in Brasilien kommt Neto auf 31 Einsätze des Militärs, vor allem des Heeres, in den Jahren 1985 bis zum Oktober 1997, vier während der Präsidentschaft Sarney, drei unter Collor, sieben unter Franco und siebzehn unter Cardoso (Neto 1999, S. 211).

4.5.5 Demokratie und Militär in der öffentlichen Meinung

Zwischen 1972 und 1988 wurde die Frage nach mehr Macht für die Parteien bzw. die Unerläßlichkeit von Parteien für die Demokratie von rd. 50% der Befragten positiv beantwortet (1982 stellte mit 71% eine Ausnahme dar: Die Frage lautete damals, ob die Zulassung einer einzigen Partei für das Land besser wäre). 1988 stimmten 43% dem Satz "Demokratie ist besser als jede andere Regierungsform" zu, und 1990 waren es bereits 56%. Die Aussage "Manchmal ist eine Diktatur besser als eine Demokratie" befürworteten 1988 21% und 1990 17%.[145] Die stärkste Politisierung ist in den mittleren und Großstädten zu finden, wo der Dreifuß der politischen Partizipation – Einkommen, Bildung und Beschäftigung – jeweils positiv mit dem Politisierungsniveau korreliert (Calcagnotto 1994a, S. 182).

In einer Umfrage von 1988 in Argentinien, Chile, Brasilien und Uruguay waren die Antworten in Brasilien (beschränkt auf São Paulo) zu Demokratie besonders skeptisch. Zwar waren sich mehr als 80% der Befragten in allen vier Ländern einig, daß das beste politische System auf Wahlen basiert, aber die Befragten in Brasilien äußerten die stärkste Skepsis gegenüber dem Funktionieren der Demokratie. So stimmten der Behauptung, daß die Bevölkerung nicht klug wählen könne, 68% der Befragten in Brasilien, aber nur 29% in Chile zu. Das Wahlrecht auf Personen mit ausreichender Schulbildung zu begrenzen, befürworteten 73% der brasilianischen Befragten, aber nur 46% in Uruguay. Eine Rückkehr des Militärs in die Regierung wünschten sich drei Jahre nach dem Übergang zur Demokratie 40% der BrasilianerInnen, aber nur

---

145 Zum Vergleich: Chile 1988 62%, Argentinien 1988 74% und Deutschland 1976 90%. Die Befragungen wurden 1972, 1982, 1988, September 1989, Dezember 1989 und 1990 durchgeführt. Daten nach Calcagnotto 1994a, S. 178ff.

15% der argentinischen und 6% der uruguayischen Befragten (für Chile gab es zu diesem Punkt keine Daten) (zit. nach Muzynski/Mendes 1990, S. 71).

Bei Umfragen zwischen 1972 und 1990 sank der Prozentsatz der Befragten, die sich für ein stärkeres Engagement des Militärs in der Politik einsetzten, von 79% auf 36% (Calcagnotto 1994a, S. 178ff.).

Latinobarómetro fragte 1995, welches die drei politisch mächtigsten Gruppen im Land seien. In Brasilien nannten 30,9% das Militär (in Argentinien 18%, in Chile 46,8% und in Uruguay 22%). Mehr Macht für das Militär wünschten sich 32,9% in Brasilien (in Argentinien 5,4%, in Chile 10,6% und in Uruguay 8%). Auf die Frage, wieviel Vertrauen man in das Militär hätte, antworteten mit "viel" oder "etwas Vertrauen" 58,7% in Brasilien, 37,5% in Argentinien, 54,3% in Chile und 44% in Uruguay (Angaben zit. in Linz/Stepan 1996, S. 224).

Auf die Frage von *Latinobarómetro* "Wieviel Vertrauen haben Sie im Hinblick auf die genannten Institutionen, Gruppen oder Personen" kam das Militär 1996 mit 63% auf den ersten Rang, gefolgt von der Presse mit 50% und der Justiz mit 41%, aber noch vor der Regierung (25%), dem Parlament (19%) und den Parteien (17%) (zit. in Nolte 1997a, S. 49).

Abschließend läßt sich konstatieren, daß sich zwar seit Anfang der siebziger Jahren die positive Einstellung zu Demokratie und demokratischen Institutionen gefestigt hat, aber der Zweifel an der Leistungsfähigkeit der Demokratie bei der Entwicklung des Landes ist und bleibt erheblich höher als in den meisten anderen südamerikanischen Ländern, ebenso die Unzufriedenheit mit den politischen Parteien und Politikern. Das Militär genießt auch über einen längeren Zeitraum eine positive Wertschätzung in der Bevölkerung.

5. Die Erfahrungen Argentiniens und Brasiliens I: Die nationale Dimension

5.1 Der Umgang mit der Vergangenheit

In Brasilien hat sich die Frage nach dem Umgang mit Menschenrechtsverletzungen der Vergangenheit weit weniger scharf als in Argentinien gestellt. Fünf Faktoren waren hierfür verantwortlich:

- Das Militär war weder in einem Krieg besiegt worden noch hatte es in anderer Form erhebliche Einschränkungen seiner politischen Macht hinnehmen müssen; immerhin unterstand es jetzt einer demokratisch gewählten Regierung und der Gesetzgebung des Kongresses, der sich jedoch seit Jahren an Militärpolitik kaum interessiert zeigte.
- Es lagen zwölf Jahre zwischen dem Zeitpunkt der intensivsten Menschenrechtsverletzungen und dem Neubeginn der Demokratie (1968-1973 und 1985).
- Die Zahl der Fälle tödlicher Gewaltanwendung ("Verschwundene" und außergerichtliche Hinrichtungen) waren absolut und relativ zur Bevölkerungszahl sehr viel geringer als im Nachbarland Argentinien.
- Die Verabschiedung des Amnestiegesetzes von 1979 und der Übergang zur Demokratie 1985 fielen zeitlich weit auseinander.
- Beide Präsidentschaftskandidaten Maluf und Neves mußten 1984 akzeptieren, daß es keine Strafverfolgung für Militärs aufgrund von Handlungen während der Diktatur geben und das Militär die Kontrolle über die Rüstungsindustrie behalten würde. Beide Kandidaten waren damit einverstanden (Gibson 1989, S. 225).

Das von Gesellschaft und Politik begrüßte Amnestiegesetz von 1979 (vgl. Congresso Nacional 1982) unterminierte sechs Jahre später den Ruf nach einer Strafverfolgung von Menschenrechtsverletzungen. Die politischen Parteien waren ganz überwiegend nicht an einer Gefährdung der Transition durch (in der Sprache des Militärs) "revanchistische Handlungen" interessiert. Der Amtsantritt Sarneys fand 1985, dem Jahr des Prozesses gegen die drei Militärjuntas in Argentinien, statt. Brasilianische Offiziere erklärten wiederholt, sie würden argentinische Verhältnisse nicht zulassen. Aber wichtiger noch war die politische Kräftekonstellation: Es gab weder in der Zivilgesellschaft noch in der Politik Akteure, die hier einen neuen politischen Kurs steuern wollten. Die Ausnahme waren einige Rechtsanwälte und Menschenrechtsorganisationen, die die Angehörigen der Opfer von Menschenrechtsverletzungen vertraten, aber ihr politisches Gewicht war gering. Sie scheiterten mit einem entsprechenden

Gesetzentwurf an den politischen Kräfteverhältnissen im Kongreß (Skidmore 1988, S. 383).

Das argentinische Beispiel diente den brasilianischen Militärs als Abschrekkung. Sie wollten keine "argentinischen Verhältnisse", d.h. keine Untersuchungen zu Menschenrechtsverletzungen und auch keinen Zusammenbruch der militärischen Disziplin, wie dies 1987/88 in Argentinien sichtbar wurde.

Mehrere Beispiele hierfür: Armeeminister Pires Gonçalves verbot Militärangehörigen, Zeugenaussagen in Zusammenhang mit einem Gerichtsverfahren anläßlich des Todes von drei Streikenden während der militärischen Besetzung des Stahlunternehmens Volta Redonda zu machen. Da das Militär nur seine verfassungsgemäßen Aufgaben erfülle, müsse es seine Handlungen nicht erklären. Andere Generäle betonten bei einer Sitzung in Brasília, "daß der Versuch, Militärs auf die Anklagebank zu bringen, eine Beleidigung sei" und warnten, daß es in Brasilien keine "Argentinisierung" geben würde (*IL*, 29.6.1989, S. 5).

Im März 1987 wurde Anklage gegen fünf Angehörige der Streitkräfte, vier der Armee und einen Angehörigen der *Polícia Militar*, wegen der Entführung, Folterung und Ermordung des früheren Kongreßabgeordneten Rubens Paiva im Januar 1971 erhoben (*Brecha*, 27.3.1987, S. 21). Im Amnestiegesetz von 1979 waren die Straftaten Terrorismus, Überfall, Entführung und Attentat ausgenommen worden. Über Ergebnisse des Verfahrens wurde nichts bekannt.

Der bekannteste Fall, in dem eine Strafverfolgung versucht wurde, war General Newton Cruz, der zur extremen Rechten gerechnet wird. Er war 1984 von seinem Posten als Kommandant des Präsidentenpalastes abgelöst und zum stellvertretenden Leiter der Armee-Personalabteilung ernannt worden, weil er, so Armeeminister Pires, die Präsidentschaftswahlen behindern würde (*LAWR*, 7.12.1984, S. 8). Gegen ihn wurde im Zusammenhang mit der Ermordung des Journalisten Alexander von Baumgarten ermittelt, der lange Zeit für das Militär Aufgaben übernommen und dadurch einen weitgehenden Einblick in den Sicherheitsapparat bekommen hatte. Ein Gericht in Rio de Janeiro beschuldigte ihn 1987 dieses Mordes. Präsident Figueiredo kommentierte, der Fall Baumgarten diene nur als Vorwand, um die Militärs wie in Argentinien der Verletzung der Menschenrechte zu beschuldigen. Immerhin stellte Justizminister Oscar Correia klar, daß jeder brasilianischer Bürger, der durch den zuständigen Richter vorgeladen werde, Folge leisten müsse; er sei hierzu durch das Gesetz verpflichtet. Das Verfahren im Mordfall Baumgarten wurde eingestellt und keine Anklage erhoben.

Armeeoberst Brilhante Ustra, Militärattaché in Montevideo, wurde von einer Kongreßabgeordneten als ihr Folterer "Dr. Tibiriçá" erkannt und daraufhin von der Regierung Sarney nach Brasilien zurückgerufen. Als er auch noch auf einer militanten UDR-Demonstration gegen Landreform auftrat, wurde er schließlich vorzeitig pensioniert.[146] In einem anderen Fall stellte sich der frühere Präsident Quadros, damals Oberbürgermeister von São Paulo, vor Oberst Coutinho e Silva als seinen militärischen Sicherheitsberater, nachdem die Katholische Kirche diesen als mutmaßlichen Folterer in zwei Fällen identifiziert hatte. Er erschien in der Liste der 444 Folterer, die in Zusammenhang mit dem Bericht "Brasilien: Niemals Wieder" zusammengestellt wurde (*Hoy* [Ecuador], 28.12.1985). Im Juni 1995 kam es zur Entlassung des Militärattachés an der Botschaft in London, Armando Avólio Filho, nachdem ihm nachgewiesen wurde, daß er an Foltersitzungen während der Diktatur beteiligt war (JB LA 1996, S. 186).

In einem anderen Fall wurde ein der Folter verdächtiger Offizier befördert. Oberst Nilton de Albuquerque Cerqueira, dem Menschenrechtsgruppen die Beteiligung an Folterungen und summarischen Hinrichtungen zur Last legten, wurde 1987 dennoch zum General ernannt (*Veja*, 1.4.1987, S. 30f.).

1992 hat der frühere Unteroffizier des Centro de Defesa Interna-Departamento de Ordem Interna (DOI-CODI; Abteilungen für innere Sicherheit der Polizei während der Diktatur), Marival Dias Chaves, der Zeitschrift *Veja* über die Folterpraktiken unter der Diktatur berichtet. Nach seiner Aussage waren damals Sicherheitsexperten in São Paulo damit beschäftigt, die Leichen der Verschwundenen unkenntlich zu machen, indem sie zerstückelt wurden, bevor man sie verschwinden ließ. So seien z.B. die Leichen von acht führenden KP-Mitgliedern an verschiedenen Stellen des Flusses Rio Novo und des Stauwerkes Jurumirim im Bundesstaat São Paulo geworfen worden. Zwar versuchten Taucher der Zivilverteidigung und der Feuerwehr die Leichen nach siebzehn Jahren zu finden, hatten damit aber keinen Erfolg (*Veja*, 18.11.1992, S. 20-32).

Im Mai 1996 veröffentlichte die Zeitung *O Globo* einen offensichtlich authentischen Bericht aus militärischen Geheimdienstkreisen über die Ermordung und das "Verschwindenlassen" politischer Gefangener bei der Bekämpfung der Guerilla in Araguaia (Bundesstaat Pará) 1972-75, das erste entsprechende Eingeständnis einer militärischen Institution. Die Guerilla war von der *Partido Comunista do Brasil* (PCdoB) ins Leben gerufen worden. Mindestens neun Angehörige der Guerilla waren noch am Leben, als sie vom Militär überwältigt wurden. Generalstabschef Leonel erklärte im Mai 1996, die Streitkräfte

---

146 *Veja*, 29.7.1987, S. 33; 12.8.1987, S. 33. In einem später veröffentlichen Buch wies er die Vorwürfe zurück und rechtfertigte die Guerillabekämpfung Anfang der 70er Jahre (Brilhante Ustra 1987). Ebenso argumentiert ein anderer Militär, vgl. Pollo Giordani 1986.

hätten 1979 alle Dokumente nach der Verkündigung der Generalamnestie zerstört, und es wäre besser, wenn die ganze Sache vergessen werden würde. Das Justizministerium und der Menschenrechtsausschuß der Abgeordnetenkammer begannen jedoch damit, nach den sterblichen Überresten von 59 Angehörigen der Guerilla und weiteren zwanzig "verschwundenen" Einwohnern zu forschen (*LARR.B*, 6.6.1996, S. 7; vgl. auch *Veja*, 13.10.1993).

Anfang der 90er Jahre beurteilten hochrangige Militärs in einem umfassenden Interviewprojekt der Getúlio-Vargas-Stiftung die Periode der Militärregierung als überwiegend positiv. Die Methoden der Guerillabekämpfung wurden von den Armeegenerälen fast durchweg als richtig und legitim angesehen. In besonders positiver Erinnerung blieb die positive wirtschaftliche Entwicklung Ende der 60er Jahre.[147]

Auch in *Argentinien* befaßte sich die Regierung Menem mit den Opfern der letzten Militärdiktatur. Mit dem *Ley de Reparación Histórica* erhielten ab 1994 8.300 frühere politische Gefangene eine Entschädigung des Staates. Menem legte aber sein Veto gegen einen Gesetzentwurf ein, der Angehörigen von Familien, die "Verschwundene" zu beklagen hatten, vom Wehrdienst ausgenommen hätte. Nachdem 1995 die allgemeine Wehrdienst abgeschafft wurde, stellt sich diese Frage nicht mehr.

1994 entsandte die italienische Justiz einen Richter, einen Staatsanwalt und zwei Rechtsanwälte als Vertreter von Familienangehörigen nach Argentinien. Sie sollten dabei helfen, das Schicksal von 65 "verschwundenen" Italienern oder italienstämmigen Argentiniern aufzuklären. Generalstabschef Díaz lehnte eine solche Untersuchung in einem Memorandum an den Verteidigungsminister ab.

Achtzehn Jahre nach dem letzten Militärputsch und elf Jahre nach dem Beginn der Demokratie kam es im November 1994 unerwartet zu einer neuen Konfrontation mit der Vergangenheit. Die Regierung hatte die Beförderungen der beiden Fregattenkapitäne Pernías und Rolón zu Kapitänen zur See beantragt, denen der Senat zustimmen muß. Bei der entsprechenden Befragung der Offiziere bestätigte Pernías das System des Staatsterrorismus (ausführlich hierzu: Nolte 1996). Er sprach über Folter und Injektionen, die den politischen Gefangenen verabreicht wurden, um sie vor den Flügen ruhig zu stellen, bei denen sie dann in den Atlantik geworfen wurden. Ein dritter Offizier, Fregattenkapitän Scilingo, wandte sich an die Presse und berichtete über seine

---

[147] Vgl. D'Araújo et al. 1994a und Heinz 1995c. Für weitere Interviews mit Militärs zum Putsch von 1964 und dem Liberalisierungsprozeß siehe D'Araújo 1994, D'Araújo et al. 1994b, 1995.

Erfahrungen bei der Ermordung politischer Gefangener. In seinen Gesprächen mit dem Journalisten Horacio Verbitsky bestätigte er die Anwendung der Folter und das "Verschwindenlassen" politischer Gefangener, die aus dem Flugzeug gestoßen wurden. Er sprach von 1.500-2.000 Opfern. Am wichtigsten war seine Aussage, daß es sich um ein System zur Beseitigung der Gefangenen handelte und durch eine Rotation der Offiziere die Verantwortung hierfür auf die größtmögliche Zahl von Beteiligten ausgeweitet wurde (Verbitsky 1995). Armeefeldwebel Víctor Ibañez bestätigte, daß während der Diktatur Gefangene aus einem geheimen Lager in Flugzeuge transportiert und dann lebend ins Meer geworfen wurden; er sprach von 2.300 Opfern (Der Tagesspiegel, 27.4.1995). Der Senat lehnte die Beförderungen von Pernías und Rolón ab und desavouierte damit den Präsidenten.

Ende April 1995 erklärten die Stabschefs von Heer, Luftwaffe und Marine überraschend für Öffentlichkeit und Politik, im Krieg gegen die "Subversion" der letzten Militärregierung seien illegale Methoden angewandt worden. Das Selbstbekenntnis kam zu einem Zeitpunkt, als es wohl niemand mehr erwartet hätte. In den zwölf Jahren der neuen argentinischen Demokratie hatte kein hoher Militär zugegeben, daß systematische Menschenrechtsverletzungen in den Jahren 1976-1983 stattgefunden haben (Der frühere Polizeichef von Buenos Aires, General Ramón Camps, hatte sich zwar in diesem Sinn geäußert, war aber aufgrund seiner erratischen Persönlichkeit in der Öffentlichkeit zunächst kaum ernst genommen worden).

Die Erklärungen der Stabschefs von Heer, Marine und Luftwaffe stimmten darin überein, daß im Kampf gegen die Guerilla illegale Methoden von den Streitkräften angewandt wurden, variierten aber in der Klarheit der Aussagen, in dem Suchen nach Entschuldigungen und im Ausdruck der Reue.

Admiral Molina Pico betonte, die Militärs hätten damals auf eine Art und Weise reagiert, die nicht mit der Rechtsordnung und nicht einmal mit den Gesetzen des Krieges vereinbar gewesen sei. Es seien schwere Irrtümer und unkontrollierbare Grausamkeiten im Kontext einer für den Krieg typischen Grausamkeit begangen worden. Davon distanziere er sich heute und schließe aus, daß sie sich jemals in der Zukunft wiederholen würden. Er erkannte auch an, daß in dem Prozeß von 1985 (der jahrelang innerhalb des Militärs als politisch betrachtet und abgelehnt wurde) die Wahrheit über die angewandten Methoden zum Ausdruck kam (*Frankfurter Rundschau*, 6.5.1995).

Luftwaffenbrigadier Paulik sprach in Gegenwart Präsident Menems von gravierenden Fehlern beim Vorgehen des Militärs und von dem Horror, der allerdings von beiden Seiten begangen worden sei. Man könnte nicht nur eine Seite anklagen.

Am weitesten ging Heeresgeneral Martín Balza. Er sagte, er fände keine Worte. "Ich kann Ihnen nur Respekt zollen, angesichts des Schmerzes schweigen und schwören, daß ich alles unternehmen werde, damit sich diese Vergangenheit nie mehr wiederholt." Er wandte sich gegen diejenigen, die unmoralische Befehle anordneten und ausführten:

"Ohne gänzlich neue Worte zu suchen, sondern unter Berufung auf die alten militärischen Dienstanweisungen, befehle ich dem argentinischen Heer im Angesicht der gesamten argentinischen Gesellschaft einmal mehr, daß niemand verpflichtet ist, einen unmoralischen Befehl oder einen Befehl, der von den Gesetzen oder den militärischen Dienstvorschriften abweicht, zu befolgen. Wer es trotzdem tut, begeht eine rechtliche Verfehlung, die entsprechend ihrer Schwere bestraft wird.
Ohne Euphemismus erkläre ich in aller Deutlichkeit
- Es begeht eine Straftat, wer die Verfassung verletzt.
- Es begeht eine Straftat, wer unmoralische Befehle erteilt.
- Es begeht eine Straftat, wer unmoralische Befehle befolgt.
- Es begeht eine Straftat, wer zur Erreichung eines bestimmten Zieles, das er für gerechtfertigt hält, ungerechtfertigte, unmoralische Mittel anwendet."
(zit. in Nolte 1996, S. 98f.)

Er wies daraufhin, daß auch der Bruch der verfassungsmäßigen Ordnung eine Straftat sei (die übrigens vor dem Bundesberufungsgericht nicht zur Anklage kam).

Darauf antwortete einer der Hardliner unter den Militärs, General Bussi: "Nirgends auf dem nationalen Territorium ist gefoltert worden. Man müßte Balza fragen, wo, wann und wie er Folterungen gesehen hat, denn davon weiß ich nichts" (*Frankfurter Rundschau*, 6.5.1995).

Auch der Führer der peronistischen Guerilla, der *Montoneros*, Mario Firmenich, meldete sich zu Wort, aber seine Selbstkritik fiel eher bescheiden aus. Seit 1955 hätte sich ein Bürgerkrieg in Argentinien entwickelt, den die Montoneros nicht begonnen hätten. Sie müßten nicht bereuen, irgend jemand zum "Verschwinden" gebracht zu haben. Er empfand keine Reue für die Ermordung des früheren Präsidenten General Aramburu, mit der die Gewalteskalation 1970 ihren Anfang nahm, oder für den Tod anderer politischer Gegner, für den die Montoneros verantwortlich waren (für eine andere, eher kritische Position eines Montonerofuhrers siehe Cirilo Perdía 1997).

Menem hatte anläßlich der Anhörung zu Scilingo und Pernías im Senat erklärt, er werde bei der Beförderung auch in Zukunft vergangene Handlungen wie Folter nicht berücksichtigen, da dieses Thema mit den Begnadigungen und der Amnestie abgeschlossen sei (*El País*, 31.10.1994). Fünf Jahre später nahm er indessen in einem ähnlich gelagerten Fall eine andere Position ein.

An der Gedenkveranstaltung zum 20 Jahrestag des Putsches von 1976 nahmen in Buenos Aires 1996 zwischen 50.000 (Polizeischätzung) und 100.000 (Schätzung der Veranstalter) Personen teil (JB LA 1997, S. 137).

Im Juni 1999 klagte der Dichter Juan Gelman den Kommandeur des zweiten Armeekorps, Eduardo Cabanillas, an, er sei an Aktivitäten in dem geheimen Haft- und Folterzentrum *Automotores Orletti* in den 70er Jahren beteiligt gewesen. Dort waren Sohn und Schwiegertochter Gelmans zuletzt lebend gesehen worden. Später wurde die Leiche seines Sohns gefunden. Das Schicksal der Schwiegertochter und ihres in Haft geborenen Kindes ist bis heute nicht bekannt.

Der General dementierte, daß er etwas mit *Automotores Orletti* zu tun gehabt hätte. Die Menschenrechtsorganisation APDH recherchierte und beschuldigte ihn darauf, belastendes Material aus den Unterlagen für seine Beförderung entfernt zu haben. Die Armee nahm die Beschuldigung auf, und ein militärisches Ehrentribunal untersuchte den Fall. Es fand heraus, daß Cabanillas an die Offiziere unter seinem Kommando ein Buch verteilt hatte mit dem Titel "Subversion: Die vergessene Geschichte", in dem er die Armeeaktivitäten während der Diktatur rechtfertigte.

Darauf ordnete Generalstabschef Balza an, der General müsse seinen Kommandoposten aufgeben, da seine Aussagen im Widerspruch zur offiziellen Armeepolitik ständen. Der General lehnte dies jedoch mit dem Verweis darauf ab, nur der Präsident könne ihn absetzen, da seine Ernennung auf einer Präsidentenverordnung beruht. Präsident Menem gab dem Verteidigungsminister den Auftrag, den Vorschlag Balzas, Cabanillas abzusetzen, zu akzeptieren. Offen blieb, ob eine Untersuchung über die Entführung von Minderjährigen eingeleitet wird, eine Straftat, die, wie schon erwähnt, durch die Amnestiegesetze nicht erfaßt ist (*LAWR*, 8.6.1999, S. 254).

5.2 Militärpolitik und Entwicklung der Institution

Präsident Alfonsín verfolgte in seiner Militärpolitik eine strikte Trennung zwischen nationaler Verteidigung und innerer Sicherheit. Diese wurde nach dem Angriff auf die Tablada-Kaserne 1989 zwar aufgeweicht, aber nicht aufgehoben (vgl. Kap. 3.4.1).

Die Militärreform hatte eine neue, klare Mission der Streitkräfte, Veränderungen in der Ausbildung und in der Militärgesetzgebung zum Ziel. Alfonsín berief Zivilisten an die Spitze des neu eingerichteten Verteidigungsministeriums und der *Escuela de Defensa Nacional*. Die Positionen der Oberbefehlshaber für Heer, Marine und Luftwaffe wurden abgeschafft und ein gemeinsamer Generalstab eingerichtet. Zu den wichtigsten Schritten gehörten:

- Das Militärgesetzbuch wurde geändert. Bei normalen Straftaten müssen sich Militärs zum ersten Mal seit 1823 vor zivilen Gerichten verantworten. Die Militärjustiz wurde aber nicht abgeschafft.

- Eine Kommission mit Beteiligung von Zivilisten arbeitete an einer Reform der Curricula und der Mission der Streitkräfte. Der Regierung ging es um die Einführung einer demokratischen, am Staatsbürger orientierten Ausbildung. Die Widerstände waren besonders groß, weil die innermilitärische Kritik an den Prozessen gegen hochrangige Militärs 1984/85 gleichzeitig zunahm. Die Regierung wurde überwiegend als Feind perzipiert, die jetzt auch noch zu "indoktrinieren" versuchte. Die Ablehnung, ja sogar Haß, gegenüber diesem Präsidenten war stark. Die von mir interviewten Militärs vermuteten, er wolle die Streitkräfte zerschlagen oder aber zumindest entscheidend schwächen.[148] Angesichts des erheblichen Widerstandes blieb dieser Teil der Reform stecken.

- Das Gesetz zur Verteidigung der demokratischen Ordnung 23.077 erklärte die Zusammenarbeit von Regierungsangestellten mit einer durch einen Putsch an die Macht gekommene Regierung zu einer Straftat (für den Text des Gesetzes siehe Nino 1988, S. 195ff.).

- Das Gesetz 23.554 über Nationale Verteidigung von 1988 bedarf einer genaueren Betrachtung (Text in: *La Nación*, 14.4.1988). Als Ziel nationaler Verteidigung bestimmt es das koordinierte Handeln aller Streitkräfte der Nation, um die Konflikte zu lösen, die den Einsatz der Streitkräfte zur Abwehr externer Aggressionen erfordern (Artikel 2). In Artikel 4 wird ausdrücklich festgehalten, daß der fundamentale Unterschied zwischen nationaler Verteidigung und innerer Sicherheit immer berücksichtigt werden müsse. Ein nationaler Verteidigungsrat *(Consejo de Defensa Nacional/ CDN)* wurde eingerichtet, der aber in den nächsten Jahren "kaum oder überhaupt nicht" tagte (Carasales 1992, S. 45).

Im Vergleich zu früheren Gesetzen zu Verteidigung und Sicherheit sind fünf Aspekte hervorzuheben.[149] Zum ersten Mal in der argentinischen Geschichte hat das Parlament Inhalte und Konzepte nationaler Verteidigung und Sicherheit

---

148 Interviews mit 19 pensionierten argentinischen Offizieren 1990 in Buenos Aires, von denen viele anonym bleiben wollten.
149 Vgl. auch Pion-Berlin 1991, S. 565ff. Zur Kritik an dem Gesetz siehe Deina 1984 und Bravo Herrera 1995.

ausführlich diskutiert. Das Gesetz stellt den Anspruch auf zivile Kontrolle der Regierung über die Verteidigungspolitik und die Kontrolle der Streitkräfte wieder her. Es definiert als Mission der Streitkräfte ausschließlich die Verteidigung der Grenzen vor einer externen Aggression. Eine innenpolitische Rolle und die Wahrnehmung von Aufgaben der inneren Sicherheit sind nicht vorgesehen. Polizei (Bundespolizei und Polizeikräfte der Provinzen), Gendarmería Nacional und Prefectura Naval werden hiermit beauftragt.

Der Begriff der nationalen Sicherheit, der eine so zentrale Rolle während der beiden vorangegangenen Militärdiktaturen spielte, wird nicht mehr verwendet. Schließlich hat das Militär in dem neu geschaffenen Nationalen Verteidigungsrat keine permanente Vertretung mehr.

Aber ein überraschendes politisches Ereignis, dessen Hintergründe bis heute nicht abschließend geklärt sind, führte zu einem jähen Ende dieses Reformansatzes. 1989 überfiel die Guerillagruppe *Bewegung Alle für das Vaterland (Movimiento Todos por la Patria)* die Tablada-Kaserne des 3. Infanterieregiments mit der abstrusen Begründung, die Regierung Alfonsín schützen zu müssen. Das Militär ließ sich zu dieser Gelegenheit sofort einsetzen und bei den Kämpfen gab es zahlreiche Tote. Nach massivem Druck, vor allem aus Kreisen des Militärs, gab die Regierung Alfonsín die klare Aufgabentrennung zwischen Polizei und Militär teilweise wieder auf. Nach dem Dekret 327/89 kann der Präsident das Militär einsetzen, wenn die Natur eines Konfliktes, seine Schwere oder die eingesetzten Waffen dies erfordern (zit. in Carasales 1992, S. 19). Er ernennt den Kommandanten der Operation. Die klare Grenzziehung zwischen innerer und äußerer Sicherheit, zwischen den Aufgaben der Polizei und des Militärs, hatte nicht einmal ein Jahr Bestand. Unter Präsident Menem wurde sie weiter ausgehöhlt (siehe unten).

Weitere Konfliktfelder

Eine Reform des Militärs war angesichts knapper Staatsfinanzen und dem großen Personalbestand, besonders des Heeres, unausweichlich.[150]

Zwischen 1983 und 1993 ist die Zahl der Offiziere mit Generalsrang in den drei Teilstreitkräften um 45% zurückgegangen. Seit 1984 ist die Zahl der Kadetten immer weiter gesunken (Zahlen im Vergleich zu 1994): Heer: von 1.359 auf 515, Marine: von 780 auf 258, Luftwaffe von 662 auf 238). 1994 betrug der Bestand: Heer 6.000 Offiziere, 24.000 Unteroffiziere und 16.000 Rekruten; Marine 3.500 Offiziere, 11.500 Unteroffiziere und 2.000 Rekruten,

---

150 Zur Diskussion über die Reorganisation vgl. Vaihinger 1984 und Simari 1984.

und Luftwaffe 2.000 Offiziere, 8.000 Unteroffiziere (andere Quelle: 6.000) und 1.000 Rekruten.[151]

Die Mannschaftsstärke des argentinischen Heeres wurde, ohne vergleichbare Kürzungen in den Nachbarländern Chile und Brasilien, von 1983 180.500 Mann im aktiven Dienst auf 70.500 (1999) verringert.

Tabelle 9: Stärke der argentinischen Streitkräfte 1983, 1997 und 1999[152]

	1983	1997	1999
Gesamtstärke	180.500	73.000	70.500
Heer	125.000	41.000	40.000
Marine	36.000	20.500	20.000
Luftwaffe	19.500	12.000	10.500

Nahmen die Streitkräfte zwischen 1985 und 1992 jährlich noch 52.000 Mann neu auf, so waren es ab 1995 nur noch ca. 30.000 Mann. Die traditionelle Überzahl von Offizieren im Vergleich zu den Soldaten wurde abgebaut (1990 kamen auf einen Soldaten 1,5 Unteroffiziere und auf einen Offizier 2,6 Soldaten).

Konflikte über zu geringe Bezüge selbst hoher Offiziere hatten zu Spannungen zwischen der Militärführung und der Regierung geführt. In der Regel war Verteidigungsminister Camilión nicht in der Lage, sich gegen den strikten Sparkurs von Wirtschaftsminister Cavallo durchzusetzen. Besonders die erhebliche Diskrepanz zwischen den Gehältern von Beamten und hohen Offizieren förderten die Spannungen. Ein Richter des Obersten Gerichtshofs verdiente rd. 180% und ein Botschafter 130% mehr als der höchste Offizier der Armee, der *Teniente General*.

Militärausgaben

Die Militärausgaben in Lateinamerika und der Karibik sind seit Jahrzehnten geringer als in allen anderen Weltregionen:

---

[151] Quellen: International Institute of Strategic Studies 1983, Clarín, 17.7.1994, *El País*, 20.6.1994, *La Nación*, 16.8.1993, 13.6.1994.
[152] International Institute of Strategic Studies 1983, S. 267-269; 1997, S. 205-207; 1999, S. 219f.

Tab. 10: Entwicklung der Rüstungsausgaben nach Weltregion
(in % des BIP)[153]

	1980-88	1989	1990
Industrieländer	4,0	3,5	3,4
Osteuropa	9,9	13,3	13,1
Entwicklungsländer	5,0	3,9	3,8
Asiatische EL	4,9	3,7	3,5
Naher Osten	10,1	8,7	8,1
Nordafrika	5,8	4,4	3,9
Afrika südl. d. Sahara	3,1	3,4	3,2
Lateinamerika/Karibik	2,2	1,8	1,8

Nach der Höhe der Militärausgaben (zu konstanten Preisen von 1997) belegen in Lateinamerika Brasilien den ersten und Argentinien den zweiten Platz. Bei einer Betrachtung der Militärausgaben als Prozentsatz des Bruttosozialproduktes steht Brasilien (nach Chile) an 2. und Argentinien an 7. Stelle. Verglichen nach den Ausgaben pro Kopf steht Chile an der Spitze, gefolgt von Argentinien und Brasilien.[154]

Argentinische Militärausgaben

Die Höhe der argentinischen Militärausgaben variierten im Zeitraum 1973 bis 1993 deutlich mit dem politischen Regime. Militärregierungen hatten die höchsten, demokratisch gewählte Regierungen die niedrigsten Militärausgaben:

Tabelle 11: Argentinische Militärausgaben, 1973-1993
in % des BIP[155]

Demokratie:	1973-1975	1,9%
Militärdiktatur:	1976-1983	4,2%
Präsidentschaft Alfonsín:	1984-1989	3,1%
Präsidentschaft Menem:	1990-1993	2,0%

---

153 Daniel P. Hewitt, Military Expenditure: International Comparison of Trends, Washington, Mai 1991 (IMF Working Papers, WP/91/54); ders., Military Expenditures 1972-1990: The Reasons behind the post-1985 Fall in World Military Spending (preliminary draft), Washington, Januar 1993, zit. in: Büttner 1995, S. 692. Büttner weist daraufhin, daß ab 1991 keine international vergleichbaren, hinreichend vollständigen Zahlenreihen verfügbar sind.
154 Auf der Basis von Daten in "The Military Balance 1999-2000" des IISS; Lahera/Ortúzar 1999, S. 510f.
155 Quelle: Diamint 1994, S. 161.

1970 bis 1975 lag der Anteil des Verteidigungshaushaltes am Bruttoinlandsprodukt zwischen 2,5% und 2,9%. In den letzten Jahren der Militärregierung stieg er auf zwischen 3,3% und 4,7%. Unter Präsident Alfonsín sank er bis 1988 auf 2,5% und betrug im Jahr 1991 nur noch 2%. Da der Verteidigungshaushalt gering ist und ca. 75-85% für Gehälter und Pensionen verwendet wird (die Quellen geben unterschiedliche Daten an), sind die Möglichkeiten für die Beschaffung von neuem Rüstungsmaterial äußerst gering.

Die Regierung Menem

Präsident Menem teilte nicht die Besorgnis seines Vorgängers, das Militär müsse aus Fragen der inneren Sicherheit herausgehalten werden. Vielmehr bekundete er wiederholt sein Interesse, den Streitkräften entsprechende Aufgaben anzuvertrauen. Hatte Präsident Alfonsín mit Dekret 327/89 die Tür zu einer Beteiligung der Streitkräfte an der Gewährleistung der inneren Sicherheit wieder geöffnet, so stieß Menem sie mit dem Dekret 392/90 vollends auf: Die Motive für das Eingreifen des Militärs wurden erweitert um einen "so schwerwiegenden Zustand innerer Unruhe", daß die "Einhaltung der Verfassung oder das Leben, die Freiheit, der Besitz oder die Sicherheit der Einwohner der Nation bedroht sind" (Art. 1, Dekret 327/89), legitimiert mit der Gefahr sozialer Unruhen als Folge wirtschaftlicher Probleme. Der durch das Dekret 327/89 eingesetzte Sicherheitsrat wurde aufgelöst, seine Aufgaben dem Nationalen Verteidigungsrat übertragen, einem Gremium, das nach dem Gesetz für Nationale Verteidigung ausdrücklich keine Aufgaben der inneren Sicherheit wahrnimmt und in dem das Militär institutionell vertreten ist. Damit war die Quadratur des Kreises erreicht.

Zwei Jahre später sprach Menem davon, das Militär zur Bekämpfung des Terrorismus einzusetzen. Immerhin interpretierten Regierungssprecher unmittelbar danach seine Bemerkung dahingehend, daß das Gesetz über die innere Sicherheit einen Einsatz des Militärs erst dann vorsähe, wenn die Sicherheitskräfte überfordert wären. In einem späteren Interview nannte er das Militär einen entscheidenden Faktor, um den inneren Frieden aufrechtzuerhalten (Baizan 1994, S. 235).

Aber nicht nur der Präsident bewegte sich unbefangen auf diesem schwierigen Gebiet. Auch manche Aussagen führender Militärs deuteten darauf hin, daß die Militärführung nach neuen Aufgaben suchte. So erklärte Armeestabschef General Cáceres z.B. im Jahr 1990, die Armee sei bereit, den sozialen Frieden sicherzustellen: "Die Armee ist der Regierung untergeordnet und bereit, dem Präsidenten dabei zu helfen, das Klima der Ruhe aufrechtzuerhalten" (*El Independiente*, 23.2.1990).

Bei einer Wehrübung kam 1994 der Soldat Carrasco durch Mißhandlungen ums Leben. Zwei Offiziere wurden zu Gefängnisstrafen von 13 und 25 Monaten verurteilt. Der Vorfall führte zu einer Verschärfung der Diskussion über die allgemeine Wehrpflicht. Nach einer Meinungsumfrage lehnten 61% der Bevölkerung den Wehrdienst ab, der 1901 mit dem Gesetz Riccheri eingeführt worden war. Mit einem Präsidialdekret schaffte Menem die Wehrpflicht ab. Dieser Schritt wurde inoffiziell von einigen hohen Militärs kritisiert; er erfolge zu früh und man benötige für eine solche Reform eine Übergangszeit von vier bis fünf Jahren.

Menem hat in Interviews mit dem Journalisten Baizan 1992 und 1993 zur Militärpolitik Stellung bezogen.[156] Seine Aussagen zur Militärpolitik machen bewußt, wie wenig Aufmerksamkeit seine Regierung der Entwicklung einer eigenen Militärpolitik geschenkt hat. Er räumte ein, daß auch in seiner Regierung bedauerlicherweise immer noch keine Konzeption einer Militärreform existiere, übrigens einer der seltenen Fälle von Selbstkritik in diesem Interviewband (Baizan 1994, S. 233). Die wirtschaftlichen Probleme hätten einfach Priorität beansprucht. Man hätte wohl zu lange Zeit eine solche Reform nur als ein Problem wahrgenommen, das Defizit des Staatshaushalts und damit auch des Verteidigungshaushalts zu verringern. Auch die Veränderungen der Rahmenbedingungen, z.B. das Fehlen regionaler Konflikte und zunehmende Integrationsbestrebungen, hätten hierzu beigetragen.

Indessen fallen seine Ideen dafür, daß er zu diesem Zeitpunkt eine umfassende Reform des Militärs für notwendig hält, eher dürftig aus. Mit Hinweis auf US-amerikanische Erfahrungen sieht er eine weitere strikte Trennung der Teilstreitkräfte, die auch in Argentinien eine lange Tradition hat, als obsolet an und wünscht sich eine sehr viel stärkere Integration zwischen ihnen. Die Fähigkeit zum Einsatz schnell verlegbarer Eingreiftruppen sei für die Zukunft vordringlich; wofür er diese Truppen eigentlich braucht, bleibt unklar. Darüber hinaus sollten multilaterale Friedensbemühungen der Vereinten Nationen (peace-keeping) zu einem wichtigen Arbeitsfeld werden.

Für Menem muß Argentinien ein wirksamer Alliierter in einer Allianz im Südatlantik werden. Die Idee einer Einbettung des militärischen Potentials in strategische Allianzen und ein militärischer Globalismus spielen in seinem Denken eine zentrale Rolle. Die traditionelle Idee von Konflikthypothesen als Basis zur Bestimmung der Mission hält er für entbehrlich und möchte an ihre Stelle die "dynamische und konstante Nutzung von militärischer Macht"

---

[156] Aus lesetechnischen Gründen werden nicht alle Aussagen, sondern nur die wichtigsten Punkte mit einer Fundstelle dokumentiert.

setzen, die der Konsolidierung der globalen Macht einer Allianz dienen soll, in der Argentinien Mitglied ist (Baizan 1994, S. 238).

Er glaubt, daß es nun eine gewisse Möglichkeit gäbe, eine Militärreform zu beginnen, weil die Mission der Streitkräfte als Teil der nationalen Strategie jetzt viel klarer sei (ebda., S. 66). Was dies genau bedeuten soll, wird aber nicht ausgeführt.

Nach dem Abbruch der Entwicklung der Mittelstreckenrakete Cóndor II gefragt, macht er deutlich, daß sich das Land nach der Unterzeichnung einer Reihe von Verträgen über die Nichtweitergabe konventioneller strategischer Waffen nicht den Luxus leisten könnte, dieses politische Kapital zu verspielen. Dies könnte nicht für ein marginales Land geopfert werden, das anbietet, einen Teil der von Argentinien entwickelten Technologie zu kaufen (ebda., S. 68). Hier muß man wahrscheinlich an Irak, Iran oder Libyen denken.

Institutionelle Veränderungen in Brasilien

Die brasilianischen Streitkräfte hatten zum Zeitpunkt des Übergangs zur Demokratie einen Personalbestand von 276.000 und sind bis heute die stärksten Streitkräfte in Lateinamerika geblieben (IISS 1986, S. 373). Die Teilstreitkraft des Heeres war jahrzehntelang in vier Armeen organisiert. Die erste Armee hatte ihr Hauptquartier in Rio de Janeiro, die zweite in São Paulo, die dritte in Porto Alegre und die vierte im Nordosten. Gegenwärtig ist das Heer in elf Militärregionen eingeteilt. Es gibt spezielle Kommandobereiche des Heeres für die Amazonasregion und die Hauptstadt Brasília. Marine und Luftwaffe haben eine eigene Organisationsstruktur gewählt, die nicht den Militärregionen des Heeres entspricht.

Der Bestand der Streitkräfte ist gegenwärtig mit 291.000 immer noch sehr hoch. Es ist unklar, wozu dies notwendig ist. Die Zeitschrift *Veja* schätzt z.B. in einer Reportage 1994, daß 50.000 Mann völlig ausreichend wären (*Veja*, 2.2.1994, S. 68-77). Die Stärke ist nach dem Beginn der Demokratie angestiegen.

Tabelle 12: Stärke der brasilianischen Streitkräfte 1985, 1997 und 1999[157]

	1985	1997	1999
Gesamtstärke:	276.000	314.000	291.000
Heer:	183.000	200.000	189.000
Marine:	48.000	64.700	52.000
Luftwaffe:	45.000	50.000	50.000

Die Militärausgaben Brasiliens sind, gemessen am Bruttoinlandsprodukt und Bruttosozialprodukt, im Vergleich zu den anderen Ländern des Subkontinents niedrig.[158]

Traditionell wird die Verteidigungspolitik in Brasilien von der Militärführung selbst bestimmt. Der Einfluß ziviler Experten, der Parteien und des Kongresses sind minimal. Die Formulierung einer kohärenten Politik wurde lange Zeit dadurch erschwert, daß bis zum 1.1.1999 ein Verteidigungsministerium nicht existierte, das die unterschiedlichen Interessen hätte abstimmen können. Die Teilstreitkräfte haben die Einrichtung eines solchen Ministeriums abgelehnt und konnten sich bis 1998 durchsetzen. Brasilien ist auch das einzige Land des Subkontinents, in dem Armee, Marine und Luftwaffe bis zum 1.1.1999 auf Ministerebene vertreten waren. Bis 1998 wurde die erforderliche Koordinierung vom Generalstab wahrgenommen, dessen Leitung zwischen den Teilstreitkräften rotierte. Seine Aufgabe bestand in der Praxis weniger in einer umfassenden Planung als vielmehr darin, die einzelnen Interessen im Vorfeld zu harmonisieren und mögliche Spannungen um knappe Ressourcen auszugleichen (Wrobel 1994, S. 190). Erst dies machte es dann möglich, eine gemeinsame, institutionelle Position gegenüber den anderen Ressorts der Regierung zu vertreten.

Eigentlich wäre beim Übergang zur Demokratie oder kurz danach eine Diskussion über die zukünftige Rolle des Militärs notwendig gewesen. Martins fragte schon 1986, was für eine neue Rolle man wohl einem Militär zuweisen könnte, um nach zwei Jahrzehnten autoritärer Herrschaft die Existenz professioneller Soldaten in einem geopolitischen Kontext zu rechtfertigen, in dem es keine wirklichen äußeren Feinde mehr gibt, auf die man die Waffen richten könnte. Denn eine solche Rolle würde ja eine umfassende Neuformulierung der Doktrin der "Nationalen Sicherheit" erfordern. Es kämen aber

---

157 International Institute of Strategic Studies 1986, S. 381-383; 1997, S. 209-211; 1999, S. 223f.
158 Die Probleme einer umfassenden und korrekten Bewertung von Daten über Militärausgaben sind vielfach diskutiert worden. Vgl. die Zusammenfassung der wichtigsten Argumente bei Acuña/Smith 1994c, S. 235.

keine entsprechenden Anregungen aus den Reihen des Militärs oder der Opposition. Auch die für die Demokratie kämpfenden politischen Parteien schienen dies nicht einmal als eine politische Notwendigkeit anzusehen. Daher sei die "Militärfrage" weiter ein latentes Hindernis für den Aufbau eines dauerhaft demokratischen Regierungssystems (1986, S. 94).

Zwei Jahre später wies Stepan daraufhin, daß es kaum eine Analyse über die Rolle des Militärs während des Überganges oder über die Frage gibt, wie das Gemeinwesen demilitarisiert werden könnte. Viele Menschen schienen zu glauben, daß die Demilitarisierung des Staates mit einem zivilen Präsidenten an der Spitze und einer früheren Oppositionspartei, die den Kongreß kontrolliert, erfolge, ohne daß man hierfür eine explizite Strategie benötige. Aber dies wäre eine falsche Erwartung. Da die moderne Demokratie das Gewaltmonopol benötige, stelle das Versagen, Kapazitäten zur Kontrolle des Militärs bereitzustellen, eine Abdankung demokratischer Macht dar (1988, S. XV).

Institutionell kam es zu Veränderungen vor allem in denjenigen Bereichen, die in der Vergangenheit von besonderer politischer Bedeutung waren. Der Nationale Sicherheitsrat wurde durch einen Nationalen Verteidigungsrat ersetzt. Unter der Militärdiktatur hatte der Nationale Sicherheitsrat *(Conselho de Segurança Nacional/CSN)* nach Art. 91 und 92 der Verfassung von 1967 (und dem Verfassungszusatz von 1969) die Aufgabe, den Präsidenten in Fragen der nationalen Sicherheit zu beraten. Jede natürliche oder juristische Person wurde für die nationale Sicherheit innerhalb der Grenzen des Gesetzes verantwortlich gemacht (Art. 89 der Verfassung von 1967/69). Wenn der Nationale Sicherheitsrat Gemeinden als "von speziellem Interesse" für die nationale Sicherheit designierte, konnte er dort sogar Armeeoffiziere als Bürgermeister einsetzen.[159] Der von der neuen Verfassung vorgeschriebene Nationale Verteidigungsrat *(Conselho de Defesa Nacional/CDN)* besteht aus den Militärministern, dem Außen- und Innenminister und, als einzige parlamentarische Vertreter, den Präsidenten des Abgeordnetenhauses und des Senates. Über sein Wirken wurde in der Öffentlichkeit kaum etwas bekannt. Nur einmal wurde von ihm berichtet: Er tagte im September 1993 unter Präsident Franco, und die Regierung wies danach jede externe Einmischung in der Amazonasregion zurück *(LARR,* 16.9.1993, S. 1).

Zwischen Regierung und Militärführung kam es bald zu einem Dauerkonflikt über die nach Auffassung des Militärs zu niedrigen Gehälter. Das Thema führte innerhalb der Streitkräfte immer wieder zu Unruhe und Protest. Die Armee sah sich gegenüber anderen staatlichen Institutionen vernachlässigt und warnte wiederholt die Regierung, es ließe sich so nicht garantieren, daß sie dem ihr

---

[159] Dies geschah in mehr als 100 Fällen (Moreira Alves 1988, S. 75).

gestellten Auftrag nachkommt. Vielmehr sei eine Gefährdung der Ordnung und des Gehorsams in der Truppe zu befürchten.[160] Es kam sogar zu Protestaktionen mit der Forderung nach einer Erhöhung der Gehälter. Pensionierte und aktive Militärs führten 1991 in den Straßen von Rio de Janeiro und Porto Alegre Autodemonstrationen, sog. *passeatas*, durch, bei denen sie Gehaltserhöhungen und einen höheren Militärhaushalt forderten. Ein Hauptmann marschierte z.B. in den Parlamentssaal des Bundesstaates Pará, um gegen zu geringe Gehälter zu protestieren. Ein Militärgericht verurteilte ihn zu drei Jahren Gefängnis.[161] Zwei andere Offiziere des gleichen Dienstranges arbeiteten an der Herstellung kleiner Bomben, um hiermit zu protestieren. Eine Reporterin der Zeitschrift *Veja*, die darüber berichtet hatte, wurde vor eine Militäruntersuchungskommission zitiert. Sie wiederholte dort ihre Behauptungen, obwohl ihr vorher gedroht worden war, dies nicht zu tun.

Die drei Militärrebellionen in Argentinien 1987 und 1988 beschäftigten auch das Nachbarland. Ein Armeesprecher betonte, die Frage der Gehälter hätte man politisch unter Kontrolle, und die Amnestie von 1979 sei umfassend, so daß gegenwärtig kein Offizier wegen Menschenrechtsverletzungen unter Anklage stünde (*LAWR*, 4.2.1988). Eine in Rio de Janeiro stationierte Fallschirmjägerbrigade verfüge über eine 500 Mann starke schnelle Einsatztruppe, die permanent zur Niederschlagung von Rebellionen fähig sei. Das vorgeschriebene Verfahren sähe folgendermaßen aus:

1) Der Kommandant vor Ort beurteilt die Situation in Kontakt mit seinem Vorgesetzten;
2) wenn er sich dazu in der Lage sieht, die Rebellionen niederzuschlagen, kann er seine Truppen hierfür sofort einsetzen;
3) wenn er sich überfordert fühlt, muß er die sofortige Entsendung der Fallschirmjäger anfordern. In keinem Fall sei er zu Verhandlungen mit den Rebellen autorisiert.

Über die politischen Vorstellungen innerhalb des Militärs liegen leider kaum Forschungsergebnisse vor. Eine Ausnahme stellt die teilnehmende Beobachtung des brasilianischen Anthropologen Celso Castro Ende der 80er Jahre in der Academia Militar das Agulhas Negras (AMAN) mit Sitz im Bundesstaat Rio de Janeiro dar. Ihre Aufgabe ist die Grundausbildung für Offiziere der Armee. In der Militärausbildung werden nach Castro die Werte Vaterland, Ehrlichkeit, Zurückhaltung und Indifferenz gegenüber materiellen Gütern vermittelt. Er hebt hervor, daß sofort nach ihrem Eintritt Kadetten die Unter-

---

160 So der Sprecher der Offiziersvereinigungen gegenüber dem Präsidenten, in: *Gazeta Mercantil*, São Paulo, 11.3.1993, zit. in Moltmann 1995, S. 32.
161 Dies bedeutete die Entlassung aus dem Militärdienst.

scheidung zwischen "uns", dem Militär, und "ihnen", den Zivilisten, gelehrt wird, ein Selbstbild, das während der folgenden vier Jahre Ausbildung noch systematisch ausgebaut wird. Kadetten lernen nicht nur, daß sie sich von Zivilisten unterscheiden, sondern daß sie moralisch besser und ihnen überlegen seien, nicht als Individuen, sondern als Angehörige eines Kollektivs, das im Leben einem korrekten Weg folgt und den Bedürfnissen der Allgemeinheit einen klaren Vorrang vor individuellen Interessen gibt (Castro 1990, S. 31, 39-45).

Neben dem Präsidenten als Oberbefehlshaber sind folgende Regierungsbehörden für das Militär verantwortlich (Wöhlcke 1999, S. 62):
- das Militärsekretariat im Präsidialamt der Republik *(Gabinete Militar da Presidência da República)* mit einem vom Präsidenten bestimmten Armeegeneral an der Spitze (General Alberto Cardoso),
- das Sekretariat für Strategische Angelegenheiten (SAE), geleitet von einem hohen Beamten des Außenministeriums,
- der von der Verfassung vorgeschriebene Nationale Verteidigungsrat (CDN),
- das von Präsident Cardoso selbst eingerichtete Beratungsgremium für Außenbeziehungen und Nationale Verteidigung,[162]
- das gemeinsame Kommando der Streitkräfte *(Comando Conjunto das Forças Armadas)* und
- der Generalstab der Streitkräfte *(Estado Maior das Forças Armadas)*.

1999 schuf die Regierung ein Verteidigungsministerium mit einem Zivilisten, Elcio Alvares, an der Spitze. Die drei Ministerien der Armee, Luftwaffe und Marine wurden in Kommandanturen überführt; an der Spitze der Teilstreitkräfte steht ein vom Präsidenten ernannter Oberkommandierender. Zu den Aufgaben des neuen Ministeriums gehören u.a. die Beteiligung Brasiliens an internationalen Friedensoperationen, an der nationalen Entwicklung, die Aufrechterhaltung der öffentlichen Ordnung und die Zivilverteidigung (Separata ao Boletím Especial do Exército No. 02/99, Brasília, DF, 10.6.1999).

Auch der Einfluß der Militärjustiz auf die Rechtsprechung blieb während der neuen Demokratie ein Problem. In seiner Studie zur Rolle der Militärjustiz im Bundesstaat Pernambuco kam Zaverucha zu dem Schluß, daß gegen Zivilisten vor Militärgerichten bis Anfang der 90er Jahre verhandelt wurde.[163] Erst 1993

---

162 Zu dessen Aufgaben gehört die Politikformulierung auf den Gebieten der Zusammenarbeit in Fragen der internationalen Sicherheit und Verteidigung, der Grenzintegration, der indigenen Völker und Menschenrechte, friedenserhaltende Operationen, Drogenhandel und andere Straftaten mit internationalen Auswirkungen, Immigration und Nachrichtenbeschaffung (Oliveira 1998, S. 66).
163 Es existieren *Auditorias Militares Estaduais* mit vier Militärrichtern und einem Zivilrichter und in zweiter Instanz die *Tribunais de Justiça Militar* mit vier Militär-

entschied ein Militärrichter, daß sein Gericht nicht zuständig war und gab die Fälle von Zivilisten, die Straftaten gegen Angehörige der *Polícia Militar* (Bereitschaftspolizei des Bundesstaates) angeklagt waren, an Zivilgerichte ab (Zaverucha 1999, S. 52ff.).

Mit der Verfassungsänderung Nr. 7 von 1977 hatte Präsident Geisel sichergestellt, daß für Straftaten von Angehörigen der *Polícia Militar* die Militärjustiz zuständig war und nicht mehr die zivile Justiz. In der neuen Verfassung von 1988 erhielten Angehörige der *Polícia Militar* rechtlich den Status von Militärs. Die Zuständigkeit der Militärjustiz für die *Polícia Militar* wurde damit bestätigt.

Der langjährige Menschenrechtsaktivist Hélio Bicudo (PT) setzte sich 1992 in einem Gesetzentwurf dafür ein, daß für Angehörige der *Polícia Militar* die zivile Justiz zuständig sein sollte. Nach längeren Diskussionen im Kongreß wurde jedoch 1996 ein deutlich schwächerer Alternativentwurf, den der Abgeordnete Genebaldo Corrêa 1993 eingebracht hatte, mit Änderungen angenommen. Bei einer *vorsätzlichen* Straftat gegen das Leben eines Zivilisten wird jetzt die zivile Justiz aktiv, wobei aber für die Untersuchung des Falles die Militärjustiz verantwortlich bleibt. Sie entscheidet darüber, ob ein Vorsatz vorlag oder nicht, m.a.W., ob der Fall der Militär- oder Ziviljustiz überstellt wird. Dies gilt auch für den Fall eines Todes nach der Folter. Der Senat eliminierte aus dem Gesetzentwurf u.a. die Straftatbestände Erpressung, Mißhandlung und unrechtmäßige Festnahme, womit diese weiterhin von der Militärjustiz verhandelt werden. Der Vorschlag, diese neue Regelung auf alle Militärangehörigen anzuwenden, wurde von Präsident Cardoso nach dem Protest der Militärminister nicht akzeptiert, auch nicht für Fälle, bei denen es um die vorsätzliche Tötung eines Zivilisten geht (ebda., S. 65ff.).

5.2.1 Das Problem der Mission

Der Begriff der Sicherheit hat traditionell die "territoriale Integrität und die Freiheit der Eigenbestimmung" (Richard Löwenthal) zum Inhalt. Der Nationalstaat war das unangefochtene Subjekt der Sicherheit, und Bedrohungen wurden traditionell vorrangig in militärischen Bezügen gesehen (Zürn 1995, S. 254). Zu Bedrohungen lassen sich alle Faktoren zählen, "die der Erfüllung der Ziele eines Staates entgegen stehen. Sie stellen einer der wichtigsten Variablen dar, um Sicherheitspolitik und Strategien zu definieren. Diese schließen militäri-

---

und drei Zivilrichtern. Die Entscheidungen dieser Gerichte werden durch die zivile Justiz überprüft. Die Militärgerichte sind die Teil der ordentlichen Justiz, was dieser einen eigentümlich hybriden Charakter gibt, wie Zaverucha feststellt.

sche Maßnahmen ebenso ein wie wirtschaftliches und politisches Handeln" (Cruz Johnson/Varas Fernández 1993, S. I).

Grundsätzlich läßt sich zwischen folgenden Konflikttypen unterscheiden: ideologisch-systemische, Hegemonialkonflikte, territoriale und Grenzstreitigkeiten, Ressourcenkonflikte und Auseinandersetzungen über Migration und Flüchtlingsbewegungen (vgl. Grabendorff 1982).

Seit den 80er Jahre wird international ein erweiterter Sicherheitsbegriff diskutiert, der auf neue Phänomenen wie staatenübergreifende organisierte Kriminalität, internationalen Drogenhandel, Terrorismus, gesicherte Ölversorgung für den Westen, Ökologie und Kontrolle über Naturressourcen abhebt. Dieser Begriffswandel stellt die klassischen Instrumente der Sicherheitspolitik und die Rolle der Streitkräfte nachdrücklich in Frage.[164]

Bei der Frage der Mission muß von der für den lateinamerikanischen Staat immer noch konstitutiv engen Verschränkung zwischen Innen- und Außenpolitik ausgegangen werden (Moltmann 1995, S. 28). Auch wenn in verschiedenen Sektoren des öffentlichen Lebens das Gewicht des Staates bei der Gestaltung der Rahmenbedingungen für Wirtschaft, Gesellschaft und Kultur abnehmen mag, so bleiben, wie Moltmann zutreffend hervorhebt, die Streitkräfte eine Institution und ein Symbol staatlicher Autorität.

In der außenpolitischen Diskussion standen ganz überwiegend traditionelle Bedrohungsvorstellungen im Vordergrund. Nicht alle sind notwendig als aktuelle, wohl aber als Konflikthypothesen, anzusehen. Zu den wichtigsten Bedrohungsvorstellungen in Argentinien gehören:

- die Möglichkeit einer Aggression im südlichen, dünn besiedelten Patagonien, in der Magellanstraße, der Drake-Passage, dem Beagle-Kanal und in der argentinischen Antarktis,
- der Malvinenkonflikt,
- die Auswirkungen einer Destabilisierung Boliviens und Perus durch den "Leuchtenden Pfad" (Sendero Luminoso) und gut bewaffnete Drogenbanden sowie
- die potentielle Bedrohung im Norden durch Brasilien (Tello 1990, S. 482-484; ausführlich Carasales 1992).

Ein Kenner der Militärproblematik aus dem konservativen Meinungsspektrum, Rosendo Fraga, nannte 1991 acht Konflikthypothesen, die auch in Zukunft Gewicht haben dürften: ein Konflikt mit Chile, mit Brasilien, mit England um

---

164 Moltmann 1995, S. 26. Vgl. auch Daase 1991, S. 438ff.

die Malvinen, eine Intervention in einem regionalen Konflikt wie am Persischen Golf, die Bekämpfung des Drogenhandels, eine multinationale Intervention in einem Nachbarland aufgrund einer anarchischen Situation (gemeint ist wohl Peru, falls der "Leuchtende Pfad" wieder stärker werden sollte), Guerilla oder soziale Unruhen und Verteidigung der ökologischen Sicherheit der Nation (Fraga 1991, S. 192).

In Argentinien warnten hohe argentinische Militärs in den ersten Jahren der neuen Demokratie vor einem Wiedererstarken der "Subversion" und des Terrorismus (*LAWR*, 20.1.1984, S. 10). 1993 sprach sich jedoch Armeestabschef General Balza allgemein für die Konsolidierung demokratischer Systeme und die Beachtung der Menschenrechte aus. Er lehnte eine unreflektierte Gehorsamspflicht ab und erinnerte daran, es müßten auch die Konsequenzen aus der Befolgung von Befehlen beachtet werden. Die Ausführung unmoralischer Befehle lehnte er ab (*Clarín*, 10.11.1993).

Argentinische Militärs haben immer wieder den ihrer Auffassung nach unzureichenden Verteidigungshaushalt, besonders im Vergleich mit Chile, dessen Militär als besonders aggressiv wahrgenommen wird, und Brasilien, kritisiert. Darüber hinaus fehlt es ihnen an einer klaren Bestimmung der Mission. Die UN-Operationen werden als interessant, aber untypisch für eine Armee wahrgenommen, die dazu ausgebildet werden sollte, einen Krieg erfolgreich zu führen. Das deutsche Vorbild eines "Bürgers in Uniform" wird abgelehnt zugunsten des Ideals eines Berufssoldaten.[165]

5.2.1.1 Das argentinische Weißbuch zur nationalen Verteidigung von 1998

1998 veröffentlichte das argentinische Verteidigungsministerium das erste und bisher einzige Weißbuch zur Nationalen Verteidigung (Ministro de Defensa 1998). Im gleichen Jahr wurde ein Gesetz zur Umstrukturierung der Streitkräfte verabschiedet, wobei unter Modernisierung im wesentlichen der Aufbau kleiner und mobiler Einsatzkräfte und organisatorische Reformen verstanden werden.

Das Weißbuch ist umfassender als das eher tentative brasilianische Konzept zur Nationalen Verteidigung von 1996 (Vgl. Kap. 5.2.1.2). Nach dem Vorwort wurden die Arbeiten hieran 1996, nach der 2. Konferenz amerikanischer Verteidigungsminister, begonnen. Es behandelt die globale, regionale und

---

165 Vgl. hierzu exemplarisch Brigadegeneral a.D. Deimundo Piñeiro 1995, passim, und Garasino 1985, Revista Argentina de Estudios Estratégicos 1991, Moreno/Aguiar 1995 und Escudé/Fontana 1995.

nationale Situation, die nationalen Interessen, die rechtlichen Grundlagen der Verteidigung, die Prinzipien für einen Einsatz des Militärs und die Pläne zu seiner Modernisierung, die Mission und Funktion der Streitkräfte, die Aufgaben des Verteidigungsministeriums, von Armee, Luftwaffe, Marine, schließlich Rüstungsproduktion und Forschung und Technologie. Die Streitkräfte seien, so heißt es, gegenwärtig in "bewußter und spontaner Weise" den politischen Institutionen untergeordnet (Ministro de Defensa 1998, Kap. 6).

Die argentinische Regierung geht von einer komplexeren Sicherheitssituation nach dem Ende des Ost-West-Gegensatzes aus und sieht als zukünftige Herausforderungen vor allem die Zunahme lokaler Konflikte mit unsicherem Ausgang, den Drogenhandel und die Migration. Es wird zwischen Bedrohungen der klassischen Sicherheit, neu entstehende Bedrohungen – hier werden vor allem verschiedene transnationale Kriminalitätsformen gefaßt – und Risikofaktoren, z.B. nukleare Abfälle, unterschieden (ebda., Kap. 1). Länder werden als Konflikthypothesen nicht genannt. Als Mission werden die Verteidigung der vitalen Interessen der Nation – wirkungsvolle Abschreckung gegen externe Angriffe – und bereits an zweiter Stelle eine Aufgabenstellung durch die Vereinten Nationen und andere internationale Einrichtungen genannt. Ergänzende Missionen sind Blauhelmeinsätze und die Beteiligung an Operationen der inneren Sicherheit.

Das Weißbuch stellt den Beitrag des argentinischen Militärs zu UN-Blauhelmeinsätzen heraus, mit mehr als 1.400 Teilnehmern jährlich zwischen 1991 und 1995 (ebda., Kap. 7.4). Es werden Einsatzgrundsätze hervorgehoben, "rules of engagement" im Original, die militärische Operationen an die Einhaltung des Gesetzes zu binden versprechen. Die "rules" sollen den Einsatz militärischer Gewalt zu einem, wie es heißt, "Werkzeug von Rationalität, Verhältnismäßigkeit und Menschlichkeit" machen (ebda., Kap. 11).

Brasilien

Auch in Brasilien herrschte lange Zeit Unsicherheit über die Mission der Streitkräfte. Als wahrscheinlichste Hypothese galt traditionell ein Konflikt mit Argentinien, wobei die Möglichkeit einer Allianz mit Uruguay und Paraguay unter Führung Argentiniens als besonders bedrohlich angesehen wurde (Oliveira 1998, S. 66). Nach der Annäherung zwischen beiden Ländern seit den 80er Jahren (vgl. Kap. 6.4) geht jedoch von Argentinen keine erkennbare Bedrohung mehr aus. Dennoch behält Brasilien die bei weitem stärksten Streitkräfte des Subkontinents bei.

Eine Bedrohung durch Guerillakräfte erscheint als gebannt, denn die letzte relevante Gruppe wurde schon 1975 besiegt, und Kurse über die Bekämpfung revolutionärer Bewegungen sind unterdessen, soweit öffentlich bekannt, abgeschafft worden. Mit den Auswirkungen des Zusammenbruchs des europäischen Kommunismus 1989/90 auf Kuba, das wirtschaftlich und politisch durch die Verringerung und schließlich Einstellung der Hilfe durch die UdSSR/Rußland geschwächt wurde, entfiel auch hier eine wichtige Bedrohungsvorstellung. Wichtiger noch, diese Ereignisse mußten zu einer erheblichen Verunsicherung und Konfusion innerhalb der linken und kommunistischen Parteien führen. Damit war den Militärs ihr Hauptgegner, die sog. kommunistische Weltbewegung, Anfang der 90er Jahre abhanden gekommen.

Meira Mattos nennt in seiner Studie zu Problemen der Amazonasregion folgende Konflikthypothesen:
- bewaffnete Intervention in Nicaragua,
- der Sieg der Guerilla in El Salvador,
- der Vertrag Torrijos-Carter zum Panama-Kanal,
- die Beziehungen Guatemala-Belize,
- Guyana/Surinam,
- Venezuela,
- Venezuela/Guyana,
- die Anwendung des TIAR,
- die nördliche Grenze und
- ein eventueller West-Ost-Konflikt
- die mögliche Bedrohung durch Guerillagruppen wie "M-19" in Kolumbien, "Leuchtender Pfad" in Peru und "Rote Fahne" in Venezuela (Meira Mattos 1991, S. 98f.).

Einer der führenden Analytiker im Institut für Strategische Studien der Universität Campinas/São Paulo, Armeeoberst a.D. Cavagnari, stellte 1991 fest, daß sich Brasilien keiner externen Bedrohung gegenübersieht, die den Einsatz der Streitkräfte erfordere. Dennoch setzt er sich für ihre weitere Präsenz ein, die auch eine Fähigkeit zum schnellen Eingreifen und eine strategische Reichweite "innerhalb des nationalen geopolitischen Raumes" erfordere. Dies erlaube, eine glaubwürdige Verteidigung zu unterhalten, ohne die soziale, wirtschaftliche und technologische Entwicklung des Landes zu gefährden.[166] Kriterien, um bei konkurrierenden Prioritäten zwischen militärischen und zivilen Entwicklungserfordernissen begründet entscheiden zu können, bietet er jedoch nicht an. Zwar sei militärische Kapazität bei der Lösung von Interessenkonflikten gegenwärtig weniger entscheidend, sie wird aber benötigt, um in dem sich verschärfenden Wettbewerb bestehen zu können. Daher müsse das Militär in den internationalen Beziehungen immer dort präsent sein, wo die Durchsetzung eines nationalen Interesses für die Sicherheit erforderlich sei.

---

[166] Cavagnari Filho 1993, S. 26f.

Jede Macht müsse sich daher darum bemühen, eine relative strategische Autonomie zu erreichen, hier verstanden als Möglichkeit, in den Machtbeziehungen frei handeln zu können. Dies sei die Konsequenz und Garantie des kompetitiven Eintritts in die Weltwirtschaft.

Die brasilianische Militärdoktrin setzt nach Cavagnari prioritär auf die Konstruktion nationaler Macht *(potência)* – noch vor der Errichtung der Demokratie. Das Fundament dieser Doktrin ist die geopolitische Doktrin, die Hegemonie und Expansionismus anstrebt. Das militärische Denken weist der politischen Stabilität einen übertriebenen Wert zu, wobei diese mit der inneren Ordnung identifiziert wird. Der Rhythmus der Entwicklung der Macht sollte nicht den Rhythmus der sozialen wirtschaftlichen und wissenschaftlich-technologischen Entwicklung übertreffen.

Die Entwicklung zu einer Großmacht[167] ist für die Streitkräfte das zentrale Ziel (im folgenden zusammengefaßt nach Cavagnari Filho 1988, S. 49ff.). Dieses Ziel wird auch als strategische brasilianische Autonomie bezeichnet, da diese in dem von den USA beherrschten geopolitischen Raum agiert und partiell den Interessen der USA zuwiderläuft. Es ist dies ein Spannungsverhältnis, das den Militärs bekannt ist und zu dem sie sich auch bekennen. Das Konzept geht auf die Zeit vor 1964 zurück, wurde aber theoretisch am stärksten unter der Militärdiktatur ausgebaut und praktisch angewandt, allerdings mit Unterschieden zwischen den Militärpräsidenten.

Für das Militär hatte die politische Öffnung *(abertura)* in den 80er Jahren nicht das Ziel, sich schließlich einer gewählten Regierung unterzuordnen, sondern es sollte *die militärische Autonomie innerhalb des Staatsapparates als Garantie für die weitere Ausübung einer politischen Rolle* erhalten bleiben. Konzeptionell ist diese Autonomie das Hauptinstrument, um das Ziel, eine Großmacht zu werden, konkretisieren zu können. Gleichzeitig bedeutet für das Militär die Unterordnung der Streitkräfte unter eine zivile Regierung eine Schwächung des Staates, die es zu verhindern gilt.[168]

Voraussetzung für die angestrebte Autonomie ist die innenpolitische Stabilität des Landes, und das heißt soziale Disziplin und mithin Beschränkung der politischen Handlungsfreiheit bestimmter sozialer Akteure. Damit wird die

---

[167] Militärs und Politiker sind sich in der Forderung nach einem permanenten Sitz im Sicherheitsrat der Vereinten Nationen für Brasilien einig, eine Position, die von Argentinien erst einmal abgelehnt wurde; die Regierung Menem schlug eine Rotation des Sitzes vor.

[168] Auch Professor Luiz Felipe Miguel kam nach der Analyse von 1.693 Beiträgen in Militärzeitschriften zu dem Ergebnis, daß die Idee einer Tutelarfunktion des Militärs gegenüber Regierung und Politik weiter lebendig ist (zit. in *Veja*, 2.2.1994, S. 69).

Beibehaltung der militärischen Autonomie zu einem schwerwiegenden Konfliktfaktor für die Konsolidierung der Demokratie. Die *abertura* diente nicht der Errichtung der Demokratie, sondern primär der Institutionalisierung des Autoritarismus in zivilen Kleidern. In dieser Perzeption ist es ein wichtiges Ziel sicherzustellen, daß sich Konflikte nicht bis zu einer nicht mehr tolerierbaren Intensität hin verschärfen und daß die Zivilgesellschaft aus den politischen Spannungen weitgehend herausgehalten wird.

Seit 1935, als die Kommunistische Partei in völliger Verkennung der innenpolitischen Lage gegen Vargas ihren Putsch durchführte, betrachten konservative Elitensektoren und die Streitkräfte jede mögliche Entwicklung des Landes nach links mit nervöser Sorge. Es war kein Zufall, daß bei den für Lula chancenreichen Präsidentschaftswahlen gegen Collor kurz vor der Wahl wieder einmal Putschgerüchte die Runde machten. Das Militär muß, so Cavagnari, seine Autonomie aufrechterhalten, denn sie stellt das entscheidende Instrument dar, um der genannten Bedrohung entgegenzutreten. Ausdruck dieser Autonomie sind das Nuklearprogramm, das Calha-Norte-Projekt, FT-90 (die erste Phase der Modernisierung der Armee), das Weltraumprogramm[169], die engen Beziehungen mit bestimmten südamerikanischen Diktaturen in der Vergangenheit sowie die staatliche Unterstützung für die Rüstungsindustrie. Die "politische Gesellschaft" war von Entscheidungen über diese Fragen marginalisiert, und die Zivilgesellschaft völlig ausgeschlossen.

Das politische Verhalten des Militärs läßt implizit durchblicken, daß wenn die Regierung dem Militär eine entsprechende Autonomie zugestehen würde, die Rückkehr zu einem militärischen Autoritarismus nur noch eine ferne Hypothese wäre. Interne Stabilität wird als umgekehrt proportional zur Handlungsfreiheit und Besetzung des politischen Raumes durch linke Kräfte verstanden. Mit der Hinwendung zum Kommunismus in Kuba nach 1959 wurden lateinamerikanische Militärs dazu erzogen, ihre Aufmerksamkeit auf die innenpolitische Gefahrenherde zu richten, auf die Agenten der "Subversion", die auch "innerer Feind" genannt wurden (zur Rolle der USA siehe Heinz 1999, Heinz/Frühling 1999). Dieser Begriff wurde bis in die 80er Jahre in Militärdokumenten, z.B. dem Handbuch der ESG, benutzt.

Cavagnari weist die Naivität einiger, ungenannt bleibender politischer Strategen zurück, die die Festigung der Demokratie durch eine politische Isolierung der Streitkräfte und durch die Übertragung einer nicht offensiven Aufgaben-

---

[169] Im November 1997 mißlang der erste Start einer Weltraumrakete, die einen in Brasilien gebauten Satelliten zur Sammlung von Umweltdaten ins All befördern sollte. Bisher bewiesen diese Fähigkeit die USA, Rußland, die Ukraine, Frankreich, China, Indien, Israel, Japan und die Europäische Raumfahrtagentur.

stellung erreichen wollen. Diese müßten vielmehr als ein politischer Akteur ersten Ranges dazu mobilisiert werden, um die Demokratie zu stärken. Sie müßten daraufhin ausgebildet werden, ihre Staatsbürgerschaft (im breiten politischen Sinn) auch zu "praktizieren" und innere Konflikte als einen Faktor von Wandel begreifen lernen. Eine Unterordnung der Streitkräfte unter die zivile Regierung läßt sich jedoch nur durch eine freiwillige und bewußte Mitarbeit des Militärs erreichen.

Anfang der 90er Jahre war das Offizierskorps über Aufgaben und politische Rollen eher gespalten. Der Konsens über eine Erweiterung der konventionellen Mission bezog sich vor allem auf eine bessere Grenzverteidigung, besonders in der Amazonasregion, und eine Vorbereitung auf moderne Kriegsführung mit technologisch fortgeschrittenen Waffensystemen (Hunter 1994b, S. 641).[170]

5.2.1.2 Das brasilianische Verteidigungskonzept von 1996

Im November 1996 verkündete die Regierung Cardoso eine neue Militärpolitik.[171] Sie wurde von einer Kommission des Präsidialamtes für Außenpolitik und nationale Verteidigung erarbeitet, der der Präsident, die vier Militärminister, die Minister für Justiz, Auswärtiges, der *casa civil* (Sekretariat der Regierung) und das SAE angehörten (*El Mercurio* [Santiago de Chile], 29.10.1996). Das Dokument besteht aus den Abschnitten Einführung, internationales Umfeld, Ziele, strategische Orientierung und Direktiven.

Die neue nationale Verteidigungspolitik bezieht sich explizit auf äußere Bedrohungen und versucht, die Ziele der nationalen Verteidigung unter Beteiligung des zivilen wie militärischen Sektors zu bestimmen (Pkt. 1.3). Grundlage ist die Verfassung von 1988. Die Verteidigungspolitik soll darüber hinaus auch "ein Thema sein, das die ganze Gesellschaft interessiert" (Pkt. 1.4).

Brasilien wird in dem Dokument als kontinentales wie maritimes Land begriffen, mit erheblichen geographischen Variationen und vielfältigen Naturreichtümern. Es empfehle sich daher eine Mischung zwischen einer allgemeinen, integrierten Politik und fallbezogenen Ansätzen. Die Durchführung einer nachhaltigen Verteidigungspolitik basiere auf der Errichtung eines Entwicklungsmodells, das die Demokratie stärkt, soziale Ungleichheit und

---

[170] Vgl. auch Hunter 1995, Hunter kommt insgesamt zu der Einschätzung, daß die Prärogativen des Militärs unter der Demokratie deutlich zurückgedrängt worden sind (Hunter 1997).
[171] Presidency of the Republic 1996, für Diskussionsbeiträge siehe Parcerias Estratégicas 1996, die Zeitschrift des SAE.

regionale Disparitäten verringert sowie politische, soziale und ökonomische Prioritäten mit den Erfordernissen von Sicherheit und Diplomatie versöhnt (Pkt. 1.6). Der Kongreß, die akademischen, wissenschaftlich-technologischen und industriellen Sektoren sollten an der Diskussion der Sicherheitsbedürfnisse und dem Einsatz der hierzu notwendigen Ressourcen, wo immer dies möglich sei, beteiligt sein.

Das internationale politische Umfeld am Ende der Ost-West-Auseinandersetzungen wird als "unvorhersehbar" bezeichnet. Der Nationalstaat benötige auch weiterhin einen "militärischen Ausdruck", damit er als eine unabhängige Einheit überlebt: "Es ist nicht realistisch, daß ein einigermaßen großer und international einflußreicher Staat hierzu in der Lage ist, ohne einen zuverlässigen Verteidigungsapparat zu besitzen" (Pkt. 2.5.).

Der (regionale) Redemokratisierungsprozeß tendiere dazu, daß zukünftige Konflikte eher von geringer Wahrscheinlichkeit seien. Alle regionalen Auseinandersetzungen würden auf einem tolerierbaren Niveau kontrolliert. Brasilien hätte seit über hundert Jahren keinen Krieg mehr mit einem Nachbarstaat geführt. Als Ergebnis zahlreicher Prozesse, darunter der regionalen Integration im Rahmen des MERCOSUR, existiere jetzt ein "Ring des Friedens" an den Grenzen des Landes. Dies erlaube, alle Bemühungen auf die nationalen Entwicklungsziele und den Kampf gegen soziale Ungleichheit zu konzentrieren (Pkt. 2.10).

Aber das Land stände auch einem gewissen Risiko gegenüber. Trotz der "friedlichen Koexistenz" innerhalb der Völkergemeinschaft könnte Brasilien gezwungen werden, sich als Antwort auf die Bedrohung seiner Ressourcen und vitalen Interessen an extern verursachten Konflikten zu beteiligen (Pkt. 2.11). In der Region werden als Instabilität fördernde Probleme, die die nationalen Interessen bedrohen könnten, das international organisierte Verbrechen und die Aktivitäten bewaffneter Gruppen in den Nachbarstaaten identifiziert.

Aus diesem Szenario schließen die Autoren der neuen Verteidigungspolitik, daß das Land ein adäquates System für den Schutz der nationalen Souveränität und eines demokratischen Staates benötigt, der auf der Herrschaft des Rechtes beruht. Als Ziele werden u.a. die Aufrechterhaltung der Souveränität und territorialen Integrität des Landes, der Herrschaft des Rechts und der demokratischen Institutionen sowie des internationalen Friedens und der Sicherheit genannt.

Die gegenwärtige Politik basiere auf einer aktiven, am Frieden orientierten Diplomatie und auf einer strategischen Abschreckung, zu der die friedliche Beilegung von Streitigkeiten und die Ablehnung eines Eroberungskrieges gehört. Gewalt werde nur zur Selbstverteidigung eingesetzt. Das präventive Element brasilianischer Verteidigungspolitik sei der Einsatz der Diplomatie als erstem Instrument für die Beilegung von Konflikten. Auch angesichts dieses Politikverständnisses sind jedoch die Streitkräfte in einem bewaffneten Konflikt nicht dazu angehalten, sich auf rein defensive Einsätze zu beschränken (Pkt. 4.3/4.4). Militärische Macht müsse auf den Kapazitäten der Streitkräfte, auf dem Potential der Naturreichtümer und auf mobilisierbaren Reserven beruhen. Sie sind an die politische und strategische Bedeutung der Nation anzupassen und sollen in einer so flexiblen und beweglichen Weise strukturiert werden, daß sie schnell und wirksam in verschiedenen Bereichen und Szenarios eingesetzt werden können.

Zu den vorrangigen Verteidigungsaufgaben zählen:
- der Schutz des Amazonas, "mit der Unterstützung der Bevölkerung und bei einer Stärkung der Rolle des Militärs";
- die Priorität der Entwicklung und Stärkung der Grenzen, besonders in den nördlichen und zentral-westlichen Zonen; und
- die Verbesserung der Kapazitäten in den Bereichen des Kommandos, der Kontrolle und der Nachrichtenbeschaffung aller Stellen des nationalen Verteidigungssystems, so daß sie die Entscheidungsfindung in Friedens- und Kriegszeiten erleichtern (Pkt. 5.1, j, l, n).

Das neue Konzept ist das erste von einer demokratisch gewählten Regierung ausgearbeitete Verteidigungskonzept seit 1985. Drei Aspekte fallen sofort in den Blick. Die neue Verteidigungspolitik wird explizit auf den demokratischen Staat und die neue Verfassung bezogen. Es findet sich keine Anspielung auf die "aktuellen oder permanenten nationalen Ziele", die die Doktrin der nationalen Sicherheit kennzeichneten.

Es macht aus einer gewissen Orientierungslosigkeit angesichts der tiefgreifenden Veränderungen im internationalen System nach 1989 kein Hehl. Gleichzeitig werden die Bedingungen auf regionaler Ebene als weitgehend friedlich bezeichnet. Länderbezogene Konflikthypothesen – etwa Argentinien als traditioneller Feind – liegen ihm nicht zugrunde. Kolumbien wird indirekt, über die Bedrohungsvorstellung einer Guerilla, als ein zu beobachtendes Land bezeichnet.

Eine deutlichere Rolle des Militärs, die über konventionelle Aufgaben der Verteidigung hinausgeht, wird für den Schutz und in gewisser Weise auch Entwicklung des Amazonas und der nord- und zentral-westlichen Regionen festgeschrieben. Was jedoch genau "Stärkung" bedeuten soll, bleibt unklar.

Innenpolitik und innere Sicherheit werden überhaupt nicht angesprochen, obwohl immerhin der Schutz der demokratischen Institutionen zu einer Aufgabe der Streitkräfte erklärt wird (Pkt. 3.3, b.). Da sowohl Cardosos Vorgänger wie der Präsident das Militär zu Aufgaben der inneren Sicherheit eingesetzt haben, finden entsprechende Operationen wohl auf der Basis des Nationalen Verteidigungsgesetzes und der Verfassung statt. In der hier analysierten Präsidialdirektive finden sie keinen Niederschlag.

5.2.2 Die Diskussion über neue Aufgaben

Neben den alten Aufgaben wie Hilfe bei Naturkatastrophen und der Erhaltung der inneren Sicherheit (vgl. Kap. 5.3) werden als neue Aufgaben des Militärs die gemeinsame Abwehr des Terrorismus, des Drogenhandels und friedenserhaltende UN-Operationen diskutiert.[172] Auf dem Gebiet der Terrorismusabwehr fanden informelle Treffen zwischen den Streitkräften Argentiniens, Brasiliens und Uruguays statt (Moltmann 1995, S. 38). Zwischen dem argentinischen und brasilianischen Generalstab gibt es Kontakte und Diskussionen über neue Erfordernisse der Sicherheitspolitik.[173]

Beim Drogenhandel nimmt Brasilien zwar im Vergleich zu Mexiko, Bolivien, Peru und Kolumbien einen sekundären Platz ein. Gleichwohl werden durch das Land rd. 10% des weltweit konsumierten Kokains transportiert. Die brasilianische Polizei ist nicht in der Lage, diese Transporte zu unterbinden. Von den im Zusammenhang mit Drogenhandel Festgenommenen werden 80% freigelassen, bevor das Verfahren beginnt, und nur 10% befinden sich im Gefängnis. Der Polizei gelingt es nur, rd. 10% des transportierten Kokains zu beschlagnahmen (*LARR. B.*, 21.10.1993, S. 5). Bei dem Besuch von US-Verteidigungsminister Cheney wollte sich das Militär nicht in den Dienst einer gemeinsamen Drogenbekämpfung stellen lassen (*O Senhor Isto é*, 26.2.1992, zit. in Moltmann 1993, S. 180).

Unter Präsident Cardoso hat sich die Grundposition brasilianischer Regierungen verändert, das Militär nicht in die Bekämpfung des Drogenhandels einzubeziehen. Bei einer Rede auf dem Schulschiff *Brasil* im Mai 1996 betonte der Präsident, daß sich die Gefahr eines externen Konfliktes aufgrund der exzellenten Beziehungen zu den Nachbarländern sehr verringert habe. Die Hauptbedrohung für die nationale Sicherheit käme heute von der international organisierten Kriminalität. Diese würde die nationale Souveränität heraus-

---

172 Zur neuen Sicherheitspolitik siehe Moltmann 1994, Hunter 1997, Heinz 1998 und Wöhlcke 1999.
173 Vgl. die Beiträge eines Symposiums des argentinischen und brasilianischen Generalstabes in der Zeitschrift *Politica e Estratégia*, Bd. 5, Nr. 3 (1987).

fordern, außenpolitisch an den Grenzen und im Luftraum des Amazonasbeckens, und innenpolitisch durch die Gefährdung des Gefüges der brasilianischen Gesellschaft in bestimmten Landesteilen wie den von Drogenhändlern infizierten Favelas von Rio de Janeiro. Damit hat sich Cardoso der langjährigen Auffassung der USA angenähert, daß die Bekämpfung des Drogenhandels logistisch die Polizei überfordere. Allerdings hat General Cardoso, Leiter des Militärbüros im Präsidialamt, erklärt, daß für direkte Operationen gegen die kriminellen Banden weiter die Polizei verantwortlich sein würde.

In Argentinien wird an eine logistische und technische Unterstützung bei der Bekämpfung des Drogenhandels gedacht, wobei dem Militär die Gefahr einer Ausweitung hin zu einer Drogen-"*subversion*" bewußt sei (Diamint 1994, S. 146; Deimundo Piñeiro 1995, S. 8). Bei einem Besuch in Washington im Dezember 1996 bot Menem Präsident Clinton an, das argentinische Militär im Rahmen einer kontinentweiten Strategie zur Bekämpfung des Drogenhandels einzusetzen (JB LA 1997, S. 141).

Die Option UN-Operationen (peace-keeping)

Ein wichtiges Ziel Menems ist die stärkere Einbindung der argentinischen Streitkräfte in Einsätze der Vereinten Nationen (UN). Diese spielen eine sehr viel größere Rolle als in Brasilien (zu Blauhelmeinsätzen Lateinamerikas siehe Child 1996, zu Argentinien Norden 1995).

Fast 30% der *cuadros*, gemeint sind Offiziere mit mittlerem Dienstrang, haben an UN-Operationen teilgenommen (Deimundo Piñeiro 1995, S. 10). Die Armeen Argentiniens und Uruguays schlossen 1994 einen Vertrag über die Zusammenarbeit bei der Aufstellung von Blauhelmen für die Vereinten Nationen. Argentinien hat ein Zentrum für das Training von UN-Blauhelmen, das *Centro Argentino de Entrenamiento Conjunto para Operaciones de Paz* (CAECOPAZ), eingerichtet (IRELA 1997b, S. 24).

Tabelle 13: Beteiligung argentinischer Militärs
an UN-Einsätzen 1994, 1997 und 1999[174]

1994	Angola (MONUA):	2 Beobachter, 3 Polizisten
	Kroatien (UNMOP):	853, 5 Beobachter, 23 Polizisten
	Zypern (UNFICYP):	375
	El Salvador (UNOSAL):	4 Beobachter
	Irak/Kuwait (UNIKOM):	49 Ingenieure, 6 Beobachter
	Mittlerer Osten:	6
	Mosambik:	40, 8 Beobachter
	Westsahara:	15
1997	Ecuador/Peru:	einige (keine Zahl angegeben)
	Makedonien (FYROM):	1
	Kroatien:	75 Militärs, 2 Beobachter und 16 Zivilpolizisten
	Zypern:	383 Militärs
	Irak/Kuwait:	42 Ingenieure, 3 Beobachter
	Nahost:	3 Beobachter
	Westsahara (MINURSO):	1 Beobachter
1999	Kroatien:	1
	Zypern:	412
	Irak/Kuwait:	84
	Nahost (UNTSO):	3 Beobachter
	Westsahara:	1 Beobachter
	Kosovo:	500 (Angebot Argentiniens)

Die UN-Einsätze waren in der Bevölkerung nicht unumstritten. Nach einer Umfrage im Januar 1993 standen 70% der argentinischen Bevölkerung Blauhelmeinsätzen kritisch gegenüber; die Ablehnung der Einsätze in Irak, in Somalia und Ex-Jugoslawien wurde besonders deutlich.

Die brasilianischen UN-Einsätze sind geringer im Umfang, aber im Angola-Einsatz war die Zahl der beteiligten Militärs recht hoch:

---

174 Quelle: International Institute of Strategic Studies 1994, S. 205ff.; 1997, S. 205-207; 1999, S. 221. FYROM: Former Yugoslav Republic of Macedonia.

Tabelle 14: Beteiligung brasilianischer Militärs an UN-Einsätzen
1994, 1997 und 1999[175]

Jahr	Land	Beteiligung
1994	Angola:	19, 8 Beobachter, 3 Polizisten
	El Salvador:	4, 11 Polizisten
	Kroatien:	23, 10 Polizisten
	Mosambik:	27, 67 Polizisten
	Uganda/Ruanda:	13 Beobachter
1997	Angola:	454 Militärs, 20 Beobachter, 14 Polizisten
	Ecuador/Peru	k.A.
	Kroatien:	6 Beobachter, 1 Polizisten
	Makedonien:	2
1999	Kroatien:	1

Über seine Erfahrungen in Angola berichtete z.B. Major Ribeiro von der *Polícia Militar*. Es sei seine Aufgabe, den Polizisten Respekt für Kundgebungen und öffentliche Veranstaltungen zu lehren und zu verhindern, daß normale kriminelle Akte in politische transformiert würden oder umgekehrt (*Isto é*, 19.1.1994, S. 47). Denn in diesem Land hätte die Polizei einer den Staat dominierenden Partei gehört, und jede Kundgebung gegen die Regierung sei ein Kriegsfall gewesen. Bei den entsandten Polizisten handelt es sich durchweg um Angehörige der Bereitschaftspolizei *(Polícia Militar)*. Viele ihrer Angehörige werden seit langer Zeit der Korruption, der Beteiligung an Drogenhandel und Banküberfällen, vor allem aber der Verantwortung für zahlreiche Menschenrechtsverletzungen beschuldigt. Welche Erfahrungen hier weitergegeben und vor Ort gemacht werden, bleibt daher zunächst einmal unklar.

5.2.3 Die Geheimdienste

Bei ihrem Amtsantritt fand die Regierung Alfonsín neun Nachrichtendienste bzw. -abteilungen vor, zwischen denen es wenig Koordination, sondern eher Wettbewerb und Spannungen gab. Es waren dies:[176]

- Secretaría de Inteligencia del Estado (SIDE)
- Servicio de Inteligencia del Ejército (SIE)

---

175 International Institute of Strategic Studies 1994, S. 209; 1997, S. 205-207; 1999, S. 225.
176 Quelle: Estévez 1988, S. 65f.

- Servicio de Inteligencia Naval (SIN)
- Servicio de Inteligencia de la Fuerza Aérea (SIA)
- Departamento II del Comando Conjunto de las Fuerzas Armadas
- Superintendencia de la Seguridad Federal (früher: Coordinación Federal) de la Policía Federal
- Secciones de Inteligencia de la Gendarmería Nacional
- Prefectura Naval und
- Dirección General de Información del Ministerio de Relaciones Exteriores y del Culto (DIRE).

An die Spitze des SIDE berief die Regierung Alfonsín einen Zivilisten. Es wurde eine Abteilung für Nachrichtenbeschaffung im Innenministerium, die *Dirección de Inteligencia Interior del Ministerio del Interior*, eingerichtet, die, zusammen mit der Nationalen Geheimdienstkommission *(Comisión Nacional de Inteligencia/CNI)* die Aufgabe erhielt, Informationen der Nachrichtendienste zentral zu analysieren.[177] Nach Artikel 15 des Nationalen Verteidigungsgesetzes von 1988 sollen innenpolitische Vorkommnisse in keiner Weise zu Aktivitäten der Militärgeheimdienste führen.

Dennoch stellt die Kontrolle der Geheimdienste, wie eine Forscherin formulierte, eine "black box" dar (und dies bekanntermaßen nicht nur in Argentinien). Das Staatssekretariat für Geheimdienstfragen führt die Ressourcenzuwendungen für die Geheimdienste der drei Streitkräfte als Teil ihres jeweiligen Gesamtbudgets und daher sind diese schwer zu kalkulieren. Parlamentarische Versuche, den Haushalt für die *Secretaría de Inteligencia del Estado* (SIDE) zu verringern und eine gründlichere Haushaltskontrolle durchzuführen, waren bisher vergeblich. Es sollen neue Kriterien von Rationalität und Effizienz eingeführt werden (Diamint 1994, S. 169f.). Zu den Aufgaben der militärischen Geheimdienste heißt es im Weißbuch zur nationalen Verteidigung von 1998, daß innenpolitische Fragen kein Gegenstand für ihre Ermittlungen sein darf (Ministerio de Defensa 1998, Kap. 11).

Für Brasilien läßt sich die überragende Bedeutung der Doktrin der Nationalen Sicherheit nachweisen. Informations- und Nachrichtenbeschaffung waren zentrale Begriffe der nationalen Sicherheit und wurden in den ESG-Handbüchern behandelt. Eine typische Beschreibung aus dem Jahr 1981 lautet:

"Information hat in der inneren Sicherheit die Aufgabe, Antagonismen und politischen Druck zu identifizieren, der in der Lage ist, sich innenpolitisch auszuwirken und der erlaubt, Maßnahmen zu treffen, um diesen Druck zu identifizieren, zu neutralisieren und auszuschalten. Die Rolle der Information und der inneren Sicherheit ist zentral, um für die Regierung die wirkliche Situation deutlich zu machen, Fakten zu überprüfen und die Charakteristika

---

177 Zu der Frage der Geheimdienste siehe Estévez 1988 und Ugarte 1990, 1995.

und die Intensität, wie sich Antagonismen und Druck manifest auswirken, ebenso wie zukünftige Ereignisse zu beurteilen. Ein ständiges System von Informationen, adäquat strukturiert und unterstützt von qualifiziertem Personal, stellt eines der essentiellen Instrumente für die Planung und Durchsetzung innerer Sicherheit dar." (Associação dos Diplomados da Escola Superior de Guerra 1981, S. 222 [Handbuch der ESG])

In Brasilien arbeiteten auch nach dem Übergang zur Demokratie die Geheimdienste der Armee (CIE), Marine (CENIMAR) und Luftwaffe (CISA) weiter und wurden zusammen mit anderen relevanten Einrichtungen wie dem Generalstab, der Bundespolizei, der Polícia Militar etc. im Rahmen des Nationalen Informationssystems *(Sistema Nacional de Informações/SISNI)* koordiniert.

Nachdem die neue Verfassung von 1988 auch ein Recht auf informationelle Selbstbestimmung (Habeas Data) eingeführt hatte, wandten sich mehrere hundert Angehörigen von "Verschwundenen" an den SNI mit der Bitte um Auskunft über ihre Familienangehörigen. Sie erhielten offiziell die Antwort, daß das neue Recht auf Auskunft nicht unbeschränkt sei, und jeder Brasilianer nur über sich selbst Informationen verlangen könne. Daher seien sie nicht anspruchsberechtigt. Stärkere Proteste hatte dieser Bescheid des SNI nicht zur Folge *(Neue Zürcher Zeitung,* 4.2.1989). Zeitungen und Zeitschriften veröffentlichten von Zeit zu Zeit die Namen und Photos von berüchtigten Folterern, die immer noch in öffentlicher Funktion, etwa im Polizeiapparat, tätig waren. Solche Hinweise blieben für die Betreffenden häufig folgenlos (vgl. Kap. 5.1).

Im Zusammenhang mit den Diskussionen der Verfassunggebenden Versammlung von 1987/88 wurde in den Medien und von Menschenrechtsorganisationen immer stärker die Frage nach dem Zugang zu den Archiven von Polizei und Militär gestellt. Es gelang, durch das Gesetz Nr. 8.159/91 ein eigenes Archiv einzurichten, das am 3. März 1994 in den öffentlichen Archiven des Bundesstaates Rio de Janeiro eröffnet wurde. Es enthält die dort zugänglich gemachten Dokumente der Politischen Polizeien *(Polícias Políticas)* für den Zeitraum 1930 bis 1983. Der Forscher, der Zugang sucht, muß ein Dokument, das *termo de responsabilidade,* unterschreiben, daß das Material nicht gegen die Bundesregierung von Brasilien benutzt wird (Davis 1996).

Der SNI wurde von Präsident Sarney beibehalten, aber unter seinem Nachfolger Collor 1990 offiziell aufgelöst.[178] Er hatte zu diesem Zeitpunkt 3.900 Angestellte. An seiner Stelle wurde beim Staatspräsidenten eine neue Organisation, das Sekretariat für Strategische Angelegenheiten *(Secretaría de Assuntos Estrátegicos/SAE),* ins Leben gerufen, das wohl eine erhebliche Zahl

---

178 Zum SNI siehe De'Carli 1985, Baffa 1989 und German 1991.

von SNI-Beamten übernommen hat.[179] Das SAE erhielt 90% seines Haushaltes aus geheimen Regierungsfonds. Die meisten seiner nachrichtendienstlichen und Polizeifunktionen scheinen gleichgeblieben zu sein (Zirker/Henberg 1994, S. 268).

Darüber hinaus verfügen Armee, Luftwaffe und Marine weiter über ihre eigenen Geheimdienste, die mit hoher Wahrscheinlichkeit auch innen-politische Informationen sammeln. Im Unterschied zu Argentinien ist es lange Zeit nicht zur Schaffung eines einheitlichen Geheimdienstes für äußere und für innere Sicherheit gekommen. Diese Frage ist deshalb in besonderem Maße relevant, weil SAE und die Geheimdienste der Streitkräfte bereits in den zunehmenden Auseinandersetzungen der Landlosenbewegung mit Großgrundbesitzern aktiv geworden sind (SWB AL/2569/L/J, 25.3.1996).

1996 hat die Regierung Cardoso einen neuen Geheimdienst, die *Agência Brasileira de Inteligência (ABIN)* gegründet. In dem Konflikt, ob dieser von einem Militär oder Zivilisten geleitet werden soll, setzte sich das Militär nach einer längeren Auseinandersetzung hinter verschlossenen Türen durch (*LARR.B*, 2.5.1996, S. 3). Ursprünglich war er dem Generalsekretär des Präsidentenpalastes (Planalto), Eduardo Jorge, in Zusammenarbeit mit dem Sekretär für strategische Fragen, Ronaldo Sardemberg, unterstellt. Im April 1996 gab der Leiter der *casa militar*, General Alberto Cardoso (keine Verwandtschaft mit dem Präsidenten), bekannt, daß ABIN durch das Militär kontrolliert werden würde. Ein Militärberater des Präsidentenstabes, General Fernando Cardoso (keine Verwandtschaft mit dem Präsidenten) war mit Jorge über die Kontrolle der Informationssammlung innerhalb des Landes und den direkten Zugang zum Präsidenten in Konflikt geraten. Das Militär argumentierte, daß es in der Informationssammlung mehr Erfahrung als die Zivilisten hätte und keine politischen Interessen beim Filtern der Informationen, die dem Präsidenten vorgelegt werden, verfolgen würde. Das SAE wurde von ihm als ein Beratungsgremium von geringer Bedeutung angesehen. Jorge warnte dagegen davor, das Militär wolle aus ABIN einen neuen SNI machen, aber das Militär antwortete, es hätte zwar Fehler in der Vergangenheit gegeben, aber diese würden sich nicht wiederholen. Als sich auch Marineminister Admiral Mário César Pereira für eine Unterstellung des ABIN unter das Militär entschied, gab dies den Ausschlag. Sein erster Direktor wurde General Alberto Cardoso.

ABIN ist einem neuen Komitee rechenschaftspflichtig, das aus dem Präsidenten, dem Vizepräsidenten und den drei Ministern der Streitkräfte besteht. Die Hauptaufgabe des ABIN ist die geheimdienstliche Tätigkeit gegen Drogen- und Waffenhandel, die als eine Bedrohung der nationalen Sicherheit und der

---

179 Genauere Informationen sind leider nicht verfügbar.

Souveränität definiert wird. General Cardoso kündigte auch eine Überprüfung von Bewerbern für den öffentlichen Dienst durch ABIN an. Jorge hatte vergeblich darauf bestanden, daß die militärischen Geheimdienste aus der Innenpolitik herausgehalten werden. Unter dem SNI gehörte die Prüfung des Vorlebens von Kandidaten im öffentlichen Dienst zu einer seiner Standardaufgaben, die ihm nicht nur im zivilen Bereich, sondern auch bei der Beförderung von Offizieren einen überragenden Einfluß verschaffte.

In den ersten Jahren der Demokratie hat der Kongreß keine Initiativen unternommen, das völlig durch Militärs dominierte Nationale Informationssystem zu kontrollieren, zu modifizieren oder gar dessen Auflösung vorzuschlagen. Auch später, nach seiner Auflösung und Ersetzung durch das SAE, hat sich daran nichts geändert.

5.3 Innenpolitik und innere Sicherheit

In Argentinien sind die Kriminalitätsraten sehr viel geringer als in Brasilien. Spannungen ergaben sich vor allem aus den Protesten armer Bevölkerungsgruppen gegen die Folgen der Strukturanpassungspolitik, durch Plünderungen von Supermärkten in der Form der "Enteignung" vor allem von Nahrungsmitteln, durch zwei terroristische Anschläge und den Angriff auf die Tablada-Kaserne 1989.[180]

Nach langen Jahren der Diskussion wurde 1992 schließlich das Gesetz 24.059 über innere Sicherheit vom Kongreß verabschiedet.[181] Es sieht fünf Formen des

---

180 Im Dezember 1997 stellte die Interamerikanische Menschenrechtskommission abschließend fest, daß der argentinische Staat in neun Fällen von Mitgliedern der für den Überfall verantwortlichen Guerilla-Organisation gegen das Recht auf Leben und in 20 weiteren Fällen gegen das Recht auf eine menschliche Behandlung verstoßen hat (amnesty international 1998, S. 125). Im Mai 1997 hatte die Interamerikanische Menschenrechtskommission der argentinischen Regierung vorgeschlagen, die im Tablada-Prozeß Verurteilten freizulassen, da es zu schweren Verfahrensfehlern gekommen sei, und auch eine rechtliche Überprüfung der Vorgänge von unabhängiger Seite in die Wege zu leiten (LA JB 1998, S. 110).
181 Zur inneren Sicherheit, Polizei und den Menschenrechten siehe Centro de Estudios Legales y Sociales 1988, Centro de Estudios Legales y Sociales/Nucleo de Estudios sobre Violencia 1990a,b, Estévez 1988, Sauret 1989, Serulnikov 1994, Heinz 1995b, amnesty international 1995-98, Maier 1996, Maier et al. 1996 und Stanley 1998. Zu den auch weiter andauernden Menschenrechtsverletzungen gehören Folter, Erschießung von angeblichen Kriminellen duch die Polizei, die den Charakter von Exekutionen haben, und einzelne Fälle von "Verschwindenlassen" durch Polizeibeamte. Der UN-Ausschuß gegen Folter drückte seine Sorge aus über "das offenbar durchgängige Muster der Behinderung der zur Aufklärung von Folter- und Mißhandlungsvorwürfen eingeleiteten gerichtlichen Ermittlungen durch die Polizei sowie auf die langen

Ausnahmezustandes vor: den lokal begrenzten sozialen Konflikt, den allgemeinen sozialen Konflikt, den internen Angriff oder Aggression, den militärischen Angriff und Naturkatastrophen. Auf seiner Grundlage wurde ein Rat für innere Sicherheit geschaffen, der im konkreten Fall ein Krisenkomitee einsetzt; dieses kann nach einer entsprechenden Entscheidung des Präsidenten die Unterstützung der Streitkräfte anfordern. Der Präsident muß vorher den Ausnahmezustand verkündet haben und selbst die Leitung der Operationen übernehmen (Heinz 1995b).

Im Kongreß hat eine Kommission mit Mitgliedern des Abgeordnetenhauses und des Senats die Aufgabe, die Aktivitäten der Behörden für innere Sicherheit und der Nachrichtendienste zu überwachen. Sie läßt jährlich den beiden Parlamentskammern einen öffentlichen Bericht zukommen und verfaßt gleichzeitig einen geheimen Bericht für beide Kammern und die Regierung.

Die sozialen Unruhen in Santiago del Estero 1993, die neue Guerilla in Chiapas/Mexiko 1994 und die zwei schwerwiegenden terroristischen Anschläge auf die israelische Botschaft (1992) sowie die AMIA[182] (1994, mit 90 Toten und 300 Verletzten) alarmierten Präsident Menem. Der Präsident verfügte die Gründung eines neuen "Sekretariates für die Sicherheit und den Schutz der Gemeinschaft", die das alte Sekretariat für innere Sicherheit im Innenministerium ersetzt. Brigadier a. D. Antonietti wurde zu seinem Leiter ernannt. Die Hauptaufgaben des Sekretariates bestehen in der Koordination der verschiedenen Polizeikräfte, der Gendarmería, Prefectura und des SIDE in Fragen der inneren Sicherheit und in der Analyse des Potentials für soziale Unruhen.

Die Regierung soll angesichts der erwähnten politischen Ereignisse die Militärgeheimdienste 1994 mündlich angewiesen haben, Informationen zur innenpolitischen Lage zu sammeln (*Clarín*, 20.3.1994). Die geltenden Gesetze sehen für diese nur eine logistische Unterstützung der Sicherheitskräfte bei sozialen Unruhen vor. Auch hat Präsident Menem mit dem Dekret 392/90 vom 25. Februar 1990 den Streitkräften erneut die Möglichkeit eingeräumt, bei internen Konflikten einzugreifen. Es sieht ein Komitee für innere Sicherheit vor, das für die Planung eines möglichen Einsatzes des Militärs verantwortlich ist (Potash 1993, S. 66). Das Dekret wurde von der Opposition als Verletzung des Gesetzes über nationale Verteidigung kritisiert, das einen innenpolitischen Einsatz des Militärs ausschließt. Die Regierung argumentierte dagegen, es

---

Verzögerungen bis zum Abschluß derartiger Ermittlungen" (zit. in amnesty international 1998, S. 124f.). Zur Beachtung und Verletzung der Menschenrechte in Argentinien und Brasilien zwischen 1960 und 1990 siehe Heinz/Frühling 1999.
182 Sitz der jüdischen Organisationen in Argentinien.

handle sich lediglich um eine Anpassung. Damit existiert in Argentinien wieder eine Rechtsgrundlage für den Einsatz des Militärs im Innern.

In Brasilien, einem Land mit hohem Wirtschaftswachstum und gleichzeitig einem der höchsten Niveaus an sozialer Ungleichheit im weltweiten Vergleich, steht die beträchtliche Kriminalität in einem direkten, wenn auch komplexen Verhältnis zu den Problemen von Armut und Ungleichheit.[183]

Angesichts der fortbestehenden sozialen Ungleichheit und schlechten wirtschaftlichen Situation nimmt die Kriminalität immer weiter zu. 1994 starben 39.000 BrasilianerInnen eines gewaltsamen Todes. Damit gehören Brasilien und Kolumbien zu den Ländern mit den höchsten Mordraten, bezogen auf die Bevölkerungszahl. Die Hauptopfer der Gewalt zwischen 1991 und 1993 waren nicht Straßenkinder, sondern Jugendliche zwischen 15 und 17 Jahren. Deren Todesrate stieg in diesem Zeitraum von 1,78 auf 2,75 pro 1.000 Einwohner (*LAWR*, 25.11.1993, S. 5).

Tabelle 15: Morde in ausgewählten Großstädten 1994
(pro 100.000 Einwohner)[184]

Rio de Janeiro	136,8
São Paulo	70,6
Los Angeles	23,7
New York	21,3
Frankfurt (1993)	3,5
München (1993)	2,7

Ungleichheit und Kriminalität sind vielfach beschrieben worden, so daß hier nur die wichtigsten Daten genannt werden. Die Verfassung von 1988 spricht in Art. 7, Abs. IV von einem Mindestlohn, der die Bedürfnisse des abhängig Beschäftigten und seiner Familie[185] abdecken und periodisch zur Sicherung der Kaufkraft angeglichen werden soll. Nach brasilianischen Statistiken verfügten 1990 die Hälfte der Familien, d.h. rd. 65 Mio. Menschen, nicht über dieses Mindesteinkommen. Dagegen beziehen die obersten 4% der Bevölkerung ein Einkommen, das sich mindestens auf das 50fache des Mindesteinkommens beläuft. 15 Mio. Menschen haben nur ein sog. Elendseinkommen, das ein Viertel des Mindesteinkommens beträgt (Schrader 1994, S. 155, 159).

---

183 Vgl. Morley 1982, Fox 1983, Pfeffermann/Webb 1983, Bacha/Klein 1989, Göthner 1990, Schrader 1994 und Calcagnotto/Fritz 1996, zur Auslandsverschuldung Bacha/Malan 1989.
184 Focus Nr. 24/1995, S. 235.
185 Hierzu werden Wohnung, Nahrung, Erziehung, Gesundheit, Freizeit, Kleidung, Hygiene, Transport und Sozialversicherung gerechnet.

Nach einer Haushaltsbefragung des statistischen Zentralamtes IBGE hat sich die kraß ungleiche Verteilung des Volkseinkommens weiter verschärft. Die reichsten 10% der Brasilianer erhalten 1996 49% des Volkseinkommens, die ärmsten 10% müssen sich mit 0,7% begnügen. Vor der Schuldenkrise, 1983, betrug das Verhältnis noch 46,7% zu einem Prozent (*Süddeutsche Zeitung*, 3.4.1996). Bei einem nominalen Mindestlohn von rd. 60 DM belief sich der durchschnittliche Monatslohn der ärmsten BrasilianerInnen auf zwischen 32 und 48 DM, während die reichsten Brasilianer im Schnitt das 78,5fache Einkommen erreichen. Unterdessen ist der Mindestlohn auf 100 US-Dollar (1994) und weiter auf 110 US-Dollar (1998) gestiegen.

Nach einer Studie der Stadt Rio de Janeiro leben 20% der Bevölkerung in 573 Armutsvierteln *(Favelas)*. Zusammen mit der Bevölkerung in der Altstadt sind dies 39,7% der Bevölkerung von 5,4 Mio. Einwohner (*IL*, 28.10.1993, S. 503). Seit Mitte der 70er Jahren nahm der Drogenhandel von den Favelas aus zu. Händler und ihre Banden bewaffneten sich zunehmend. Der Staat verlor sein Gewaltmonopol in einem großen Teil von Rio der Janeiro (Fatheuer 1995, S. 46). In 90% der Armutsviertel, so wurde 1993 geschätzt, hat der Staat nahezu jede Kontrolle verloren. Drogenhändler unterhielten 1993 rd. 6500 bewaffnete Schläger und Killer. Gouverneur Brizola ordnete die Operation "Saubere Hände" an. Die Untersuchungen kamen zu dem Ergebnis, daß viele Polizisten selbst in großem Stil in Drogenhandel, Entführungen, Morde, Raubüberfälle und Korruption verwickelt waren. Die ersten 34 Polizisten wurden entlassen. Der Generalstabschef erklärte, die Armee hätte einen Plan zur Invasion der Favelas, um den Rauschgifthandel zu unterbinden. Sie warte nur noch auf die Zustimmung des Gouverneurs. Brizola war jedoch zurückhaltend, weil er um seine Chancen bei den Präsidentschaftswahlen 1994 fürchtete. Kongreß und Präsident müßten nach der Verfassung von 1988 einem Einsatz zustimmen. Die Drogenhändler waren auf ein militärisches Eingreifen vorbereitet und verfügten sogar über Panzer- und Luftabwehrwaffen (*Süddeutsche Zeitung*, 7.10.1993). In Auseinandersetzungen mit 150 schwerbewaffneten Polizisten im Armutsviertel am 27.9.1993 setzten die Drogenhändler Kommando-Einheiten (in einer regulären Armee speziell ausgebildete Einzelkämpfer) und Raketen gegen Helikopter ein (*IL*, 14.10.1993, S. 470).

Brizola bat die Armee um Intervention, damit der Polícia Militar dabei geholfen werden könnte, die streikbedingte Blockierung durch Lastwagen auf den Hauptzugangsstraßen Rios aufzuheben (*IL*, 14.10.1993, S. 470). Der Leiter des Armee-Öffentlichkeitsreferates, General Gilberto Serra, erklärte zu diesem Anlaß, daß die Armee ihre Pläne zu Interventionen in den verschiedenen Notstandssituationen aktualisieren würde, die sich aus der sich verschlechternden Sicherheitssituation in Rio ergeben könnten.

Während der Auseinandersetzungen 1993 kündigte Brizola eine Restrukturierung der Polícia Militar (Stärke: 30.000 Mann) an und setzte den Chef des Bataillons in Vigario Geral ab (*LAWR*, 16.9.1993, S. 430). Dagegen protestierten am 3.9.1993 40 Offiziere, so daß der Bürgermeister von Rio, César Maia, die Armee bat, die Aufrechterhaltung von Gesetz und Ordnung zu übernehmen. Einige Oppositionsabgeordnete forderten die Auflösung der Polícia Militar.

Zwischen Oktober 1994 und Juli 1995 kam es dann zur *Operation Rio*, dem Einsatz der Armee in den Armutsvierteln der Stadt. Der Leiter der Armee-Abteilung für Öffentlichkeitsarbeit, General Gilberto Serra erklärte, in Rio de Janeiro fände ein Bürgerkrieg statt, und das Militär könne intervenieren, wenn es dazu aufgefordert werde (*LAWR*, 25.11.1993, S. 5). Am 31.10.1994 unterzeichneten Präsident Franco und Gouverneur Batista das Abkommen über einen Militäreinsatz in Rio de Janeiro.

Brigadegeneral Câmara Senna befahl dann den Einsatz aller Sicherheitskräfte. Nach Umfragen in Rio meinte die Bevölkerung, daß die Führungskader von Militär- und Zivilpolizei ins Gefängnis gehörten (Goerdeler 1994); die beiden Polizeiorganisationen *Polícia Militar* und *Polícia Civil* galten (und gelten) als notorisch korrupt und unzuverlässig. Im November 1994 umstellten 250 Soldaten sieben Viertel in mehreren Stadtteilen von Rio de Janeiro. Sie suchten Angehörige der Drogenmafia und unterzogen die Einwohner einer strengen Personenkontrolle. Hubschrauber kreisten über den Dächern. Präsident Franco hatte die Streitkräfte zur Bekämpfung der Drogenmafia nach Rio entsandt, und der Polizei, die der Verstrickung in das organisierte Verbrechen beschuldigt wurde, die Federführung im Kampf gegen die Mafia entzogen (*Der Tagesspiegel*, 20.11.1994). Fünf Tage später wurden 2.000 Soldaten eingesetzt (Haas 1995, S. 73). Zwar durchkämmten Soldaten monatelang die Armutsviertel, und es wurden Dutzende von vermeintlichen oder tatsächlichen Drogendealern erschossen. Aber nicht ein Drogenboß konnte festgenommen werden.

Über die Wirkungen des Militäreinsatzes waren die Meinungen gespalten. Die Bevölkerung begrüßte den Einsatz der Armee. In einer Umfrage des Meinungsforschungsinstitutes SER sprachen sich 80% der Befragten in Rio de Janeiro dafür aus, das Militär zur Aufrechterhaltung von Recht und Ordnung einzusetzen, da die Polizei unfähig sei, die Bevölkerung zu schützen. Fatheuer, ein erfahrener Brasilienbeobachter, fragt sich in einem Beitrag, warum der Einsatz des Militärs von der überwiegenden Mehrheit der Favela-Bewohner offensichtlich unterstützt wurde: "Anscheinend sahen viele in den Militärs eine neutrale Macht, die sie vor der doppelten Bedrückung durch Drogenbanden und Polizei schützen könne" (Fatheuer 1995, S. 47; vgl. auch Haas 1995).

Präsident Cardoso mußte einräumen, daß das Militär auf den Kampf im Großstadtdschungel nicht vorbereitet ist. Die Patrouillen an den Stränden und Plätzen führten zwar deutlich zu einem Rückgang der Straßenkriminalität, aber nach ihrem Ende stellte sich bald die alte Situation wieder her. Bundesregierung und Gouverneur von Rio de Janeiro, Marcello Alencar, setzten auf einen dauerhaften Einsatz der Armee als Polizeiorgan. Angehörige der Mittel- und Oberschicht bauten unterdessen ihre Apartments und Häuser zunehmend zu Festungen aus, und private Wachdienste haben Hochkonjunktur.

Auch in anderen Zusammenhängen kam es zu einem Einsatz der Armee in Polizeifunktionen – und zwar unter allen Präsidenten:
- 1987 gegen streikende Arbeiter beim Staatsunternehmen ECOBRAS (hier war auch die Marine beteiligt),
- 1988 gegen die Besetzung des staatlichen Volta-Redonda-Stahlwerks durch Streikende, (drei Todesopfer),
- 1989 zur Beendigung von Streiks in einer staatseigenen Stahlhütte,
- 1992 zum Schutz der UN-Umwelt- und Entwicklungskonferenz UNCED in Rio de Janeiro,
- 1995 gegen Streikende in Ölraffinierien,
- im März 1995 gegen Drogenbanden in Rio de Janeiro,
- im Oktober 1996 (zusammen mit Polizisten, insgesamt 1.000 Mann) gegen ca. 6.000 Goldsucher im Schürfgebiet der *Companhia do Rio Doce* bei *Serra Pelada*, die die Projektion lahmlegten (JB LA 1997, S. 167),
- im Dezember 1998 in den südlichen Teil des Bundesstaates Para, um weitere Landkonflikte zu vermeiden. Bereits seit Mai 1998 koordinierte die Armee alle Aktivitäten des Bundes und des Bundesstaats zur Räumung besetzter Farmen in Süd-Para (JB LA 1999, S. 157).

Das Gegenbild zur Armee: eine ineffiziente, korrupte und gewalttätige Polizei

Seit langem fehlt es an einer Reform der Polizei, die selbst eine große Zahl von Delinquenten stellt.[186] Hierzu nur einige Schlaglichter:

- Im Oktober 1993 wurde bekannt, daß gegen 88 Polizisten disziplinarisch ermittelt wurde, weil sie sich vermutlich illegal bereichert hätten (IL, 14.10.1993, S. 470).

- 1994 kam ein Untersuchungsbericht zu dem Schluß, daß bei einer Polizeirazzia am 18.10.1994 mindestens sechs Menschen ermordet worden waren

---

186 Zur brasilianischen Polizei siehe Moraes 1985, Chevigny 1991, Barcellos 1992, Mingardi 1996 und Huggins/Haritos-Fatouros 1996.

(insgesamt wurden dreizehn Menschen getötet). Die Polizei hatte alle Toten als Kriminelle bezeichnet, die sich der Verhaftung widersetzt hätten.

- Zum gleichen Zeitpunkt kündigten 46 Polizeikommissare ihren Rücktritt an. Sie standen unter dem Verdacht, Bestechungsgelder von der Drogenmafia und von den Betreibern des illegalen Glücksspieles erhalten zu haben (*Der Tagesspiegel*, 20.11.1994).

Seit Jahren wird immer wieder gefordert, daß die Polizei besser bezahlt und ausgerüstet werden sollte, und ihr Disziplinarsystem dringend einer Reform bedarf. Am Ende der Diskussionen hat sich aber in der Praxis nichts geändert. Einer der Reformschritte betraf die Frage, ob nicht die beiden häufig miteinander rivalisierenden Polizeiorganisationen mit der Bundespolizei zu einer nationalen Polizeibehörde zusammengelegt werden sollten. Aber bisher haben bürokratische Interessen diesen Schritt verhindert. Es sieht eher danach aus, daß die Politiker nach dem divide-et-impera-Prinzip an einer aufgesplitterten Polizeiorganisation festhalten wollen.

Die Konsequenzen der Installierung einer immer größeren Zahl von Drogenbossen in den Armutsvierteln sind auch politisch erheblich. Faktisch zieht die Bevölkerung die neuen Herrn des Drogenhandels der Willkür der Polizei vor, wobei sie unter deren erheblichem Druck steht. Meist unterscheidet sie zwischen denjenigen Drogenbossen, die Interesse an dem von ihnen kontrollierten Viertel hätten und solchen, die es nur für eigene Zwecke benützten. Es entsteht jedoch eine zum Staat parallele Machtstruktur mit eigenen sozialen Kontrollmechanismen, die brutal durchgesetzt wird. Dies hat auch Auswirkungen für die Beteiligungschancen der Bevölkerung an demokratischer Willensbildung vor Ort und auf der Ebene der Bundesstaates (ausführlich hierzu: Leeds 1996).

Die Variable Menschenrechtsverletzungen

Es wäre zu erwarten, daß die Rückkehr zur Demokratisierung auch zu einer deutlichen Verringerung von Menschenrechtsverletzungen führen würde.[187] Aber es ist ein beunruhigendes Paradox der neuen Demokratie, daß unter allen demokratisch gewählten Regierungen zahlreiche schwerwiegende Menschenrechtsverletzungen auch weiterhin vorkommen. Die optimistischen Erwartungen des Übergangs erwiesen sich daher als Trugschluß.

Jedes Jahr berichten nationale und internationale Menschenrechtsorganisationen über schlechte bis katastrophale Haftbedingungen, Folter, außergericht-

---

187 Ich folge in einigen Passagen Heinz 1996b.

liche Hinrichtungen und einzelne Fälle von "Verschwindenlassen", um nur die traditionellen Formen von Menschenrechtsverletzungen zu nennen (z.B. amnesty international 1995-98). Zwischen 1984 und Juli 1989 starben nach Angaben der Brasilianischen Institutes für Wirtschafts- und Sozialanalysen (IBASE) knapp 1.400 Kinder und Jugendliche bis 18 Jahre eines gewaltsamen Todes, viele durch Todesschwadrone.[188]

Nach einer Übersicht des Justizministeriums sind in Gefängnissen, die offiziell für rd. 59.000 Insassen vorgesehen sind, mehr als 140.000 Personen inhaftiert. Gefängnisaufstände finden durchschnittlich fast alle zehn Tage statt. Durch eine Präsidentenamnestie für leichtere Fälle – Haftstrafen bis zu sechs Jahren und gute Führung – kamen 1996 15.000 oder knapp 10% der Gefängnisinsassen frei (*LARR.B*, 2.5.1996, S. 6).[189]

Das Problem der Menschenrechtsverletzungen läßt sich nach Opfern, Tätern und Ursachen aufgliedern. Zu den Opfern von Menschenrechtsverletzungen zählen heute vor allem Angehörige der marginalisierten Bevölkerung, Kriminelle bzw. Personen, die man der Kriminalität verdächtigt, Prostituierte, Transvestiten, Behinderte, Straßenkinder u.a., die von Polizisten im aktiven Dienst oder pensionierten Polizisten, aber auch durch privat organisierte Todesschwadrone, ermordet werden. Dies bleibt in aller Regel folgenlos, weil Polizei und Justiz[190] nicht den notwendigen politischen Willen für eine effektive Strafverfolgung aufbringen und/oder hierzu aus Mangel an Ressourcen nicht in der Lage sind; häufig kommen beide Faktoren zum Tragen. Es ist charakteristisch für diese Situation, daß seit dem ersten Jahr der neuen Demokratie hierüber kritisch in den Medien berichtet wurde, es aber dennoch zu keinen deutlichen Verbesserungen auf nationaler und Bundesstaaten-Ebene gekommen ist.

---

188 Für das große Themenfeld Gewalt, Kriminalität, Menschenrechte und Reaktion von Staat sowie Gesellschaft vgl. die Berichte brasilianischer Menschenrechtsorganisationen, den großen Bericht zur Militärdiktatur "Brasilien: Niemals Wieder" (Arquidiocese de São Paulo 1985/Dassin 1986), die Berichte von Americas Watch (1987a, 1989), amnesty international (1987c, 1988a,b, 1990b, 1991, 1992a,b, 1993, 1994, 1995-98), sowie, statt vieler, Pinheiro 1984, Fischer 1985, Bicudo 1988, Hunold Lara 1988, Benevides/Fischer 1991, Fernandes 1991, Batista 1990, Martins 1991, Frateschi/Silva 1990 (für den Standpunkt der PT), Paixão 1991, Madlener 1991, 1996, Heinz 1992, 1996c, Sutton 1994 und Dimenstein 1996. Zum Problem der Straßenkinder siehe Brasilian Institute of Social and Economic Analyses/MNMMR o.J., Centro de Articulação de Populações Marginalizadas 1989, Brasilian Institute of Social and Economic Analysis/National Streetchildren's Movement 1990, Dimenstein 1990, 1994, 1996, Ordem do Avogados do Brasil o.J. und MNMMR o.J.

189 Pinheiro spricht von 126.000 Gefangenen bei 51.000 Gefängnisplätzen (Pinheiro 1997, S. 270).

190 Zur ambivalenten Rolle des Obersten Gerichtshofes siehe Castro 1997.

Bei den unmittelbaren Tätern handelt es sich vor allem um Angehörige der Bereitschaftspolizei *(Polícia Militar)*[191] und der Kriminalpolizei *(Polícia Civil)*. Während einige wenige unmittelbare Täter in den letzten Jahren verurteilt werden konnten, blieben die Auftraggeber der Menschenrechtsverletzungen in aller Regel unerkannt. Journalistische Recherchen und Untersuchungen von Menschenrechtsorganisationen deuten vor allem auf bestimmte Geschäftsleute in den Städten hin. Diese erhoffen sich von einer solchen "Säuberung" eine Verbesserung ihres Absatzes, weil dadurch das Geschäftsumfeld von Marginalisierten und drohender Kriminalität befreit wird.

Auf dem Land sind es Großgrundbesitzer, die Kleinbauern und Landbesetzer von ihrem Land zu vertreiben versuchen. Sie setzen Angehörige privat organisierter Todesschwadrone *(pistoleiros)* ein. Zwischen 1964 und 1992 wurden 1.730 vor allem Kleinbauern, Landarbeiter und Gewerkschafter, aber auch einige sie beratende Rechtsanwälte und Priester ermordet. 30 Fälle wurden bis 1992 vor Gericht gebracht. Nur in 18 Fällen kam es zu Verurteilungen (Sutton 1994, S. 24). Die ständige Gewaltanwendung im Kontext einer großen Zahl von Landkonflikten setzt sich fort. Die Fälle werden selten aufgeklärt, und häufig auch nur dann, wenn die Opfer einen hohen sozialen Status besaßen, weil sie Rechtsanwalt oder Priester waren.[192]

Die internationale Öffentlichkeit wurde auf die Menschenrechtsprobleme auf dem Land u.a. durch die Aktivitäten des Führers der Kautschukarbeitergewerkschaft, Chico Mendes, aufmerksam. Als er 1988 ermordet wurde, berichteten die internationalen Medien umfassend über den Fall, womit dieser für die brasilianische Politik zu einem politischen "Skandal" wurde. Nach zunehmendem nationalen und vor allem internationalen öffentlichen Druck wurden schließlich die Täter, ein Großgrundbesitzer und sein Sohn, zu einer langjährigen Gefängnisstrafe verurteilt – ein seltener Einzelfall. Beiden gelang 1993 die "Flucht" aus dem Gefängnis, sie sind aber seit 1996 wieder in Haft.

Ein weiteres großes Problem in ländlichen Gebieten ist das Fortbestehen moderner Sklavereiformen. Ein parlamentarischer Untersuchungsausschuß hat ermittelt, daß 1,3 Millionen Landarbeiter keinen Lohn für ihre Arbeit, sondern lediglich Nahrung erhalten und damit faktisch Sklavereiarbeit leisten. Die Katholische Kirche und die englische Menschenrechtsorganisation Anti-

---

[191] Angehörige der Polícia Militar unterstanden bis vor wenigen Jahren der Militärgerichtsbarkeit. Seit 1996 ist diese zwar weiterhin für Ermittlungen des Straftatbestands vorsätzliche Tötung im Dienst - und auch die Feststellung des Vorsatzes - zuständig, aber ordentliche Gerichte sprechen das Urteil (amnesty international 1997, S. 146).
[192] Zur Situation auf dem Land vgl. Movimento dos Trabalhadores Rurais Sem Terra 1986, 1987, amnesty international 1987c, 1988, Fajardo 1988, Americas Watch 1992 und Sutton 1994.

Slavery-Society haben allein 1991 mehr als 4.700 Fälle von Sklavenarbeit, auch von Kindern und Frauen, dokumentiert, und die Passivität der Behörden kritisiert. Eine andere Form, die Schuldsklaverei, basiert auf der Anwerbung von Analphabeten, die per Lastwagen zur Arbeit auf die Zuckerrohr- oder Kaffeeplantagen transportiert werden. Dort arbeiten sie auf Farmen, die von bewaffneten Wächtern und Hunden streng bewacht werden. Nach getaner Arbeit werden sie vom *Latifundista* vertrieben, der in der Regel sicher sein kann, mit keinen negativen Folgen rechnen zu müssen (*Neue Zürcher Zeitung*, 29.6.1992).

Zu den Hauptursachen von Menschenrechtsverletzungen zählen die erheblichen sozialen Spannungen, die sich in einem Umfeld von stark ungleichgewichtigem Wirtschaftswachstum innerhalb des Landes, partieller Modernisierung, ungelösten Problemen des Landbesitzes und der starken Migration aus dem Nordosten in den Süden und in die Amazonasregion ergeben. Charakteristisch ist weiter die fehlende Präsenz des Staates. Landarbeiter werden vom *Latifundista* vertrieben, der in der Regel sicher sein kann, von keiner staatlichen Stelle belästigt zu werden. Folgerichtig bleiben viele schwere Menschenrechtsverletzungen auch nach mehr als fünfzehn Jahren der neuen Demokratie ohne hinreichende Untersuchung durch Polizei und Justiz. Dies hat die gefährliche Konsequenz, daß sie in den Augen von Tätern und potentiellen Tätern zurecht als wirkungsvoll und auch als "billig" angesehen werden. Damit kommt es aber zu einer weiteren Schwächung und Zerklüftung des staatlichen Gewaltmonopols.

Für das Jahr 1994 berichtete amnesty international, daß mehrere hundert Personen von der Polizei und von Todesschwadronen außergerichtlich hingerichtet wurden. Aus Polizeistationen und Gefängnissen trafen viele Berichte über Folterungen und Mißhandlungen ein. Besonders Journalisten, Menschenrechtler, Kirchenmitarbeiter und einzelne engagierte Staatsanwälte erhielten Todesdrohungen, um sie einzuschüchtern. Allein zwischen September 1993 und Juni 1994 sollen in Rio de Janeiro 1.200 Menschen durch Todesschwadrone ermordet worden sein. 90% der Fälle blieben unaufgeklärt (amnesty international 1995, S. 131). Für das Jahr 1997 berichtete amnesty international, es gebe in mindestens neun Bundesstaaten Todesschwadrone, "denen sich vielfach außer Dienst befindliche Poizeibeamte angeschlossen hatten, und [die] dabei in der Regel Straffreiheit [genossen]". Straftatsverdächtige Personen würden routinemäßig durch die Polizei mißhandelt (amnesty international 1998, S. 167, 169).

1995 hatte die Polizeibehörde des Bundesstaates Rio de Janeiro für Polizeibeamte, die ihren Dienst "couragiert und furchtlos" ausüben, eine beträchtliche Lohnerhöhung zugesagt. Der Innenminister sprach sich in der Öffentlichkeit wiederholt für eine Politik des "zuerst schießens, später fragens" aus. Der tödliche Schußwaffengebrauch nahm drastisch zu; seit Mai 1995 verdoppelte er sich pro Monat. Nach einem Bericht des Kongresses wurden zwischen 1993 und 1996 insgesamt 942 Menschen von der Polizei erschossen, vielfach in den Kopf oder in den Rücken (amnesty international 1997, S. 148, 1998, S. 146; Cano 1998).

Menschenrechtsverletzungen finden manchmal auch innerhalb des Militärs statt. Nach dem Diebstahl zweier Pistolen auf der Luftwaffenbasis Anápolis wurden im August 1990 vier Luftwaffensoldaten bei Verhören mit Elektroschocks gefoltert. Der Kommandant und sein Stellvertreter wurden unmittelbar danach vom Dienst suspendiert. Im gleichen Jahr wurde der Soldat Márcio Robert Silveira bei einem Überlebenskurs mit fünf Elektroschocks gefoltert. Eine offizielle Untersuchung kam erst nach der Drohung des Opfers zustande, an die Öffentlichkeit zu gehen. Silveira hatte 40% seines Gehörs verloren. Der Kommandeur ließ daraufhin eine offizielle Note in seiner Militäreinheit verteilen, in der es hieß: "Diese Einheit ist für die Ausbilder von Kämpfern. Die Sensibilität eines Balletttänzers wird an einem anderen Ort gelehrt."[193]

Aus den Berichten und Analysen zu Menschenrechtsverletzungen ergibt sich folgendes Bild:

- Auch in der neuen Demokratie gibt es in Brasilien ein Gesamtbild schwerer Menschenrechtsverletzungen, welches das Ergebnis direkter Übergriffe der Bereitschafts- und Kriminalpolizei oder der illegalen Handlungen der Todesschwadrone, ist, deren Aktivitäten über einen langen Zeitraum hinweg unaufgeklärt bleiben. Individuelle und vor allem organisierte Gewaltanwendung stehen in einer direkten Beziehung zum politischen System, da der Staat sein Monopol legitimer und rechtsstaatlich kontrollierter Gewaltanwendung ausüben sollte, aber es ihm an politischem Willen fehlt (die notwendigen Ressourcen könnte ein Staat wie Brasilien durchaus aufbringen).
- Die Aufklärung der zahlreichen Fälle ist äußerst begrenzt und lädt dadurch Täter und Auftraggeber dazu ein, diese Praktiken fortzusetzen. Die chronische Straflosigkeit von Menschenrechtsverletzungen ist der singulär wichtigste Faktor für das Auftreten immer neuer Fälle, denen im einzelnen eine Vielzahl von persönlichen Motiven zugrundeliegt.[194]
- Die Disziplinarinstitutionen innerhalb der Polizei einschließlich Militärgerichtsbarkeit und die Justiz sind nicht in der Lage, einen deutlichen Rückgang der Menschenrechtsverletzungen zu bewirken. In Brasilien

---

193 Vgl. *Jornal do Brasil*, 28.9., 29. 9., 8.11.1990, 17.11.1990, *LAWR* 13.9.1990 und amnesty international 1991, S. 92.
194 Zu Straflosigkeit in Lateinamerika siehe McSherry 1992 und Ambos 1997.

kommt ein/e Richter/in im Bundesstaat São Paulo auf mehr als 20.000, im Bundesstaat Pernambuco auf über 40.000 Personen.[195] Darüber hinaus fehlt es an einer Strukturreform der Polizei, die sich u.a. mit einer klaren Aufgabenverteilung zwischen den Polizeiorganisationen, einer rechtsstaatlichen Aus- und Fortbildung, mit viel zu niedrigen Gehältern, der Bereitstellung modernen kriminaltechnischen Geräts usw. befassen müßte.

- Eine schwache Zivilgesellschaft und starke Sympathien in zivilgesellschaftlichen Kreisen für ein "hartes Vorgehen" der Polizei erleichtern und fördern ebenso Menschenrechtsverletzungen wie bestimmte Medienprogramme, die Überfälle u.ä. noch propagandistisch ausnutzen, um Angst und Rachegefühle in der Bevölkerung zu verstärken, nach dem im Lande bekannten Motto, daß ein guter Bandit ein toter Bandit sei *(bandido bom é bandido morto)*. Die Gegenkräfte, einzelne reformorientierte Offiziere innerhalb der Polizei, Vertreter der Katholischen Kirche, von Menschenrechtsorganisationen oder das Universitätsinstitut "Nukleus zu Gewaltfragen" in Campinas/São Paulo sind trotz allem Engagements politisch zu schwach, um einen effektiven Gegendruck ausüben zu können (vgl. Pinheiro 1997). Sie werden vielfach vom Ausland durch internationale Menschenrechtsorganisationen, menschenrechtsorientierte Entwicklungsprojekte und die internationalen Medien unterstützt. Diese können und geben immer wieder Anstöße, aber die notwendigen Strukturreformen müssen innerhalb des Landes entworfen, vereinbart und umgesetzt werden.[196]
- Eine Reform der Justiz ist überfällig. In einer Umfrage bekannten 1990 sechs von zehn Brasilianern, daß sie sich bei einem Überfall nicht an Polizei oder Justiz wenden, weil dies zu nichts führen würde. Nur 1,5% gaben als Grund die Angst von Repressalien an (*Folha de S. Paulo*, 2.10.1990). Die Justiz hat für verschiedene soziale Klassen eine unterschiedliche Bedeutung: Für die einen die Allgegenwart von vor allem Repression, für die anderen die Durchsetzung von Eigentumsrechten. Die Wohlhabenden können sich der Justiz meist entziehen, die Armen, d.h. die Mehrheit der Bevölkerung, nicht. Zwar gibt es dieses Bild auch in anderen Ländern, aber in Brasilien ist es besonders markant. 1995 bekannten 82% der Befragten in einer Umfrage, daß sie nicht an die Gleichheit des Brasilianers vor dem Gesetz glaubten. Vor allem Hautfarbe und Reichtum seien entscheidende Faktoren für die ungleiche Behandlung durch Polizei und Justiz (*Jornal do Brasil*, 28.4.1995).

---

195 Für Deutschland lauten die Zahlen ein/e Richter/n für 3.448 und in Italien für 7.962 Personen (Daten nach Pinheiro 1997, S. 273).

196 Im Dezember 1997 hat die Interamerikanische Menschenrechtskommission der Organisation Amerikanischer Staaten (OAS) die Tatsache, daß die brasilianische Polizei Todesschwadrone organisiert, öffentlich kritisiert (*Financial Times*, 10.12.1997).

5.4 Beiträge zur nationalen Entwicklung

In beiden Ländern haben die Streitkräfte traditionell eine aktive Rolle in der nationalen Entwicklung gespielt. Im Vordergrund standen Auf- und Ausbau der Infrastruktur in schwer zugänglichen Gebieten (einschließlich der medizinischen Versorgung der Bevölkerung), Hilfe bei Naturkatastrophen und die Unterstützung für eine frühe und schnelle Industrialisierung, die die Basis für eine autonome Rüstungsindustrie schaffen sollte (vgl. Kap. 6).

In Argentinien hat der erhebliche Rückgang der Ressourcen und die Privatisierung militärischer Unternehmen diese Aufgabe völlig in den Hintergrund treten lassen. Sie hat heute kaum eine Bedeutung mehr, auch wenn grundsätzlich das Interesse an einer Rolle in Patagonien, der Antarktis und den Malvinas weiter existiert (sollten die Verhandlungen mit England langfristig zu einem argentinischen Erfolg führen, was zur Zeit unwahrscheinlich ist). Dagegen ist das Militär in Brasilien seit langem in der Amazonasregion aktiv und arbeitet daran, auch weiterhin einer der wichtigsten Akteure in der Region zu bleiben.

Außenpolitische Zusammenarbeit

Brasilien, Bolivien, Kolumbien, Venezuela, Ecuador, Peru, Guyana und Surinam haben am 3. Juli 1978 den Vertrag über die Zusammenarbeit im Amazonasgebiet *(Tratado de Cooperación Amazónica/TCA)* unterzeichnet. Durch ihn sollen Entwicklung und Umwelt geschützt werden. Seine Grundlage ist die nationale Souveränität der Unterzeichnerländer, und daher wurden keiner supranationalen Institutionen mit eigenen Befugnissen geschaffen. Durch ihn soll die wirtschaftliche und soziale Zusammenarbeit gefördert werden. Es wurden zahlreiche Projekte ins Leben gerufen, aber die Ergebnisse waren eher begrenzt.

Das brasilianische Militär und die Amazonasregion

Die Amazonasregion umfaßt 60% des brasilianischen Territoriums.[197] Die Entwicklung, und das hieß vor allem: Die Integration des Amazonas in das nationale Staatsgebiet, war zuerst 1966 für die Militärregierung von Interesse, die eine Reihe von Rechtsverordnungen für die *Operação Amazônica* verabschiedete. Aufgabe der neuen Behörde für die Entwicklung Amazoniens, der *Superintendência do Desenvolvimento da Amazônia/ SUDAM*, war es, Anreize für nationales und ausländisches Kapital zu schaffen, und dabei zu helfen, daß Enklaven zu produktiven Elementen der nationalen Wirtschaft

---

[197] Vgl. hierzu Bourne 1978, Cleary 1993, Hemming 1987, Hecht/Cockbirn 1989, Moser 1991, Nitsch 1991, Pires Gonçalves 1991, Monteira da Costa 1992, Refkalefsky 1992, Wood/Schmink 1993 und Zirker/Henberg 1994.

werden, wobei die Privatwirtschaft die Initiative ergreifen sollte. Im Abstand von wenigen Jahren wurden immer neue Pläne verabschiedet, die aber eher zu punktuellen Veränderungen als zu einer umfassenden Entwicklung der Region führten. Die Amazonasregion erhielt ein eigenes Heereskommando, das von den vier Armeen und dem Kommando der Bundeshauptstadt (später: Militärregionen), in die das Heer unterteilt sind, unabhängig ist.

Der wichtigste Vertreter der Doktrin der nationalen Sicherheit, General Couto e Silva, hatte bereits in den 60er Jahren auf die "natürliche Durchlässigkeit" der Amazonasregion hingewiesen. Sie müsse penetriert, integriert und in Wert gesetzt werden, um sie als nationales Territorium zu erhalten (Couto e Silva 1967, S. 47).

Unter der Militärdiktatur wurden mehrere Pläne zur Entwicklung der Region aufgestellt. Der wichtigste war 1970 der Nationale Integrationsplan *(Programa de Integração Nacional/PIN)*, der den Bau eines Straßennetzes, der Transamazônica, die Kolonisierung und eine bessere Ausbeutung der großen Minen und der Waldprojekte vorsah. 1974-87 folgten die Programme *Polamazônia*, 1985 *Calha Norte*, 1989 *Nossa Natureza* und, seit 1993, *SIPAM/SIVAM*. Bis auf Calha Norte und SIPAM/SIVAM wurden alle Programme bald wieder eingestellt (s.u.).

Mit den neuen Programm und den damit verbundenen Investitionen kamen Kolonisten, brasilianische und auch ausländische Firmenvertreter in die Region, die gleichzeitig für die indigenen Völker Brasiliens das Hauptsiedlungsgebiet darstellt (rd. 60% der indigenen Bevölkerung leben in der Region *Amazônia Legal*). Damit waren Landkonflikte vorprogrammiert, vor allem im Nordosten, die immer mehr zunahmen. Seit 1980 begann das Militär, Landkonflikte auch als *ein Problem der nationalen Sicherheit* zu begreifen. Neben diesen existieren vor allem folgende Bedrohungsvorstellungen:
- die Sorge, die Yanomami-Indianer könnten versuchen, gegenüber dem brasilianischen Staat Autonomie oder sogar Unabhängigkeit einzufordern,
- das Wiederaufflackern einer ländlichen Guerilla wie in Araguaia,
- die Angriffe von Guerillagruppen aus Nachbarländern, besonders aus Kolumbien,
- internationale Aktivitäten von Drogenhändlern, und
- die Sorge, Missionare und Anthropologen könnten ausländischen Interessen dienen, die an den Naturreichtümern der Region interessiert sind.

Präsident Sarney und sein Armeeminister Pires haben sich wiederholt gegen "falsche Ökologen" ausgesprochen, die versuchen würden, den Amazonas zu "internationalisieren" (zit. in Zirker/Henberg 1994, S. 266). Schon 1989 hatte der Armeeminister auf einer Konferenz über den Schutz der Umwelt mit Beteiligung von 24 Staaten den Vorschlag strikt abgelehnt, eine neue internationale Institution mit supranationalen Befugnissen für die ökologischen Fragen in der Amazonasregion einzurichten: "Diese Region gehört uns rechtlich und faktisch seit 350 Jahren und wir werden sie unter ökologischen und jedem anderen Gesichtspunkt verteidigen" (*LAWR*, 16.9.1993, S. 1).

General Leite Pereira betonte in Vertretung der Stabschefs: "Wir müssen der Welt zeigen, daß wenn ein Versuch unternommen wird, unsere Naturreichtümer auszubeuten, wir uns auf eine Reaktion der Streitkräfte verlassen können, die der jeweiligen Situation entsprechen würde ... die Intention der Vereinten Nationen, den Amazonas zu internationalisieren, ist absurd und inakzeptabel."[198] Auch die ESG hat die Auffassung vertreten, es gäbe eine internationale Verschwörung, um die Region vom Ausland aus zu besetzen (*LAWR*, 10.1.1991, S. 8). Für Vize-Admiral Vidigal wurde die Besetzung der Räume Amazoniens zu einem Imperativ der Sicherheit, jetzt, wo sie das ökologische Weltgewissen geweckt zu haben schien (Vidigal 1989, S. 319). In einem Beitrag für die US-Zeitschrift "Military Review" kommentierten zwei brasilianische Armeeoffiziere eine Rede von Präsident Mitterand auf einer Umweltkonferenz 1991 in Den Haag, wo er sich für die Schaffung eines supranationalen Organs zur Evaluierung des Verhaltens von Regierungen in der Umweltpolitik eingesetzt und eine Pflicht zur Intervention *(devoir d'ingérence)* angesprochen hätte, mit den Worten: "Solche Aussagen deuten daraufhin, daß internationale Absichten auf den Amazonas die brasilianische Souveränität beeinträchtigen könnten."[199]

Das Calha-Norte-Projekt

Das Calha-Norte-Projekt *(Projeto Calha Norte: Desenvolvimento e Segurança na Região ao Norte das Calhas dos Rios Solimões e Amazonas)* zielt darauf ab, die militärische Kontrolle des Grenzgebietes in Brasiliens Norden zu festigen.[200] Das Projektgebiet, der nördliche Grenzbereich, umfaßt rd. 14% des brasilianischen und 25% des Amazonas-Territoriums (*Amazônia Legal*), mit 6.500 km Grenze mit Kolumbien, Französisch-Guyana, Guyana, Surinam und Venezuela.

---

198 *International Defense Review* 1/1994, S. 10. In diesem Bericht wird auch davon gesprochen, daß die Bevölkerung im südlichen Amazonas versucht hätte, unter den Auspizien der UN einen eigenen Staat zu gründen. Worauf diese Behauptung beruht, bleibt unklar. Grundsätzlich zur Frage der Internationalisierung siehe McCleary 1991 und Nitsch 1991.
199 Alvaro de Souza Pinheiro (Col.)/Paulo Cesar Miranda Azevedo (Col.), A Vision of the Brazilian National Security Policy on the Amazon, in: Low Intensity Conflict and Law Enforcement, Bd. 3, Nr. 3, 1994, S. 11, zit in Loveman 1999, S. 271.
200 Die Darstellung folgt Zirker/Henberg 1994, S. 270ff.

Das vertrauliche Projektdokument wurde Sarney von General Rubens Bayma Denys 1985 vorgelegt und blieb zwei Jahre lang selbst für den Kongreß geheim. (Präsident Sarney hatte 1988 und 1989 der Armee 6,2 Mio. ha. überschrieben, die sich in vier Fällen mit indianischem Land überlappten (Allen 1992, S. 18). Das Militär war bis 1996 der größte Landbesitzer, mit fünf Mio. ha im Besitz des Heeres in der Amazonasregion und weiteren vier Mio. ha, über die der Generalstab verfügte. Im Mai 1996 haben die Streitkräfte dem Ministerium für Agrarreform 6,2 Mio. ha übergeben, von denen jedoch nur 1,9 Mio. ha. landwirtschaftlich nutzbar sind (*Veja*, 8.6.1988, S. 49; *Jornal do Brasil*, 23.5.1996).

Unter Präsident Collor wurde das Projekt 1991, angeblich auf Anraten seines Umweltministers Lutzenberger, deaktiviert, die Demarkierung des Yanomami-Landes beschlossen, und die Zahl der Goldsucher *(garimpeiros)* von 45.000 auf 2.000 verringert (Allen 1992, S. 23). 1994 hieß es dann aber, das Projekt würde wieder aufgenommen. Es sieht jetzt den Aufbau von 16 Stützpunkten an der Grenze vor, die mit 12 zweidimensionalen Radars bestückt werden sollen; auch ist die Anschaffung von drei mobilen Radars geplant. Im nördlichen Grenzgebiet leben fast 25% der brasilianischen Indianer, 13 der 18 Militärbasen befinden sich innerhalb und in der Nähe indianischen Gebietes und nur eine von dreizehn Landebahnen liegt außerhalb indianischen Landes.

Das Calha-Norte-Projekt zeigte, wie das Militär seinen Einfluß auf den Präsidenten bei einem Thema immer mehr steigerte, für das es kompetent erschien und für das keine eigene Mobilisierung politischer Unterstützung notwendig war.

Allen erhebt in diesem Zusammenhang hervor:
"Was beunruhigt... ist die Art und Weise, wie das Interesse des Militärs [die politische und soziale Entwicklung der Amazonasregion] immer noch vermittelt wird durch essentiell geheime Programme, die durchgesetzt werden ohne Debatte und die ganz überwiegend von einem geopolitischem Denken bestimmt werden, das viele Menschen in Brasilien und anderswo für autoritär, diskreditiert und veraltet halten." (1992, S. 24)

Das Calha-Norte-Projekt wurde in derselben Periode nichtöffentlich diskutiert und beschlossen, als die Verfassunggebende Versammlung die neue Magna Carta des Landes ausarbeitete.

Das Programm zur Überwachung der Amazonasregion

Nachdem unterschiedliche Programme immer wieder nur begrenzte Ergebnisse hatten, wurde Anfang der 90er Jahre vom Sekretariat für Strategische Angelegenheiten (SAE), das dem Präsidialamt untersteht, dem Justiz- und

Luftwaffenministerium 1990 ein neues Konzept für die Entwicklung der Amazonasregion vorgelegt. SAE erhielt daraufhin den Auftrag, an dem Thema weiterzuarbeiten und formulierte das Programm Schutzsystem für die Amazonasregion. (*Sistema de Proteção da Amazônia/SIPAM*).

Im Oktober 1993 fanden Manöver in der Amazonasregion statt. Armeechef General Zenildo de Lucena kündigte an, daß die Grenzeinheiten in der Amazonasregion verstärkt würden und daß man dem Aufbau eines elektronischen Überwachungssystems *(Sistema de Vigilância da Amazônia/ SIVAM)* Priorität geben würde. Der Generalstabschef Surinams, Joseph Singh, soll von den Manövern so beeindruckt gewesen sein, daß er um brasilianische Militärhilfe bat und seinen Gastgebern zusicherte, man würde im gleichen Jahr keine neuen Manöver mit den USA durchführen (*IL*, 21.10.1993, S. 483).

Unter Verweis auf einen von den USA eingerichteten "militärischen Gürtel" in Bolivien, Kolumbien, Venezuela und Guyana forderte der Armeestabschef 1994 in einem vertraulichen Memorandum höhere Investitionen, um die Defizite der Bewachung abzubauen. Zur besseren Bewachung der Grenze mit insgesamt sieben Ländern, mit einer Gesamtlänge von 11.000 km, sollten Stützpunkte und Radarstationen errichtet werden (*International Defense Review* 1994, S. 9f.). Der Nationale Verteidigungsrat unter Präsident Franco hat daraufhin 500 Mio. US$ bewilligt. Nach langwierigen parlamentarischen und gerichtlichen Verhandlungen beschloß die Regierung Cardoso am 14.3.1997 die Installation des SIVAM, das dem Luftwaffenministerium untersteht. Das Projekt soll bis zum Jahr 2002 abgeschlossen werden (JB LA 1998, S. 139). Bisher wurden 1,395 Mrd US$ aufgewendet. 33 Flugzeuge vom Typ AL-X sind bestellt. Acht Flugzeuge mit besonderen Kapazitäten für elektronische Überwachung vom Typ EMB-145 sollen im Jahr 2001 geliefert werden (IISS 1999, S. 213). Das Programm basiert auf Studien des SAE unter Admiral Mário César Flores, der auch das Calha-Norte-Projekt unter Präsident Sarney entworfen hat.

Spannungen an den Grenzen

Im Februar 1991 sollen 40 kolumbianische Guerilleros der "Fuerzas Armadas Revolucionarias de Colombia" (FARC*)* den Militärposten am Fluß Traíra angegriffen haben; drei Soldaten wurden getötet und neun verwundet. Bei Operationen des brasilianischen Militärs kamen daraufhin sieben Kolumbianer ums Leben. Kolumbianische Polizeistellen behaupteten, es hätte sich hierbei nicht um Guerilleros, sondern um kolumbianische Goldsucher gehandelt, die auf brasilianischem Gebiet arbeiteten. Auch das vom Militär eingeladene Pressekorps zweifelte an der offiziellen Version (*LAWR*, 28.3.1991, S. 3; das brasilianische Militär bestand auf seiner Version der Ereignisse, vgl. Pinheiro

1996, S. 45ff.). Festgenommene Kolumbianer berichteten, sie seien von den Soldaten gefoltert worden. Der Kommandant des Amazonas-Kommando, General Santa Cruz, bat daraufhin die Regierung um mehr Waffen und Unterstützung, um mit den Problemen an der Grenze besser fertig werden zu können. Präsident Collor reagierte mit einer moderaten Unterstützung. Mit der Intensivierung des Guerillakrieges in den 90er Jahren ergriffen die Nachbarstaaten Kolumbiens schärfere militärische Maßnahmen zur Kontrolle ihrer Grenzen. Damit sollte verhindert werden, daß Guerillagruppen sichere Rückzugsbasen und Nachschubrouten in benachbarten Grenzgebieten organisierten. Nach Ecuador, Peru und Venezuela mobilisierte Brasilien im November 1999 ein Viertel des Amazonas-Militärkommandos, rund 5.000 Mann, in dem Gebiet *Cabeça do Cachorro*, gegenüber dem kolumbianischen Departamento Vaupés (*LAWR*, 9.11.1999, S. 1).

Mit Venezuela hat es eine Reihe von Grenzkonflikten gegeben. Venezolanische Truppen überschritten mehrmals die Grenze, um *garimpeiros* festzunehmen. Auf die Entscheidung Präsident Collors im Jahr 1991, ein gemeinsames brasilianisch-venezolanisches Reservat für die indianische Bevölkerung einzurichten, reagierten führende Militärs öffentlich ablehnend. Bei der Vertragsunterzeichnung weigerte sich Armeeminister Tinoco sogar zu applaudieren, eine klare Verletzung der Disziplinarregeln der brasilianischen Armee, die politische Meinungsäußerungen verbieten.

Der frühere Präsident José Sarney behauptete 1993, das US State Department hätte bereits 50 mögliche Szenarien ethnischer Konflikte in der Amazonas-Region entwickelt, die eine externe Intervention erforderlich machten. In diesem Zusammenhang würden die USA ein Konzept der "beschränkten Souveränität" vertreten, das für das brasilianische Militär völlig inakzeptabel sei (*LAWR*, 16.9.1993, S. 1). Besonders die US-Manöver in Guyana, denen trotz eines Dementis von Präsident Cheddi Jagan der Plan zugrundegelegen haben soll, einen Stützpunkt der USA einzurichten, und die US-Unterstützung für Kolumbien und Peru haben die Militärs nervös gemacht. Die USA wollten, so hieß es in Brasilien, ihr Southern Command nach dem Abzug aus Panama in Guyana errichten. In Kolumbien und Venezuela würden die USA äußerst leistungsfähige Radarinstallationen errichten, die auch auf den Amazonas gerichtet seien.[201]

---

201 *LAWR*, 16.9.93, S. 1. Guyana wurde erst 1966 unabhängig, Surinam 1975.

Die Rolle der indigenen Völker

Mit der Verfassung von 1988 hatte der Staat in Art. 231 den indigenen Völkern[202] unverletzliche Rechte auf ihr traditionelles Land zugesagt, und eine Demarkierung dieses Landes bis zum 4. Oktober 1993 versprochen (Art. 67 der Übergangsbestimmungen der neuen Verfassung). Dieses Datum wurde nicht eingehalten. Auch legte Art. 231 fest, daß der Gebrauch der Naturreichtümer von der Entscheidung des Kongresses abhängt, jedoch erst nachdem Vertreter der indigenen Völker hierzu gehört wurden.

Für das Militär sind autonome indianische Reservate ein Hindernis für die Verteidigung der Grenzen, während die indigenen Völker der Auffassung sind, die Regierung hätte sie verraten, weil sie immer noch nicht die von der Verfassung von 1988 vorgesehene Demarkation des indianischen Landes durchgeführt hat (*IL*, 30.9.1993, S. 447).

Eine verstärkte Kontrolle sollte der Gefahr eines selbständigen Yanomami-Staates vorbeugen, mißlang aber, da immer wieder bewaffnete Goldsucher *(garimpeiros)* auf ihr Land vorstießen, und viele Yanomamis durch Gewalt, Krankheit und Hunger ums Leben kamen (ebda.). Nach einem Massaker an rd. 20 Yanomami-Indianern in Venezuela, nahe der Grenze zu Brasiliens, beschloß die Regierung Franco im Juli 1993, ein eigenes Ministerium für den Amazonas zu gründen. Ein Nationaler Amazonasrat sollte die Regierungspolitik für die Region definieren. Erster Minister wurde der frühere Botschafter in den USA, Rubens Ricúpero, Brasiliens Chefunterhändler für den Vertrag über die Zusammenarbeit in der Amazonasregion. Nur kurze Zeit später wurde das Ministerium jedoch mit dem Umweltministerium zusammengelegt (*IL*, 30.9.1993, S. 447). Es ist heute das *Ministério do Meio Ambiente, dos Recursos Hídricos e da Amazônia Legal* (vgl. das Strategiepapier zur Amazonasregion Ministério do Meio Ambiente, dos Recursos Hídricos e da Amazônia Legal/Conselho Nacional da Amazônia Legal 1995).

Unter Verweis auf die mangelnde Stabilität in den Nachbarländern und auf die Möglichkeit politischer Pressionen durch eine indigene Nation oder sogar die Schaffung eines eigenen Staates wird die Arbeit zivilgesellschaftlicher Akteure wie des Indigenen Missionsrats *(Conselho Indigenista Missionário/ CIMI)*, eine Einrichtung der Katholischen Bischofskonferenz (CNBB) und des Brasilianischen Instituts für Sozial- und Wirtschaftsanalysen (IBASE), in manchen brasilianischen Studien als Gefahr bezeichnet (z.B. Meira Mattos

---

202 Zur Situation der indigenen Völker siehe Davies 1977, Pallemaerts 1986, Amnesty International 1988b, 1991, 1992a, b,c, 1993 und Carneiro da Cunha 1992.

1991, S. 96). "Subversion" und Feinde sind besonders in der Amazonasregion schnell ausgemacht.

Zur Definition von Feinden

Der brasilianische Armeeoberst Pinheiro hat die Situation in der Amazonasregion als einen Konflikt geringer Intensität gekennzeichnet, wobei er folgende Gruppen als feindliche Kräfte definiert:
- Drogenhändler,
- Guerillaangehörige mit und ohne politische Motivation,
- Indios ohne brasilianische Staatsangehörigkeit,
- heimliche Goldsucher,
- internationale Abenteurer und
- vom Ausland eingeschleuste Agenten (von Staaten oder Privatgruppen unterstützt).

Sie alle bedrohten die nationale Sicherheit Brasiliens und unterminierten seine Souveränität (Pinheiro 1996, S. 49).

Die enge Verbindung zwischen ausländischen Guerillagruppen und Drogenhändlern sieht er als besonders gefährlich an, da sie zur Entstehung von Narcoguerillas führe, besonders in Peru und Kolumbien. Diese Entwicklung beeinträchtige die Souveränität und territoriale Integrität der Nation.

Der Armee-Generalstab hat nach Pinheiro die Strategie angeordnet, diesen fortdauernden Konflikt geringer Intensität durch einen Guerillakrieg zu beantworten, der den Feind ermüden und in seinem Willen, den Kampf fortzusetzen, schwächen soll. Obwohl die Operationen des Staates darauf abzielen, die feindlichen Kräfte zu zerstören, werde hierzu nicht die brasilianische Militärstruktur aktiviert, sondern unkonventionelle Militäroperationen würden fortgesetzt werden (ebda., S. 50).

Betrachtet man abschließend die verschiedenen Äußerungen und Projekte des Militärs in der Amazonasregion, so handelt es sich ohne Zweifel um das wichtigste politische Projekt der brasilianischen Streitkräfte. Die Form der Entscheidungsfindung war besonders während der Amtszeit Sarneys undemokratisch, weshalb für Zirker und Henberg Mitte der 90er Jahre "[...] bedeutende Aspekte der Militärdiktatur in Amazonien fort[-existieren], und es ist wahrscheinlich, daß dies umfassendere militärische Prärogative im restlichen Brasilien verstärken wird" (Zirker/Henberg 1994, S. 273).

Mit der Verschärfung des Guerillakriegs in Kolumbien (Friedensprozesse mit den großen Guerillaorganisationen haben sich bisher nicht als tragfähig erwiesen), einer politisch nicht sehr stabilen Situation in Ecuador und Venezuela sowie zunehmenden Landkonflikten wird diese große Region mit Sicherheit auch in der Zukunft von überragender Bedeutung für eine Definition der politischen Rolle des Militärs in der Innen- und Entwicklungspolitik sein.

5.5 Existieren zivile Partner für Militärinterventionen?

Erfolgversprechende Pressionen bis hin zum Putsch bzw. zu seiner Androhung hängen entscheidend von zivilen Partnern für die daran interessierte Militärfaktion ab. Grundsätzlich kommen hierfür politische Parteien, besonders rechte Parteien, die auf absehbare Zeit keine Chance auf eine Beteiligung an der Regierung haben, andere gut organisierte politische Gruppen meist des konservativen Spektrums und Wirtschaftsgruppen in Frage.

In Argentinien hatte zu Beginn der neuen Demokratie die rechte Partei UCeDé eine gewisse politische Bedeutung, die sie aber nach dem abrupten wirtschaftspolitischen Richtungswechsel der PJ und den Parlamentswahlen 1993 immer mehr verloren hat. Sie war jedoch keine Partei, die einen alternativen, illegalen Weg zur Macht propagiert oder gesucht hätte.

In diesem Zusammenhang stellt sich auch die Frage, ob Militärs bei Wahlen reüssieren können. In Argentinien haben pensionierte Offiziere politische Parteien in vier Provinzen gegründet. Es handelt sich um Oberstleutnant a.D. Rico und sein *Movimiento por la Dignidad y la Independencia* (MODIN) in der Provinz Buenos Aires, die *Fuerza Republicana* von General a.D. Antonio Bussi (Provinz Tucumán), die *Partido Renovador de Salta* von Kapitän a.D. Robert Ulloa (Provinz Salta) und die *Acción Chaqueña* des Oberst a.D José Ruiz Palacios (Provinz Chaco).[203] Sind es Parteien *des* Militärs, von einzelnen charismatischen Offizieren, die alsbald miteinander koalieren können und wollen oder sind sie überwiegend politischer Ausdruck einzelner Militärs, die unterdessen zu Zivilisten geworden sind und eine eigene, weitgehend unabhängige Politik zu betreiben versuchen?

Die politische Voraussetzung für neue, dritte Parteien war die zurückgehende Bedeutung der beiden großen Parteien PJ und UCR von 1983 85,86% auf 69,28% im Jahr 1991. Ricos MODIN vereinigte Militärs der *Carapintadas*-Faktion mit rechten Nationalisten. Er errang bei den Wahlen 1991 drei Sitze im nationalen Kongreß und zwei Senatoren- sowie drei Abgeordnetensitze im Kongreß der Provinz Buenos Aires. Bei den Parlamentswahlen 1993 erhielt er 5,8% und 1994 9,2% der Stimmen. 1995 sank MODIN jedoch auf 1,8% ab,

---

203 Argentinien ist in 23 Provinzen und die Bundeshauptstadt gegliedert. Ich folge weitgehend der Analyse von Adrogue 1993.

und es ist wenig wahrscheinlich, daß er wieder zu einem stärkeren politischen Akteur wird. MODIN setzte sich für einen "Nationalismus der Rechten und Linken" ein. Er bezeichnete sich selbst als "Bewegung" mit den Hauptzielen Kampf gegen Korruption, physische und Rechtssicherheit für den Staatsbürger, partielle Ablehnung der Zahlung von Auslandsschulden und ihre Nutzung für Investitionen in die Entwicklung des Landes. Gerade weil er aus der Abspaltung von der Gruppe um Seineldín entstand, vertritt MODIN keinen alternativen militärischen Weg zur politischen Macht.

In der Provinz Salta war der schon 1973 aus der Marine ausgeschiedene Kapitän Ulloa unter Präsident Videla Gouverneur gewesen. Er war bei den Wahlen von 1991 erfolgreich und wurde zum Gouverneur gewählt, als erster Militär in einer Regierungsfunktion in der neuen Demokratie. 1981 bis 1983 war er Gouverneur der Provinz Chaco. Auch Oberst Palacios hatte bereits Anfang der 70er Jahre die Armee verlassen, arbeitete aber während der Diktatur als stellvertretender Generalsekretär des Innenministeriums unter Minister General Harguindeguy. Nachdem er Jahre in Buenos Aires gelebt hatte, kehrte er 1988 nach Chaco zurück und gründete die *Acción Chaqueña*. 1991 gewann die Partei mit 37,57% die Wahlen vor den Peronisten und der UCR.

Die Präsidentin Martínez de Perón übertrug 1975 General Bussi das Kommando zur Bekämpfung der Guerilla in Tucumán *(Operación Independencia)*. Mit dem Militärputsch wurde er 1976 von der Junta für 18 Monate zum Gouverneur der Provinz ernannt. General Bussi war maßgeblich für die neue Politik der Ermordung politischer Gefangener und des Verschwindenlassens verantwortlich, und dies bereits *vor der Machtübernahme* durch das Militär. Von der konservativen Partei *Defensa Provincial Bandera Blanca* in die Provinz zurückgerufen, gründete er nach Meinungsverschiedenheiten seine eigene Partei, die *Fuerza Republicana*. Zwar verfehlte er 1991 das Ziel, zum Gouverneur gewählt zu werden, aber seine Partei erhielt 44,12% der Stimmen. Seine Wählerbasis ist deutlich pluralistischer als bei den anderen drei Offizieren; besonders Ricos MODIN bemühte sich um dieselben sozialen Schichten wie die peronistische Partei, die arme Bevölkerung in den Industriegürteln rund um Buenos Aires.

Abschließend läßt sich sagen, daß die Initiative der vier Militärs auf ihre persönlichen politischen Ambitionen zurückgeht und kein politisches Projekt des Militärs als Institution darstellt. Die Ursachen für die Attraktivität der Militär-Politiker scheint weitgehend in der während ihrer Amtszeit als ernannte Gouverneure (außer Rico) verfolgten Politik eines aktiven Ausbaus der Infrastruktur und der öffentlichen Dienstleistungen in wirtschaftlich wenig entwickelten Provinzen zu liegen. Es handelt sich daher nicht um einen zunehmenden Trend in dem Sinne, daß Militärs exekutive Posten durch Wahlen in immer größerem Umfang erringen würden.

Die Rolle von Wirtschaftsgruppen

In der neueren Forschung zur politischen Rolle von Unternehmern in Lateinamerika wird davor gewarnt, diese nur als "monolithische Gruppen von schwachen politischen und wirtschaftlichen Akteuren" zu sehen, die von einem autoritären Staat abhängen, um ihre "rent-seeking ventures" zu sichern (Bartell/Payne 1995, S. 257).[204] Zumindest in den letzten Jahren würden sie eine zunehmend autonome und deutlich signifikantere Rolle in der nationalen Politik und auch der Wirtschaftspolitik spielen.

In Argentinien waren führende Wirtschaftsgruppen wie die *Sociedad Rural Argentina (SRA)* und die *Unión Industrial Argentina (UIA)*, die bereits im letzten Drittel des vorigen Jahrhunderts entstanden waren, wiederholt an der Installierung von Militärregierungen beteiligt (Acuña 1995). Sie waren seit den 30er und besonders den 40er Jahren aktiv. Da in den letzten Jahrzehnten die Peronisten aus freien Wahlen als Sieger hervorgingen, ergab sich daraus eine Regierung, die entschieden Gewerkschaftsinteressen vertrat und in Konflikt mit Unternehmerinteressen geraten würde. Erst die letzte Militärdiktatur und die Regierung Alfonsín führten zu deutlichen Positionsveränderungen, die dann unter Menem zu einer weitgehenden Übereinstimmung in der Wirtschaftspolitik führten.

Die Wirtschaftspolitik der letzten Diktatur erwies sich nach einer kurzen Phase mit Scheinerfolgen als ein völliges Desaster, da sie letzlich insgesamt Unternehmerinteressen deutlich weniger berücksichtigte als jede Wirtschaftspolitik einer demokratisch gewählten Regierung. Dennoch unterstützten die Unternehmer den Demokratisierungsprozeß nicht aktiv, traten aber auch nicht für die Beibehaltung der Militärherrschaft ein (Birle 1996, S. 212).

Der Wahlsieg der UCR 1983 verwies zum ersten Mal seit vierzig Jahren die Peronisten in echten freien Wahlen auf den zweiten Platz. Die kritische Haltung der neuen Regierung gegenüber den peronistisch dominierten Gewerkschaften mußte die Zustimmung der Unternehmer finden. Die UCR-Politik erwies sich aber als wenig effektiv, weil sich die Regierung mit ihrer geplanten Gewerkschaftsgesetzgebung im Kongreß nicht durchsetzen konnte.

---

204 Zur politischen Rolle der Unternehmerschaft in Lateinamerika siehe Birle/Imbusch/ Wagner 1992, 1997 und Bartell/Payne 1995, zu Argentinien Birle 1995 und zu Brasilien Payne 1994, 1995.

Die größte Überraschung war für die Unternehmerverbände die Wirtschaftspolitik des Peronisten Menem. Nach einem populistisch-peronistischen Wahldiskurs begann er, beraten von unternehmernahen Experten eine neoliberale Politik auch auf Kosten der armen Bevölkerung durchzusetzen. Damit entwickelte sich immer mehr eine politische Übereinstimmung zwischen den führenden Wirtschaftsgruppen und der neuen Regierung. Sie machte die traditionelle Suche nach alternativen politischen Einflußkanälen gegenüber einem direkten Zugang zur Regierung überflüssig.

Andererseits entwickelte sich auch in der neuen Demokratie nur ansatzweise eine funktionierende Interessenaggregation der Unternehmer. Ihre verbandspolitischen Entscheidungsinstanzen wurden mit einer Vielzahl unterschiedlicher, nicht selten widersprüchlicher Forderungen konfrontiert, die ihre Konfliktverarbeitungsmechanismen immer wieder überforderten (Birle 1996, S. 209).

Mit der Transition lernten die Unternehmer die neue demokratische Regierungsform schätzen, die sie unterdessen als sehr viel weniger risikoreich als ein autoritäres System beurteilen dürften. Das Militär hat sich besonders seit der letzten Diktatur als ein nicht mehr verläßlicher Partner herausgestellt. Auch besteht im Unterschied zu den 60er Jahren in den Parteien eine sehr viel größere Bereitschaft, sich mit konservativen und wirtschaftsliberalen Vorstellungen auseinanderzusetzen. Sie stellen damit einen zusätzlichen Kanal dar, um die Vorstellungen der Unternehmerschaft in den politischen Prozeß einzubringen.

Gruppen, die politisch in Opposition zu wirtschaftsliberalen Positionen stehen, sind gegenwärtig so geschwächt, daß sie die gefestigte Machtposition der Unternehmerorganisationen nicht mehr bedrohen können. Am wichtigsten aber ist, daß die Regierung Menem, wie Birle zu Recht feststellt, die meisten traditionellen Forderungen der Unternehmerverbände erfüllt hat, und die Tragweite der bereits unternommenen Reformen den möglichen "roll back" einer neuen Regierung sehr unwahrscheinlich macht (Birle 1996, S. 220f.) Daher ist insgesamt mit einem stabilen Bekenntnis zur Demokratie zu rechnen.

In *Brasilien* ist es den verschiedenen Wirtschaftsgruppen nur selten gelungen, autonom und kohärent auf die nationale Politik einzuwirken. Zum einen waren die eigenen Interessenlagen zum Teil untereinander durchaus konfliktiv, z.B. zwischen den Sektoren Landwirtschaft, Handel, Industrie und Banken. Zum anderen fehlte es an einem starken nationalen Dachverband in einem Land, in dem regionale Interessen (São Paulo, Minas Gerais, Rio de Janeiro, der Nordosten) seit langem ein erhebliches politisches Eigengewicht haben. Traditionell hing in Brasilien die Industrie von der Unterstützung und Protektion des Staates ab, der selbst einen großen Wirtschaftssektor besaß.

Zu den historischen seltenen Situationen, in denen sich eine weitgehend kohärente Position herausbildete, gehörten erst die Gefahr, die 1963/64 in der Sicht führender Wirtschaftsgruppen von Präsident Goularts Politik ausging und dann zum Militärputsch führte, dann, in den 70er Jahren, die Abwendung vom Militär, gefolgt ab 1978 von dem allerdings eher verhaltenen Druck in Richtung auf eine zunehmende Liberalisierung und Demokratisierung des Landes. Besondere Sorge bereitete der Führung der Wirtschaftsgruppen die Beziehungen zwischen Arbeitern, Gewerkschaften und Unternehmen (Gefahr eines Machtzuwachses der Gewerkschaften, von wilden Streiks u.ä.), die unter der Militärregierung autoritär vom Staat strukturiert worden waren.

Mit der neuen Demokratie stellte sich die Frage nach der Stellung der Wirtschaft zur Demokratie. Hatte O'Donnell ursprünglich Zweifel an der politischen Unterstützung der Wirtschaft für ein demokratisches System geäußert, so versucht Payne zu zeigen, daß es für die Wirtschaft weniger um die Alternative demokratisches vs. autoritäres System geht, sondern sie vielmehr auf Regierungen reagiert, die mit ihrer Politik mehr oder eher weniger zum Schutz von Investitionen beitragen (Payne 1994, S. 123). Payne sieht allerdings Industrielle stellvertretend für Wirtschaftseliten ("business elites") an, wobei unklar bleibt, wie die politische Einstellung von ländlichen Eliten, dem Handel, den Banken und den Vertretungen der multinationalen Konzerne in seiner abschließenden Wertung erfaßt und bewertet werden.

Industrielle vertraten häufig die Auffassung, daß "der Brasilianer" unfähig dazu wäre, die Verantwortung, die mit der Gewährung demokratischer Freihei-ten einer ginge, zu akzeptieren. Eine Affinität zum autoritären Denken und zu entsprechenden Systemen lag damit nahe (sie unterschieden sich mit dieser Grundeinstellung grosso modo übrigens nicht von der übrigen politischen Elite des Landes). Industrielle sind weitgehend uninteressiert am politischen System, meint Payne, aber sehr sensibel gegenüber spezifischen Politiken *(policies)*.[205]

Auch die Regierungen Sarney und Collor konnten das Vertrauen der Unternehmer in die Sicherheit von Investitionen nicht völlig wiederherstellen. So wurde Sarney vielfach als ein schwacher Präsident, dem es an breiter politischen Unterstützung mangelte, angesehen, unfähig dazu, die Wirtschaft zu managen und eine kompetente, und das heißt vor allem: voraussehbare, Wirtschaftspolitik zu betreiben.

---

205 Ich folge in den nächsten Abschnitten Paynes Argumentation (1994, S. 124ff.).

Payne schlägt eine Reihe von Bedingungen vor, deren Einhaltung verhindern sollen, daß Teile der Wirtschaftseliten zu einer illoyalen Opposition selbst im Falle radikaler Aufstände gegenüber der Regierung werden. Zu diesen gehört, daß die Regierung dadurch ihre Legitimität erhalten muß, daß sie etablierte Verfahrensweisen und politische Institutionen auch während einer Krise schützt: weiter müsse sie helfen, die Wirtschaft zu regulieren und individuelle wie kollektive Kommunikationskanäle bereitstellen, um die Beteiligung am politischen System sicherzustellen. Dies ist auch deshalb von Bedeutung, weil Wirtschaftseliten nicht dazu neigten, über politische Parteien Einfluß aufzubauen. Die Regierung müsse geschickt darin sein, Kompromisse zu schließen und die natürliche Fragmentierung innerhalb der Wirtschaft aufrechtzuerhalten, um die Herausbildung einer vereinten, frontalen Gegenmacht zu verhindern.

Zentrale Variablen für die Unterstützung von autoritären Regimen in der Vergangenheit wie eine sich verschärfende wirtschaftliche Stagnation, eine radikale, stärker werdende Linke und/oder eine kampfbereite Arbeiterbewegung sind gegenwärtig keine realitätsnahe Bedrohungsvorstellung, aber es gibt gleichwohl ein nicht unerhebliches Protestpotential, das sich aus den Verlierern der Strukturanpassungsmaßnahmen[206] und einem Teil der armen Bevölkerung zusammensetzt. Ein ernsthafter Konflikt mit dem demokratischen System ist dann zu befürchten, wenn die politische Hauptforderung der Wirtschaftseliten, die Sicherstellung der Investitionsbedingungen, in Frage gestellt wird – oder sie dies so perzipieren. Entscheidend sind daher nicht allein die objektiven Fakten, sondern die jeweilige Wahrnehmung der Betroffenen.

Zwei weitere Bedingungen, die berücksichtigt werden müssen, sind erstens die Gefahr politischer Instabilität, wobei hierunter die mangelnde Fähigkeit der Regierung verstanden wird, die private Entscheidung über Investition und Produktion vor illegitimen Eingriffen zu schützen, und zweitens die Drohung, aus dem politischen Entscheidungsprozeß ausgeschlossen zu werden. Hier wäre es für die Regierung notwendig, für Wirtschaftseliten regelmäßig Zugang zu Information und Beratung über Regierungspläne und -politik zu organisieren. Etwas zu optimistisch formuliert Payne, "je mehr Wirtschaftseliten Zugang zu Informationen über oder direkt zu Regierungsentscheidungen haben, desto unwahrscheinlicher ist es, daß sie gegen den Staat rebellieren werden" (ebda., S. 155). Über eine mögliche "Rebellion" der Wirtschaft entscheidet jedoch wohl nicht nur der Zugang zu Information über Regierungsentscheidungen, sondern vor allem auch deren Inhalte und der politische Wille, diese u.U. auch gegen Positionen anderer Gruppen durchzusetzen.

---

206 Zu den sozialen Auswirkungen der Strukturanpassung siehe Acuña/Smith 1994b, Philip 1984, Ezequiel 1994, Sherraden 1995, Geddes 1995 und Sangmeister 1994, zu Brasilien Cardoso/Dantas 1990.

Gegenwärtig scheinen Wirtschaftseliten zunehmend Vertrauen in die neuen demokratischen Regierungen zu setzen, sowohl hinsichtlich ihrer Legitimität als auch ihrer Kompetenz. Formelle Kommunikationskanäle zwischen Wirtschaft und Regierung sind eingerichtet und funktionieren, gleichwohl dürfte auch der informelle Zugang eine zentrale Rolle spielen.

Gemeinsamer Bezugspunkt der Annäherung zwischen Wirtschaft und Regierung sind in den meisten Fällen neoliberale Politikvorstellungen. Payne vertritt hierzu die Auffassung:

"Wirtschaftseliten haben sich selten für diese Politik eingesetzt und manchmal sogar gegen sie Stellung bezogen. Dennoch hat die neoliberale Ausrichtung der neuen lateinamerikanischen Regierungen ihnen gezeigt, daß diese die private Wirtschaft als entscheidenden Faktor für die Entwicklungsstrategie ansehen. Obwohl die Regierungspolitik nicht immer die besonderen Forderungen reflektiert, die diese Eliten für richtig halten, verstehen sie, daß es mehrere friedliche Optionen gibt, Politikergebnisse zu beeinflussen und daß die neuen demokratischen Regierungen den Beitrag der Wirtschaft zur nationalen Entwicklung schätzen." (ebda., S. 155)

Es werden aber auch einschränkende Bedingungen, *restraints*, für die Politik deutlich: Der Handlungsspielraum der neuen Regierungen für soziale und wirtschaftliche Umverteilungspolitik ist minimal, denn neoliberale Politikansätze sehen ausdrücklich nur eine äußerst marginale Aufgabe des Staates vor. Und Payne bemerkt zurecht, daß unkontrollierte Wirtschaftsmacht das demokratische System zu einer Geißel der Interessen des Privatsektors machen kann: "Wirtschaftseliten können leicht das öffentliche Interesse unterminieren, in dem sie die Rechte und die Sicherheit von Arbeitern und Konsumenten ebenso wie Wohlfahrt, Erziehung, Umweltschutz und den Zugang zur Gesundheitsversorgung bedrohen" (ebda., S. 156).

Leider wird jedoch in Paynes Analyse nicht deutlich, wo gegenwärtig die Toleranzgrenzen von Wirtschaftseliten in der Umverteilungs- und Sozialpolitik liegen. In der Vergangenheit interpretierten sie häufig eine aktive Politik auf diesem Gebiet als einen direkten Angriff auf das Privateigentum und mobilisierten Gegenkräfte. Heute scheint ihre Toleranz gegenüber sozialen und Wirtschaftsreformen größer geworden zu sein, aber es ist weiterhin unklar, an welchem Punkt sie Gegenmaßnahmen gegen Regierungsentscheidungen für notwendig halten, die als zu weitgehend perzipiert werden. Dieser Punkt muß vorläufig ungeklärt bleiben, weil weder in den Jahren der Transition noch in der Gegenwart eine solche Politik aktiv betrieben wurde. Sie paßte nicht in die neue wirtschaftspolitische Landschaft des Neoliberalismus.

Gefahren für die gegenwärtige Form der Demokratie könnten sich daraus ergeben, daß mit der Zeit die hohen sozialen Kosten autoritärer Regime immer mehr in Vergessenheit geraten. Besonders bei sich verschärfenden sozialen Auseinandersetzungen und dem Wiederauftreten populistischer Strömungen könnte ein sicher noch nicht verschwundener autoritärer Reflex den mühsamen Konsens über die Unabdingbarkeit der demokratischen Regierungsform wieder in Frage stellen.

Für Payne existieren viele der Bedingungen, die in den 60er und 70er Jahren zu den antidemokratischen Aktivitäten der Geschäftswelt geführt haben auch in der Gegenwart. Die neuen Demokratien sind für ihn "fast ebenso verletzlich wie ihre Vorgängerinnen" (ebda., S. 152).

Aber zwei entscheidenden Faktoren kommt eine andere Bedeutung als in den 60er Jahren zu. Das autoritäre Modell kann heute nicht die gleichen Hoffnungen hervorrufen wie früher, da es trotz einiger Erfolge wie dem phänomenalen Wirtschaftswachstum 1968-73 ganz überwiegend nicht mehr als Vorbild gilt (Payne 1995, S. 249). Noch wichtiger ist, daß die demokratische Regierungsform auch für die Wirtschaft nützlich ist. Ihre führenden Vertreter haben bessere Möglichkeiten zur Beeinflussung des Regierungshandelns als unter der Diktatur. Die ursprünglichen Befürchtungen in Bezug auf Enteignung von Privateigentum, wirtschaftlichen Niedergang und eine radikalisierte Arbeiterschaft sind nicht bestätigt worden, und damit werden ihre Interessen durch die Demokratie nicht "unterminiert". Allerdings fungieren Wirtschaftsinteressen häufig als eine Barriere gegenüber einem möglichen Regierungsprogramm zugunsten marginalisierter Gruppen. Hier hält Payne nur dann eine Veränderung für möglich – immer vorausgesetzt, die Regierung beabsichtigt überhaupt ein solches Programm –, wenn nur durch ein Bündnis mit einem progressiven Sektor unter den Unternehmern verhindert wird, daß sich unter ihnen eine vereinigte Abwehrfront gegenüber der Regierung bildet (ebda., S. 250).

Warum Unternehmer aber angesichts ihrer eigenen Interessenlage bereit sein sollten, eine entsprechende Toleranz zu zeigen, wird in Paynes Analyse nicht recht deutlich. Zwei Gründe lassen sich jedoch denken: Zum einen könnte eine weitere Verschärfung von Kriminalität und sozialem Elend bestimmte Wirtschaftssektoren wie Handel und Tourismus so treffen, daß nur durch Hilfs- und präventive Maßnahmen ein Rückgang des Tourismus aufgehalten werden kann. Ein zweiter Grund könnte in der innenpolitischen Variation des gleichen Konfliktes gesehen werden: Bei einer zunehmenden Verschlechterung der sozialen Lage ist eine Radikalisierung der PT und anderer linker Parteien wahrscheinlich, was dann in bestimmten Bundesstaaten zu einer Blockierung von Regierung und Staat führen und auch politisch motivierte Gewaltanwendung zur Folge haben könnte.

6. Die Erfahrungen Argentiniens und Brasiliens II: Die internationale Dimension

Die Rüstungsproduktion ist als ökonomische Basis für die politische Autonomie des Militärs besonders relevant, während Nuklearpolitik vor allem Forschungs- und symbolische Bedeutung hat. Wie auch in den vorangegangenen Kapiteln geht es bei der Analyse der Rüstungs- und Nuklearpolitik nicht um einen umfassenden Überblick, sondern in demokratietheoretischer Perspektive um ihre Entstehungsbedingungen, ihre Bedeutung für die zivil-militärischen Beziehungen und um Handlungsspielräume demokratischer Institutionen, um auf diese Politikfelder Einfluß zu nehmen.

Die militärischen Eliten beider Länder beantworteten die Frage nach der Rolle des Staates im Industrialisierungsprozeß unterschiedlich. Zwar wurden in beiden Fällen ein schwaches Unternehmertum und sein Kapitalmangel für die fehlende industrielle Entwicklung verantwortlich gemacht. In Brasilien bildete sich darüber hinaus in der Militärführung die Position heraus, daß sich der Staat beim Industrieaufbau heraushalten und den Prozeß nur indirekt durch Steuererleichterungen, Subventionen und Absatzgarantien fördern sollte. Es gab jedoch immer auch nationalistische Gruppen, die einen entgegengesetzten Kurs forderten; die unterschiedlichen Linien des ersten, liberal orientierten Präsidenten Castelo Branco und des eher nationalistischen Präsidenten Geisel während der Diktatur sind hierfür Beispiele. Industrialisierungsstrategien wurden vom Militär beider Länder vor allem als Reaktion auf neuartige Waffentechnologien des Zweiten Weltkriegs entworfen.

Dagegen kamen die Militärs in Argentinien zu dem Ergebnis, der Staat hätte sich auch mit seinem Militärapparat führend an der industriellen Modernisierung zu beteiligen. Daher förderten sie den Aufbau von Basisindustrien und bestanden auf der direkten militärischen Kontrolle der neu gegründeten Rüstungsindustrien, die zum Teil auch zivile Güter herstellten. (Stanley 1999, S. 40).

Schon in der Frühphase der Rüstungsentwicklung, Ende der 40er bis Anfang der 60er Jahre, haben ausländische Rüstungsexperten, auch aus Deutschland, eine wichtige Rolle bei den Versuchen gespielt, eine autonome Rüstungsindustrie in Argentinien und Brasilien zu errichten (Stanley 1999). Bereits zu Beginn des 20. Jahrhunderts bildeten deutsche Militärs die Streitkräfte beider Länder aus.

Stepan hat für den brasilianischen Fall vermutet, daß ein in der neuen Demokratie weiter bestehender, und das heißt politisch: tolerierter, militärischer

Einfluß im Rüstungsbereich die Gefahr politischer Eingriffe verringern würde. Er geht von dem Argument aus, daß das Militär in der Dritten Welt sich häufig schmerzlich der Abhängigkeit von ausländischen Waffenexporten bewußt ist und gleichzeitig über keine "Hausmacht" verfügt, die an diesen Erfordernissen und an einer eigenen Rüstungsproduktion kontinuierlich interessiert ist; dies könnte sich zu einem Motiv entwickeln, um zu versuchen, die Regierung und den Haushalt zu kontrollieren. In dem speziellen brasilianischen Fall "könnte die existierende umfassende Waffenproduktion und Exportkapazität ein Argument dafür sein, daß einige der ideologischen und auf industrielle Infrastruktur zielende Argumente, für das Militär, sich der Kontrolle der Regierung zu bemächtigen, an Gewicht verlieren" (Stepan 1988, S. 84). Ein solcher Einfluß könnte daher paradoxerweise einen positiven Einfluß auf die Demokratie haben.[207]

Der Zugang zu nuklearen Waffen ist spätestens seit den 70er Jahren ein viel diskutiertes Thema in Wissenschaft und Politik (Statt vieler: Stahl 1990). Argentinien und Brasilien hatten als konkurrierende Regionalmächte ein überragendes Interesse daran, das zur Entwicklung nuklearer Kapazitäten notwendige Know-how zu erlangen, eine Politik, die von den USA mit ihrer strikten Non-Proliferationspolitik nicht nur nicht akzeptiert, sondern aktiv bekämpft wurde. Da die USA ausfielen, versuchten beide Länder, das notwendige Wissen über Kooperationsangebote an Deutschland und Frankreich zu erlangen.

6.1 Argentinien

6.1.1 Die Rüstungspolitik

Die Gründung der ersten lokalen Rüstungsbetriebe geht auf die 20er Jahre zurück. Seit den 40er Jahren ist ein deutliches Interesse der Militärführung nachweisbar, eine autonome Rüstungsgüterproduktion durch Staat und Industrie aufzubauen. Die frühzeitigen Importe hochwertiger deutscher Waffen Anfang des Jahrhunderts hatte den Offizieren die große Bedeutung modernen Kriegsmaterials vor Augen geführt. Während des Zweiten Weltkrieges war das Land einem de-facto-Embargo ausgesetzt, weil es sich bis 1945 nicht den Alliierten angeschlossen hatte. Nach 1976 (Militärdiktatur) und 1982 (Krieg mit England) sahen sich die Militärs wiederum der Erfahrung eines partiellen Waffenembargos seitens der USA und anderer westlicher Länder gegenüber gestellt. Dieses Mal waren die Gründe massive Verletzung der Menschenrechte und der Krieg um die Malvinen. Damit wurden für die Militärführung erneut

---

[207] Grundsätzlich zur Rüstungspolitik in beiden Länder Fontana 1990, Mahnken/Hoyt 1990, Lumpe et al. 1992, Sanders 1990, Maldifassi/Abetti 1994 und Stanley 1999.

die politischen Imponderabilien von Waffenimporten deutlich. In ihrer Sicht war daher der Aufbau einer eigenen Industrie vordringlich, um eine größtmögliche Autonomie vom Ausland zu erzielen.

Schon 1941 wurde auf Vorschlag von Präsident Ortiz das autonome Generaldirektorat für militärische Produktion *(Dirección General de Fabricaciones Militares/DGFM)* gegründet. Damit wurde auch das Prinzip eingeführt, daß bestimmte Industrieunternehmen von Militärs geleitet werden (Potash 1969, S. 28). Die nationale Rüstungsproduktion sollte zum Aufbau einer Schwerindustrie beitragen.

Nach dem Putsch von 1943 konnte *das Militär als Regierung* die Prioritäten der Verteidigungspolitik direkt bestimmen. Unter Präsident Perón kam es zu einer Ausweitung des Rüstungssektors. Sein politisches Ziel, Argentinien müsse eine möglichst umfassende Autarkie vom Ausland erreichen, wirkte sich besonders auf den Rüstungssektor aus. Das Ziel der damaligen Militärführung war der Aufbau einer eigenen Schwer- und Rüstungsindustrie, die von den internationalen Schwankungen und Unsicherheiten wie der Depression der 30er Jahre und dem 2. Weltkrieg unabhängig wäre. Zu der notwendigen wirtschaftlichen Grundstruktur zählte u.a. die Stahl- und Chemieproduktion sowie die vom Militär stark geförderte Erdölindustrie. Unter Perón erhielt die DGFM nach 1945 die direkte Zuständigkeit für diejenigen Bereiche der Schwerindustrie, die für die nationalen militärischen Interessen als zentral angesehen wurden (Milenky 1980, S. 274). 1955 bestand die DGFM aus vierzehn Militärfabriken mit zusammen 20.000 Beschäftigten (Rouquié 1982b, S. 81).

Im militärischen Denken wurde eine strategische Verbindung zwischen dem Industrialisierungsprozeß und dem Zuwachs an nationaler Macht hergestellt. Diese Auffassung wurde besonders von einer Gruppe von Offizieren unterstützt, die die wechselseitige Abhängigkeit militärischer und wirtschaftlicher Entwicklung betonten. Für sie war es im Interesse nationaler Selbstbestimmung nur konsequent, durch die Entwicklung einer Schwerindustrie auf die Schaffung der dafür notwendigen materiellen Basis hinzuarbeiten. General Guglialmelli faßte diesen Ansatz drastisch zusammen: "Ein Land, das keine Basisindustrien hat, ist ein kastriertes Land, weil die Basisindustrien seine männlichen Elemente darstellen" (Revista de la ESG 1964, S. 116; vgl. Guglialmelli 1979). Die Militärpräsidenten Onganía und Levingston unterstützten diese Sichtweise in den 60er Jahren.

Nachdem die USA nach dem Putsch von 1966 die Waffenlieferungen drastisch verringerten, wurde das große Waffenbeschaffungsprogramm "Plan Europa" gestartet. Es sollte dazu dienen, lokale Kapazitäten durch Technologietransfer aus dem Ausland besser zu nutzen und zielte daher vor allem auf Lizenz- und Koproduktionsvereinbarungen ab (vgl. Uriburu 1970, Millán 1986).

Trotz zahlreicher Versuche besaß das Land bis in die 70er Jahre hinein nur eine rudimentäre Rüstungsindustrie. Der Hauptrivale Brasilien baute dagegen Mitte der 70er Jahre eine umfassende und breit gefächerte Rüstungsindustrie auf. In den 80er Jahren arbeiteten in der DGFM ca. 40.000 Mitarbeiter und weitere 16.000 in anderen Firmen (Millán 1986, S. 37).

Der Rüstungsexport blieb insgesamt begrenzt. Nur wenige Produkte wurden vor allem in zentralamerikanische Staaten sowie nach Bolivien, Paraguay, Peru und Uruguay exportiert. Fast alle Waffen mußten aus dem Ausland eingeführt werden. Zwischen 1967 und 1976 wurden Waffen im Wert von nur 22 Mio. US-Dollar exportiert (U.S. Arms Control and Disarmament Agency 1978, S. 121). Da nur in kleinen Stückzahlen produziert werden konnte, waren die Exportpreise relativ hoch, besonders im Vergleich zu den Hauptkonkurrenten Chile und Brasilien.

Für die Forschung und Entwicklung von Waffen einschließlich der Raketenproduktion und Weltraumforschung war das *Instituto de Investigaciones Científicas y Técnicas de las Fuerzas Armadas (CITEDA)* zuständig. Produziert wurden Trainingsflugzeuge, Panzerabwehrraketen, Fregatten, leicht bewaffnete Fahrzeuge, Munition und Kleinwaffen (Sanders 1990, S. 35), darunter der mittlere Argentinische Panzer TAM, der konzeptionell auf der Basis des deutschen "Marders" entwickelt wurde. Deutsche Hilfe wurde auch bei der Konstruktion von U-Booten in Anspruch genommen (Thyssen-Nordseewerke). Bei der Luftwaffe wurden leichte Trainingsflugzeuge entwickelt. Der Aufbau einer eigenen Produktion wurde durch den Zwang eingeschränkt, fast immer auf ausländische Lizenzen zurückgreifen zu müssen. Es lassen sich drei Phasen unterscheiden: der Auf- und Ausbau der Rüstungsproduktion unter Perón, der nach seiner Absetzung 1955 folgende Niedergang, und eine erneute Forcierung nach 1966.

Zur Charakterisierung des Rüstungssektors Anfang der 80er Jahre wählte Waisman das Bild konzentrischer Kreise:

- Im Zentrum befand sich der Komplex *Fabricaciones Militares (FM)*, die größte Produktionsfirma des Landes, die aus 22 Unternehmen, mit einer Belegschaft von 15.000 bestand. Sie produzierte Güter im Wert von 2,2 Mrd. US-Dollar, dies entsprach 14% des BSP im Fertigwarensektor.
- Der zweite Kreis stellten die "dual-use"-Industrien dar, die teils zu FM gehören, teils aber auch joint ventures mit Regierungs- und privaten Kapital waren.

- Der dritte Kreis betraf nicht-militärische Aktivitäten, die strategischen Wert haben konnten. Hierunter fallen die Atomenergiekommission (CNEA) und die nationale Fluggesellschaft *Aerolíneas Argentinas*. Beide standen lange Zeit unter militärischer Kontrolle, sind aber unterdessen privatisiert.
- Zum vierten Kreis gehören pensionierte Offiziere, die nach ihrem Ausscheiden in die Privatwirtschaft gewechselt sind. Sie genossen häufig ein besonderes Prestige und verstanden sich weiterhin als Mitglieder der Institution (zusammengefaßt nach Waisman 1986, S. 93f.).

Während in vielen westlichen Industriestaaten private Firmen und Institute an Forschung, Entwicklung und Produktion von Rüstungsgütern beteiligt sind, lag in Argentinien die direkte Kontrolle über Rüstungsproduktion und -forschung beim Militär selbst. Vor dem Übergang zur Demokratie 1983 waren Militär und Verteidigungsministerium für rd. 80% der Rüstungsindustrie verantwortlich, nach Stepan sogar zu 100% (1988, S. 85). 1980 wurden ca. 530 Mio. US$ in Forschung und Entwicklung investiert, 1983 waren es nur noch 350 Mio.$ (Millán 1986, S. 37). Auch hat es keine klare Abgrenzung zwischen militärischen und zivilen Unternehmen gegeben, denn das Militär war lange Zeit im Besitz ziviler Unternehmen und produzierte zivile Güter.

Mit der Vergrößerung des Rüstungssektors wurden zunehmend bürokratische und Managereliten geschaffen, die ihre eigenen Interessen geschützt sehen wollten. Waisman hob Mitte der 80er Jahre hervor:

"Pensionierte Offiziere haben Managerpositionen in allen Sektoren der argentinischen Wirtschaft inne. [...] Diese Offiziere bringen in die private Industrie nicht nur die Ideologie und den Führungsstil, die sie während ihrer militärischen Karriere erworben haben, sondern stellen auch einen Übertragungsweg für militärische Bedürfnisse oder Ziele dar, um die Industrie beeinflussen zu können. Selbst nach der Pensionierung begreifen sich die meisten Offiziere weiterhin als einen Teil der Institution Militär und werden von den Streitkräften auch so betrachtet." (Waisman 1986, S. 94)

Die Schwächen der Rüstungsindustrie lagen vor allem in der Langzeitplanung und im Management, die in einem Land mit chronisch mangelnder politischer Stabilität ohnehin besonders groß sind. Milenky betonte aber für die 70er Jahre, daß Offiziere auch eine prominente Rolle in den zivil geleiteten Ministerien spielten. Daher verfügte das Militär trotz aller politischen Konflikte, die auf die Institution durchschlugen und die sie auch mitverursachte, meist über eine bessere Verwaltungskompetenz als die meisten zivilen Institutionen (Milenky 1980, S. 279f.).

Entscheidungen über Rüstungsproduktion lassen sich als Antwort auf die spezifischen äußeren und inneren Bedrohungsvorstellungen, aber auch auf die politischen Beziehungen zwischen zivilen und Militäreliten und die Grenzen der industriell-technologischen Basis des Landes auffassen (Milenky 1980, S. 283). Schwerpunkte der Rüstungsproduktion waren einfache Infanterie- und Artilleriewaffen, Schiffe und Flugzeuge für Konflikte niedriger Intensität und Flugzeuge für die Aufstandsbekämpfung. Im Unterschied zu Brasilien orientierte sich die Rüstungsproduktion an den Bedürfnissen des Landes und nicht an einem Drittwelt-Käufermarkt.

Unter der Regierung Alfonsín kam es 1983 zu wichtigen Veränderungen. Die militärischen Wirtschaftsbetriebe wurden unter die Verantwortung des Verteidigungsministeriums gestellt, statt sie weiter direkt beim Militär zu belassen. Die nationale Atomenergiebehörde wurde aus dem militärischen Bereich ausgegliedert. Bei der Rüstungsbeschaffung war nach 1982 das Ziel die Neubeschaffung der im Malvinenkrieg verlorengegangenen Waffensysteme. Ein Ausbau der Rüstungsindustrie kam indessen nicht in Frage. Der deutlich verringerte Verteidigungshaushalt unter Alfonsín und Menem machte eine Expansion der Rüstungsproduktion unmöglich.

Unter Präsident Menem wurden 27 Rüstungsbetriebe privatisiert, darunter ein großer Teil von Campo de Mayo bei Buenos Aires, das in Armeebesitz war.[208] Die Entwicklung der Mittelstreckenrakete Cóndor II, der ersten von Argentinien produzierten Massenvernichtungswaffe, wurde nach starkem Druck der USA aufgegeben. Sie ging auf einen Geheimvertrag im Januar 1984 zwischen Argentinien, Ägypten und Irak zurück.[209] Ausgenommen von der Privatisierung wurden vorläufig Firmen in den Bereichen Luftfahrt, Weltraumforschung und Panzerproduktion, wobei sie im letztgenannten Bereich nur dann aufrechterhalten werden sollten, wenn sie mit Gewinn exportierten (Acuña/Smith 1994c, S. 213).

6.1.2 Das Nuklearprogramm

Das argentinische Nuklearprogramm hatte im Vergleich zu Brasilien früher begonnen und war weiter entwickelt. Präsident Perón rief die Atomenergiekommission, *Comisión Nacional de Energía Atómica (CNEA)*, 1950 ins Leben, sechs Jahre vor der Gründung der entsprechenden Kommission in Brasilien.

Der höhere Entwicklungsstand stellte ein wichtiger komparativer Vorteil dar, aber es war auch ein Forschungszweig, der in den entscheidenden Bereichen

---

208 Für eine Liste der Unternehmen siehe Diamint 1994, S. 146 und zur Situation von 15 Unternehmen (Schließung, Privatisierung, Konversion) siehe Escudé/Fontana 1995, S. 7f.
209 Vgl. Escudé/Fontana 1995, S. 38, Barcelona/Villalonga 1992 und Santoro 1992.

vom Militär kontrolliert wurde. Zu den wichtigsten militärischen Forschungseinrichtungen gehörten die *Junta de Investigaciones y Experimentaciones de las Fuerzas Armadas*, das *Instituto de Investigaciones Científicas y Técnicas de las Fuerzas Armadas*, das *Instituto de Investigación Aeronáutica y Espacial* und die Forschungsabteilung der CNEA, besonders in Bereichen wie der Nuklearphysik, in der fast die gesamte Forschung in den letzten 30 Jahren überwiegend unter strikter Militärkontrolle stattfand (Waisman 1986, S. 99) Immerhin wurde Argentinien zu einem der wenigen Länder außerhalb des Nordens mit einer eigenen nuklearen Forschungskapazität und einem eigenen Wissenschaftler-Pool.

Als kritisch mußte indessen die Ablehnung internationaler Kontrollen gewertet werden. Argentinien trat weder dem Vertrag von Tlatelolco noch dem Atomwaffensperrvertrag bei, bestand darauf, Nuklearexplosionen zur friedlichen Nutzung durchzuführen und lehnte die Überwachung seiner Nukleareinrichtungen ab, alles Faktoren, die international, besonders bei der US-Regierung, Mißtrauen hervorriefen.[210]

1968 unterzeichnete Präsident (und General) Onganía einen Vertrag mit Siemens zur Konstruktion des ersten lateinamerikanischen Atomkraftwerkes, Atucha-1, das 1974 seinen Betrieb aufnahm. Den Zuschlag erhielt das teurere deutsche Angebot statt dem US-Unternehmen Westinghouse. Die deutsche Seite arbeitete mit Natururanium, während das US-Unternehmen angereichertes Uranium benutzte, dessen Abfall zu waffenfähigem Material verwendet werden konnte und von der US-Regierung kontrolliert wurde. Bereits Ende der 70er Jahre besaß Argentinien genügend Plutonium zur Waffenproduktion (Myers 1982, S. 60). 1983 wurde das zweite AKW in Embalse/Rio Tercero mit kanadischer Hilfe fertiggestellt.

Die von offizieller argentinischer Seite vertretene Auffassung, das Land hätte in all den Jahren keine Produktion von Atomwaffen beabsichtigt,[211] wird durch die Tatsache untermauert, daß die CNEA bereits 1968 bei der Wiederaufbereitung von Uran im Laboratorium erfolgreich war und es dennoch nicht zur Produktion der Bombe kam (*LAWR*, 6.1.1984, S. 2, 15.6.1984, S. 6f.). Von einem militärischen Parallelprogramm wie in Brasilien ist nichts bekannt, aber in der Forschung wurde ein Bombenbau für möglich gehalten. Strategisch mußte sich das argentinische Militär darüber im klaren sein, daß ein solcher Schritt eine Konfrontation mit mindestens einer anderen in der Region aktiven

---

210 Carasales 1996, S. 328. Zur Haltung Argentiniens zum NPT siehe auch Carasales 1987.
211 So Carasales 1996, S. 331, der dem argentinischen Außenministerium als Botschafter angehört.

Atommacht (Falkland-/Malvinen-Inseln/Großbritannien) nach sich ziehen und darüber hinaus Brasilien zu einem Nuklearwettlauf veranlaßt werden könnte.

Für den Bau des dritten AKWs, das auf der Grundlage von Natururanium funktionieren würde, erhielt die Regierung von Videla die Hilfe der Schweiz zum Bau einer Schwerwasser-Anlage. Die schweizerische Seite wurde davon überzeugt, daß die Kontrollmaßnahmen des deutsch-brasilianischen Vertrages von 1975 nicht notwendig waren. Dies mußte die brasilianische Regierung veranlassen darüber nachzudenken, ob Argentinien bei einer eventuellen Konfrontation zwischen beiden Ländern die Atombombe produzieren wollte.

6.1.3 Exekutive Kontrollen und legislative Kontrollversuche

Es gehört zu den Befugnissen des argentinischen Kongresses, den Verteidigungshaushalt zu beschließen und auch die Beförderung der Militärränge Oberst und General (bzw. vergleichbarer Ränge bei Marine und Luftwaffe) zu bestätigen. Angesichts des ständigen Wechsels zwischen Militär- und Zivilregierungen und der erheblichen Autonomie des Militärs war die Rolle des Parlaments und ziviler Regierungen jedoch zweitrangig. Im zweiten Jahr der Präsidentschaft Alfonsín mußte der erfahrene innenpolitische Beobachter Cavarozzi feststellen, daß ein wichtiges Konfliktthema wie die Streitkräfte praktisch nicht bis zum Parlament gelangte.[212] Zu Beginn der Arbeit des Kongresses 1984 gab es nur zwei oder drei hauptamtliche Mitarbeiter von Kongreßausschüssen, die für Militärfragen zuständig waren, aber kaum eigene Kompetenz auf diesem Gebiet hatten. Im Kongreß wurden nur selten Anfragen zur Militärpolitik gestellt (Stepan 1988, S. 136).

Mit dem Gesetz 18.302 wurden die Geheimbudgets des Verteidigungsministeriums, der drei Teilstreitkräfte, der Sicherheitskräfte sowie des Generalstabes abgeschafft. Die Streitkräfte hatten zuvor außerhalb des Staatshaushaltes Einkünfte aus eigenen Unternehmen, die autonom verwendet werden konnten, erhalten (Diamint 1994, S. 143).

Unter der Regierung Alfonsín übernahm der Verteidigungsausschuß des Senates wieder seine traditionellen Funktionen. Es fanden Besprechungen zwischen den auf diesem Gebiet aktiven Parlamentariern, ihren Beratern und

---

212 "Das Parlament funktionierte wie ein einfacher Transmissionsriemen für die Initiativen des Präsidenten und beschränkte sich darauf, Gesetze zu beschließen, die ohne jede innerparlamentarischen Verhandlungen oder relevante Debatten entstanden" (Marcelo Cavarozzi, Los partidos y el parlamento en la Argentina: un pasado de fracasos y un futuro cargado de desafios, in: Hilda Sabato/Marcelo Cavarozzi (Hrsg:), Democracia, orden politico y parlamento fuerte, Buenos Aires 1984, S. 139, zit. in Pásara 1993, S. 620).

Vertretern des Militärs statt, die jedoch für die Opposition schwerer zugänglich waren (Diamint 1994, S. 168). In dieser neuen Phase kommt es zu einem umfassenden und regelmäßigen Austausch zwischen den Verteidigungsausschüssen der großen Parteien, den Kongreßmitgliedern und dem Militär.[213]

Allerdings fallen auch beim Verteidigungshaushalt die wichtigsten Entscheidungen im Haushaltsausschuß. Hier ist daran zu erinnern, daß in einem präsidentiellen wie dem argentinischen System die Befugnisse sehr viel stärker beim Präsidenten als beim Kongreß liegen (dennoch entsprang das bei den Militärs umstrittene Gesetz über nationale Verteidigung einer Initiative des Parlaments). Das Parlament verfügt nur über begrenzte Kompetenzen bei der Zuweisung und bei Modifikationen des Haushaltes.

Wie bereits in Kapitel 5.1. erwähnt, kam es im November 1994 im Senat unerwartet zu einer neuen Konfrontation mit der Vergangenheit. Die Regierung hatte vorgeschlagen, die beiden Fregattenkapitäne Pernías und Rolón zu Kapitänen zur See zu befördern, und der Senat mußte zustimmen. Bei der Senatsanhörung bestätigte Pernías das System des Staatsterrorismus in der Zeit 1976-1983. Er sprach über Folter und Injektionen, die den politischen Gefangenen verabreicht wurden, um sie vor den Flügen ruhigzustellen. Dies war das einzige Mal, daß es zu einem direkten Konflikt zwischen Exekutive und Legislative über Beförderungen kam. Die Beförderungen wurden abgelehnt.

Bei der Exportkontrolle wurden mehrfach Schwächen deutlich. Rüstungsgüter, die nach Regierungsangaben für Venezuela bestimmt waren, trafen in Ecuador ein. Andere, für Panama bestimmte Güter, wurden nach Kroatien (Waffen in einem Umfang von 6.500 Tonnen zwischen 1991 und 1995) geliefert, ein Land, in dem gleichzeitig argentinische Blauhelme stationiert waren. Beide Skandale führen im Juli 1996 zum Rücktritt von Verteidigungsminister Oscar Camilión (vgl. Santoro 1998; JB LA 1996, S. 165). Sein Nachfolger wurde der frühere Bürgermeister von Buenos Aires, Jorge Domínguez.

6.2 Brasilien

6.2.1 Die Rüstungspolitik

Seit der Mitte des 19. Jahrhunderts existierten in Brasilien kleine Rüstungsunternehmen für Waffen- und Pulverherstellung. Ende der 40er Jahre begannen militärische Ausbildungsschulen Ingenieure und Wissenschaftler auszubilden,

---

213 Die argentinische Regierung arbeitet sogar an einem aktiven Austausch und Dialog mit anderen Ländern im Bereich innere Sicherheit und Verteidigung (Escudé/Fontana 1995, S. 12).

um möglichst bald eigene Technologien für die Rüstungsindustrie entwickeln zu können (vgl. Brigagão 1984). Das Militär war sehr an einer Industrialisierung des Landes interessiert, weil nur diese den Aufbau einer breit gefächerten eigenen Rüstungsindustrie ermöglichen würde (für die Entwicklung 1889-1954 siehe Hilton 1982). Nationalisierung bedeutete in Brasilien nicht die Verstaatlichung der Rüstungsproduktion, sondern die Herstellung der Güter in Brasilien unter weitestgehender Verwendung einheimischer Rohstoffe. Bis 1945 wuchs die Zahl privater Unternehmen an, die nicht nur Stahl, Kupfer und Aluminium als Grundprodukte, sondern auch Zubehör für Waffen und in einigen Fällen Munition lieferten (Stanley 1999, S. 49). Als Rüstungsexporteur war das Land bis zu den 60er Jahren unbedeutend, aber die Streitkräfte förderten in den 60er und 70er Jahren gezielt und systematisch den Aufbau einer wissenschaftlichen Basis für das Land. Sie waren besonders an den Bereichen petrochemische Industrie, Mikroelektronik, Luft- und Raumfahrt sowie an der Kerntechnologie interessiert.[214]

Mit ihrem Plan für industrielle Mobilisierung unterstützte die Militärregierung zwischen 1964 und 1967 die nationale Produktion. Europäische Firmen wurden zu geschätzten Partnern für Lizenz- und joint-venture-Verträge (Gouvea Neto 1991, S. 86). Das Militär verfolgte einen aggressiven nationalen Entwicklungsplan, der den Auf- und Ausbau einer modernen Rüstungsindustrie einschloß. In São Paulo hatten sich eine Gruppe von Militärs der drei Teilstreitkräfte und Industrielle zusammengetan, um Industrien für den Rüstungsbereich aufzubauen. Mittelfristig sollte sich das Land selbst versorgen können (Wrobel 1994, S. 198). Das Wirtschaftswunder in den Jahren 1968-74 mit einem BSP-Wachstum von über zehn Prozent verschaffte die notwendigen Ressourcen, um massiv in die Rüstungsproduktion einzusteigen. Zu den Hauptprodukten gehörten Panzerwagen, Turboprop-Trainingsflugzeuge, Raketen, Gewehre, Panzer, Munition, militärische Kommunikationsmittel und Computer. Die Rüstungsproduktion war von Anfang an überwiegend auf den Export ausgerichtet; 85-90% ihrer Güter wurden exportiert.

Mitte der 70er Jahre kehrte die Regierung zu einer importsubstituierenden Wirtschaftspolitik zurück. In diesem Zusammenhang entstand auch eine vom Staat geförderte und vor ausländischem Wettbewerb weitgehend geschützte nationale Computerindustrie. Zu den Gründen für den Wirtschaftsprotektionismus stellt Stahl fest, daß der Staat versuchte, sich die Kontrolle über die strategischen Wirtschaftsbereiche durch die Gründung staatlicher Unternehmen und Fördermaßnahmen für nationale Privatunternehmen, die durch die

---

214 Diesen Hinweis verdanke ich Jörg Meyer-Stamer, Deutsches Institut für Entwicklungspolitik. Zu Rüstung und Rüstungsexporten siehe Brigagão 1984, Lock 1986, Wöhlcke 1987, Sanders 1990, Gouvea Neto 1991 und Conca 1992, 1997, 1998.

liberale Handelspolitik und die Förderung von Auslandsinvestitionen wieder zunichte gemacht wurden, zu sichern. Dies betraf vor allem die Elektrizitätswirtschaft, den Nuklearsektor, die Erdölindustrie, den Erzbergbau, die Stahlindustrie, die Flugzeug- und Rüstungsindustrie und seit 1975 zunehmend auch die Investitionsgüter- und Computerindustrie (Stahl 1991, S. 174f.). Es wurde eine Integration zwischen nationaler Industrie, Forschung und Universität angestrebt und ein besonderer Schwerpunkt auf als strategisch angesehene Technologien in gelegt.

Nach Vize-Admiral Vidigal betrifft
"[d]as Problem wissenschaftlicher und technologischer Abhängigkeit [...] die Nation als Ganzes und nicht nur einen ihrer Sektoren. Die Streitkräfte müssen die weiteren Segmente der Gesellschaft stimulieren und mit ihnen kooperieren, damit sich die Nation über die Entwicklung von Wissenschaft und Technologie von den traurigen Ketten der [...] Abhängigkeit befreien kann und auf diese Weise einen Grad der Autonomie erreicht, der die Erfüllung ihrer Mission nicht beeinträchtigt." (zit. in ebda., S. 172)

Die Rüstungsindustrie basierte auf der Trias Staatsunternehmen, private brasilianische Firmen und brasilianische Tochterunternehmen multinationaler Konzerne. Besonderes Gewicht hatten die weitgehend autonomen Streitkräfte, aber der Staat war in diesem Beziehungsdreieck bestimmend. Der militärisch-industrielle Komplex lebt von einer "einzigartigen Symbiose zwischen dem Staat (Regierung, Ministerien, Streitkräften, und Forschung), privaten einheimischen Firmen und ausländischen Unternehmen, die über technologische Kooperationsabkommen eingebunden werden" (Wöhlcke 1987, S. 121; zur Trias grundsätzlich: Evans 1979). Nach Wöhlcke waren 350 Unternehmen beteiligt, von denen 33 exklusiv Waffen produzierten. Zu den Abnehmerländern gehörten Libyen, Irak, China, Uruguay, Chile, Paraguay, Argentinien, Tunesien, Gabun, Togo, aber auch Belgien, Frankreich und die UdSSR. Die Kernunternehmen für Armee, Marine und Luftwaffe waren die *Indústria de Material Bélico do Brasil (IMBEL)*, das *Arsenal da Marinha do Rio de Janeiro (AMRJ)* und die *Empresa Brasileira de Aeronáutica (EMBRAER)*.

Das staatliche Wissenschaftsförderungsprogramm verwendete Anfang der 80er Jahre 10% für Projekte der Streitkräfte, mindestens 500 Mio. US$; zehn Jahre später wurde ihr Anteil auf 20% geschätzt (vgl. auch Franko-Jones 1992). Die Kosten für die beiden Projekte der Marine – Weiterentwicklung des Ultrazentrifugenverfahrens zur Urananreicherung und Konstruktion eines nuklearangetriebenen U-Bootes – wurden für 1985-92 auf 400 Mio. US$ geschätzt; 44% dieser Summe wurden über geheime Fonds des Nationalen Sicherheitsrates und des SAE finanziert (Gazeta Mercantil, 23.10.1992). Die Streitkräfte richteten eigene Forschungsinstitute ein, die Armee z.B. das *Centro Tecnólogico do Exército*.

Bereits Mitte der 80er Jahre konnten 79% der militärischen Nachfrage im Land selbst befriedigt werden. Angeblich waren 350 Firmen mit 100.000 Beschäftigten in der Rüstungsindustrie tätig (*LAWR*, 2.11.1984, S. 4). 1987 arbeiteten bereits rd. 150.000 Personen in 600 Firmen in diesem Bereich (Aviaçâo, Brazilian Defense Directory, São Paulo 1987, zit. in Gouvea Neto 1991, S. 87). Die Selbstversorgung der Armee lag bei 80%. Sie konnte die gesamte Spannweite konventioneller Waffen anbieten. Als besonders entwickelt galt ihre Raketentechnologie.

Umfang und Entwicklung der Rüstungsexporte

Zwischen 1965 und 1979 wurde ca. ein Drittel der Produktion exportiert, während 1980-1984 der Anteil bereits 80% betragen haben soll (Conca 1997, S. 91). Exportiert wurden vor allem schnelle, bewaffnete Fahrzeuge, z.B. leicht manövrier- und reparierbare Panzerwagen (Cascavel, Urutú). Bei der Luftwaffe produzierte man 70% des Zubehörs national. Ende der 80er Jahren nahm das Land den 6. Platz unter den Flugzeugherstellern ein (Sanders 1990, S. 33). Es wurde eine Luft-Boden- und eine Luft-Luft-Rakete produziert. 90% der Produktion gingen in den Export.

Anfang der 80er Jahre wurde Brasilien von Politik und Wissenschaft für den fünftgrößten Rüstungsexporteur der Welt gehalten. 1982 sollen sich die Exporte auf über zwei Milliarden US$ belaufen haben. Dagegen bezifferten die verläßlichsten Expertenschätzungen 1987 die Exporte auf nur noch zwischen 460 und 650 Millionen US$; in den folgenden Jahren ging die Nachfrage jedoch stark zurück (Wrobel 1994, S. 199).

Anfang der 90er Jahre wurde in der Forschung deutlich, daß der Wert der Rüstungsexporte unter den Militärregierungen völlig überschätzt worden war. Retrospektiv gehen die meisten Schätzungen von unter einer Mrd. US$ aus (*O Estado de São Paulo*, 8.12.1991, S. 5, zit. in Schirm 1994a, S. 192f.). Conca kommt in einer Diskussion über verläßliche Quellen zu dem Ergebnis, daß wahrscheinlich nur 100-150 brasilianische Firmen an der Rüstungsproduktion beteiligt waren, darunter 50 ausschließlich im militärischen Bereich. Er hält einen Mitarbeiterstamm von 50.000 für realistisch (Conca 1997, S. 261, 263). Unter Verweis auf drei zuverlässige Quellen – SIPRI, ADCA und Dagnino 1989[215] – geht er von einem jährlichen Exportvolumen von etwas über 300 Mio. US-Dollar für den Zeitraum 1982-1988 aus (ebda., S. 264). Die deutlich

---

[215] Die Quellen sind das SIPRI-Jahrbuch 1990, das Jahrbuch Military Expenditures and Arms Transfers 1990 der U.S. Arms Control and Disarmament Agency und Renato Dagnino, A indústria de armamentos brasileira; uma tentativa de avaliação, Diss., Instituto de Economia, Universidade Estadual de Campinas/Brasilien, 1989.

zu hohen Angaben, die in der brasilianischen Presse veröffentlicht wurden, sieht er zumindest teilweise als eine bewußte Irreführung der Öffentlichkeit an.

Einige Beobachter in Brasilien argumentierten, daß der Rüstungssektor zur dynamischsten Antriebskraft der Industrie, nicht zuletzt aufgrund seines hohen Technologieanteils, wurde. Aber dies ist fraglich, denn diese Rolle spielten vor allem die petrochemische, Stahl-, und Kapitalgüterindustrien. Immerhin war Brasilien jedoch auf dem Weg, zur Produktion von Rüstungsgütern mittlerer Technologie vorzustoßen. Es lag damit an erster Stelle in Lateinamerika und schien seinem Ziel, einen Weltmachtstatus zu erringen, einen wichtigen Schritt näher gekommen zu sein.

Zwei Faktoren standen dem weiteren Aufbau einer nationalen, autonomen Rüstungsindustrie entgegen: Im Bereich der fortgeschrittenen Technologie wie bei Jagdbombern und Lenkwaffen hing die Produktion auch weiterhin von ausländischen Importen ab. Ebenso war es nur ausnahmsweise möglich, die Hauptkomponenten für Panzer, schwere Artillerie und größere Schiffe im Land selbst zu produzieren. Mitte der 90er Jahre, so damals die Erwartung, könnte das Land alle Grundkomponenten seiner Rüstungsproduktion für die nationale Verteidigung selbst herstellen.

Das offizielle Argument lautete, daß Rüstungsgüter zur Diversifizierung der Exportprodukte beitrügen, eine These, die empirisch fragwürdig ist. Dennoch betonten Politiker immer wieder die synergetischen Auswirkungen der Verschmelzung von Idealen der Nationalen Sicherheit, geopolitischen Zielen, Wirtschaftswachstum und technologischen Innovationen (Gouvea Neto 1991, S. 85).

Zur gleichen Zeit, als Brasilien nach neuen Partnern suchte, kam es zur strukturellen Krise der westeuropäischen Rüstungsindustrie. Damit ergab sich eine geradezu ideale Kombination von "pull factors" in Brasilien mit "push factors" in den westeuropäischen Industrienationen (Wöhlcke 1987, S. 122).

Darüber hinaus waren folgende push-Faktoren für den forcierten Aufbau der Rüstungsindustrie ausschlaggebend:
- Die Abhängigkeit von den USA, dem Hauptexporteur zwischen 1946 und 1970, sollte verringert werden.
- Eine starke Rüstungsindustrie würde den Einfluß des Landes unter den schwächer entwickelten Ländern Afrikas, Asiens und Lateinamerikas stärken.
- Sie wäre ein deutliches Zeichen für die Kompetenz der regierenden Militärs (Gouvea Neto 1991, S. 84).

Der wichtigste pull-Faktor waren die Handelsbilanzprobleme infolge der Ölkrise. Brasilien bezog fast 40% der Ölimporte aus dem Nahen Osten. Die Staaten der Region importierten vor allem aus den USA und Europa. Rüstungsexporte wurden als das wichtigste Instrument angesehen, um die Handelsbilanz auszugleichen.[216] Der Irak allein soll nach Schirm während des Krieges mit dem Iran Waffensysteme im Wert von 5-7 Mrd. US-Dollar aus Brasilien eingeführt haben (Schirm 1994a, S. 191). Dies steht allerdings im Widerspruch zu den von Conca für verläßlich gehaltenen Daten, die für den Zeitraum 1978-1988 nur Rüstungsexporte von einem Wert zwischen insgesamt 2,6 und 3,8 Mrd. US-Dollar ausweisen (Conca 1997, S. 264).

Der zweite pull-Faktor war das Embargo der USA, das zuerst auf dem Grundsatz der Nichtweiterverbreitung (non-proliferation) von Waffensystemen hoher technologischer Entwicklungsstufe beruhte.[217] Bereits 1969 hatte Brasilien trotz Protesten der USA Fregatten und U-Boote aus England und französische Mirage-Flugzeuge erworben. Unter Präsident Carter führten Menschenrechtsverletzungen indirekt zu einer Beendigung der US-Rüstungsexporte. Als 1977 das US-Außenministerium zum ersten Mal seinen Bericht über die Menschenrechtslage in den Ländern veröffentlichte, die US-Militär-, Wirtschafts- und Entwicklungshilfe erhielten, wurde darin auch Brasilien kritisiert. Darauf kündigte die Militärregierung unter Präsident Geisel den Militärhilfevertrag von 1952 auf. Bis in die Gegenwart wurde die Militärhilfe nicht wieder voll aufgenommen.

Bedrohungsperzeption und Rüstungsproduktion

Die Ziele einer nationalen Rüstungspolitik werden in der Regel als Antwort auf die Mission der Streitkräfte formuliert, der eine Definition von Bedrohungsszenarien zugrundeliegt. Im brasilianischen Fall hat sich trotz der Rivalität zu Argentinien seit den 60er Jahren keine unmittelbare Bedrohungsperzeption gegenüber diesem oder einem anderen Staat herausgebildet, wobei lange Zeit ein residuales Bedrohungsszenario gegenüber Argentinien erhalten blieb.

Es existierte jedoch auch noch der ideologische Feind, der Kommunismus, und mit ihm die Befürchtung, daß eine Guerilla in den nordöstlichen, weiten, schwach besiedelten Landesteilen und im Amazonasgebiet Fuß fassen könnte. Auch die drohende "Subversion" aus anderen Ländern und in sehr viel

---

216 Reden des Abg. José Tavares, *Diário do Congresso Nacional*, 31.5.1984, S. 1120, und des Abg. Aldo Arantes, *Diário do Congresso Nacional*, 8.6.1983, S. 4706.
217 Die USA weigern sich seit Jahrzehnten, hochentwickelte Waffensysteme nach Lateinamerika zu verkaufen. Sie begründen dies mit der Gefahr eines Rüstungswettlaufs, z.B. zwischen Argentinien und Chile (Verkauf von F-16-Kampfflugzeugen).

geringerem Ausmaß die innere "Subversion" waren Konflikthypothesen. Einige Rüstungsgüterprojekte, besonders Flugzeuge, galten der Aufstandsbekämpfung. Der Schwerpunkt der Rüstungsproduktion lag auf konventionellen Waffensystemen. Acuña und Smith sehen den Faktor der inneren Repressionsfunktion in diesem Zusammenhang als eine *quantité negligeable* an (Acuña/Smith 1994c, S. 235).

Brasiliens Sicherheitsbegriff war und ist nicht auf militärische Bedrohungsvorstellungen beschränkt, sondern umfaßt auch wirtschaftliche und soziale Gefährdungen, etwa durch seine Abhängigkeit von Auslandskrediten, Ölimporten und Fertigwaren, besonders im militärischen Bereich. Wie auch in Argentinien, arbeitete das brasilianische Militär daran, aus den Erfahrungen des Falkland/Malvinen-Krieges von 1982 zu lernen, und dies hieß im argentinischen Fall die Erfahrung von Boykott, Embargo und der Beschlagnahme von Krediten und Auslandsguthaben in den USA. Den westlichen Industrieländern wurde vorgeworfen, sie versuchten, den internationalen Status quo festzuschreiben und die Entstehung neuer, starker Mächte zu verhindern, ein Denken, welches vor allem in der ESG vorherrschte und wahrscheinlich auch heute noch virulent ist. Da Politiker und Militärs Brasilien als neue, potentielle Weltmacht ansahen, hatte der Ausbau einer möglichst autonomen Rüstungsindustrie absolute Priorität. Dabei half dem Land, frühzeitig bei Waffenimporten auf eine Beteiligung der brasilianischen Seite bei der Herstellung und später der Entwicklung von Waffensystemen in Westeuropa gedrängt zu haben.

Nachdem in den 80er Jahren wichtige bewaffnete Konflikte, besonders der Iran-Irak-Krieg, beendet wurden, hatte die Rüstungsindustrie ab 1989 erhebliche Exporteinbußen hinzunehmen. *AVIBRAS* und *ENGESA* meldeten Konkurs an, *EMBRAER*[218] mußte sich deutlich verkleinern, konnte aber noch auf die Produktion von Zivilflugzeugen zurückgreifen. Da die Rüstungsunternehmen zu 90% vom Export abhingen, waren sie besonders stark betroffen. Ihr anderer Hauptkunde, der brasilianische Staat, befand sich selbst in einer schweren Wirtschaftskrise mit mehr oder weniger strikten Sparvorgaben und konnte die fehlenden Aufträge nicht durch eigene Bestellungen ausgleichen.

Da der Krieg zwischen Irak und Iran beide Länder zum wichtigsten Absatzmarkt für die sich steigernden Rüstungsexporte hatte werden lassen, läutete sein Ende auch die Krise der Rüstungsindustrie ein, denn der Irak konnte die Rüstungsimporte nicht mehr bezahlen. Im zweiten Golfkrieg zeigte sich dann

---

218 Die Regierung hat 1993 450 Mio. US$ an *EMBRAER* gezahlt, um die "finanzielle Gesundheit" des Unternehmens zu stärken. Zu diesem Zeitpunkt hatte es 900 Mio. US$ Schulden (*LAWR*, 25.11.1993, S. 5).

die Überlegenheit der High-Tech-Waffensysteme der USA wie z.B. der intelligenten Bomben, Patriot-Raketen und Marschflugkörper, mit denen die brasilianische Produktion nicht mithalten konnte. Ihre Attraktivität sank schlagartig, besonders bei den finanzstarken Ländern des Nahen Ostens und Südostasiens. Ein journalistischer Berichterstatter fand 1991 das Gelände des Unternehmens *Avibrás Aerospacial* verwaist. Es beschäftigte nur noch 400 statt der ursprünglich 8.000 Arbeiter (*Die Welt*, 20.2.1991).

Unter den 100 größten Rüstungsunternehmen, die das Stockholm International Peace Research Institute (SIPRI) 1995 identifizierte, fand sich kein brasilianisches Unternehmen mehr, ebensowenig in der Liste der 100 wichtigsten Unternehmen, die in der militärischen Luftfahrt tätig sind (SIPRI 1995, S. 93-95, 485-489). In der Periode 1993-1997 nahm Brasilien als Rüstungsexporteur den 25., als -importeur den 22. Rang ein (SIPRI 1998, S. 294, 300).

Die USA sahen die brasilianischen Rüstungsanstrengungen mit Besorgnis, weil diese
"(1) eine Schwächung der globalen U.S.-Position durch das Entstehen einer ihnen distanziert gegenüberstehenden militärischen Mittelmacht implizierten;
(2) durch den Kontrollverlust über Proliferation militärischer Güter die Steuerungsfähigkeit internationaler Entwicklungen durch die USA verringerten;
(3) ein Ausdruck für die Erfolglosigkeit der USA waren, einen früheren Klienten durch Waffenlieferungen zu konformem Verhalten zu zwingen;
(4) der U.S.-Rüstungsindustrie nicht nur den brasilianischen, sondern auch andere Märkte in Entwicklungsländern durch die Exporte des südamerikanischen Staates wegnahmen. Zwar sind die U.S.-Firmen an der brasilianischen Produktion stark beteiligt, die Regierung in Washington verlor aber die Möglichkeit, durch Lieferkonditionen Einfluß auf andere Märkte auszuüben." (Schirm 1994a, S. 189f.)[219] Indirekt nahm sie aber als wichtigster Lizenzgeber (gefolgt von der Bundesrepublik und Frankreich) und durch Ersatzteillieferungen weiter auf die Rüstungsindustrie Einfluß.

1984 wurde zwar mit der Regierung Reagan ein "Memorandum of Understanding" für eine erneute militärische Zusammenarbeit unterzeichnet. Regierungsberater in Brasília gaben jedoch sofort ihrer Sorge Ausdruck, die USA würden versuchen, Brasilien ihre Exportpolitik, d.h. Lieferungsverbote für Rüstungsgüter an bestimmte Länder, aufzuzwingen (Sanders 1990, S. 32f.). Unter Präsident Collor wurde auf Druck der USA das Nuklearprogramm für beendet erklärt, Waffenlieferungen beschränkt, restriktive Richtlinien für den Transfer

---

[219] Libyen unternahm seine wiederholten Invasionen in den Tschad mit brasilianischen Radpanzern, und irakische Soldaten schossen mit brasilianischen Panzerabwehrraketen iranische Fahrzeuge aus brasilianischer Produktion ab (*Die Zeit*, 20.2.1987, S. 48).

"sensitiver" Technologien angekündigt und eine erneute Zusammenarbeit mit den USA vorgeschlagen. Aber aufgrund ihrer autonomen Stellung erlaubten die Militärs Collor nur dort Kompromisse, wo sie ihnen aus anderen Gründen als nötig oder von sekundärer Bedeutung erschienen (Schirm 1994a, S. 192).

6.2.2 Das Nuklearprogramm

Seit den 50er Jahren arbeitete Brasilien daran, in den Besitz von Nukleartechnologie zu kommen. Bereits die Regierung Vargas hatte versucht, das Ultrazentrifugen-Verfahren der beiden deutschen Professoren Paul Harteck und Wilhelm Froth 1954 für Brasilien nutzbar zu machen. Die Nationale Kommission für Nuklearenergie *(Conselho Nacional de Energia Nuclear/ CNEN)* wurde 1956 ins Leben gerufen. Neben der zivilen Nutzung stand dabei die Entwicklung der Atombombenfähigkeit im Mittelpunkt, auch wenn dies in Brasilien bestritten wird.[220]

Nachdem die US-Regierung nicht zu einem Transfer des Know-how für den kompletten Nuklearzyklus bereit war, nahmen die Spannungen zwischen den USA und Brasilien zu.[221] Das US-Unternehmen Westinghouse hatte 1972 mit Brasilien den Bau von Reaktoren vereinbart. Aber die Militärs waren kritisch. General Abreu, Chef des Militärkabinetts und Generalsekretär des Nationalen Sicherheitsrats, kommentierte: "Die Nordamerikaner haben uns nicht nur die technischen Details vorenthalten, schlimmer noch, sie haben uns eine versiegelte 'black box' geliefert, ohne uns zu sagen, was diese enthält. Unsere Techniker können das Kraftwerk lediglich bedienen, sonst nichts" (Abreu Dallari 1979, S. 43).

Die Erdölkrise 1973/74 verstärkte den Zwang auf die Regierung, sich Gedanken über eine alternative Energiegewinnung zu machen, stellte doch die starke Abhängigkeit von den drastisch erhöhten OPEC-Preisen eine erhebliche Gefahr für das auch weiterhin erhoffte hohe Wirtschaftswachstum dar.

Ein Reaktor des US-Unternehmens Westinghouse war bereits in Bau, aber die Arbeiten wurden 1974 aufgrund der erwähnten Differenzen zwischen Westinghouse, der US-Regierung und Brasilien eingestellt. Daraufhin bot KWU/ Siemens an, ein komplettes Technologiepaket inklusive vier Reaktoren, Wiederaufbereitungs- und Anreicherungsanlage zu liefern. Am 27. Juli 1975 unterschrieben der deutsche und der brasilianische Außenminister den Vertrag

---

220 Dies wird von einigen brasilianischen Autoren in Frage gestellt, die von rein zivilen Nutzungsabsichten ausgehen (z.B. Wrobel 1996, S. 339f.).
221 Die Darstellung stützt sich wesentlich auf Schirm 1994a, S. 194ff. und Bandeira 1995, S. 215ff.

über die Zusammenarbeit zur friedlichen Nutzung der Kernenergie, der den Bau von AKWs mit einer Leistung von 1.200 MW vorsah (damals war das erste argentinische AKW, Atucha-1, bereits in Betrieb). Die deutsche Seite machte den Technologietransfer des kompletten Kreislaufes zur Herstellung von nuklearem Brennstoff von dem Kauf von acht Reaktoren abhängig (zum deutschen Entscheidungsprozeß siehe Wilker 1978). Die brasilianische Seite berief sich darauf, sie hätte sich nur zum Kauf von vier Reaktoren verpflichtet und zu weiteren vier AKWs lediglich eine Absichtserklärung abgegeben. Das deutsche jet-nozzle-Verfahren erwies sich jedoch als untauglich, und die Regierung setzte zur Urananreicherung auf das Gaszentrifugen-Verfahren. Der Bau des ersten Kraftwerks in Angra dos Reis, Bundesstaat Rio de Janeiro, verzögerte sich beträchtlich (erst im Juni 2000 konnte der Testbetrieb aufgenommen werden).

Das geplante Geschäft löste erhebliche Kritik in Deutschland und in den USA aus. In Deutschland wandten sich Menschenrechts- und Solidaritätsgruppen gegen den Transfer an ein Militärregime. Deutschland hatte den Atomwaffensperrvertrag unterschrieben, Brasilien (und Argentinien) nicht.

Der Atomwaffensperrvertrag (engl. NPT) verpflichtet seit seinem Inkrafttreten 1970 die Vertragsparteien in Artikel 1, Kernwaffen und sonstige Kernsprengkörper oder die Verfügungsgewalt darüber an niemanden unmittelbar oder mittelbar weiterzugeben und einen Nichtkernwaffenstaat weder zu unterstützen noch zu ermutigen noch zu veranlassen, Kernwaffen oder sonstige Kernsprengkörper herzustellen oder sonstwie zu erwerben, oder die Verfügungsgewalt darüber zu erlangen (zit. in Deiseroth/Gustafsson 1993, S. 195f.).

Er wird seit langem von zahlreichen Drittweltländern als diskriminierend kritisiert und zum Teil abgelehnt, teilt er doch die Welt auf Dauer in Atommächte und Nicht-Atommächte ein. Seine Kontrollbestimmungen für die Weitergabe von nuklearem Know-how wurden vielfach als unzureichend kritisiert. Eine Reihe wichtiger Staaten wie China, Frankreich und Südafrika unterzeichneten ihn erst einmal nicht, ebenso wenig wie Indien, Pakistan und Israel. Auf andere Staaten, auf die der Vertrag vor allem abzielte, Japan und Deutschland, wurde erheblicher politischer Druck ausgeübt, damit sie ihn ratifizierten.[222] Brasilien gehörte nicht dem Atomwaffensperrvertrag an, da es

---

[222] Die Regierungen Ford und Carter versuchten, die Bundesregierung von dem Geschäft abzubringen und drohten mit Sanktionen, aber ohne Erfolg. Der Vorsitzende des Joint Congressional Committee on Atomic Energy, John Pastore, beklagte, daß "diese potentielle Gefahr gerade von einem unserer Alliierten in unserem eigenen Hinterhof geschaffen wird, während die Regierung der USA sich nachdrücklich darum bemüht, Westdeutschland gegen eine ähnliche Gefahr zu verteidigen." (*Jornal do Brasil*, 5.6.1975, S. 4, zit. in Bandeira 1995, S. 219).

diesen über Jahre hinweg als ein Instrument zum "Einfrieren" nuklearer Macht in den Händen weniger kritisierte.

Auch starke kommerzielle Interessen der USA waren im Spiel, denn diese lieferten bis zu diesem Zeitpunkt mehr als 90% der auf dem Weltmarkt verkauften Reaktoren. Mit ihrer Unterzeichnung des Atomwaffensperrvertrages am 10. März 1978 drohte die Regierung Carter, die Lieferung von angereichertem Uran an jene Länder zu suspendieren, die nicht den US-Richtlinien folgten. Später entschied sie sich jedoch, diese Regelung weder auf Brasilien noch auf die Bundesrepublik anzuwenden. Unter der Regierung Figueiredo wurde die Nuklearkooperation wieder unsicher. Der Bau der AKWs Angra II und III wurde aufgeschoben. Finanzielle Probleme erschwerten die Ausführung des Vertrages.

Ende der 70er Jahre hatte das Militär mit einem Parallelprogramm, das die Beherrschung der Anreicherungstechnologie außerhalb der Kontrollen und Vorbehaltsklauseln der Internationalen Atomenergieorganisation (IAEO) zum Ziel hatte, begonnen (Bandeira 1995, S. 236f.). Techniker und Wissenschaftler, die in Deutschland in der Kernforschungsanlage Jülich, im Kernforschungszentrum Karlsruhe und bei Siemens ausgebildet worden waren, kamen hier zum Einsatz. Ab 1988 wurde die deutsche Anreicherungstechnologie im Parallelprogramm genutzt.[223] Von den im Kernforschungszentrum Jülich ausgebildeten zivilen und militärischen Spezialisten waren nach einem Bericht des Auswärtigen Amtes ca. 20% später in dem Parallelprogramm tätig (zit. in: ebda., S. 227f.). Auch nach der Einstellung des Baus von Angra II und III wurden brasilianische Atomtechniker und -wissenschaftler von Siemens weiter ausgebildet. An dem Parallelprogramm arbeiteten das Heer, die Luftwaffe und die Marine mit eigenem Personal und zivilen Technikern der Atomenergiekommission am Institut für Energie und Nuklearforschung der Universität São Paulo mit finanzieller Unterstützung der Bundesregierung in Brasília.[224] Später stellten das Heer und die Luftwaffe ihre Programme praktisch ein, und die Marine erhielt die Leitung des Programms.

---

223 Im gleichen Jahr wurde die neue Verfassung verabschiedet, die in Artikel 21, Absatz XXIIIa, die Entwicklung von Nukleartechnologie nur zu friedlichen Zwecken und auch dann nur mit Zustimmung des Kongresses zuläßt.
224 Wrobel versucht, die ausländische Kritik an der Verantwortung des Militärs für das Parallelprogramm durch den Hinweis auf die historische Vorreiterrolle der Streitkräfte im Technologiebereich (Ingenieurswesen, Telekommunikation, Computertechnik) zu entkräften, unterschätzt aber hierbei die politischen Rahmenbedingungen der Militärdiktatur und das Fehlen jeglicher demokratischer und ziviler Kontrolle über die Programme (Wrobel 1996, S. 342).

Mit Wöhlcke lassen sich folgende Motive des brasilianischen Militärs identifizieren:
- eine Machtdemonstration nach "innen", gegenüber der Zivilgesellschaft,
- eine symbolische Betonung der Unabhängigkeit gegenüber der Sicherheits- und Hegemonialpolitik der USA,
- die Unterstreichung eines regionalen Führungsanspruches,
- die Aufwertung des internationalen Status als bedeutende Drittwelt-Macht, und
- die Reaktion auf das sich vermutlich in Entwicklung befindende argentinische Atombombenprogramm (Wöhlcke 1987, S. 124).

Die USA reagierten ablehnend. Sie verhängten bis 1991 Wirtschaftssanktionen, verhinderten Weltbank-Kredite und daran gekoppelte Darlehen von Privatbanken (ca. 1,1 Mrd. US-Dollar im Jahr 1988), weil diese auch für das militärische Nuklearprogramm eingesetzt werden konnten, und machten die Ausfuhr von sog. Supercomputern von Brasiliens Unterzeichnung des NPT-Vertrages abhängig. Die Militärs weigerten sich jedoch, irgendwelche Zugeständnisse an die USA zu machen.

Präsident Sarney erklärte 1987, daß Brasilien die Urananreicherung mittels Ultrazentrifugen-Verfahren beherrsche. 1989 bekräftigte er, der Bau der Atomkraftwerke würde fortgesetzt werden. Das deutsch-brasilianische Abkommen wurde verlängert. Kernphysiker prognostizierten die Fertigstellung der ersten Bombe "innerhalb der nächsten Jahre" (*Neue Zürcher Zeitung*, 11.11.1989). 1987 soll Brasilien über die Fähigkeit zum Bau der Bombe und über die Trägerrakete Sonda 4, die Satelliten tragen kann, verfügt haben (Moltmann 1993, S. 177). Auch wurde an der Entwicklung eines Atom-U-Bootes gearbeitet (*Veja*, 22.4.1987, S. 95).

1992, das erste Kraftwerk war noch nicht betriebsbereit, verkündete General Lepesquer, Brasilien würde die Fähigkeit zum Bau von Atomwaffen besitzen (*Süddeutsche Zeitung*, 4.2.1992, zit. in Schirm 1994a, S. 194). In einer Studie über die deutsch-brasilianischen Beziehungen kommt Bandeira zu dem Ergebnis, daß Brasilien durch die deutsche wissenschaftliche und technische Unterstützung in die Lage versetzt wurde, "nicht nur Atom-U-Boote zu bauen, sondern auch die Atombombe sowie die Raketen für den Abschuß einer Bombe" (1995, S. 228f.).

Admiral Maximiliano da Fonseca, Marineminister 1979-1984, erklärte 1993, das Militärregime hätte die Intention gehabt, die Atombombe zu bauen, und nur zu geringe Finanzmittel und der "fehlende politische Wille" hätten es daran gehindert. Er setzte sich für die Atombombe ein, um Brasiliens "Unabhängigkeit zu stärken" und "um zu demonstrieren, daß es die Fähigkeit hat, die

Bombe herzustellen, und um die technologische Apartheid zwischen den Ländern mit nuklearen und anderen strategischen Waffen und den Ländern, die diese nicht haben, zu brechen." (zit. in *LAWR*, 16.9.1993, S. 5). Nach seiner Aussage war die Marine an den Bombenplänen nicht beteiligt, sondern konzentrierte sich auf ihr eigenes Projekt, den Bau eines atomgetriebenen U-Bootes.

Präsident Collor versuchte in seiner Amtszeit, das Verhältnis zu den USA zu entkrampfen und auszubauen. Publikumswirksam wurde nun das militärische Nuklearprogramm "entdeckt" und dann verworfen. Der Testschacht in der Serra do Cachimbo wurde vor laufenden TV-Kameras zugeschüttet. Über das 320m tiefe Bohrloch von Cachimbo (Bundesstaat Pará) hatte die Zeitung *Folha de São Paulo* bereits 1986 berichtet. Im Dezember 1990 wurde es von der Luftwaffe gesprengt. Die parlamentarische Untersuchungskommission, die ihren Bericht Anfang 1991 vorlegte, schlug vor, einen Unterausschuß des Kongresses zu Nuklearfragen zu bilden (*Folha de São Paulo*, 1.12.1990).

Nach Conca kam die Regierung den Forderungen der USA nur scheinbar nach, wenn auch wahrscheinlich ohne Täuschungsabsicht. Denn sie hatte keine effektive Kontrolle über das Militär, "...das Militär hält seinen eigenen Staat aufrecht" (Conca 1992, S. 161). Schirm ist zuzustimmen: "Um den Einfluß auf die Nuklearaktivitäten in seinem Land zu gewinnen, hätte Collor den Militärs die Kontrolle über das Programm entziehen müssen, wozu er aber nicht bereit oder nicht in der Lage war" (Schirm 1994a, S. 198). Das Land konnte seinen "autonomistisch-distanzierten Kurs" durchhalten. "Insgesamt besaßen die Zugeständnisse Brasiliens keinen durchgreifenden Charakter, und das Land konnte im wesentlichen seine Politik distanzierter Selbständigkeit im Rüstungs- und Atombombenbereich weiterführen" (ebda., S. 199).

Das unter Collor eingerichtete Sekretariat für Strategische Angelegenheiten (SAE) erhielt 90% der geheimen Fonds der Bundesregierung, während der Rest an die Präsidentenberater und die drei Militärminister ging. Das SAE benutzte die Fonds vor allem für "geheime Operationen" und Nuklearforschung in den Labors von Heer, Marine und Luftwaffe. Der Kongreß kam in einer Untersuchung zu dem Ergebnis, daß das Ziel die Herstellung der Bombe sei (*IL*, 22.8.1991, S. 4). Daraufhin forderte Präsident Collor das SAE auf, seine Aufgaben und seinen Haushalt dem Kongreß zu erklären. Der Sekretär für strategische Fragen, Paulo Leoni, bestand darauf, die Fonds würden nur für die Verhinderung "externer Handlungen gegen die Sicherheit technologischer Information" eingesetzt. Die Entwicklung der Nukleartechnologie benötige geheime Finanzierung, damit ihr Entwicklungsniveau nicht bekannt werde. Diese Geheimhaltung würde die internationalen Verträge Brasiliens nicht verletzen, die eine Weitergabe von Informationen über das Programm vorsehen

(Zur weiteren Entwicklung, besonders zu internationalen Kontrollregimen, vgl. Kap. 6.3).

6.2.3 Exekutive Kontrollen und legislative Kontrollversuche

Die politischen Kontrollmöglichkeiten des Kongresses waren unter der Militärdiktatur gering, aber nicht völlig suspendiert. In der neuen Demokratie haben sie sich etwas verbessert. Das Parlament und seine Ausschüsse war unter der Militärdiktatur der einzige politische Ort, wo Abgeordnete entsprechende Themen aufgreifen konnten, häufig aufgrund von Medienberichten, wissenschaftlichen Studien oder eigenen Recherchen. In Brasilien waren Diskussionen und Proteste unter der Militärregierung möglich, wenn auch die sichere Kongreßmehrheit ernsthafte Gefahren für die Regierung ausschloß. Beispiele für Interventionen der Oppositionspartei MDB unter der Militärdiktatur waren:
- die Rede der Abgeordneten Octacílio Queiroz und Leite Chavez zu Waffenverkäufen an Chile unter Pinochet und an Nicaragua unter Somoza (*Diário do Congresso Nacional*, 30.5.1979, S. 4803; 28.6.1979, S. 3119),
- die Forderung nach einer parlamentarischen Untersuchungskommission zum deutsch-brasilianischen Nuklearvertrag (ebda., 18.11.1980, S. 6830),
- Waffenlieferungen aus Paraguay über einen brasilianischen Hafen nach Südafrika (ebda., 18.11.1980, S. 6831ff.),
- Waffenlieferungen in Höhe von einer Milliarde US$ an Chile unter Pinochet (ebda, 8.5.1986, S. 3439),
- Waffenlieferungen an Honduras während der Zentralamerikakrise (Tucano-Flugzeuge). Hier verwies das Außenministerium (Itamaraty) darauf, daß Brasilien keine Waffen in Länder mit Konflikten liefere. Außenminister Saraiva Guerreiro vertrat die Auffassung, daß "Brasilien auch weiterhin keine Rüstung an Nationen im Krieg, in Konflikten oder in irgendeiner Militärkrise liefert", während Luftwaffenminister Jardim de Mattos der Zeitschrift *Veja* erklärt: "Wir werden Waffen an die ganze Welt liefern, unabhängig von dem jeweiligen politischen Regime."[225]
- Kritik an der Weigerung der Regierung, den Kongreß über Rüstungsexporte zu informieren, an seiner mangelnden Beteiligung an der Diskussion über nationale Sicherheitserfordernisse,[226] Rüstung und Waffenexporte,[227] und die geplante neue Zusammenarbeit mit der USA unter der Regierung Reagan.[228]

---

225 Zit. von dem Abg. Abdias do Nascimento, in: *Diário do Congresso Nacional*, 31.5.1984, S. 1122 und dem Abg. Aldo Arantes, ebda., S. 1120.
226 Statt vieler: die Abg. Dias-Novaes, Tavares, in: *Diário do Congresso Nacional*, 15.6.1984, S. 5844 und von konservativer Seite Armeeoberst a.D. Erasmo Dias, *Diário do Congresso Nacional*, 19.5.1982, S. 887.
227 Abg. José Frejat, *Diário do Congresso Nacional*, 13.4.1983, S. 1593, Abg. José Tavares, *Diário do Congresso Nacional*, 8.6.1983, S. 4705
228 Abg. José Carlos Teixeira, *Diário do Congresso Nacional*, 22. März 1984, S. 277.

1974 wurden die ersten Politikrichtlinien für Waffenexporte verabschiedet. Im wesentlichen lag der Schwerpunkt auf der Förderung der Rüstungsindustrie, ein Ziel, daß politische Bedingungen an den Export wie ein Lieferungsverbot in Konfliktgebiete und an menschenrechtsverletzende Regierungen weitgehend ausschloß. Nur zwei Länder, Kuba und das Apartheid-Regime in Südafrika, wurden von der Belieferung ausgenommen.

Exportkontrollen wurden 1984 zum ersten Mal deutlicher politisch gefaßt. Die Regierung verbot den eigenen Firmen den Rüstungsexport in den Iran zum gleichen Zeitpunkt, als sich eine vom Militär eingeladene iranische Delegation im Land befand. Ausschlaggebend waren vermutlich die im Vergleich sehr viel höheren Exporte an den Kriegsgegner Irak. Die betroffenen Firmen wiesen daraufhin, daß der Iran nun in Argentinien einkaufe (*LAWR*, 15.6.1984, S. 10).

Unter den Militär- und auch den ersten demokratischen Regierungen waren Exporte nicht durch politische Kriterien wie z.B. Lieferungsverbot in Spannungsgebiete oder Länder, die die Menschenrechte systematisch verletzen, eingeschränkt. Brasilien wurde zu einem der wichtigsten Lieferanten für den Irak, Libyen und für 60 weitere Länder. Erst nach dem Golfkrieg von 1991 geriet die Regierung unter zunehmenden politischen Druck, die Exporte stärker zu kontrollieren. Hauptimportländer waren Mitte der 80er Jahre Kolumbien, Ägypten, Irak, Libyen und Zypern. Die drei erstgenannten Staaten des Nahen Ostens waren als ölexportierende Länder für Brasilien besonders wichtig.

Seit Anfang der 90er Jahre müssen Rüstungsexporte von einem Rat genehmigt werden, der sich aus Vertretern des Präsidenten, des Außen-, Planungs- und Finanzministeriums, der drei Militärministerien und des Generalsekretärs des Nationalen Sicherheitsrates zusammensetzt *(Política Nacional de Exportação de Material de Emprego Militar/PONAENEM)*. Exporte nach Südafrika, Israel und Zentralamerika wurden aus politischen Gründen ausgeschlossen. Darüber hinaus kündigte die Regierung 1991 an, den Waffenexport einzuschränken und von den Abnehmerländern Garantien zu verlangen, die gelieferten Waffensysteme nur defensiv einzusetzen (*LARR.B*, 21.3.1991, S. 4f.).

Drei Jahre nach dem Amtsantritt der Regierung Sarney verfügten die drei Teilstreitkräfte auch weiter über eine erhebliche Autonomie in der Planung ihrer Aktivitäten und der Kongreß veranstaltete keine regelmäßige Anhörung der Minister, besonders der Militärminister: "Die brasilianische Legislative hat praktisch keine Routinemechanismen, um zu wichtigeren Verteidigungsinitiativen Fragen zu stellen und detaillierte Dokumentation zu erhalten. Weder die Ankündigung wichtiger Modernisierungspläne der Streitkräfte 1985 noch die Entdeckung eines wahrscheinlichen Atomtestgeländes im August 1986 hatte irgendeine parlamentarische Beteiligung am fact-finding oder an Überwachungsaktivitäten zur Folge" (Stepan 1988, S. 106).

Diese Schwäche wurde auch durch ein Fehlen von Fachpersonal begünstigt. So gab es nach Stepan kaum zivile Spezialisten für Militärfragen, die nicht Angestellte des entsprechenden Militärministerien wären. Beide Kongreßkammern verfügten über Ausschüsse für nationale Sicherheit. Diese hatten keine eigenen Mitarbeiter, im Unterschied zum Senat, dessen Arbeit von ca. 90 hauptamtlichen Mitarbeitern unterstützt wurde. Für die ersten beiden Jahre der Regierung Sarney stellte ein Berater des Kongresses gegenüber Stepan fest, man hätte keine zwei Minuten Zeit darauf verwendet, darüber nachzudenken, wie der Kongreß die Arbeit der Armee und der Geheimdienste verfolgen und überwachen könnte (ebda., S. 135). Auch in späteren Jahren hatte sich an dieser Grundtendenz nichts geändert.

1985 setzte Präsident Sarney eine Kommission ein, die über die Zukunft des institutionell unübersichtlich organisierten Nuklearprogrammes nachdenken sollte (Stanley 1992, S. 200). Nach ihren ein Jahr später vorgelegten Empfehlungen wurde die staatliche Elektrizitätsgesellschaft *Electrobrás* mit Bau und Betreibung der AKWs beauftragt und ein Hoher Rat für Nuklearpolitik *(Conselho Superior de Política Nuclear/CSPN)* ins Leben gerufen. Seine Richtlinien und exekutiven Handlungen sind von der Zustimmung des Kongresses abhängig. Die CNEN hat die Aufgabe, die vom CSPN verabschiedeten Richtlinien umzusetzen. Das Parallelprogramm des Militärs scheint aber vom Kongreß nicht wirkungsvoll kontrolliert worden zu sein (ebda.).

6.3 Das Rapprochement zwischen Argentinien und Brasilien

Da Argentinien fortgeschrittener war in der Ausbildung eigener Nuklearexperten und in seiner Fähigkeit, den Abfall der Atomkraftwerke (AKWs) wieder zu nutzen, suchte Präsident Figueiredo die Annäherung zur argentinischen Militärregierung.[229] Nach der Unterzeichnung eines Vertrages über die Nutzung des La-Plata-Beckens, ein langjähriges Konfliktthema, schlossen beide Länder 1980 ein Abkommen über nukleare Zusammenarbeit. Zwischen den neuen demokratischen Regierungen wurde eine Gemeinsame Kommission zu Nuklearpolitik eingerichtet, und es begannen regelmäßige Konsultationen.[230] 1989 entsandte Brasilien den Leiter von NUCLEBRAS nach Buenos Aires, um die Möglichkeiten einer nuklearen Zusammenarbeit zu erkunden.

---

229 Zum Annäherungsprozeß siehe Carasales et al 1995.
230 Nach Wrobel kam es bereits Mitte der 70er Jahre zu Kontakten zwischen Militärs beider Staaten, die eine gemeinsame Position gegenüber der in ihren Augen restriktiven US-Politik zu formulieren suchten (Wrobel 1996, S. 343).

1990 erklärten die Präsidenten Menem und Collor in Foz do Iguaçú ihren Verzicht auf Nuklearwaffen und einigten sich auf ein Kontrollsystem, das sich an dem Vertrag zwischen der EURATOM und der Internationalen Atomenergiebehörde (IAEO) orientiert (zur Geschichte des Rapprochements: Stanley 1992). Ende 1990 unterzeichneten die argentinische und brasilianische Regierung einen Vertrag, in dem sich beide Länder verpflichteten, keine Atombomben zu bauen und sich gegenseitigen Kontrollen zu unterwerfen (*ISTOE Senhor*, 5.12.1990, S. 32f.). Hauptziel des Vertrages war es wahrscheinlich, den Verdacht und die Vorbehalte der USA zu zerstreuen. 1991 stimmte die US-Regierung dem Verkauf des bis zu diesem Zeitpunkt gesperrten IBM-Supercomputers an Brasilien zu.

Es handelte sich um ein Safeguard-Abkommen zwischen Argentinien, Brasilien und der IAEO, das die Kontrollaufgaben der nukleartechnischen Anlagen einer gemeinsam zu schaffenden Behörde nach dem EURATOM-Modell überträgt und für die Vertretung beider Länder gegenüber der IAEO sorgt. Seit 1994 ist das gegenseitige Kontrollabkommen mit Argentinien, der *Brazilian Argentine Agency for Accounting and Control of Nuclear Materials* und der IAEO in Kraft.

Argentinien erklärte sich auch dazu bereit, dem UN-Waffenimport- und -exportregister seine Aus- und Einfuhren an Waffen anzuzeigen. 1991 verzichten Argentinien, Brasilien und Chile überdies in dem Vertrag von Mendoza darauf, biologische und chemische Waffen zu entwickeln, herzustellen, zu erwerben oder in den Handel zu bringen. Am 27.4.1992 unterzeichnete Menem ein Dekret, das den Export von nuklearem und ballistischem Material und von Technologien, die der Herstellung von Massenvernichtungswaffen dienen, verbietet (LA JB 1993, S 128). 1992 rief er auch eine Kommission zur Kontrolle von sensitiven Exportgütern und von Kriegsmaterial ins Leben *(Comisión Nacional de Control de Exportaciones Sensitivas y Material Bélico)*.

Das für Lateinamerika wichtigste Abkommen, der Vertrag von Tlatelolco von 1967, sieht eine atomwaffenfreie Zone für ganz Lateinamerika vor. Weder Argentinien noch Brasilien traten damals bei. Brasilien stellte Bedingungen, die eine volle Mitgliedschaft unmöglich machten. Nach den weltpolitischen Veränderungen von 1989 kam es 1994 schließlich zum Beitritt, aber die brasilianische Regierung machte deutlich, daß sie ihre Autonomie durch die getroffenen Abmachungen, einschließlich der vorgesehenen internationalen Inspektionen nicht aufgeben würde. Dies gälte auch für die Fortführung von Programmen und Forschung, die aus dem umstrittenen Parallelprogramm der Teilstreitkräfte auf dem Nuklearsektor während der 80er Jahre hervorgegangen sind.[231]

Die Regierung Clinton genehmigte 1993 die Lieferung des Supercomputers Cray an die VR China, der für den Bau eines gemeinsamen Umweltsatelliten in einem Kooperationsprojekt zwischen Brasilien und der VR China eingesetzt werden sollte. Ein anonym bleibender europäischer Militärexperte informierte die *Frankfurter Rundschau*, "daß der Computer bei uns für die Berechnung von Atomraketen eingesetzt wird." (*Frankfurter Rundschau*, 25.11.1993) Beide Länder sprachen aus Anlaß der Vertragsunterzeichnung von einer "strategischen Partnerschaft".

Auch beim NPT, der unterdessen von mehr als 170 Länder unterschrieben wurde, kam es nach 1989 zu einem Positionswechsel. Frankreich, Südafrika und China schlossen sich ihm 1991 und 1992 an. Argentinien ist ihm mit der Ratifizierung am 10.2.1995 beigetreten, ein Schritt, der ohne jede weitere öffentliche Diskussion stattfand. Allerdings stagnierte sein Nuklearprogramm zu diesem Zeitpunkt bereits deutlich (Carasales 1996, S. 331).

Dagegen konnte sich die brasilianische Regierung lange Zeit nicht zur Vertragsunterzeichnung entschließen. Sie argumentierte, der Beitritt zu dem von ihr seit langem kritisierten Vertrag sei nicht mehr notwendig, weil die Abkommen von Tlatelolco und das gegenseitige Kontrollabkommen mit Argentinien, der *Brazilian Argentine Agency for Accounting and Control of Nuclear Materials* und der IAEO strenger als der NPT wäre (Wrobel 1996, S. 345). Schliesslich unterzeichnete Brasilien den NPT am 25.6.1997.

Der Beitritt zu internationalen Abkommen und die innenpolitischen Veränderungen bewogen die USA, ihre Restriktionen bei Waffenexporten und dem Verkauf von Hochtechnologie zurückzunehmen. Die US-Regierung strich Brasilien, Argentinien, Chile und Südafrika im August 1995 von einer Liste von Staaten, die angesichts ihres Proliferationspotentials besonderen Restriktionen unterworfen werden konnten.

Drei Tage nachdem Präsident Fujimori am 176. Unabhängigkeitstag Perus den Kauf von MiG-29-Flugzeugen angekündigt hatte, haben die USA am 1. August 1997 ihr zwanzig Jahre vorher, unter Präsident Carter, verhängtes Embargo zu Hochtechnologie-Waffenverkäufen aufgehoben. In diesem Zeitraum hat

---

231 General Danielo Venturini, damals Sekretär des Nationalen Sicherheitsrates, vor einem Untersuchungsausschuß der brasilianischen Abgeordnetenkammer, in: *Gazeta Mercantil*, 25.10.1990, zit. in Moltmann 1993, S. 183.

Frankreich über 200 Hochleistungs-Flugzeuge im Wert von vier Milliarden US-Dollar (in Preisen zu 1996) an Länder der Region geliefert.

Das Weiße Haus sprach von einem neuen "Entwicklungsniveau von Reife, Zusammenarbeit und Dialog". US-Regierungsvertreter betonten, Waffenverkäufe würden einer Einzelfallprüfung unterzogen, wie dies auch mit anderen US-Verbündeten üblich sei. Es gäbe keine automatische Genehmigung für Rüstungsexporte an ein Land. Das chilenische und das schwedische Militär (mehr als 30% der Komponenten des schwedischen Kampfflugzeuges JAS-39 Gripen werden in den USA produziert) hatten auf die USA im Rahmen seines Modernisierungsprogramms politischen Druck ausgeübt, um 24 F-16-Flugzeuge kaufen zu können.

Am 13. August gab die US-Außenministerin Albright bekannt, Argentinien würde der "symbolische Status" eines bevorzugten Verbündeten der NATO verliehen, wahrscheinlich eine Geste, um den Verkauf der F-16-Flugzeuge an den traditionellen Rivalen Chile erträglicher zu machen, und um argentinische Waffenkäufe zu erleichtern. Die chilenische Regierung reagierte mit Kritik und Verteidigungsminister Pérez Yoma erkläre, er würde eine Überprüfung der chilenischen Politik vornehmen lassen, um herauszufinden, ob der Vorschlag der USA die Autonomie Chiles beeinträchtigen oder Veränderungen in der Verteidigungspolitik notwendig machen würde (IRELA 1997a, S. 1).

Auch bei den Diskussionen über einen permanenten Sitz im UN-Sicherheitsrat zeigten sich Spannungen. Präsident Menem wandte sich gegen Brasiliens Bemühungen um den Sitz, der die "Machtbalance" in Südamerika brechen würde und schlug an dessen Stelle eine Rotation unter einigen Ländern der Region vor (später sagte er, er respektiere die Position Brasiliens, sprach sich aber weiterhin für ein Rotationsverfahren aus). Präsident Cardoso erklärte daraufhin, er sei "überrascht und verärgert". Der frühere Präsident und Vorsitzende des Auswärtigen Ausschusses des Senats, Sarney, beschuldigte die USA, sie versuchten, einen Keil zwischen die führenden Länder des MERCOSUR zu treiben, um die Position der USA in den Verhandlungen über eine amerikanische Freihandelszone (Free Trade Area of the Americas/FTAA) zu verbessern. Diese Vermutung scheint nicht unberechtigt, ist Brasilien doch bisher Gegner der FTAA.

Am 27. April 1997 unterzeichneten die Präsidenten Argentiniens und Brasiliens die "Erklärung von Rio de Janeiro über militärische Zusammenarbeit". Sie sieht die Einrichtung einer permanenten Koordinierungskommission für gegenseitige Verteidigungsfragen vor, die Transparenz zur Vermeidung eines Rüstungswettlaufs herstellen soll. Zwischen dem 14. und 16. Oktober 1997 fanden die ersten gemeinsamen Militärübungen seit 1865 statt, als beide Länder zusammen mit Uruguay die Tripelallianz gegen Paraguay bildeten (IRELA 1997a, S. 4).

6.4 Zum Einfluß des Militärs auf die Außenpolitik

Die wichtigste Rahmenbedingung für eine nationale Außenpolitik in Lateinamerika ist das Fehlen eines regionalen Sicherheitssystems – mit oder ohne Einschluß der USA –, das demokratisch funktionieren kann, d.h. ohne die Gefahr einer ständigen unilateralen Interessendurchsetzung der USA. Die bisherigen Vertragssysteme, besonders der *Tratado Internacional de Asistencia Recíproca/TIAR* oder Rio-Pakt von 1947 – er verpflichtet die Mitgliedsstaaten zum gegenseitigen Beistand bei Angriffen extrakontinentaler Mächte – und die OAS erwiesen sich angesichts neuer Herausforderungen als hilflos und antiquiert.

Argentinien und Brasilien mußten vor allem ihre Beziehungen zur USA definieren, der regionalen Vormacht und Weltmacht, dessen Außenpolitik gegenüber Lateinamerika immer wieder zwischen Intervention und Desinteresse oszillierte. Die Beziehungen der USA zu Lateinamerika hat wohl am besten der bekannte US-Diplomat George F. Kennan 1950 in einem vertraulichen Memorandum an den Außenminister zum Ausdruck gebracht. Zunächst unterstrich Kennan die Behauptung Außenminister John Quincy Adams' von 1821, Lateinamerikaner würden sich wahrscheinlich weder für den Geist der Freiheit noch den der Ordnung einsetzen, wobei er auf die willkürliche Machtausübung und den Einfluß von Kirche und Militär auf die Bildung verwies. Ob Politik oder Handel, er hätte wenig Erwartungen auf vorteilhafte Ergebnisse aus einer zukünftigen Verbindung mit den Lateinamerikanern.

Kennan betonte, die USA "sollten in keiner Weise von dem Grundsatz abweichen, daß sie formal an den inneren Angelegenheiten dieser Länder nicht interessiert seien". Ausgesprochen skeptisch stand er dem Multilateralismus als Instrument der US-lateinamerikanischen Beziehungen gegenüber. Stattdessen sei "es wichtig, daß wir uns und den lateinamerikanischen Völkern gegenüber immer die These am Leben erhalten, daß wir eine Großmacht sind; daß wir sie im Großen und Ganzen viel weniger brauchen als sie uns; daß wir vollkommen dazu bereit sind, diejenigen sich selbst zu überlassen, die keinen besonderen Wert auf die Formen der Kooperation legen, die wir ihnen anbieten können; daß die Gefahr, daß sich die Möglichkeiten unserer beidseitigen Beziehung immer mehr erschöpfen, für sie immer größer ist als für uns; daß wir uns es leisten können, ruhig und guten Mutes zu warten; und daß wir mehr daran interessiert sind, respektiert, als geliebt oder verstanden zu werden."[232]

Bis Anfang der 90er Jahre fehlte es an Mechanismen kollektiver Konfliktprävention und friedlicher Streitbeilegung. Eine kooperative Sicherheitspolitik in Amerika hätte als fundamentale Aufgabe zunächst die Vermeidung intraregionaler Konflikte, indem sie die bestehenden Grenzen anerkennt, und dafür Sorge trägt, daß die Streitkräfte eindeutig defensiv ausgerichtet sind und auf offensive Aktivitäten und Planungen verzichten. Gemeinsam wäre gegen jede Form der Aggression vorzugehen. Zu Maßnahmen, um die militärische Sicherheit zu entwickeln, gehören Transparenz bei der Entwicklung militärischer Technologie, bei der gemeinsamen Bewertung von Rüstungspotentialen und das Verbot, Massenvernichtungswaffen zu entwickeln. Auch das Militär müßte daran interessiert sein, die neuen Demokratien zu stärken und die Menschenrechte zu achten, denn hierdurch ließe sich die Gefahr eines neuen Eingreifens in die Innenpolitik, welches nur zu einer weiteren Prestigeeinbuße und zum Verlust politischer Unterstützung führen dürfte, erheblich verringern. Neue wichtige Ziele der Außenpolitik sollten nach dem argentinischen General Balza wirtschaftliche Integration und der Schutz der Umwelt sein; allerdings gäbe es zwischen Anspruch und operativer Umsetzung noch einen großer Schritt.[233]

Unterdessen sind eine ganze Reihe von alternativen Vorstellungen zu einer regionalen Sicherheitspolitik formuliert worden, aber bisher fehlte es an dem politischen Willen von Regierungen, diese aufzunehmen und durchzusetzen.[234] Aber auch im Rahmen der OAS sind erste Schritte unternommen worden. 1992 wurde das *Comité Especial de Seguridad Hemisférica* eingesetzt, und seit 1995 finden Konferenzen der Verteidigungsminister statt.

Das Verhältnis zwischen Argentinien und Brasilien ist durch die jahrzehntelange Rivalität um die Vorherrschaft in Südamerika charakterisiert. Hierzu gehörte immer die Definition der Beziehungen zur regionalen Vor- und Weltmacht, den USA. Brasilien hat kontinuierlich gute Beziehungen zu den USA aufgebaut und entwickelt, mit der kurzzeitigen Ausnahme der Regierung Carter. Diese fanden während des Zweiten Weltkrieges durch die Entsendung des Brasilianischen Expeditionskorps (FEB) nach Italien einen besonderen Ausdruck.

---

232 Memorandum by the Counselor of the Department (Kennan) to Secretary of State, Foreign Relations of the United States 1950, Bd., 2, Washington, D.C, S. 615, 620, 622, zit. in Domínguez 1999, S. 2.
233 General Balza, Interview in Clarín, 10.11.1993 anläßlich der 20. Tagung der Amerikanischen Armeen.
234 Vgl. z.B. Mercado Jarrín 1989 und Veröffentlichungen der Comisión Sudamericana de Paz.

6.4.1 Argentinien

Die argentinischen Beziehungen zu den USA nannte Tulchin im Untertitel zu seiner Monographie über US-argentinische Beziehungen "a conflicted relationship" (Tulchin 1990).[235] Besonders in der Periode 1942 bis 1949 trugen die Neutralität Argentiniens im Zweiten Weltkrieg, die Rüstungskäufe in Nazideutschland, die Sympathien innerhalb des Militärs für den europäischen Faschismus und schließlich Präsident Peróns Politik eines Dritten Weges zwischen dem Westen und dem Kommunismus zu ständigen Irritationen in den USA bei, bis hin zu der Wahrnehmung, Argentinien sei ein Feind der USA. Die Sanktionspolitik der USA und mißlungene Interventionen des US-Botschafters Spruille Braden, um die Wahl Peróns zum Präsidenten zu verhindern, taten ein übriges, um auch in der argentinischen Politik eine negative Haltung gegenüber den USA entstehen und sich festigen zu lassen. Die enge, auch militärische Zusammenarbeit mit Brasilien – erinnert sei nur an den Vertrag über militärische Zusammenarbeit von 1952 – verstärkte das tiefe Mißtrauen Argentiniens, denn Brasilien errang auf diese Weise einen Zugewinn an Macht auf Kosten Argentiniens.

Mit dem Besuch Präsident Figueiredos 1980 in Argentinien wurden in den Worten des argentinischen Außenministers Pastor die "Schemata des Wettbewerbes" beiseite gelegt, um eine "Zone des Friedens und der Sicherheit für den gesamten Rand des Südatlantiks zu errichten" (*O Estado de São Paulo*, 7.5.1980, zit. in Hilton 1985, S. 27). Nur eine Woche später gab man die Wiederaufnahme gemeinsamer jährlicher Marinemanöver bekannt. Dieser Annäherungs- und Kooperationsprozeß wurde bis in die Gegenwart fortgesetzt. Durch die Schaffung des MERCOSUR erhielt sie auch eine internationale Vertragsgrundlage.

Präsident Menem hatte sich in seiner Wahlkampfplattform noch dafür eingesetzt, die argentinische Außenpolitik müsse eine "aktive Äquidistanz" zu allen Machtzentren eingehen, unter deutlichem Rückgriff auf Peróns Konzept der "Dritten Position" (Bodemer 1996, S. 74). Hatte Alfonsín noch von dem Ziel einer "reifen Beziehung" zu den USA gesprochen, so arbeitete Menem bald auf eine klar herausgehobene, privilegierte Beziehung zu den USA hin. Nur in der Allianz mit den USA, so das Kalkül, ließ sich die wirtschaftliche Entwicklung Argentiniens vorantreiben. Eine realistische Außenpolitik – Außenminister Di Tella sprach von "Pragmatismus" – folgt dem wirtschaftlichen Modell und

---

235 Zur argentinischen Außenpolitik vgl. Escudé 1986, 1991, 1999, Russell 1988, 1989 und Tulchin 1990, Bodemer 1996, Tulchin 1996, Escudé/Fontana 1998, Fontana 1999 und Cisneros 1999 vergleichend zu den Ländern des Cono Sur und Brasilien van Klaveren 1991, Hirst 1998 und Barrios 1999a.

stärkt es. Auf diese Weise sichert sie die Interessen der Nation (Tulchin 1996, S. 185).

Wie schon erwähnt, hatte sich die Planung des argentinischen Militärs seit den 50er Jahren an Konflikthypothesen mit Chile und Brasilien als Referenzpunkt orientiert. In den 90er Jahren wurde kein Land mehr als Konflikthypothese genannt (Ministerio de Defensa 1998, Fraga 1999, S. 237). Für Argentinien änderte sich die Bedrohungssituation. Mit Brasilien hatte die nukleare Zusammenarbeit Anfang der 80er Jahre unter den Präsidenten Figueiredo und Sarney begonnen und sich dann vertieft. Gemeinsame Manöver, z.B. der beiden Flotten, wurden durchgeführt. Ende 1996 löste Argentinien eine Reihe von militärischen Verbänden an der Grenze zu Brasilien auf (Fraga 1999, S. 247f.). Die gemeinsamen Interessen im MERCOSUR erwiesen sich mit der Zeit als bedeutender als eventuelle Divergenzen. Damit entfällt die Konflikthypothese Brasilien (Auch die Regierung Cardoso hat in ihrem Verteidigungskonzept von 1996 keine Konflikthypothese mehr mit einem Land Lateinamerikas angesprochen).

Am 27.4.1997 ("Erklärung von Rio de Janeiro") riefen beide Länder ein ständiges Koordinationskomitee für Verteidigungsfragen ins Leben, das die militärische bilaterale Zusammenarbeit institutionalisieren und zu einem besseren Informationsaustausch, zur Durchführung eines gemeinsamen Trainings und von Kursen beitragen soll (ebda., S. 248).

Mit Chile, dem realistischeren Gegner – immerhin stand man 1978 kurz vor einer militärischen Auseinandersetzung – waren 24 Grenzstreitigkeiten zu verhandeln, von denen 22 während der Amtszeit Alfonsíns beigelegt und eine weitere durch ein lateinamerikanisches Schiedsgericht zugunsten Argentiniens gelöst wurde; auch die letzte ist auf dem Weg zur Beilegung (Costa 1996, S. 96). Im Konflikt um den Beagle-Kanal gelang es der Regierung Alfonsín, durch Vermittlungsbemühungen des Vatikans einen für beide Länder akzeptablen Kompromiß zu erreichen. Zeitweilig bestand die Sorge, daß nationalistische zivile und militärische Kreise seine Annahme zu verhindern suchen würden, aber die Regierung wählte eine Volksbefragung als Ausweg, bei der er angenommen wurde (Tulchin 1990, S. 168). Damit war der virulenteste Konfliktpunkt beseitigt. Von argentinischer Seite sind keine weiteren Konfliktherde oder –potentiale bekannt. Die chilenische Seite, mit einem politisch nach wie vor gewichtigem Militär, geht vorläufig weiter von Konfliktszenarien mit den Nachbarländern aus. Hier fehlt es noch an Reformen, die dazu führen würden, daß diese Konflikthypothesen entfallen (vgl. Rojas/Fuentes 1998). Immerhin wurde 1995 auf der Ebene der Vize-Außenminister ein Protokoll zur Verständigung in Sicherheitsfragen unterzeichnet. Man will sich gegenseitig über Militärmanöver informieren, Beobachter entsenden, einen akademischen

Austausch in Sicherheitsfragen organisieren und den IWF sowie die Weltbank einladen, die Verteidigungshaushalte zu untersuchen, um Schritte hin zu mehr Transparenz und zu vertrauensbildenden Maßnahmen vorzuschlagen (Fraga 1999, S. 257). 1998, nach dem Rückzug Pinochets, entschieden die chilenischen Streitkräfte, gemeinsame Manöver mit der argentinischen Seite durchzuführen. Argentinien erklärte im Juli 1998, daß es keine Konflikthypothese mit Chile mehr gäbe. Eine gleichlautende Entscheidung Chiles ist noch nicht bekannt geworden.

Damit bleibt England als dritte Konflikthypothese. In der Malvinenfrage bemühte sich bereits die Regierung Alfonsín um Verhandlungen mit der britischen Regierung, konnte aber zunächst einmal keine greifbaren Erfolge erzielen.[236] Nach mehreren scharfen Erklärungen der argentinischen Seite im Jahr 1985, die keine Resonanz in London fanden, wurde die Lage in Buenos Aires zunehmend gespannter. Die USA hielten sich aus dem Konflikt heraus und erklärten nur, sie seien der Freund beider Staaten und würden keine Position beziehen. Dem Militär gelang es jedoch nicht, die Regierung Alfonsín zu unüberlegten Handlungen zu verleiten.[237] Die Regierung Alfonsín suchte weiterhin die Annäherung. Wichtige Ergebnisse der bilateralen Gespräche 1989 in Madrid waren:
- Keine der Seiten weicht von ihrer Position in der Souveränitätsfrage ab,
- Aufnahme konsularischer Beziehungen,
- Einsetzung von Arbeitsgruppen zur Vermeidung militärischer Zwischenfälle und zur Verbesserung des Informationsaustauschs für die wirtschaftliche Kooperation und zum Schutz der Fischbestände sowie
- Wiederaufnahme des Luft- und Seeverkehrs (Bodemer 1996, S. 279).

1990 wurden die vollen diplomatischen Beziehungen wiederhergestellt und eine gemeinsame Fischereikommission für den Südatlantik eingesetzt.

1995 unterschrieben die Außenminister beider Länder eine Erklärung über Zusammenarbeit, so daß auch von der Malvinenfrage gegenwärtig kein unmittelbarer Konfliktstoff ausgeht. Einen Vorschlag Argentiniens im Dezember 1996, die Souveränität über die Malvinen-/Falkland-Inseln zwischen beiden Ländern zu teilen, lehnte Großbritannien allerdings ab. Kleine weitere Annäherungsschritte waren 1996 der Verkauf von Ersatzteilen durch Rolls Royce an die argentinische Flotte und Ende 1997 der Besuch des argentinischen Außenministers in England. Zwei argentinische Luftwaffeneinheiten, die zu

---

236 Zur Malvinenfrage vgl. Fraga 1995, Silenzi de Stagni 1996 und Solanas Pacheco 1996.
237 Es ist nicht unwahrscheinlich, daß die offene Malvinenfrage auch die Unterstützung für die Militärrebellion unter Aldo Rico zu Ostern 1987 motiviert hat, waren doch zahlreiche aktive Teilnehmer an dem Krieg von 1982 unter den Rebellen.

den Falklands/Malwinen militärisch aktiv werden hätten können, wurden aufgelöst. Daher besteht keine aktuelle Konflikthypothese mehr.

Auch in der Bevölkerung existieren gegenüber den drei genannten Ländern keine Bedrohungsvorstellungen. Bei einer Umfrage antworteten 1998 auf die Frage, ob man sich mit Brasilien, Chile oder England aufgrund der Inselfrage einen Krieg vorstellen könne, 75%, 72% und 71% der ArgentinierInnen mit Nein, während für Chile und England 15% eine solche Möglichkeit bejahten (Fraga 1999, S. 271).

Sicherheitskooperation im Rahmen des Mercorsur?

In der Außenpolitik wurde auch über eine gemeinsame subregionale Sicherheitspolitik nachgedacht. Der argentinische Außenminister Cavallo erklärte z.B. 1990 in einer Rede vor der *Escuela de Defensa Nacional*:

"Die Planung von neuen gemeinsamen Verteidigungshypothesen, -zielen und -doktrinen verlangt nach reibungsloser Kommunikation, einem gemeinsamen Verständnis und einer koordinierten Arbeit durch Regierungen, Parlamente und Generalstäbe. Persönliche Interaktion, offener Dialog, harte Debatten, logistische Zusammenarbeit und operationale Koordination werden zunehmend gemeinsames Vertrauen und gegenseitige Unterstützung schaffen, die den Cono Sur zu einem freien, wohlhabenden, stabilen und sicheren Gebiet machen werden." (zit. in Carasales 1992, S. 105)

Indessen blieben Vorschläge, eine eigene subregionale Sicherheitskooperation aufzubauen oder eine interamerikanische Interventionstruppe zu schaffen, ohne Resonanz (ALASEI, Informe Latinoamericano. Nr. 216, S. 2; *El Financiero* [México], 9.7.1992, S. 43). 1992 muß der argentinische Botschafter Carasales in einer Studie über die Konzepte seines Landes zur nationalen Sicherheit einräumen, daß der zitierten Ankündigung Cavallos nur "sehr wenig Fortschritt" folgte (Carasales 1992, S. 127).

Aus politischen Analysen in den Cono-Sur-Ländern wird deutlich, daß nach der wirtschaftlichen und politischen Integration der Sicherheitsbereich zur letzte Integrationsphase werden könnte, freilich ohne daß dies ein zwangsläufiger Prozeß sei.[238] So betont ein brasilianischer Autor, Costa, daß sich Argentinien und Brasilien aus weltpolitischer Sicht in einer peripheren Lage befänden, beide Länder sich aber zu einem Machtpol in Südamerika entwickeln könnten. Er empfiehlt, einen gemeinsamen Verteidigungsmechanismus einzurichten, den er Verteidigungsorganisation des Mercosul nennt (Costa 1999, S. 125, 151). Ziel sei eine Erhöhung der strategischen Autonomie. Er weist auch daraufhin, daß internationale Verträge Brasilien zwar verbieten,

---

[238] Vgl. Costa 1996, 1998, Hirst 1998, Hunter 1998, Bernal-Meza 1999 und Vaz 1999.

Massenvernichtungswaffen zu entwickeln, aber es sei ja nicht verboten, diese gemeinsam oder im Rahmen des Mercosul zu entwickeln, denn sonst bliebe die erwünschte weltweite Abrüstung für immer Rhetorik (ebda., S. 153).

6.4.2 Brasilien

In Brasilien ist es seit 1891 Aufgabe des Kongresses, an der Außenpolitik des Landes mitzuwirken. Mit der Verfassung von 1988 wurde dieses Mitspracherecht erweitert, so daß neben dem Vetorecht beim Abschluß außenpolitischer Abkommen und der Akkreditierung der Botschafter – inzwischen in ein Vetorecht bei Personalangelegenheiten umgewandelt – alle außenpolitischen Angelegenheiten finanzieller Natur dem Kongreß zur Entscheidung vorgelegt werden müssen (Art. 55 der Verfassung von 1988), ein besonders wichtiger Punkt angesichts der Verhandlungen mit dem IWF über Fragen der Auslandsverschuldung (Müller 1991, S. 387).

Gegenüber den USA bedeutete dies, daß Brasilien entweder zu einem attraktiven Bündnisgenossen innerhalb der geopolitischen Interessensphäre werden wollte, womit es durch Zustimmung der USA die Verantwortung für ein politisch-strategisches Dispositiv annehmen würde, oder aber in Konfrontation mit der Hegemonie der USA in ein asymmetrisches Abhängigkeitsverhältnis geriete, so daß es das Ziel verfolgen müßte, daß sich die USA aus dem geopolitischen Raum zurückziehen (Cavagnari Filho 1988, S. 70).[239] Das geopolitische Ziel konzentriert(e) sich auf die erste Alternative. Es ging um die Ausübung der regionalen Hegemonie mit Zustimmung der USA, ohne aber dadurch ausschließlich deren Interessen vertreten zu müssen. Beflügelt durch die hohen Raten des Wirtschaftswachstums glaubte die Militärführung Anfang der 70er Jahre, daß sich das Land unaufhaltsam auf dem Weg zur Weltmacht befände, und perzipierte folgerichtig die Restriktionen der USA in den Kernbereichen Außenhandel, Technologietransfer und Atomprogramm als negativ (vgl. Schirm 1994a, S. 178ff.).

Mit Verweis auf die Kritik an Menschenrechtsverletzungen in Brasilien im ersten Menschenrechtsbericht des US-Außenministeriums kündigte die Militärregierung 1977 das gemeinsame Militärabkommen von 1952. Seit diesem Zeitpunkt nahmen die Militärs eine zunehmend kritischere Haltung gegenüber den USA ein, ein Trend, der sich bis in die Gegenwart eher noch verstärkt hat. Präsident Geisel trat aber aus dem TIAR nicht aus und ließ auch weiterhin die Beteiligung der Marine an den UNITAS-Manövern mit den USA zu.

---

[239] Zur Außenpolitik Brasiliens vgl. Grabendorff/Nitsch 1977, Winkelmann/Merril 1983, Ferreira 1984, Hilton 1985, Bandeira 1989, Hirst 1991, Schirm 1990, 1994a,b, Hirst 1996, 1998, Hunter 1998, Garcia 1998, Costa 1999 und Vaz 1999.

In den 80er Jahren arbeitete die Regierung Reagan daran, ein neues Militärabkommen abzuschließen.[240] Bei dem Brasilienbesuch von Außenminister Shultz wurde 1984 ein "Memorandum of Understanding" zwischen den USA und Brasilien vereinbart, das sich vor allem auf Sicherheitsprozeduren bei der Behandlung militärischer Informationen und der Sicherheit militärischer Informationen vor unautorisierter Nutzung bezog. Spezielle Programme oder Projekte wurden jedoch nicht beschlossen. Es sollte vor allem eine bessere industrielle Zusammenarbeit mit der Privatwirtschaft ermöglicht werden. Beide Regierungen hatten ihre Wirtschaftsunternehmen darüber zu informieren, wie militärische Informationen zu behandeln sind. Dies diente dem Ziel, daß Brasilien technische Informationen aus den USA bei Rüstungsexporten an Drittländer nicht nutzen kann und galt besonders für Länder wie Libyen, ein Land, in das nach Auffassung der USA keine Rüstungsgüter exportiert werden sollten (*LAWR*, 2.3.1984, S. 11).

Die Außenpolitik wurde vom Außenministerium *(Itamaraty)* bestimmt, das in der neuen Demokratie, wie auch unter der Diktatur, von einem Politiker geleitet wird. Der Nationale Sicherheitsrat der Militärdiktatur, der traditionell auch Einfluß auf die Formulierung der Außenpolitik nahm, wurde, wie bereits erwähnt, durch den Nationalen Verteidigungsrat ersetzt. Er war in den ersten Jahren der Demokratie das wichtigste Instrument zur Einflußnahme des Militärs auf die Außenpolitik. Unterdessen muß ein Rückgang des Militäreinflusses auf der Ebene substantieller Politikthemen konstatiert werden, da die traditionelle geopolitische Sichtweise zugunsten einer zunehmenden Bedeutung von Handels- und Technologiethemen an Bedeutung verloren hat. Die Entwicklung neuer Technologien und einer adäquaten Infrastruktur ist zu einem Hauptanliegen geworden. Daher sind der Nuklearsektor, die Informations- und Kommunikationspolitik sowie die physische Infrastruktur besonders wichtig geworden. Anfang der 90er Jahre kommt Müller zu dem Ergebnis, daß es dem Militär gelang, "auch nach dem Regimewechsel über den CDN und den SNI eine überaus mächtige Rolle bei der wichtigsten *decision-making*-Phase, der direkten Information und Beratung des Staatspräsidenten, beizubehalten. Es mußte daher in seinen Interessensfeldern wenig Zugeständnisse an andere Institutionen machen und konnte sogar mit diplomatischen Hilfsdiensten des Außenministeriums für militärische Projekte mit außenpolitischer Relevanz rechnen" (Müller 1991, S. 380).

Politikgestaltender Entscheidungsträger für Themen der nationalen Sicherheit waren in den sieben Jahren der Demokratie in erster Linie die Streitkräfte und

---

240 Die Unterstützung der USA für Großbritannien im Malvinen-Krieg gegen Argentinien, das von Brasilien unterstützt wurde, war ein weiterer negativer Faktor.

nicht die kooperationswillige Regierung. Sie nahmen eine unabhängige Position gegenüber der Regierung ein und gehörten zu den Verfechtern eines autonomen außenpolitischen Kurses.

Die möglichen ökonomischen Nachteile durch eine unkooperative Haltung gegenüber den USA fielen, wie Schirm zu Recht betont, für die Militärs nicht ins Gewicht, da sie nicht wiedergewählt werden wollten, sich nicht von einem ökonomischem Pragmatismus leiten ließen und eine verschärfte Wirtschaftskrise gegenüber der Bevölkerung nicht vertreten mußten.

Pressionsversuche der USA gegenüber Brasilien zeigten nur vereinzelte Erfolge. Die Divergenzen blieben und wurden nur bei der Amazonasproblematik kosmetisch entschärft. Allerdings griffen die USA auch nicht zu härteren Druckmitteln wie z.B. Sanktionen. Sie maßen Brasilien auf den Gebieten der nationalen Sicherheit, des Drogenhandels und des Amazonas offensichtlich nicht einen so überragenden Stellenwert zu, um härtere Druckmittel einzusetzen. Daß die USA beim Umweltschutz zwar nicht den stärksten Druck ausübten, Brasilien aber schließlich Zugeständnisse machte, läßt auf eine Korrelation zwischen Pressionen und Kooperationsbereitschaft schließen (Schirm 1994a S. 187). Die Armee zeigte sich nicht daran interessiert, den USA Manövergebiete in der Amazonasregion zur Verfügung zu stellen (Süddeutsche Zeitung, 29.5.1991).

Schirm kommt zu dem Ergebnis, daß sich in den Bereichen der nationalen Sicherheit und des Drogenhandels keine Entwicklung zu einer kooperativen Freundschaft zwischen den USA und Brasilien feststellen läßt (1994a, S. 186). Das US-Außenministerium berichtete z.B. 1992 von sieben Staaten, die im Krieg gegen den Drogenhandel Fortschritte gemacht hätten. Brasilien war nicht darunter.[241] Bis auf kleinere Kompromisse beim Umweltschutz manifestiere, so Schirm, Brasilien den Willen und die Fähigkeit zu autonomem Handeln und zu Widerstand gegenüber Pressionen der USA, und dies erfordere, die Kosten in Form von entgangener US-Unterstützung auch zu tragen.

Während in den 50er und 60er Jahren noch die Bedrohung eines Krieges zwischen den beiden Weltsystemen im Vordergrund stand, gingen brasilianische Sicherheitsplaner bereits seit Anfang der 70er Jahre nicht mehr von der Möglichkeit eines umfassenden Krieges zwischen den Supermächten aus (Myers 1982, S. 67). Zeitweise spielten aber Szenarios, die USA und Großbritannien wollten den Subkontinent vom Norden (Panama) und vom Süden

---

241 Fact Sheet 1991 Progress in the International War Against Narcotics, in: US Department of State Dispatch, Washington, D.C., 18.5.1992, S. 393f., zit. in Schirm 1994a, S. 183.

(Malvinen-Inseln) her in die Zange nehmen, eine Rolle (Moltmann 1993, S. 194). Während in den 80er Jahren noch bei der Auseinandersetzung um die Antarktis und die Antarktisverträge Militärs und Geopolitiker einflußreich waren (vgl. Kelly/Child 1988), scheint sich vor allem Argentinien immer mehr von alten geopolitischen Visionen, die seine Sicherheitspolitik bislang bestimmten, verabschiedet zu haben. Bei Brasilien dauert dieser Prozeß wahrscheinlich länger. Es bleibt abzuwarten, ob es sich hierbei um eine dauerhafte Position handelt.

Die Auswirkungen des MERCOSUR auf eine Zusammenarbeit zwischen den beiden Militärinstitutionen ist noch unklar. Zum einen kam es zu einer Annäherung bei der Rüstungskontrolle und -produktion. Ob die Militärs aber mit einer eigenen, autonom betriebenen Integration antworten, ist noch offen (Moltmann 1995, S. 40). Für Cavagnari ist eine subregionale Integration im Cono Sur nur unter zwei Bedingungen möglich, der Verpflichtung der Streitkräfte eines Landes, sich nicht in die politischen Prozesse eines anderen Landes einzumischen, und dem Verzicht auf Nuklearwaffen (Cavagnari Filho 1988, S. 360).

Bei der regionalen Zusammenarbeit der Streitkräfte überwogen erst einmal die alten Denkreflexe. 1987, bei der Tagung der Oberkommandierenden der amerikanischen Armeen in La Plata/Argentinien, sprachen hochrangige Militärs über die Auswirkungen der weltweiten kommunistischen Bewegung auf Lateinamerika und die "Subversion" im Innern, einschließlich in Argentinien und Brasilien. Eine Reihe von zivilgesellschaftlichen Organisationen wurden in den unterdessen veröffentlichten Unterlagen in die Nähe der kommunistischen Weltbewegung gerückt (vgl. Duchrow et al. 1989). Auch später waren die Unterlagen der Konferenzen geheim, so daß es nicht möglich ist, klare Aussagen über den Tenor der politischen Diskussionen zu machen. Aber es gibt indirekte Signale, daß die "Subversions-"obsession in militärischen Führungskreisen langsam zurückgeht, besonders in Argentinien.

In den letzten Jahren scheint das Interesse Brasiliens an multilateralen Aufgaben gewachsen zu sein. Neben der schon erwähnten Beteiligung an UN-Blauhelmeinsätzen ist das Land einer der Garantiemächte für den Waffenstillstand zwischen Ecuador und Peru.

7. Politischer Rollenwandel des Militärs in Argentinien und Brasilien

In diesem Kapitel werden eingangs die wesentlichen Untersuchungsergebnisse erläutert und dann die Befunde zu den sieben Politikfeldern im direkten Ländervergleich eingehender behandelt. Abschliessend runden Fallskizzen zur peruanischen und venezolanischen Erfahrung die Diskussion ab.

Für Brasilien zeigt Abb. 5 – die Ergebnisse sind jeweils in der Schrift hervorgehoben –, daß den historischen Determinanten sowohl auf der Seite des Militärs als auch der demokratischen Institutionen erhebliche Bedeutung zukommt. Seine Rolle als *poder moderador* wurde besonders für Phasen politischer Krisen bis in die 60er Jahre in der Politik weitgehend anerkannt, wobei zu berücksichtigen ist, daß damals Politik in Brasilien immer Intraelitenpolitik war. Unter den Legitimationsressourcen ist die Perzeption einer ständigen "Subversions-"gefahr zwar unterdessen zurückgegangen, existiert aber weiter als Konflikthypothese. Als gesuchte und von den neuen gewählten Regierungen akzeptierte Aufgaben haben sich die innere Sicherheit und Beiträge zur nationalen Entwicklung, vornehmlich in der Amazonasregion, erwiesen.

Unter Politikern und in der Gesellschaft hat das Thema Militär von Beginn der neuen Demokratie an nur eine geringe Rolle gespielt, und dies hat sich auch später nicht geändert. Auch in der Wissenschaft sind nur wenige Beiträge geleistet worden (z.B. durch den Nukleus für Strategische Studien an der Universität Campinas/São Paulo). Dagegen hat die Information der Öffentlichkeit über Militärfragen durch die Medien, vor allem die Zeitschrift *Veja*, an Bedeutung gewonnen, u.a. wenn es um die Neubesetzung hoher staatlicher Stellen durch Militärs ging, die während der Diktatur für Menschenrechtsverletzungen verantwortlich gewesen sein sollen.

Das Ausland spielte für die innenpolitische Kräftekonstellation nur eine geringe Rolle, etwa bei den Versuchen der USA, die Entwicklung einer Mittelstreckenrakete und anderer High-Tech-Waffensysteme zu stoppen. Zwar beteiligt sich Brasilien in beschränktem Umfang an UN-Blauhelmeinsätzen, aber deren Bedeutung für das Militär, seine Mission und weitere Entwicklung *als Institution* dürfte eher beschränkt ausfallen.

Abb. 5 Brasilien: Zentrale Politikfelder und Akteure

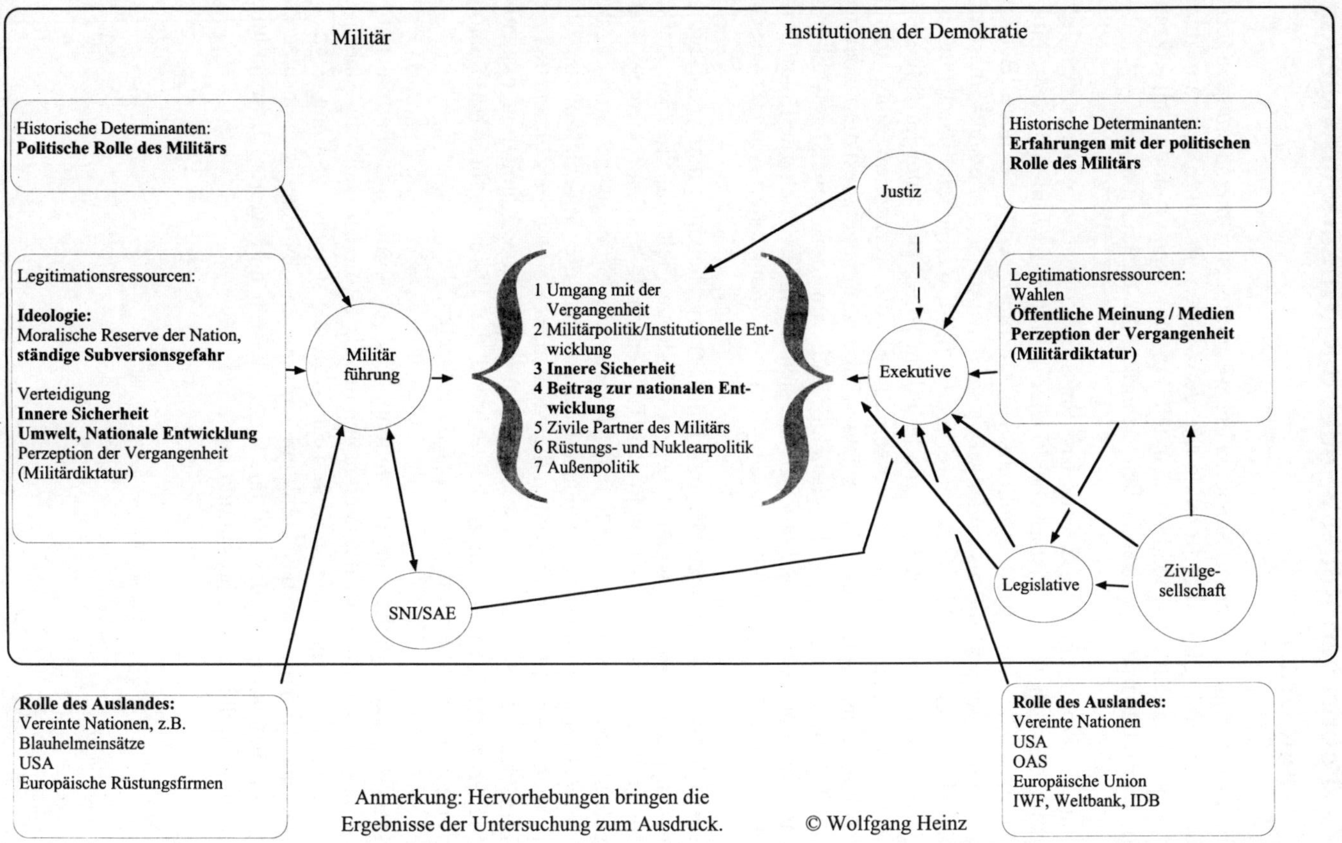

Militär   **Institutionen der Demokratie**

Historische Determinanten:
Erfahrungen mit der politischen Rolle des Militärs

Legitimationsressourcen:
Wahlen
Öffentliche Meinung / Medien
Perzeption der Vergangenheit
(Militärdiktatur)

Zivilgesellschaft

Legislative

Justiz

Exekutive

Rolle des Auslandes:
Vereinte Nationen
USA
OAS
Europäische Union
IWF, Weltbank, IDB

1 Umgang mit der Vergangenheit
2 Militärpolitik/Institutionelle Entwicklung
3 Innere Sicherheit
4 Beitrag zur nationalen Entwicklung
5 Zivile Partner des Militärs
6 Rüstungs- und Nuklearpolitik
7 Außenpolitik

Militärführung

SNI/SAE

Historische Determinanten:
Politische Rolle des Militärs

Legitimationsressourcen:

Ideologie:
Moralische Reserve der Nation, ständige Subversionsgefahr

Verteidigung
Innere Sicherheit
Umwelt, Nationale Entwicklung
Perzeption der Vergangenheit (Militärdiktatur)

Rolle des Auslandes:
Vereinte Nationen, z.B. Blauhelmeinsätze
USA
Europäische Rüstungsfirmen

Anmerkung: Hervorhebungen bringen die Ergebnisse der Untersuchung zum Ausdruck.

© Wolfgang Heinz

Das Bild für Argentinien (Abb. 6) unterscheidet sich vor allem in vier Punkten. Zunächst dominierte das Thema des Umgangs mit der Vergangenheit von Anfang an die Militärpolitik und hatte einschneidende Wirkungen auf das Verhältnis zwischen Regierung und Militärführung sowie zwischen Militärführung und Offizieren ausgeübt (drei Militärrebellionen, häufiger Wechsel des Armeestabschefs, etc.). Mit dem Angriff auf die Tablada-Kaserne kam es zu der partiellen Rückgewinnung einer Rolle des Militärs in der inneren Sicherheit. Auch hier existierte im Militär in den ersten Jahren die Perzeption einer neuen "Subversions-"gefahr, diese dürfte aber unterdessen als Konflikthypothese kaum mehr eine Rolle spielen. Indessen könnte die Sorge der Regierung Menem vor "sozialen Explosionen" zu einer neuen Konflikthypothese für das Militär werden.

Unter Politikern und in der Gesellschaft hat das Thema Militär zu Beginn der Demokratie und auch zu späteren Zeitpunkten immer wieder einmal eine Rolle gespielt, die deutlich größer als im Nachbarland war. In der Forschung wurden, wie bereits in Kap. 2.1 erwähnt, in zwei "Wellen", Mitte der 80er Jahre und in den 90er Jahren, interessante Beiträge zur Militärreform vorgelegt (in enger Kooperation mit US-Forschern und US-Universitäten), die jedoch nicht den Weg in die Politik fanden. Die Medien haben vielfach kontinuierlich eine aktive Rolle in der kritischen Berichterstattung gespielt. Die USA haben durch ihre neue und unerwartete Rolle als Idealpartner für Argentinien unter Menem eine einflußreiche Rolle spielen können, vor allem bei dem Versuch, die Entwicklung einer Mittelstreckenrakete zu stoppen. UN-Blauhelmeinsätze und ihr Ausbau spielten in der Politik Menems gegenüber dem Militär die zentrale Rolle und wurden vom Militär auch akzeptiert. Gleichwohl ist mit ihnen die Frage nach der Mission der Streitkräfte nicht beantwortet.

Abb. 6 Argentinien: Zentrale Politikfelder und Akteure

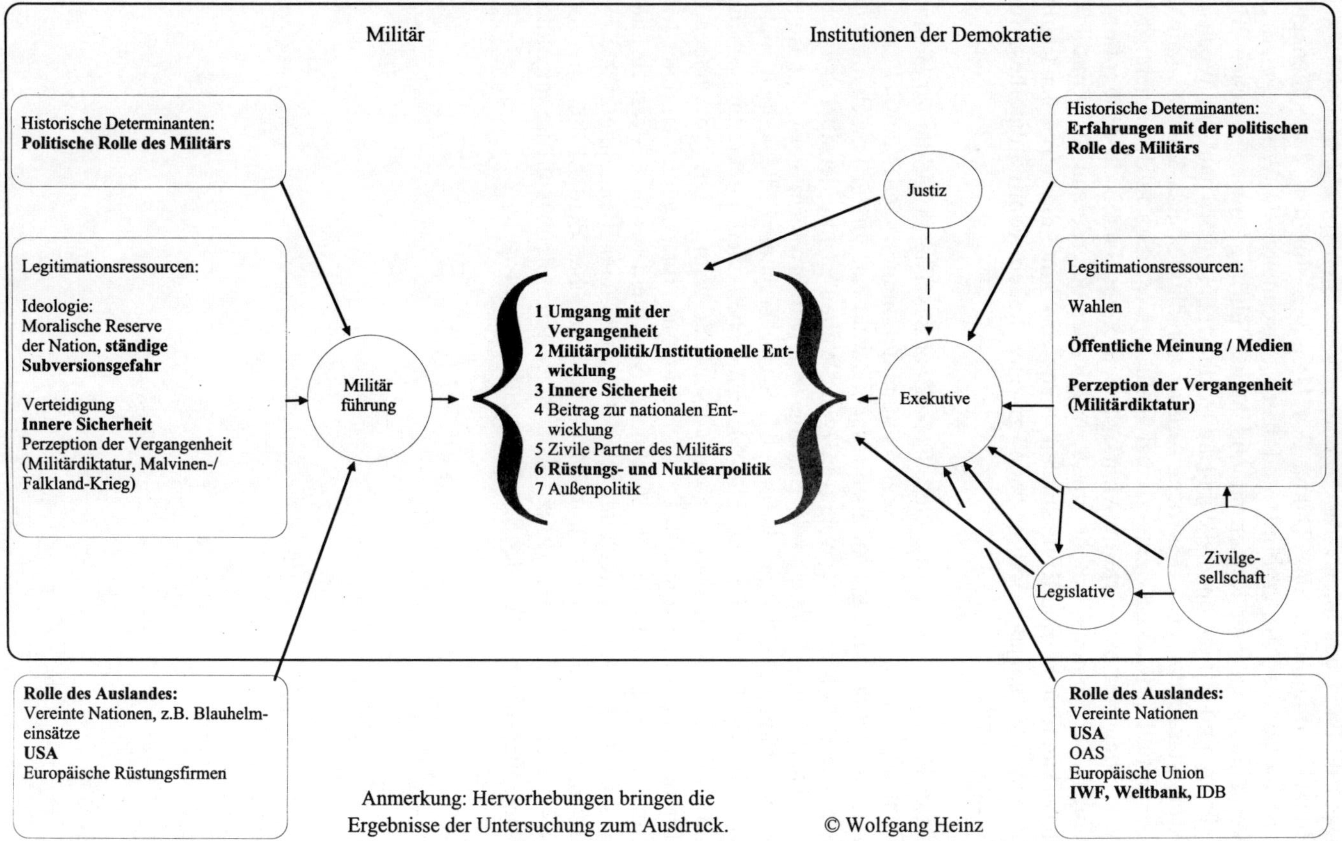

Institutionen der Demokratie

Historische Determinanten:
Erfahrungen mit der politischen **Rolle des Militärs**

Legitimationsressourcen:
Wahlen
Öffentliche Meinung / Medien
Perzeption der Vergangenheit
(**Militärdiktatur**)

Zivilgesellschaft

Justiz

Exekutive

Legislative

Rolle des Auslandes:
Vereinte Nationen
USA
OAS
Europäische Union
IWF, Weltbank, IDB

1 **Umgang mit der Vergangenheit**
2 **Militärpolitik/Institutionelle Entwicklung**
3 **Innere Sicherheit**
4 Beitrag zur nationalen Entwicklung
5 Zivile Partner des Militärs
6 **Rüstungs- und Nuklearpolitik**
7 Außenpolitik

Militär

Militärführung

Historische Determinanten:
Politische Rolle des Militärs

Legitimationsressourcen:
Ideologie:
Moralische Reserve der Nation, **ständige Subversionsgefahr**

Verteidigung
Innere Sicherheit
Perzeption der Vergangenheit (Militärdiktatur, Malvinen-/Falkland-Krieg)

Rolle des Auslandes:
Vereinte Nationen, z.B. Blauhelmeinsätze
USA
Europäische Rüstungsfirmen

Anmerkung: Hervorhebungen bringen die Ergebnisse der Untersuchung zum Ausdruck.

© Wolfgang Heinz

Im zweiten Schritt werden die Hauptergebnisse in den sieben untersuchten Politikfeldern gegenübergestellt und vergleichend analysiert. Ziel ist es, über die Einzelfallbetrachtung hinaus Variablen zu identifizieren, die sich für Strategien zur Durchsetzung ziviler Kontrolle über die Institution des Militärs als wirkungsvoll erwiesen haben.

Hierfür ist es zunächst hilfreich, noch einmal die historische Ausgangslage zu skizzieren.

In der optimistischen Grundstimmung während der Transition ging partiell das Verständnis für ihre spezifischen Bedingungen verloren. Diese beschränkten als *constraints* die Handlungsmöglichkeiten der neuen zivilen Regierungen deutlich, konnten sie jedoch nicht völlig determinieren. Schon in der Ausgangskonstellation unterschieden sich beide Ländern fundamental.

In Brasilien hatte die Transition bereits 1974 unter Präsident Geisel begonnen und in der indirekten Wahl Tancredo Neves' ihren Abschluß gefunden; es läßt sich sogar argumentieren, daß erst 1990, mit der Direktwahl Collors zum Präsidenten, die Rückkehr zur Demokratie vollzogen wurde. Der Schutz bestimmter Prärogativen des Militärs war zwischen dem gewählten Präsidenten Neves und den Streitkräften vor seiner Wahl ausdrücklich vereinbart worden. Das Militär sollte weder für Menschenrechtsverletzungen zur Verantwortung gezogen werden, noch war an Eingriffe in das Management seiner Wirtschaftsunternehmen zu denken. Nach dem Tod Neves' bekam das Land einen Präsidenten, Sarney, der nicht nur diese Vereinbarung honorierte, sondern sich auch in seiner gesamten Amtszeit deutlich auf das Militär als zusätzliche entscheidende Machtbasis stützte, besonders nachdem die Unterstützung der Parteien im Kongreß immer geringer wurde. Insofern muß von einem klaren Fall von paktiertem Übergang zur Demokratie (Huntington 1991) gesprochen werden, bei dem es anfangs zu keinen Spannungen oder gar Brüchen zwischen der neu gewählten Regierung und der Militärführung, wohl aber mit dem Kongreß gekommen war. Das Militär machte bei den Verfassungsberatungen seine Positionen bei mehreren Anlässen in einschüchternder Weise deutlich, besonders bei der Frage der Verkürzung der Amtszeit Sarneys und der Diskussion über den Verfassungsartikel zu den Streitkräften.

Die Konstellation in Argentinien läßt sich dagegen auf dem anderen Ende des theoretischen Transitionskontinuums verorten: *transition by rupture* nach Huntington ist, nach der Niederlage und Besetzung eines Landes (Deutschland, Japan) der radikalste Fall eines Systemwechsels. Intentionen der Militärführung unter Galtieri und *policy outcomes* fielen völlig auseinander. Galtieri hatte General Viola, der an einer politischen Öffnung des Militärregimes arbeitete, aus dem Amt gedrängt. Für einen Übergang zur Demokratie hatte er keine Pläne. Die völlig unzureichend geplante Besetzung der Malvinen-/Falkland-Inseln sollte die schwindende Legitimation des Regimes wiederherstellen, aber die militärische Niederlage ließ diesen Versuch scheitern. Mit dem Austritt von Luftwaffe und Marine aus der Junta unmittelbar nach der Niederlage war diese am Ende, und die Übergabe der politischen Macht wurde unausweichlich. Versuche des Militärs, mit den politischen Parteien Bedingungen zu vereinbaren, scheiterten kläglich.[242]

Damit waren zum Zeitpunkt der Machtübergabe alle wesentlichen Fragen wie Gestaltung des politischen Systems, Menschenrechte und zukünftige Mission der Streitkräfte offen, und die Parteien mußten nach einer Lösung suchen. Dies erlaubte ihnen zunächst einmal eine Vergrößerung ihres Handlungsspielraums, machte dann aber auch die Reaktion des Militärs zu einer a priori schwer kalkulierbaren Größe. Für die Militärführung muß es zunächst ein Trost gewesen sein, daß der peronistische Präsidentschaftskandidat Italo Luder, Vizepräsident unter Isabel Perón bis 1976, militärfreundliche Positionen einnahm. Mit seiner Wahlniederlage gegen Alfonsín mußte allerdings auch diese Hoffnung begraben werden.

Ein weiterer Faktor, unerwartet in seinem Gewicht sowohl für Alfonsín wie für die Militärführung, waren die immer deutlicher werdenden Risse innerhalb der Institution, zwischen den ranghöchsten Offizieren, die an den "Schreibtischen gesessen" und für die militärische Niederlage verantwortlich gemacht wurden, und den mittleren Diensträngen, die gegen "Subversion" und auf den Malvinen gekämpft hatten. Bei vielen von ihnen hatten sich massive Zweifel und Kritik an der eigenen Führung herausgebildet, der sie jetzt, angesichts der Militär- und Menschenrechtspolitik Alfonsíns, nicht weiter zu folgen bereit waren.

7.1 Der Umgang mit der Vergangenheit

Im Vergleich zu seinen Nachbarn kehrte zuerst Argentinien zur Demokratie zurück, einer Demokratie, die freilich in den 50er und 60er Jahren erheblichen politischen Einschränkungen unterworfen war. Neben der militärischen Niederlage von 1982 war der zweite große Schock für die argentinische Gesellschaft, daß ihr das wirkliche Ausmaß der Menschenrechtsverletzungen erst nach der Transition in das Bewußtsein drang. Zwar war auch während der Diktatur in den Medien vereinzelt auf Menschenrechtsverletzungen hingewiesen worden, aber die Gesellschaft hatte hierauf wenig interessiert bis ablehnend reagiert, weil es sich ja nur um "Terroristen" handelte (auch in der Weltöffentlichkeit, genauer: den westlichen Medien, wurde erst ab Anfang der 80er Jahre und besonders während des Krieges gegen Großbritannien von 1982 zunehmend

---

242 Vgl. die Autobiographie des Übergangspräsidenten Bignone (Bignone 1992).

kritisch über Argentinien berichtet). Im südamerikanischen Vergleich hatte Argentinien die höchste Zahl von ermordeten Gefangenen zu beklagen – absolut und bezogen auf die Bevölkerung. Damit mußte die neue Demokratie Antwort auf die Forderung nach Aufklärung durch Familienangehörige, Medien und auch die Gesellschaft geben: Vergessen, versöhnen, aufklären, bestrafen?

Die Regierung Alfonsín setzte sich mit ihrem Ansatz, bei den Verantwortlichen zwischen drei Gruppen zu unterscheiden und die politischen Hauptverantwortlichen vor Gericht zu stellen, durch. Aber es war auch ein politischer Preis zu zahlen, denn die Spannungen innerhalb des Militärs und im Verhältnis zur neuen Regierung nahmen zu. Als die ursprüngliche Strategie, den Kreis der Anzuklagenden möglichst klein zu halten, durch das Urteil des Bundesberufungsgerichtes zunichte gemacht wurde, führte dies in die offene Krise. Es war der Regierung unmöglich, ihre Ziele der Militärreform, der Bestrafung der Hauptverantwortlichen für Menschenrechtsverletzungen und der Wiederannäherung im Verhältnis zwischen Militär und Gesellschaft gleichzeitig zu verfolgen. Am Ende wurde das zweite Ziel dem ersten geopfert, aber es war bereits zu spät, um hier Fortschritte zu erreichen.

Das entscheidende Datum war der April 1995, als die Stabschefs von Heer, Marine und Luftwaffe überraschend zum "Krieg gegen die Subversion" während der Diktatur Stellung bezogen. Mehr als zehn Jahre nach dem Übergang zur Demokratie erfolgte nun die erste Selbstkritik der Führungen der Teilstreitkräfte. Sollten sich ihre Auffassungen, besonders die Position des Generalstabschefs des Heeres Balza, unter Offizieren und Mannschaften mittelfristig durchsetzen, wäre dies ein großer Durchbruch hin zu einer neuen Grundposition des Militärs. Es würde dann in Zukunft auch "von innen" heraus akzeptieren, innerhalb von Verfassung und Gesetzen von der gewählten Regierung geführt zu werden.[243]

Trotz de-facto-Amnestiegesetzen holte das Thema Menschenrechte die argentinische Gesellschaft bis in der jüngsten Zeit immer wieder ein. Die Justiz hat Verfahren wegen Kindesentführung, einer Straftat, die von diesen Gesetzen ausgenommen worden war, eröffnet. Richter Bagnasco, der gegen die Verantwortlichen für Kindesentführungen während der Diktatur ermittelt, lud im Dezember 1998 Ex-Präsident Bignone, Ex-Armeechef Nicolaides und Ex-Marinechef Franco vor (JB LA 1999, S. 119). Videla und Massera befanden sich bereits in Haft. Auch wurde gerichtlich die Festnahme von elf Marine-Unterof-

---

243 Indessen darf nicht unerwähnt bleiben, daß Balza im Februar 1993 Pinochet den höchsten Orden Argentiniens verliehen hat. Nach kritischen Kommentaren stellte sich Präsident Menem hinter Balza (JB LA 1994, S. 102).

fizieren im Zusammenhang mit Kindesentführungen angeordnet (*LAWR*, 11.1.2000, S. 24).

Der spanische Untersuchungsrichter Garzón, der von England die Festnahme und Auslieferung Pinochets wegen Menschenrechtsverletzungen gefordert hatte, befaßte sich auch mit Argentinien. Im Oktober 1997 erließ er internationale Haftbefehle gegen zehn ehemalige und aktive argentinische Militärs, darunter Massera, wegen des Verschwindenlassens spanischer Staatsbürger während der Diktatur (JB LA 1998, S. 112). Präsident Menem lehnte 1998 jedoch Menschenrechtsprozesse in Drittländern wie im Fall Pinochets ab (JB LA 1999, S. 118). Im Dezember 1999 hat sich die Liste der international gesuchten Militärs auf 48 verlängert. Der neue argentinische Präsident, de la Rúa, kündigte an, er würde diese Fälle den Gerichten zur Entscheidung überlassen. Die Regierung Menem hatte mit Garzón nicht kooperiert.

In Brasilien hatte man die Entwicklung in Argentinien genau verfolgt. Waren schon die Ausgangsbedingungen der Transition völlig anders, kam für die brasilianischen Militärs auf jeden Fall ein "Revanchismus" nicht in Frage. Aus zwei Gründen fanden sie politisch eine sehr viel günstigere Situation vor: Zum einen lagen die letzten schweren Menschenrechtsverletzungen dreizehn Jahre vom Zeitpunkt der Machtübergabe an die zivile Regierung zurück, zum anderen war ihr Umfang sehr viel geringer als in Argentinien. Auch hatte es 1979 eine nur wenige Delikte ausschließende Amnestie für beide Seiten, Angehörige des staatlichen Sicherheitsapparates und der Guerilla/"Subversion", gegeben. Zum anderen hatten weder die an einem baldigen Regierungsantritt interessierten Politiker noch eine schwache Zivilgesellschaft den politischen Willen und die Pressionsmöglichkeiten, darauf zu bestehen, Militärangehörige strafrechtlich zur Verantwortung zu ziehen. So blieben die Menschenrechtsverletzungen ungeahndet, selbst in dem seltenen Fall einer Mordanklage gegen General Newton Cruz.

Auch auf einem anderen Gebiet, der Beförderung von Militärs, die als Verantwortliche für Menschenrechtsverletzungen in den entsprechenden Berichten genannt wurden, zeigte sich ein klares Bild. Soweit der unzureichende Forschungsstand es zuläßt, zu einem Urteil zu kommen, hat eine solche Beschuldigung nur in seltenen Einzelfällen dazu geführt, daß eine Beförderung abgelehnt wurde oder ein Regierungsposten dem dafür vorgesehenen Offizier vorenthalten oder wieder entzogen wurde.

Die allgemeine Diskussion über die Vergangenheit in Politik und Gesellschaft konnte im Rahmen dieser Untersuchung nicht ausführlich beleuchtet werden. Grundsätzlich läßt sich aber festhalten, daß sie in Argentinien deutlich stärker und anhaltender als in Brasilien geführt wurde.[244] Es kann kaum ein Zweifel daran bestehen, daß eine kontinuierliche, öffentliche Reflexion der eigenen Vergangenheit erheblich zur Konsolidierung der Demokratie beiträgt. Dadurch, daß man immer wieder die Frage nach den Ursachen des Zusammenbruchs der Demokratie stellt, wird mit der Analyse der historischen Rolle von Akteuren wie Politikern, Parteien, der Justiz und dem Militär auch ihre gegenwärtige Bedeutung in der Politik beleuchtet.

Eine wenn auch nur partielle Aufarbeitung der Vergangenheit und Bestrafung der Verantwortlichen für schwere Menschenrechtsverletzungen muß als ein entscheidender Faktor für den Demokratisierungsprozeß angesehen werden. Einerseits enthält er Gefährdungspotentiale, weil er Widerstände auf unterschiedlichen Hierarchieebenen mobilisieren kann; andererseits, und dies ist wichtiger, hat ein solcher Schritt politisch die wichtige Nebenwirkung, daß die Streitkräfte durch einen erzwungenen Reinigungsprozeß – zumindest mittelfristig – die Rolle eines Retters des Vaterlands in einer Krisensituation kaum noch mit einem Anspruch auf Glaubwürdigkeit spielen können.

7.2 Militärpolitik und Entwicklung der Institution Militär

Hier lassen sich deutliche Unterschiede zwischen Argentinien und Brasilien herausarbeiten. In Brasilien wurde unter Sarney, aber auch unter seinen Nachfolgern, kein Um- oder Abbau militärischer Kapazitäten in Angriff genommen. Obwohl das Land aufgrund seiner erheblichen Auslandsschulden und sehr hohen Inflation eine deutliche Sparpolitik durchsetzen mußte, war hiervon der Militärhaushalt nur peripher betroffen. Dies ist mit der starken Stellung des Militärs und vor allem mit der politischen Schwäche Sarneys zu erklären, der während der verfassunggebenden Versammlung 1987/88 auf dessen Unterstützung angesichts der schwierigen Situation im Kongreß angewiesen war.

Präsident Collor unternahm kleine Schritte auf dem Weg zu einer stärkeren zivilen Kontrolle, wie sich in der Auflösung des SNI und in Vorschlägen für Einsparungen auch im Militärhaushalt zeigte. Aber sobald das Militär seine Gehälter durch die geplanten Einsparungen in Gefahr sah, nutzte es seine Lobby-Möglichkeiten. Hierbei ist allerdings zu berücksichtigen, daß die Gehälter höherer Offiziere unter der Besoldung etwa gleichrangiger Beamter wie von Bundesrichtern und Botschaftern liegen. Insgesamt war das Militär meist erfolgreich, seine Interessen gegenüber Kongreß und Regierung zu artikulieren und auch weitgehend durchzusetzen. Dabei ist zu bedenken, daß es bei den politischen Parteien außer der PT kaum ein kritisches Gegengewicht

---

244 Vgl. Mignone 1991 und Corradi et al. 1992.

gibt. Wenn es überhaupt zu Kritik an der Institution kommt, sind es die Medien, die einzelne Skandale aufdecken und deshalb von hochrangigen Militärs häufig sehr negativ gesehen werden (vgl. z.B. Pires Gonçalves 1995).

In *Argentinien* hat die Regierung Alfonsín den Militärhaushalt im Vergleich zur Militärdiktatur deutlich verringert. Diese erhebliche Ressourceneinbuße war neben der Frage der Prozesse gegen die ersten drei Militärjuntas und den Umgang mit dem "Kampf gegen die Subversion" der entscheidende Faktor für die scharfe Kritik vor allem mittlerer Dienstränge gegenüber der ersten demokratisch gewählten Regierung. Aber auch hier ist das Fehlen einer klaren Missionsbestimmung über den allgemeinen Verteidigungsauftrag hinaus zu nennen, wenn auch eine solche mit den UN-Blauhelmmissionen zumindest partiell versucht wurde.

Nachdem das Militärreformprojekt frühzeitig steckengeblieben war und Alfonsín sechs Monate vor Ablauf seiner Amtszeit die Präsidentschaft an Menem übergeben mußte, hatte dieser im wesentlichen drei Optionen: Er konnte (a) die Pläne seines Vorgängers, wenn auch in modifizierter Form, wieder aufnehmen, (b) das ganze Militärthema "niedriger" zu hängen versuchen, in dem er es als Priorität ignorierte, oder (c) dem Militär in einigen kontroversen Punkten entgegenkommen, um mit der dadurch geschaffenen "Hausmacht" innerhalb der Führung seine Ziele auch in schwierigeren Bereichen nach dem Grundsatz *divide et impera* durchzusetzen.

Nach übereinstimmender Auffassung von journalistischen Beobachtern und Wissenschaftlern hatte Menem bei seinem Amtsantritt und auch später keine klare Ideen für eine Militärreform. Zwar hatten PJ-nahe Autoren ihre Ideen zur Rolle des Militärs in der Demokratie veröffentlicht (vgl. z.B. Druetta et al. 1990), aber es gab allem Anschein nach kein Konzept oder Projekt, in welche Richtung sich die Institution weiter entwickeln sollte. Wichtiger war ihm als Präsidentschaftskandidat der Kontakt zum *Carapintada*-Führer Oberst Seineldín, der seine Strafe für die Führung der dritten Militärrebellion verbüßte. Menem nährte die Auffassung bei den *Carapintadas*, sie hätten unter seiner Präsidentschaft eine reelle Chance, der Bestrafung wegen der Teilnahme an den Rebellionen zu entgehen und sogar mit eigenen Vertretern, d.h. vor allem Seineldín, in die Armeeführung aufzurücken. Angesichts der Begnadigungen des Präsidenten für die Verurteilten des Prozesses von 1985 sowie für alle Teilnehmer der drei Rebellionen von 1987 und 1988 mußte diese Einschätzung auch als realistisch erscheinen. Erst als Menem der Militärführung freie Hand bei der administrativen Bestrafung von *Carapintada*-Offizieren gab (Entlassung aus dem Dienst, Versetzung auf unwichtige Posten, Nichtberücksichtigung bei der Beförderung u.ä.), wurde ihnen deutlich, daß sie ihre Hoffnungen nicht weiter auf den Präsidenten setzen konnten. Als Oberst

Seineldín bei der Empfehlung zur Beförderung zum General übergangen wurde, war auch die letzte Möglichkeit, Einfluß auszuüben, ausgeschöpft. Im Dezember 1990 dirigierte der Oberst dann aus seinem Arrest heraus die erste und einzige Rebellion gegen Menem, die dieser sofort mit Gewalt niederschlagen ließ. Damit war die von Seineldín geführte Faktion am Ende.

Für eine Beurteilung muß auch die subjektive Seite, Einstellungen und vor allem Einstellungsveränderungen im Militär, herangezogen werden. Wie bereits eingangs erwähnt, existieren hierzu leider keine repräsentativen Daten. Aus dem vorliegenden Material (offiziellen Stellungnahmen, Veröffentlichungen in Militärzeitschriften, einzelnen Interviews) läßt sich schließen, daß das Militär unterdessen in seiner Mehrheit die neue Demokratie weitgehend akzeptiert hat (so auch Fitch 1998, S. 73, 98). Dies fiel ihm sicher in Brasilien leichter, drohte ihm doch beim Übergang zur Demokratie weder eine Strafverfolgung noch war es zu einer militärischen Niederlage oder einem Auseinanderbrechen der Militärjunta gekommen – damit befand es sich in einer politisch starken Position gegenüber der neuen gewählten Regierung. In Argentinien stand der neue argentinische Präsident einer deutlich günstigeren (i.S. des politischen Gewichts der Exekutive), aber auch komplexeren Ausgangslage (i.S. der Zahl der intervenierenden Einflußvariablen einschließlich einer sehr viel weniger homogenen Militärinstitution) gegenüber.

Gegenwärtig gibt es auch keine innermilitärischen Faktionen mehr, die eine Tutelarfunktion gegenüber der gewählten Regierung durchzusetzen suchen. Diese hatte es in Brasilien nie in einem so starken Maß gegeben wie in Argentinien. Sicher, man sprach während der Militärdiktatur von Offizieren der "harten" und "weichen" Linie, aber das brasilianische Militär artikulierte sich fast immer *institutionell*. *Carapintadas*-Aufstände sind ihm ein Greuel. Ein Fall wie zu Anfang der 60er Jahre, als die III. Armee in Rio Grande do Sul Präsident Goulart gegen die Militärführung stützte, ist gegenwärtig nicht mehr vorstellbar.

Ideologische Positionen, in der Vergangenheit ein zentraler Faktor für Interventionsbereitschaft, spielen in den neuen Demokratien kaum noch eine Rolle. In Brasilien ist die Doktrin der Nationalen Sicherheit in den Hintergrund getreten, fehlt es doch gegenwärtig an ihren Voraussetzungen – Weltkommunismus, eine radikale Linke und ein wirtschaftlich zurückgebliebenes Land, das industrialisiert und modernisiert werden muß. Virulent dürften aber auf absehbare Zeit in Brasilien und in geringerem Maß in Argentinien geopolitische Vorstellungen über Schicksal und Bedrohung der Nation sein, auch wenn sie erst einmal nicht in den gängigen Modernisierungsdiskurs über Globalisierung, neue weltumspannende Kommunikation und regionale Integration passen mögen. Auch könnte die Kontrolle sozialer Proteste, häufig die Antwort auf neoliberale Wirtschaftspolitik, zu einem wichtigen Aktionsfeld werden (siehe unten).

Gegenwärtig sind für Einflußversuche des Militärs auf die zivile Politik vor allem die fortbestehenden Funktionsschwächen der neuen Demokratien sowie Meinungsunterschiede über politische Prioritäten und über den Kurs in strategisch besonders relevanten Politikfeldern verantwortlich. Eine zusammenhängende, kohärente, handlungsanleitende Ideologie gibt es zur Zeit nicht. Sie könnte aber mittelfristig als Antwort auf sich verschärfende soziale Konfliktlagen und eine dadurch hervorgerufene Radikalisierung der politischen Auseinandersetzungen entwickelt werden.

Veränderte gesellschaftliche Perzeptionen zum Militär

Im Vergleich zum Zeitraum vor der Diktatur haben sich die gesellschaftlichen Wahrnehmungen über die Rolle des Militärs in beiden Ländern deutlich verändert (vor der Diktatur gab es freilich praktisch keine Umfragedaten). Die Streitkräfte genossen hohes soziales Ansehen und waren in ihrer Schiedsrichterrolle von den Mittel- und Oberschichten im großen und ganzen akzeptiert, während ihnen die politisch organisierte arme Bevölkerung und die politische Linke eher kritisch gegenüberstanden. Gleichzeitig haben aber Peronisten und Teile der Linken immer wieder auf eine Koalition mit progressiven Militärkreisen gehofft, obwohl es empirisch kaum Anhaltspunkte dafür gab, dass sich jene innerhalb der Institution durchsetzen können würden.

Nach dem Übergang zur Demokratie hat auch das brasilianische Militär einen Verlust seines Ansehens erlebt, wofür vor allem die schlechte wirtschaftliche Lage zu Ende der Militärdiktatur und die später in der Öffentlichkeit bekannt werdenden Menschenrechtsverletzungen – erinnert sei hier nur an den Bericht der Erzdiözese von São Paulo "Brasilien: Niemals Wieder" – beitrugen. Führende Militärs haben in Interviews die ungerechte Beurteilung des Militärregimes durch Politiker und Gesellschaft beklagt. Einige wenige bemerkten selbstkritisch, das Militär hätte sich früher aus der Regierungsverantwortung zurückziehen müssen, am besten am Ende der Amtszeit von Präsident Costa e Silva Anfang der 70er Jahre, als das Wirtschaftswunder noch in vollem Schwunge war (vgl. D'Araújo 1994).

In der Bevölkerung führte die sich infolge der Wirtschaftskrise verschärfende Kriminalität und die geringe Effektivität polizeilicher Maßnahmen zum Ruf nach drastischeren Maßnahmen, vereinzelt auch nach der Todesstrafe. Manchmal wurde in Brasilien auch der Wunsch geäußert, die Militärs mögen Aufgaben der inneren Sicherheit selbst in die Hand nehmen. Grundsätzlich scheint die Akzeptanz des Militärs als politischer Akteur in der Demokratie wenig gelitten zu haben. Wie in Kap. 4.5.5 gezeigt wurde, sank bei Umfragen zwischen 1972 und 1990 der Prozentsatz der Befragten, die sich für ein stärkeres Engagement des Militärs in der Politik einsetzten, von 79% auf 36%.

In Argentinien war das Ansehen des Militärs während und nach dem großen Prozeß gegen die drei Militärjuntas von 1985 stark gesunken, wurde doch der Bevölkerung schließlich bewußt, daß alle drei Teilstreitkräfte nicht nur "hart" gegen die Terroristen vorgegangen waren, sondern mehr als zehntausend Gefangene planmäßig ermordet hatten, ganz abgesehen von der Entführung von Kindern, Vergewaltigungen und umfassender Korruption, die das Militär selbst als einen entscheidenden Grund für seinen Putsch von 1976 genannt hatten. Seit Anfang der 90er Jahre hat sich nach (unvollständigen) Umfragedaten das öffentliche Ansehen leicht verbessert, aber dennoch wünscht die Mehrheit der Befragten weder eine stärkere Rolle des Militärs in der Politik noch in der Drogenbekämpfung als naheliegendstem Aufgabenbereich.

Insgesamt zeigt die Bevölkerung beider Länder in Umfragen eine deutliche Distanz zu alten und neuen politischen Rollen für die Streitkräfte. Motive hierfür wären durchaus vorhanden. Die steigende Kriminalität, besonders Gewaltkriminalität, lassen nicht nur die Mittel- und Oberschicht, sondern auch die arme Bevölkerung nach einem harten Durchgreifen des Staates rufen (dies gilt besonders für Brasilien mit seinem allgemein deutlich höheren Gewalt- und Kriminalitätsniveau). Die Beachtung der Menschenrechte wird nicht nur von der Polizei, sondern vielfach auch in der Bevölkerung eher als ein Hindernis anstatt als ein unabdingbares Erfordernis für einen authentischen Rechtsstaat angesehen.

Die Rolle der Militärgeheimdienste

Zu einem erheblichen Bedrohungsfaktor können innenpolitische Aktivitäten der Militärgeheimdienste werden, der Geheimdienste der drei Teilstreitkräfte und der nationalen Geheimdienste, SIDE in Argentinien, und SNI, SAE und seit 1996 ABIN in Brasilien. Nach Jahren der Diktatur haben diese meist Dossiers über Meinungsführer in Politik, Wirtschaft, Gewerkschaften und auch im Militär zusammengetragen, die leicht als ein probates Druckmittel zur Durchsetzung eigener Interessen, aber auch politischer Ziele des Sicherheitsapparates eingesetzt werden können.

Präsident Collor hat den SNI aufgelöst und an seiner Stelle das Sekretariat für Strategische Fragen (SAE) ins Leben gerufen. In Argentinien hat die UCR an einer Zusammenlegung der acht zu Beginn der Demokratie existierenden Geheimdienste und Geheimdienstabteilungen gearbeitet, aber im Ergebnis existieren die Dienste weiter, wenn auch national koordiniert, mit SIDE als

Koordinierungsorgan für die anderen Dienste; ABIN nimmt diese Rolle in Brasilien wahr. Das Störpotential demokratiefeindlicher Gruppen innerhalb der Dienste kam in beiden Ländern nur selten zum Einsatz, am stärksten noch in Argentinien durch einen versuchten Anschlag auf Präsident Alfonsín und Drohungen gegen Menschenrechtsaktivisten (unter Alfonsín) sowie durch Todesdrohungen und Einschüchterungsversuche gegen zahlreiche Journalisten unter Menem.[245] Da die Täter und ihre Auftraggeber in der Regel nicht ermittelt werden konnten, aber in den Reihen der Sicherheitsdienste vermutet werden, ist ein abschließendes Urteil nicht möglich.

Der Funktionsbereich der Militärgeheimdienste ist für den Demokratisierungsprozeß in dreifacher Weise von Belang: Sie verfügen auf der Basis jahrelanger Datensammlung über Informationen zu politischen Eliten, die bei der Durchsetzung eigener Interessen (persönlich und institutionell) zu Pressionen eingesetzt werden können. Sie arbeiten aufgrund häufig unklarer Zuständigkeiten auch weiterhin an der innenpolitischen Nachrichtensammlung, statt sich auf Bedrohungen aus dem Ausland zu konzentrieren. Und drittens: Wenn die Militärgeheimdienste nicht im Rahmen des gesamten Nachrichtendienstwesens von einer zivilen Stelle koordiniert werden, können sie entscheidend auf die politische Beurteilung von sozialen Konflikten, etwa um Land, und von Protestbewegungen Einfluß nehmen, und diese schnell zum Objekt militärischen Denkens und Handelns ("politische Subversion") machen.

7.3 Innenpolitik und innere Sicherheit

Während der neuen Demokratie kam es zu einer Diskussion über notwendige Veränderungen der politischen Spielregeln, allerdings stärker in Brasilien als in Argentinien. Sie fand ihren Ausdruck in Brasilien in dem Verfassungsgebungsprozeß 1987/88 und in Argentinien in der neuen Verfassung von 1994. In beiden Ländern wurde die Einführung eines parlamentarischen Systems zwar diskutiert, aber schließlich das präsidentielle System weitgehend bestätigt. In Brasilien gelang es, trotz einer Mehrheit für das parlamentarische System zu Beginn der Verfassunggebenden Versammlung, auch fünf Jahre später nicht, beim Plebiszit von 1993 eine parlamentarische Regierungsform durchzusetzen.

In Argentinien bestimmten die Führer der beiden großen Parteien, Menem und Alfonsín, fernab jeder öffentlichen Diskussion, die Inhalte der Verfassungs-

---

[245] Nach amnesty international sahen sich 1997 mindestens 30 Journalisten "Anschlägen, wiederholten Todesdrohungen und Einschüchterungen ausgesetzt. In mehreren Fällen legten die erhaltenen Informationen nahe, daß diese Übergriffe unter Beteiligung oder mit Duldung der Sicherheitskräfte stattgefunden haben" (amnesty international 1998, S. 126).

reform im Pakt von Olivos. Nachdem Menem sein strategisches Ziel, seine Wiederwahl verfassungsrechtlich zuzulassen, erreicht hatte, war die darauf folgende Debatte über die Inhalte der Verfassungsreform sehr beschränkt – eine erhebliche Frustration für die Parteibasis. Zwar wurde ein Koordinierungsminister eingeführt, der sich an der Position eines Ministerpräsidenten in einem parlamentarischen System orientiert, aber die Befugnisse des Präsidenten blieben unverändert. Der Koordinierungsminister wie auch die anderen Kabinettsmitglieder sind nicht von der Zustimmung des Kongresses abhängig.

Keiner der beiden neuen Demokratien sah sich einer wesentlichen Bedrohung der inneren Sicherheit gegenüber. Innenpolitisch stand die Frage im Vordergrund, ob politisch motivierte Aufstandsgewalt oder soziale Konflikte einen Einsatz des Militärs nahelegen würden und ob die Militärführung Interesse daran hatte, unter bestimmten Bedingungen Aufgaben der inneren Sicherheit wahrzunehmen. Das Scheitern der Guerillabewegung, vorsichtig einsetzende Selbstkritik vieler Beteiligter am "bewaffneten Weg" und die hohe Akzeptanz der Demokratie als Regierungsform mach(t)en es unwahrscheinlich, daß neue gewaltbereite Gruppen entstehen. In Brasilien ist es nach der kurzen, fünfjährigen Guerillaerfahrung Ende der 60er Jahre nicht zum Aufbau neuer Gruppen gekommen. Gleichwohl sieht das Militär den Nordosten und die Amazonasregion als einen potentiellen Fokus für die Entstehung neuer Gruppen an, wofür vor allem ausländische Einflüsse aus Kolumbien, Venezuela und Surinam angeführt werden.

In Argentinien schien das Wiederaufflammen von Guerillaaktivitäten wenig wahrscheinlich. Daher kam der Angriff auf die Tablada-Kaserne 1989, dessen genaue Ursachen bis heute nicht geklärt sind, völlig überraschend. Das Jahr 1989 wurde zur großen Zäsur in den zivil-militärischen Beziehungen. Die im Gesetz über nationale Verteidigung festgeschriebene strikte Unterscheidung zwischen innerer Sicherheit und äußerer Verteidigung wurde durch ein Dekret von Alfonsín partiell aufgehoben und 1990 durch ein Dekret von Menem ausgehöhlt. Ein weiterer Faktor, der die mangelnde Kompetenz der Polizei zeigte, sind die beiden Bombenanschläge auf jüdische Einrichtungen 1992 und 1994, terroristische Taten, bei denen bis heute Täter und Auftraggeber nicht ermittelt wurden.

Wieder einmal wurde das "Nullsummenspiel" in den Befugnissen zwischen Polizei und Militär deutlich: Würden die Regierungen die nationalen Polizeiorganisationen hinreichend stärken und im rechtsstaatlichen Sinn professionalisieren, verringerte sich drastisch die Notwendigkeit, das Militär einsetzen zu müssen, wenn die Polizei mit sozialen Konfliktsituationen nicht mehr fertig wird. Läßt man aber die Polizei unterbezahlt, organisatorisch aufgesplittert (vor allem in Brasilien mit der Militär- und Zivilpolizei) und unzureichend ausgebildet, ist in einem Eskalationsprozeß ein frühzeitiger Einsatz des Militärs die notwendige Folge.

In der Zukunft wird der Einsatz des Militärs in erster Linie von den politischen Vorgaben des Präsidenten und erst in zweiter Linie von der Zustimmung des Kongresses abhängen. Es wäre aber übertrieben, in Argentinien einfach von einer Rückkehr zur Situation von 1975/76 zu sprechen, auch dann nicht, wenn man in Rechnung stellt, daß im Krisenfall in Lateinamerika Verfassung, Gesetze und Dekrete nur einen groben Orientierungsrahmen für politisches Handeln und keine verbindliche, von Gerichten, Parlament und Öffentlichkeit jederzeit kontrollierte und durchsetzbare Normen darstellen.

Die Variable 'Zivilgesellschaft'

Bei den Skeptikern, denen es an dem Übergang zu einer authentischen neuen Demokratie fehlte, bestand von Anfang an wenig Vertrauen in die Funktionsfähigkeit der traditionellen politischen Institutionen Regierung, Kongreß, Justiz und Parteien. Sie setzten vor allem auf die gesellschaftlichen Kräfte, allen voran Stadtviertelorganisationen, Gewerkschaften, soziale Bewegungen, Menschenrechts- und Frauenorganisationen, die die "Nachfrageseite" der Demokratie gegenüber dem Staat durch kritische Begleitung und Forderungen nach Rechenschaftslegung (i.S. *von accountability)* stärken sollten.

Realistisch läßt sich vor allem an drei Akteure denken, die eine Überwachungsfunktion gegenüber dem Militär wahrnehmen können, das Parlament, bestimmte zivilgesellschaftliche Kräfte und die öffentliche Meinung.

Der Kongreß und seine Ausschüsse für Inneres und Verteidigung werden hier, auch wenn sie bereits zum politischen Systems i.e.S. gehören, noch zum Rand der Zivilgesellschaft bzw. zu einem "Übergangsfeld" Zivilgesellschaft/politisches System gerechnet, ermöglichen sie doch z.B. durch Anhörungen eine öffentliche Diskussion über zentrale nationale Fragen unter Beteiligung von gesellschaftlichen Akteuren und Experten unabhängiger Organisationen und Institutionen. Wie in dieser Studie gezeigt wurde, waren Gewicht und Reichweite der zuständigen Kongreßausschüsse bei der Formulierung einer Militärpolitik äußerst gering. Es war durchweg die Exekutive, die hier die Initiative ergriff – oder die Zügel locker ließ.

Zivilgesellschaftliche Akteure, die zur Militärpolitik Forderungen aufstellen und diese durch Lobby-Arbeit, Öffentlichkeitsarbeit und Mobilisierung der Öffentlichkeit durchzusetzen versuchen, haben sich in Brasilien nur schwach entwickelt. Ein wichtiger Meilenstein war unter der Diktatur die Kampagne "diretas já!", später die Arbeit von Menschenrechtsorganisationen ("Folter nie wieder") und des Nukleus für Strategische Studien der Universität Campinas/São Paulo. In Argentinien kam es bei einigen Anlässen, vor allem den Militärrebellionen, zu einer solchen Mobilisierung. Die Forderung nach der Untersuchung der Menschenrechtsverletzungen und der Bestrafung der Verantwortlichen durch argentinischen Menschenrechts-NRO erzeugte durch ihre Kontinuität eine "Penetranz" (für die betroffenen Regierungsstellen) und durch ihre gute internationale Vernetzung einen politischen Druck, der weder der effektiven "Stärke" dieser Organisationen entsprach, noch, zumindest am Anfang der neuen Demokratie, auf große Sympathien in der Öffentlichkeit stieß. Erst nachdem der tatsächliche Umfang der Menschenrechtsverletzungen bekannt geworden war, begann die Öffentlichkeit, das Militär deutlich kritischer zu sehen. Einen wesentlichen Anteil hieran haben die argentinischen Menschenrechtsorganisationen, allen voran die Mütter und Großmütter der Plaza de Mayo, deren Proteste schon unter der Diktatur begonnen hatten. Immer wieder verlangten sie mit Bezug auf ihre "verschwundenen" Familienangehörigen: "Lebend habt ihr sie entführt, lebend sollt ihr sie uns wiederbringen."

Am deutlichsten engagierte sich ein großer Teil der Bevölkerung bei der ersten der vier Militärrebellionen zu Ostern 1987. Diese wurde von ihr nicht nur als eine offene Herausforderung der Militärführung angesehen, ein Bild, das die Putschisten zu vermitteln versuchten, sondern als eine Gefährdung der neuen Demokratie. Hunderttausende demonstrierten gegen die Putschisten. Zu diesem Zeitpunkt führte die Krise zu einem hohen Maß an politischer Übereinstimmung zwischen den beiden großen Parteien und der Bevölkerung, zu einem Grundkonsens über Demokratie, der nur selten in der Geschichte des Landes erreicht werden konnte. Leider ging dieser politische Kredit nach der Beendigung des Putsches durch die ambivalente Politik der Regierung Alfonsín weitgehend verloren. Nachdem der Präsident am Ende der ersten und dritten Rebellion erklärt hatte, es hätte keine Zugeständnisse an die Putschisten gegeben, stellte sich später heraus, daß es zu Absprachen zwischen den verhandelnden Militärs beider Seiten gekommen war.

Nach dem Tod des Rekruten Carrasco durch Mißhandlungen seiner Vorgesetzten bildete sich 1994 eine stark ablehnende Haltung der Bevölkerung gegenüber dem allgemeinen Wehrdienst heraus, und es kam kurzzeitig zu einer neuen Debatte über das Militär. Dieser hat Menem rechtzeitig vor den Präsidentschaftswahlen die Spitze genommen, indem er per Dekret die Wehrpflicht abschaffte, unter Murren und verdeckter Kritik einiger hoher Militärs. Allein darin, daß dies in einem so unkonventionellen "Schnellverfahren" möglich war, zeigte sich das unterdessen erheblich gewachsene politische Gewicht der zivilen Regierung und auch Menems als Präsident. Es gibt kaum einen historischen Zeitpunkt in der jüngeren Geschichte Argentiniens, an dem eine so einschneidende Veränderung der Grundlagen der Verteidigungspolitik vergleichbar "leicht" hingenommen worden wäre.

Insgesamt läßt sich daher ein punktuell erheblicher, aber insgesamt eher reaktiver Einfluß zivilgesellschaftlicher Kräfte auf Krisenmomente in den zivilmilitärischen Beziehungen feststellen. Darüber hinaus zeigen die (allerdings unregelmäßig) durchgeführten Umfragen Ende der 80er und in den 90er Jahren, daß die Öffentlichkeit langsam wieder eine positivere Bewertung der Streitkräfte vornimmt (Ausnahme: das Jahr des Todes von Carrasco). Dennoch wünscht sie nicht, daß das Militär eine stärkere Rolle in der Politik spielen. Wenn sich dieses Bild auch in Zukunft als tragfähig erweisen sollte, dann handelt es sich hier um eine wichtige Einstellungsveränderung und um ein gutes Omen für die Demokratie.

Ein "Störpotential" waren in den Augen der für innere Sicherheit Verantwortlichen gewerkschaftliche und andere Sozialproteste. Diese hat es in beiden Ländern als Folge von Strukturanpassungsmaßnahmen gegeben, etwa die Attacken und Plünderungen im Zusammenhang mit zunehmender Verarmung und als Protest gegen die Wirtschaftspolitik Menems, die zu einem umfangreichen Einsatz der Polizei führte. Beeindruckt durch die Ereignisse in Santiago del Estero und in Chiapas/Mexiko, rief der Präsident eine neue Koordinationsabteilung für innere Sicherheit mit der Aufgabe ins Leben, zusammen mit mobil einsetzbaren, spezialisierten Polizeikräften soziale Unruhen zu kontrollieren.

Das Militär in Polizeifunktionen

Ursprünglich hatte die Regierung Alfonsín drastische Normen durchgesetzt, um das Militär von neuen politischen Interventionen fernzuhalten. Wie schon erwähnt, wurde per Gesetz die Zusammenarbeit von Staatsangestellten mit defacto-Regierungen verboten. Das neue Gesetz über nationale Verteidigung sah einen Einsatz des Militärs im Innern nicht vor. Das Gesetz über innere Sicherheit von 1992 erlaubt nur dann einen solchen Einsatz, wenn der Präsident persönlich den Oberbefehl übernimmt, und der Kongreß dem Eingreifen zustimmt. In der gesamten Regierungszeit beider Präsidenten kam es, wie bereits erwähnt, nur bei den Kämpfen um die Tablada-Kaserne 1989 zu einem Eingreifen des Militärs.

Brasilien

Im Nachbarstaat Brasilien war der Einsatz der Armee nicht so selten. Sie wurde mehrfach bei Streiks von Angestellten, besonders in den Staatsraffinerien, sowohl von Sarney wie Cardoso (1996) eingesetzt. Größere Verbände durchsuchten die Favelas in Rio de Janeiro und patrouillierten an den Stränden. Die Resultate blieben aus, und auch die wenigen positiven Wirkungen hielten nur für den Zeitraum des Einsatzes an. Eine Strategie wurde nicht entwickelt. Die entscheidende Aufgabe, eine Strukturreform der brasilianischen Polizeiorganisationen mit den Komponenten Aus- und Fortbildung, bessere Bezahlung, Kontrolle von Korruption und Verhinderung von Übergriffen wurde bisher nicht einmal im Ansatz begonnen. Es wäre eine interessante sozialwissenschaftliche Untersuchung, zu klären, warum in der neuen Demokratie eine Polizeireform über so lange Zeit nicht durchzusetzen war.[246]

Auf der Ebene der Missionsbestimmung haben sich beide Militärführungen für die Option Einsätze auch im Innern eingesetzt, ohne sie jedoch in der Öffentlichkeit ständig zu fordern. In Brasilien wurde bei den Beratungen der Verfassunggebenden Versammlung 1987/88 die Mission der Streitkräfte neu bestimmt. Der Vorstoß einer Abgeordnetengruppe, diese wie in Argentinien auf äußere Verteidigung zu beschränken, wurde nach massivem politischen Druck des Militärs abgelehnt. Immerhin ist der Einsatz des Militärs jetzt von der Zustimmung einer der drei Staatsgewalten abhängig, eine Neuerung im Vergleich zur alten Verfassung, in der sowohl die Verteidigung nach außen wie der Schutz der Institutionen als Aufgaben der Streitkräfte festgeschrieben worden waren.[247]

Bei der Frage, Aufgaben der inneren Sicherheit zu übernehmen, stehen die Militärführungen vor einem Dilemma: Einerseits lehnen sie mehrheitlich einen Einsatz für Polizeiaufgaben zumindest solange ab, wie aus der Schwere der Straftaten nicht eine starke politische Bedrohung für den Staat entsteht, wie etwa bei Guerillaaktionen und organisiertem Drogenhandel, wenn er mehr und mehr die Politik infiltriert. Das Militär will keine Polizeiaufgaben wahrnehmen, denn es perzipiert diese als eine Herabstufung seiner professionellen Kompetenz. Bei der Bekämpfung des Drogenhandels gibt es zwar manchmal unterschiedliche Stimmen innerhalb des Militärs, weil die Bekämpfung des Drogenhandels primär als eine Polizeiaufgabe angesehen wird. Aufgrund der hohen Korruptionsgefahr wird jedoch von einem solchen Einsatz eine erhebliche Bedrohung für die Einheit der Streitkräfte befürchtet.

Andererseits wird die exklusive Bestimmung der Mission *als nationale Verteidigung* aufgrund der neuen internationalen und regionalen Entwicklung

---

246 Vgl. Waldmann 1996b. Zur Polizeireform in Argentinien siehe Pascolo 1997.
247 Das Curriculum der ECEME, der Ausbildungsakademie für Generalstabsoffiziere, sieht 1995 219 von 3.280 Unterrichtsstunden für das Thema innere Sicherheit vor, worunter u.a. die Themen Doktrin der Nationalen Sicherheit und Kommunistische Bewegung in Brasilien fallen (Hunter 1998, S. 311).

(z.B. MERCOSUR) immer schwieriger. Um nicht denjenigen in die Hände zu spielen, die eine Auflösung der Streitkräfte oder die Zurückstufung zu einer Nationalgarde fordern, müssen sich die Militärführungen möglichst flexibel in Bezug auf neue Aufgaben verhalten, ohne aber die Legitimation ihrer *Raison-d'être* durch eine zu schnelle Weigerung, neue Aufgaben anzunehmen, zu untergraben. Eine Erweiterung der Mission auf Aufgaben außerhalb strikt militärischer Funktionen sichert daher den Streitkräften die Möglichkeit, sich auch weiterhin als ein wichtiger politischer Akteur zu artikulieren.

7.4 Ein Beitrag des Militärs zu nationaler Entwicklung?

Der Begriff der "nationalen Entwicklung" setzt an der Vorstellung des Militärs und auch mancher Politiker an, daß das Land durch den Ausbau der Infrastruktur und die Inkorporation vernachlässigter Landesteile, durch Industrialisierung und gesellschaftliche Modernisierung zu einer Spitzenposition auf dem Subkontinent aufrücken sollte. Er entspricht der historischen Erfahrung, daß das Militär an der geographischen "Erschließung" beider Länder entscheidend beteiligt war.

Vor allem die Erfordernisse der Industrialisierung verlangten nach Auffassung nationalistischer Gruppen im Militär danach, Bodenschätze durch den Staat und nicht durch nationale oder gar multinationale Konzerne auszubeuten. In Brasilien war die Bereitschaft weitaus größer, mit ausländischen und multinationalen Firmen zusammenzuarbeiten. Dort existierten und konkurrierten in wirtschaftspolitischen Fragen selbst unter der Militärdiktatur nationalistisch und liberal orientierte Offiziere.

Der Wunsch der Militärführungen, auch weiterhin Aufgaben zur Entwicklung des Landes zu übernehmen, wurde auch in der neuen Demokratie vertreten. In Argentinien war es z.B. der wenig besiedelte und als von Chile bedroht angesehene Süden, der als lohnendes Entwicklungsgebiet angesehen wurde. Aber in den Jahren nach 1985 hat das Militär auf fast allen Gebieten an Ressourcen, Einfluß und Prestige eingebüßt. Zahlreiche staatliche Institutionen, die traditionell unter seine Verantwortung fielen, erhielten zivile Vorgesetze, und staatliche Wirtschaftsunternehmen, bei denen das Militär am Management beteiligt war, wurden privatisiert (in Argentinien z.B. *Aerolinas Argentinas*). Daher sind Aufgaben der nationalen Entwicklung gegenwärtig nicht mehr von Bedeutung.

In Brasilien ist der Einflußverlust schwächer ausgefallen und erstreckt sich vor allem auf den Rückgang der Rüstungsindustrie. Die wirtschaftliche Nutzung und militärische Kontrolle der Amazonasregion ist das letzte, große Entwicklungsprojekt mit einer deutlichen Beteiligung des Militärs. Sie ist für das

Militär ein äußerst sensibles Thema, weil die Region als ein ausgesprochen verwundbares Einfallstor für mögliche Aggressionen der Nachbarländer bzw. von dort aus operierenden Gruppen gilt.

Hier sind vier Motive miteinander verzahnt. Zum einen sieht das Militär die Grenzen des Landes mit Venezuela, Surinam, Bolivien und anderen Ländern als "weich", d.h. als leicht penetrierbar, an. Bei den weitgehend unkontrollierten (und nur mit sehr großem Ressourceneinsatz kontrollierbaren) Grenzen werden besonders Übertritte durch Drogenhändler und Guerilleros als eine Gefahr für die innere und nationale Sicherheit angesehen. Bereits unter Präsident Sarney wurde, wie erwähnt, das Calha-Norte-Projekt entworfen, das auf die Durchdringung der Region mit Militärstützpunkten einschließlich eines umfassenden Radarsystems abzielt. Das mit hohen Kosten verbundene Projekt kam jedoch aufgrund von Finanzierungsproblemen über das Planungsstadium nicht hinaus, scheint aber jetzt von der Regierung Cardoso neu aufgenommen zu werden. Dies ist ein Beleg dafür, daß es für die Militärführung unter demokratisch gewählten Regierungen nicht mehr so einfach ist, eigene, auch vitale Interessen, in Konkurrenz zu anderen Zielen und staatlichen Institutionen, besonders dem auf Sparkurs verpflichteten Wirtschaftsministerium, durchzusetzen.

Zweitens ist das Militär über das erhebliche gesellschaftspolitische Spannungspotential beunruhigt. Neue und alte Landkonflikte haben zwischen indianischen Gemeinschaften, Siedlern, Großgrundbesitzern und Polizei zu erheblichen gewaltsamen Konflikten mit Todesopfern geführt. Mit der ihm eigenen Mentalität sieht es ständig die Gefahr eines schnellen Umschlagens sozialer in politische Konflikte (Bewegung der Landlosen!), die Entstehung neuer Aufstandsgruppen. Präsent sind die Erfahrungen mit der 1966-75 in Araguaia aktiven Guerilla der PCdoB.

Drittens verfolgt das Militär seit Jahren die internationalen Diskussionen über weltweite Umweltbedrohungen mit besonderer Aufmerksamkeit für die Amazonasregion. Vereinzelte Forderungen nach ihrer Internationalisierung wurden von hohen Militärs und Politikern strikt abgelehnt. Für das Militär wird hier unter dem Deckmantel einer globalen Umweltpolitik die Hand auf ein Herzstück Brasiliens gelegt ("Umweltimperialismus"), eine Region, von der es sich besonders die Nutzung der Bodenschätze und der Landreserven erhofft. Dagegen bemüht(e) es sich selbst kontinuierlich darum, bei Fragen der Erschließung und Entwicklung der Amazonasregion institutionell beteiligt zu sein bzw. selbst die Federführung zu erhalten. So standen z.B. Teilprojekte des Pilotprogramms für die Bewahrung der brasilianischen Regenwälder, das von der Regierung, der Europäischen Union und der Weltbank 1991 ins Leben gerufen wurde, unter dem Vorsitz des Sekretariates für Strategische Angelegenheiten (SAE). Es wurde damals von einem Militär (Admiral Flores) geführt; heute steht ein Zivilist an der Spitze (Nitsch 1993, S. 244).[248]

Schließlich erlaubt das breit angelegte Engagement des Militärs in der Amazonasregion, kontinuierlich seinen Beitrag zur nationalen Entwicklung hervorzuheben. Während in der privaten Wirtschaft Militärunternehmen keine Rolle mehr spielen und die Bedeutung der übrigen militärisch kontrollierten Unternehmen deutlich zurückgegangen ist, eignen sich Errichtung und Ausbau von Militärstützpunkten, Infrastruktur und Kommunikation besonders gut, um die eigene politische Bedeutung zu unterstreichen und den Bezug zur nationalen Entwicklung dieses (noch) weitgehend unerforschten Landesteils herzustellen. Es besteht die Gefahr, daß die Begünstigten dieser (normalerweise von zivilen Einrichtungen durchgeführten) Aktivitäten im Militär einen Patron sehen, den sie politisch gegenüber der Regierung unterstützen zu müssen glauben, etwa wenn der armen ländlichen Bevölkerung durch Gesundheits- und Infrastrukturmaßnahmen geholfen wird. So vorteilhaft diese Maßnahmen für die Betroffenen auch sein mögen, besteht bei ihnen die Gefahr, den ersten Schritt zum Aufbau einer Klientelgruppe darzustellen, die zu einem späteren Zeitpunkt als politische Basis vom Militär genutzt werden kann.

Insgesamt kommt diesen Aktivitäten eine zentrale legitimatorische Funktion zu, die – dies muß hier ausdrücklich hervorgehoben werden – von den zivilen Regierungen auch zugelassen und gefördert wird. Um den Gesichtspunkt eines effektiven Einsatzes staatlicher Ressourcen in die Diskussion einzubringen, könnten diese die Position vertreten, daß es eigentlich die Aufgabe ziviler staatlicher Entwicklungsagenturen sei, entsprechende Leistungen zu erbringen. Zur Beurteilung dieser Frage müßten die vom Militär eingesetzten Ressourcen mit denjenigen vergleichbarer ziviler Institutionen verglichen werden.

7.5 Gibt es zivile Partner für Militärinterventionen?

Historisch gesehen gab es drei Partner für das Militär, die seine Interventionen immer wieder unterstützten: politische Parteien, besonders auf dem rechten

---

[248] Die deutschen Durchführungsorganisationen, die Kreditanstalt für Wiederaufbau und die Deutsche Gesellschaft für Technische Zusammenarbeit, erstaunte diese Information: "Das Staatssekretariat hat überraschenderweise den Vorsitz der Regierungskommission erhalten, die für die Klassifizierung des Staatsgebietes in Nutzungszonen zuständig ist. Vorrangig soll das Amazonasgebiet klassifiziert werden. Die globale Raumordnungspolitik wird offensichtlich als 'strategische' Frage behandelt, bei der auch militärische Überlegungen, die in dieses Staatssekretariat einfließen, von Bedeutung sind" (Kreditanstalt für Wiederaufbau (KfW)/Deutsche Gesellschaft für Technische Zusammenarbeit (GTZ) 1992, S. 81; Hervorh. des Vf.). Ich danke Manfred Nitsch für diesen Hinweis.

Spektrum, die auf absehbare Zeit keine Chance hatten, über Wahlen an die Macht zu kommen; rechts gerichtete Organisationen wie *Patria y Libertad* in Chile, die von vornherein auf die politische Unterstützung des Militärs setzten, und keine Absicht hatten, sich Wahlen zu stellen; und schließlich Unternehmergruppen, wenn sie von der Wirtschaftspolitik der Regierung anhaltend enttäuscht waren. Hier ging es vor allem um die Gewerkschaftsfrage, soziale Rechte, Enteignungen und um neoliberale Wirtschaftsgrundsätze.

Die entsprechenden Grundkonstellationen haben sich in beiden Ländern verändert, allerdings in unterschiedlicher Weise. In Argentinien hat die Rechtspartei UCeDé vorübergehend ein erhebliches konservatives Wählerpotential mobilisieren können und damit der Rechten zu einem in der jüngeren Geschichte einmalig starken parlamentarischen Vertretung verholfen. Dann aber gestaltete die PJ nach einem kurzen wahlpolitisch motivierten Populismus unter Menem die Wirtschaftspolitik neoliberal um, wodurch nun ein Großteil der konservativen Themen durch eine der beiden großen Parteien des Landes aufgenommen wurde. Auch in der Militärpolitik wurde, wie gezeigt, ohne Rücksicht auf die öffentliche Meinung, ein Kurs der "Versöhnung" auf Kosten des Rechtsstaates verfolgt, der nach drei Rebellionen die Gefahr für die Exekutive zu einem großen Teil bannte.[249] Damit blieben der Rechten kaum noch Themen, um unter ihren Klientelgruppen für die UCeDé als Partei mit eigenem Profil zu werben; entsprechend sank ihr Wähleranteil bei den Abgeordnetenhauswahlen von 1995 auf 3% ab. Auch in der Wirtschaft hat sich unterdessen die Auffassung durchgesetzt, daß man mit der gegenwärtigen Demokratie leben kann. Solange keine größeren sozialen Unruhen das neoliberale Modell und damit die politische Stabilität in Frage stellen, scheinen nicht-demokratische Allianzen erst einmal der Vergangenheit anzugehören.

In Brasilien hat das seit dem demokratischen Neubeginn ständig im Fluß befindliche Parteienspektrum eine sehr viel geringere Rolle für die Transmission der Interessen der politischen Rechten und der Wirtschaft gespielt, da der direkte Zugang zur mächtigen Bundesbürokratie meist erfolgversprechender war. Zwar gibt es Parteien, wie die *Partido da Frente Liberal* (PFL), die zu einem großen Teil eine solche Interessenvertretung mittragen, aber die Unternehmerverbände und die von ihnen bezahlten Lobbyisten sahen den "kurzen Dienstweg" zur Exekutive und Bürokratie in aller Regel als effektiver an, wobei sie in der Praxis mehrere Kanäle gleichzeitig nutzten, um den politischen Druck zu erhöhen. Die Wirtschaft entwickelte über zahlreiche Kanäle

---

249 Der entscheidende Punkt ist hier nicht, daß es Militärangehörige gab, die weiter putschbereit waren, sondern ob diese innerhalb der Institution Unterstützung oder zumindest eine wohlwollend-passive Haltung der Mehrheit der Offiziere erwarten konnten.

ihren Zugang zur Regierung, um frühzeitig ihre Positionen diskutieren und abstimmen zu können.

Für beide Fälle ist festzuhalten, daß die im Vergleich zur Vergangenheit ungewöhnlich weitreichende Übereinstimmung zwischen Regierungen und Wirtschaft über die Notwendigkeit einer neoliberalen Wirtschaftspolitik und der Öffnung zum Weltmarkt hin, das Potential für Meinungsverschiedenheiten oder gar Spannungen zwischen Exekutive und Wirtschaftsführern stark verringert haben.

7.6 Rüstungs- und Nuklearpolitik

Konventionelle Bedrohungsperzeptionen zwischen den beiden rivalisierenden Regionalmächten waren zwar ein Hauptmotiv für ihre erheblichen Rüstungsanstrengungen, reichen aber allein als Erklärung nicht aus. Entscheidend war der Wunsch, Staat und Gesellschaft in kürzester Zeit zu industrialisieren und zu modernisieren, so daß die notwendigen Ressourcen für eine moderne und tragfähige Rüstungsindustrie verfügbar wären. Die importsubstituierende Industrialisierung war hierfür lange Zeit der weitgehend akzeptierte Entwicklungsweg.

Die Diskussion über den richtigen Entwicklungsweg führte zeitweise zu erheblichen Spannungen innerhalb des Militärs, zwischen liberalen und nationalistischen Offizieren. Die ersten setzten sich für eine Öffnung der Wirtschaft hin zum Weltmarkt ein und bevorzugten die Kooperation mit dem Ausland und transnationalen Konzernen, während die zweite Gruppe vor allem in Argentinien eine staatliche Kontrolle der wichtigsten Industriezweige forderte und sich damit auch durchsetzte (es gab auch in Brasilien einige hohe Militärs, die ähnliche Positionen einnahmen). Sie waren von deren strategischen Bedeutung für das Land überzeugt und müßten daher von der Regierung kontrolliert werden.

In Argentinien wie Brasilien signalisierte der Aufbau der Rüstungsproduktion in den 50er und besonders 60er Jahren eine Stärkung des Zentralstaates und ein zunehmendes Eigengewicht des Militärs innerhalb der politischen Elite. Die Zentralisierung staatlicher Machtmittel erfolgte in Brasilien bereits während der Vargas-Diktatur 1937-45, während der argentinische Staat durch die anhaltende politische Instabilität erst spät eine gewisse, aber keine vergleichbar starke Implementationskapazität erreichte. In beiden Ländern formulierte das Militär frühzeitig sein Interesse an der Ausbeutung strategischer Ressourcen durch den Staat, der als zentraler Motor für die wirtschaftliche und besonders für industrielle Entwicklung gesehen wurde. In Argentinien wurde dies durch eine direkte Kontrolle von Wirschaftsunternehmen durch das Militär abgesichert.

In beiden Ländern versuchte das Militär, in den 70er und 80er Jahren einen differenzierten Rüstungssektor aufzubauen, war damit aber nur in Brasilien zeitweilig erfolgreich. Der Restriktionen der ursprünglich fast ausschließlich von den USA bestrittenen Exporte und der menschenrechtlichen Konditionalitätspolitik unter Präsident Carter müde, suchte man vor allem durch Kooperation und joint ventures mit Europa eine über die Produktion von Kleinwaffen und von Munition hinausgehende Rüstungsindustrie zu schaffen.

Mit der erheblichen und damals zunehmenden Importnachfrage aus dem Nahen Osten, besonders Libyens, Irans und Iraks, ergaben sich für Brasilien optimistische Perspektiven für hohe und steigende Exporte von Rüstungsgütern. Mit der Verschärfung der Spannungen in dieser Region stieg allerdings auch der Druck des Westens, besonders der USA, Waffenlieferungen und die geplante gemeinsame Entwicklung von Mittelstreckenraketen mit einigen Nahostländern einzustellen. Nur widerwillig führte Brasilien schließlich politische Kriterien für seine Waffenexporte ein.

Die politischen Veränderungen im Nahen Osten, vor allem das Ende des Iran-Irak-Krieges, trugen entscheidend zum Rückgang und schließlich zur Stagnation des brasilianischen Rüstungssektors bei. Der zweite Golf-Krieg zeigte angesichts des Einsatzes von High-Tech-Waffensystemen den äußerst begrenzten Nutzen brasilianischer Waffen auf, und zunehmende Finanzprobleme in den Importländern führten zu einem Rückgang der Nachfrage, die von dem strikten Sparvorgaben verpflichteten brasilianischen Staat nicht durch eigene Aufträge ausgeglichen werden konnten. Firmenschließungen und -redimensionierungen waren die Folge.

Der argentinische Rüstungssektor war zu klein, um ohne staatliche Subventionen kostengünstig produzieren zu können. Er band knappe industrielle und Forschungsressourcen und wurde wenig effektiv geführt. Die argentinische Rüstungsindustrie hat aber ebenfalls in bestimmten Bereichen ein hohes Niveau erreicht. Man arbeitete u.a. an dem mittelschweren Panzer TAM, an der Entwicklung der Mittelstreckenrakete Cóndor II und an der nuklearen Option. Zu einschneidenden Veränderungen kam es erst, als die Regierung Alfonsín die Zuständigkeit der drei Teilstreitkräfte für Rüstungsunternehmen auf das vorher eher bedeutungslose Verteidigungsministerium übertrug und damit eine deutliche Machtverschiebung zugunsten der Regierung bewirkte (zur Rolle des Ministeriums siehe Pion-Berlin 1997, S. 107ff., 155ff.).

Präsident Menem machte mit der Entscheidung für eine konsequente neoliberale Wirtschaftspolitik auch vor dem Militär nicht halt. In den letzten Jahren wurden mindestens 27 Unternehmen privatisiert und eine Reihe von Immobilien, darunter das große, bei Buenos Aires gelegene Militärgelände Campo de Mayo, verkauft.

Mitte der 90er Jahre hat sich der im Vergleich zu Brasilien ohnehin kleine Rüstungssektor weiter verringert. Argentinische Rüstungsunternehmen finden sich für die Periode 1990-1994 weder auf der Liste der weltweit größten 100 Rüstungsunternehmen noch unter den 100 wichtigsten Unternehmen der militärischen Luftfahrt (SIPRI 1995, S. 93-95, 485-489).

Unter den 30 größten Rüstungsexporteuren für den Zeitraum 1993-97 steht Brasilien an 22. Stelle, während Argentinien nicht genannt wird. Unter den rüstungsimportierenden Ländern steht Chile an Position 25, Brasilien 22 und Argentinien 41 (SIPRI 1998, S. 300). Während Argentinien nur relativ einfache und "Nischen"-Waffensysteme produziert, blieb Brasilien auch weiterhin ein "full-service"-Waffenproduzent für Produkte der mittleren Technologieebene zu Land, zu Wasser und in der Luft (Acuña/Smith 1994c, S. 208).

Ein zweiter wichtiger Konfliktpunkt war die Frage der militärischen Nutzung der Nuklearenergie. Die wirtschaftliche Bedeutung der Nuklearenergie blieb ökonomisch eher gering. Anfang der 90er Jahre bezog Argentinien 20% seines Stroms aus AKWs, Brasilien dagegen nur 0,5% (Acuña/Smith 1994c, S. 209, Clarín, 15.7.1992). Aber in der Nuklearforschung gelang es Argentinien, in den letzten drei Jahrzehnten zu einem der wenigen Ländern des Südens mit eigenem Know-how zu werden.

Die militärische Option, das Wissen über die Herstellung der Atombombe und die unterschwellige Drohung hiermit, sollte seit den 70er Jahren zu einem wichtigen Datum in den argentinisch-brasilianischen Beziehungen werden. Es wurde zu einem wichtigen Symbol für nationale Macht und für den regionalen Vorherrschaftsanspruch beider Staaten auf dem Subkontinent. Heute hat das Symbol seine Leuchtkraft weitgehend, aber nicht vollständig, verloren. Die brasilianische Marine arbeitet langfristig an der Entwicklung eines nukleargetriebenen U-Bootes, ein Projekt, daß man auch in Argentinien verfolgte, dort aber aufgrund der prohibitiven Kosten aufgegeben wurde.

Beide Staaten weigerten sich lange Zeit, dem Vertrag von Tlatelolco über das Verbot nuklearer Waffen in Lateinamerika von 1967 oder dem Atomwaffensperrvertrag beizutreten, wodurch eine Kontrolle durch die Atomenergiebehörde IAEO nicht möglich war. In Argentinien wie in Brasilien stand die Nationale Atomenergiebehörde unter Leitung der Marine, und es gab Hinweise, daß das Militär an der militärischen Nutzung arbeitet. Daher war es ein großer Schritt nach vorn, als beide Länder 1994 dem Vertrag von Tlatelolco beitraten und Inspektionen durch die IAEO mittels eines eigenen Vertrages zuließen. Diese vertrauensbildende Maßnahme hat zu einer Entspannung im Verhältnis zueinander und mit den USA beigetragen, und die Lieferung von High-Tech-Computern nach Brasilien möglich gemacht.

Die aktive Rolle von pensionierten Militärs in der Wirtschaft ist eine weitere wichtige Variable, da diese sich meist weiterhin als Angehörige der Institution definieren. Zu erinnern ist an die vier von Waisman für Argentinien vorgeschlagenen Wirkungskreise, die von militärischen Wirtschaftsunternehmen über Dual-Use-Unternehmen und nicht-militärische Unternehmen bis hin zu Offizieren in der Privatwirtschaft reichen (Waisman 1986, S. 93f.). Mit der zunehmenden Privatisierung von Staatsunternehmen ist der Einfluß von durch Militärs geführten Unternehmen und auch für Dual-Use-Unternehmen deutlich zurückgegangen; viele wurden verkauft. Dies gilt vor allem für Argentinien. Der Einfluß von Offizieren in der Privatwirtschaft hat in Argentinien mit seinem praktisch aufgelösten militärischen Wirtschaftssektor keine Bedeutung mehr. In Brasilien hat er noch ein gewisses politisches Gewicht, dessen Bedeutung aber vor allem von den sich verändernden Einflußkonstellationen innerhalb der Regierung und zwischen Regierung und Militärführung ausgehandelten Prioritäten abhängt.

Neben der möglichen militärischen Nutzung der Nuklearenergie war die geplante Entwicklung von Mittelstreckenraketen ein Konfliktpunkt im Verhältnis der beiden Länder mit den USA. Nachdem die USA ihren politischen Druck verstärkt hatten, erklärten Menem und Collor 1991, ihre Länder würden auf die Entwicklung von Mittelstreckenraketen verzichten.[250] Obwohl mit Sicherheit an der Weiterentwicklung der Raketen interessiert, mußte das Militär diese Entscheidung hinnehmen. Daß die demokratisch gewählten Regierungen diese Entscheidung gegen den Rat des Militärs treffen und dann auch durchsetzen konnten, ist ein klarer Indikator für ihr unterdessen gewonnenes politisches Gewicht. Aufgrund der Geheimhaltung ist es schwierig, präzise Informationen über die Befolgung dieser Grundsatzerklärung zu erhalten. Immerhin sind Argentinien und Brasilien beide Mitglieder des Missile Technology Control Regime (MTCR), das 1987 ins Leben gerufen wurde. Darüber hinaus gehört Argentinien der 1985 gegründeten "Australien-Gruppe" an, die schärfere Kontrollen für Chemieexporte durchführen will, und Brasilien ist Mitglied des "Zanger-Komitees", einer Organisation, die den Export sensitiver Produkte, die

---

[250] Argentinien und Brasilien entwickelten Raketen mit einer Reichweite von 1.200 km und 4.000 km (Lumpe et al. 1992, S. 31).

die Produktion von Nuklearwaffen durch Nicht-Nuklearmächte ermöglichen würde, zu verhindern sucht (IRELA 1997b, S. 23).

Hier ist nicht allein die Tatsache entscheidend, daß Regierungen einen Versuch zur Kontrolle und sogar Verringerung von Rüstungsproduktion und -export unternommen haben, sondern daß es ihnen möglich war, diese Politik auch durchzusetzen, m.a.W. zentrale Ziele des Militärs der allgemeinen Regierungspolitik unterzuordnen statt ihnen einen exklusiven Rang einzuräumen. Die mögliche alternative Erklärung, dies sei nur durch Konzessionen an die betreffende Militärführung möglich gewesen, überzeugt nicht. Es gibt keine Hinweise auf entsprechende Konzessionen, und bei mangelnder politischer Unterstützung innerhalb des Offizierskorps wäre es vermutlich zu einer innermilitärischen Krise gekommen. Damit zeigen sich deutlich Veränderungen in den strukturellen *patterns* der zivil-militärischen Beziehungen.

Im Nachbarland Brasilien ist eine Veränderung dieser *patterns* jedoch weniger deutlich. Erst schien es, daß Präsident Collor Schritte in Richtung auf eine stärkere zivile Kontrolle des Militärs unternehmen würde, aber nachdem er der Korruption beschuldigt wurde und dann zurücktreten mußte, bemühte sich die Militärführung auf dem direkten Weg zur Exekutive, dem politisch schwachen Präsidenten Franco, ihre institutionellen Interessen zu vertreten. Die Legislative spielte dagegen eine untergeordnete Rolle. Die Bedeutung des Rüstungssektors, hier verstanden als autonome Machtbasis der Streitkräfte, ist seit Anfang der 90er Jahre deutlich zurückgegangen.

In Argentinien hat sich unterdessen die Bedeutung des Rüstungssektors so einschneidend reduziert, daß er nicht mehr als eine autonome Machtbasis angesehen werden kann. In Brasilien hat er noch eine gewisse Bedeutung, ist aber auch dort zu einem sekundären Faktor geworden. In keinem der beiden Länder waren diese Veränderungen Ergebnis geplanter Rüstungspolitik durch die neuen Regierungen oder die Militärführungen. Sie lassen sich vielmehr auf die Veränderungen der internationalen Rahmenbedingungen – die Auflösung des Ostblocks 1989 und der Golfkrieg, der starken Druck der USA, um Rüstungslieferungen an bestimmte Nahoststaaten zu verhindern – und die neoliberale Wirtschaftspolitik mit ihren Komponenten der Verringerung der Staatsausgaben, der Privatisierung von Staatsunternehmen und der sparsamen Haushaltsführung zurückführen. Die Entscheidungen über den Verteidigungshaushalt wurden vom Wirtschaftsministerium, und dort in der zuständigen Abteilung des Finanzsekretariats, getroffen. Verteidigungsministerium und Generalstab der Streitkräfte waren damit bürokratisch weit von dem Entscheidungszentrum entfernt. Beide Präsidenten, Alfonsín und Menem, delegierten die Befugnisse zur Umsetzung ihrer Wirtschaftspolitik an den Wirtschaftsminister und dieser entschied nach den allgemeinen politischen Prioritäten der

Regierung (ausführlich zur inter- und intrainstitutionellen Entscheidungsfindung über den Militärhaushalt Pion-Berlin 1997, S. 107ff., 137).

Bei den gegenwärtigen internationalen und regionalen Rahmenbedingungen ist eine Veränderung im Bereich der Rüstungspolitik unwahrscheinlich, da sich die internationale Nachfrage für Rüstungsgüter verringert hat und weil die von potenten Käufern nachgefragten High-Tech-Produkte von Brasilien nur selten geliefert werden können. Seine Stärke waren und sind auch gegenwärtig die Rüstungsgüter mittleren technologischen Niveaus.

7.7 Außenpolitische, internationale und regionale Einflußvariablen

Während des Übergangs zur Demokratie und auch später waren die internationalen und regionalen politischen Rahmenbedingungen durchweg demokratiefreundlich, während die wirtschaftlichen zu einer erheblichen Belastung des Transitionsprozesses beitrugen (Auslandsverschuldung, Abbau des Protektionismus', Privatisierung). Der Zusammenbruch des Kommunismus in Osteuropa hatte das "Reich des Bösen" (Reagan) beendet und machte es unmöglich, weiterhin gesellschaftskritische Kräfte im eigenen Land mit "Subversion", Kommunismus und durch das Ausland dirigierte Umsturzbestrebungen zu identifizieren. Die Abwehr des Kommunismus war seit dem Zweiten Weltkrieg innen- und außenpolitisch das zentrale – und integrierende – Feindbild in der Hemisphäre gewesen.

Die Hegemonialmacht USA setzte seit Mitte der 80er Jahre auf Demokratisierung und versuchte, die Militärs Lateinamerikas davon zu überzeugen, sich den demokratisch gewählten Regierungen unterzuordnen.[251] Gleichzeitig weckte sie durch ihre Unterstützung für die Abschaffung des Militärs in Panama und in Haiti sowie die Propagierung einer militärischen Bekämpfung des Drogenhandels, die überwiegend als eine Polizeiaufgabe angesehen wird, erhebliches Mißtrauen bei den Militärführungen. Diese vermuten, daß das strategische Ziel der USA die Herunterstufung der Streitkräfte auf das Niveau von Nationalgarden ist.

Regional hat die traditionell in der Konfliktbearbeitung schwache OAS versucht, ihre Bedeutung auf dem Gebieten der regionalen Sicherheit durch neue Initiativen zu erhöhen (vgl. Rojas Aravena 1994a; eher skeptisch zu den Möglichkeiten der OAS Desch 1998). Bereits 1985 hatte sie in einer Änderung

---

251 Ein frühes Beispiel hierfür ist die Rede des Assistenz-Staatssekretärs für interamerikanische Fragen unter Reagan, Elliott Abrams, vor dem Inter-American Defense College im Jahr 1986 (Abrams 1986).

ihrer Charta die Bedeutung der Demokratie für die Stabilität, den Frieden und die Entwicklung hervorgehoben. Auf eine chilenische Initiative hin beschlossen 1991 ihre Mitglieder eine Selbstverpflichtung zur Demokratie in Santiago de Chile. Bei einer Bedrohung der demokratischen Stabilität wurden spezifische Schritte vereinbart, darunter die Einberufung des Permanenten Rates der OAS. Automatische Sanktionen sind nicht vorgesehen, aber die OAS muß Stellung beziehen (Kurtenbach 1993, S. 54). Als Präsident Fujimori 1992 in Peru mit Hilfe des Militärs einen "Selbstputsch" durchführte und den Kongreß sowie die Spitze der Justiz suspendierte, fiel die Reaktion aber eher schwach und unsicher aus. Eilig eingeleitete Verhandlungen mit der OAS erlaubten die Rückkehr Perus in die Organisation, nachdem der Präsident Neuwahlen durchführen ließ, die er erwartungsgemäß gewann. Die Reaktion gegenüber dem Selbstputsch Präsident Serranos ein Jahr später in Guatemala fiel dagegen deutlich härter aus.

In dem 1998 veröffentlichten Verteidigungsweißbuch setzt Argentinien sehr viel stärker als Brasilien auf multilaterale Bemühungen der Vereinten Nationen und der OAS. Hier zeigen sich erhebliche Unterschiede zwischen den beiden Verteidigungskonzeptionen, wobei die brasilianische von 1996 sehr viel kürzer und weniger ausformuliert ist. Während das Argentinien Menems auf eine nahezu lückenlose Identifikation mit der US-Politik, zu der auch der Status eines besonderen Verbündeten der NATO als Nicht-Mitglied gehört, eintritt, hält das brasilianische Militär seit Jahren deutlichen Abstand zu den USA. So steht es einer erneuten militärischen Zusammenarbeit mit den USA eher kritisch gegenüber, unterstützte nicht die Operationen der Alliierten im Golf-Krieg oder die US-Politik in Haiti und zu Kuba.

Brasilien ist strategisch an einer Allianz mit Argentinien interessiert, die durch weitere MERCOSUR-Länder gestärkt werden soll; so kann eine eigene *Potência* errichtet werden. Dem steht jedoch entgegen, daß die argentinischen Positionen zumindest bisher zu stark "US-lastig" sind, auch wenn in dem argentinischen Weißbuch hervorgehoben wird, der Status eines besonderen Verbündeten der NATO bedeute nicht, das Land sei ein militärischer Alliierter der USA und unterstütze automatisch die Positionen der USA (Ministerio de Defensa 1998, Kap. 7).

Die regionalen Integrationsbemühungen im Cono Sur haben einen ambivalenten Einfluß auf die politischen Rollenvorstellungen des Militärs. Zum einen zwingen sie zumindest oberflächlich zur Revision traditioneller Feindbilder, da diese sich nicht mehr mit Vorstellungen über wirtschaftliche Integration vereinbaren lassen. Bisher wurden die vom Militär durch Interpretation historischer Erfahrung gewonnenen Feindbilder einer Bedrohung durch bestimmte Nachbarstaaten immer wieder neu belebt. Für Argentinien war dies vor allem der Erzfeind Chile, und erst sekundär Brasilien, weil dieses Land wirtschaftlich und militärisch deutlich überlegen war und ist. Brasilianische Politiker und Militärs sahen und sehen eigentlich keinen Nachbarstaat als gleichwertigen "Gegner" an. Aber wenn eine Bedrohung für möglich gehalten wurde, so konnte diese aufgrund der alten Rivalität um die Vorherrschaft in Südamerika nur aus Argentinien kommen.

Andererseits ist es zwar prinzipiell vorstellbar, aber zur Zeit wenig wahrscheinlich, daß die Integrationsbestrebungen zu einer immer engeren Zusammenarbeit zwischen den Militärführungen des Cono Sur führen und sich dadurch mittelfristig eine informelle Militärkoalition gegenüber den zivilen Regierungen herausbildet.[252] Sie könnte so ein eigenes politisches Gewicht erlangen und neue Aufgaben subregional für sich zu bestimmen versuchen. Aufgrund der weiterhin stark nationalen Grundorientierungen ist mit einer solchen Entwicklung gegenwärtig kaum zu rechnen.

Immerhin hat der Integrationsprozeß im MERCOSUR zu stärkeren Kontakten zwischen beiden Streitkräften geführt. Die Koordination neuer Aufgaben, besonders bei der Bekämpfung des Drogenhandels und bei den Militärgeheimdiensten, wird weiter zunehmen, und damit könnte in stärkerem Maße ein gemeinsames Interessenfeld entstehen.

Wie fragil die Zusammenarbeit im Cono Sur immer noch ist, zeigte sich, als im August 1997 die USA erklärten, sie würden ihr Waffenembargo für High-Tech-Waffen aufheben, und US-Außenministerin Albright Argentinien den – im übrigen undefinierten – Status eines strategischen Verbündeten der USA verlieh; ein Status, der, wie sie nach ersten kritischen Kommentaren ergänzte, auch für andere Länder offen stände. Sowohl der chilenische Außenminister als auch das brasilianische Außenministerium kritisierten die Aufhebung des Embargos und warnten vor einer neuen Rüstungsspirale, die offensichtlich auch bei zunehmender Integration denkbar ist. Die zunächst sichtbare Konsequenz dieser Initiative, einen Keil zwischen die Mitglieder des MERCOSUR zu treiben – Chile hofft auf eine Mitgliedschaft in der NAFTA – konnte niemandem verborgen bleiben. Auch wenn dies öffentlich bestritten wurde, ist es vorrangiges Interesse der USA, ihr Projekt eines Gesamt-Amerikanischen Marktes *(Free Trade Area of the Americas)* voranzutreiben, bei dem subregionale Zusammenschlüsse wie der MERCOSUR nur stören. Es ist kaum

---

252 Der argentinische Verteidigungsminister Jorge Domínguez vertrat z.B. 1996 in einem Interview die Auffassung, daß eine militärische Zusammenarbeit wie auf wirtschaftlichem Gebiet im Rahmen des MERCOSUR zwar eine mögliche Hypothese für die Zukunft sei, es aber gegenwärtig keinen Fortschritt in diese Richtung gäbe (*El Mercurio* [Santiago de Chile], 1.12.1996).

verwunderlich, daß die USA ihr Projekt voranzutreiben versuchen. Daß es aber so schnell traditionelle Spannungen wiederbeleben konnte, spricht für die anhaltende Fixierung von Regierungen und Militärführungen auf ihre erworbenen und kultivierten Feindbilder. Wie die Bevölkerung dazu steht, bliebe im Einzelfall zu erforschen. In Argentinien hat sie bei einem Plebiszit die vorgeschlagene Lösung des Problems um den Beagle-Kanal mit klarer Mehrheit akzeptiert.

7.8 Vergleichende Beobachtungen zum peruanischen und venezolanischen Fall

Abschließend ist es sinnvoll, die Betrachtung auf zwei weitere Länder zu erweitern, deren aktuellen zivil-militärische Beziehungen in Form kurzer Skizzen vorgestellt werden. In einem Land gelang es dem Militär, zusammen mit dem Präsidenten zu einem dominanten Akteur im politischen System zu werden (Peru), während in dem anderen in einer sozioökonomischen Krisensituation eine Militärfaktion die Absetzung der Regierung plante (Venezuela). Die Diskussion dieser Beispiele wird helfen, die Bandbreite politischer Rollen des Militärs und die zugrundeliegenden Motive über die beiden Fallstudien hinaus klarer zu erkennen und zu bewerten.

In Peru spielte das Militär traditionell eine wichtige Rolle in der nationalen Politik. Seine Doktrin unterschied sich jedoch in den 60er Jahren wesentlich von der in der Region dominanten brasilianischen Doktrin der nationalen Sicherheit. Denn früh hatte man Rückständigkeit und damit auch Entwicklungserfordernisse des eigenen Landes erkannt und eine Beteiligung des Militärs am nationalen Entwicklungsprozeß gefordert. Das deklarierte Ziel lag im lateinamerikanischen Vergleich deutlich mehr auf Entwicklung und weniger auf Repression und Kontrolle der Gesellschaft. Verbunden mit der dem Militär eigenen Skepsis, ja Ablehnung gegenüber den politischen Parteien und ihrer Korruption, putschte es sich 1968 an die Regierung, um die Entwicklung des Landes von oben, u.a. durch eine umfassende Landreform und eine vom Staat organisierte Beteiligung der Bevölkerung (das sog. SINAMOS-System) auf den Weg zu bringen. Tatsächlich wurden unter Generalpräsident Velasco Alvarado einige wichtige Fortschritte erreicht, besonders auf dem Gebiet der Landreform. Bald blieb man aber mit den eigenen bürokratisierten, top-down-Ansätzen stecken. Nicht zuletzt gab es auch innerhalb des Militärs unterschiedliche Faktionen. Mit dem Wechsel zu General Bermúdez war das peruanische Experiment bald zu Ende.

Die politische Öffnung und der Übergang zur Demokratie brachte dem Mann den Wahlsieg, den das Militär 1968 gestürzt hatten: Raúl Belaúnde Terry. Nur zwei Jahre nach seinem Amtsantritt 1980 begann die Guerillagruppe "Leuchtender Pfad" mit dem bewaffneten Kampf, der besonders aufgrund ihrer terroristischen Methoden über zehn Jahre hinweg mehreren zehntausend Menschen das Leben kostete (eine zweite Gruppe, "Tupac Amaru", war militärisch von geringer Bedeutung). Der Staat und besonders das Militär antwortete mit umfassenden Menschenrechtsverletzungen. Mehr als 5.000 Menschen "verschwanden".

Nachdem sich unter Präsident Alán García (1985-1990) die wirtschaftliche und politische Lage drastisch verschlechtert hatte, so daß bereits die Rede war von einem Zerfall des Landes in Gebiete, die noch von der Zentralregierung gehalten wurden, und Regionen, die der "Leuchtende Pfad" kontrollierte, setzte sich bei den Wahlen 1990 unerwartet der Außenseiter Alberto Fujimori gegen den Favoriten, Schriftsteller und Literaturnobelpreisträger Mario Vargas Llosa durch.

Mit der Wahl Fujimoris 1990 zum Präsidenten mutierte die eher elitäre Demokratie zu einem hybriden System, bei dem die traditionellen Elemente zunehmend durch autoritäre ersetzt wurden.[253] Der Präsident hatte sich unmittelbar nach der Wahl für mehrere Monate im Hauptquartier der Streitkräfte einquartiert, keinesfalls nur als Sicherheitsmaßnahme, wie man in Peru zuerst vermutete. Fujimori schmiedete eine Allianz mit dem Oberkommando der Streitkräfte. Die folgenden Ereignisse unterstreichen diese Entwicklung und werden hier nur in Stichworten erwähnt:
- Putsch des Präsidenten gegen den Kongreß und die Justiz 1992, der von einer Mehrheit der Bevölkerung nach glaubwürdigen Meinungsumfragen begrüßt wurde, ging es doch darum, die korrupte Justiz und die unfähigen Parteien auszuschalten; Niederschlagung eines Gegenputsches im November 1992, wobei einige der Anführer von ihren Kameraden und dem heimlichen Geheimdienstchef Montesinos mißhandelt werden.
- Nach wirtschaftlichen Erfolgen wurde der Präsident 1995 mit 64% der Stimmen wiedergewählt.
- Besetzung der Residenz des japanischen Botschafters durch ein Kommando der Guerillagruppe "Tupac Amaru", Geiselnahme im Dezember 1996 und militärische Befreiung im Frühjahr 1997.

Die militärische Beendigung der Besetzung der japanischen Botschafterresidenz ließ in der Bevölkerung die Zustimmung zum Präsidenten auf über 70% hoch schnellen. Im Juli 1997 sank sie jedoch auf 23%. Im Herbst 1997 schließlich sah sich die Regierung Fujimori einem Skandal nach dem anderen gegenüber. Zuerst wurde eine Agentin des Geheimdienstes SIN, Mariella

---

253 Zur politischen Entwicklung und traditionellen Rolle des Militärs siehe Villanueva 1972a,b, 1973, Correa 1989, Valenzuela, R. 1995, Huhle 1995 und Tapia 1997.

Barreto, von SIN-Angehörigen entführt, gefoltert, ermordet, und die Leiche verstümmelt. Kurze Zeit später wurde die SIN-Agentin Leonor La Rosa im Hauptquartier des SIN schwer gefoltert. Durch den Einsatz von Menschenrechtsgruppen konnte sie aus dem Militärkrankenhaus entlassen werden.

Im ersten Fall kam es zur Verurteilung des SIN-Chefs und drei weiterer Offiziere. Im Fall La Rosa dauerte die Untersuchungen der Staatsanwaltschaft an. Da die politische Macht im Land neben Fujimori ganz überwiegend in den Händen des militärischen Geheimdienstes – mit einer geheimnisumwitterten Person, Vladimir Montesinos, an der Spitze – und dem Oberbefehlshaber der Streitkräfte, General Hermoza Ríos, lagen, waren die staatsanwaltschaftlichen Untersuchungen politisch äußerst brisant.

Aber auch die Situation der Justiz war prekär: Nach dem Selbstputsch von 1992 versetzte die Regierung die Justiz und die Generalstaatsanwaltschaft (Ministerio Público) in den "Zustand der Reorganisation". Sie richtete für diese Aufgabe ein Exekutivkomitee ein mit Marinekommandant (!) Dellepiane an der Spitze. Die Kritik an der Justiz und die Reformversprechen brachten der Regierung zunächst Sympathien in der Bevölkerung, für die die Justiz im wesentlichen Langsamkeit, Bürokratismus und Korruption bedeutet(e). Übersehen wurde freilich, daß die politischen Kosten eine immer stärkere Dominanz der Regierung über die Dritte Gewalt waren. Diese intervenierte zunehmend in den politisch bedeutsamen Fällen.

Im Herbst 1997[254] waren aufgrund der Regierungs-"reform" mindestens 70% der peruanischen Richter nur provisorisch ernannt und unterliegen überdies sog. Evaluierungen ihrer Arbeit von außen, die offenkundig auch politisch genutzt werden. Eine Arbeitsplatzsicherheit gibt es nicht und mithin auch keine echte unabhängige Justiz. Der Generalstaatsanwaltschaft wurden wichtige Funktionen genommen und einem weiteren von der Regierung ernannten Exekutivkomitee übertragen. Nachdem drei Richter im Frühjahr durch die Regierungsmehrheit im Kongreß abgesetzt wurden, arbeitete das Verfassungsgericht nur noch mit vier der ursprünglich sieben Richter. Zu politisch brisanten Fragen ernannte die Regierung ad-hoc-Staatsanwälte, die erkennbar Regierungsinteressen "berücksichtigen". Beispiele sind der Versuch, den Fernsehsender "Frecuencia Latina" von Baruch Ivcher, dem die peruanische Staatsangehörigkeit aberkannt wurde, per Gerichtsbeschluß in den Besitz anderer Eigentümer zu überführen, und der Telefonspionage-Skandal.[255]

---

254 Die folgenden Passagen basieren auf Heinz 1997.
255 Im August 1997 berichteten die Medien, daß über tausend Telefongespräche des Präsidentschaftskandidaten Javier Pérez de Cuéllar während des Wahlkampfes 1995 abgehört worden seien. Untersuchungen der Staatsanwaltschaft begannen, und der

Eine Gruppe von Bürgern suchte über ein Referendum, die Möglichkeit einer zweiten Wiederwahl von Präsident Fujimori im Jahr 2000 zu verhindern. Jedoch hatte das in der Verfassung von 1993 vorgesehene Referendum nach mehreren Korrekturen durch die Regierungsmehrheit im Kongreß kaum Aussicht auf Erfolg: Es mußten 1,2 Mio. Wählerstimmen gesammelt werden, deren Authentizität von der *Oficina Nacional de Procesos Electorales (ONPE)* gegen Bezahlung zu bestätigen war. Im Kongreß mußte ein Gesetzentwurf zum Thema des Referendums eingebracht und mit 48 Stimmen unterstützt werden, bevor man mit der Unterschriftensammlung beginnen konnte – eine eindrucksvolle Konstruktion für das offizielle Ziel, die politische Beteiligung der Bevölkerung zu vergrößern. Im Oktober 1998 hat der Kongreß trotz der Existenz der notwendigen Anzahl von Unterschriften die Abhaltung eines Referendums abgelehnt.

Bei der Bekämpfung des Leuchtenden Pfades und des MRTA wurden zahlreiche Personen zu langjährigen oder lebenslanger Haft verurteilt. Eine ad-hoc-Kommission prüft die Fälle, in denen Menschen zu unrecht verurteilt wurden, weil sie unschuldig sind. Nach Angaben der peruanischen Nationalen Menschenrechtskoordination (CNDDHH) wurden von den unschuldig Verurteilten bisher 227 freigelassen; weitere 600 Fälle sind zu klären. Das Internationale Rote Kreuz durfte auch nach dem Besuch seines Präsidenten in Lima im August 1997 die Gefängnisse nicht besuchen. Es werde, so die Regierung damals, eine "Modernisierung der Zusammenarbeit" ins Auge gefaßt. Das Europäische Parlament kritisierte im Juli 1997 die Menschenrechtslage in Peru deutlich und setzte sich u.a. für die richterliche Unabhängigkeit, die Meinungs- und Medienfreiheit ein.

Der Pakt zwischen Präsident und Militärführung hielt bis nach den Wahlen im Jahr 2000, als sich der Präsident zum dritten Mal zur Wahl stellte und diese bei erheblicher Kritik an der Fairness der Wahlen auch gewann. Erst nach der öffentlichen Beschuldigung, der langjährige Geheimdienstkoordinator Montesinos hätte versucht, einen Oppositionsabgeordneten zu bestechen, kam es zu

---

Kongreß debattierte, ob eine Untersuchungskommission eingesetzt werden sollte. Pérez de Cuellar wandte sich an die Interamerikanische Menschenrechtskommission. Zwar wiesen regierungsnahe Politiker die Vermutung, auch hier hätte der nationale Geheimdienst SIN seine Hand im Spiel gehabt, mit dem Hinweis zurück, es sei technisch einfach, mit Handys geführte Gespräche abzuhören. Als man dann aber erfuhr, daß es sich auch um Gespräche von festen Leitungen aus handelte, die nun doch nicht so einfach abgehört werden konnten, wurde es schwierig, diese These aufrechtzuerhalten. In Peru verfügt nur eine Einrichtung über eine entsprechend ausgefeilte Technik, der SIN. Der Abhörskandal verunsicherte auch einige konservative Kreise, einschließlich der Wirtschaft. Ein Unternehmerverband hat sich im Herbst 1997 mit klaren Worten für eine unabhängige Justiz und einen Rechtsstaat in Peru ausgesprochen.

Erschütterungen im Pakt Präsident/Militär. Im November 2000 trat der Präsident zurück.

Venezuela

Venezuela hat nach dem Sturz der Diktatur von General Marcos Pérez Jiménez 1958 keine Bedrohung seiner Demokratie durch das Militär erlebt, auch nicht während der Bekämpfung der castristischen Guerilla in den 60er Jahren.[256] Zwischen 1900 und 1958 hatte nur wenige Monate eine direkt gewählte zivile Regierung amtiert. Die beiden großen Parteien COPEI und AD, Gewerkschafts- und Unternehmensverbände, Kirche und Streitkräfte legten sich in dem 1958 geschlossenen "Pacto de Punto Fijo" auf eine Politik der importsubstituierenden Industrialisierung fest. Der Pakt erwies sich gemeinsam mit dem funktionierenden Zweiparteiensystem und dem auf Ölexport basierenden Ressourcenreichtum des Landes bis in die 80er Jahre als tragfähige Grundlage des politischen Systems. Die Bestimmung der Höhe des Verteidigungshaushaltes führte nicht, wie in anderen Ländern, zu politischen Spannungen zwischen gewählter Regierung und der Armee.[257]

Die Verfassung von 1961 charakterisiert in Artikel 132 die Streitkräfte als eine "apolitische, gehorsame und nicht-deliberative[258] Institution, die vom Staat organisiert die nationale Verteidigung und die Stabilität der Gesetze sicherstellt, deren Einhaltung immer über allen anderen Verpflichtungen steht. Die Nationalen Streitkräfte stehen im Dienst der Republik und nicht einer Person oder von Parteilichkeit" (zit. nach Capriles Ayala/Naranco 1992, S. 220). Sie übernimmt damit weitgehend die Formulierung der alten Verfassung von 1947. Aber die Streitkräfte nehmen auch weitere Aufgaben wahr, wie die logistische Unterstützung für Wahlen, zivile öffentliche Bauvorhaben, Gesundheitsdienst und sogar die Logistik und Überwachung der landesweiten Prüfung zum Eintritt in die Universität (Müller Rojas 1992, S. 52).

Die historischen Erfahrungen des Militärs im Umgang mit der Politik unterschieden sich signifikant von anderen südamerikanischen Ländern, z.B. im Cono-Sur. Es verteidigte unter Präsident Betancourt das Land gegen eine linksgerichtete Guerilla und gegen rechtsgerichtete Diktaturen (der Diktator der

---

256 Zur politischen Entwicklung und zum Militär vgl. Gil Yepes 1988, Agüero 1990, 1993, Müller Rojas 1992, Daniels 1992, Kornblith 1995, und Goodman et al. 1995.
257 Die Gehälter der Militärs entsprechen nach Gil Yepes dem Einkommen der entsprechenden Dienstränge in den USA (Gil Yepes 1988, S. 138).
258 Mit "deliberativ" ist hier im Spanischen nicht eine politische Beratung der Regierung durch das Militär gemeint, sondern es geht darum, daß das Militär in der Öffentlichkeit Regierungsentscheidungen kommentiert und/oder versucht, "im Innenverhältnis" eigene politische Positionen durchzusetzen.

Dominikanischen Republik organisierte z.B. ein Attentat gegen den venezolanischen Präsidenten). Das Militär schützte die Demokratie, wenn auch während eines vom Präsidenten erklärten Notstands, der jedoch nach dem Ende der Guerillaaktivitäten wieder aufgehoben wurde. Diese schwierige Situation der Aufstandsbekämpfung führte aber nicht dazu, daß die Militärführung eine Expansion ihrer politischen Rolle anstrebte – oder daß eine solche vom Präsidenten zugestanden worden wäre (Agüero 1990, S. 263). Über die innere und äußere Sicherheit hinaus suchte und erhielt die Militärführung Aufgaben bei der nationalen Entwicklung[259], bei der Sicherung der Grenzen und dem Aufbau staatlicher Präsenz in Regionen, in denen keine staatlichen Stellen existierten.[260] In den 60er Jahren stellten die Präsidenten Rómulo Betancourt und Rafael Caldera, beide starke Führungspersönlichkeiten, sicher, daß nicht ein Vakuum entstand, das dann in der Sicht des Militärs von ihm selbst hätte aufgefüllt werden müssen.

Gleichwohl gab es auch immer wieder Beispiele für Kritik und Unzufriedenheit innerhalb des Militärführung, etwa an dem parteilichen Einfluß des Kongresses bei der Beförderung der Offiziere zu Obersten und Generälen, an der zu starken Aufsplitterung der Kommandogewalt und Hierarchie zwischen verschiedenen militärischen und politischen Instanzen sowie an dem Mangel an klaren Instruktionen durch die zivile Führung (Agüero 1990, S. 268). Der frühere Verteidigungsminister General Rangel Bourgoin polterte etwa, "es sei kriminell zuzulassen, daß Offiziere mit begrenzten Qualifikationen oder keinen Verdiensten an den vom militärischen System festgelegten Erfordernissen vorbei zu offensichtlichen oder verdeckten Vergünstigungen Zuflucht nehmen, indem sie Ex-Präsidenten, Kirche, politische Führer, pensionierte Generäle, ihren Frauen oder anderen Individuen [benutzen], um ihre Beförderung zu garantieren."[261] Zu den Verteidigungsausschüssen beider Kammern des Kongresses meint der General: "Es ist unzumutbar für uns im Militär, daß kein Mitglied des Verteidigungsausschusses im Militär gedient hat oder irgendeine Ausbildung in Verteidigungs- oder Sicherheitsfragen besitzt. Und dennoch befassen sie sich mit Militär- und Sicherheitsgesetzgebung."[262] Gleichzeitig gelang es dem Militär aber auch, zunehmend einen Puffer zwischen sich und einer effektiven zivilen Kontrolle, etwa in Fragen der Korruption und eines exzessiven Gewaltgebrauchs, zu errichten (Agüero 1990, S. 267). Hierzu gehörte u.a. eine

---

259 Jedoch behauptet Gil Yepes, daß die Verbindung zwischen Sicherheit und Entwicklung in der Praxis kaum eine Rolle spielte, weil es hierfür kein (wahrscheinlich: organisatorisches) Instrument gab (Gil Yepes 1988, S. 135).
260 Bei einem Bummelstreik der Fluglotsen übernahm das Militär im Februar 1995 die Luftüberwachung der zwanzig Flughäfen des Landes.
261 Luis Enrique Rangel Bourgoin, Nosotros los Militares, Caracas 1983, S. 61, 106, zitiert in Agüero 1990, S. 274.
262 Ebda., S. 275.

weitgehende Autonomie in der Nutzung des Militärhaushaltes, fehlende Kontrolle durch den Rechnungshof und die Existenz eines Rechnungsprüfers, der nicht dem Kongreß, sondern dem Präsidenten gegenüber verantwortlich ist (Gil Yepes 1988, S. 136).

Im Frühjahr 1989 setzte die Regierung während des Ausnahmezustandes das Militär gegen die Demonstrationen ein, und es wurden nach Regierungsangaben 276 Menschen getötet[263], viele durch einen exzessiven Gewalteinsatz von Polizei und Militär. Auch bei anderen Gelegenheiten wiederholte sich das typische Bild: Nach General Müller Rojas führte bei allen größeren Unruhen im Jahr 1991 die Inkompetenz der Polizeiarbeit zu einer Intervention des Militärs (Müller Rojas 1992, S. 54).

Nachdem sich die wirtschaftliche Lage drastisch verschlechtert hatte und die hohe Auslandverschuldung die Gläubiger auf den Plan riefen, verlangten diese und der Internationale Währungsfonds einschneidende Strukturanpassungsmaßnahmen. Die Chancen für einen neuen Sozialpakt – lange nach dem Pacto de Punto Fijo – wurden damit zunichte gemacht. Eine neue Allianz oder zumindest lockere Koalition entstand in dieser Krise nicht. Der soziale (Mindest-) Konsens war zerbrochen.

Anfang der 90er Jahre nahmen Massendemonstrationen gegen eine Politik zu, die die langjährige Subventionierung von Grundnahrungsmitteln zurücknahm und auch in anderer Hinsicht die Rolle des Staates, der sich jahrzehntelang über Öleinnahmen weitgehend problemlos finanziert hatte, zurückschnitt. Die sich verallgemeinernde Korruption unter der Regierung von Präsident Carlos Andrés Pérez war ein weiterer Auslöser der Krise. Entscheidend war in erster Linie die Wirtschaftspolitik und ihre sozialen Folgen.

Zutreffend wird im "Jahrbuch Lateinamerika" das Vorfeld der Krise umrissen: "Der weitverbreitete Eindruck, daß die Wirtschaftspolitik der Regierung die soziale Lage der unteren Einkommensschichten zu wenig berücksichtigt, der Gewalteinsatz der Ordnungskräfte bei den Demonstrationen und die neuen Korruptionsaffären hoher Regierungsvertreter haben dem Ansehen des Staates und besonders dem des Präsidenten beträchtlichen Schaden zugefügt" (JB LA 1992, S. 214).

---

263 Zit. in amnesty international 1990a, S. 500. Die wirkliche Zahl der Opfer war wahrscheinlich deutlich höher. Bei Ocha Antich findet sich eine Liste mit den Namen von 396 Toten (Ochoa Antich 1992, S. 160-170).

Nach mehr als dreißig Jahren stabiler Demokratie kam es am 4. Februar 1992 und am 27. November 1992 überraschend zu Militärputschen von Gruppen,[264] die den militärischen Geheimdienst offensichtlich überraschten. Der Februarputsch stand unter der Leitung mittlerer Offiziersränge, von fünf Oberstleutnants. Ihre Aktion läßt sich bis zum Jahr 1987 zurückverfolgen, als die innermilitärische Gruppe COMACATE *(Comandantes, Mayores, Capitanes y Tenientes)* mit Flugblättern von sich reden machte (Capriles Ayala/Naranco 1992, S. 180). Später wurde daraus die Revolutionäre Bolivarianische Bewegung *(Movimiento Revolucionario Bolivariano/MRB)*. Am Putsch waren etwa 10% der Angehörige der Streitkräfte beteiligt. Rd. 100 Menschen verloren ihr Leben. Der Putschversuch wurde von allen wichtigen politischen Kräften des Landes verurteilt. Gleichwohl gab es nach seiner Niederschlagung aus der Bevölkerung auch Sympathiedemonstrationen für die Putschisten.

Am zweiten Putschversuch, im November 1992, nahmen 700 Soldaten und 500 Offiziere teil. Dieses Mal waren auch hohe Offiziere, zwei Admiräle, ein Luftwaffengeneral und ein Oberst im aktiven Dienst beteiligt. Fünf Stunden dauerte der Kampf um den Präsidentenpalast. Zwischen 170 und 250 Tote waren zu beklagen; es wurden auch mindestens 250 Zivilisten festgenommen. Nach dem Scheitern des Putsches flohen 93 Offiziere nach Peru, mit dem Venezuela die Beziehungen abgebrochen hatte. Diese Mal kam es zu keinen Sympathie-Demonstrationen in der Bevölkerung für die Putschisten. Bei einer Umfrage in der Bevölkerung votierten 93% der Befragten gegen den Einsatz von politischer Gewalt, um eine Veränderung der politischen Situation herbeizuführen (*LAWR*, 10.1.1992, S. 1; JB LA 1993, S. 222).

Beide Putschversuche lassen sich als eine späte Antwort auf die schockartigen Strukturanpassungsmaßnahmen der Regierung Pérez und die sich daraufhin verschärfende politische Krise interpretieren. Hier zeigte sich ein Szenario, das auf dem Subkontinent eher selten, aber immer auch möglich, ist: der Schulterschluß einer sich als progressiv und nationalistisch verstehenden Gruppe von Offizieren in Allianz mit einigen gesellschaftlichen Gruppen in deklarierter Solidarität mit der breiten, unorganisierten Bevölkerung, die unter Verweis auf mangelnde soziale Gerechtigkeit, soziale und politische Mißstände die politische Ordnung außer Kraft zu setzen suchen. Im venezolanischen Fall scheint die Bedeutung von ideologischen Fragen, soweit später bekannt wurde, gering gewesen zu sein. Die Putschversuche waren schlecht organisiert, die Rechtfertigungserklärung von November 1992 z.B. wirkt, als sei sie in der letzten Minute hastig zusammengeschrieben worden (abgedruckt in: Ochoa Antich

---

264 Vgl. Capriles Ayala/Naranco 1992, Ochoa Antich 1992.

1992, S. 105-107).[265] Gleichwohl war für die breite Bevölkerung die Kritik an der Wirtschaftspolitik, dem verkrusteten politischen System und der mangelnden Glaubwürdigkeit des Präsidenten glaubwürdig. Präsident Pérez wurde nach Korruptionsvorwürfen seines Amtes enthoben, und Altpräsident Rafael Caldera übernahm die Regierung.

Der Führer des Putsches vom Februar 1992, Oberstleutnant Chávez Frias, wurde 1995 von Präsident Caldera begnadigt. Den Offizieren, die in Peru Zuflucht gefunden hatten, wurde bei Rückkehr nach Venezuela Straffreiheit zugesagt. Vorher hatte Caldera jedoch das Oberkommando austauschen müssen, das eine Begnadigung ablehnte. Bei Verlassen des Gefängnisses wurde Chávez von Hunderten seiner Anhänger empfangen. Er gründete die "Revolutionäre Bolivarianische Bewegung 200" (MBR-200), welche sich die "Verteidigung der Interessen der armen und ausgebeuteten Venezolaner" zum Ziel setzte. Er errang bei den Präsidentschaftswahlen im Dezember 1998 die Mehrheit und wurde neuer Präsident Venezuelas. Sein Kamerad beim Putschversuch, Artillerieoberst a.D. Francisco Arias, auch er von Präsident Caldera begnadigt, war 1996 zum Gouverneur der Erdölprovinz Zulia gewählt worden.

Beide Putschversuche hatten, auch wenn sie mißlangen, eine erhebliche Signalwirkung für das politische System. Sie waren und sind eine deutliche Erinnerung daran, daß strukturelle Reformen von Staat und Gesellschaft überfällig sind und daß extrakonstitutionelle Kräfte bereit sind einzugreifen. Die Umsetzung der Reformziele hat sich als außerordentlich schwierig erwiesen, ist doch der Einfluß traditioneller Parteien mit dem Wahlsieg Chávez' erheblich zurückgegangen. Noch ist unsicher, welche neue Konstellation politischer Kräfte sich um das Projekt Chávez herum – auf Dauer – bilden wird.

---

265 1994 kam es zu einem neuen Hinweis auf Unruhe innerhalb des Militärs. Verteidigungsminister Muñoz León berichtete, der militärische Geheimdienst hätte einen neuen Putschversuch aufgedeckt, an dem mehr als 200 Zivilisten und Militärs beteiligt seien. Eine Organisation "Sociedad Patriótica" hätte ihn vorbereitet (JB LA 1994, S. 210).

8. Schlußfolgerungen

In der Studie wurde nach Position und Einfluß der neuen Zivilregierungen gegenüber möglicherweise weiter bestehenden Versuchen des Militärs, auf eine Reihe von Politikfeldern, darunter Verteidigungspolitik, innere Sicherheit und Rüstungsproduktion, in dominanter Form Einfluß zu nehmen, gefragt. Hatten sie hierfür Konzepte, such(t)en sie diese gegebenenfalls durchzusetzen und welchen Handlungsspielraum konnten sie hierbei erobern? Inwieweit hat auch das Militär eigene Konzepte zu seiner Rolle in der neuen Demokratie entwickelt und versucht, diese mit zivilen Partnern als Alliierten durchzusetzen? In diesem Schlußkapitel sollen nun Leitfragen und Hypothesen (Kap. 2.2) beantwortet und die Ergebnisse zu vier Szenarien fortentwickelt werden.

8.1 Ist die Demokratie außer Gefahr?

Politische Interventionsversuche des Militärs in Lateinamerika traten in den letzten Jahren im wesentlichen in drei Formen auf: Sturz des politisch nicht genehmen Präsidenten durch die Militärführung (Haiti; erfolglos: General Oviedo in Paraguay[266]), Putsch des Präsidenten mit Unterstützung des Militärs gegen Kongreß, Justiz und Parteien (Fujimori 1992, erfolglos: Präsident Serrano Elías in Guatemala) sowie Putsch- und Pressionsversuche mittlerer Dienstränge gegenüber dem Oberkommando und der Regierung (vor allem: Argentinien 1987, 1988, 1990; Venezuela 1992).

In der ersten Hypothese (vgl. Kap. 2.2) wurde behauptet, daß während der Transition und der darauf folgenden Jahre weder eine echte, an demokratischen Grundsätzen orientierte Neugestaltung der zivil-militärischen Beziehungen stattgefunden hatte noch eine effektive politische Kontrolle der demokratisch gewählten Regierungen über die Streitkräfte etabliert wurde. Als Interventionsbereitschaft war in Kap. 2.3 definiert worden (a) die Drohung, mit Gewalt die Macht zu übernehmen, (b) politische Pressionen unterhalb der Schwelle einer Putschandrohung oder (c) der Versuch, zivil-militärische Koalitionen mit Politikern oder gesellschaftlichen Kräften aufzubauen, um politischen Druck auf die gewählte Regierung auszuüben.

Tatsächlich kam es in Argentinien und Brasilien nach dem Übergang zur Demokratie zu keiner Neugestaltung der zivil-militärischen Beziehungen. Dies gilt besonders für Brasilien, wo sich die Politiker von vornherein nicht für dieses schwierige, aber essentielle Politikfeld interessiert haben. Dagegen

---

[266] Zu den Hintergründen vgl. Valenzuela 1997. Während der Krise bot Präsident Wasmosy an, sein Amt ruhen zu lassen und General Oviedo als Verteidigungsminister in das Kabinett aufzunehmen.

wurden in Argentinien gleich zu Beginn ernsthafte Schritte unternommen, aber die Regierung Alfonsín geriet bei ihrem Versuch einer Militärreform zunehmend in Konflikt mit ihrem anderen politischen Ziel, die Hauptschuldigen für Menschenrechtsverletzungen zur Verantwortung zu ziehen.

Für Brasilien muß mit Blick auf die drei genannten Formen militärischer politischer Einflußsuche für die Anfangsjahre der Demokratie von einem klaren Fall wiederholter Interventionen in die Politik gesprochen werden, auch wenn diese nicht bis an die Schwelle einer direkten Putschandrohung heranreichten. Erklärungen hoher Militärs zur Regierungspolitik in der Öffentlichkeit wurden zwar in Politikkreisen und den Medien auch kritisch kommentiert, aber die Tatsache der öffentlichen politischen Äußerung selbst führte, abgesehen von der politischen Linken, zu keinen ablehnenden Reaktionen im politischen Meinungsfeld.

In Argentinien ist nach der letzten, vierten Rebellion von 1990 die Interventionsbereitschaft des Militärs in allen drei Formen deutlich zurückgegangen. Diese Entwicklung ist jedoch nicht einer umfassenden Militärreform geschuldet, sondern vor allem als Konsequenz ökonomisch diktierter und legitimierter Einschränkungen des Militärhaushalts zu interpretieren. Diese mußten und konnten politisch durchgesetzt werden im Rahmen der bewußt nicht konfrontativen, sondern um Kooperation bemühten Militärpolitik der Regierung Menem (erinnert sei nur an den Gnadenerlaß für die Verurteilten von 1985 und die Militärrebellen). Auf dieser politischen Basis konnte dann in der zweiten Amtsperiode das Verteidigungsweißbuch von 1998 erarbeitet werden. Ende der 90er Jahre ist die Gefahr eines Putsches oder auch nur erheblicher politischer Pressionen weitgehend als gebannt anzusehen.

Mit Huntington war zwischen subjektiver und objektiver ziviler Kontrolle unterschieden worden, wobei unter der ersten die Unterstützung eines Teils des Militärs für eine bestimmte politische zivile Gruppe, eine Institution oder für politische Interessen, und zwar freiwillig oder von der zivilen Seite gesucht und organisiert, verstanden wurde. Mit objektiver ziviler Kontrolle war die Anerkennung der Autonomie des militärischen Berufs beschrieben worden.

Wenn man dieses Konzept auf Argentinien anwendet, wird deutlich, daß Präsident Alfonsín die subjektive Kontrolle privilegierte. Einer seiner ersten Entscheidungen als Präsident war die Pensionierung aller Generäle der Diktatur, um selbst die neuen Leitungen der Teilstreitkräfte zu berufen. Dieses Vorgehen konnte die unmittelbare zivile Kontrolle sichern, aber nicht das bereits existierende und sich verschärfende Loyalitätsproblem der mittleren gegenüber den hohen Dienstgraden lösen. Die gleichzeitig verfolgte Menschenrechtspolitik erschwerte dann zusammen mit weiteren Variablen die parallele Durchsetzung beider Ziele. Die Erfolgschancen für die Durchsetzung einer objektiven zivilen Kontrolle im Huntingtonschen Sinn waren angesichts der politischen Ausgangskonstellation 1982/83 gering zu veranschlagen, denn eine echte Professionalität war von der Militärführung der Diktatur dem Syndrom systematischer Menschenrechtsverletzungen ("schmutziger Krieg"), der selbst im lateinamerikanischen Vergleich überdurchschnittlich hohen Korruption des Militärs während der Diktatur und der defizitären Organisation im Krieg von 1982 mit England geopfert worden.

In Brasilien stellte sich das Problem grundsätzlich anders dar. Präsident Sarney hatte selbst keine Probleme, mit dem Militär eng zusammenzuarbeiten, und unternahm gar nicht erst den Versuch einer effektiven zivilen Kontrolle des Militärs. Hierzu kam es nur ansatzweise unter Präsident Collor, dem nach dreißig Jahren zum ersten Mal wieder direkt gewählten Präsidenten. Er versuchte, seine Befugnisse als Oberbefehlshaber auch in eine deutlich zivil bestimmte Militärpolitik umzusetzen. Beispiele hierfür sind die Verringerung des Verteidigungshaushalts, die Auflösung des SNI und die Wiederannäherung an die USA auf der Basis von Konzessionen wie dem Nuklearprogramm. Hier lassen sich klare Ziele identifizieren, aber seine Probleme in der Wirtschaftspolitik, und später das Amtsenthebungsverfahren wegen Korruption machten diesem Versuch einer stärkeren Kontrolle bald ein Ende. Sein Nachfolger Franco war nach einem kurzen Höhenflug in der öffentlichen Gunst bald bereit, mit der Zunahme seine politischen Probleme (zurückgehende politische Unterstützung im Kongreß) auf die Wünsche des Militärs einzugehen. Mit Cardoso ist zum ersten Mal ein Präsident im Amt, dem es zu gelingen scheint, vorsichtig, aber stetig, eine klare zivile Suprematie über das Militär herzustellen. Es bleibt jedoch vorläufig unsicher, ob hierfür vor allem die starke, kompetente Persönlichkeit des Präsidenten verantwortlich ist, oder ob auch dauerhafte Strukturen verankert werden, die auch seinen Nachfolgern die Fortführung dieser Politik möglich machen – immer vorausgesetzt, der politische Wille ist bei ihnen vorhanden.

Dem Militär in Brasilien gelang es bisher, ein im lateinamerikanischen Vergleich ungewöhnlich hohes Maß an Autonomie gegenüber Regierung, Kongreß, Justiz und Gesellschaft aufrechtzuerhalten. Weder 1985, dem Zeitpunkt des Übergangs zur Demokratie, noch gegenwärtig gibt es ein erkennbares Interesse der politischen Parteien (mit Ausnahme der PT) oder gesellschaftlicher Gruppen an einer Reform des Militärs. Ob aus einer frühen Resignation heraus, Veränderungen ließen sich ohnehin nicht bewirken, aus mangelnder Kompetenz oder aus fehlendem Interesse, lange Zeit ist es zu keinem ernsthaften Versuch gekommen, mit Ausnahme des vorgestellten verteidigungspolitischen Konzepts von Präsident Cardoso von 1996, das freilich auf allgemeine

Ziele abstellt, und der Einrichtung eines von einem Zivilisten geführten Verteidigungsministeriums im Januar 1999. Damit beginnt sich das Bild zu wandeln.

Die zweite Hypothese ging von einem engen Zusammenhang zwischen Transitions- und Konsolidierungsprozessen in den 80er und besonders 90er Jahren und dem neoliberalen Wirtschaftsmodell aus. Es war vermutet worden, daß sich die Imperative der neoliberalen Wirtschaftspolitik, vor allem der Zwang, Aufgaben des Staates in erheblichem Maß zu verringern, auch auf den Militärhaushalt auswirken und zu Veränderungen im Auftrag der Streitkräfte, der sog. Mission, führen würden.

Die Hypothese wird im argentinischen Fall in erheblichem Umfang bestätigt. Das Militär sah offensichtlich keinen anderen Ausweg, als sich diesen Imperativen zu unterwerfen. Während man den Umfang der Streitkräfte um zwei Drittel verringerte, einen großen Teil der Militär-Immobilien verkaufte und die meisten Wirtschaftsunternehmen des Militärs privatisierte, wurden in Brasilien die Streitkräfte vergrößert und modernisiert. Zwar mußten auch hier Rüstungsunternehmen schließen bzw. privatisiert werden, aber die Veränderungen blieben insgesamt beschränkter und waren vor allem strukturell weniger tiefgreifend als im Nachbarland.[267]

In der korporativen Interessenvertretung gegenüber der Exekutive war die Spitze des Militärs in Brasilien nur beschränkt effektiv. Schon unter der Militärdiktatur war die Erhöhung der Gehälter und des Militärhaushaltes im Vergleich äußerst gering. Stepan vertritt sogar die Auffassung, daß die mangelnde Durchsetzungsfähigkeit ein wichtiger Faktor für die Rückkehr zur Demokratie gewesen sei. Der damalige Kommandant der ESG, Admiral Amaral Oliveira, betonte ihm gegenüber:

"Wir verlieren technische Leistungsfähigkeit. Wir spielen jetzt eine große Rolle in der internationalen Wirtschaft, aber wir haben keine Möglichkeit, unsere Macht außerhalb von Brasilien zu projizieren [...] Es ist schwer, eine Militärregierung um Unterstützung zu fragen, denn wir sind die Regierung. Es wird für das Militär einfacher sein, seine legitimen Forderungen gegenüber einer von einem Zivilisten geführten Regierung vorzubringen." (zit. in Stepan 1988, S. 57)

Kritisch ist indessen die Art und Weise zu bewerten, wie zivile Regierungen vom Militär "überzeugt" wurden, seine korporative und professionelle Forderungen "ernst" zu nehmen. Besonders bei den Regierungen Collor und Franco wurde deutlich, daß das Militär eine weitgehende Unterordnung unter eine

---

267 Das brasilianische Verteidigungsministerium plante z.B., bis zu 150 F-16-Flugzeuge zu kaufen, aber aufgrund von Finanzierungsproblemen glauben Experten, daß dies erst ab dem Jahr 2001 möglich sein wird (IRELA 1997a, S. 5).

zivile Regierung nur so lange akzeptierte, wie es sich um eine starke, effiziente Regierung handelte. Es tendierte aber dazu, Konzessionen zu verlangen, wenn die Regierung Fehler machte, und aus Schwäche, vor allem wenn die Mehrheit im Kongreß unsicher war, auf seine Unterstützung angewiesen zu sein glaubte. Das entstehende Vakuum wurde dann von der autonomen Institution Militär "gefüllt". Hunter stellte zurecht fest, daß die durchgesetzten Gehaltserhöhungen, Folge des ausgeübten politischen Druckes, es auch noch für diese Vorgehensweise belohnten (Hunter 1994b, S. 646). Das politische Gewicht der Streitkräfte und seine im Vergleich zum südlichen Nachbarland sehr viel stärkere institutionelle Orientierung läßt es als eher unwahrscheinlich erscheinen, daß sich die neuen Regierungen über eine subjektive zivile Kontrolle hätten durchsetzen können.

Darüber hinaus beeinflußte die Existenz und Entwicklung des Rüstungssektors in zweifacher Weise eine mögliche politische Rolle des Militärs. Er wirkte unmittelbar auf die Wirtschafts- und besonders Industriepolitik ein, da es sich um einen High-Tech-Wirtschaftssektor handelt, der knappe Forschungs- und Entwicklungskapazitäten bindet und kostenintensiv eigene Kapazitäten schafft, die als Staatsunternehmen nicht den üblichen privatwirtschaftlichen Rationalitätsüberlegungen unterworfen sind. Die hiermit verbundene Verfügungsgewalt über Wirtschaftsunternehmen kann aufgrund der Stellung dieser Unternehmen in der Industrie, der Beschäftigung meist pensionierter Offiziere als Manager und durch die Etablierung internationaler Kontakte über Rüstungsexporte die Machtbasis über das institutionelle Gewicht hinaus erweitern helfen. Jedoch ist der Zusammenhang zwischen der Verringerung des Militärhaushalts und einer Neubestimmung einer Mission nicht so klar, wie in der zweiten Hypothese behauptet wurde.

Zu der zentralen Frage nach einer angemessenen Mission der Streitkräfte war in der dritten Hypothese vermutet worden, daß die ohnehin nach dem Ende des Ost-West-Konflikts bestehenden Irritationen über die zukünftige Mission der Streitkräfte durch die neuen Integrationsbemühungen in Lateinamerika weiter verschärft würden, da zunehmend jede Klarheit fehlt, gegen welchen Feind eigentlich ein nicht unbeträchtlicher Militärapparat in Stellung gebracht wird. Eine klare Missionsbestimmung könne gegenwärtig weder die Politik noch die Institution bereitstellen.

Die Untersuchung bestätigt für den überwiegenden Zeitraum die Hypothese. Soweit Versuche der Militärführung bekannt wurden, die eigene Mission zu bestimmen, ist es in keinem der beiden Länder zu einer klaren Definition der Mission gekommen. Indessen haben beide Regierungen Konzepte vorgelegt, so die Regierung Cardoso 1996 ein Verteidigungskonzept, in dem Ziele und Bedrohungsanalysen in allgemeiner Form definiert werden, ein wichtiger erster

Schritt, ohne daß daraus eine klare, differenzierte Missionsbestimmung hervorgehen würde. In Argentinien hat das 1998 veröffentlichte Weißbuch die Grundlagen der Verteidigungspolitik und Aufgaben klarer definiert. Auswirkungen dieser Überlegungen auf die weitere Entwicklung des Militärs als Institution, etwa die Ausbildung für UN-Blauhelmeinsätze, sind nachweisbar.

Unter den verschiedenen möglichen Missionen ist für das argentinische Militär vorrangig die externe Verteidigung zu nennen, mit einer zusätzlichen Rolle in der inneren Sicherheit, wenn die Polizeikräfte durch Herausforderungen überwältigt werden, und bei der Bekämpfung des Drogenhandels (Logistik). Im Unterschied hierzu wurden in Brasilien in der neuen Verfassung von 1988 die Funktionen äußere und innere Sicherheit (auf Anforderung von Exekutive, Legislative oder Judikative) festgeschrieben. Weiterhin ist eine klare, von den gewählten Regierungen akzeptierte Rolle in der nationalen Entwicklung/civic action zu nennen. In beiden Ländern werden UN-Blauhelmeinsätze als eine zusätzliche, sekundäre Aufgabe akzeptiert, wobei sie jedoch Argentinien eine wesentlich größere Bedeutung hatten als in Brasilien. Dies dürfte im wesentlichen auf die Notwendigkeit zurückzuführen sein, ein neues Prestige der Streitkräfte nach der Diktatur aufzubauen und die außenpolitischen Beziehungen mit den USA enger zu gestalten; nicht zu unterschätzen ist auch der professionelle Kontakt mit Militärorganisationen anderer Länder.

8.2 Demokratische Konsolidierung und Rollenpotentiale des Militärs

Nach der jahrzehntelangen Erfahrung mit Zyklen von Demokratie und Diktatur stellt sich die Frage, welches Gewicht die Konsolidierungsprozesse erreicht haben. Handelt es sich erneut nur um einen Ausschlag des bekannten Zyklus, oder ist es dieses Mal wahrscheinlich, den Zyklus endgültig hinter sich zu lassen, weil Bevölkerung und Politiker dieses Mal eine unumkehrbare Entscheidung für die Demokratie getroffen haben und an ihr auch festhalten werden, wenn schwerwiegende soziale Probleme weiterbestehen? Eine solche, auf die Zukunft gerichtete Diskussion muß spekulative Züge haben, denn die geringe Prognosefähigkeit der Politikwissenschaft ist bekannt, wobei die Analysen für die Entwicklung realitätsnaher Szenarien genutzt werden können. Nohlen verweist in diesem Zusammenhang auf das grundsätzliche Problem der engen Grenzen generalisierender Erklärungsversuche, da "mit dem Grad der angestrebten Komplexität auch die Zahl der zu berücksichtigenden historischen Kontingenzen steigt" (Nohlen 1997a, S. 124). Gleichwohl, mögliche, begründete Szenarien lassen sich durchaus entwerfen (vgl. Kap. 8.3).

Gegenwärtig lassen sich fast alle politische Systeme des Subkontinents mit der Ausnahme von Kuba als Demokratien charakterisieren. Einige von ihnen sind eher fragil (Peru, Kolumbien und der Sonderfall Mexiko), andere auf dem Weg sich zu konsolidieren. Im Unterschied zu der Situation in den 70er und zu Anfang der 80er Jahre existieren keine internationalen Kräfte mehr, die autoritäre Regime fordern und fördern. Die USA und die OAS verfolgen deutlich den Kurs, demokratische Systeme zu unterstützen und Rückfälle zu verhindern. Zwar unterscheiden sich innergesellschaftlich die Machtkonfigurationen von Land zu Land, und in wenigen Fällen mag es noch Akteure geben, die eher für autoritäre Lösungen politischer oder wirtschaftlicher Konflikte eintreten, aber insgesamt ist ein weitreichender Konsens über Demokratie als der einzig legitimen Regierungsform unverkennbar. Dies zeigen auch die Ergebnisse der zunehmend systematisierten Umfrageforschung in Lateinamerika. In der Wissenschaft überwog längere Zeit die Auffassung, die Demokratisierungsprozesse der 80er Jahre hätten zum Aufbau dauerhafter Demokratien geführt und strukturelle Gefährdungen seien unterdessen unwahrscheinlich. Dies hat sich jedoch in jüngster Zeit geändert, und jetzt stehen zunehmend die Analysen struktureller Demokratiedefizite im Vordergrund.

Für eine angemessene Bewertung der Redemokratisierung hat sich der Rückgriff auf eine rein prozedurale Demokratiedefinition als unzureichend erwiesen. Sicher, die Forderung nach Ablösung der Militärdiktaturen drückte sich z.B. in Brasilien schon 1984 in der Kampagne für Direktwahlen aus, aber gleichzeitig verlangt der Einfluß weiterer Variablen nach einem breiter angelegten Demokratiebegriff.

Als erster Punkt ist die Gefahr zu nennen, daß Vertreter des alten autoritären Systems versuchen könnten, ihren politischen Einfluß in das neue System hinüberzuretten. Zum Zeitpunkt der Transition stand das zentrale Interesse der Militärführung im Vordergrund, ihre historisch erworbene institutionelle Autonomie (in einem umfassend verstandenen Sinn) nicht antasten zu lassen. Hierbei ging es nicht nur um den Einfluß auf Entscheidungen über Höhe und Verteilung des Militärhaushaltes, Beförderungen, über die Beibehaltung der militärisch geführten Wirtschaftsunternehmen, sondern auch um eine institutionalisierte Form der Einflußnahme auf die Politikformulierung in relevanten Teilbereichen der Innen-, Außen-, Wirtschafts- und Industriepolitik.

In den Fallstudien konnte weiter gezeigt werden, daß die Vereinbarungen während der Transition (Brasilien) bzw. ihr Fehlen (Argentinien) einen stark determinierenden Einfluß auf die Transition hatten, so daß zumindest in den Jahren nach den ersten freien Wahlen sog. exklusive politische Domänen (Valenzuela) unter militärischer Kontrolle weiter existierten. Hiermit war zwar die formale Demokratie nach dem Amtsantritt des zivilen Präsidenten wiederhergestellt, aber die Regierungen nahmen ihre zentrale Aufgabe, die Kontrolle und Unterordnung der Militärführung unter die gewählte Regierung herzustellen, nicht (Sarney) oder nicht hinreichend (Alfonsín) wahr. Wie die Diskussion der historischen Dimensionen der Evolution der militärischen Institution zeigt, hat das angelsächsische Verständnis strikter ziviler Suprematie keine Fundierung in beiden Staaten erreichen können. Sie läßt sich auch durch ausländische Demonstrationseffekte nicht kurzfristig einpflanzen.[268]

In Brasilien konnte das Militär seine institutionell-autonome Position weitgehend bewahren. Zwar hatte Präsident Collor bereits sporadisch mit der Auflösung des SNI eine erste Schwächung versucht, aber erst unter Präsident Cardoso scheint es nun zu gelingen, das Militär in seiner nach wie vor starken politischen Rolle zurückdrängen. Die Veränderungen gingen hier vor allem auf Prozesse innerhalb der politischen und militärischen Elite zurück. Politischer Druck der Bevölkerung und durch zivilgesellschaftliche Akteure hatte nur einen geringen und vorübergehenden Einfluß. In Argentinien waren die entscheidenden Faktoren die Massenmobilisierung während der ersten Militärrebellion 1987 und das kontinuierliche, konfrontative Auftreten der Menschenrechtsorganisationen, von denen einige aber mit der Zeit an Sympathien in der Bevölkerung und damit an politischem Gewicht verloren. In Brasilien kam es zumindest in einigen Fällen zu kritischen Veröffentlichungen über Fälle von Militärs, die von Politikern in neue Positionen berufen worden waren oder berufen werden sollten und über die Hinweise auf die Beteiligung an Menschenrechtsverletzungen vorlagen. Ihr Einfluß auf Ernennungen war jedoch äußerst begrenzt.

Auffällig für das brasilianische politische System sind weiter bestehende erhebliche Strukturschwächen. Hierzu gehört vor allem ein präsidentielles System, in dem der Präsident in der Regel einem mehrheitlich feindlichen Kongreß gegenübersteht und daher in Versuchung kommen muß, sowohl über provisorische Maßnahmen zu regieren als auch beständig nach politischer Unterstützung außerhalb der Legislative, vor allem bei Militär und Wirtschaft, zu suchen (Ausnahme: die Regierung Cardoso).

Verschärft wurde dieses Problem durch die bisher begrenzte Zahl von fähigen, glaubwürdigen politischen Führungspersönlichkeiten an der Spitze, die bei einem so großen Land wie Brasilien erstaunlich ist. Tatsächlich mußten immer wieder offenkundig schwache Vizepräsidenten die Hauptlast der Amtszeit tragen (Goulart, Sarney, Franco), ein Präsident trat zurück, ohne der Öffentlichkeit klar seine Motive zu erklären (Quadros), ein anderer wegen Korrup-

---

268 Die Friedrich-Naumann-Stiftung versuchte z.B. Mitte der 80er Jahre durch Besuche von Militärs wie General a.D. Wolf Graf von Baudissin, dem argentinischen Militär das deutsche Konzept der inneren Führung und des Staatsbürgers in Uniform näher zu bringen.

tionsvorwürfen (Collor). Auch unter den Militärs war z.B. Figueiredo eine ausgesprochen schwache politische Führungspersönlichkeit. Der Fall eines direkt gewählten Präsidenten, der seine Amtszeit beenden konnte, ist selten. General Dutra und Kubitscheck waren die einzigen historischen Beispiele *in den letzten 50 Jahren.*

Autoritäres System oder konsolidierte Demokratie?

Trotz umfassender theoretischer Diskussion gibt es bisher keine klare Grenzziehung, wann ein politisches System als eine konsolidierte Demokratie bezeichnet werden kann. Im Gegenteil, der Begriff der konsolidierten Demokratie wird zunehmend in Frage gestellt (O'Donnell 1998a, Schedler 1998).

Die Beurteilung, ob und in welchem Umfang sich bei den neuen Demokratien von einer Konsolidierung sprechen läßt, erfordert, wie in Kap. 1.2 dargelegt, die Zugrundelegung eines angemessenen Demokratiebegriffs. Das politische System und auch die Praxis beider Länder entsprechen gegenwärtig, wenn auch in unterschiedlichem Maß, den Minimaldefinitionen von Demokratie, wie sie z.B. von Diamond, Linz und Lipset sowie von Tetzlaff formuliert wurden. Es findet ein regelmäßiger und gewaltfreier Wettbewerb zwischen Einzelnen und Gruppen um alle mit Einfluß verbundenen Positionen staatlicher Macht statt (Diamond/Linz/Lipset 1989, S. XVI), fundamentale Menschenrechte sind zumindest nach Verfassungs- und Gesetzesnormen gewährleistet, und selbst das Tetzlaffsche Kriterium der "Rechtsbindung der Politik, die ein institutionelles Minimum an Gewaltenteilung und Machtkontrolle voraussetzt" ist weitgehend erfüllt, wobei Argentinien hier erhebliche Schwächen aufweist, die auch nach Jahren der Demokratie nicht geringer wurden.

In der politischen Wissenschaft wird traditionell zwischen drei Formen politischer Herrschaft unterschieden: die mehr oder weniger als konsolidiert bezeichneten Demokratien, zu denen die westlichen Staaten und einige wenige Länder des Südens gerechnet werden, die totalitären Systeme mit der Stalinschen UdSSR, Hitlerdeutschland und dem maoistischen China als Hauptvertretern (gegenwärtig in Asien nur noch Nordkorea), und, typologisch dazwischen liegend, die große Bandbreite sog. autoritärer Regime, die Mitte der 90er Jahre noch in der Hälfte der Entwicklungsländer anzutreffen waren (Nohlen 1997b, S. 67).

Linz definiert als autoritär "politische Systeme, die über einen nur begrenzten Pluralismus verfügen, keine umfassend ausformulierte Ideologie besitzen und, außer in ihrer Entstehungsphase, weder auf eine extensive noch intensive Mobilisierung zurückgreifen" (Linz 1997, S. 62; s. auch Linz 1975). Besonders das Kriterium des eingeschränkten Pluralismus dient zur Abgrenzung zu totalitären und demokratischen Systemen, hängt doch der Umfang des "zugelassenen" Handlungsspielraumes für die politischen und gesellschaftlichen Akteure weitgehend von der autoritären Staatsführung ab.[269]

Der Begriff des autoritären Regimes impliziert, daß Regierung und Elite eines Landes Verfassung und Gesetze so auslegen bzw. willkürlich ausdehnen können, daß sich von einer effektiven Rechtsbindung der Politik nicht mehr sprechen läßt. Damit fehlt weitgehend eines der Definitionsmerkmale für die Anerkennung eines politischen Systems als demokratisch.

Ein autoritäres System verlangt nicht nach einer Massenmobilisierung der Bevölkerung, dem Kriterium für die Anerkennung eines Systems als totalitär, sondern unterstellt eine Passivität und auch ein gewisses Klima der Angst in der Bevölkerung, das ein politisches Engagement gegen Staat und Eliten blockiert.

Bezieht man diese Charakteristika auf die beiden hier untersuchten Fälle, läßt es sich nicht rechtfertigen, die neuen Demokratien in Argentinien und Brasilien als autoritäre oder auch nur semi-autoritäre Regime zu bezeichnen. Zwar gibt es entsprechende Anhaltspunkte, z.B. in Brasilien die erheblichen Menschenrechtsverletzungen und in Argentinien die dargestellten Konflikte zwischen Militärführung und Exekutive in der Frühphase der neuen Demokratie sowie die Versuche der Regierung Menem, auf die Justiz politisch einzuwirken. Diese haben sich jedoch nicht zu einem strukturellen Muster eines autoritären Systems "verdichtet", da innergesellschaftliche Gegenkräfte und auch eine aufmerksame Beobachtung durch internationale und nationale Medien die Wirkungen eines Systems von "checks and balances" entfalteten – zusätzlich zu dem eher schwachen System der politischen Institutionen, dessen horizontale Kontrollen (vgl. O'Donnell 1998b) kaum funktionieren.

Allgemein wird die Gefahr einer erneuten Propagierung und Durchsetzung autoritärer Konzepte durch mindestens drei Variablen gemindert.

Der erste zentrale Faktor ist die unbestreitbare historische Erfahrung, daß Militärregime im großen und ganzen ihr Versprechen, politische Stabilität zu garantieren und wirtschaftliche Entwicklung dynamisch voranzutreiben, nicht einlösen konnten. Zeitweilige Ausnahmen stellten Chile und Brasilien (1968-

---

269 Als Idealtypen, welche jedoch selten mit real existierenden Regimen deckungsgleich seien, unterscheidet Linz sieben Regimetypen: das bürokratisch-militärische autoritäre Regime, den autoritären Korporativismus, das mobilisierende autoritäre Regime, das nachkoloniale mobilisierende Regime, die Rassen- und ethnischen "Demokratien", das unvollständig totalitäre und prätotalitäre Regime und schließlich posttotalitäre Regime (Linz 1997, S. 64).

73) dar, beides Länder, in denen die Militärdiktaturen einschneidende Veränderungen in Wirtschaft, Gesellschaft und Staat bewirkt haben. Noch wichtiger ist es, daß man sich dieser kritischen Lehren der Vergangenheit auch in Politik und Gesellschaft bewußt geworden ist. Wo sie verblassen, droht Gefahr. Sie könnten dann an Bedeutung verlieren, wenn über eine längere Zeit auch Parteien und Politiker grundsätzliche gesellschaftliche Probleme nicht zu lösen in der Lage sind (Performance-Aspekt von Demokratie) – auch dies eine langjährige, nicht vergessene Erfahrung auf dem Subkontinent.

Zum Zeitpunkt des Übergangs zur Demokratie und auch später hat es sicher noch autoritäre Lösungen favorisierende Machtgruppen gegeben, die dem Militärregime nahestanden. Diese waren Ausdruck des erheblichen Beharrungsvermögens autoritärer Konzepte, stellen jedoch gegenwärtig keine Ablehnung des neuen politischen Systems mehr dar. Es hat sich jetzt die Überzeugung in den Eliten und der breiten Bevölkerung gefestigt, daß man auch in der neuen Demokratie seine Interessen z.B. als Unternehmer artikulieren kann, und daß der Staat hierauf reagiert. Die geringen Einflußmöglichkeiten der meisten Wirtschaftsgruppen unter den vergangenen Diktaturen machen es wenig wahrscheinlich, daß diese eine Rückkehr zu einem autoritären Modell unterstützen würden. Dies dürfte im wesentlichen solange gelten, wie es zu keinen Veränderungen in der von ihnen weithin akzeptierten staatlichen Wirtschaftspolitik und zu keiner gravierenden Verschlechterung der inneren Sicherheitslage kommt.

Auch gegenwärtige oder zukünftige Probleme der Wirtschaftspolitik lassen sich nicht überzeugend gegen die neuen Demokratien anführen. Daß das Militär – hypothetisch – eine konsistentere Wirtschaftspolitik mit dem Ziel der Verringerung der Inflation, die zeitweilig in Argentinien wie in Brasilien im vierstelligen Prozentbereich lag, verfolgt hätte, wird Wirtschaftsführer beider Länder heute nicht mehr überzeugen können.

Ein weiterer wichtiger Faktor, der eine Verringerung möglicher Konfliktpotentiale anzeigt, ist die Propagierung und Akzeptanz der neoliberalen Wirtschaftspolitik durch fast alle Regierungen des Subkontinents, auch wenn sie nicht immer durch die Mehrheit der Bevölkerung jeden Landes akzeptiert wurde. Mit der Übernahme neoliberaler Politik trat an die Stelle des traditionellen Spannungsverhältnisses zwischen eher populistischen Regierungen mit geringer Ausgabendisziplin und den sie kritisierenden Wirtschaftsverbänden eine weitgehende Interessenübereinstimmung von Regierung und den wichtigsten Wirtschaftsgruppen (international fand sie ihren Ausdruck in dem von der US-Regierung, dem IWF, der Weltbank und der IDB getragenen "Washingtoner Konsens", der später in einem "Post-Washington-Konsens" etwas abgemildert wurde[270]). Regierungen sind auch dann wiedergewählt worden, wenn ihre Spitzenkandidaten unmittelbar nach den Wahlen das Gegenteil von dem taten, was sie vorher als ihre angestrebte Wirtschaftspolitik verkündet hatten (Menem in Argentinien, Fujimori in Peru).

Da es keine von Wirtschaft oder Regierung favorisierten alternativen Wirtschaftsmodelle mehr gibt, muß diese neue Allianz mittelfristig als dauerhaft angesehen werden, zumindest bis zu dem Zeitpunkt, an dem besonders negativ betroffene Bevölkerungsgruppen, die Reformverlierer, die gegenwärtige Wirtschaftspolitik durch ihr Wahlverhalten oder durch massive Proteste anhaltend in Frage stellen. Trotz kurzzeitiger Proteste armer Bevölkerungsgruppen in beiden Ländern gibt es hierfür derzeit keine Anzeichen. Indessen zeigte sich die Regierung Menem, wie erwähnt (vgl. Kap. 3.4.2), besorgt, daß hier ein Protest- und später vielleicht ein "Subversions-"potential entstehen könnte. Damit könnte das Militär in Zukunft für die Exekutive eine größere politische Bedeutung erhalten, wenn es bei einer überforderten Polizei für die Aufrechterhaltung der inneren Sicherheit benötigt wird, ein nicht unwahrscheinliches Szenario, wenn man an die venezolanische Entwicklung denkt.

Der dritte positive Faktor ist die Entwicklung einer politischen Streitkultur zwischen Staat, Parteien und Zivilgesellschaft, die sicher noch weiter zu entwickeln ist. Die Erfahrungen mit den Militärdiktaturen haben Parteien und zivilgesellschaftliche Kräfte dazu gezwungen, einen tolerante(re)n Umgang miteinander zu lernen, und die Bereitschaft gestärkt, Kompromisse anzustreben. Bis in die jüngste Zeit hatte ja das Militär bei Konflikten immer wieder als Schiedsrichter fungiert. Die neue politische Entwicklung stellt einen klaren Bruch mit den traditionellen Charakteristika des politischen Prozesses etwa in Argentinien dar, wo die Konfrontation unter den Parteien, zwischen Peronisten und Nichtperonisten, über Jahrzehnte hinweg die Regelerfahrung war. Politik wurde von den Akteuren immer als Nullsummenspiel aufgefaßt. Dies hat sich unter Alfonsín und Menem deutlich und, wie es scheint, nachhaltig verändert.

---

270 Der "Washingtoner Konsens" hat zum Ziel, einen möglichst dynamischen Privatsektor zu schaffen und das Wirtschaftswachstum zu stimulieren. Um dies zu erreichen, sollte sich staatliche Wirtschaftspolitik auf makroökonomische Stabilität, Handelsliberalisierung und Privatisierung konzentrieren. Der Post-Washington-Konsens setzt auf breitere Instrumente und Ansätze. Der frühere Chefökonom und Senior Vice President der Weltbank, Stiglitz, legt z.B. Wert auf die Förderung von Humankapital (Bildung) und Umwelt. Er betont auch, daß es zu einer ownership der Politik in den betreffenden Ländern selbst kommen müsse. Der neue Konsens, wie immer er aussehen werde, könne seine Basis nicht (allein) in Washington haben (Stiglitz 1999, S. 30, 32, 33).

Welche Kriterien man auch immer für den Beginn einer sich konsolidierenden Demokratie anlegt, z.B. bei Linz/Stepan, Valenzuela, Schmitter, Przeworski oder O'Donnell, man muß insgesamt zu dem Ergebnis kommen, daß, gemessen an den Kriterien einer prozeduralen Demokratie, Argentinien und Brasilien klar auf dem Weg zur Konsolidierung sind und mithin die Transitionsphase hinter sich gelassen haben. Es gilt jedoch, diesen Befund weiter zu differenzieren und nach bestehenden und neu hinzu gekommenen Variablen zu fragen, die strukturelle Barrieren für den weiteren Konsolidierungsprozeß darstellen könnten.

Der politische Wille und die Fähigkeit der Militärführungen, auf den von ihnen gewählten Politikfeldern – vor allem Mission, Innenpolitik, vom Militär geleiteten Wirtschaftsunternehmen, Umgang mit der Vergangenheit – Einfluß zu nehmen, war anfangs in den neuen Demokratien auch präsent. Dies galt vor allem für die *contestation* in Brasilien, ist aber unter Präsident Cardoso geringer geworden. In Argentinien ist sie unter Menem deutlich zurückgegangen, und es ist unwahrscheinlich, daß es in naher Zukunft zu Rückschlägen kommt.

Im Unterschied zu Argentinien wies Brasilien ein Militär auf, das lange Zeit nicht vollständig unter ziviler Kontrolle stand. Bis in die Gegenwart hinein verfügt(e) es über ein erhebliches politisches Eigengewicht, das von den meisten politischen Parteien, den Medien und großen Teilen der Öffentlichkeit akzeptiert wurde und wird. Abhängig von der jeweiligen Stärke, genauer: der perzipierten Stärke der jeweils amtierenden Regierung, versuchte es immer wieder, ein entstehendes politisches Vakuum aufzufüllen. Dies geschah vor allem in Situationen, in denen eine Regierung im Kongreß für ihre Politik keine mehrheitliche Unterstützung erreichen konnte.

Diese Variable hat erhebliches Gewicht, wenn man bedenkt, daß Regierungen in Brasilien die wichtigen Politikbereiche Kriminalität, innere Sicherheit und Menschenrechtsverletzungen seit mehr als zehn Jahren nicht ansatzweise effektiv bearbeitet haben und auch gegenwärtig keine Lösungen in Sicht sind. Das erhebliche Ausmaß weiter bestehender sozialer Ungleichheit läßt für die Zukunft keine optimistische Prognose zu. Daß das staatliche Gewaltmonopol immer noch nicht rechtsstaatlich ausgeübt wird, muß als ein ernstes, strukturelles Defizit der neuen brasilianischen Demokratie gewertet werden.

Auch in Argentinien hat es in der Vergangenheit und bis in die Gegenwart hinein Probleme mit Polizeiübergriffen gegeben, jedoch auf einem sehr viel geringeren Niveau als in Brasilien. Indessen hat die fehlende Unabhängigkeit der argentinischen Justiz besonders (aber nicht nur) in politischen Fällen wesentlich zu ihrem zunehmenden Glaubwürdigkeitsverlust beigetragen.

Zunehmend stellte sich für Politiker und Militärführung die Frage, mit welchen Aufgaben die Streitkräfte betraut werden sollten. Empirisch ist zweifellos der Bereich der inneren Sicherheit zum bevorzugten Aktionsfeld geworden. Wenn auch von einem unterschiedlichem Kriminalitätsniveau auszugehen ist, erweist sich in beiden Ländern die Polizei immer wieder als wenig kompetent, um Probleme der öffentlichen Sicherheit zu bearbeiten und lösen zu helfen; in Brasilien wurde das Militär mehrfach zu Aufgaben der inneren Sicherheit herangezogen. Aber hohe Militärs sehen die Übernahme von Aufgaben der inneren Sicherheit meist als wenig professionell *für die Streitkräfte* an, solange sich diese nicht zu einer Bedrohung der nationalen Sicherheit (im engeren professionellen, nicht im ideologischen Sinn), wie zeitweise in Kolumbien und Peru, ausweiten. Dies bedeutet nicht den Ausschluß jeglicher Mitarbeit, aber die Ablehnung, operationelle Aufgaben zu übernehmen, und die Begrenzung auf logistische Funktionen.

Vier kritische Variablen

In komparativer Sicht werden über die Konsolidierungschancen der Demokratie in Zukunft vor allem vier kritische Variablen entscheiden, auf die die gewählten Regierungen antworten müssen: 1) der Anspruch des Militärs auf eine autonome politische Rolle gegenüber der neuen zivilen Exekutive, 2) die Fortführung einer weiter aktiven politischen Rolle gegenüber den von ihr identifizierten "inneren Feinden", 3) die Existenz ziviler Akteure, die sich gegenüber der Regierung von einer Allianz mit dem Militär (deutlich) bessere Einflußmöglichkeiten versprechen als durch die Nutzung demokratischer politischer Kanäle, und 4) die Fähigkeit der Regierungen, auf die seit langem vertagte soziale Frage – Armut, soziale Ungleichheit, etc. – eine Antwort im Interesse der breiten Bevölkerung zu finden.

Der Anspruch des Militärs auf eine autonome politische Rolle gegenüber der neuen zivilen Exekutive hat, wie gezeigt, eine lange Tradition in beiden Ländern. Er ist gegenwärtig in Argentinien nicht mehr sichtbar und in Brasilien stark zurückgedrängt worden. In der jüngeren lateinamerikanischen Erfahrung ist er vor allem von den Militärführungen aufgestellt worden, könnte aber in Zukunft auch von Offizieren mittlerer Dienstränge formuliert werden. Eine weitere Professionalisierung der Streitkräfte dürfte diese Entwicklung jedoch verhindern, besonders im Zusammenhang mit der vierten Variablen.

Auch nach der Transition existierten bei den Militärführungen Vorstellungen über den "inneren Feind" oder zumindest potentiell subversive Kräfte. Traditionell wird der "Subversions-"begriff auf kommunistische und andere linke Parteien, Gewerkschaften, politisch aktive Studenten, Teile der katholischen Kirche, Medien, bestimmte Berufsorganisationen, Umwelt- und Menschenrechtsorganisationen angewendet und immer wieder neu variiert. So können etwa Umweltorganisationen oder bestimmte, an Skandalen interessierte Medien zu neuen "Beobachtungsobjekten" der militärischen Geheimdienste werden.

Hiermit stellt sich dann die Frage nach einer innenpolitischen Rolle des Militärs: Es könnte versuchen, Pressionen durch fortgesetzte innenpolitische Bespitzelung von Organisationen und Einzelpersonen, und ein Vetorecht bei der Vergabe von staatlichen Aufträgen oder der Verteilung von Ämtern auszuüben. Auf der Basis jahrelanger Datensammlungen unter der Diktatur hat es die Möglichkeit, "zum richtigen Zeitpunkt" belastendes Material gegen Politiker und ihre Organisationen einzusetzen. Der brasilianische SNI, unter Präsident Collor durch das Sekretariat für Strategische Angelegenheiten ersetzt, hatte Daten über Hunderttausende von Bürgern gesammelt, die lange Zeit bei der Einstellung im öffentlichen Dienst bis hin zur Privatwirtschaft herangezogen wurden.

Zum dritten Punkt ist wiederholt in dieser Studie auf die grundlegende historische Erfahrung verwiesen worden, daß Putsche und ihre Androhungen selten vom Militär allein initiiert und durchgeführt wurden. Vielmehr gab es meist zivile Kräfte, Parteien, Politiker, sogar Gewerkschaften, Medien und Vertreter der katholischen Kirche, die es in der politischen Krise unterstützten oder militärische Interventionen im nachhinein begrüßten. Wurde diese Unterstützung falsch eingeschätzt, wie in Brasilien 1955 und 1961, konnten die Pressionen erfolglos sein, denn die Putschisten mußten sich zunächst einmal in der eigenen Institution durchsetzen. Die Mehrheit der Offiziere reagierte zunächst einmal eher vorsichtig-abwartend, denn die Beteiligung an einem erfolglosen Putsch konnte den beruflichen Aufstieg beenden, auch wenn sie nur selten ins Gefängnis führte.

Schließlich erwartet(e) sich die Bevölkerung von den neuen Demokratien vor allem eine Verbesserung ihrer sozialen Lage. Schon 1990 stellte die Weltbank in ihrem Weltentwicklungsbericht fest: "Nirgendwo in den Entwicklungsländern stehen Armut und nationaler Wohlstand in einem so scharfen Gegensatz wie in Lateinamerika und der Karibik... Der Grund dafür ist die außergewöhnliche Ungleichheit der Einkommensverteilung in der Region." (Weltbank 1990 S. 171). Soziale Ungleichheit ist in Lateinamerika nicht nur nicht zurückgegangen, sondern hat sich meist noch verschärft. Die Zukunftsprognose ist eher pessimistisch: "[L]ateinamerikanische Demokratien [werden] in ihrer Mehrzahl auch künftig auf einem hohen Sockel von Armut und sozialer Ungleichheit funktionieren müssen. Lateinamerika wird aufgrund seiner Wirtschaftsstruktur trotz Lernerfahrungen und Reformschritten durch die starke Außenorientierung auch weiter in besonderer Weise von externen Schocks betroffen sein" (Nolte 1999, S. 57). Der durch die Globalisierung erzeugte Druck auf die Arbeitsverhältnisse und das zu erwartende niedrige Wirtschaftswachstum ließen für die nächsten Jahre keinen grundlegenden Wandel erkennen: "Armut und krasse Einkommensunterschiede werden auch zukünftig ein Merkmal Lateinamerikas bleiben [...] In den kommenden Jahren dürfte das Risiko politischer Verteilungskonflikte, sozialer Anomie und gesellschaftlicher Desintegration (einschließlich des Anstiegs der Kriminalität) zunehmen" (ebda., S. 56f.).

Die UN-Wirtschaftskommission für Lateinamerika hat kürzlich in ihrem "Panorama Social" vom Mai 1999 einen etwas optimistischeren Trend beobachtet. In den 90er Jahren hätte sich die Zahl der Haushalte unter der Armutsgrenze von 41% auf 36% verringert. Immer noch müßten jedoch 200 Mio. Menschen unterhalb der Armutsgrenze leben und 90 Mio. von ihnen seien als "bedürftig" (indigent) zu bezeichnen (*LAWR*, 11.5.1999, S. 210). Dagegen hätten sich kaum Verbesserungen auf dem Arbeitsmarkt ergeben. In einem anderen Bericht wird auf den negativen Einfluß der Globalisierung vor allem im ländlichen Bereich verwiesen, wo in den letzten zehn Jahren die extreme Armut und Marginalisierung zugenommen hätte.

Die Internationale Arbeitsorganisation (ILO) berichtete Anfang 1999, die Arbeitslosigkeit sei auf den Stand von Mitte der 80er Jahre zurückgefallen sei (*LAWR* 1999, 5.1.1999, S. 2). In den 80er Jahren erreichte die Arbeitslosigkeit ein durchschnittliches Niveau von 6%, heute liegt sie bei 8%. An der Spitze liegen Brasilien, Chile, Kolumbien und Peru; Frauen und Jugendliche sind am stärksten betroffen. Für das Jahr 2000 liegt die Schätzung bei 9,5%.

Gerade chronische Defizite im sozialen Bereich mündeten jedoch bis in die jüngste Vergangenheit hinein häufig in politische Konflikte. Sie könnten mittelfristig zu einer erheblichen Gefahr für die neuen Demokratien werden.

Die bisherige Analyse unterstreicht die Notwendigkeit, über einen rein prozedural gefaßten Demokratiebegriff hinauszugehen. Er sollte vor allem um folgende Elemente erweitert werden:

Eine direkte, effektive Kontrolle gewählter Regierungen über Sicherheitsorgane in allen ihren Hauptdimensionen muß zu einem konstitutiven Bestandteil jeder Demokratiedefinition gemacht werden. Zu diesen gehören vor allem die Bestimmung der Mission und der vom Staat zur Verfügung gestellten Ressourcen sowie die Kontrolle über Beförderungen, militärische Forschungsaktivitäten, militärische Wirtschaftsunternehmen und Militärgeheimdienste durch Parlament und Regierung. Zivile Kontrolle bedeutet nicht nur, daß Zivilisten die relevanten Leitungsstellen übernehmen, sondern daß die Militärführung jederzeit gegenüber Regierung, Parlament und Justiz rechenschaftspflichtig sein muß.

Eine zweite Variable setzt bei der zivilen Führung und ihren Beratern an. Es kann sich nicht nur darum handeln, daß die Militärführung zivilen Vorgaben verfassungstreu folgt, sondern diese Vorgaben müssen erst einmal erarbeitet, öffentlich diskutiert und demokratisch beschlossen werden. Die Bestimmung von Mission, Strategieplänen, Inhalten von Aus- und Fortbildung etc. verlangen zwingend eine kompetente, kontinuierliche Beschäftigung der Exekutive und der Legislative mit dem Militär, eine klare, detaillierte Gesetzgebung und kompetente Überwachungsinstanzen; auch Medien, Wissenschaft und andere zivilgesellschaftliche Akteure müßten hier aktiv werden. Dies war in der Vergangenheit und ist auch in der Gegenwart in lateinamerikanischen Ländern vielfach noch ein Schwachpunkt.

Zivile Regierungen haben diese Verantwortung immer wieder dem Militär selbst überlassen, etwa die Führung des Antiguerillakrieges in Peru und Kolumbien. Dies gilt auch dann, wenn das Militär an einem Meinungsaustausch mit uninformierten und/oder "politisch unzuverlässigen" Politikern häufig nicht interessiert war, weil dieser seinen Entscheidungsspielraum einzuengen drohte. Auch hier wäre in einer sich konsolidierenden Demokratie zu fordern, daß von der gewählten Regierung die Mission für eine Institution formuliert wird, die im Krisenfall (nach außen wie nach innen) auf operationeller Ebene wie keine andere für Leben und Tod ihrer Mitbürger Verantwortung trägt.

8.3 Vier tentative Szenarios

Für die Zukunft Lateinamerikas lassen sich aus der in dieser Studie gewonnenen Variablenkonstellation im wesentlichen vier Szenarien skizzieren. In den ersten beiden, den Demokratien im Konsolidierungsprozeß (I) und der delegativen Demokratie (II), ist eine Kontestation durch das Militär wenig wahrscheinlich, im ersten Fall, weil die Institutionalisierung der Interessenartikulation innerhalb des demokratischen Systems Regelverletzungen eher bestraft als belohnt, und in der delegativen Demokratie, weil unter Beibehaltung der im wesentlichen formalen Demokratieelemente viele Interessen des Militärs (aber nicht alle: erinnert sei nur an die Kritik an dem unzureichenden Militärhaushalt unter Menem) bereits a priori berücksichtigt werden.

In den Szenarien III und IV – das Militär in Allianz mit Kritikern des neoliberalen Modells und der Pakt Exekutive/Militär mit dem Ziel einer de-facto-Entwicklungsdiktatur – muß für den weiteren Demokratisierungsprozeß ein erhebliches Gefährdungspotential diagnostiziert werden, das aus dem Zusammenspiel innergesellschaftlicher Konfliktpotentiale mit einer durchaus autonomen, keinesfalls nur als Reflex auf gesellschaftliche Entwicklungen antwortenden, innermilitärischen Faktionsbildung entstehen kann.

Szenario I: Demokratien im Konsolidierungsprozeß

Das hier zugrundeliegende Verständnis von Demokratisierungsprozessen im Süd-Nord-Vergleich orientiert sich an Dieter Nohlen. Für ihn ist "Demokratie [...] in den südlichen und östlichen Ländern eine teils junge, teils instabile, teils wenig entwickelte politische Herrschaftsform" (Nohlen 1997a, S. 118). Er wehrt sich gegen eine weitgehend dichotomische Trennung in dem Verständnis von Demokratie in Industrie- und in Entwicklungsländern, denn in beiden Ländergruppen würden "durchaus ähnliche Phänomene für die Industrieländer ausgeblendet und bezogen auf die Entwicklungsländer gebrandmarkt" Nicht nur in Entwicklungsländern würden Funktionseliten versuchen "sich über Gesetze zu stellen, in denen der Staat als Beute begriffen wird, in denen die Korruption blüht, in denen ein tagtäglicher Autoritarismus in der Gesellschaft grassiert, die Politik nur unzureichend auf brennende gesellschaftliche Probleme reagiert, es also Anlaß gibt, von einer Krise der Demokratie zu reden" (ebda., S. 119). Zu den zehn Faktoren, die den Unterschied zu früheren Jahrzehnten in Lateinamerika markieren, zählen nach Nohlen u.a. das Fehlen von tragfähigen Alternativen zur Demokratie, die leidige Erfahrung der Diktatur, die Erkenntnis, daß ideologische Polarisierung und die Unfähigkeit zu politischen Kompromissen die Demokratie zerstören, das Fehlen gesellschaftlicher Unterstützergruppen für autoritäre Regime und einige institutionelle Innovationen, die bestimmte Defizite des präsidentiellen Systems verringern. Hinsichtlich der Rolle des Militärs dagegen ist das Bild für ihn "sehr uneinheitlich". Zwar sei die Gefahr einer indirekten Intervention wenig wahrscheinlich, aber vor allem das law-and-order-Argument hätte aufgrund zunehmender Alltagskriminalität noch Konjunktur (ebda, S. 125).

Zu einer sich konsolidierenden Demokratie gehört die klare Aufgabenteilung der Erfordernisse innerer und äußerer Sicherheit zwischen Polizei und Militär, zu der auch die Sammlung von innenpolitischen Informationen mit geheimdienstlichen Mitteln durch die Polizei gehört. Sie erlaubt zunächst einmal der Polizei, bei ihrem Vorgehen den Straftäter auch als Mitbürger zu sehen und nicht als inneren Feind. Die mit dem traditionellen militärischen Feindbild verbundenen Grundhaltung, fast jede Maßnahme sei zur Eliminierung des Gegners erlaubt, wenn sie nur effektiv ist, ist unvereinbar mit dem Entstehen einer wirklich demokratischen Kultur. Es versteht sich, daß auch eine Zivilisierung des Feindbildes jenseits nationaler Grenzen ein wichtiges Ziel sein muß.

Die Formulierung institutioneller Interessen des Militärs muß zunehmend und schließlich exklusiv über die von der Demokratie bereitgestellten Mechanismen erfolgen. Es kann nicht eine Situation ständiger Kontestation (Stepan) bestehen, bei der mit Druck, d.h. mit verdeckten oder weniger verdeckten Drohungen, der Regierung Entscheidungen aufoktroyiert werden, die sie politisch nicht tragen will. Kontinuierliche wissenschaftliche Beschäftigung mit dem Militär, ebenso wie informierte Medienberichterstattung und qualifizierte Arbeit von Parlamentsausschüssen für innere und äußere Sicherheit müssen zu den Arenen eines solchen Dialoges werden, der die traditionelle Dichotomie zwischen zivilem und militärischem Sektor zugunsten möglicher pluralistischer Strömungen innerhalb beider Bereiche tendenziell aufhebt.

Zur Herausbildung einer sich konsolidierenden Demokratie gehört schließlich die Forderung nach einer demokratischen Regierungsform, die über die Wahlen hinaus eine breite gesellschaftliche Beteiligung anstrebt und auch hierfür die Voraussetzungen schafft, z.B. in der Sozialpolitik und bei Dezentralisierungsvorhaben. Sie ist auch ein zumindest rhetorisch und politisch anerkannter, aber gleichwohl unerfüllter Anspruch in fast allen Ländern der Region. In den letzten Jahren fand sie besonders ihren Ausdruck in der Forderung sozialer Bewegungen und weiterer zivilgesellschaftlicher Akteuren auf volle Staatsbürgerschaft ("ciudadanía/cidadania") i.S. der Gleichheit vor dem Gesetz und der effektiven Gewährleistung der staatsbürgerlichen Rechte, die endlich für die gesamte Bevölkerung durchgesetzt werden sollten.

Szenario II: Delegative Demokratie

Im Verlauf der Untersuchung wurde deutlich, daß einzelne Charakteristika des von O'Donnell eingeführten Begriffs der delegativen Demokratie (vgl. Kap. 1.2.2) für Argentinien und Brasilien durchaus zutreffen. In den Kapiteln zur institutionellen Entwicklung des Militärs und zur inneren Sicherheit wurde analysiert, wie die neuen Regierungen über Jahre hinweg es nicht erreichten, eine effektive, zentrale Kontrolle des Militärs durchzusetzen, die alle relevanten Politikbereiche, d.h. einschließlich des Verteidigungshaushaltes, der Geheimdienste und der z.T. geheimen Forschungsprojekte beinhaltet hätten. Veränderungen, die schließlich doch zu einer Erhöhung der zivilen Kontrolle führten, waren primär Ergebnis externer Faktoren, der neuen Wirtschaftspolitik und außenpolitischer Variablen. Im argentinischen Fall war es das Zusammenspiel zwischen starkem internationalen Druck, der auf Strukturanpassung als erstem Schritt zu einer effektiven Inflationsminderung drängte, und einer entschiedenen Regierungspolitik, die vor dem Militärhaushalt nicht haltmachte. In Brasilien spielte diese Variable auch eine Rolle, wirkte sich aber aufgrund des stärkeren institutionellen Gewichts des Militärs gegenüber der Regierung erheblich schwächer aus.

Damit existierten in beiden Ländern "exklusive Domänen" (Valenzuela), deren Umfang und Gewicht sich im Zeitverlauf änderten: In Argentinien verschwanden sie immer mehr aufgrund der Menemschen Politik der Versöhnung mit dem Militär Anfang der 90er Jahre. Es kann aber kein Zweifel daran bestehen, daß Präsident Alfonsíns Politik die Voraussetzungen für die Versöhnung zwischen Regierung und Militär schuf, wenn auch indirekt und wahrscheinlich ohne es zu beabsichtigen: Erst das harte Vorgehen zu Beginn seiner Amtszeit, zu der auch eine kaum von Rücksichtnahmen belastete Unterrichtung der Öffentlichkeit über die Verbrechen der Diktatur gehörte, erlaubte später eine weichere, auf Versöhnung ausgerichtete Position seines Nachfolgers. In Brasilien sind die demokratische Kontrolle militärischer Aktivitäten in der Amazonasregion, der Militärstatus der *Polícia Militar* und die Kontrolle der Militärgeheimdienste nach wie vor kritische Themen.

Szenario III: Das Militär in Allianz mit Kritikern des neoliberalen Modells

Im dritten Szenario führen neoliberale Wirtschaftsreformen zwar zu der erhofften Verbesserung makroökonomischer Kennzahlen, wie zu einem Inflationsrückgang, steigendem Wirtschaftswachstum und zu einer Verkleinerung des Staatsapparates. Gleichzeitig kommt es aber, besonders in den Ländern mit einem hohen Anteil an armer Bevölkerung (30-50%), nicht zu der erwarteten und von der Politik versprochenen Verbesserung der sozialen Lage der Mehrheit der Bevölkerung.

Das Militär, vor allem die mittleren Offiziersränge, sehen sich potentiell als "progressive", nationalistische Partner zivilgesellschaftlicher Gruppen, die in einem bestimmten Typ von Krisensituationen – wenn die Regierung als weitgehend handlungsunfähig, anti-sozial in ihrer Politik gegenüber der überwiegenden Bevölkerung und von Außeninteressen dominiert erscheint – eine Veränderung der kritischen sozialen Lage (Armut, Abstieg der Mittelklasse, extreme soziale Ungleichheit) "von oben" versprechen. Eine solche Sichtweise hat durchaus Realisierungschancen, wenn man an den Diskurs bei einigen der versuchten Putsche in Argentinien und Venezuela (und die Wahl von Oberstleutnant a.D. Chávez zum venezolanischen Präsidenten), aber auch an die Kontakte zwischen der ESG und der PT in Brasilien denkt.

Es ist dann wahrscheinlich, daß untere und vor allem die strategisch wichtigen mittleren Dienstränge sich mit den ihnen sozial nahestehenden Bevölkerungsgruppen solidarisch fühlen und versuchen, entweder direkt oder indirekt, über sympathisierende höhere Offiziere, politischen Druck auf die Regierung auszuüben. Gleichwohl dürfte es in naher Zukunft schwierig sein, hohe Offiziere für einen so risikoreichen Schritt zu bewegen – und auf sie kommt es an. Denn letztlich muß die gesamte Institution überzeugt werden, und dies heißt vor allem, daß sie sich passiv solidarisch gegenüber den Putschisten verhält, ein Problem, das die Putschisten innerhalb der Streitkräfte lösen müssen.

Vor allem wenn die Protestaktivitäten der Bevölkerung zunehmen und der Staat mit der für Lateinamerika vielfach unterschiedslosen Repression antwortet, kann dies zu Brüchen in der Befehlskette führen, insbesondere dann, wenn neben der Polizei auch das Militär gegen Demonstrationen und Plünderungen eingesetzt wird. Zu den Ländern, in denen eine oder mehrere dieser Variablen präsent waren oder sind, gehör(t)en Argentinien, Brasilien, Venezuela und Mexiko. Für Argentinien und Brasilien ist ein solches Szenario gegenwärtig wenig wahrscheinlich, da diesem eine striktere Selbstkontrolle des Militärs als Institution und seine größere Vorsicht beim Umgang mit demokratisch legitimierten Regierungen entgegenstehen. Überdies sprechen die eigenen Erfahrungen während der Diktatur nicht für eine besondere Kompetenz des Militärs, kurzfristig eine erfolgreiche Wirtschaftspolitik durchsetzen zu können.

Szenario IV: Der Pakt Exekutive/Militär mit dem Ziel einer de-facto-Entwicklungsdiktatur

Im vierten Szenario kommt es nicht zu einem Putsch des Militärs oder einer Militärfaktion gegen die Regierung, sondern die Regierung putscht *mit* dem Militär gegen Parlament und/oder Justiz, in der Regel mit der Begründung, nur auf diesem Wege könnten überfällige strukturelle politische und Wirtschaftsreformen durchgesetzt werden, weil die traditionellen Institutionen chronisch reformunfähig und korrupt seien. Peru unter Fujimori und Guatemala unter Serrano Elías sind hierfür Beispiele, aber es läßt sich auch an den autoritären Regierungsstil Menems in Argentinien und, mit anderen Nuancen, an Sarney und Collor in Brasilien denken. Aber auch hier gilt, daß keine erkennbaren Variablen einen solchen Pakt in naher Zukunft wahrscheinlich machen, wie vor allem die Diskussion zur inneren Sicherheit und Entwicklung der Institution des Militärs deutlich gemacht haben dürfte. Wohl aber sind ad-hoc-Koalitionen bei sozialen Protesten armer Bevölkerungsgruppen denkbar, wie besonders die Diskussion Argentiniens gezeigt hat (in Brasilien könnten weiter radikalisierende Landkonflikte eine ähnliche Rolle spielen).

Es entsteht eine ad-hoc-Koalition zwischen dem gewählten Präsidenten und dem Oberkommando der Streitkräfte, um eine "kompakte" exekutive Antwort auf bestimmte, gravierende Problemlagen sicherzustellen, wie die Durchsetzung neoliberaler Wirtschaftspolitik bei erheblicher politischer und sozialer Opposition, einer Ausnahmesituation im Bereich der inneren Sicherheit oder eine ökologischen Krise, oder es kommt zu einem eher schleichenden Übergang von einer elektoralen Demokratie zu einer militärisch korsettierten

Formaldemokratie wie in Uruguay Anfang der 70er Jahre und in Kolumbien bzw. Peru in manchen Phasen in den 80er Jahren.

Bezieht man abschließend die vier Szenarien auf die wichtigsten säkularen Trends auf dem Subkontinent – die Dominanz des neoliberalen Modells, die anhaltende Unfähigkeit von Regierungen und Wirtschaft, die soziale Notlage breiter Bevölkerungsgruppen verbessern zu helfen, die zurückgehende Bedeutung des Staates und ein korrespondierender Zuwachs des politischen Einflusses von vor allem Wirtschaftsgruppen und Netzwerken von Technokraten –, erscheinen die Szenarien III und IV als besonders wirklichkeitsnah. Denn die Entwicklung zu einer breiteren Konsolidierung ist durch beträchtliche strukturelle Hindernisse wie fehlende Staats- und Justizreform, Krise der Repräsentativität u.a. erschwert, ohne daß diese über die Jahre hinweg hätten erheblich verringert werden können.

Das Militär hat sich zunehmend an die Einhaltung institutioneller Kanäle für die Artikulation seiner Interessen gewöhnt, und Abweichungen hiervon sind kurz- wie mittelfristig nicht wahrscheinlich. Dagegen ist das Kritik- und Protestpotential gegenüber den wenig leistungsfähigen politischen Systemen nach wie vor hoch, auch wenn nicht gleich die Systemfrage nach einer Alternative zur gegenwärtigen Demokratie gestellt wird. An dieser Schnittstelle zwischen der Unzufriedenheit mit den Resultaten von Wirtschafts- und Sozialpolitik und der Krise der Repräsentation im politischen System könnten sich als fortschrittlich verstehende Gruppen von Militärs, vor allem auf der mittleren Ebene, aufgerufen fühlen, die "historische Aufgabe" zu übernehmen, eine Allianz mit der armen Bevölkerung und ihren Organisationen zu schmieden, um auf dem extrakonstitutionellen Weg die herrschende politische Elite unter Druck zu setzen.

Das Szenario IV ist in gewisser Weise das Spiegelbild von III: Hier ist das Militär nicht der Allianzpartner von "unten", sondern von "oben". Auch hier dominiert ein Verständnis, demzufolge es in Staat und Gesellschaft zahlreiche Bremsblöcke gibt, wie eine wenig kompetente Verwaltung, eine korrupte Justiz etc., die durch eine starke Führung von oben "reformiert" werden müssen, damit das Land vorankommt (problematisch bleibt freilich, daß z.B. die versprochene "Reformierung" der Justiz in der Praxis nicht nur an Sachkriterien orientiert wird, sondern an einem Zuwachs des politischen Einflusses der Exekutive, wie der peruanische Fall eindrücklich zeigt). An die Stelle einer deklarierten Solidarität mit den Interessen einer großen Minderheit oder sogar Mehrheit der Bevölkerung (Szenario III) tritt die Überzeugung, daß die vorwiegend von Ökonomen und anderen Technokraten geforderte Modernisierung von Gesellschaft, Wirtschaft und Staat von oben durchgesetzt werden muß. Von der Funktion her spielt das Militär die Rolle des Juniorpartners, der die mangelnde politische Unterstützung der Regierung durch die politischen Parteien und ihre "ständige Behinderung" durch andere staatliche Institutionen, z.B. Parlament und Justiz, ersetzen soll. Angesichts eines wohl doch noch nicht so festgefügten Systems politischer Regeln in einigen neuen Demokratien liegt hier ein echtes Gefahrenpotential, wenn es nicht gelingt, formelle und informelle Mechanismen der Interessenaustragung zu stärken, so daß der Rekurs auf Militär (-faktionen) als Allianzpartner oder die Drohung hiermit nur noch als ein merkwürdiger Anachronismus vergangener Zeiten erscheint.

Anhang: Liste der Interviews

Argentinien

Buenos Aires, November 1990

Raúl Alfonsin
General a.D. Augusto Alemanzor
Alvaro Alsogaray
Konteradmiral a.D. Guillermo Arguedas
General a.D. Heriberto Aul
Antonio Berhongaray
Roberto Cortés Conde
Brigadier General a.D. Ernesto Crespo
Eduardo Estévez
Vizeadmiral a.D. Argimiro Fernández
Andrés Fontana
Rosendo Fraga
Daniel Frontalini
Eduardo Garay
General a.D. José Goyret
Horacio Jaunarena, Verteidigungsminister a.D.
Elisabeth Jelin
Ernesto López
Italo Luder, Verteidigungsminister a.D.
General a.D. Mario Benjamín Menéndez
José Enrique Miguens
Emilio Mignone
Konteradmiral a.D. Fernando Milia
Adolfo Pérez Esquivel
General a.D. Tomas Sánchez de Bustamante
General a.D. Rogelio Villareal

Bonn/Petersberg, November 2000

General a.D. Martín Balza

Brasilien

São Paulo und Rio de Janeiro, November und Dezember 1990

Kardinal Paulo Evaristo Arns
Hélio Bicudo
Oberst Cerqueira, Direktor der Polícia Militar, Bundesstaat Rio de Janeiro
Armeeoberst a.D, Erasmo Dias, Parlamentsabgeordneter, Bundesstaat São Paulo
José Carlos Dias, Justizminister a.D. Bundesstaat São Paulo
Raymundo Faoro
Carlos Fon
Menschenrechtskommission der Brasilianischen Rechtsanwaltskammer (OAB) in São Paulo and Rio de Janeiro
Antonio Claudio Mariz de Oliveira, Innenminister des Bundesstaates São Paulo
General a.D. Carlos de Meira Mattos
Oberst Paulo, Stellvertretender Direktor der Polícia Militar, Bundesstaat São Paulo
Paulo Sérgio Pinheiro
Goffredo da Silva Telles, jr.
Eide Trindade de Lima, Leiter der Sonderkommission gegen Todesschwadrone, Bundesstaat Rio de Janeiro
Miguel Valdez, Generalstaatsanwaltschaft, Bundesstaat Rio de Janeiro

Bibliographie

Aarebrot, Frank H./Bakka, Pal H. 1992, Die vergleichende Methode in der politischen Wissenschaft, in: Berg-Schlosser, Dirk/Müller-Rommel, Ferdinand (Hrsg.), Vergleichende Politikwissenschaft, Opladen, S. 51-69

Abrams, Elliott 1986, A Democratic Vision of Security, Department of State Bulletin, Bd. 86, Nr. 2113, S. 83-86

Abreu Dallari, Dalmo de 1976, The Força Pública of São Paulo in State and National Politics, in: Keith, Henry H./Hayes, Robert A. (Hrsg.), Perspectives on Armed Politics in Brazil, Tempe, S. 79-112

Abreu, Hugo 1979, O outro lado do poder, Rio de Janeiro: Editora Nova Fronteira

Abuelas de la Plaza de Mayo et al. 1988, Culpables para la sociedad. Impunes por la ley, Buenos Aires

Acuña, Carlos H. 1995, Business Interests, Dictatorship, and Democracy in Argentina, in: Bartell, Ernest/Payne, Leigh A. (Hrsg.), Business and Democracy in Latin America, Pittsburgh/London: University of Pittsburgh Press, S. 3-48

Acuña, Carlos H./Smith, William C. 1994a, Política y "Economía Militar" en el Cono Sur: Democracia, producción de armamentos y carrera armamentista en la Argentina, Brasil y Chile, in: Desarrollo Económico, Bd. 34, Nr. 135, S. 342-378

Acuña, Carlos H./Smith, William C. 1994b, The Political Economy of Structural Adjustment: The Logic of Support and Opposition to Neoliberal Reform, in: Smith, William C./Acuña, Carlos H./Gamarra, Eduardo (Hrsg.), Latin American Political Economy in the Age of Neoliberal Reform. Theoretical and Comparative Perspectives for the 1990s, New Brunswick/London: Transaction, S. 17-66

Acuña, Carlos H./Smith, William C. 1994c, The Politics of Arms Production and the Arms Race among the New Democracies of Argentina, Brazil, and Chile, in: Schoultz, Lars /Smith, William C./Varas, Augusto (Hrsg.), Security, Democracy, and Development in U.S.-Latin American Relations, New Brunswick/London: Transaction, S. 199-240

Acuña, Carlos H./Smulovitz, Catalina, 1995: Militares en la transición Argentina: Del Gobierno a la subordinación constitucional, in: Acuña, Carlos H. et al. (Hrsg.), Juicio, castigos y memorias. Derechos humanos y justicia en la política argentina, Buenos Aires: Ediciones Nueva Visión, S. 19-99

Adrogue, Gerardo 1993, Los ex militares en la Política. Bases sociales y cambios en los patrones de representación política, in: Desarrollo Económico, Bd. 33, Nr. 131, S. 425-442

Adrogue, Gerardo 1998, Estudiar la opinión pública. Teoría y datos sobre la opinión pública Argentina, in: Desarrollo Económico, Bd. 38, Nr. 149, S. 387-407

Agüero, Felipe 1990, The Military and Democracy in Venezuela, in: Goodman, Louis W./Mendelson, Johanna S.R./Rial, Juan (Hrsg.), The Military and Democracy. The Future of Civil-Military Relations in Latin America, Lexington, S. 257-275

Agüero, Felipe 1992, The Military and Limits to Democratization in South America, in: Mainwaring, Scott/O'Donnell, Guillermo/Valenzuela, J. Samuel (Hrsg.) Issues in Democratic Consolidation. The New South American Democracies in Comparative Perspective, Notre Dame, S. 153-198

Agüero, Felipe 1993, Las fuerzas armadas y el debilitamiento de la democracia en Venezuela, in: Serbin, Andrés/Stambouli, Andrés/McCoy, Jennifer/Smith, William, Venezuela. La democracia bajo presión, Caracas, S. 187-203

Agüero, Felipe 1994, The Latin American Military: Development, Reform, and "Nation-Building"?, in: Schoultz, Lars et al. (Hrsg.), Security Democracy, and Development in U.S.-Latin American Relations, New Brunswick/London, S. 243-264

Aguiar, Roberto A.R. de 1986, Os militares e a constituinte. Poder civil e poder militar na constituiçaõ, São Paulo: Ed. Alfa-Omega

Alba, Victor 1975, Die Stufen des Militarismus in Lateinamerika, in: Berghahn, Volker R. (Hrsg.), in: Militarismus, Köln et al., S. 313-322

Albrecht, Ulrich 1997a, Militärisch-Industrieller Komplex, in: Ulrich Albrecht/Helmut Volger (Hrsg.), Lexikon der Internationalen Politik, München, S. 346-348

Albrecht, Ulrich 1997b, Komparatistik, in: Ulrich Albrecht/Helmut Volger (Hrsg.), Lexikon der Internationalen Politik, München, S. 276-278

Allen, Elizabeth 1992, Brazilian Amazônia: Policy Formation and Democracy, in: Lateinamerika, Analysen-Daten-Dokumentation, Nr. 19, S. 15-27

Almond, Gabriel/Verba, Sidney (Hrsg.) 1963, The Civic Culture, Princeton, N.J.: Princeton University Press

Almond, Gabriel/Verba, Sidney (Hrsg.) 1980, The Civic Culture Revisited, Boston et al.: Little, Brown

Ambos, Kai 1997, Straflosigkeit von Menschenrechtsverletzungen. Zur "impunidad" in südamerikanischen Ländern aus völkerstrafrechtlicher Sicht, Freiburg: edition iuscrim

Americas Watch 1987a, Police Abuse in Brazil. Summary Executions and Torture in São Paulo and Rio de Janeiro, New York

Americas Watch 1987b, Truth and Partial Justice in Argentina. New York/Washington, D.C.

Americas Watch 1989, Prison Conditions in Brazil, New York/Washington, D.C.

Americas Watch 1992, The Struggle for Land in Brazil. Rural Violence Continues, New York et al.

amnesty international 1979, Jahresbericht 1978, Frankfurt/M.: Fischer

amnesty International 1987a, Argentina. The "Punto Final" (Full Stop) Law of Argentina, London

amnesty International 1987b, Argentina. The Military Juntas and Human Rights. Report of the Trial of the Former Junta Members, London

amnesty International 1987c, Police Violence against Peasants in Parana, London amnesty International 1988a, Brazil: Killing with Impunity, London

amnesty International 1988b, Cases of Killings and Ill-Treatment of Indigenous People. London

amnesty international 1990a, Jahresbericht 1990, Frankfurt/M.: Fischer

amnesty International 1990b, Torture and Extrajudicial Executions in Urban Brazil, London

amnesty International 1991, Brasilien: Morde an Ticuna-Indianern, Köln

amnesty International 1992a, Brasilien: Morde an Truka- und Atikum-Indianern, Köln

amnesty international 1992b, Brasilien: Straflosigkeit und Gesetz. Die Tötung von Straßenkindern in den Bundesstaaten Rio de Janeiro und Sergipe, Köln

amnesty international 1993, Brasilien. Wir sind das Land. Der Kampf indigener Völker für die Menschenrechte, Köln

amnesty international 1994, Jenseits der Verzweiflung. Menschenrechte in Brasilien heute, Bonn

amnesty international 1995-98, Jahresbericht 1995, 1996, 1997, 1998, Frankfurt/M.: Fischer

Andersen, Martin Edwin 1993, Dossier Secreto. Argentina's Desaparecidos and the Myth of the "Dirty War", Boulder et al. Westview Press

Araújo Ribeiro Dantas, João de 1978, Direitos Humanos: As Origins da Dissensão, in: A Defesa Nacional, Nr. 680, S. 5-15

Arias, Maria Fernanda 1992, Peronismo y liderazgo carismático: ¿Un debate permanente?, in: Desarrollo Económico, Bd. 32, Nr. 127, S. 463-466

Arquidiocese de São Paulo 1985, Brasil: Nunca Mais, Petrópolis: Vozes

Arriagada Herrera, Genaro 1986, El Pensamiento Político de los Militares (Estudios sobre Chile, Argentina, Brasil y Uruguay), Santiago de Chile: Ed. Aconcagua

Arruda, Antônio de 1978, A Doutrina da Escola Superior de Guerra, in: A Defesa Nacional, Nr. 679, S. 65-73

Arruda, Antônio de 1980, ESG. História de Sua Doutrina, São Paulo: Edições GRD

Arruda, Antônio de 1981, A Doutrina da Escola Superior de Guerra, in: A Defesa Nacional, Nr. 691, S. 81-86

Associação dos Diplomados da Escola Superior de Guerra 1973, Manual dos Cursos, Rio de Janeiro

Associação dos Diplomados da Escola Superior de Guerra 1975, Manual Básico, Rio de Janeiro

Associação dos Diplomados da Escola Superior de Guerra 1976, Manual Básico, Rio de Janeiro

Associação dos Diplomados da Escola Superior de Guerra 1977-78, Manual Básico, Rio de Janeiro

Associação dos Diplomados da Escola Superior de Guerra 1979, Doutrina Básica, Rio de Janeiro

Associação dos Diplomados da Escola Superior de Guerra 1981, Fundamentos da Doutrina, Rio de Janeiro

Associação dos Diplomados da Escola Superior de Guerra 1983, Fundamentos Teóricos, Rio de Janeiro

Associação dos Diplomados da Escola Superior de Guerra 1986, Manual Básico, Rio de Janeiro

Atkins, George Pope/Thompson, Larry V. 1972, German Military Influence in Argentine, 1921-1940, in: Journal of Latin American Studies, Bd. 4, Part 2, S. 257-274

Bacchus, Wilfred A. 1985, Long-Term Military Rulership in Brazil: Ideologic Consensus and Dissensus, 1963-1983, in: Journal of Political and Military Sociology, Bd. 13, S. 99-123

Bacchus, Wilfred A. 1986, Development Under Military Rule: Factionalism in Brazil, in: Armed Forces and Society, Nr. 3, S. 401-418

Bacchus, Wilfred A. 1988, Controlled Political Transition in Brazil: Abertura as a process for a Gradual Sharing of Political Power, in: Lopez, George A./Stohl, Michael (Hrsg.), Liberalization and Redemocratization in Latin America, London/New York, S. 137-171

Bacchus, Wilfred A. 1990, Mission in Mufti. Brazil's Military Regimes, 1964-1985, New York/London: Greenwood Press

Bacha, Edmar L./Klein, Herbert S. 1989, Social Change in Brazil 1945-1985: The Incomplete Transition, Albuquerque, N.M.: University of New Mexico Press

Bacha, Edmar L./Malan, Pedro S. 1989, Brazil's Debt: From the Miracle to the Fund, in: Alfred Stepan, (Hrsg.), Democratizing Brazil, Oxford et al., S. 120-140

Baffa, Ayrton 1989, Nos Porões do SNI: O Retrato do Monstro de Cabeça Oca, Rio de Janeiro: Editora Objetiva

Baizan, Mario 1994, Desde el Poder: Carlos Menem Responde, Buenos Aires: Ediciones Corregidor

Bakota, Carlos Steven 1979, Getúlio Vargas and the Estado Novo: An Inquiry into Ideology and Opportunism, in: Latin American Research Review, Bd. 14, Nr. 1, S. 205-210

Ballester, Horacio P. 1996, Memorias de un coronel democrático, Buenos Aires: Ediciones de la Flor

Baloyra, Enrique A. 1986, From Moment to Moment: The Political Transition in Brazil, 1977-1981, in: Selcher, Wayne (Hrsg.), Political Liberalization in Brazil, Boulder, S. 9-53

Bandeira, Luiz Alberto Moniz 1977, O governo João Goulart. As Lutas Sociais no Brasil, Rio de Janeiro: Civilização Brasileira

Bandeira, Luiz Alberto Moniz 1989, Brasil – Estados Unidos: a rivalidade emergente (1950-1988), Rio de Janeiro

Bandeira, Luiz Alberto Moniz 1995, Das deutsche Wirtschaftswunder und die Entwicklung Brasiliens, Frankfurt/M.: Vervuert

Barber, Willard F./Ronning, C. Neale 1966, Internal Security and Military Power. Counterinsurgency and Civic Action in Latin America, Columbus, Ohio: Ohio State University Press

Barcellos, Caco 1992, Rota 66, São Paulo: Editora Globo (dt. 1994)

Barcelona, Eduardo/Villalonga, Julio 1992, Relaciones carnales: La verdadera historia de la construcción y destrucción del misil Cóndor II, Buenos Aires

Barrios, Harald 1999a, Die Außenpolitik junger Demokratien in Südamerika. Argentinien, Brasilien, Chile und Uruguay im Vergleich, Opladen: Leske und Budrich

Barrios, Harald 1999b, Konsolidierung der Demokratie: Zur Substanz eines strapazierten Konzeptes, in: Bodemer, Klaus et al. (Hrsg.), Lateinamerika Jahrbuch 1999, S. 9-32

Barros, Alexandre R. 1996, Historical Sources of Brazilian Underdevelopment, in: Revista da Economia Política, Bd. 16, Nr. 2, S. 123-142

Bartell, Ernest/Payne, Leigh A. (Hrsg.) 1995, Business and Democracy in Latin America, Pittsburgh/London: University of Pittsburgh Press

Batista, Nilo 1990, Punidos e mal pagos. Violência, justiça, segurança pública e direitos humanos no Brasil de hoje, Rio de Janeiro: Editora Rewan

Bayer, Osvaldo 1981, Armée argentine: De l'éxtermination des aborigines a la terreur blanche, in: Les Temps Modernes, Nr. 420/421, S. 137-153

Benevides, Maria Victoria de Mesquita 1979, O Governo Kubitschek, Rio de Janeiro: Paz e Terra

Benevides, Maria Victoria/Fischer, Rosa Maria 1991, Popular Responses and Urban Violence: Lynching in Brazil, in: Huggins, Martha K. (Hrsg.), Vigilantism and the State in Modern Latin America, New York et al., S. 33-46

Berg-Schlosser, Dirk/Müller-Rommel, Ferdinand (Hrsg.) 1992, Vergleichende Politikwissenschaft, Opladen: Leske und Budrich

Berghahn, Volker R. (Hrsg.) 1975, Militarismus, Köln et al.: Kiepenheuer und Witsch

Berghahn, Volker R. 1986, Militarismus. Die Geschichte einer internationalen Debatte, Hamburg et al.: Berg/Klett-Cotta

Bernal-Meza, Raúl 1999, Políticas exteriores comparadas de Argentina e Brasil rumo ao Mercosul, in: Revista Brasileira de Política Internacional, Bd. 42, Nr. 2, S. 40-51

Betz, Joachim (Hrsg.) 1997, Verfassunggebung in der Dritten Welt, Hamburg

Bicudo, Hélio 1988, Do Esquadrão da Morte aos Justiceiros, São Paulo

Bienen, Henry (Hrsg.) 1968, The Military Intervenes. Case Studies in Political Development, New York

Bienen, Henry/Morrell, David (Hrsg.) 1976, Political Participation under Military Regimes, New York

Bignone, Reynaldo B.A. 1992, El último de facto. La liquidación del Proceso. Memoria y testimonio, Buenos Aires

Birle, Peter 1995, Argentinien. Unternehmer, Staat und Demokratie, Frankfurt/M.: Vervuert

Birle, Peter 1996, Die Unternehmerverbände. Neue "Columna Vertebral" des Peronismus, in: Nolte, Detlef/Werz, Nikolaus (Hrsg.), Argentinien. Politik, Wirtschaft, Kultur und Außenbeziehungen, Frankfurt/M., S. 205-224

Birle, Peter/Imbusch, Peter/Wagner, Christoph 1992, Unternehmer und Politik. Eine theoretische Annäherung an die politische Rolle der Unternehmer und ihrer Verbände mit Blick auf Lateinamerika, Mainz

Birle, Peter/Imbusch, Peter/Wagner, Christoph 1997, Unternehmer und Politik im Cono Sur, in: Bodemer, Klaus et. al., Lateinamerika Jahrbuch 1997, S. 58-85

Bodemer, Klaus 1996, Peripherer Realismus? Die Außenpolitik der Regierung Menem gegenüber Europa und den USA zwischen Kontinuität und Wandel, in: Nolte, Detlef/Werz, Nikolaus (Hrsg.), Argentinien. Politik, Wirtschaft, Kultur und Außenbeziehungen, Frankfurt/M., S. 273-296

Boeker, Paul H. 1989, Lost Illusions. Latin America's Struggle for Democracy as Recounted by its Leaders, La Jolla/New York: Institute of the Americas/Markus Wiener

Boeckh, Andreas 1992, Vergleichende Analyse peripherer Gesellschaften, in: Berg-Schlosser, Dirk/Müller-Rommel, Ferdinand (Hrsg.), Vergleichende Politikwissenschaft, Opladen, S. 241-256

Borón, Atilio 1996, Menem's neoliberal experiment, in: Espíndola, Roberto (Hrsg.), Problems of Democracy in Latin America, Stockholm, S. 8-34

Botana, Natalio 1977, El orden conservador, Buenos Aires: Sudamericana

Bourne, Richard 1978, Assault on the Amazon, London: V. Gollancz

Brasilian Institute of Social and Economic Analyses/National Streetchildren's Movement 1990, Children and Adolescents in Brazil: Lives in Peril. o.O. [Rio de Janeiro]

Brasilian Institute of Social and Economic Analyses/National Streetchildren's Movement (MNMMR) o.J., Children and Adolescents in Brazil; Lives in Peril. A report on death by violence of children and adolescents in Brazil 1984-1989, o.O.

Brasilianische Bischofskonferenz (CNBB) 1993, Die Förderung moralischer Werte. Erklärung der 31. Vollversammlung der CNBB, in: Weltkirche, Nr. 6, S. 185-191

Bravo Herrera, Horacio F. 1995, Defensa Nacional y Seguridad Nacional, in: Revista Militar, Nr. 732, S. 35-37

Bresser, Perreira, Luiz 1984a, Development and Crisis in Brazil, 1930-1983, Boulder

Bresser Pereira, Luiz 1984b, Six Interpretations of the Brazilian Social Formation, in: Latin American Perspectives, Bd. 11, Nr. 1, S. 35-72

Brigagão, Clóvis 1984, O Mercado da Segurança, Rio de Janeiro: Editora Nova Fronteira

Brigagão, Clóvis 1988, Autonomia militar y democracia. El caso brasileño, in: Varas Augusto (Hrsg.), La Autonomía Militar en América Latina, Caracas, S. 147-166

Brilhante Ustra, Carlos Alberto 1987, Rompendo o silêncio, Brasília: Editerra Editorial

Brysk, Alison 1994, The Politics of Human Rights in Argentina. Protest, Change, and Democratization, Stanford

Brzoska, Michael (Hrsg.) 1994, Militarisierungs- und Rüstungsdynamik, Hamburg

Brzoska, Michael/Lock, Peter (Bearb.) 1987, Rüstungsproduktion und Nuklearindustrie in der Dritten Welt, Militärpolitik Dokumentation, Heft 59-61

Burton, Michael/Higley, John/Gunther, Richard 1992, Introduction, in: Higley, John/Gunther, Richard (Hrsg.), Elites and Democratic Consolidation. Latin America and Southern Europe, Cambridge et al., S. 1-37

Büttner, Friedemann 1989a, Militärregime in der "Dritten Welt", in: Steinweg, Reiner/ Moltmann, Bernhard (Hrsg.), Militärregime und Entwicklungspolitik. Frankfurt/M. 1989, S. 58-84

Büttner, Friedemann 1989b, Autoritarismus und sozialer Wandel. Die Auswirkungen von Militärherrschaft auf den Entwicklungsprozeß – Eine Bilanz, in: Steinweg, Reiner/ Moltmann, Bernhard (Hrsg.), Militärregime und Entwicklungspolitik, Frankfurt/M., S. 314-373

Büttner, Friedemann/Lindenberg, Klaus/Reuke, Ludger/Sielaff, Rüdiger 1976, Reform in Uniform? Militärherrschaft und Entwicklung in der Dritten Welt, Bonn

Büttner, Veronika 1995, Rüstungspolitische Auflagen in der Entwicklungszusammenarbeit, in: Büttner, Veronika/Krause, Joachim (Hrsg.), Rüstung statt Entwicklung?, Baden-Baden, S. 678-701

Cáceres, Gustavo/Scheetz, Thomas (Hrsg.) 1995, Defensa no provocativa. Una propuesta de reforma militar para la Argentina, Buenos Aires: Ed. Buenos Aires

Calcagnotto, Gilberto 1983, Brasilien 1974-1981. Externe Schocks und Krisen-administration – Perspektiven eines neuen Sozialpakts, Hamburg: Institut für Iberoamerika-Kunde

Calcagnotto, Gilberto 1994a, Politische Kultur und Demokratisierung, in: Briesemeister, Dietrich et al. (Hrsg.), Brasilien heute, Frankfurt/M., S. 176-196

Calcagnotto, Gilberto 1994b, Ein Plebiszit ohne Folgen? Brasilien bleibt Republik mit Präsidialsystem, in: Lateinamerika. Analysen-Daten-Dokumentation, Bd. 11, Nr. 25/26, S. 58-66

Calcagnotto, Gilberto/Fritz, Barbara (Hrsg.) 1996, Inflation und Stabilisierung in Brasilien. Probleme einer Gesellschaft im Wandel, Frankfurt/M.: Vervuert

Camargo, Aspásia/Góes, Walder de 1981, Meio século de combate. Diálogo com Cordeiro de Farias, Rio de Janeiro: Editora Nova Fronteira

Cameron, Maxwell A. 1998, Latin American autogolpes: dangerous undertows in the third wave of democratization, in: Third World Quarterly, Bd. 19, Nr. 2, S. 219-239

Cammack, Paul 1991, Brazil: The Long March to the New Republic, in: New Left Review, Nr. 190, S. 21-58

Campello de Souza, Maria do Carmo 1989, The Brazilian "New Republic": Under the "Sword of Damocles", in: Stepan, Alfred (Hrsg.), Democratizing Brazil, New York/Oxford, S. 351-394

Campello de Souza, Maria do Carmo 1992, The Contemporary Faces of the Brazilian Right: An Interpretation of Style and Substance, in. Chalmers, Douglas et al. (Hrsg.), The Right and Democracy in Latin America, New York et al., S. 99-127

Campos Coelho, Edmundo 1976, Em busca de identidade. O exército e a política na sociedade brasileira, Rio de Janeiro: Forense-Universitária

Cano, Ignacio 1998, Der gezielte Todesschuß in der Arbeit der Polizei in Rio de Janeiro, in: Lateinamerika. Analysen-Daten-Dokumentation, Nr. 38, S. 45-58

Cantón, Darío 1971, La política de los militares argentinos, 1900-1971, Buenos Aires: Siglo XXI Argentina Editores

Capriles Ayala, Carlos/Naranco, Rafael Del 1992, Todos los Golpes, Caracas: Consorcio de Ediciones Capriles

Carasales, Julio C. 1987, El desarme de los desarmados-Argentina y el Tratado de No Proliferación de Armas Nucleares, Buenos Aires

Carasales, Julio C. 1992, National Security Concepts of States: Argentina, New York: United Nations (UNIDIR)

Carasales, Julio C. 1996, A Surprising About-face: Argentina and the NPT, in: Security Dialogue, Bd. 27, Nr. 3, S. 325-335

Carasales, Julio C./Redick John/Wrobel, Paulo 1995, Nuclear rapprochement, Argentina, Brazil, and the non-proliferation regime, in: The Washington Quarterly, 18, 1, S. 107-122

Cardoso, Eliana/Dantas, Daniel 1990, Brazil, in: John Williamson (Hrsg.) Latin American Adjustment. How much has happened?, Washington, D.C., S. 129-153

Cardoso, Fernando Henrique 1986, Entrepreneurs and the Transition Process: the Brazilian Case, in: O'Donnell, Guillermo/Schmitter, Philippe/Whitehead, Laurence (Hrsg.), Transitions from Authoritarian Rule. Comparative Perspectives, Baltimore/London, S. 137-153

Cardoso, Fernando Henrique 1996, Brasilien, Land der Zukunft?, in: epd-Entwicklungspolitik, 18/19, September, S. p-u

Carneiro da Cunha, Manuela 1992, Custom is not a Thing, it is a Path. Reflections on the Brazilian Indian Case, in: An-Na'im, Abdullahi Ahmed (Hrsg.), Human Rights in Cross-Cultural Perspectives. A Quest for Consensus, Philadelphia, S. 276-294

Carr, Barry/Ellner, Steve (Hrsg.) 1993, The Latin American Left. From the Fall of Allende to Perestroika, Boulder, Col.: Westview

Carreras, Sandra 1998, 15 Jahre Labyrinth: Wegmarken und Aporien der Debatte über die Demokratie in Lateinamerika, in: Bodemer, Klaus et al. (Hrsg.), Lateinamerika Jahrbuch 1998, S. 35-53

Carvalho, Estevão Leitão de 1959, Dever Militar e Política Partidaria, São Paulo

Carvalho, Estevão Leitão de 1961-64, Memórias de um soldado, 3 Bde., Rio de Janeiro

Carvalho, José Murilo de 1982, Armed Forces and Politics in Brazil, 1930-45, in: Hispanic American Historical Review, 62, 2, S. 193-223

Carvalho, José Murilo de 1987, Militares e Civis: Um Debate além da Constituinte, Rio de Janeiro (IUPERJ)

Castro, Celso 1990, O Espírito Militar, Rio de Janeiro: Jorge Zahar

Castro, Marcus Faro de 1997, The Courts, Law, and Democracy in Brazil, in: International Social Science Journal, Nr. 152, S. 241-252

Cavagnari Filho, Geraldo Lesbat 1988, Autonomía militar y construcción del poder, in: CORDES (Hrsg.), Democracia y Fuerzas Armadas, Quito, S. 47-89

Cavagnari Filho, Geraldo Lesbat 1993, Introducción a la estrategia Brasileña, in: Cruz Johnson, R./Varas Fernández, A. (Hrsg.), Percepciones de amenaza y políticas de defensa en América Latina, Santiago de Chile, S. 19-28

Cavalla Rojas, Antonio 1979, Geopolítica y Seguridad Nacional en América, México: Universidad Nacional Autónoma de México

Cavarozzi, Marcelo 1983, Autoritarismo y democracia, 1955-83, Buenos Aires: Centro Editor de América Latina

Cavarozzi, Marcelo 1986, Political Cycles in Argentina since 1955, in: Guillermo O'Donnell/Philippe Schmitter/Laurence Whitehead (Hrsg.), Transitions from Authoritarian Rule. Latin America, Baltimore/London, S. 19-48

Cavarozzi, Marcelo 1992, Patterns of Elite Negotiation and Confrontation in Argentina and Chile, in: Higley, John/Gunther, Richard (Hrsg.), Elites and Democratic Consolidation. Latin America and Southern Europe, Cambridge et al., S. 208-236

Centro de Articulação de Populações Marginalizadas 1989, Extermínio de crianças e adolescentes no Brasil, Rio de Janeiro

Centro de Estudios Legales y Sociales (Hrsg.) 1986, Terrorismo de Estado: 692 responsables, Buenos Aires

Centro de Estudios Legales y Sociales (Hrsg.) 1988, Violencia Policial, Buenos Aires

Centro de Estudios Legales y Sociales (CELS)/Nucleo de Estudios sobre Violência 1990a, Muertes por Violencia Policial, Buenos Aires

Centro de Estudios Legales y Sociales (CELS)/Nucleo de Estudios sobre Violencia 1990b, Documentación contra la impunidad, Buenos Aires

Chalmers, Douglas A./Campello de Souza, Maria do Carmo /Borón, Atilio A. (Hrsg.) 1992, The Right and Democracy in Latin America, New York et al.: Praeger

Chalmers, Douglas A./Vilas, Carlos M./Hite, Katherine/Martin, Scott B./Piester, Kerianne/Segarra, Monique (Hrsg.) 1997, The New Politics of Inequality in Latin America, Oxford: Oxford University Press

Chevigny, Paul G. 1991, Police Deadly Force as Social Control: Jamaica, Brazil, and Argentina, in: M.K. Huggins, (Hrsg.), Vigilantism and the State in Modern Latin America, New York et al., S. 189-217

Chiaramonte, José Carlos/Ternavasio, Marcela 1995, Procesos electorales y cultura política: Buenos Aires 1810-1850, in: Ciencia hoy (Buenos Aires), Bd. 5, Nr. 30, S. 16-24

Child, John 1979, Geopolitical Thinking in Latin America, in: Latin American Research Review, Bd. 14 , Nr. 2, S. 89-111

Child, Jack 1980, Strategic Concepts of Latin America: An Update, in: Inter-American Economic Affairs, Bd. 34, Nr. 1, S. 61-82

Child, Jack 1996, Peacekeeping, Confidence-Building, in: Millett, Richard L./Gold-Bliss, Michael (Hrsg.), Beyond Praetorianism. The Latin American Military in Transition, Boulder, Co., S. 11-35

Ciria, Alberto 1964, Partidos y poder en la Argentina moderna, 1930-46, Buenos Aires: Jorge Alvarez

Cleary, David 1993, After the Frontier: Problems with Political Economy in the Modern Brazilian Amazon, in: Journal of Latin American Studies, Bd. 25, S. 331-349

Cirilo Perdía, Roberto 1997, La otra historia. Testimonio de un jefe montonero, Buenos Aires: Grupo Agora

Cisneros, Andrés (Hrsg.) 1999, Política Exterior Argentina 1989-1999, Buenos Aires: CEPE/CARI

Cohen, Youssef 1987, Democracy from above: The Political Origins of Military Dictatorship in Brazil, in: World Politics, Bd. 40, Nr. 1, S. 30-54

Collier, David/Levitsky, Steven 1997, Democracy with Adjectives: Conceptual Innovation in Comparative Research, in. World Politics, Bd, 49, S. 430-451

Comisión Nacional sobre la Desaparición de Personas 1984, Nunca Más, Buenos Aires: Editorial Universitaria de Buenos Aires

Comissão Justiça e Paz de São Paulo 1982, Pela Revogação da Lei de Segurança Nacional, São Paulo

Conca, Ken 1992, Technology, The Military, and Democracy in Brazil, in: Journal of Interamerican Studies and World Affairs, Bd. 34, Nr. 1, S. 141-177

Conca, Ken 1997, Manufacturing Insecurity. The Rise and Fall of Brazil's Military-Industrial Complex, Boulder/London: Lynne Rienner Publishers

Conca, Ken 1998, Between Global Markets and Domestic Politics: Brazil's Military-Industrial Collapse, in. Review of International Studies, Bd. 24, S. 499-513

Congreso de la Nación 1987, La Sentencia. 2 Bde., Buenos Aires

Congresso Nacional 1982, Anistia. 2 Bde, Brasília-DF

Conniff, Michael L./McCann, Frank D. 1989, Modern Brazil. Elites and Masses in Historical Perspectives, Lincoln/London: University of Nebraska Press

Constituição da República Federativa do Brasil 1988, o.O. 1988

CORDES (Hrsg.) 1998, Democracia y Fuerzas Armadas, Quito: Editorial Nueva Sociedad

Corradi, Juan E. 1985, The Fitful Republic. Economy, Society, and Politics in Argentina, Boulder/London: University of California Press

Corradi, Juan E. 1989, Military Government and State Terrorism in Argentina, in: Loveman, Brian/Davies, Thomas M. (Hrsg.), The Politics of Antipolitics. The Military in Latin America, Lincoln/London, S. 335-344

Corradi, Juan E./Weiss Fagen, Patricia/Garretón, Manuel Antonio (Hrsg.) 1992, Fear at the Edge. State Terror and Resistance in Latin America, Berkeley et al.: University of California Press

Correa, Marcial Rubio 1989, The Armed Forces in Peruvian Politcs, in: Varas, Augusto (Hrsg.), Democracy under Siege. New Military Power in Latin America, New York et al., S. 35-45

Costa, Darc 1999, Segurança e defesa: uma única visão abaixo do Equador, in: Revista Brasileira de Política Internacional, Bd. 42, Nr. 1, S. 127-153

Costa, Thomaz Guedes da 1996, Conjecturas sobre Grande Estratégia e os Países do Cono Sul, in: Revista Brasileira de Política Internacional, Bd. 39, Nr. 1, S. 88-108

Costa, Thomaz Guedes da 1998, Democratization and International Integration: The Role of the Armed Forces in Brazil's Democratization, in: Mares, David R. (Hrsg.), Civil-Military Relations, Building Democracy and Regional Security in Latin America, Southern Asia and Central Europe, Boulder, Co., S. 223-237

Couto e Silva, Golbery do 1955, Planejamento estratégico, Rio de Janeiro: Companhia Editora Americana

Couto e Silva, Golbery do 1957, Aspectos geopolíticos do Brasil. Rio de Janeiro: Biblioteca do Exército

Couto e Silva, Golbery do 1967, Geopolítica do Brasil. Rio de Janeiro: Livraria José Olympio

Couto e Silva, Golbery do 1981, Conjuntura Política Nacional: O Poder Executivo e Geopolítica do Brasil, Rio de Janeiro: Livraria José Olympio

Couto e Silva, Golbery do 1981b, Questões sobre "Geopolítica do Brasil", in: A Defesa Nacional, Nr. 698, S. 33-42

Cruz Johnson, R./Varas Fernández, A. (Hrsg.) 1993, Percepciones de amenaza y políticas de defensa en América Latina, Santiago de Chile: FLACSO

Cunha, Eculides da 1994, Krieg im Sertão, Frankfurt/M.: Suhrkamp

Daase, Christopher 1991, Der erweiterte Sicherheitsbegriff und die Diversifizierung amerikanischer Sicherheitsinteressen, in: Politische Vierteljahresschrift, Bd. 32, Nr. 3, S. 425-451

D'Araújo, Maria Celina 1994, Os Militares e a Transição: Perdas e Danos do Exercício do Poder, in: Diniz, Eli/Lopes, José Sérgio Leite/Prandi, Reginaldo (Hrsg.), O Brasil no rastro da crise: Partidos, sindicatos, movimentos sociais, Estado e cidadania no curso dos anos 90, São Paulo, S. 156-178

D'Araújo, Maria Celina/Dillon Soares, Gláucio Ary/Castro, Celso (Hrsg.) 1994a, Os Anos de Chumbo. A Memória Militar sobre a Repressão, Rio de Janeiro: Relume Dumará

D'Araújo, Maria Celina/Dillon Soares, Gláucio Ary/Castro, Celso (Hrsg.) 1994b, Visões do golpe. A memória militar sobre 1964, Rio de Janeiro: Relume Dumará

D'Araújo, Maria Celina/Dillon Soares, Gláucio Ary/Castro, Celso (Hrsg.) 1995, A Volta aos Quartéis. A memória militar sobre a abertura, Rio de Janeiro: Relume Dumará

Da Matta, Roberto 1982, As Raizes da Violência no Brasil: reflexões de um antropólogo social, in: Benevides, Maria Victoria et al., A Violência Brasileira, São Paulo, S. 11-44

Da Matta, Roberto 1993, Conta de mentiroso. Sete ensaios de antropologia brasileira, Rio de Janeiro. Rocco

Dahl, Robert A. 1971, Polyarchy, New Haven, Conn.: Yale University Press

Daniels, Elías 1992, Militares y democracia, Caracas: Ediciones Centauro

Daract, Guillermo 1988, Precisiones sobre la Guerra que Vivimos, in: Revista Militar, Nr. 719, S. 51-61

Dassin, Joan (Hrsg.) 1986, Torture in Brazil. A Report by the Archdiocese of São Paulo (Übers. Jaime Wright), New York: Vintage Books

Davies, Shelton H. 1977, Victims of the Miracle. Development and the Indians of Brazil, Cambridge et al.: Cambridge University Press

Davis, Darién J. 1996, The Arquivos das Policias Politicais of the State of Rio de Janeiro, in: Latin American Research Review, Bd. 31, Nr. 1, S. 99-104

De'Carli, Carlos Alberto 1985, O Escândalo-Rei, Rio de Janeiro: Global Ed.

Debrun, Michel 1983, A Conciliação e outras estratégias, São Paulo: Ed. Brasiliense

Deimundo Piñeiro, Antonio J. 1995, El factor militar argentino, in: Revista Militar, Nr. 732, S. 5-13

Deina, Oscar 1984, Consideraciones sobre la futura ley de defensa nacional, in: Revista Argentina de Estudios Estratégicos, Bd. 1, Nr. 1, S. 108-114

Deiseroth, Dieter/Gustafsson, Stig (Hrsg.) 1993, Nonproliferation. Saving NPT and Abolishing Nuclear Weapons. IALANA Colloquium in Stockholm, Frankfurt/M: IALANA Schriftenreihe

Della Cava, Ralph 1989, The "People's Church", the Vatican and Abertura, in: Stepan, Alfred (Hrsg.), Democratizing Brazil, Oxford et al., S. 143-167

Della Giustina, Oswaldo 1980, Direitos Humanos e Segurança do Estado, in: A Defesa Nacional, Nr. 689, S. 135-162

De Riz, Liliana 1981, Retorno y derrumbe: El último gobierno Peronista, Mexico: Folios

De Riz, Liliana 1996, Argentina: Democracy in Turmoil, in: Domínguez, Jorge I./Lowenthal, Abraham F. (Hrsg.), Constructing Democratic Governance: South America in the 1990, Baltimore, Md., 147-165

Desch, Michael C. 1998, Por qué América Latina puede extrañar pronto la guerra fria: Estados Unidos y el futuro de las relaciones interamericanas de seguridad, in: Domínguez, Jorge I. (Hrsg.), Seguridad internacional, paz y democracia en el Cono Sur, Santiago, S. 189-221

Diamint, Rut 1994, Gasto Militar y ajuste económico en Argentina, in: Rojas Aravena, Francisco (Hrsg.), Gasto Militar en América Latina, Santiago, S. 139-181

Diamond, Larry 1992, Die Ausbreitung der Demokratie, in: Der Überblick, Bd. 28, Nr. 3, S. 3-10

Diamond, Larry/Linz, Juan J./Lipset, Seymour Martin 1989, Preface, in: Diamond, Larry/Linz, Juan J. /Lipset, Seymour Martin (Hrsg.), Democracy in Developing Countries. Latin America, Boulder, Col., S. IX-XXVII

Díaz Bessone, Ramón G. 1986, Guerra Revolucionaria en la Argentina (1959-1978), Buenos Aires. Ed. Fronteira

Díaz Bessone, Ramon G. 1988, Guerra Revolucionaria en la Argentina 1959-1978, in: Revista Militar, Nr. 719, S. 7-20

Dimenstein, Gilberto et al. 1985, O complô que elegeu Tancredo, Rio de Janeiro. Ed. JB

Dimenstein, Gilberto 1990, A Guerra dos Meninos, São Paulo: Ed. Brasiliense

Dimenstein, Gilberto 1994, O Cidadão de Papel. A infância, a adolescência e os Direitos Humanos no Brasil, São Paulo: Ed. Atica

Dimenstein, Gilberto 1996, Democracia em pedaços. Direitos Humanos no Brasil, São Paulo: Companhia das Letras

Dines, Alberto et al. 1964, Os idos de março e a Queda em abril, Rio de Janeiro

Domínguez, Jorge I. 1997, Latin America's Crisis of Representation, in: Foreign Affairs, Bd. 76, Nr. 1, S. 100-113

Domínguez, Jorge I. 1999, The Future of Inter-American Relations, mimeo (Internet: http://www.thedialogue.org/Future_of_IAR.html)

Domínguez, Robert F. 1991, Participación y responsabilidad de la dirigencia civil en los golpes de estado, in: Revista Argentina de Estudios Estratégicos, Bd. 8, Nr. 14, S. 15-37

Dreifuss, René A. 1987, 1964: A Conquista do Estado. Acão Política, Poder e Golpe de Classe, Petrópolis: Vózes

Dreifuss, René A. 1989, O Jogo da Direita, Petrópolis: Vozes

Dreifuss, René Armand et al. 1987, As Forças Armadas no Brasil, Rio de Janeiro

Druckman, Daniel/Vaurio, Elaine 1983, Regimes and Selection of Political and Military Leaders: Brazilian Cabinet Ministers and Generals, in: Journal of Political and Military Sociology, Bd. 11, S. 301-324

Druetta, Gustavo Adolfo et al. (Hrsg.) 1990, Defensa y democracia: un debate entre civiles y militares, Buenos Aires: Puntosur ed.

Drury, Bruce R. 1974, Civil-Military Relations and Military Rule: Brazil since 1964, in: Journal of Political and Military Sociology, Bd. 22, S. 191-203

Ducatenzeiler, Graciela/Oxhorn, Philip 1994, Democracia, autoritarismo y el problema de la gobernabilidad en América Latina, in: Desarrollo Económico, Bd. 34, Nr. 133, S. 31-52

Duchrow, Ulrich/Eisenbürger, Gert/Hippler, Jochen 1989, Totaler Krieg gegen die Armen. Geheime Strategiepapiere der amerikanischen Militärs, München

Dye, David R./Souza e Silva, Carlos Eduardo de 1979, A Perspective on the Brazilian State, in: Latin American Research Review, Bd. 14, Nr. 1, S. 81-98

Ehrke, Michael 1984, Die Krise der Streitkräfte und die Voraussetzungen für eine Neuordnung der militärisch-zivilen Beziehungen, in: Lateinamerika. Analysen – Daten – Dokumentation (Hamburg), Bd. 1, Nr. 1, S. 31-44

English, Adrian J. 1984, The Armed Forces of Latin America, London: Jane's Publishing Company

Escudé, Carlos 1986, La Argentina vs. las grandes potencias. El precio del desafio, Buenos Aires: Ed. del Belgrano

Escudé, Carlos 1991, Argentina: The Costs of Contradiction, in: Lowenthal, Abraham F. (Hrsg.), Exporting Democracy. The United States and Latin America, Baltimore 1991, S. 125-160

Escudé, Carlos 1999, Pasado y presente de las relaciones argentinas con los hegemones occidentales, in: Cisneros, Andrés (Hrsg.), Política Exterior Argentina 1989-1999, Buenos Aires, S. 179-211

Escudé, Carlos/Fontana, Andrés 1995, Divergencias Estratégicas en el Cono Sur: Las Políticas de Seguridad de la Argentina frente a las del Brasil y Chile, Buenos Aires: Universidad Torcuato Di Tella, Working Paper No. 20

Escudé, Carlos/Fontana, Andrés 1998, Las políticas de seguridad de Argentina: Su lógica y contexto regional, in: Domínguez, Jorge (Hrsg.), Seguridad internacional. Paz y democracia en el Cono Sur, Santiago, S. 81-123

Eßer, Klaus 1982, Militär und Entwicklung in Lateinamerika, in: Verfassung und Recht in Übersee, Nr. 2, 123-143

Estévez, Eduardo E. 1988, Seguridad e inteligencia en el estado democrático, Buenos Aires: Fundación Arturo Illia para la Democracia y la Paz

Eugster, Markus 1995, Der brasilianische Verfassungsgebungsprozeß von 1987/88, Bern et al.: Paul Haupt

Evans, Peter 1979, Dependent Development: The Alliance of Multinationals, State and Local Capital in Brazil, Princeton: Princeton University Press

Evers, Tilman T. 1972, Militärregierung in Argentinien. Das politische System der "Argentinischen Revolution", Hamburg: Institut für Iberoamerika-Kunde

Ezequiel, Raimondo/Echegaray, Fabián 1994, Repensando la democracia desde el ajuste: una perspectiva crítica, in: Nueva Sociedad, Nr. 113, S. 84-90

Fajardo, Elias 1988, Em Julgamento: A Violência no Campo, Petrópolis: Editora Vozes

Fanger, Ulrich 1993, Lateinamerika: Für Demokratie ungeeignet? Grundelemente der politischen Kultur in Lateinamerika, in: Wehling, Hans-Georg (Hrsg.), Länderprofile – Politische Kulturen im In- und Ausland, Stuttgart et al., S. 133-148

Fanger, Ulrich 1994, Demokratisierung und Systemstabilität in Lateinamerika, in: Oberreuter, Heinrich/Weiland, Heribert (Hrsg.), Demokratie und Partizipation in Entwicklungsländern, Paderborn et al., S. 81-102

Faoro, Raymundo 1975, Os Donos do Poder. 2 Bde., Porto Alegre/São Paulo: Editora Globo/Editora da Universidade de São Paulo

Fals Borda, Orlando 1993, Vigencia de utopías en América Latina, in: Análisis Político, Nr. 18, S. 45-53

Fatheuer, Thomas W. 1994, Sleeping with the Enemy? Die PT und die Militärs, in: Lateinamerika Nachrichten, Nr. 238, S. 22-23

Fatheuer, Thomas W. 1995, Krieg in den Favelas – Fest auf dem Asphalt, in: Lateinamerika Nachrichten, Nr. 250, S. 46-50

Fatheuer, Thomas/Pinguelli Rosa, Luis 1989, Brasilien heute: Wurzeln der Krise und Perspektiven der PT, in: Dirmoser, Dietmar et al. (Hrsg.), Lateinamerika, Berichte und Analysen 11: Deutsche Geschäfte, Hamburg, S. 179-188

Fernandes, Heloísa Rodrigues 1991, Authoritarian Society: Breeding Ground for Justiceiros, in: Huggins, Martha K. (Hrsg.), Vigilantism and the State in Modern Latin America, New York et al., S. 61-70

Fernández Baeza, Mario 1981, Nationale Sicherheit in Lateinamerika. Ihre ideologische und legitimierende Funktion bei der Errichtung von Militärregimen seit 1964, Heidelberg: Esprint-Verlag

Ferreira, Oliveiros 1970, La Geopolítica y el Ejército Brasileño, in: Beltrán, Virgilio R. (Hrsg.), El papel político de las fuerzas armadas en América Latina, Caracas, S. 161-189

Ferreira Costa, Valeriano Mendes 1991, As Forças Armadas e a Nova Ordem Constitucional: limites e possibilidades da integração institucional dos militares ao regime democrático, São Paulo: Caderno CEDEC 16

Ferreira, Oliveiros S. 1984, Política externa e defesa: O caso brasileiro, in: Política y Estratégia, Bd. 2, S. 311-336

Final Document of the Military Junta regarding the War against Subversion and Terrorism: The Fundamental Concepts 1989, in: Loveman, Brian/Davies, Thomas M. (Hrsg.), The Politics of Antipolitics. The Military in Latin America. Lincoln/London, S. 205-211

Finer, Samuel F. 1975, State- and Nation-Building in Europe. The Role of the Military, in: Tilly, Charles (Hrsg.). The Formation of National States in Western Europa, Princeton, S. S. 84-163

Finer, Samuel F. 1976, The Man on Horseback: The Role of the Military in Politics, Harmondsworth: Penguin

Fischer, Rosa Maria 1985, O Direito da População a Segurança. Cidadania e Violência Urbana, Petrópolis: Vozes

Fitch, John Samuel 1998, The Armed Forces and Democracy in Latin America, Baltimore, Md.: The Johns Hopkins University

Fleischer, David 1994, Political Corruption and Campaign Financing in Brazil: the Distraction Finesse of Impeachment, Congressional Inquests, Ceremonious Sackings and Innocuous Legislation, Paper prepared for the XVI World Congress of the International Political Science Association in Berlin, Germany, August 15-21

Flores, Mário César 1992, As forças armadas na constituição, São Paulo: Ed. Convívio

Floria, Carlos 1991. La turbulenta transición de la Argentina secreta, in: Boletín del Centro Naval, Nr. 262, S. 1-17

Flynn, Peter 1978, Brazil: A Political Analysis. Boulder, Col.: Westview Press

Fontana, Andrés 1984, Fuerzas Armadas, Partidos Políticos y Transición a la Democracia en Argentina, Buenos Aires: CEDES

Fontana, Andrés 1987, La política militar del gobierno constitucional argentino, in: Nun, José/Portantiero, Juan C. (Hrsg.), Ensayos sobre la transición democrática en la Argentina, Buenos Aires, S. 375-418

Fontana, Andrés 1988, De la crisis de las Malvinas a la subordinación condicionada: conflictos intramilitares y transición política en Argentina, in: Varas, Augusto (Hrsg.), La autonomía militar en América Latina, Caracas, S. 33-56

Fontana, Andrés 1990, Percepción de amenazas y adquisición de armamentos: Argentina 1969-1989 Buenos Aires: Centro de Estudios de Estado y Sociedad (CEDES). Documentos CEDES /48

Fontana, Andrés 1999, La seguridad internacional y la Argentina en los años 90, in: Cisneros, Andrés (Hrsg.), Política Exterior Argentina 1989-1999, Buenos Aires, S. 275-341

Fox, M. Louise 1983, Income Distribution in Post-1964 Brazil: New Results, in: Journal of Economic History, Bd. XLIII, Nr. 1, 261-271

Fraga, Jorge 1995, Malvinas. Evolución de la cuestión desde la guerra (1982-1994), in: Revista Militar, Nr. 732, S. 69-79

Fraga, Rosendo 1988, Ejército: del escarnio al poder (1973-1976), Buenos Aires: Editorial Planeta

Fraga, Rosendo 1989, La cuestión militar (1987-1989). Buenos Aires: Editorial Centro de Estudios Unión para la Nueva Mayoría

Fraga, Rosendo 1991, Menem y la cuestión militar, Buenos Aires: Editorial Centro de Estudios Unión para la Nueva Mayoría

Fraga, Rosendo 1997, La cuestión militar al finalizar los 90, Buenos Aires: Editorial Centro de Estudios Unión para la Nueva Mayoría

Fraga, Rosendo 1999, El concepto de las hipótesis del conflicto, in: Cisneros, Andrés (Hrsg.), Política Exterior Argentina 1989-1999, Buenos Aires, S. 237-273

Franko, Patrice 1994, De facto Demilitarization: Budget-Driven Downsizing in Latin America, in: Journal of Interamerican Studies and World Affairs, Bd. 36, Nr. 1, S. 37-74

Franko-Jones, Patrice 1992, The Brazilian Defense Industry, Boulder, Col.: Westview

Frateschi, Paulo/Silveira, Sérgio Amadeu da (Hrsg.) 1990, Questão de Segurança. São Paulo: Editora Brasil Urgente

Fritz, Barbara 1996, Wie leicht ist es, Brasilien zu regieren?, in: Gabbert, Katrin et al. (Hrsg.), Offene Rechnungen, Verdrängtes und Verlerntes – eine Bestandsaufnahme aus zwei Jahrzehnten, Latinamerika Analysen und Berichte, Bad Honnef 1996, S. 161-171

Fujita, Edmundo Sussumu 1998, The Brazilian policy of sustainable defence, in: International Affairs, Bd. 74, Nr. 3, S. 577-585

Fundación Arturo Illia para la Democracia y la Paz 1988a, Lineamientos para una reforma militar, Buenos Aires

Fundación Arturo Illia para la Democracia y la Paz 1988b, Organización del Sistema Militar, Buenos Aires

Fundación Arturo Illia para la Democracia y la Paz 1988c, Defensa y Seguridad, Buenos Aires

Gallo, Ezequiel/Thomsen, Esteban F. 1992, Electoral Evolution of the Political Parties of the Right: Argentina, 1983-1989, in: Chalmers, Douglas A. et al. (Hrsg,) The Right and Democracy in Latin America, New York et al.: Praeger, S. 142-162

Gamba-Stonehouse, Virginia 1990, Missions and Strategy: the Argentine Example, in: Goodman, Louis W./Mendelson, Johanna S.R./Rial, Juan (Hrsg.), The Military and Democracy. The Future of Civil-Military Relations in Latin America, Massachusetts/Toronto, S. 165-176

Garasino, Alberto M. 1985, Defensa nacional: Problemas actuales, in: Revista Argentina de Estudios Estratégicos, Bd. 2, Nr. 3, S. 56-69

Garcia, Eugênio Vargas 1998, Questões estratégicas e de segurança international: a marca do tempo e a força histórica da mudança, in: Revista Brasileira de Política Internacional, Bd. 41 Especial, S. 107-120

García, José L./Ballester, Horacio P./Rattenbach, Augusto B./Gazcon, Carlos M. 1987, Fuerzas Armadas Argentinas. El cambio necesario. Bases políticas y técnicas para una reforma militar, Buenos Aires: Editorial Galerna

Garzón Valdés, Ernesto 1988, La democracia argentina actual: problemas eticopolíticos de la transición, in: Garzón Valdés, Ernesto/Mols, Manfred/Spitta, Arnold (Hrsg.), La nueva democracia argentina (1983-1986), Buenos Aires, S. 237-258

Garzón Valdés, Ernesto/Mols, Manfred/Spitta, Arnold (Hrsg.) 1988, La nueva democracia argentina (1983-1986). Buenos Aires: Editiorial Sudamericana

Garzón Valdés, Ernesto/Waldmann, Peter (Hrsg.) 1982, El poder militar en la Argentina (1976-1981), Frankfurt/M.: Vervuert

Geddes, Barbara 1995, The Politics of Economic Liberalization, in: Latin American Research Review, Bd. 30, Nr. 2, S. 195-214

Geisel, Ernesto 1987, Interview, in: Boeker, Paul H. (Hrsg.), Lost Illusions. Latin America's Struggle for Democracy, as Recounted by its Leaders, La Jolla/New York, S. 265-273

German, Christiano 1991, Brasilien: Militärherrschaft und Nachrichtendienste (1964-1985), in: Tobler, Hans Werner/Waldmann, Peter (Hrsg.), Staatliche und parastaatliche Gewalt in Lateinamerika, Frankfurt/M., S. 105-130

Giadone, Dante 1987, La Reforma de la Constitución y la Reforma Militar. Buenos Aires: Fundación Arturo Illia para la Democracia y la Paz Nr. 4

Giadone, Dante 1988, Las Hipotesis de Conflicto y de Guerra. Buenos Aires: Fundación Arturo Illia para la Democracia y la Paz Nr. 18

Gibson, Edward 1989, Brazil: The Failure of Popular Mobilization, in: R.A. Pastor (Hrsg.), Democracy in the Americas. Stopping the Pendulum, New York/London, S. 178-183

Gil Yepes, José A. 1988, El encaje político en el sector militar. El caso de Venezuela, in: Varas, Augusto (Hrsg.), La Autonomia Militar en América Latina, Quito, S. 129-144

Giussani, Pablo 1987, ¿Por qué, doctor Alfonsín? Buenos Aires: Editorial Sudamericana-Planeta

Godio, Julio 1972, La semana trágica de enero de 1919, Buenos Aires: Granica

Goerdeler, Carl 1994, Stichwahlen unter dem Bajonett, in: Die Zeit, 15./16.11

Góes, Walder de 1978, O Brasil do General Geisel: Estudo do Proceso de Tomada de Decisão no Regime Militar-Burocrático. Rio de Janeiro: Editora Nova Fronteira

Göthner, Karl-Christian 1990, Fünf Jahre Zivilherrschaft in Brasilien: Die ökonomischen Ergebnisse, in: Asien, Afrika, Lateinamerika, Bd. 18, Nr. 5, S. 911-924

Goldwert, Marvin 1972, Democracy, Militarism and Nationalism in Argentina, 1930-1966, Austin: University of Texas Press

González Bombal, Inés 1995, "Nunca Más". El Juicio más allá de los estrados, in: Acuña, Carlos H. et al., Juicio, castigos y memorias. Derechos humanos y justicia en la política argentina, Buenos Aires, S. 192-222

Goodman, Louis W./Mendelson, Johanna S. R./Rial, Juan 1990, The Military and Democracy. The Future of Civil-Military Relations in Latin America. Lexington/Toronto: Lexington Books

Goodman, Louis et al. 1995, Lessons of the Venezuelan Experience. Washington, D.C.: Woodrow Wilson Center

Gouvea Neto, Raul de 1991, How Brazil competes in the Global Defense Industry, in: Latin American Research Review, Bd,. 26, Nr. 3, S. 83-107

Goyret, José Teófilo 1980, Geopolítica y Subversión, Buenos Aires: Ed. Depalma

Grabendorff, Wolf 1982, Tipologia y potencial de conflictos en America Latina, in: Nueva Sociedad, Nr. 59, S. 39-46

Grabendorff, Wolf/Nitsch, Manfred 1977, Brasilien: Entwicklungsmodell und Außenpolitik, München: Wilhelm Fink Verlag

Grecco, Jorge/González, Gustavo 1990, Argentina: el ejército que tenemos. Buenos Aires: Editorial Sudamericana

Guggenberger, Bernd 1985, Demokratie, in: Dieter Nohlen/Rainer-Olaf Schultze (Hrsg.), Wörterbuch zur Politik, Bd. 1, München, S. 130-140

Guggenberger, Bernd 1995, Demokratie/Demokratietheorie, in: Nohlen, Dieter (Hrsg.), Lexikon zur Politik, Bd. 1: Politische Theorien, München, S. 36-49

Guglialmelli, Juan E. 1979, El General Savio. Industrias básicas, poder militar y poder nacional, in: Estrategia, Nr. 60, S. 5-36

Gunther, Richard/Diamandouros, P. Nikiforos/Puhle, Hans-Jürgen (Hrsg.) 1995, The Politics of Democratic Consolidation: Southern Europe in Comparative Perspective, Baltimore: Johns Hopkins University

Gunther, Richard/Diamandouros, P. Nikiforos/Puhle, Hans-Jürgen 1996, O'Donnell's "Illusions": A Rejoinder, in: Journal of Democracy, Bd. 7, Nr. 4, S. 151-159

Haas, Sabine 1995, Operação Rio – Protokoll einer Militäraktion, in: Zeitschrift für Lateinamerika, Bd. 49, S. 67-79

Hagopian, Frances 1992, The Compromised Consolidation: the Political Class in the Brazilian Transition, in: Mainwaring, Scott/O'Donnell, Guillermo/Valenzuela, J. Samuel (Hrsg.), Issues in Democratic Consolidation. The New South American Democracies in Comparative Perspective, Notre Dame, S. 243-293

Hagopian, Frances 1993, After Regime Change. Authoritarian Legacies, Political Representation, and the Democratic Future of South America, in: World Politics, Bd. 45, Nr. 3, S. 475-500

Hagopian, Frances 1996, Traditional Politics and Regime Change in Brazil, New York: Columbia University Press

Halperín Donghi, Tulio 1994, Geschichte Lateinamerikas, Frankfurt/M.: Suhrkamp

Hamburger Institut für Sozialforschung (Hrsg.) 1987, Nie wieder! Ein Bericht über Entführung, Folter und Mord durch die Militärdiktatur in Argentinien, Weinheim/Basel

Harris, Louis K./Alba, Victor 1974, The Political Culture and Behaviour of Latin America, Kent: Kent State University Press

Haubrich, Walter 1996, Der lange Weg von der Diktatur zur Demokratie. Der Rückzug des Militärs in Lateinamerika, in: Internationale Politik, Bd. 51, Nr. 7, S. 11-17

Hayes, Robert A. 1976, The Military Club and National Politics in Brazil, in: Keith, Henry H /Hayes, Robert A. (Hrsg.), Perspectives on Armed Politics in Brazil, Tempe, S. 137-176

Hecht, Susanne/Cockburn, Alexander 1989, Defenders of the Amazon, in: The Nation, 22. Mai 22, S. 695-702

Heinz, Wolfgang S. 1986, Ursachen und Folgen von Menschenrechtsverletzungen in der Dritten Welt. Mit Fallstudien zu Afghanistan, Äquatorialguinea, Äthiopien, Chile, Guatemala, Indonesien, den Philippinen, Uganda und Uruguay, Saarbrücken: Verlag Breitenbach Publishers

Heinz, Wolfgang S. 1990, The Military in Politics. Lessons from the Past and Comparative Views on Southeast Asia, in: Heinz, Wolfgang S./Pfennig, Werner/King, Victor T. (Hrsg.), The Military in Politics. Southeast Asian Experience, Hull, S. 16-52

Heinz, Wolfgang S. 1991, Konsequenzen der Demokratisierung für die Streitkräfte in Argentinien, Brasilien und Uruguay, in: Tobler, Hans Werner/Waldmann, Peter (Hrsg), Staatliche und parastaatliche Gewalt in Lateinamerika, Frankfurt/M., S. 265-316

Heinz, Wolfgang S. 1992, Menschenrechte in der neuen brasilianischen Demokratie, in: Dirmoser, Dietmar et al. (Hrsg.) Lateinamerika. Analysen und Berichte Nr. 16. Jahrbuch 1993, Münster, S. 194-202

Heinz, Wolfgang S. 1995a, Motives for "disappearances" in Argentina, Chile and Uruguay in the 1970s, in: Netherlands Quarterly of Human Rights, Nr. 1, S. 1-14

Heinz, Wolfgang S. 1995b, Seguridad Interior y Derechos Humanos en la Argentina después de la Democratización, Taller "Democratización y Policía en América Latina", Veranstalter: CIEDLA, Instituto de Investigaciones sobre España y América Latina de la Universidad de Augsburgo y de la Fundación Konrad Adenauer, Guatemala, unveröff. Ms.

Heinz, Wolfgang S. 1995c, The Military, Torture and Human Rights. Experiences from Argentina, Brazil, Chile and Uruguay, in: Ronald D. Crelinsten/Alex P. Schmid (Hrsg.), The Politics of Pain. Torturers and their Masters, Boulder, Col., Westview Press, S. 65-98

Heinz, Wolfgang S. 1996a, Militär und Demokratie, in: Nolte, Detlef/Werz, Nikolaus (Hrsg.), Argentinien. Politik, Wirtschaft, Kultur und Außenbeziehungen, Frankfurt/M.: Vervuert, S. 225-240

Heinz, Wolfgang S. 1996b, Der Beitrag der Verfassung von 1988 zum Demokratisierungsprozeß in Brasilien, in: Nord-Süd aktuell, Bd. 10, Nr. 1, S. 107-114

Heinz, Wolfgang S. 1996c, Menschenrechte und Demokratie in Brasilien, in: Briese–meister, Dietrich/Rouanet, Sergio Paulo (Hrsg.), Brasilien im Umbruch: Akten des Berliner Brasilien-Kolloquiums vom 20.-22. September 1995, Frankfurt/M.: Vervuert, S. 79-92

Heinz, Wolfgang S. 1997, Fujimori bleibt im Sattel, in: Lateinamerika anders (Wien), Bd. 22, Nr. 8-9, S. 7-8

Heinz, Wolfgang S. 1998, Zum politischen Rollenwandel des Militärs in Argentinien und Brasilien in: antimilitarismus information, Südamerika. Demokratisierung im Schatten des Militärs, Nr. 12, S. 21-31

Heinz, Wolfgang S. 1999, Anleitung zur Folter in Lateinamerika. Die internationale Dimension, in: Zeitschrift für Politische Psychologie, Bd. 7, Nr. 1-2, S. 9-18

Heinz, Wolfgang S./Frühling, Hugo 1999, Determinants of Gross Human Rights Violations by State and State-sponsored Actors in Brazil, Uruguay, Chile, and Argentina, Den Haag: Kluwer Law International

Hemming, John 1987, Amazon Frontier. The Defeat of the Brazilian Indians, London: Macmillan

Higley, John/Gunther, Richard (Hrsg.) 1992, Elites and Democratic Consolidation. Latin America and Southern Europe, Cambridge et al.: Cambridge University Press

Hilton, Stanley E. 1982, The Armed Forces and Industrialists in Modern Brazil: The Drive for Military Autonomy (1889-1954), in: Hispanic American Historical Review, Bd. 62, Nr. 4, S. 629-673

Hilton, Stanley E. 1985, The Argentine Factor in Twentieth-Century Brazilian Foreign Policy, in: Political Science Quarterly, Bd. 100, Nr. 1, S. 27-51

Hilton, Stanley E. 1987, The Brazilian Military: Changing Strategic Perceptions and the Question of Mission, in: Armed Forces and Society, Bd. 13, Nr. 3, S. 329-252

Hilton, Stanley E. 1991, Brazil and the Soviet Challenge, 1917-1947, Austin: University of Texas Press

Hirst, Mónica 1991, Demokratie und Außenpolitik: der Fall Brasilien, in: Nohlen, Dieter/ Fernández, Mario/van Klaveren, Alberto (Hrsg.), Demokratie und Außenpolitik in Lateinamerika, Opladen, S. 79-92

Hirst, Mónica 1996, The Foreign Policy of Brazil: From the Democratic Transition to its Consolidation, in: Muñoz, Heraldo/Tulchin, Joseph S. (Hrsg.), Latin American Nations in World Politics, Boulder, Co., S. 197-223

Hirst, Mónica 1998, Política de seguridad, democratización e integración regional en el Cono Sur, in: Domínguez, Jorge (Hrsg.), Seguridad internacional, paz y democracia en el Cono Sur, Santiago, S. 159-187

Hodges, Donald C. 1991, Argentina's "Dirty War", Austin: University of Texas Press

Huber, Evelyne 1995, Assessments of State Strength, in: Smith, Peter H. (Hrsg.), Latin America in Comparative Perspective, Boulder et al., S. 163-193

Huggins, Martha K./Haritos-Fatouros 1996, Conciencia torturada: secretos y moralidad en la violencia policial brasileña, in: Waldmann, Peter 1996a (Hrsg.), Justicia en la Calle. Ensayos sobre la Policía en América Latina, Bogotá, S. 223-354

Huggins, Martha K. 1998, Political Policing. The United States and Latin America, Durham/London: Duke University Press

Huhle, Rainer (Hrsg.) 1995, Fujimoris Peru – Eine "Demokratie neuen Typs"?, Hamburg 1995

Hunold Lara, Silvia 1988, Campos da Violência, Rio de Janeiro: Editora Paz e Terra

Hunter, Wendy 1994a, The Brazilian Military After the Cold War: In Search of a Mission, in: Studies in Comparative International Development, Bd. 28, Nr. 4, S. 31-49

Hunter, Wendy 1994b, Contradictions of Civilian Control: Argentina, Brazil and Chile in the 1990s, in: Third World Quarterly, Bd. 15, Nr. 4, S. 633-653

Hunter, Wendy 1995, Politicians against Soldiers. Contesting the Military in Postauthoritarian Brazil, in: Comparative Politics, Bd. 27, Nr. 4, S. 425-443

Hunter, Wendy 1996, State and Soldier in Latin America: Redefining the Military's Role in Argentina, Brazil, and Chile, Washington, D.C.: U.S. Institute of Peace

Hunter, Wendy 1997, Eroding Military Influence in Brazil. Politicians against Soldiers, Chapel Hill, NC: The University of North Carolina Press

Hunter, Wendy 1998, Civil-Military Relations in Argentina, Brazil, and Chile: Present Trends, Future Prospects, in: Agüero, Felipe/Stark, Jeffrey (Hrsg.), Fault Lines in Post-Transition Latin America, Boulder, Co., S. 299-322

Huntington, Samuel P. 1968, Political Order in Changing Societies. New Haven/Yale: Yale University Press

Huntington, Samuel P. 1981, The Soldier and the State. The Theory and Politics of Civil-Military Relations, Cambridge, Mass./London (Erstveröffentlichung 1957)

Huntington, Samuel P. 1991, The Third Wave. Democratization in the Late Twentieth Century, Norman/London: University of Oklahoma Press

Huntington, Samuel P. 1995, Reforming Civil-Military Relations, in: Journal of Democracy, Bd. 6, Nr. 4, S. 9-17

Huntington, Samuel P. 1996, Democracy for the Long Haul, in: Journal of Democracy, Bd. 7, Nr. 2, S. 3-13

Hurrell, Andrew 1992, Latin America in the New World Order: a regional block of the Americas?, in: International Affairs, Bd. 68, Nr. 1, 121-139

Hurrell, Andrew 1996, The International Dimensions of Democratization in Latin America: The Case of Brazil, in: Whitehead, Laurence (Hrsg.), The International Dimensions of Democratization. Europe and the Americas, Oxford, S. 146-174

Ibrahim, Salim/Metze-Mangold, Verena 1976, Nichtkapitalistischer Entwicklungsweg. Ideengeschichte und Theorie-Konzept, Köln: Athenäum

Imaz, José Luis de 1964, Los que mandan, Buenos Aires: Eudeba (Dt. Machtgruppen in Argentinien [Übers. Jan D. Beckmann], Dortmund 1971)

International Defense Review 1994, Brazilian forces strengthen Amazon borders, Nr. 1, S. 9-10

International Institute for Strategic Studies (IISS) 1983, 1986, Streitkräfte 1982/83, 1985/86, München: Bernhard & Graefe

International Institute for Strategic Studies (IISS) 1994, 1997, 1999, The Military Balance 1994/95, 1997/98, 1999/2000, London: Oxford University Press

IRELA 1997a, A new strategic debate in South America? An IRELA briefing, Madrid

IRELA 1997b, III European Union-Rio Group Dialogue on Security Issues, Madrid

Iskinderow, A.A. 1972, Die nationale Befreiungsbewegung. Probleme, Gesetzmäßigkeiten, Perspektiven, Berlin

Jackman, Robert W. 1976, Politicians in Uniform; Military Governments and Social Change in the Third World, in: The American Political Science Review, Bd. 70, Nr. 4, S. 1078-1097

Jaguaribe, Helio et al. 1986, Brasil, Sociedade Democrática, Rio de Janeiro: José Olympio

Jaguaribe, Helio et al. 1990, Brasil: Reforma ou Caos. São Paulo: Editora Paz e Terra

Janowitz, Morris 1975, Strategie für eine vergleichende Rolle des Militärs in den Neuen Nationen, in: Berghahn, Volker R. (Hrsg.), Militarismus, Köln et al., S. 296-312

Janowitz, Morris 1977, Military Institutions and Coercion in the Developing Nations, Chicago/London: University of Chicago Press

Jarrín, Edgardo M. 1991, Las nuevas relaciones internacionales y las fuerzas armadas sudamericanas, Lima

JB LA: Jahrbuch Lateinamerika 1992-99, (Hrsg.: von Gleich, Albrecht, Bodemer, Klaus/ Krumwiede, Heinrich-W./Nolte Detlef/Sangmeister, Hartmut), Frankfurt/M.: Vervuert

Johnson, John J. 1964, The Military and Society in Latin America, Stanford, Ca.: Stanford University Press

Johnson, John J. (Hrsg.) 1962, The Role of the Military in Underdeveloped Countries, Princeton, N.J.: Princeton University Press

Jung, Winfried 1995, Wirtschaftliche Entwicklungen und soziale Spannungen in Lateinamerika, in: KAS-Auslandsinformationen, Nr. 5, S. 80-100

Kaplan, Marcos 1995, Theorie und Wirklichkeit des Staates in Lateinamerika, in: Mols, Manfred/Thesing, Josef (Hrsg.), Der Staat in Lateinamerika, Mainz, S. 1-44

Karl, Terry Lynn 1990, Dilemmas of Democratization in Latin America, in: Comparative Politics, Bd. 23, Nr. 1, S. 1-21

Karl, Terry Lynn/Schmitter, Philippe C. 1991, Modes of Transition and Types of Democracies in Latin America, Southern and Eastern Europe, in: International Social Science Journal, Nr. 128, S. 269-284

Keck, Margaret E. 1992, The Workers' Party and Democratization in Brazil, New Haven, Conn.: Yale University Press

Keith, Henry H./Hayes, Robert A. (Hrsg.) 1976, Perspectives on Armed Politics in Brazil, Tempe: Arizona State University/Center for Latin American Studies

Kelly, Philipp L. 1986, Geopolitical Themes in the Writings of General Carlos de Meira Mattos of Brazil, in: Journal of Latin American Studies, Bd. 16, Teil 2, S. 439-461

Kelly, Philip 1988, Geopolitical Tension Areas in South America: The Question of Brazilian Territorial Expansion, in: Biles, Robert E. (Hrsg.), Inter-American Relations. The Latin American Perspective, Boulder/London, S. 190-209

Kelly, Philip/Child, Jack (Hrsg.) 1988, Geopolitics of the Southern Cone and Antarctica, Boulder/London: Rienner

Kokott, Juliane 1987, Völkerrechtliche Beurteilung des argentinischen Gesetzes Nr. 23.521 über die Gehorsamspflicht (obediencia debida), in: Zeitschrift für ausländisches öffentliches Recht und Völkerrecht, Nr. 3, S. 506-536

Kornblith, Miriam 1995, Crisis y transformación del sistema político venezolano, in: Hofmeister, Wilhelm/Thesing, Josef (Hrsg.), Transformación de los sistemas políticos en América Latina, Buenos Aires, S. 345-381

Kreditanstalt für Wiederaufbau (KfW)/Deutsche Gesellschaft für Technische Zusammenarbeit (GTZ) 1992, Sektorpapier Tropenwald Brasilien Amazonas, in: Lateinamerika. Analysen-Daten-Dokumentation, Nr. 19, S. 69-81

Krumwiede, Heinrich-W. 1993, Zu den Überlebenschancen von Demokratie in Lateinamerika, Lateinamerika Jahrbuch 1993, Frankfurt/M., S. 9-29

Krumwiede, Heinrich-W. 1997, Funktionen und Kompetenzen der Parlamente in den Präsidialdemokratien Lateinamerikas, Ebenhausen

Krumwiede, Heinrich-W./Nolte, Detlef 1993, Demokratie und Menschenrechte zu Beginn der 90er Jahre, Hamburg: Institut für Iberoamerika-Kunde

Kurtenbach, Sabine 1993, Regionale Kooperation für die Demokratie in Lateinamerika, in: Betz, Joachim/Brüne, Stefan (Hrsg.), Jahrbuch Dritte Welt 1994, S. 252-258

Kurtenbach, Sabine 1996, Zentralamerikas Militär zwischen Krieg und Frieden. Demilitarisierung und Neuordnung der zivil-militärischen Beziehungen, Hamburg: Institut für Iberoamerika-Kunde

Kurtenbach, Sabine/Bodemer, Klaus/Nolte, Detlef (Hrsg.) 2000, Sicherheitspolitik in Lateinamerika. Vom Konflikt zur Kooperation?, Opladen: Leske und Budrich

Lafer, Carlos 1978, O Sistema Político Brasileiro, São Paulo: Editora Perspectiva

Lagos, Patricia 1997, Latin America's Smiling Mask, in: Journal of Democracy, Bd. 8., Nr. 3, S. 125-138

Lahera, Eugenio/Ortúzar, Marcelo 1999, Seeking 'transparent' defence spending, in: LAWR, 2.11.1999, S. 510-511

Lamounier, Bolívar 1989a, Brazil: Inequality against Democracy, in: Diamond, Larry/Linz, Juan J./Lipset, Seymour M. (Hrsg.), Democracy in Developing Countries, Bd. 4, Boulder/London, S. 111-157

Lamounier, Bolivar 1989b, *Authoritarian Brazil* Revisited: The Impact of Elections on the Abertura, in: Stepan, Alfred (Hrsg.), Democratizing Brazil, Oxford et al., S. 43-79

Lamounier, Bolívar 1992, O Modelo institucional brasileiro. A presente crise e propostas de reforma, in: Ibero-Amerikanisches Archiv, Bd. 18, Nr. 1-2, S. 225-244

Lamounier, Bolívar 1996, Brazil: the Hyperactive Paralysis Syndrome, in: Domínguez, Jorge I./Lowenthal, Abraham F. (Hrsg.), Constructing Democratic Governance: South America in the 1990, Baltimore, Md., S. 166-188

Lamounier, Bolívar/Souza, Amaury de 1993, Changing Attitudes toward Democracy and Institutional Reform in Brazil, in: Diamond, Larry (Hrsg.), Political Culture and Democracy in Developing Countries, Boulder/London, S. 295-326

Lanusse, Alejandro A. 1994, Confesiones de un general. Memorias, Buenos Aires: Planeta

Larra, Raúl 1995, La batalla del general Guglialmelli, Buenes Aires: Distal

Lateinamerika. Analysen-Daten-Dokumentation 1998, Gewalt, Kriminalität und innere (Un-) Sicherheit in Lateinamerika, Hamburg: Institut für Iberoamerikakunde, Nr. 38

Lauga, Martín/Thibaut, Bernhard 1998, La dimensión político-institucional de la gobernabilidad de las democracias latinoamericanas en los años noventa, in: Ibero-Amerikanisches Archiv, Bd. 24, Nr. 1/2, S. 69-102

Leacock, Ruth 1990, Requiem for Revolution. The United States and Brazil, 1961-1969. Kent, Ohio: The Kent State University Press

Leeds, Elizabeth 1996, Cocaine and Parallel Polities in the Brazilian Urban Periphery: Constraints on Local-Level Democratization, in: Latin American Research Review, Bd. 31, Nr. 3, S. 47-83

Leif, Linda L. 1984, Seizing Control: Latin American Military Motives, Capabilities, and Risks, in: Armed Forces and Society, Bd. 10, Nr. 4, S. 563-582

Lenin, W.I. 1960, Der Imperialismus als höchstes Stadium des Kapitalismus, in: Lenin, W. I., Gesammelte Werke, Bd. 22, Berlin, S. 189-309

Levine, Robert M. 1989, "Turning on the Lights": Brazilian Slavery Reconsidered One Hundred Years after Abolition, in: Latin American Research Review, Bd. 24, Nr. 2 , S. 201-217

Lhoest, Brigitte F.P. 1995, Constitutional Reform in Argentina, in: Verfassung und Recht in Übersee, 2. Quartal, S. 155-165

Liebknecht, Karl 1958, Militarismus und Anti-Militarismus unter besonderer Berücksichtigung der internationalen Jugendbewegung, Rede vor dem Mannheimer Jugendkongress, Oktober 1906, in: Karl Liebknecht, Gesammelte Reden und Schriften, Bd. 1, Berlin, S. 247-256

Liehr, Wilfried 1988, Katholizismus and Demokratisierung in Brasilien. Stimulierung von sozialen Lernprozessen als kirchliche Reformpolitik, Saarbrücken/Fort Lauderdale: Breitenbach Publ.

Lindenberg, Klaus 1976, Über die militärische Besetzung der Politik in Lateinamerika, in: Büttner, Friedemann et al. (Hrsg.), Reform in Uniform? Militärherrschaft und Entwicklung in der Dritten Welt, Bonn, S. 361-482

Lindenberg, Klaus 1977, Militär und Abhängigkeit in Lateinamerika. Fremdbestimmte Faktoren seiner institutionellen Entwicklung, seines professionellen Rollenverständnisses und seines politischen Verhaltens, in: Puhle, H.-J. (Hrsg.), Lateinamerika – Historische Realität und Dependencia-Theorien, Hamburg, S. 193-229

Lindenberg, Klaus 1982, Streitkräfte und politische Parteien: ein Essay zu einigen aktuellen Problemen der zivil-militärischen Beziehungen in Lateinamerika, in: Lindenberg,

Klaus (Hrsg.), Lateinamerika. Herrschaft, Gewalt und internationale Abhängigkeit, Bonn, S. 87-102

Linz, Juan J. 1975, Totalitarian and Authoritarian Regimes, in: Greenstein, F.I./Polsby N.W. (Hrsg.), Handbook of Political Science, Bd. 3, Reading, S. 177-411

Linz, Juan J. 1997, Autoritäre Systeme, in: Albrecht, Ulrich/Volger, Helmut (Hrsg.), Lexikon der Internationalen Politik, München, S. 62-64

Linz, Juan J./Stepan, Alfred 1996, Problems of Democratic Transition and Consolidation: Southern Europe, South America, and Post-Communist Europe, Baltimore/London: Johns Hopkins University Press

Linz, Juan J./Valenzuela, Arturo (Hrsg.) 1994, The Failure of Presidential Democracy, 2 Bde., Baltimore, Md./London: The Johns Hopkins University Press

Lipset, Seymour Martin 1959, Some Social Requisites of Democracy: Economic Development and Political Legitimacy, in: American Political Science Review, Bd. 53, S. 69-105

Lipset, Seymour Martin 1994, The Social Requisites of Democracy Revisited, in: American Sociological Review, Bd. 59, S. 1-22

Lock, Peter 1986, Brazil: Arms for Export, in: Brzoska, Michael/Ohlson, Thomas (Hrsg.), Arms Production in the Third World, London/ Philadelphia, S. 79-104

Lopes, Marechal José Machado 1980, O III exército da renúncia de Jânio Quadros, o.O.: Editorial Alhambra

López, Ernesto 1987, Seguridad Nacional y Sedición Militar, Buenos Aires: Editorial Legasa

López, Ernesto 1988, El último levantamiento, Buenos Aires: Editorial Legasa

López, Ernesto 1994, Ni la ceniza, ni la gloria. Actores, sistema político y cuestión militar en los años de Alfonsín, Buenos Aires

López, Ernesto 1996, Argentina 1991: las nuevas oportunidades para el control civil, in: López, Ernesto/Pion-Berlin, David, Democracia y cuestión militar, Buenos Aires, S. 147-202

López, Ernesto/Pion-Berlin, David 1996, Democracia y cuestión militar, Buenos Aires: Unversidad Nacional de Quilmes

Loveman, Brian 1994, "Protected Democracies" and Military Guardianship: Political Transitions in Latin America, 1978-1993, in: Journal of Interamerican Studies and World Affairs, Bd. 36, Nr. 2, S. 105-189

Loveman, Brian 1999, For la Patria. Politics and the Armed Forces in Latin America, Wilmington, Del.: SR Books

Lowenthal, Abraham F./Fitch J. Samuel (Hrsg.) 1986, Armies and Politics in Latin America, New York/London

Lowenthal, Abraham F. (Hrsg.) 1991, Exporting Democracy: The United States and Latin America, Baltimore: The Johns Hopkins University

Lumpe, Lora/Gronlund, Lisbeth/Wright, David C. 1992, Third World Missiles fall short, in: The Bulletin of the Atomic Scientists, März, S. 30-37

Luna, Félix 1983, Golpes militares y salidas electorales. Buenos Aires: Editorial Sudamericana

Luna, Félix 1984-86, Perón y su tiempo. 3 Bde., Buenos Aires: Editorial Sudamericana

Luxemburg, Rosa 1975, Die Akkumulation des Kapitals, in: Luxemburg, Rosa, Gesammelte Werke, Berlin, S. 398-413

Madlener, Kurt 1991, Menschenrechtsprobleme in Brasilien nach der Rückkehr zur Demokratie, in: Deutsche Sektion der Internationalen Juristenkommission (Hrsg.), Menschenrechtsprobleme in Lateinamerika, Heidelberg, S. 85-115

Madlener, Kurt 1995, Zur Lage der Menschenrechte in Brasilien, in: Sevilla, Rafael/Ribeiro, Darcy (Hrsg.), Brasilien – Land der Zukunft?, Freiburg, S. 311-328

Mahnken, Thomas G./Hoyt, Timothy D. 1990, The Spread of Missile Technology to the Third World, in: Comparative Strategy, Bd. 9, S. 245-263

Maier, José Bernardo José 1996, Breve historia institucional de la Policía argentina, in: Waldmann, Peter (Hrsg.), Justicia en la Calle. Ensayos sobre la Policía en América Latina, Bogotá, S. 127-137

Maier, José Bernardo José/Abregú, Martín/Tiscornia, Sofía 1996, El papel de la Policía en la Argentina y su situación actual, in: Waldmann, Peter (Hrsg.), Justicia en la Calle. Ensayos sobre la Policía en América Latina, Bogotá, S. 161-183

Maihold, Günther 1990a, Demokratie und Partizipation in Lateinamerika, in: Lateinamerika. Analysen-Daten-Dokumentation, S. 6-18

Maihold, Günther 1990b, Demokratie mit erhobenen Händen? Militär und demokratischer Wandel in Lateinamerika, in: Aus Politik und Zeitgeschichte, B 43, S. 17-29

Maihold, Günther 1996, "Erblinden" die Institutionen und versagen die Akteure? Regierbarkeit und Zukunftsfähigkeit der Demokratie in Lateinamerika, in: Klaus Bodemer u.a. (Hrsg.), Lateinamerika Jahrbuch 1996, Frankfurt a. Main, S. 62-91

Mainwaring, Scott 1986, The Catholic Church and Politics in Brazil, 1916-1985, Stanford, Cal.: Stanford University Press

Mainwaring, Scott 1991, Politicians, Parties, and Electoral Systems: Brazil in Comparative Perspective, in: Comparative Politics, Bd. 24, Nr. 1, S. 21-43

Mainwaring, Scott 1995, Brazil: Weak Parties, Feckless Democracy, in: Mainwaring, Scott/Scull, Timothy R. (Hrsg.), Building Democratic Institutions Party Systems in Latin America, Stanford, S. 354-398

Mainwaring, Scott/O'Donnell Guillermo/Valenzuela, J. Samuel (Hrsg.) 1992, Issues in Democratic Consolidation. The New South American Democracies in Comparative Perspective, Notre Dame: University of Notre Dame Press

Maldifassi, José O./Abetti, Pier A. 1994, Defense Industries in Latin American Countries. Argentina, Brazil, and Chile, Westport, Conn./London: Praeger

Marcella, Gabriel 1990, The Latin American Military, Low Intensity Conflict and Democracy, in: Journal of Interamerican Studies and World Affairs, Bd. 32, Nr. 1, S. 45-82

Marcella, Gabriel (Hrsg.) 1994, Warriors in Peacetime. The Military and Democracy in Latin America, London: Frank Cass

Markoff, John/Duncan Baretta, Silvio R. 1986, What We Don't Know About the Coups: Observations on Recent South American Politics, in: Armed Forces and Society, Nr. 2, S. 207-235

Martínez-Lara, Javier 1996, Building Democracy in Brazil. The Politics of Constitutional Change, Houndsmill/Basicstoke et al.: Macmillan

Martins, José de Souza 1991, Lynchings – Life by a Thread: Street Justice in Brazil, 1979-1988, in: Huggins, Martha K. (Hrsg.), Vigilantism and the State in Modern Latin America, New York et al., S. 21-32

Martins, Luciano 1986, The "Liberalization" of Authoritarian Rule in Brazil, in: Guillermo O'Donnell/Schmitter, Philippe /Whitehead, Laurence (Hrsg.), Transitions from Authoritarian Rule. Latin America, Baltimore/London, S. 72-94

Mastririlli, Carlos P. 1972/73, Geopolítica del Brasil: historia y doctrina, in: Estrategia, Bd. 4, Nr. 19/20, S. 37-60

McCann, Frank D., Jr. 1980, The Brazilian Army and the Problem of Mission, 1939-1964, in: Journal of Latin American Studies, Bd. 12, Nr. 1, S. 107-126

McCann, Frank 1989, The Military, in: Conniff, Michael L./McCann, Frank D. 1989, Modern Brazil. Elites and Masses in Historical Perspectives, Lincoln/London, S. 47-80

McCleary, Rachel M. 1991, The International Community's Claim To Rights in Brasilian Amazonia, in: Political Studies, Bd. 39, S. 691-708

McGee Deutsch, Sandra/Dolkart, Ronald H. (Hrsg.) 1993, The Argentine Right, Wilmington, De: Scholarly Ressources

McGuire, James W 1995, Political Parties and Democracy in Argentina, in: Mainwaring, Scott/Scull, Timothy R. (Hrsg.), Building Democratic Institutions Party Systems in Latin America, Stanford, S. 200-246

McSherry, J. Patrice 1992, Military Power, Impunity and State-Society Change in Latin America, in: Canadian Journal of Political Science, Bd. 25, Nr. 3, S. 463-488

McSherry, J. Patrice 1997, Incomplete Transition: Military Power and Democracy in Argentina, New York: St. Martin's Press

Meira Mattos, Adherbal 1991, Amazônia e otros estudos, Belém: CEJUP

Meira Mattos, Carlos de 1979, Desinformação histórica e segurança nacional, in: A Defesa Nacional, Nr. 684, S. 61-65

Meira Mattos, Carlos de 1980, El pensamiento estratégico brasileño. Proyecciones de las influencias de nuestra continentalidad, in: Estrategia. Nr. 63, S. 92-106

Meira Mattos, Carlos de 1984, Geopolítica e Tropicos, Rio de Janeiro: Biblioteca do Exército Editora

Mello, José Pedro de 1977, Origens Sociais dos Quadros do Exército Brasileiro, in: A Defesa Nacional, Nr. 672, S. 51-62

Menéndez, Luciano Benjamín 1988, El Plan de Guerra de la Subversión, in: Revista Militar, Nr. 719, S. 21-24

Mercado Jarrín, Edgardo 1989, Un sistema de seguridad y defensa sudamericana, Lima

Merkel, Wolfgang 1995, Theorien der Transformation; Die demokratische Konsolidierung postautoritärer Gesellschaften, in: von Beyme, Klaus/Offe, Claus (Hrsg.), Politische Theorien in der Ära der Transformation, Opladen, S. 30-58

Merkel, Wolfgang/Sandschneider, Eberhard/Segert Dieter (Hrsg.) 1996a, Systemwechsel 2. Die Institutionalisierung der Demokratie, Opladen

Merkel, Wolfgang/Sandschneider Eberhard/Segert, Dieter 1996b, Einleitung: Die Institutionalisierung der Demokratie, in: Merkel, Wolfgang/Sandschneider, Eberhard/Segert, Dieter (Hrsg.), Systemwechsel 2. Die Institutionalisierung der Demokratie, Opladen, S. 9-36

Mignone, Emilio F./Estlund, Cynthia L./Issacharoff, Samuel 1984, Dictatorship on Trial: Prosecution of Human Rights Violations in Argentina, in: Yale Journal of International Law, Bd. 10, S. 119-150

Mignone, Emilio F. 1991, Derechos Humanos y Sociedad. El caso argentino. Buenos Aires: Ediciones del Pensamiento Nacional

Mignone, Emilio F. 1992, Beyond Fears: Forms of Justice and Compensation, in: Corradi, Juan E./Weiss Fagen, Patricia/Garretón, Manuel Antonio (Hrsg.), Fear at the Edge. State Terror and Resistance in Latin America, Berkeley et al., S. 250-263

Milenky, Edward S. 1980, Arms Production and National Security in Argentina, in: Journal of Interamerican Studies, Bd. 22, Nr. 3, S. 267-288

Millett, Richard L./Gold-Bliss, Michael (Hrsg.) 1996, Beyond Praetorianism. The Latin American Military in Transition, Boulder, Co: Lynne Rienner

Military Review, Bd. 29, Nr. 5 (August 1949), National War College

Millán, V. 1986, Argentina: Schemes for Glory, in: Brzoska, Michael/ Ohlson, Thomas (Hrsg.), Arms Production in the Third World, London/ Philadelphia, S. 35-54

Mingardi, Guaracy 1996, Corrupçâo e violência de São Paulo, in: Waldmann, Peter 1996a (Hrsg.), Justicia en la Calle. Ensayos sobre la Policía en América Latina, Bogotá, S. 284-299

Ministerio de Defensa de Argentina (Hrsg.) 1998, Libro Blanco de la Defensa Nacional, Buenos Aires

Ministério do Meio Ambiente, dos Recursos Hídricos e da Amazônia Legal/Conselho Nacional da Amazônia Legal 1995, Política Nacional Integrada para a Amazônia Legal, Brasília

MNMMR/IBASE/Núcleo de Estudios da Violência de la USP o.J.[1990], Levantamento das mortes violentas de crianças e adolescentes, o.O.

Moisés, José Alvaro 1993, Elections, Political Parties and Political Culture in Brazil: Changes and Continuities, in: Journal of Latin American Studies, Bd. 25, S. 575-611

Mols, Manfred 1985, Demokratie in Lateinamerika, Stuttgart et al.: Kohlhammer

Mols, Manfred 1987, Begriff und Wirklichkeit des Staates in Lateinamerika, in: Hättich, Manfred (Hrsg.), Zum Staatsverständnis der Gegenwart, München 1987, S. 185-220

Moltmann, Bernhard 1975, Militär in Brasilien, in: Sotelo, Ignacio/Eßer, Klaus/Moltmann, Bernhard, Die bewaffneten Technokraten, Militär und Politik in Lateinamerika, Hannover, S. 167-194

Moltmann, Bernhard 1976, Die brasilianischen Streitkräfte 1880-1910. Innermilitärische Voraussetzungen für politisches Handeln, Berlin: Freie Universität Berlin, Diss.

Moltmann, Bernhard 1989, Brasilien: Zwanzig Jahre Militärherrschaft – Lange Schatten eines ehrgeizigen Entwicklungsmodells, in: Steinweg, Reiner/Moltmann, Bernhard (Hrsg.), Militärregime und Entwicklungspolitik, Frankfurt/M., S. 85-103

Moltmann, Bernhard 1993, Regionalisierung als Ausweg aus der Krise? Tendenzen der sicherheitspolitischen Entwicklung in Argentinien und Brasilien, in: Daase, Christopher et al. (Hrsg.), Regionalisierung der Sicherheitspolitik, Baden-Baden, S. 171-196

Moltmann, Bernhard 1994, Das Militär: Neuorientierungen in Zeiten der Krise, in: Briesemeister, Dietrich et al. (Hrsg.), Brasilien heute, Frankfurt/M.: Vervuert, S. 229-242

Moltmann, Bernhard 1995, Wie sicher ist die Sicherheit? Militär und Sicherheitspolitik im südlichen Südamerika, in: Lateinamerika Jahrbuch 1995, Frankfurt/M.: Vervuert, S. 25-47

Moltmann, Bernhard, o.J., Militär in Brasilien: Hüter der Verfassung oder Hüter der Nation?, Ms.

Moneta, Carlos J./López, Ernesto/Romero, Aníbal 1985, La reforma militar, Buenos Aires: Editorial Legasa

Monteiro da Costa, José Marcelino (Hrsg.) 1992, Amazônia: Desenvolvimento ou retrocesso, Belém

Montserrat, Marcelo 1988, Democracia y Fuerzas Armadas en la Argentina, in: CORDES (Hrsg.), Democracia y Fuerzas Armadas, Quito, S. 21-46

Moraes, Bismael B. 1985, Polícia, Governo e Sociedade. São Paulo: Sonda Editora

Moreira Alves, Maria Helena 1988, State and Opposition in Military Brazil, Austin: University of Texas Press

Moreira Alves, Maria Helena 1992, Cultures of Fear, Cultures of Resistance. The New Labor Movement in Brazil, in: Corradi, Juan E./Weiss Fagen, Patricia/Garretón, Manuel Antonio (Hrsg.), Fear at the Edge. State Terror and Resistance in Latin America, Berkeley et al., S. 184-211

Moreno, Antonio Federico/Aguiar, Félix Roberto 1984, Introducción al planeamiento estratégico nacional en el ambito de la defensa nacional, in: Revista Argentina de Estudios Estratégicos, S. 89-99

Moreno, Antonio Federico/Aguiar, Félix Roberto 1995, Reflexiones sobre la defensa nacional, in: Revista Militar, Nr. 732, S. 14-18

Morley, Samuel A. 1982, Labor Markets and Inequitable Growth. The Case of Authoritarian Capitalism in Brazil, Cambridge et al.: Cambridge University Press

Moser, Claudio 1995, Entwicklung oder Zerstörung? Probleme der Weltmarktintegration Amazoniens am Beispiel der Region Carajás, Bonn Materialien zum GKKE-Dialogprogramm Heft D 10

Moura, Clóvis 1988, Rebeliões da Senzala. Quilombos, Insurreições, Guerrilhas, Porto Alegre: Mercado Aberto

Moyano, Maria José 1995, Argentina's lost Patrol. Armed Struggle 1969-1979, New Haven/London: Yale University Press

Movimento dos Trabalhadores Rurais Sem Terra 1986, Assassinatos no Campo. Crime e impunidade 1964-1985, São Paulo

Movimento dos Trabalhadores Rurais sem Terra 1987, Assassinatos no Campo: Crime e Impunidade (1964-1986), São Paulo

Müller, Martina 1991, Die außenpolitische Entscheidungsstruktur der Nova República in Brasilien, in: Nohlen, Dieter/Fernández, Mario/van Klaveren, Alberto (Hrsg.), Demokratie und Außenpolitik in Lateinamerika, Opladen, S. 369-395

Müller, Peter 1988, Das Gespenst der Volkssouveränität – Brasilien und die Hüter der (alten) Ordnung, in: Dirmoser, Dietmar et al. (Hrsg.), Lateinamerika, Berichte und Analysen 12: Kinder ohne Kindheit, Hamburg, S. 149-160

Müller, Peter Michael 1990, Die internationale Auslandsverschuldung Brasiliens, Frankfurt/ M. et al.: Peter Lang

Müller Rojas, Alberto 1992, Relaciones Peligrosas. Militares, Política y Estado, Caracas: Fondo Editorial Tropykos et al.

Munck, Gerardo L. 1994, Democratic Transitions in Comparative Perspective, in: Comparative Politics, Bd. 26, Nr. 3, S. 355-375

Munck, Ronaldo 1981, The Labour Movement and the Crisis of the Dictatorship in Brazil, in: Bruneau, Thomas C./ Faucher, Pierre (Hrsg.), Authoritarian Capitalism: Brazil's Economic and Political Development, Boulder, Col., S. 219-238

Murilo de Carvalho, José 1987, Um Debate além da Constituinte, Rio de Janeiro: Instituto Universitário de Pesquisas

Muzynski, Judith/Teixeira Mendes, Antonio Manuel 1990, Democratização e Opinão Pública no Brasil, in: Lamounier, Bolivar (Hrsg.), De Geisel a Collor: O Balanço da Transição, São Paulo, S. 61-80

Myers, David J. 1982, Brazil, in: Kolodziej, Edward A./Harkavy, Robert E. (Hrsg.), Security Policies of Developing Countries, S. 53-72

National Democratic Institute for International Affairs 1988, Civil-Military Relations: The Argentine Experience. The Report of an International Conference, Santo Domingo. Washington, D.C.

Needell, Jeffrey D. 1992, Brasilien 1830-1889, in: Bernecker, Walther L. et al. (Hrsg.), Handbuch der Geschichte Lateinamerikas. Bd. 2: Lateinamerika 1760-1900, Stuttgart, S. 441-497

Needler, Martin C. 1987, The Problem of Democracy in Latin America, Lexington/Mass./ Toronto

Neto, Paulo de Mesquita 1999, Fuerzas Armadas, Políticas y Seguridad Pública en Brasil: Instituciones y Polítcas Gubernamentales, in: Diamint, Rut (Hrsg.), Control civil y fuerzas armadas en las nuevas democracias latinoamericanas, Buenos Aires, S. 195-221

Nino, Carlos S. 1985, The Human Rights Policy of the Argentine Constitutional Government: A Reply, in: Yale Journal of International Law, Bd. 11, S. 217-230

Nino, Carlos S. 1988, La política de derechos humanos en la primera mitad del período del gobierno democrático, in: Garzón Valdés, Ernesto/Mols, Manfred/Spitta, Arnold (Hrsg.), La nueva democracia argentina (1983-1986), Buenos Aires, S. 201-212

Nitsch, Manfred 1977, Das brasilianische Entwicklungsmodell, in: Grabendorff, Wolf/ Nitsch, Manfred, Brasilien: Entwicklungsmodell und Außenpolitik, München, S. 7-144

Nitsch, Manfred 1991, Ist die Verbindung von Ökologie und Sicherheit kontraproduktiv? Die Brasilianische Debatte zur "Internationalisierung" Amazoniens, Thesenpapier zur Tagung der Evangelischen Akademie Tutzing "Grünhelme"? Zum Menschenrecht auf ökologische Sicherheit, 6-8.12.1991

Nitsch, Manfred 1993, Vom Nutzen des systemtheoretischen Ansatzes für die Analyse von Umweltschutz und Entwicklung – mit Beispielen aus dem brasilianischen Amazonasgebiet, in: Sautter, Hermann (Hrsg.), Umweltschutz und Entwicklungspolitk, Berlin, S. 235-269

Nohlen, Dieter 1987a, Mehr Demokratie in der Dritten Welt? Über Demokratisierung und Konsolidierung der Demokratie in vergleichender Perspektive, in: Aus Politik und Zeitgeschichte, B 25-26, S. 3-18

Nohlen, Dieter 1987b, Militärregime und Redemokratisierung in Lateinamerika, in: Aus Politik und Zeitgeschichte, B 9, S. 3-16

Nohlen, Dieter 1992, Lateinamerika zwischen Präsidentialismus und Parlamentarismus, in: Lateinamerika Jahrbuch 1992, Frankfurt/M.: Vervuert, S. 86-99

Nohlen, Dieter 1994, Vergleichende Methode, in: Kriz, Jürgen/Nohlen, Dieter/Schultze, Rainer-Olaf (Hrsg.), Lexikon der Politik, Bd. 2, München, S. 507-516

Nohlen, Dieter 1997a, Demokratie, in: Dieter Nohlen/Peter Waldmann/Klaus Ziemer (Hrsg.), Lexikon der Politik, Bd. 4: Die östlichen und südlichen Länder, München 1997, S. 118-127

Nohlen, Dieter 1997b, Autoritäre Systeme, in: Dieter Nohlen/Peter Waldmann/Klaus Ziemer (Hrsg.), Lexikon der Politik, Bd. 4: Die östlichen und südlichen Länder, München 1997, S. 67-75

Nohlen, Dieter 1998, Demokratie und soziale Gerechtigkeit, in: Zusammenarbeit und Entwicklung, Bd. 39, Nr. 12, S. 308-309

Nohlen, Dieter (Hrsg.) 1995, Democracia y neocrítica en América Latina, Frankfurt/M.: Vervuert

Nohlen, Dieter/Barrios, Harald 1989, Redemokratisierung in Südamerika, in: Aus Politik und Zeitgeschichte, B 4, S. 3-25

Nohlen, Dieter/Thibaut, Bernhard 1994a, Transitionsforschung zu Lateinamerika, in: Merkel, Wolfgang (Hrsg.), Systemwechsel 1. Theorien, Ansätze und Konzeptionen, Opladen, S. 195-228

Nohlen, Dieter/Thibaut, Bernhard 1994b, Trotz allem: Demokratie – Zur politischen Entwicklung Lateinamerikas in den neunziger Jahren, in: Junker, Detlef et al. (Hrsg.), Lateinamerika am Ende des 20. Jahrhunderts, München, S. 235-259

Nolte, Detlef 1991, Lateinamerikas Generäle zeigen keine Reue, in: Nord-Süd aktuell, Bd. 5, Nr. 2, S. 225-231

Nolte, Detlef 1992, Diktaturen auf Urlaub, in: Der Überblick, Nr. 3, S. 47-49

Nolte, Detlef 1995, De "la larga agonía de la Argentina Peronista" a la "Reconversión menemista", in: Hofmeister, Wilhelm/Thesing, Josef (Hrsg.), Transformación de los sistemas políticos en América Latina, Buenos Aires, S. 9-62

Nolte, Detlef 1996, Südamerika, Reinstitutionalisierung und Konsolidierung der Demokratie, in: Merkel, Wolfgang/ Sandschneider, Eberhard/Segert, Dieter (Hrsg.), Systemwechsel 2. Die Institutionalisierung der Demokratie, Opladen, S. 287-314

Nolte, Detlef 1997a, Der verunsicherte Jaguar. Lateinamerika zwischen wirtschaftlichem Optimismus und politischer Skepsis, in: Bodemer, Klaus/Krumwiede, Heinrich-W./Nolte, Detlef/Sangmeister, Hartmut (Hrsg.), Lateinamerika Jahrbuch 1997, Frankfurt/M.: Vervuert, S. 37-57

Nolte, Detlef 1997b, Die argentinische Verfassungsreform von 1994: Vorgeschichte und Ergebnisse, in: Betz, Joachim (Hrsg.), Verfassunggebung in der Dritten Welt, Hamburg, S. 76-100

Nolte, Detlef 1999, Gehört Lateinamerika zu den Verlierern im Prozeß wirtschaftlicher Globalisierung?, Brennpunkt Lateinamerika, Hamburg: Institut für Iberoamerika-Kunde

Norden, Deborah L. 1995, Keeping the Peace. Outside and In: Argentina's UN Missions, in: International Peacekeeping, Bd. 2, Nr. 3, S. 330-349

Nun, José 1986, The Middle-Class Military Coup Revisited, in: Lowenthal, Abraham F./Fitch, J. Samuel (Hrsg.) Armies and Politics in Latin America, New York/London, S. 59-95

Nun, José/Portantiero, Juan Carlos (Hrsg.) 1987, Ensayos sobre la transición democrática en la Argentina, Buenos Aires: Puntosur Ed.

Nunes Leal, Victor 1977, Coronelismo: The Municipality and Representative Government in Brazil, Cambridge/New York: Cambridge University Press

Nunn, Frederick M. 1983, Yesterday's Soldiers, Lincoln/London: University of Nebraska Press

Nunn, Federick M. 1994, The Time of the Generals. Latin American Militarism in World Perspective. Lincoln/London: University of Nebraska Press

Ochoa Antich, Enrique 1992, Los Golpes de Febrero. 27 Febrero 1989. 4 Febrero 1992, Caracas: Fuentes Editores

O'Donnell, Guillermo 1972, Modernización y Golpes Militares. Teoría, Comparación y el Caso Argentino, in: Desarrollo Económico, Bd. 12, Nr. 47, S. 519-566

O'Donnell, Guillermo 1978a, Permanent Crisis and the Failure to Create a Democratic Regime: Argentina, 1955-66, in: Linz, Juan J./Stepan, Alfred (Hrsg.), The Breakdown of Democratic Regimes, Bd. III, S. 138-177

O'Donnell, Guillermo 1978b, State and Alliances in Argentina, in: Ibero-Americana, Bd. VII:2/VIII:1, S. 20-54

O'Donnell, Guillermo 1984, ¿Y a mí qué me importa? Notas sobre sociabilidad y política en Argentina y Brasil, Buenos Aires: Estudios CEDES Nr. 10

O'Donnell, Guillermo 1988, Bureaucratic Authoritarianism – Argentina, 1966-1973, in Comparative Perspective (Übers. James McGuire mit Rae Flor), Berkeley: University of California Press

O'Donnell, Guillermo 1993, On the State, Democratization and Some Conceptual Problems: A Latin American View with Glances at Some Postcommunist Countries, in: World Development, Bd. 21, Nr. 8, S. 1355-1369

O'Donnell, Guillermo 1994, Delegative Democracy, in: Journal of Democracy, Bd. 5, Nr. 1, S. 55-69

O'Donnell, Guillermo 1996a, Illusions about Consolidation, in: Journal of Democracy, Bd. 7, Nr. 2, S 34-51

O'Donnell, Guillermo 1996b, Illusions and Conceptual Flaws, in: Journal of Democracy, Bd. 7, Nr. 4, S 160-168

O'Donnell, Guillermo 1998a, Ilusiones sobre la Consolidación, in: Nueva Sociedad, Nr. 144, S. 70-89

O'Donnell, Guillermo 1998b, Horizontal Accountability in New Democracies, in: Journal of Democracy, Bd. 9, Nr. 3, S. 112-126

O'Donnell, Guillermo/Schmitter, Philippe C./Whitehead, Laurence (Hrsg.) 1986, Transitions from Authoritarian Rule. Latin America, Baltimore: The Johns Hopkins University Press

Oficiales del Curso Comando y Estado Mayor, Resumen y juicio crítico del Libro "La Política de los Militares Argentinos: 1900-1971", de Darío Cantón, in: Revista de la Escuela Superior de Guerra, Jan.-Febr., S. 77-91

Oliveira, Eliézer Rizzo de 1976, As Forças Armadas: Política e Ideologia no Brasil (1964-1969), Petrópolis: Vozes

Oliveira, Eliézer Rizzo de 1980, Conflits et decisions sous la présidence du général Geisel (1974-1979), in: Peixoto, A.C. et al., Les partis militaires en Brésil, Paris, S. 105-139

Oliveira, Eliézer Rizzo de 1987a, Constituinte, forças armadas e autonomia militar, in: Oliveira, Eliézer Rizzo de et al., As forças armadas no Brasil, Rio de Janeiro, S. 145-184

Oliveira, Eliézer Rizzo de 1987b, Die Streitkräfte in der politischen Übergangsphase in Brasilien: Die Militärpolitik der Regierung Figueiredo, in: Militärpolitik Dokumentation, Nr. 58, 48-62

Oliveira, Eliézer Rizzo de 1987c, O aparelho militar: papel tutelar na Nova República, in: Quartim de Moraes, João. et al., A Tutela Militar, São Paulo, S. 54-81

Oliveira, Eliézer Rizzo de (Hrsg.) 1987d, Militares: Pensamento e Ação Política, Campinas, SP: Papirus

Oliveira, Eliézer Rizzo de 1998, Brazilian National Defense Policy and Civil-Military Relations in the Government of President Fernando Henrique Cardoso, in: Schulz, Donald E. (Hrsg.), The Role of the Armed Forces in the Americas: Civil-Military Relations for the 21st Century, Strategic Studies Institute, U.S. Army War College, S. 31-69
Internet: http://carlisle-www.army.mil/usassi/sisipubs/pubs98/rolearmy/rolearmy/htm

Oliveira, Eliézer Rizzo de/Cavagnari, Geraldo Lesbat/Moraes, João Quartim de/Dreifuss, René Armand 1987, As forças armadas no Brasil, Rio de Janeiro: Espaço e Tempo

Ordem do Avogadas do Brasil (OAB) o.J., Violência no Campo, Rio de Janeiro: Folha Carioca Editora

Orieta, Ramón O. 1985, Reforma militar para la defensa nacional, Buenos Aires: Pequén

Paixão, Antônio Luiz 1991, Segurança Privada, Direitos Humanos e Democracia, in: Novos Estudos, Nr. 31, S. 131-141

Pallemaerts, Marc 1986, Development, Conservation, and Indigenous Rights in Brazil, in: Human Rights Quarterly, Nr. 3, S. 374-400

Parcerias Estratégicas 1996, Dezembro, 1 (1996) 2

Parker, Phyllis R. 1979, Brazil and the Quiet Intervention, 1964, Austin/London: University of Texas Press

Pásara, Luis 1993, El rol del parlamento: Argentina y Perú, in: Desarrollo Económico, Bd. 32, Nr. 126, S. 603-624

Pascolo, Rodolfo 1997, ¿Cómo lo arreglamos? La Policía: Podemos cambiarla, Buenos Aires: Catálogos Editora

Paul, Wolf 1994, Verfassungsgebung und Verfassung, in: Briesemeister, Dietrich et al. (Hrsg.), Brasilien heute, Frankfurt/M.: Vervuert, S. 197-206

Paul, Wolf (Hrsg.) 1989, Die Brasilianische Verfassung von 1988, Frankfurt/M. et al.: Lang

Payne, Leigh A. 1991, Working Class Strategies in the Transition to Democracy, in: Comparative Politics, S. 221-238

Payne, Leigh A. 1994, Brazilian Industrialists and Democratic Change, Baltimore/London: Johns Hopkins University Press

Payne, Leigh A. 1995, Brazilian Business and the Democratic Transition. New Attitudes and Influence, in: Bartell, Ernest/Payne, Leigh A. (Hrsg.), Business and Democracy in Latin America, Pittsburgh/London, S. 217-252

Peralta-Ramos, Mónica/Waisman, Carlos (Hrsg.) 1987, From Military Rule to Liberal Democracy in Argentina, Boulder, Col.: Westview

Pereira, Antonio Carlos 1988, Aspectos Totalizantes da Doctrina de Segurança Nacional, in: Politica e Estrategia, Bd. 6, Nr. 2, S. 252-271

Perelli, Carina 1993, From Counterrevolutionary Warfare to Political Awakening: The Uruguayan and Argentine Armed Forces in the 1970s, in: Armed Forces and Society, Bd. 20, Nr. 1, S. 25-49

Perelli, Carina 1995, Las fuerzas armadas latinoamericanas después de la guerra fría, in: Nueva Sociedad, Nr. 138, S. 80-95

Peres Costa, Wilma 1987, Os militares e a primeira Constituição da República, in: Quartim de Moraes, João. et al., A Tutela Militar, São Paulo, S. 19-53

Perruci, Jr., Gamaliel 1995, The North-South Security Dialogue in Brazil's Technology Policy, in: Armed Forces and Society, Bd. 21, Nr. 3, S. 371-394

Petras, James/Vieux, Steve 1994, The Transition to Authoritarian Electoral Regimes in Latin America, in: Latin American Perspectives, Bd. 21, Nr. 4, S. 5-20

Pfeffermann, Guy/Webb, Richard 1983, Poverty and Income Distribution in Brazil, in: Review of Income and Wealth, Nr. 2, S. 101-124

Philip, George 1984, New Economic Liberalism and Democracy in Spanish America, in: Government and Opposition, Bd. 29, S. 362-377

Pietschmann, Horst 1980, Die staatliche Organisation des kolonialen Iberoamerika, Stuttgart: Klett

Pinheiro, Alvaro de Souza 1996, Guerrillas in the Brazilian Amazon, in: Military Review, März-April, S. 39-54

Pinheiro, Paulo Sérgio 1984, Escritos Indignados, São Paulo: Editora Brasiliense

Pinheiro, Paulo Sérgio 1997, Popular Responses to State-Sponsored Violence in Brazil, in: Chalmers, Douglas A. et al. (Hrsg.), The New Politics of Inequality in Latin America, Oxford: Oxford University Press, S. 261- 280

Pion-Berlin, David 1989, The Ideology of State Terror: Economic Doctrine and Political Repression in Argentina and Peru, Boulder: Lynne Rienner Publ.

Pion-Berlin, David 1991, Between Confrontation and Accomodation; Military and Government Policy in Democratic Argentina, in: Journal of Latin American Studies, Bd. 23, S. 543-571

Pion-Berlin, David 1997, Through the Corridors of Power: Institutions and Military-Civilian Relations in Argentina, University Park: Pennsylvania State University

Pires Gonçalves, Leônidas 1991, Wait a Minute: Whose Land Is This Anyway?, TIME, Bd. 138, Nr. 43/17, 28.10.1991, S. 31

Pires Gonçalves, Leônidas 1995, in: D'Araújo, Maria Celina/Dillon Soares, Gláucio Ary/ Castro, Celso (Hrsg.), A Volta aos Quartéis. A memória militar sobre a abertura, Rio de Janeiro, S. 173-188

Política e Estratégia (Zeitschrift), Bd. 5, Nr. 3 (1987)

Pollo Giordani, Marco 1986, Brasil Sempre. Porto Alegre: tche!

Potash, Robert A. 1969, The Army and Politics in Argentina, 1928-1945, Stanford: Stanford University Press

Potash, Robert A. 1980, The Army and Politics in Argentina, 1945-1962, Stanford: Stanford University Press

Potash, Robert A. 1993, The Military under Alfonsín and Menem: the Search for a New Role, in: Lewis, Colin M./Torrents, Nissa (Hrsg.), Argentina in the Crisis Years (1983-1990). From Alfonsín to Menem, London, S. 53-72

Potash, Robert A. 1996, The Army and Politics in Argentina, 1962-1973, Stanford: Stanford University Press

Power, Timothy J. 1991, Politicized Democracy: Competition, Institutions, and "Civic Fatigue" in Brazil, in: Journal of Interamerican Studies, Bd. 33, Nr. 3, S. 75-112

Presidency of the Republic 1996, The National Defense Policy, Brasília

Presidência da República 1996, Sociedades Indígenas e a Ação do Governo, Brasília

Pritzl, Rupert F.J. 1997, Korruption und Rent-Seeking in Lateinamerika. Zur politischen Ökonomie autoritärer politischer Systeme, Baden-Baden: Nomos

Przeworski, Adam 1991, Democracy and the Market: Political and Economic Reforms in Eastern Europe and Latin America, Cambridge: Cambridge University Press

Przeworski, Adam/Alvarez, Michael/Cheibub, José Antonio/Limongi, Fernando 1996, What makes Democracies endure?, in: Journal of Democracy, Bd. 7, Nr. 1, S. 39-55

Psaila, Paul C. 1993, Redefining National Security in Latin America, Washington, D.C.: Woodrow Wilson International Center for Scholars

Pye, Lucian W. 1962, Armies in the Process of Political Modernization, in: Johnson, John J. (Hrsg.), The Role of the Military in Underdeveloped Countries, Princeton, S. 75-83

Quartim de Moraes, João 1987, A função das Forças Armadas num Brasil democrático, in: Quartim de Moraes, João. et al., A Tutela Militar, São Paulo, S. 82-104

Quartim de Moraes, João et al. 1987, A Tutela Militar, São Paulo: Edições Vértice

Ramos, Jorge Abelardo 1973, Historia Política del Ejército Argentino, Buenos Aires

Ramsey, Russel W. A 1993, Military Turn of Mind. Educating Latin American Officers, in: Military Review, August, S. 10-17

Refkalefsky Loureiro, Violeta 1992, Amazônia: Estado, Homen, Natureza, Belém: CEJUP

Reis, Fábio Wanderley/O'Donnell, Guillermo et al. 1988, A democracia no Brasil: Dilemas e perspectivas, São Paulo: Vértice

Remmer, Karen L. 1978, Evaluating the Policy Impact of Military Regimes in Latin American, in: Latin American Research Review, Bd. 13, Nr. 2, S. 139-147

Remmer, Karen L. 1989, Military Rule in Latin America, Boston, Mass.: Unwin Hyman

Revista Argentina de Estudios Estratégicos 1991, Editorial: Argentina: un vacío estratégico, Bd. 8, Nr. 14, S. 5-11

Rochon, Thomas R./Mitchell, Michael J. 1989, Social Bases of the Transition to Democracy in Brazil, in: Comparative Politics. Bd. 21, Nr. 3, 307-322

Rock, David 1987, Argentina 1516-1987. From Spanish Colonization to the Falklands War, Berkeley et al: University of California Press

Rock, David 1993, Authoritarian Argentina. The Nationalist Movement, its History and its Impact, Berkeley et al.: University of California Press

Rodríguez, Manuel 1985, El proyecto de ley de defensa, in: Revista argentina de estudios estratégicos, Bd. 2, Nr. 4, S. 69-81

Rojas, Isaac F./González Crespo, Jorge 1993, Memorias del almirante Isaac F. Rojas, Buenos Aires: Planeta Argentina

Rojas Aravena, Francisco 1994a, Security Regimes in the Western Hemisphere: A View from Latin America, in: Schoultz, Lars/William C. Smith/Varas, Augusto (Hrsg.), Security, Democracy, and Development in U.S.-Latin American Relations, New Brunswick/London, S. 171-197

Rojas Aravena, Francisco (Hrsg.) 1994b, Gasto Militar en América Latina, Santiago: CINDE/FLACSO-Chile

Rojas, Francisco/Fuentes, Claudio 1998, Civil-Military Relations in Chile's Geopolitical Transition, in: Mares, David R. (Hrsg.), Civil-Military Relations, Building Democracy and Regional Security in Latin America, Southern Asia and Central Europe, Boulder, Co., S. 165-186

Rouquié, Alain 1971, Adhesión militar y control en el régimen peronista (1946-1955), in: Aportes, Nr. 19, S. 74-93

Rouquié, Alain (Hrsg.) 1980, Les parties militaires au Brésil, Paris: Presse de La Fondation Nationale des Sciences Politiques

Rouquié, Alain 1982, El poder militar en la Argentina de hoy: Cambio y continuidad, in: Waldmann, Peter/Garzón Valdés, Ernesto (Hrsg.), El poder militar en la Argentina, Frankfurt/M., S. 65-76

Rouquié, Alain 1984, Argentina: the departure of the military: end of a political cycle or just another episod?, in: International Affairs, Bd. 59, Nr. 4, S. 575-586

Rouquié, Alain 1986, Demilitarization and the Institutionalization of Military-dominated Polities in Latin America, in: O'Donnell, Guillermo /Schmitter, Philippe/Whitehead Laurence (Hrsg.), Transitions from Authoritarian Rule. Comparative Perspectives, Baltimore/London, S. 108-136

Rouquié, Alain 1987a, b, Poder militar y sociedad política en la Argentina. 2 Bde, Buenos Aires: Emecé Ed.

Rouquié, Alain 1987c, The Military and the State in Latin America (Übers. Paul E. Sigmund), Berkeley: University of California Press

Rüb, Friedbert, W. 1996, Zur Funktion und Bedeutung politischer Institutionen in Systemwechselprozessen. Eine vergleichende Betrachtung, in: Merkel, Wolfgang/ Sandschneider, Eberhard/Segert, Dieter (Hrsg.), Systemwechsel 2. Die Institutionalisierung der Demokratie, Opladen, S. 37-72

Rueschemeyer, Dietrich/Stephens, Evelyne Huber/Stephens, John D. 1992, Capitalist Development and Democracy, Chicago: University of Chicago Press

Russel, Roberto 1988, Argentina: Ten Years of Foreign Policy Toward the Southern Cone (transl. by Jack Child), in: Kelly, Philip/Child, Jack (Hrsg.), Geopolitics of the Southern Cone and Antarctica, Boulder/London, S. 67-82

Russell, Roberto 1989, Cambio de Régimen y Política Exterior: El Caso de Argentina (1976-1989), Buenos Aires: FLACSO. Programa Argentina

Sahni, Varun 1993, Not quite British: A Study of External Influences on the Argentine Navy, in: Journal of Latin American Studies, Bd. 25, S. 489-513

Sain, Marcelo Fabián 1994, Los levantamientos carapintada 1987-1991, 2 Bde., Buenos Aires: Centro Editor de América Latina

Sancinetti, Marcelo A. 1988, Derechos Humanos en la Argentina Post-Dictatorial. Buenos Aires: Lerner Ed. Asociados

Sancinetti, Marcelo A. 1989, Die Entwicklung der Menschenrechte in Argentinien nach der Diktatur, in: Lateinamerika. Analysen-Daten-Dokumentation, Nr. 11/12, S. 47-58

Sanders, Ralph 1990, Arms Industries. New Suppliers and Regional Security, Washington, D.C.: National Defense University Press

Sangmeister, Hartmut 1987, Demokratisierung "Made in Brasil". Probleme des Übergangs und der Konsolidierung der Demokratie in Brasilien, in: Ibero-Amerikanisches Archiv, Bd. 13, Nr. 3, S. 307-324

Sangmeister, Hartmut 1994, Lateinamerikas soziale Schuld, in: Aus Politik und Zeitgeschichte, B 4-5/, S. 19-27

Santana, Jair Eduardo 1993, Revisão Constitucional. Reforma e emendas, Belo Horizonte

Santoro, Daniel 1992, Operación Cóndor II: La historia secreta del misil que desmanteló Menem, Buenos Aires: Ed. Letra Buena

Santoro, Daniel 1998, Venta de armas. Hombres del gobierno. El escándalo de la venta ilegal de armas argentinas a Ecuador, Croacia y Bosnia, Buenos Aires: Ed. Planeta

Santos, Wanderley Guilherme dos 1986, Sessenta e Quatro: Anatomia da Crise, São Paulo: Vertice

Sarney, José 1986, Brazil: A President's Story, in: Foreign Affairs, Bd. 65, Nr. 1, S. 101-117

Sarney, José 1987, Interview, in: Boeker, Paul H. (Hrsg.), Lost Illusions. Latin America's Struggle for Democracy, as Recounted by its Leaders. La Jolla/New York, S. 277-281

Sartori, Giovanni 1992, Demokratietheorie (Übers. Hermann Vetter), Darmstadt: Wissenschaftliche Buchgesellschaft

Sauret, Héctor C. 1989, Seguridad interior y responsabilidad presidencial, in: Revista Argentina de Estudios Estratégicos, Bd. 6, Nr. 10, S. 13-26

Schedler, Andreas 1998, What is Democratic Consolidation?, in: Journal of Democracy, Bd. 9, S. 91-107

Scheetz, Thomas 1995, La necesaria reforma militar argentina, in: Nueva Sociedad, Nr. 138, S. 132-141

Scheetz, Thomas/Cáceres Gustavo (Hrsg.) 1995, Defensa no provocativa. Una propuesta de reforma militar para la Argentina, Buenos Aires: Editora Buenos Aires

Schirm, Stefan. A. 1990, Brasilien: Regionalmacht zwischen Autonomie und Dependenz, Hamburg: Institut für Iberoamerika-Kunde

Schirm, Stefan A. 1994a, Macht und Wandel: Die Beziehungen der USA zu Mexiko und Brasilien, Opladen: Leske und Budrich

Schirm, Stefan A. 1994b, Außenpolitik, in: Briesemeister, Dietrich et al. (Hrsg.), Brasilien heute, Frankfurt/M.: Vervuert, S. 243-254

Schmidt, Manfred G. 1995, Demokratietheorien, Opladen: Leske und Budrich

Schmitter, Philippe C. 1994, Dangers and Dilemmas of Democracy, in: Journal of Democracy, Bd. 5, Nr. 2, S. 57-74

Schmitter, Philippe C. 1995, Transitology: The Science or the Art of Democratization?, in: Tulchin, Joseph S. mit Bernice Romero (Hrsg.), The Consolidation of Democracy in Latin America, Boulder, Co., S. 11-41

Schneider, Ronald M. 1971, The Political System of Brazil. Emergence of a "Modernizing" Authoritarian Regime, 1964-1970, New York/London: Columbia University Press

Schneider, Ronald M. 1991, "Order and Progress". A Political History of Brazil, Boulder, Col.: Westview

Schoultz, Lars/William C. Smith/Varas, Augusto (Hrsg.) 1994, Security Democracy, and Development in U.S.-Latin American Relations. New Brunswick/London: Transaction Publishers

Schrader, Achim 1994, Sozialstruktur, in: Briesemeister, Dietrich et al. (Hrsg.), Brasilien heute, Frankfurt/M.: Vervuert, S. 155-175

Schumpeter, Joseph A. [1942] 1950, Kapitalismus, Sozialismus und Demokratie, Bern: A. Francke

Seaborn Smith, Peter 1979, Góes Monteiro and the Role of the Army in Brazil, La Trobe University

Selcher, Wayne A. 1977, The National Security Doctrine and Policies of the Brazilian Government, in: Parameters (Journal of the U.S. Army War College), Bd. 7, Nr. 1, S. 10-24

Sembach, Britta 1995, Warum stürzte Brasiliens Präsident Collor? Ursachen für das Impeachment und Auswirkungen auf die Demokratisierung, Wiss. Hausarbeit, Universität Hamburg

Separata ao Boletím Especial do Exército No. 02/99, Brasília, DF, 10.6.1999

Serra, José 1993, Reforma política no Brasil: Parlamentarismo x Presidencialismo, São Paulo: Siciliano

Serulnikov, Sergio 1994, When Looting becomes a Right. Urban Poverty and Food Rights in Argentina, in: Latin American Perspectives, Bd. 21, Nr. 3, S. 69-89

Sherraden, Margaret S. 1995, Social Policy in Latin America: Questions of Growth, Equality, and Political Freedom, in: Latin American Research Review, Bd. 30, Nr. 1, S. 176-190

Shin, Chull Shin 1994, On the Third Wave of Democratization. A Synthesis and Evaluation of Recent Theory and Research, in: World Politics, Bd. 47, Nr. 1, S. 135-170

Sikkink, Kathryn 1991, Ideas and Institutions: Developmentalism in Brazil and Argentina, Ithaca: Cornell University Press

Sikkink, Kathryn 1993, Las capacidades y la autonomía del estado en Brasil y la Argentina. Un enfoque neoinstitucionalista, in: Desarrollo Económico, Bd. 32, Nr. 128, S. 543-573

Silenzi de Stagni, Adolfo 1996, ¿Negociación o rendición? Análisis crítico del Acuerdo de Cooperación con el Reino Unido, in: Realidad Económica, Nr. 137, S. 8-25

Simari, Alberto 1984, Apreciaciones sobre la reestructuración militar, in: Revista argentina de estudios estratégicos, Bd. 1, Nr. 1, S. 99-107

Skidmore, Thomas E. 1967, Politics in Brazil, 1930-1964: An Experiment in Democracy, New York: Oxford University Press

Skidmore, Thomas E. 1988, The Politics of Military Rule in Brazil 1964-85, New York/Oxford: Oxford University Press

Skidmore, Thomas E. 1998, Uma história do Brasil, São Paulo: Paz e Terra

Smallman, Shawn C. 1997, Shady Business. Corruption in the Brazilian Army before 1954, in: Latin American Research Review, Bd. 32, Nr. 3, S. 39-62

Smith, Peter H. 1978, The Breakdown of Democracy in Argentina, 1916-30, in: Linz, Juan J./Stepan, Alfred (Hrsg.), The Breakdown of Democratic Regimes, Bd. 3, Baltimore/London, S. 3-27

Snow, Peter/Manzetti, Luigi 1993, Political Forces in Argentina, Westport, Conn./London: Praeger

Sola, Lourdes 1994, Gobernabilidad, reforma fiscal y democratización. Brasil en una perspectiva comparada, in: Desarrollo Económico, Bd. 33, Nr. 132, S. 485-514

Solanas Pacheco, Julia 1996, Malvinas: y ahora – ¿qué?, Buenos Aires: Editorial Plus Ultra

Sotelo, Ignácio/Eßer, Klaus/Moltmann, Bernhard 1975, Die bewaffneten Technokraten. Militär und Politik in Lateinamerika, Hannover: Fackelträger

Spoerr, Wolfgang 1989, Richterliche Legalisierung von Staatsstreichregierungen: Das Beispiel Argentinien, in: Verfassung und Recht in Übersee, Bd. 22, 1. Quart., S. 3-22

Stahl, Karin 1990, Transfer von Kerntechnologie zwischen Entwicklungsländern, Saarbrücken/Fort Lauderdale: Breitenbach

Stahl, Karin 1991a, Die nukleare Kooperation zwischen Argentinien und Brasilien, in: Nohlen, Dieter/Fernández, Mario/van Klaveren, Alberto (Hrsg.), Demokratie und Außenpolitik in Lateinamerika, Opladen, S. 247-271

Stahl, Karin 1991b, "Sicherheit und Entwicklung": Die entwicklungspolitische Bedeutung der brasilianischen Doktrin der Nationalen Sicherheit, in: Diefenbacher, Hans/Moltmann, Bernhard (Hrsg.), Zum Verhältnis von Frieden und Sicherheit, Heidelberg, S. 165-177

Stanley, Ruth 1992, Co-operation and Control: The New Approach to Nuclear Non-Proliferation in Argentina and Brazil, in: Arms Control, Bd. 13, Nr. 2, S. 191-213

Stanley, Ruth 1998, Marginalisierung, soziale Kontrolle und low-intensity-citizenship in Argentinien, in: antimilitarismus information, Südamerika. Demokratisierung im Schatten des Militärs, Nr. 12, S. 32-39

Stanley, Ruth 1999, Rüstungsmodernisierung durch Wissenschaftsmigration? Deutsche Rüstungsfachleute in Argentinien und Brasilien 1947-1963, Frankfurt/M.: Vervuert

Steinweg, Rainer/Moltmann, Bernhard (Hrsg.) 1989, Militärregime und Entwicklungspolitik, Frankfurt/M.: Suhrkamp

Stepan, Alfred 1971, The Military in Politics: Changing Patterns in Brazil, Princeton: Princeton University Press

Stepan, Alfred 1973, The New Professionalism of Internal Warfare and Military Role Expansion, in: Stepan, Alfred (Hrsg.), Authoritarian Brazil, New Haven/London, S. 47-65

Stepan, Alfred 1985, State Power and the Strength of Civil Society in the Southern Cone of Latin America, in: Evans, Peter/Rueschemeyer, Dieter/Skocpol, Theda (Hrsg.), Bringing the State Back In, New York, S. 317-343

Stepan, Alfred 1988, Rethinking Military Politics: Brazil and the Southern Cone, Princeton: Princeton University Press

Stepan, Alfred (Hrsg.) 1989, Democratizing Brazil, New York/Oxford: Oxford University Press

Stepan, Alfred/Skach, Cindy 1993, Constitutional Frameworks and Democratic Consolidation, in: World Politics, Bd. 46, Nr. 1, S. 1-22

Stiglitz, Joseph E. 1999, More Instruments and Broader Goals: Moving Toward the Post-Washington Consensus, in: Kochendörfer-Lucius, Gudrun/Pleskovic, Boris, Development Issues in the 21st Century, Berlin, S. 11-33

Stockholm International Peace Research Institute (SIPRI) 1995, 1998, SIPRI Yearbook 1995, 1998, Oxford: Oxford University Press

Stols, Eddy 1992, Brasilien, in: Bernecker, Walther L. et al. (Hrsg.), Handbuch der Geschichte Lateinamerikas. Bd. 2: Lateinamerika 1760-1900, Stuttgart 1992, S. 95-141

Sutton, Alison 1994, Slavery in Brazil, A Link in the Chain of Modernization. The Case of Amazonia, London: Anti-Slavery Society

Tapia, Carlos 1997, Las Fuerzas Armadas y Sendero Luminoso. Dos estrategias y un final, Lima: Instituto de Estudios Peruanos

Tecnologia Militar (TECMIL) Nr. 2/1999, Defensa y Fuerzas Armadas en el Brasil

Tello, Angel 1990, Algunas Reflexiones sobre Teoria, Doctrina e Hipótesis de Conflicto, in: Druetta, Gustavo et al. (Hrsg.), Defensa y democracia: un debate entre civiles y militares, Buenos Aires, S. 449-485

Terán, Oscar 1991, Nuestros Años Sesenta. La formación de la nueva izquierda intelectual en la Argentina 1956-1966, Buenos Aires: Puntosur Editores

Tetzlaff, Rainer 1997, Demokratie, in: Albrecht, Ulrich/Volger, Helmut (Hrsg.), Lexikon der Internationalen Politik, München, S. 102-104

Thibaut, Bernhard 1992, Präsidentialismus, Parlamentarismus und das Problem der Konsolidierung der Demokratie, in: Ibero-Amerikanisches Archiv, Bd. 18, Nr. 1-2, S. 107-150

Thibaut, Bernhard 1997, Präsidentialismus und Demokratie in Lateinamerika. Argentinien, Brasilien, Chile und Uruguay im historischen Vergleich, Opladen: Leske und Budrich

Tibi, Bassam 1973, Militär und Sozialismus in der Dritten Welt, Frankfurt/M.: Suhrkamp

Tobler, Hans Werner/Waldmann, Peter (Hrsg) 1991, Staatliche und parastaatliche Gewalt in Lateinamerika, Frankfurt/M.: Vervuert

Todo es Historia 1988, Militares y Militarismo, Buenos Aires, Nr. 253

Trimberger, Ellen Kay 1978, Revolution from Above. Military Bureaucrats and Development in Japan, Turkey, Egypt and Peru, New Brunswick N.J.: Transaction Books

Trinquier, Roger 1975, Guerra, Subversión, Revolución. Buenos Aires: Editorial Rioplatense

Tulchin, Joseph S. 1990, Argentina and the United States. A Conflicted Relationship, Boston: Twayne Publishers

Tulchin, Joseph S. 1996, Continuity and Change in Argentine Foreign Policy, in: Muñoz, Heraldo/Tulchin, Joseph S. (Hrsg.), Latin American Nations in World Politics, Boulder, Co., S. 165-196

Ugarte, José Manuel 1990, Seguridad interior. Buenos Aires: Fundación Arturo Illia para la Democracia y la Paz

Ugarte, José Manuel 1995, Inteligencia y Democracia, in: Nueva Sociedad, Nr. 138, S. 158-171

Ulyanovsky, R. 1974, Socialism and the Newly Independent Nations, Moskau

Uriburu, J. 1970, El Plan Europa, un intento de liberación nacional, Buenos Aires: Cruz y Fierro Editores

U.S. Arms Control and Disarmament Agency (ACDA) 1978, World Military Expenditures and Arms Transfers 1978, Washington, D.C.

Vaihinger, Carlos Alfredo 1984, La reorganización de las Fuerzas Armadas, in: Revista Argentina de Estudios Estratégicos, Bd. 1, Nr. 1, S. 87-98

Valenzuela, Arturo 1997, Paraguay: The Coup that didn´t happen, in: Journal of Democracy, Bd. 8, Nr. 1, S. 43-55

Valenzuela, J. Samuel 1992, Democratic Consolidation in Post-Transitional Settings: Notion, Process, and Facilitating Conditions, in: Mainwaring, Scott/O'Donnell, Guillermo/ Valenzuela, J. Samuel (Hrsg.), Issues in Democratic Consolidation. The New South American Democracies in Comparative Perspective, Notre Dame, S. 57-104

Valenzuela, Raúl 1995, Transformación del sistema político peruano, in: Hofmeister, Wilhelm/Thesing, Josef (Hrsg.), Transformación de los sistemas políticos en América Latina, Buenos Aires, S. 313-343

Varas, Augusto 1985, Militarization and the International Arms Race in Latin America, Boulder/London: Westview

Varas, Augusto 1989, Democratization and Military Reform in Argentina, in: Varas, Augusto (Hrsg.), Democracy under Siege. New Military Power in Latin America, S. 47-64

Varas, Augusto (Hrsg.) 1988, La Autonomía Militar en América Latina, Caracas: Editorial Nueva Sociedad

Varas, Augusto (Hrsg.) 1989a, Democracy under Siege. New Military Power in Latin America, New York et al.: Greenwood

Varas, Augusto (Hrsg.) 1989b, Hemispheric Security and U.S. Policy in Latin America, Boulder et al.: Westview

Vasconcelos, Carlos 1995, Impeachment-Verfahren und Verfassungsreform in Brasilien, in: Paul, Wolf (Hrsg.) Verfassungsreform in Brasilien und in Deutschland, Frankfurt/M., S. 63-70

Vaz, Alcides Costa 1999, Parcerias estratégicas no contexto da política exterior brasileira: implicações para o Mercosul, in: Revista Brasileira de Política Internacional, Bd. 42, Nr. 2, S. 52-72

Véliz, Claudio 1980, The Centralist Tradition in Latin America, Princeton, N.J.: Princeton University Press

Verbitsky, Horacio 1987, Civiles y Militares. Memoria secreta de la transición, Buenos Aires: Editorial Contrapunto

Verbitsky, Horacio 1988, Medio siglo de proclamas militares, Buenos Aires: Editoria/12

Verbitsky, Horacio 1995, El vuelo, Buenos Aires: Ed. Planeta

Vergara, María 1997, Silence, Order, Obedience and Discipline. The educational discourse of the Argentinean Military Regime (1976-1983), Lund: Lund University Press

Vidigal, Armando A.F. 1989, Uma nova Concepção Estratégica para o Brasil. Um Debate Necessário, in: Política e Estratégia, Bd. 7, Nr. 3, S.304-324

Villalonga, Julio 1992, Menem y las fuerzas armadas, in: Martínez, Oscar et al., El menemato, Buenos Aires, S. 207-236

Villanueva, Víctor 1972a, 100 Años del Ejército Peruano. Frustraciones y cambios, Lima: Editorial Juan Mejía Baca

Villanueva, Víctor 1972b, El CAEM y la revolución de la Fuerza Armada, Lima: Instituto de Estudios Peruanos

Villanueva, Víctor 1973, Ejército Peruano. Del caudillaje anárquico al militarismo reformista, Lima: Editoral Juan Mejía Baca

Villegas, Osiris G. 1969, Políticas y estrategias para el desarrollo y la seguridad nacional, Buenos Aires: Círculo Militar

Villegas, Osiris G. 1990, Testimonio de un alegato, Buenos Aires: Compañía Impresora Argentina

Vilmar, Fritz 1973, Strategien der Demokratisierung, 2 Bde., Darmstadt/Neuwied: Luchterhand

Vilmar, Fritz 1985, Demokratisierung, in: Nohlen, Dieter/Schulze, Rainer-O., Wörterbuch zur Politik, Bd. 1, München, S. 144-145

Vogel, Hans 1992a, Río de la Plata 1760-1830/1852, in: Bernecker, Walther L. et al. (Hrsg.), Handbuch der Geschichte Lateinamerikas. Bd. 2: Lateinamerika 1760-1900, Stuttgart, S. 322-357

Vogel, Hans 1992b, Argentinien, Uruguay, Paraguay 1830/1852-1904/1910, in: Bernecker, Walther L. et al. (Hrsg.), Handbuch der Geschichte Lateinamerikas. Bd. 2: Lateinamerika 1760-1900, Stuttgart, S. 680-728

van Klaveren, Alberto 1991, Demokratisierung und Modernisierung der Außenpolitik in Argentinien, Brasilien und Uruguay, in: Nohlen, Dieter/ Fernández, Mario/van Klaveren, Alberto (Hrsg.), Demokratie und Außenpolitik in Lateinamerika, Opladen, S. 317-338

Wagner, Christoph 1998, Militär und Politik im Süden Lateinamerikas, in: Aus Politik und Zeitgeschichte, B 39, S. 19-28

Waisbord, Silvio 1991, Politics and Identity in the Argentine Army: Cleavages and Generational Factor, in: Latin American Research Review, Bd. 26, Nr. 2, S. 157-170.

Waisman, Carlos H. 1986, Argentina: Economic and Political Institutions, in: Katz, James E. (Hrsg.), The Implications of Third World Military Industrialization, Lexington/ Toronto, S. 93-102

Waisman, Carlos H. 1987, Reversal of Development in Argentina. Postwar Counterrevolutionary Policies and Their Structural Consequences, Princeton: Princeton University Press

Waldmann, Peter 1971, Gesellschaft und Militär in Argentinien, in: Vierteljahresberichte, Nr. 43, S. 30-49

Waldmann, Peter 1974, Der Peronismus 1943-1955, Hamburg: Hoffmann & Campe

Waldmann, Peter 1980, Unsicherheit als Alltagserfahrung in Lateinamerika, in: Aus Politik und Zeitgeschichte, B 31/80, S. 31-38

Waldmann, Peter 1992, "Was ich mache, ist Justizialismus, nicht Liberalismus". Menems Peronismus und Peróns Peronismus: Ein vorläufiger Vergleich, in: Ibero-Amerikanisches Archiv, Bd. 18, Nr. 1-2, S. 5-30

Waldmann, Peter 1994, Staatliche und parastaatliche Repression in Lateinamerika, in: Junker, Detlef et al. (Hrsg.), Lateinamerika am Ende des 20. Jahrhunderts, München, S. 75-103

Waldmann, Peter 1996a, Anomie in Argentinien, in: Nolte, Detlef/Werz, Nikolaus (Hrsg.), Argentinien. Politik, Wirtschaft, Kultur und Außenbeziehungen, Frankfurt/M.; Vervuert, S. 58-80

Waldmann, Peter (Hrsg.) 1996b, Justicia en la Calle. Ensayos sobre la Policía en América Latina, Bogotá: Biblioteca Jurídica Diké

Weffort, Francisco 1993, Nuevas democracias ¿Qué democracias?, in: Sociedad (Buenos Aires), Nr. 2, S. 93-114

Weiher, Gerhard 1978, Militär und Entwicklung in der Türkei, 1945-1973, Opladen: Leske und Budrich

Weiser, Dieter 1994, "Geopolitik" – Renaissance eines umstrittenen Begriffes, in: Außenpolitik, Bd. 45, Nr. 4, S. 402-411

Welch, Claude E. 1993, Changing Civil-Military Relations, in: Slater, Robert O./Schutz, Barry M./Dorr, Steven R. (Hrsg.), Global Transformation and the Third World, Boulder/London, S. 71-90

Welch, Claude E. (Hrsg.) 1976, Civilian Control of the Military, New York: State University of New York Press

Weltbank 1990, Weltentwicklungsbericht 1990, Washington, D.C.

Werneck-Sodré, Nelson 1965, História Militar do Brasil, Rio de Janeiro: Editora Civilização Brasileira

Werz, Nikolaus 1987, Argentinien: Die Meuterei der Offiziere in der Osterwoche 1987 und ihre Folgen. Freiburg: Arnold Bergstraesser Institut (Aktuelle Informationspapiere zu Entwicklung und Politik Nr. 10)

Werz, Nikolaus 1991a, Das neuere politische und sozialwissenschaftliche Denken in Lateinamerika, Freiburg: Arnold Bergstraesser Institut

Werz, Nikolaus 1991b, Die ideologischen Wurzeln der "Doktrin der Nationalen Sicherheit" in Lateinamerika, in: Tobler, Hans Werner/ Waldmann, Peter (Hrsg), Staatliche und parastaatliche Gewalt in Lateinamerika, Frankfurt/M.: Vervuert, S. 163-191

Wesson, Robert 1981, The United States and Brazil. Limits of Intervention, New York et al.: Praeger

Wesson, Robert (Hrsg.) 1986, The Latin American Military Institution, New York et al.: Praeger

Whitehead, Laurence 1993, Introduction; Some Insights from Western Social Theory, in: World Development, Bd. 21, Nr. 8, S. 1245-1261

Whitehead, Laurence 1996, The International Dimensions of Democratization. Europe and the Americas, Oxford: Oxford University Press

Wiarda, Howard (Hrsg.) 1974, Politics and Social Change in Latin America: The Distinct Tradition, Amherst, Mass.: University of Massachusetts Press

Wiarda, Howard J. 1980, The Continuing Struggle for Democracy in Latin America, Boulder, Col.: Westview Press

Wiarda, Howard J. 1990, The Democratic Revolution in Latin America, New York/ London: Holmes & Meier

Wilker, Lothar 1978, Das Brasilien-Geschäft – Ein "diplomatischer Betriebsunfall"?, in: Haftendorn, Helga/Karl, Wolf-Dieter/Krause, Joachim/Wilker, Lothar (Hrsg.), Verwaltete Außenpolitik, Köln, S. 191-208

Winkelman, Colin K./Merrill, A. Brent 1983, United States and Brazilian Military Relations, in: Military Review, Juni, S. 60-73

Wöhlcke, Manfred 1987, Brasilien als Produzent und Exporteur von Rüstungsgütern, Baden-Baden: Nomos

Wöhlcke, Manfred 1999, Die Neuorientierung der brasilianischen Sicherheitspolitik, Ebenhausen: Stiftung Wissenschaft und Politik

Wolpin, Miles D. 1983, Sociopolitical Radicalism and Military Professionalism in the Third World, in: Comparative Politics, Nr. 2, S. 203-221

Wolpin, Miles D. 1986, Militarization, Internal Repression and Social Welfare in the Third World, London/Sidney: Croom Helm

Wood, Charles H./Schmink, Marianne 1993, The Military and Environment in the Brazilian Amazon, in: Journal of Political and Military Sociology, Bd. 21, Nr. 1, S. 81-105

Wrobel, Paulo S. 1994, Gasto Militar en Brasil: actores claves en el proceso del presupuesto, in: Rojas Aravena, Francisco (Hrsg.), Gasto Militar en América Latina, Santiago, S. 183-204

Wrobel, Paulo S. 1996, Brazil and the NPT: Resistance to Change?, in: Security Dialogue, Bd. 27, Nr. 3, S. 337-347

Young, Jordan M. 1964, Some Permanent Political Characteristics of Contemporary Brazil, in: Journal of Interamerican Studies and World Affairs, Bd. 6, Nr. 3, S. 287-301

Zagorski, Paul W. 1988, Civil-Military Relations and Argentine Democracy, in: Armed Forces and Society, Bd. 14, Nr. 3, S. 407-432

Zagorski, Paul W. 1992, Democracy vs. National Security. Civil-Military Relations in Latin America, Boulder, Col.: Lynne Rienner

Zagorski, Paul W. 1994, Civil-Military Relations and Argentine Democracy: the Armed Forces under the Menem Government, in: Armed Forces and Society, Bd. 20, Nr. 3, S. 423-437

Zakaria, Fareed 1997, The Rise of Illiberal Democracy, in: Foreign Affairs, Bd. 76, Nr. 6, S. 22-43

Zaverucha, Jorge 1993, The Degree of Military Political Autonomy during the Spanish, Argentine and Brazilian Transitions, in: Journal of Latin American Studies, Bd. 25, S. 283-299

Zaverucha, Jorge 1999, Military Justice in the State of Pernambuco after the Brazilian Military Regime: An Authoritarian Legacy, in: Latin American Research Review, Bd. 34. Nr. 2, S. 43-73

Zinecker, Heidrun 1995, Die Transitionsdebatte über Lateinamerika – Dichotomien, Defizite und deviant cases, in: Comparativ (Leipzig), Bd. 2, Nr. 2, S. 10-52

Zirker, Daniel 1986, Civilianization and Authoritarian Nationalism in Brazil: Ideological Opposition within a Military Dictatorship, in: Journal of Political and Military Sociology, Bd. 14, S. 263-276

Zirker, Daniel 1991, The Civil-Military Mediators in Post-1985 Brazil, in: Journal of Political and Military Sociology, Bd. 19, Nr. 1, S. 47-73

Zirker, Daniel 1993, The Military Ministers and Political Change in Post-Authoritarian Brazil, in: Canadian Journal of Latin American and Caribbean Studies, Bd. 18, Nr. 35, S. 67-110

Zirker, Daniel/Henberg, Marvin 1994, Amazônia: Democracy, Ecology, and Brazilian Military Prerogatives in the 1990s, in: Armed Forces and Society, Bd. 20, Nr. 2, S. 259-281

Zürn, Michael 1995, Globale Gefährdungen und die Zukunft der Sicherheit in den internationalen Beziehungen, in: Gegenwartskunde, Nr. 2, S. 253-281